LIMITAÇÃO E REDUÇÃO DA CLÁUSULA PENAL

LIMITAÇÃO E REDUÇÃO DA CLÁUSULA PENAL

2022

André Silva Seabra

ALMEDINA

LIMITAÇÃO E REDUÇÃO DA CLÁUSULA PENAL

AUTOR: André Silva Seabra

DIRETOR ALMEDINA BRASIL: Rodrigo Mentz
EDITORA JURÍDICA: Manuella Santos de Castro
EDITOR DE DESENVOLVIMENTO: Aurélio Cesar Nogueira
ASSISTENTES EDITORIAIS: Isabela Leite e Larissa Nogueira
ESTAGIÁRIA DE PRODUÇÃO: Laura Roberti

DIAGRAMAÇÃO: Almedina
DESIGN DE CAPA: Roberta Bassanetto

ISBN: 9786556275611
Junho, 2022

Dados Internacionais de Catalogação na Publicação (CIP)
(Câmara Brasileira do Livro, SP, Brasil)

Seabra, André Silva
Limitação e redução da cláusula penal / André Silva Seabra. -- São Paulo : Almedina, 2022.

ISBN 978-65-5627-561-1

1. Contratos - Brasil 2. Direito civil - Brasil
3. Obrigações (Direito) - Brasil I. Título.

22-108020 CDU-347.4

Índices para catálogo sistemático:

1. Obrigações e contratos : Direito civil 347.4

Eliete Marques da Silva - Bibliotecária - CRB-8/9380

Coleção IDiP
Coordenador Científico: Francisco Paulo De Crescenzo Marino

Este livro segue as regras do novo Acordo Ortográfico da Língua Portuguesa (1990).

EDITORA: Almedina Brasil
Rua José Maria Lisboa, 860, Conj.131 e 132, Jardim Paulista | 01423-001 São Paulo | Brasil
www.almedina.com.br

Em *memória de Affonso do Prado Seabra*

AGRADECIMENTOS

A conclusão deste trabalho somente foi possível com o suporte e as contribuições recebidas de diversas pessoas durante os três anos do curso de Doutorado na Faculdade de Direito da Universidade de São Paulo — USP.

Tive o privilégio de ser orientado pelo Professor Francisco Paulo De Crescenzo Marino, a quem serei eternamente agradecido por ter aceitado o meu projeto de pesquisa e, principalmente, por todas as conversas que tivemos nesse período, quando recebi contribuições de um grande civilista para o desenvolvimento da tese defendida.

Os Professores Cláudio Luiz Bueno de Godoy e Otavio Luiz Rodrigues Junior, que integraram a minha de Banca de Qualificação e foram fundamentais para as diversas correções no rumo deste trabalho. O Professor António Pinto Monteiro que, anos após ter sido meu orientador no curso de Mestrado da Universidade de Coimbra, recebeu-me, com sua gentileza habitual, nos dias do meu retorno à Coimbra para aprofundar a pesquisa deste trabalho, disponibilizando material extremamente útil e tecendo observações inspiradoras.

Marcelo Roberto Ferro e José Roberto de Castro Neves, meus sócios e, principalmente, amigos, que, além da valorosa troca de ideias sobre o tema, sempre apoiaram esse projeto acadêmico e compreenderam o meu afastamento do escritório em diversos momentos nesse período. Em nome deles agradeço a todos os demais advogados do escritório Ferro, Castro Neves, Daltro & Gomide Advogados — FCDG, que tanto orgulho tenho de integrá-lo.

A pesquisa de doutrina e de jurisprudência é fruto da dedicação de Carlos Aleixo Lustosa Thompson-Flores, Maria Gueiros Pinheiro, Gabriel Borges Zlatkin, Luiza Martins Pereira, Mariana Brasil Horta Barbosa e Amilcar Vianna. A paciência e o incansável esforço de Adriana Tarnopolsky e Ana Lúcia Coelho com as transcrições de doutrina e a formatação do texto foram imprescindíveis.

A elaboração do projeto de pesquisa apresentado como requisito da candidatura ao curso de Doutorado não teria sido possível sem o apoio de Matheus Drummond Pereira.

Rochane Mello Garcia propiciou as condições para que o trabalho prosseguisse, sacrificando em diversos momentos sua vida pessoal em prol desse projeto acadêmico.

Minha mãe, Iolanda Silva, referência como pessoa e fonte inesgotável de amor e apoio.

A pequena Flora, nascida no mês da matrícula no curso de Doutorado, que durante toda a sua existência precisou dividir a presença do pai com o presente trabalho e, ainda assim, com o sorriso de todas as manhãs viabilizou a sua conclusão.

NOTA DO AUTOR

O texto a seguir é fruto da tese depositada em dezembro de 2019 como requisito para a obtenção do título de Doutor em Direito Civil pela Faculdade de Direito da Universidade de São Paulo — USP. A defesa da tese ocorreu apenas em 26 de junho de 2020 em razão da pandemia. O trabalho foi aprovado com louvor por banca composta pelos Professores Francisco Paulo de Crescenzo Marino (orientador), Cláudio Luiz Bueno de Godoy, Otávio Luiz Rodrigues Júnior, Gustavo José Mendes Tepedino, Giovanni Ettore Nanni e Jorge Cesa Ferreira da Silva, tendo, posteriormente, recebido Menção Honrosa do Prêmio de Excelência 2020 promovido pelo Departamento de Direito Civil da Universidade de São Paulo

Pouco mais de dois meses antes do depósito da tese foi promulgada a Lei nº 13.874/2019, a qual havia sido objeto apenas de referências pontuais no texto original.

Desta forma, em relação à tese depositada, o texto agora publicado contempla ajustes sugeridos pela banca examinadora, um maior desenvolvimento sobre a referida Lei, e a atualização da jurisprudência.

APRESENTAÇÃO

Indisputavelmente, a cláusula penal é uma das figuras mais desafiadoras do direito contratual. Essa complexidade se deve, em larga medida, ao inevitável divórcio entre a plasticidade dos concretos arranjos negociais e o modelo pretensamente único disposto nos arts. 408 a 416 do Código Civil.

Com efeito, ao passo que o diploma civil não delimitou expressamente as funções da cláusula penal, uma proeminente parte da doutrina nacional, à qual agora se integra André Seabra, busca, inspirada sobretudo no exemplo alemão (sem descurar da experiência do *common law*), distinguir duas cláusulas: a cláusula penal propriamente dita, a desempenhar função compulsória e compensatória, e a cláusula de prefixação de danos, cuja finalidade exclusiva é liquidar previamente o ressarcimento devido em caso de inadimplemento, evitando, assim, as mazelas da apuração *a posteriori* do prejuízo. Essa segunda espécie, ao contrário do que por vezes se afirma, não teria sido regulada no Código Civil, cujos dispositivos – notadamente a independência da demonstração do efetivo prejuízo – seriam com ela incompatíveis. A principal consequência, para os adeptos da corrente que se poderia cunhar dualista, é afastar, uma vez provada a ausência de prejuízo efetivo, a exigibilidade da cláusula de prefixação de danos.

Afirmar a dualidade de figuras não basta, entretanto, para decidir os casos concretos. Afinal, é preciso fornecer balizas para que o agente jurídico possa determinar se o regime do Código Civil é, ou não, aplicável a cada arranjo contratual singular. Trata-se de tarefa extremamente delicada, mormente quando se constata não ser usual a demonstração de que o valor da multa tenha correspondido àquilo que as partes consensualmente julgaram representar um cálculo possível da indenização devida para a mora, para o inadimplemento definitivo do contrato ou para o descumprimento de uma específica obrigação nele contida.

Some-se a isso a controvérsia acerca da admissibilidade, em nosso sistema jurídico, de uma cláusula penal puramente compulsória (ou punitiva), e ter-se-á uma imagem, ainda parcial, da *selva selvaggia* em que adentram todos os que se põem a cuidar da cláusula penal (ou das cláusulas penais...).

Pois foi nesse cipoal que André Seabra ingressou e, passados alguns anos, tendo desbastado conceitos, destrinchado doutrina e jurisprudência e desbravado trilhas inéditas, dele saiu, tendo deixado aquela que nos parece ser a principal contribuição, para o tema, na doutrina brasileira.

O livro que o leitor tem em mãos divide-se em duas partes de semelhante extensão. A primeira, composta dos quatro capítulos iniciais, empreende uma utilíssima revisão dos principais temas ligados à cláusula penal, culminando com a tomada de posição em prol de um modelo dual e a análise dos distintos regimes (substitutivo e cumulativo) presentes no direito brasileiro. A segunda, formada pelos três últimos capítulos, cuida especificamente da limitação e da redução da cláusula penal, previstas nos arts. 412 e 413 do Código Civil, tema cujo desenvolvimento demanda o prévio assentar de conceitos e funções, aos quais não se furtou o autor. Pode-se afirmar, assim, que a obra de André Seabra entrega substancialmente mais do que o seu título dá a entender.

A origem do presente livro está em tese de doutoramento brilhantemente defendida na Faculdade de Direito da Universidade de São Paulo em junho de 2020, perante rigorosa banca – composta pelos Professores Claudio Luiz Bueno de Godoy, Otávio Luiz Rodrigues Júnior, Gustavo Tepedino, Giovanni Nanni e Jorge Cesa Ferreira da Silva –, que a aprovou por unanimidade e com louvor, recomendando vivamente a sua publicação.

Tive o enorme privilégio de ser o orientador de André Seabra durante o seu doutorado. Com a publicação de seu trabalho, enriquece-se a doutrina nacional, ganhando todos aqueles que se ocupam do direito privado. Resta-me recomendar, com orgulho e admiração, a leitura de seu livro, verdadeira tese que honra as melhores tradições das Arcadas.

Não se trata do primeiro trabalho de fôlego do autor, mas sim a continuidade de um belíssimo mestrado concluído na Universidade de Coimbra, sob a orientação do Professor António Pinto Monteiro. Fico na torcida para que o André Seabra encontre tempo na atribulada advocacia contenciosa para nos oferecer outras obras admiráveis como esta.

São Paulo, abril de 2022

Francisco Paulo De Crescenzo Marino
Professor Associado da Faculdade de Direito da Universidade de São Paulo

PREFÁCIO

Ao exame do inquietante tema da limitação e redução da cláusula penal, lança-se André Silva Seabra, neste belo volume, fruto de sua Tese de doutoramento junto à Faculdade de Direito da Universidade de São Paulo (USP). Estão de parabéns o autor, seu orientador, o Prof. Francisco Marino e a Faculdade de Direito do Largo de São Francisco. Em viés deliberadamente problematizador, André Seabra propõe reflexão crítica acerca do duplo sistema de controle do conteúdo da cláusula penal no direito brasileiro, composto, por assim dizer, por *limitação prévia* – segundo a qual seu valor não deve ultrapassar o valor da obrigação principal (art. 412, CC) – e *redução equitativa* – que funciona como intervenção *ex post*, em casos de cumprimento parcial ou excesso manifesto do valor da penalidade (art. 413, CC).

Umberto Eco louvava o trabalho científico em que os títulos diziam menos do que seu conteúdo, reprovando acidamente a opção contrária, em que títulos ambiciosos criam expectativas falsas nos leitores. O autor italiano, que seguiu essa máxima no monumental *O Nome da Rosa*, aconselhava o pesquisador a agir à moda de Alexandre Dumas que, em seu clássico *Os Três Mosqueteiros*, tratou, como figura central, de D'Artagnan, o quarto personagem. Pois bem: André Seabra oferece, nesta obra, bem mais do que o título sugere, já que constrói bases sólidas de interpretação, qualificação e compreensão da cláusula penal e de figuras afins que, na prática negocial, se apresentam de forma enganosa. Para tanto, o autor revisita, analiticamente, as principais dificuldades em torno da matéria e põe em xeque o tratamento de tais cláusulas na ordem jurídica, as quais se fazem cada vez mais presentes nos arranjos negociais, destinando-se a oferecer resposta contra os riscos do inadimplemento.

Nessa empreitada, a obra apresenta os vários contornos e obstáculos correlatos ao tema, identificando a limitação do art. 412 como inadequada, diante da redução prevista no art. 413, vez que as partes poderiam perfeitamente, em contratos livres, com partes capazes e não vulneráveis, barganhar conscientemente sobre os efeitos relativos ao inadimplemento, além de que, não raro, se afigura de difícil identificação o valor da obrigação principal. Reflete-se, então, sobre o critério quantitativo em torno da limitação prévia, entendendo que seria mais apropriado fazer uso de critérios gerais e abstratos, em função da infinidade de situações possíveis que se podem observar na complexidade dos arranjos negociais.

Já no primeiro capítulo, com o fito de situar o leitor em torno das diversas controvérsias, e permitir a compreensão funcional do fenômeno, Seabra examina a definição e os pressupostos necessários para se caracterizar certa disposição contratual como cláusula penal, passando em revista as normas do Código Civil que regulamentam a matéria. Em prosseguimento, firme na compreensão funcional do fenômeno, o autor propõe-se a examinar as principais diferenças e semelhanças entre a cláusula penal e outras figuras que com ela não se confundem, como a multa penitencial, cláusula de prefixação de perdas e danos, arras e astreintes, pelo que segue, nos tópicos seguintes, com o exame dos distintos regimes de cláusula penal previstos no Código Civil e das funções exercidas pela cláusula penal no ordenamento brasileiro.

Volta-se então a obra, em substanciosos capítulos seguintes, à análise pormenorizada da limitação e redução da cláusula penal no direito brasileiro, com notas dedicadas ao tratamento da matéria também no âmbito do direito comparado, o que permite o cotejo com soluções alienígenas que, por vezes importadas acriticamente, mostram-se de constrangedora incompatibilidade hermenêutica com o sistema brasileiro. Discute-se, nesse momento, a linguagem e espectro de incidência do art. 412 do Código Civil, levando em conta sua evolução e suas deficiências, além de apresentar proposição interpretativa que delimita o âmbito de aplicação do dispositivo. Explicita, ainda, em tom deliberadamente provocativo, o tratamento conferido às cláusulas penais pelo art. 413 do Código Civil, buscando oferecer subsídios para melhor compreender a dicção normativa. A discussão mostra-se bastante relevante, mesmo porque os Tribunais têm considerado que a redução equitativa do valor da cláusula penal estabelecida pelas instâncias ordinárias demanda reexame do conjunto fático-probatório, vedado na instância superior, o que acaba por afastar a uniformização da jurisprudência nesse tocante.

De modo mais amplo, André Seabra logrou demonstrar que a adoção da estrutura das cláusulas contratuais depende, visceralmente, do estabelecimento prévio da função que se pretenda implementar. Anota que a superação da teoria unitária da cláusula penal decorre da própria opção legislativa brasileira e consegue, em tal perspectiva, tecer critérios precisos para a qualificação e discrímen de pactuações duvidosas. Notável contribuição é ainda aportada pela distinção funcional entre a cláusula penal, deflagrada pelo inadimplemento em si considerado, independentemente da efetiva realização de prejuízo, e a cláusula de pré-liquidação de danos, cuja incidência se subordina, para além do inadimplemento, à prova do dano. Conhecida do direito alemão, que separou topograficamente no BGB, por ocasião da reforma do direito das obrigações de 2002, a cláusula de liquidação de danos (*pauschalierter Schadensersatz*), originariamente prevista em legislação especial, da disciplina da cláusula penal (*Verstragsstrafe*), o exame da temática tem sido objeto de confusão conceitual da manualística brasileira. Isto porque, embora conhecendo-se tal figura, como de resto ocorre no direito francês (que diferencia a *clause pénale* da *clause de dommages-intérêts* e no italiano (que aparta a *clausola penale* da *liquidazione convenzionale del danno*), engana-se quem sustenta – provavelmente por desmesurado apego à estrutura semelhante dos suportes fáticos – ser possível aplicar-se por analogia os dispositivos próprios da cláusula penal contidos no Código Civil brasileiro à clausula de liquidação de danos. Afinal, como argumenta, com razão, André Seabra, coerentemente com a diversidade funcional apresentada, "a redução da cláusula de prefixação de danos não decorrerá de uma aplicação analógica do artigo 413, pois os vetores serão completamente distintos". Vale dizer, sem prejuízo do permanente e benfazejo controle de abusividade e de razoabilidade das cláusulas contratuais em geral, os critérios e o fundamento da equidade, previstos para a cláusula penal, devem ater-se à cláusula contratual com função equivalente.

Assim procedendo, o autor oferece aos leitores obra de enorme interesse e utilidade na prática contratual, demonstrando a atualidade lancinante do direito das obrigações que, aparentemente – mas só aparentemente –, por possuir tradição dogmática plurissecular, pode parecer estático, o que acaba sendo parcialmente verdadeiro quando examinado em perspectiva exclusivamente estrutural. Ao contrário, estudada sob o ponto de vista funcional, o direito obrigacional se torna dinâmico e instigante, agregando em suas categorias princípios e valores constitucionais que, incorporados à interpretação dos dispositivos do Código Civil, dão conta da evolução dos fatos sociais e da economia dos negócios, em constante transformação. Em última análise, esta obra contribui significativamente para esse processo de renovação ou de oxigenação do direito das obrigações, tendo por referência o estudo das cláusulas penais, mas para além destas, como acima aludido, tornando-se fonte de consulta e promissor debate na agenda atual dos civilistas brasileiros.

Petrópolis, março de 2022

Prof. Gustavo Tepedino

SUMÁRIO

DELIMITAÇÃO DO PROBLEMA E PLANO DE TRABALHO

A cláusula penal já foi considerada como instituto que se encontra na razão inversa dos progressos das civilizações, por expressar a fraqueza moral dos contratantes no cumprimento de seus compromissos[1]. A realidade, entretanto, revela a quase onipresença da cláusula penal nos contratos, tanto em negócios cotidianos, como em relações jurídicas complexas, tais como consórcios, operações societárias ou contratos de construção civil de grande porte[2].

De fato, os contratos têm sua vida acompanhada da assombração do inadimplemento, pois desde sua conclusão está presente a constante preocupação das partes quanto ao cumprimento das obrigações objeto do negócio[3]. Pode-se afirmar, sem exagero, que a disciplina do direito privado é voltada, basicamente, ao afastamento dos riscos da insolvência

[1] Mendonça, Manuel Inácio Carvalho de. **Doutrina e prática das obrigações ou tratado geral dos direitos de crédito**. t. 2. 4. ed. Rio de Janeiro: Forense, 1956, p. 368. Em sentido similar, afirma Rizzardo que "Fossem as partes que contratam ciosas do cumprimento das obrigações, ou honrassem seriamente os compromissos e avenças que assumem, não haveria necessidade de cláusulas paralelas que procuram dar garantia ou reforçar a certeza do cumprimento". Rizzardo, Arnaldo. **Direito das obrigações**: Lei n. 10.406, de 10.01.2002. 2. ed. Rio de Janeiro: Forense, 2006, p. 535.

[2] Jenkins, Jane; Stebbings, Simon. **International construction arbitration law**. Alphen Aan den Rijn: Kluwer Law International, 2006, pp. 39-43.

[3] Neves, José Roberto de Castro. **Direito das obrigações**. 7. ed. Rio de Janeiro: LMJ Mundo Jurídico, 2017, p. 380.

e do inadimplemento, sendo contra este segundo risco a que se destina a cláusula penal[4].

Por mais sofisticados que sejam os remédios contra o inadimplemento previstos na legislação, ou criados pelos próprios contratantes, a infração do dever se repete, sem solução de continuidade[5]. Nesse sentido, a estipulação de cláusulas penais tem implicações de grande envergadura para o Direito Civil, tanto do ponto de vista teórico, quanto prático, permanecendo o instituto na *ordem do dia em toda parte*[6].

A massiva utilização do instituto é refletida no grande número de processos judiciais e arbitrais nos quais a cláusula penal se encontra no cerne da controvérsia. A instauração de litígios para discutir as diversas questões advindas dessa figura tão relevante para a prática comercial é crescente.

A doutrina nacional e estrangeira tem debatido intensamente as funções da cláusula penal. Oportunamente abordaremos essa discussão, que vem evoluindo, nos últimos anos, da atribuição de uma dupla função ao instituto, para o seu desmembramento em figuras distintas, fenômeno já referido como uma crise de identidade da cláusula penal[7]. O Código Civil brasileiro, diferentemente de outros diplomas[8], não apresenta um conceito restritivo das funções da cláusula penal, adotando um modelo aberto na sua positivação. Isso permite uma constante reconstrução, doutrinária e jurisprudencial, conforme o complexo de

[4] Tepedino, Gustavo. Efeitos da crise econômica na execução dos contratos. Elementos para a configuração de um direito da crise econômica. *In*: **Temas de direito civil**. 2. ed. Rio de Janeiro: Renovar, 2001, p. 76.

[5] Alvim, Agostinho. **Da inexecução das obrigações e suas conseqüências**. 3. ed. São Paulo: Jurídica e Universitária, 1965, p. 21.

[6] Monteiro, António Joaquim de Matos Pinto. Cláusula penal e comportamento abusivo do credor. **Revista Brasileira de Direito Comparado**. Rio de Janeiro: Instituto de Direito Comparado Luso-Brasileiro, 2003, p. 113.

[7] Monteiro, António Joaquim de Matos Pinto. Cláusula penal e comportamento abusivo do credor. **Revista Brasileira de Direito Comparado**. Rio de Janeiro: Instituto de Direito Comparado Luso-Brasileiro, 2003, p. 113.

[8] O Código Civil português, por exemplo, conceitua a cláusula penal no art. 810, consignando que "as partes podem, porém, fixar por acordo o montante da indemnização exigível: é o que se chama cláusula penal".

funções desempenhadas em concreto, de acordo com o escopo visado pelos contratantes[9].

O problema que nos propusemos a enfrentar no presente trabalho consiste no controle do conteúdo da cláusula penal no direito brasileiro. Isso porque, desde 2002, vigora no Brasil um sistema de duplo controle, composto por uma prévia limitação, pelo valor da "obrigação principal", estabelecida pelo art. 412 do Código Civil, além da previsão no art. 413 de uma intervenção *ex post*, que permite a redução equitativa da cláusula penal, em casos de cumprimento parcial da obrigação principal ou excesso manifesto do valor da penalidade.

Esse duplo controle, em nossa avaliação, cria insegurança jurídica dificultando a correta avaliação, no momento da conclusão do negócio, sobre a conformidade aos limites do ordenamento da cláusula penal estipulada. Como procuraremos demonstrar, nem sempre é possível apurar com precisão o que seja o valor da obrigação principal. Muitas decisões acabam por limitar o valor da cláusula penal para dar cumprimento ao artigo 412, sem considerar outros fatores, econômicos, e não econômicos, que nortearem o valor da penalidade estabelecida.

Essa limitação prévia da cláusula penal se revela, além de injustificada diante da redução prevista no artigo 413, totalmente inadequada. Limitar previamente o valor da cláusula penal estipulada por partes com igual poder de barganha, em contratos livre e conscientemente negociados, cria uma série de problemas em troca de uma desnecessária proteção. Inexiste razão para impedir que partes capazes, com equivalente poder de poder barganha negocial, disponham de liberdade plena para estipular sobre as consequências do inadimplemento[10].

O limite prévio à cláusula penal pode ser imposto pelo ordenamento por meio de critérios quantitativos ou gerais e abstratos. A primeira solução tem a vantagem da objetividade, mas não pode ser aplicada a uma infinidade de situações, de modo que o segundo critério é o mais apropriado, apesar de concentrar maior grau de indeterminação[11].

[9] MARTINS-COSTA, Judith. **Comentários ao novo Código Civil**: do inadimplemento das obrigações. (coord.) TEIXEIRA, Sálvio de Figueiredo. v. 5. t. 2. 2.e d. Rio de Janeiro: Forense, 2009, p. 607.

[10] BEALE, Hugh. Penalty clauses in english law. **European Review of Private Law**, Kluwer Law International BV, v. 24, n. 3-4, pp. 353-372, 2016, p. 358.

[11] MARINI, Annibale. **La clausola penale**. Napoli: Jovene, 1984, pp. 134-135.

No ano de 2015, um julgamento da Suprema Corte da Inglaterra gerou enorme repercussão na Europa, sendo, inclusive, objeto de um volume da European Review of Private Law, integralmente dedicado a analisá-lo comparativamente aos principais ordenamentos jurídicos europeus[12]. Nesse precedente, foi alterada a regra de proibição da *penal clause*, que vigorava desde 1915 no ordenamento inglês[13]. A proibição foi mantida, mas o parâmetro de aferição sobre a validade da cláusula foi deslocado de uma análise sobre a verificação do caráter de punição ou de genuína pré-estimativa de danos para uma consideração sobre os legítimos interesses do credor pelo cumprimento da obrigação principal.

Essa mudança de ótica de análise do ordenamento inglês, em nosso entendimento, guarda relação com o disposto no artigo 413 do Código Civil, ao estabelecer o critério da natureza e finalidade do negócio, e reforça a inadequação do parâmetro valor da obrigação principal estabelecido pelo artigo 412.

Além da inadequação do referido parâmetro, existe uma dificuldade sistemática de sua conciliação com a redução prevista no art. 413. Há situações nas quais o valor da penalidade não se revela manifestamente excessivo consoante a natureza e a finalidade do negócio, não atendendo, portanto, aos requisitos da redução dispostos pelo artigo 413, mas pode ser interpretado como violador da limitação ao valor da obrigação principal constante do artigo 412.

Comentando problema similar verificado no ordenamento português, Pinto Monteiro destaca: "há que definir, com acerto e rigor, o âmbito da aplicação de cada um destes preceitos e atentar devidamente nos respectivos pressupostos, que não coincidem, e nas soluções a que ambos conduzem, que também são diferentes"[14].

Nesse sentido, o que se pretende no presente trabalho é justamente definir o âmbito de aplicação do art. 412 e desenvolver os conceitos estabelecidos no art. 413 do Código Civil. Por mais que o primeiro

[12] European Review of Private Law — Kluwer Law International BV, v. 25, 2017.

[13] UNITED Kingdom Supreme Court. **Cavendish Square Holdings BV *v.* Makdessi; ParkingEye Ltd *v.* Beavis**, j. 04-11-2015. Disponível em: http://www.bailii.org/uk/cases/UKSC/2015/67.htm. Acesso em: 10 jul. 2018.

[14] Monteiro, António Joaquim de Matos Pinto. Artigo 811º, n. 3, do Código Civil: *requiem* pela cláusula penal indemnizatória? **Revista de Legislação e de Jurisprudência**. n. 3.976, ano 142, set.-out. 2012, p. 67.

dispositivo seja desnecessário em razão da possibilidade do segundo de solucionar a integralidade dos problemas, a limitação existe, sendo necessário encontrar dentro do próprio ordenamento a harmonia do sistema. Entendemos, nesse particular, que a solução passa pelos distintos regimes estabelecidos pelo Código Civil para a cláusula penal, que pode ser estipulada para ser devida em substituição da obrigação, ou, ao contrário, de forma cumulativa.

Esclarecemos que o presente trabalho se restringirá a analisar relações paritárias, reguladas pelo Código Civil, não adentrando em contratos regidos pelo Código de Defesa e Proteção do Consumidor, que possuem características e princípios próprios, sobre os quais não se aplicam integralmente as considerações que pretendemos desenvolver[15].

Iniciaremos o trabalho mediante a análise, no capítulo 1, dos pressupostos necessários à caracterização de uma disposição contratual como cláusula penal. Para analisar o controle do seu conteúdo, é preciso compreender primeiro o que é a cláusula penal. Buscaremos, assim, definir o que é necessário à subsunção nas normas do que o Código Civil denomina de cláusula penal. A partir da definição de um conjunto de pressupostos, independentemente da função preponderante visada pelos contratantes, pode-se pretender uma correta aplicação e interpretação da figura.

Neste ponto, sobressai a sua característica de exercício da liberdade de contratar, pois o primeiro controle sobre o conteúdo da cláusula penal advém dos próprios requisitos de validade do negócio jurídico. Além disso, é necessário abordar a criação de uma presunção *iure et de iure* de prejuízo, que acaba por distinguir a cláusula de outras figuras.

Essa distinção será objeto do capítulo 2, no qual procuraremos apresentar as diferenças e as semelhanças da cláusula penal em relação a outras figuras, como a multa penitencial, a cláusula de prefixação de danos, as arras e as astreintes. Essas distinções são fundamentais, pois implicam em regimes jurídicos próprios.

No capítulo 3 trataremos das funções da cláusula penal, apresentando nossa posição sobre o debate a respeito da dupla função e da

[15] Para uma análise das cláusulas penais nas relações de consumo remetemos a: Neves, José Roberto de Castro. **O Código do Consumidor e as cláusulas penais**. Rio de Janeiro: Forense, 2005.

denominada crise do modelo unitário da figura. Neste ponto, procuraremos ressaltar as diversas finalidades da estipulação da cláusula penal sobre a operação econômica objeto do programa contratual e discutiremos a aceitação de cláusulas puramente punitivas pelo ordenamento brasileiro.

Na sequência, enfrentaremos no capítulo 4 os distintos regimes previstos pelo Código Civil para a estipulação da cláusula penal. Em nossa percepção, o foco da análise em concreto da cláusula penal deve ser a verificação sobre o regime substitutivo ou cumulativo estabelecido pelos contratantes para que, a partir dessa definição, possa ser debatida a sua função e entendida a existência ou não de uma prévia limitação.

Para subsidiar a análise sobre o controle do conteúdo da cláusula penal, buscaremos no capítulo 5 elementos de comparação em outros ordenamentos, verificando como as diversas ordens jurídicas disciplinam a matéria. Focaremos essa análise na existência ou não de prévia limitação da cláusula penal nesses ordenamentos, a identificação dos parâmetros utilizados, e na identificação sobre algum ordenamento que também adote um sistema de duplo controle. Procuraremos verificar os sistemas estabelecidos nesses ordenamentos e apurar quais os vetores orientativos fornecidos por eles para fins de redução da cláusula penal.

A limitação estabelecida pelo artigo 412 do Código Civil brasileiro será o objeto do capítulo 6. Inicialmente, estudaremos os fundamentos jurídicos para um controle sobre o conteúdo da cláusula penal e, em seguida, os mecanismos possíveis para a efetivação desse controle. A partir disso, analisaremos a evolução da questão no direito brasileiro, exporemos as deficiências que entendemos decorrer do parâmetro adotado pelo artigo 412 e, finalmente, apresentaremos uma proposição interpretativa que delimite o âmbito de aplicação do dispositivo. Ainda nesse capítulo, teceremos breves considerações sobre as limitações específicas encontradas no próprio Código Civil e em legislação para determinados tipos contratuais ou relações jurídicas com características peculiares.

Por fim, trataremos no capítulo 7 da redução da cláusula penal prevista no artigo 413. Inicialmente, verificaremos se algum impacto no tema foi promovido pela denominada Lei da Liberdade Econômica para, na sequência, analisarmos os aspectos suscitados na aplicação do critério de equidade e procuraremos estabelecer parâmetros orientativos para a consideração sobre a natureza e finalidade do negócio, conforme a exigência da segunda parte da referida norma. Nas precisas palavras de Martins-Costa,

> a mais importante bússola para o intérprete — permitindo-lhe rumar a porto seguro, sem perder-se nas águas brumosas do sentimentalismo jurídico — está na verba final do art. 413. Aí está estampada, verdadeiramente, a diretriz da concreção: a adstrição à natureza e à finalidade determina que a revisão seja processada — ou não — à luz das circunstâncias do caso e da finalidade do negócio, finalidade concreta, a ser averiguada cuidadosamente na declaração negocial situada e compreendida no complexo unitário dos seus motivos e circunstâncias[16].

Como reconhecido por Gustavo Tepedino, "a doutrina brasileira não oferece subsídios para a definição das expressões finalidade e natureza do negócio, de que trata o artigo 413 do Código Civil"[17]. Procuraremos, assim, contribuir, de alguma forma, para o estudo da questão no ordenamento brasileiro.

[16] Martins-Costa, Judith. A dupla face do princípio dn equidade na redução da cláusula penal. *In*: (org.) ASSIS, Araken de *et al.* **Direito civil e processo** — estudos em homenagem ao Professor Arruda Alvim. São Paulo: RT, 2007, p. 67.

[17] Tepedino, Gustavo. Notas sobre a cláusula penal compensatória. *In*: Tepedino, Gustavo. **Temas de direito civil**. t. 2, pp. 47-61. Rio de Janeiro: Renovar, 2016, t. 2, p. 55.

1. PRESSUPOSTOS DA CLÁUSULA PENAL

1.1 O modelo aberto do Código Civil brasileiro

A construção teórica que se buscará desenvolver neste trabalho parte da premissa de que o Capítulo V, denominado "Da Cláusula Penal", do Título IV ("Do Inadimplemento das Obrigações), do Livro I ("Direito das Obrigações") da Parte Especial do Código Civil brasileiro, contém normas, dispositivas e cogentes, de um modelo aberto, no qual a subsunção é determinada pela presença de determinados pressupostos. Trata-se, nessa perspectiva, de mecanismo de utilização ampla, sem restrições quanto às possíveis funções visadas com a sua estipulação.

As normas legais estabelecidas pelos nove artigos que compõem o referido capítulo — dois deles com preceitos segregados em parágrafo único– constituem a disciplina legal daquilo que o ordenamento jurídico brasileiro denomina de cláusula penal. Tal disciplina é complementada por preceitos esparsos no próprio Código Civil, além da legislação especial incidente sobre relações jurídicas específicas. Portanto, os artigos 408 a 416 do Código Civil são a fonte primária e principal do tratamento dessa matéria no direito brasileiro.

Nos referidos dispositivos, a legislação civil brasileira, em síntese, definiu as condições de exigibilidade (artigo 408); indicou rol exemplificativo dos descumprimentos contratuais paras os quais a cláusula penal pode ser prevista (artigo 409); previu dois regimes distintos, substitutivo e cumulativo, correlacionando-os, em caráter dispositivo, conforme o inadimplemento a que vinculada a penalidade (artigos 410 e 411); fixou normas cogentes sobre o controle do conteúdo da cláusula penal (artigos 412 e 413); regulou a responsabilidade pela penalidade nos casos de solidariedade passiva (artigos 414 e 415); estabeleceu como consequência principal e necessária da cláusula penal a presunção absoluta de prejuízo (artigo 416); e, como regra dispositiva, a consequência de afastar o direito à indenização suplementar, ressalvando a possibilidade de ajuste em sentido contrário (parágrafo único do artigo 416).

No sistema jurídico brasileiro, portanto, a disciplina jurídica da cláusula penal abrange as estipulações que cumpram os pressupostos extraídos das normas constantes do Capítulo V, do Título IV do Livro I da Parte Especial do Código Civil, e sejam resultantes de intenções comuns adequadas às consequências fixadas em tais dispositivos, em especial a presunção absoluta de prejuízo prevista no artigo 416, que será objeto de análise oportuna.

Com efeito, em linha com a breve abordagem constante do capítulo 3 sobre a origem da cláusula penal na figura da *stipulatio poenae* do direito romano, a criação de normas específicas para disciplinar a liberdade dos contratantes de estipularem sobre as consequências do inadimplemento foi motivada pela necessidade advinda da inexistência, naquele tempo, de meios de execução das obrigações não pecuniárias, o que demandava a fixação de montante capaz de ser exigido no caso de inadimplemento, pois, na ausência de tal pacto, nenhum meio teria o credor para perseguir seu crédito. A evolução da ciência jurídica mediante o contínuo desenvolvimento dos instrumentos processuais destinados à execução específica não afastou a atenção dos ordenamentos quanto a essas estipulações, mas o tratamento da questão variou entre as diversas ordens jurídicas.

As codificações dos ordenamentos de matriz romano-germânica positivaram a figura, também sob a denominação de cláusula penal. Ocorre que, como detalharemos oportunamente, a metodologia observada pelos códigos civis de algumas ordens jurídicas foi a de adotar um conceito de cláusula penal, em termos integralmente construídos sobre uma única função a que se destina a figura legislada. Essa "noção acanhada de cláusula penal"[18] acaba por reduzir a dimensão da figura

[18] MONTEIRO, António Joaquim de Matos Pinto. Cláusula penal e comportamento abusivo do credor. **Revista Brasileira de Direito Comparado**. Rio de Janeiro: Instituto de Direito Comparado Luso-Brasileiro, 2003, p. 117.

objeto do regramento legal, afastando sua própria qualificação como instituto jurídico, pois deixa de abranger outras estipulações, de estrutura similar, mas com finalidade distinta. Isso impulsionou, nos ordenamentos em que a legislação adotou tal metodologia, a doutrina contrária ao modelo unitário de cláusula penal, e a construção das teses sobre a existência de figuras distintas. Assim, nessas ordens jurídicas, passou-se a entender as estipulações de finalidade diversa como fundamentadas na liberdade de contratar e não submetidas à disciplina legal estabelecida pelo Código Civil, sob a denominação de cláusula penal.

No Brasil, assim como em diversos outros ordenamentos, a situação é distinta, pois o Código Civil não adotou um conceito de cláusula penal, nem estabeleceu qualquer norma destinada a restringir as suas funções. O modelo legal brasileiro é aberto, sem delimitação, nem restrição funcional, admitindo distintas finalidades. As soluções de regime, portanto, no direito brasileiro, devem ser buscadas no próprio Código Civil, mediante a análise do regramento da cláusula penal, da disciplina do negócio jurídico e dos princípios do direito contratual.

Nesse contexto, para que possamos analisar o controle sobre o conteúdo da cláusula penal no direito brasileiro, buscaremos, neste capítulo inicial, construir um conceito de cláusula penal a partir da disciplina jurídica constante dos artigos 408 a 416 do Código Civil, estabelecendo os pressupostos necessários para que uma estipulação seja qualificada no direito brasileiro como cláusula penal e, consequentemente, sujeita ao controle de seu conteúdo nos termos em que procuraremos estabelecer neste trabalho.

1.2 Exercício da liberdade de contratar

No processo de construção do conceito de cláusula penal, podemos partir da definição básica apresentada por Fulgêncio, para quem "cláusula penal é aquela em que se estabelece uma prestação para o caso de inexecução da obrigação"[19]. Com maior detalhamento sobre os diferentes inadimplementos para os quais é possível estipulá-la, Santos definia a cláusula penal como "aquela em que se estipula uma prestação para o caso de inexecução completa da obrigação, de inexecução de alguma

[19] Fulgêncio, Tito. **Do direito das obrigações**: das modalidades das obrigações (artigos 863-927). Rio de Janeiro: Companhia Forense, 1958, p. 393.

cláusula especial, ou simplesmente de mora"[20]. Nonato incluía em seu conceito tanto o caráter acessório da estipulação, ao referir-se a uma obrigação principal, quanto a possibilidade de sua inclusão em atos de última vontade. Em suas palavras, o instituto consiste em "disposição contratual ou testamentária que faz pesar no devedor certa prestação quando fôr êle inadimplente ou moroso quanto à obrigação principal"[21].

Em conceito mais abrangente, Pinto Monteiro atenta-se, ainda, ao momento da contratação e ao objeto da cláusula penal, que é defendida pelo autor como

> estipulação mediante a qual as partes convencionam antecipadamente — isto é, antes de ocorrer o facto constitutivo da responsabilidade — uma determinada prestação, normalmente, uma quantia em dinheiro, que o devedor deverá satisfazer ao credor em caso de não-cumprimento, ou de não cumprimento perfeito (máxime, em tempo) da obrigação[22].

Nesse sentido, o ponto de partida da construção dogmática da cláusula penal reside no seu entendimento como exercício da liberdade de contratar, pois ela sempre é originada de um acordo de vontades no âmbito da autonomia privada[23]. Como teremos a oportunidade de desenvolver no próximo capítulo deste trabalho, é isso que a distingue de figuras como as astreintes e as sanções legais, que são estabelecidas pelo magistrado ou pelo legislador, respectivamente. A cláusula penal nunca é imposta por terceiros. É, necessariamente, fruto de um consenso entre ambos os polos da relação obrigacional, exercendo essa característica, como abordaremos ao final deste trabalho, papel relevante no controle do seu conteúdo.

[20] SANTOS, J. M. de Carvalho. **Código Civil brasileiro interpretado, principalmente do ponto de vista prático.** 13. ed. v. XI. Rio de Janeiro: Freitas Bastos S.A, 1986, p. 300.

[21] NONATO, Orosimbo. **Curso de Obrigações.** v. II. Rio de Janeiro: Forense, 1959, p. 305.

[22] MONTEIRO, António Joaquim de Matos Pinto. **Cláusulas limitativas e de exclusão de responsabilidade civil.** Coimbra: Almedina, 2003, p. 136.

[23] Como lembrava Fulgêncio, "cláusula vem do verbo latino — *claudo*, is, *claudere*, e traduz uma disposição particular de convenção, de testamento ou qualquer outra declaração de vontade, de qualquer ato público ou particular". FULGÊNCIO, Tito. **Do direito das obrigações:** das modalidades das obrigações (artigos 863-927). Rio de Janeiro: Companhia Forense, 1958, p. 394.

Nesse sentido, é na categoria do negócio jurídico que se encontra o campo de atuação da cláusula penal. Dentro dessa categoria, sua primazia é o contrato. Como negócio jurídico bilateral, nele sempre haverá o acordo de vontades necessário à configuração da cláusula penal. Além disso, o contrato constitui a principal fonte das obrigações em que, por alguma dentre muitas possíveis finalidades, decide-se vincular, em caráter acessório, uma cláusula penal. De fato, a cláusula penal é hoje figura quase onipresente no direito contratual, onde tem grande utilidade, exerce diversas finalidades, suscita inúmeras divergências e em numerosas situações acaba por ser determinante para a própria conclusão do negócio.

Conquanto seja o contrato a categoria de negócio jurídico para o qual a cláusula penal foi concebida, a doutrina majoritária admite sua estipulação em negócios jurídicos unilaterais, como, por exemplo, no testamento, quando dentre as disposições de última vontade são previstas penalidades para o herdeiro que não pagar os legados[24]. Como ressalta essa doutrina, a disciplina da cláusula penal está inserida no Livro das Obrigações do Código Civil, e não no Livro dos Contratos[25].

Essa posição é combatida por Simão, ao não admitir a estipulação de cláusula penal em testamentos por entender que isso implicaria em "clara punição sem conteúdo indenizatório", de forma que "a disciplina da cláusula penal não se aplica ao caso em tela"[26]. Discordamos dessa posição, uma vez que fundamentada na restrição quanto à função da

[24] PEREIRA, Caio Mário da Silva. **Instituição de direito civil**. v. 2. Atual. Guilherme Calmon Nogueira da Gama (coord.) 29. ed. Rio de Janeiro: Forense, 2017, p. 144; NONATO, Orosimbo. **Curso de Obrigações**. v. II. Rio de Janeiro: Forense, 1959, p. 308; SANTOS, J. M. de Carvalho. **Código Civil brasileiro interpretado, principalmente do ponto de vista prático**. 13. ed. v. XI. Rio de Janeiro: Freitas Bastos S.A, 1986, p. 309; MONTEIRO, Washington de Barros. **Curso de direito civil** — direito das obrigações, 1ª parte: das modalidades, das obrigações, dos efeitos das obrigações, do inadimplemento das obrigações. v. 4. 32. ed. atual. por Carlos Alberto Dabus Maluf. São Paulo: Saraiva, 2003, p. 335; GONÇALVES, Carlos Roberto. **Direito das obrigações** — parte geral. 16. ed. São Paulo: Saraiva, 2015, p. 382; FERRIANI, Carlos Alberto. Da cláusula penal. **Revista de Direito Bancário e do Mercado de Capitais**. (coord.) RIBEIRO, José Horácio Halfeld Rezende. São Paulo: RT, v. 55, ano 15, mar. 2012, p. 141.

[25] GAMA, Guilherme Calmon Nogueira da. **Direito civil**: obrigações. São Paulo: Atlas, 2008, p. 391.

[26] SIMÃO, José Fernando. Capítulo V: da cláusula penal. *In*: SCHREIBER, Anderson *et al.* **Código Civil comentado** — doutrina e jurisprudência. Rio de Janeiro: Forense 2019, p. 231.

cláusula penal, o que, como já exposto, entendemos não vigorar na disciplina da cláusula penal em nosso ordenamento.

A cláusula penal constante de testamento, ainda que estipulada em negócio unilateral, somente será exigível após a aceitação da herança ou do legado, o que incluirá as eventuais penalidades neles integradas, caracterizando-se o pressuposto de que ela seja decorrente de acordo de vontades. Ainda que o consenso não se configure concomitantemente à estipulação da cláusula, seu conteúdo será aceito posteriormente como condição de eficácia. Ademais, dentre as disposições do Código Civil sobre a validade de disposições testamentárias não há qualquer restrição à estipulação de cláusulas penais[27]. Nessas condições, não vislumbramos qualquer impeditivo à estipulação de cláusulas penais em testamentos.

Concordamos, assim, com Caio Mário, quando conclui que a cláusula penal é "originariamente contratual, como contratual o seu campo de incidência mais freqüente, e mesmo o seu mecanismo", mas "seria inexato insulá-la no direito do contrato"[28].

Entendida a cláusula penal como exercício da liberdade de contratar, é na teoria do negócio jurídico que deve ser iniciada sua análise dogmática. A cláusula penal não é uma figura autônoma, dissociada da disciplina do negócio jurídico. Ao contrário, o plano de sua validade está integralmente submetido à disciplina do negócio jurídico. Nesse particular, as normas que limitam o conteúdo da cláusula penal atuam apenas no plano da eficácia, sem impacto sobre a sua validade. Portanto, é imprescindível, antes de analisar as normas específicas sobre a cláusula penal, considerar a teoria do negócio jurídico, em especial os seus requisitos de validade, os defeitos que podem implicar na sua anulabilidade e as regras de sua interpretação.

Como negócio jurídico, a cláusula penal deve conter os requisitos de validade estabelecidos pelo artigo 104 do Código Civil[29]. As manifestações de vontade devem emanar de partes no gozo de sua capacidade civil e, conforme o caso, regularmente representadas.

[27] Artigos 1900 e 1901.

[28] Pereira, Caio Mário da Silva. **Instituições de direito civil**. v. 3. Rio de Janeiro: Forense, 2009, p. 95.

[29] Artigo 104. A validade do negócio jurídico requer: I — agente capaz; II — objeto lícito, possível, determinado ou determinável; III — forma prescrita ou não defesa em lei.

Em relação ao objeto, não há qualquer restrição para além do que se exige de todo negócio jurídico, ou seja, que o seu objeto seja lícito, possível, determinado ou determinável. Na vasta maioria dos casos estabelece-se como cláusula penal o pagamento de determinada soma em dinheiro, mas não há qualquer restrição legal quanto ao seu objeto. É uníssono na doutrina o espectro amplo do objeto da cláusula penal, que pode consistir em obrigações de dar, de fazer, de não fazer, ou, ainda, na perda de um direito[30]. O Código Civil alemão refere-se expressamente no § 342 à fixação de cláusulas penais com objeto distinto do pagamento de dinheiro[31]. A ausência de previsão semelhante na legislação brasileira não diferencia o ordenamento brasileiro do alemão, pois, a despeito de referência expressa em nossa legislação, a doutrina reconhece que a cláusula penal pode "consistir na perda de determinada vantagem, como de uma benfeitoria ou melhoramento"[32]. Wald apresenta os seguintes exemplos: "enquanto não entregar a mercadoria,

[30] Nonato, Orosimbo. **Curso de obrigações** (generalidades-espécies). v. II. Rio de Janeiro: Forense, 1959, p. 307; Mendonça, Manuel Inácio Carvalho de. **Doutrina e prática das obrigações ou tratado geral dos direitos de crédito**. t. 2. 4. ed. Rio de Janeiro: Forense, 1956, p. 368; Santos, J. M. de Carvalho. **Código Civil brasileiro interpretado, principalmente do ponto de vista prático**. 13. ed. v. XI. Rio de Janeiro: Freitas Bastos S.A, 1986, p. 304; Benacchio, Marcelo. Cláusula penal: revisão crítica à luz do Código Civil de 2002. *In*: Nanni, Giovanni Ettore (coord.). **Temas relevantes do direito civil contemporâneo**: reflexões sobre os cinco anos do Código Civil. São Paulo: Atlas, 2008, p. 384; Ferriani, Carlos Alberto. Da cláusula penal. **Revista de Direito Bancário e do Mercado de Capitais**. (coord.) Ribeiro, José Horácio Halfeld Rezende. São Paulo: RT, v. 55, ano 15, mar. 2012, p. 142; Pontes de Miranda, Francisco Cavalcanti. **Tratado de Direito Privado**. t. 26. 2. ed. Rio de Janeiro: Borsoi, 1959.
p. 79; Bdine Jr., Hamid Charaf. *In*: Peluso, Cezar (coord.). **Código Civil Comentado**: doutrina e jurisprudência: Lei n. 10.406, de 10.01.2002: contém o Código Civil de 2016. 12. ed. Barueri: Manole, 2018; Rizzardo, Arnaldo. **Direito das obrigações**. 7. ed. Rio de Janeiro: Forense, 2013, p. 536; Gama, Guilherme Calmon Nogueira da. **Direito civil**: obrigações. São Paulo: Atlas, 2008, p. 392; Nanni, Giovanni Ettore. **Comentários ao Código Civil**: direito privado contemporâneo. Alexandre Dartanhan de Mello Guerra *et al.* (coord.) Nanni, Giovanni Ettore. São Paulo: Saraiva Educação, 2018, p. 668.

[31] "Section 342 Alternatives to monetary penalty: If, as penalty, performance other than the payment of a sum of money is promised, the provisions of sections 339 to 341 apply; the claim to damages is excluded if the obligee demands the penalty". Disponível em: https://www.gesetze-im-internet.de/englisch_bgb/englisch_bgb.html#p1242. Acesso em: 06 jan. 2020.

[32] Monteiro, Washington de Barros. **Curso de direito civil**. v. 4. 34. ed. Atualizado por Carlos Alberto Dabus Maluf. São Paulo: Saraiva, São Paulo: Saraiva, 2009, p. 336.

não poderá ausentar-se do país; se não construir a casa dentro do prazo convencionado o empreiteiro deverá fazer mais um quarto"[33]. Calvão da Silva ilustra a questão com "o não reembolso da soma versada a título de depósito, a perda do prémio para o cumprimento rápido, a perda de um crédito do inadimplente face ao outro contraente"[34].

Exemplo prático corriqueiro em que o objeto da cláusula penal consiste na perda de um direito é encontrado nas promessas de compra e venda de imóveis, quando se estipula que a extinção do contrato por inadimplemento do comprador implicará na perda da integralidade ou de parte das parcelas adimplidas até então, para além do que foi pago a título de arras[35]. A frequência de litígios advindos dessas estipulações, além da relevância social desses negócios, implicou, recentemente, em legislação específica, sobre a qual nos pronunciaremos oportunamente.

Por outro lado, algumas pactuações suscitam dúvidas sobre se configuram ou não cláusula penal. Freire qualifica como cláusula penal as disposições que estabelecem o vencimento antecipado de toda a dívida no caso de inadimplemento de determinada parcela[36]. Frequentemente, em relações de consórcio ou societárias, pactua-se a perda dos direitos políticos como consequência do inadimplemento de determinadas obrigações. Ambos os casos suscitam a questão sobre se estas disposições consistem em cláusula penal, ou em uma condição para o exercício de determinado direito.

[33] Wald, Arnoldo. **Direito civil**: direito das obrigações e teoria geral dos contratos. 22. ed. São Paulo: Saraiva, 2015.

[34] Silva, João Calvão da. **Cumprimento e sanção pecuniária compulsória**. 4. ed. Coimbra: Almedina, 2002, p. 248.

[35] A circunstância de tais estipulações não representarem uma prestação a ser cumprida no futuro não afasta o regime jurídico da cláusula penal, coo pontua a doutrina: "a cláusula penal poderá ter por objecto uma prestação pecuniária ou de outra natureza, ainda que de valor não patrimonial. Por outro lado, nem toda a desvantagem, estipulada como sanção de um eventual inadimplemento, será uma pena convencional. Outros institutos — como o sinal ou cláusula de perda ou preclusão de determinado direito ou posição jurídica — poderão ajustar-se melhor à sanção prevista pelas partes. Todavia, certos obstáculos, fundados em diferentes aspectos estruturais, não deverão prejudicar, por si só e em princípio, a aplicação, ainda que por analogia, do regime previsto para a pena convencional" Monteiro, António Joaquim de Matos Pinto. **Cláusula penal e indemnização.** Coimbra: Almedina, 1990, p. 69.

[36] Freire, J. Renato C. Penalidades nos contratos internacionais de mútuo. *In*: (org.) Baptista, Luiz Olavo; Mazzuoli, Valerio de Oliveira. Direito do comércio internacional. **Coleção Doutrinas Essenciais**: direito internacional. v. 5. São Paulo: RT, 2012, p. 632.

Inclinamo-nos a não qualificar essas disposições como cláusula penal, pois, além de as considerarmos mais próximas de uma condição, a realidade revela que na maioria dos casos elas estão acompanhadas de uma verdadeira cláusula penal, de forma que o inadimplemento, além de afastar a condição necessária a determinado direito, atrai a exigibilidade de uma penalidade.

Assim, no tocante ao objeto da cláusula penal, inexiste qualquer limitação legal. É necessário, apenas o respeito ao disposto no artigo 104, II, de modo que ele seja lícito, possível, determinado ou determinável. Nesse particular, são frequentes as estipulações de cláusulas penais com objeto determinável, estabelecendo-se uma fórmula, ou percentual, para a liquidação do valor da penalidade, após o inadimplemento, considerando-se, por exemplo, o valor do negócio, ou a extensão da mora.

O que não se admite é a estipulação da penalidade sem qualquer parâmetro para a determinação do seu objeto, pois "*não havendo características mínimas que permitam fixar a qualidade ou a quantidade da pena, esta será nula (artigo 166, II, do Código Civil). As partes deverão ter estipulado parâmetros mínimos que permitam estabelecer o quantum da cláusula penal*"[37].

Em relação à forma, a cláusula penal não suscita maiores controvérsias. Desde a entrada em vigor do atual Código de Processo Civil, que revogou o artigo 227 do Código Civil, deixou de existir no direito brasileiro a distinção entre negócios *ad solenitatem* e *ad probationem*, de modo que o valor da cláusula penal não terá o potencial de exigir a forma escrita para a sua prova. Assim, não se exige forma especial nem para a validade nem para a prova da cláusula penal. Nesse particular, é pertinente a ressalva de que "a cláusula penal pode ter forma verbal, entretanto, tal não é recomendável pelas questões atinentes à dificuldade probatória"[38].

Além disso, conforme Santos,

> a estipulação da cláusula penal não depende, para sua validade, de frases sacramentais, não se exigindo nos contratos a designação especial

[37] Arai, Rubens Hideo. Cláusula penal. *In*: (org.) Lotufo, Renan; Nanni, Giovanni Ettore. **Obrigações**. São Paulo: Atlas, 2011, p. 742.

[38] Benacchio, Marcelo. Cláusula penal: revisão crítica à luz do Código Civil de 2002. *In*: Nanni, Giovanni Ettore (coord.). **Temas relevantes do direito civil contemporâneo**: reflexões sobre os cinco anos do Código Civil. São Paulo: Atlas, 2008, p. 386.

> de cláusula penal ou outra semelhante, nem tampouco forma preestabelecida e expressa. É bastante que dos têrmos da convenção resulte a intenção manifesta de terem as partes querido garantir a execução da obrigação principal com a estipulação acessória de uma determinada prestação[39].

Incide, sobre a cláusula penal, o regime da nulidade, quando verificada uma das hipóteses previstas no artigo 166 do Código Civil[40], ressalvada a hipótese de conversão do negócio, quando aplicável o artigo 170[41]. Da mesma forma, o regime da anulabilidade invalidará a cláusula penal sempre que, dentro do prazo decadencial de quatro anos, for reconhecida, a pedido do legitimado, a ocorrência de erro, dolo, coação, estado de perigo, ou lesão. A invalidade poderá se referir à obrigação principal, o que, em razão do caráter acessório, invalidará também a cláusula penal. Quando o vício for circunscrito à cláusula penal, somente ela será invalidada, conservando-se o negócio principal, nos termos do artigo 184 do Código Civil[42].

As regras de interpretação do negócio jurídico ganham especial relevo na cláusula penal, pois parcela substancial dos litígios por ela suscitados decorrem da falta de clareza dos termos do negócio quanto

[39] Santos, J. M. de Carvalho. **Código Civil brasileiro interpretado, principalmente do ponto de vista prático**. 13. ed. v. XI. Rio de Janeiro: Freitas Bastos S.A, 1986, p. 309. Nesse particular, complementa Fulgêncio que "entre nós não há modelo oficial de estipulação, não existem palavras sacramentais, não temos legislação formalista, que entrava o comércio jurídico ora incessante, com o intricar e retardar a formação dos atos jurídicos". Fulgêncio, Tito. **Do direito das obrigações**: das modalidades das obrigações (artigos 863-927). Rio de Janeiro: Companhia Forense, 1958, p. 401.

[40] Artigo 166. É nulo o negócio jurídico quando: I — celebrado por pessoa absolutamente incapaz; II — for ilícito, impossível ou indeterminável o seu objeto; III — o motivo determinante, comum a ambas as partes, for ilícito; IV — não revestir a forma prescrita em lei; V — for preterida alguma solenidade que a lei considere essencial para a sua validade; VI — tiver por objetivo fraudar lei imperativa; VII — a lei taxativamente o declarar nulo, ou proibir-lhe a prática, sem cominar sanção.

[41] Artigo 170. Se, porém, o negócio jurídico nulo contiver os requisitos de outro, subsistirá este quando o fim a que visavam as partes permitir supor que o teriam querido, se houvessem previsto a nulidade.

[42] Artigo 184. Respeitada a intenção das partes, a invalidade parcial de um negócio jurídico não o prejudicará na parte válida, se esta for separável; a invalidade da obrigação principal implica a das obrigações acessórias, mas a destas não induz a da obrigação principal.

às intenções comuns que nortearam a sua estipulação. De fato, grande parte das controvérsias decorre, em primeiro lugar, da definição sobre se a intenção das partes foi de fato fixar uma cláusula penal, ou se, na realidade, pretenderam pactuar alguma outra figura, como a multa penitencial ou a cláusula de prefixação de perdas e danos. Uma vez definido que se está diante de uma cláusula penal, surgem as dificuldades de identificação do regime pretendido, se substitutivo ou cumulativo e, neste caso, se cumulativo compensatório ou cumulativo punitivo. Além disso, no contexto da redução prevista pelo artigo 413, será determinante a consideração sobre as finalidades envolvidas na estipulação da cláusula penal.

Daí a importância reforçada da redação do instrumento contratual, em especial da cláusula penal, de modo a deixar evidenciadas as intenções dos contratantes quanto a todos os aspectos envolvidos na estipulação de uma cláusula penal[43].

A regra interpretativa mais importante a ser considerada consiste no comando do artigo 112 do Código Civil: "nas declarações de vontade se atenderá mais à intenção nelas consubstanciada do que ao sentido literal da linguagem". É a busca pela real intenção comum das partes na pactuação da cláusula que será determinante para a solução de inúmeras questões suscitadas pela figura. Nesse particular, são frequentes as situações em que a literalidade do contrato, em relação à cláusula penal, não reflita adequadamente a intenção das partes, pois expressões como "compensatória", "moratória", "multa", dentre outras, são utilizadas com pouco rigor técnico, suscitando questionamentos sobre o que de fato foi contratado, tendo em vista a prevalência da intenção sobre a literalidade, conforme o preceito do artigo 112.

Nesse contexto, cabe referir os recentes acréscimos que a "Lei da Liberdade Econômica"[44] promoveu sobre outra regra de interpretação

[43] Como ressaltado por Nanni, "as partes devem preocupar-se em bem redigir a cláusula penal, ainda mais nos dias atuais em que proliferam contratos complexos, com uma série de obrigações correspectivas distintas, muitas vezes com diversas penas convencionais tanto compensatórias como moratórias, algumas particulares, para certas prestações, e outras gerais, para qualquer infração. Por isso, as vicissitudes devem estar bem delineadas, evitando-se contratempos e divergências na sua incidência". NANNI, Giovanni Ettore. **Comentários ao Código Civil**: direito privado contemporâneo. Alexandre Dartanhan de Mello Guerra *et al.* (coord.) NANNI, Giovanni Ettore. São Paulo: Saraiva Educação, 2018, p. 672.

[44] Lei n. 13.874/2019.

do negócio jurídico constante do Código Civil, consistente no artigo 113, segundo o qual "os negócios jurídicos devem ser interpretados conforme a boa-fé e os usos do lugar de sua celebração". Desde 20 de setembro de 2019 estão em vigor os dois parágrafos acrescidos ao dispositivo[45]. O primeiro estabeleceu quatro vetores a serem observados na interpretação do negócio jurídico, revelando o propósito legislativo de regulamentar a aplicação da boa-fé, o que contraria a própria essência desse princípio fundamental do direito contratual brasileiro[46].

Dentre as inserções promovidas pela Lei da Liberdade Econômica no primeiro parágrafo do art. 113, consideramos digno de nota, para fins de estudo da cláusula penal, o teor do inciso V, que estabelece a busca pelo sentido que "corresponder a qual seria a razoável negociação das partes sobre a questão discutida, inferida das demais disposições do negócio e da racionalidade econômica das partes, consideradas as informações disponíveis no momento de sua celebração" [47]. A despeito das

[45] Para a análise e crítica das alterações promovidas pela Lei 13.874/2019 em matéria de interpretação do negócio jurídico, remetemos a KONDER, Carlos Nelson e. OLIVEIRA, Williana Nayara Carvalho. A interpretação dos negócios jurídicos a partir da Lei de liberdade Econômica. **Revista Fórum de Direito Civil**. Belo Horizonte, ano 9, n. 25, p. 13-35, set-dez. 2020; FORGIONI, Paula Andrea. A Interpretação dos Negócios Jurídicos II — Alteração do Art. 113 do Código Civil: Art. 7º. **Comentários a Lei de Liberdade Econômica: Lei 13.874/2019** [livro eletrônico] / coordenadores Floriano Peixoto Marques Neto, Otavio Luiz Rodrigues Júnior, Rodrigo Xavier Leonardo. São Paulo: Thomson Reuters Brasil, 2020; e NITSCHKE, Guilherme Carneiro Monteiro. Colmatação de Lacunas Contratuais: Insuficiências do Código civil, Deficiências da lei da Liberdade Econômica o Trabalho da Doutrina. A Evolução do Direito Empresarial e Obrigacional. Os 18 anos do Código Civil — Obrigações e Contratos — Vol. 2. Henrique Barbosa; Jorge Cesa Ferreira da Silva (Coords). São Paulo: Quartier Latin, 2021.

[46] "Afinal, tal proncípuo, como esclarece a doutrina, "Se trata por lo tanto, de un módulo 'necesitado de concrécion', que únicamente nos indica la dirección em que hemos de buscar la contestación a la cuestión de cuál sea la conducta exigible en determinadas circunstancias. No nos da una regla apta para ser simplemente 'aplicada' a cada caso particular y para leer en ella la solución del caso cuando concurran determinados presupuestos. Sino que en cada supuesto se exige un juicio valorativo del cual deriva lo que el momento y el lugar exijan" (LARENZ, Karl. Derecho de obligaciones. t. 1, TraduçãoTradução de Jaime Santos Briz. Madrid: Editorial Revista de Derecho Privado, 1958, p. 142).

[47] Anderson Schreiber considera a positivação da racionalidade econômica como vetor hermenêutico "de caráter inútil ou até perigoso", qualificando-a como "expressão abertíssima, que, aliás, reedita exatamente os mesmíssimos temores que os autores da iniciativa pareciam pretender afastar, qual seja, o uso de expressões de caráter amplo para alterar o sentido que os contratantes buscaram imprimir ao seu contrato". SCHREIBER, Anderson. **O direito civil**

críticas quanto à positivação da expressão "racionalidade econômica" acompanhamos a doutrina que vem atribuindo a essa expressão o sentido de considerar, na hermenêutica do negócio jurídico, os conceitos de "causa" ou de "fim" do contrato, de modo que "a racionalidade a ser perquirida não deve envolver as considerações subjetivas de cada parte, mas sim aquela expressa no negócio como modo de se buscar alcançar determinada sínteses de efeitos jurídicos essenciais"[48]. Nesta concepção, entendemos haver correlação direta entre a regra de interpretação constante do inciso V, do parágrafo primeiro, do art. 113 e o vetor condutor da redução equitativa prevista pelo art. 413, representado pela "finalidade do negócio", que analisaremos no Capítulo 7 deste trabalho.

Por sua vez, o segundo parágrafo acrescido ao artigo 113 prestigiou a autonomia das partes ao prever expressamente a possibilidade de o negócio estabelecer regras próprias de interpretação[49]. O dispositivo não representa qualquer inovação no ordenamento brasileiro, que há tempos convive com estipulações de regras de interpretação, desacompanhadas de questionamentos quanto a sua legalidade. De qualquer, não podemos deixar destacar que a faculdade, agora positivada, tem especial relevo em matéria de cláusula penal, pois ninguém melhor do que as próprias partes pra esclarecer critérios a serem observados, por exemplo, em eventual análise da presença dos requisitos necessários à intervenção corretiva estabelecida pelo artigo 413.

O enquadramento da cláusula penal na teoria do negócio jurídico deve ser realçado no presente trabalho, pois, além de disciplinar todo o plano da validade da cláusula penal, tem reflexos diretos sobre o controle do seu conteúdo. De fato, nas discussões, tanto teóricas, quanto práticas, sobre o controle do conteúdo da cláusula penal, muitas vezes se verifica certa confusão entre a teoria do negócio jurídico e o sistema de controle do conteúdo da cláusula penal.

em 2019: uma breve retrospectiva. Disponível em: http://cartaforense.com.br/conteudo/colunas/o-direito-civil-em-2019-uma-breve-retrospectiva/18349. Acesso em: 06 jan. 2020.

[48] Konder, Carlos Nelson e. Oliveira, Williana Nayara Carvalho. A interpretação dos negócios jurídicos a partir da Lei de liberdade Econômica. **Revista Fórum de Direito Civil**. Belo Horizonte, ano 9, n. 25, p. 28.

[49] § 2º As partes poderão livremente pactuar regras de interpretação, de preenchimento de lacunas e de integração dos negócios jurídicos diversas daquelas previstas em lei.

Exemplificativamente, dentre os argumentos encontrados com maior frequência para justificar a fixação legal de um limite prévio ao conteúdo da cláusula penal estão a atribuição do valor da penalidade à posição negocial do credor, que muitas vezes dita as regras no momento da contratação, bem como a alegação de que a penalidade constitui, em diversos casos, uma disposição de estilo, objeto de pouca atenção pelos devedores quando concluem o negócio com a real intenção de cumprir suas obrigações e, consequentemente, sem se preocupar com as consequências do inadimplemento[50].

Essa argumentação, em nosso entendimento, desconsidera a cláusula penal como parte de um negócio jurídico, pois lança sobre ela uma análise que, na realidade, compete à teoria do negócio jurídico. Em negócios paritários, regulados pelo Código Civil, a análise sobre as circunstâncias em que ocorreram as manifestações de vontade, inclusive as resultantes na estipulação da cláusula penal, compete à teoria do negócio jurídico. Em nossa opinião, alegações de assimetria negocial ou deficiência de conhecimento do conteúdo negociado devem ser dirimidas por meio da disciplina dos defeitos do negócio jurídico, mediante a verificação dos pressupostos de institutos como o erro, o dolo, a coação, e a lesão.

Com isso não queremos dizer que o controle do conteúdo das cláusulas penais seja feito por meio da disciplina do negócio jurídico. Ao contrário, o sistema de controle do conteúdo da cláusula penal tem suas próprias regras e pressupostos. A análise da incidência das normas específicas sobre o conteúdo da cláusula penal parte da premissa de que se está diante de uma estipulação válida, nos termos da teoria do negócio jurídico. De fato, "o controlo da pena não se esgota no plano da sua redução. Antes desse tipo de sindicância, outros há, que o precedem, e cujo relevo não é menor"[51]. Portanto, a verificação dos pressupostos

[50] No Capítulo 7.1 apresentaremos doutrina nesse sentido e desenvolveremos nosso entendimento que rejeita o argumento como fundamento para o controle sobre o conteúdo da cláusula penal.

[51] Conforme a pertinente observação de Pinto Monteiro, "a primeira forma de controlo seja a que se refere à própria formação do acordo, a que incide sobre a própria convenção onde se estipula a pena, isto é, sobre a cláusula penal propriamente dita. Como qualquer outra estipulação negocial, também ela está sujeita, assim, a um controlo geral, havendo que apurar, designadamente, se o consentimento foi prestado na forma devida, se não há qualquer

específicos das normas referentes ao controle do conteúdo da cláusula penal deve ser feita sem a contaminação por argumentos pertinentes exclusivamente à disciplina do negócio jurídico.

O mesmo ocorre com a argumentação defensora do controle sobre o conteúdo da cláusula penal como forma de evitar que o credor tenha mais interesse pelo inadimplemento e adote comportamentos oportunistas no sentido de dificultar o adimplemento. A cláusula penal, na sua condição de negócio jurídico, está sujeita à função limitadora da boa-fé, disposta no artigo 187, que reprime o exercício inadmissível de posições jurídicas.

1.3 Regulação convencional da responsabilidade civil

A disciplina da cláusula penal encontra-se nos artigos 408 a 416 do Código Civil, que compõem o Capítulo V, do Título IV, "Do Inadimplemento das Obrigações". No Código Civil de 1916, as normas relativas à cláusula penal constavam do Título "Das modalidades das obrigações", o que era objeto de crítica pela doutrina, para quem "melhor seria incluí-la no capítulo inerente à inexecução das obrigações, pois uma de suas funções consiste, precisamente, em prover a inexecução das obrigações"[52].

Maior rigor técnico foi observado pelo legislador de 2002 ao tratar da cláusula penal junto da disciplina sobre as consequências do inadimplemento das obrigações. Nesse particular, é pertinente a observação sobre a circunstância de

> a modificação, que atende ao aprimoramento técnico, não atingiu somente o instituto da cláusula penal, incluindo-se também sob o título

vício de vontade, como o erro, o dolo, a coação moral, a incapacidade acidental ou a usura, e se foi aceite por quem tinha capacidade negocial, de gozo e de exercício de direitos. A cláusula penal poderá, assim, ser inválida, por aplicação das regras gerais. Por outro lado, há que contar com os casos em que a lei vede o emprego de cláusulas penais (ou esvazie o alcance das mesmas), seja expressamente, seja de modo implícito, em razão da tutela especial que, em determinados domínios, confere a certos contratantes, por motivos de ordem pública e protecção social". MONTEIRO, António Joaquim de Matos Pinto. Cláusula penal e comportamento abusivo do credor. **Revista Brasileira de Direito Comparado**. Rio de Janeiro: Instituto de Direito Comparado Luso-Brasileiro, 2003, p. 128.

[52] LOPES, Miguel Maria de Serpa. **Curso de direito civil**. v. II. 3. ed. Rio de Janeiro: Freitas Bastos, 1961, p. 187.

do inadimplemento das obrigações as disposições sobre a mora, que se encontravam no âmbito do pagamento, e as referentes às arras, que se encontravam na parte geral dos contratos[53].

Com efeito, a retirada da disciplina da cláusula penal do título destinado às modalidades das obrigações permite melhor compreender a figura, que está vinculada à "parte patológica do direito obrigacional"[54]. O ordenamento jurídico estabelece as consequências do inadimplemento contratual no artigo 389 do Código Civil[55], ou seja, perdas e danos, juros, atualização monetária e honorários de advogado. Por meio da cláusula penal as partes estabelecem uma consequência específica, que pode substituir ou complementar aquelas estabelecidas como regra geral pelas normas relativas ao inadimplemento.

Assim, por meio da cláusula penal os contratantes disciplinam a responsabilidade civil contratual, estabelecendo uma determinada consequência para o inadimplemento obrigacional. Na lição de Orlando Gomes, a cláusula penal apresenta-se como um meio de que se servem as partes de um contrato para delimitar, de antemão, a responsabilidade por inexecução culposa"[56]. Sua disciplina, portanto, guarda pertinência com o inadimplemento, e não com a distinção das modalidades de obrigação[57]. Dentro da esfera de autonomia concedida aos particulares está

[53] Tepedino, Gustavo; Barboza, Heloisa Helena; Moraes, Maria Celina Bodin de. **Código Civil interpretado conforme a Constituição da República**. v. 1. Rio de Janeiro: Renovar, 2004, p. 748.

[54] Alvim, Agostinho. **Da inexecução das obrigações e suas conseqüências**. 3. ed. São Paulo: Jurídica e Universitária, 1965, p. 21.

[55] Artigo 389. Não cumprida a obrigação, responde o devedor por perdas e danos, mais juros e atualização monetária segundo índices oficiais regularmente estabelecidos, e honorários de advogado.

[56] Gomes, Orlando. **Obrigações**. Revista, atualizada e aumentado, de acordo com o Código Civil de 2002, por Edvaldo Brito. Rio de Janeiro: Forense, 2007, p. 193.

[57] Como explica Ferriani, "a cláusula penal não é, a rigor, uma modalidade, ou uma maneira, pela qual a obrigação se apresenta, como é o caso da obrigação de dar, fazer ou não fazer, ou da obrigação alternativa, divisível e solidária. Sua razão de ser, isto é, a sua existência está ligada à inexecução da obrigação, qualquer que seja a espécie. Só faz sentido, ou só se percebe a sua função, na hipótese de a prestação não ser cumprida, ou melhor, caso o interesse do credor não seja satisfeito". Ferriani, Carlos Alberto. Da cláusula penal. **Revista de Direito Bancário e do Mercado de Capitais**. (coord.) Ribeiro, José Horácio Halfeld Rezende. São Paulo: RT, v. 55, ano 15, mar. 2012, p. 136.

a liberdade de estipulação sobre as consequências do inadimplemento, através de determinados institutos previstos pelo ordenamento para esse fim, entre eles a cláusula penal. Pode-se, assim, atribuir à cláusula penal

> um sentido de ato de justiça privada, não no sentido da exclusão do controle jurisdicional, mas sim na possibilidade de as partes, no exercício da autonomia privada, afastarem a atuação do juiz no caso de inadimplemento da obrigação ao fixarem uma pena a ser exigida na situação[58].

Almeida Costa, em sua obra "Direito das Obrigações", tratou da cláusula penal no contexto dos "acordos relativos à responsabilidade civil", o que nos parece contextualizar adequadamente a figura. Nas palavras do doutrinador português, estes acordos, "numa sistematização muito simplificada, reconduzimo-los a três categorias essenciais: a) convenções de limitação ou de agravamento da responsabilidade; b) convenções de exclusão da responsabilidade; c) cláusula penal"[59].

Nesse sentido, a cláusula penal constitui uma espécie do gênero acordos sobre a responsabilidade civil. Oportunamente abordaremos a distinção da cláusula penal em relação a outras espécies desse mesmo gênero, como a cláusula limitativa de responsabilidade e a cláusula de prefixação de danos. Todas são expressões do mesmo gênero, por meio do qual "se regula a responsabilidade civil por via de convenção das partes"[60].

A construção dogmática da cláusula penal, em nosso entendimento, deve considerar que, em regra, não se trata de figura destinada exclusivamente à tutela dos interesses do credor. E fato, por se tratar de prestação que dispensa a ocorrência de prejuízos, com exigibilidade condicionada apenas ao inadimplemento imputável, a cláusula penal é contextualizada em alguns manuais, como "fixação contratual dos direitos do credor"[61].

[58] Benacchio, Marcelo. Cláusula penal: revisão crítica à luz do Código Civil de 2002. *In*: Nanni, Giovanni Ettore (coord.). **Temas relevantes do direito civil contemporâneo**: reflexões sobre os 5 anos do Código Civil. São Paulo: Atlas, 2008, p. 383.

[59] Costa, Mário Júlio de Almeida. **Direito das obrigações**. 10. ed. Coimbra: Almedina, 2006, p. 787.

[60] Nonato, Orosimbo. **Curso de obrigações** (generalidades-espécies). v. II. Rio de Janeiro: Forense, 1959, p. 303.

[61] Varela, João de Matos Antunes. **Das obrigações em geral**. v. II. 10. ed. Coimbra: Almedina, 2006.

Ocorre que a criação de uma presunção absoluta de dano, com a consequente exigibilidade condicionada apenas ao inadimplemento imputável, por si só, não implica em uma tutela destinada exclusivamente ao credor. Afinal, a regra contida na primeira parte do parágrafo único do artigo 416 ("Ainda que o prejuízo exceda ao previsto na cláusula penal, não pode o credor exigir indenização suplementar se assim não foi convencionado"), revela, nitidamente, que também o devedor tem seus interesses resguardados pela cláusula penal.

Assim, salvo disposição expressa em sentido contrário, a estipulação de uma cláusula penal delimita a responsabilidade do devedor pelo inadimplemento contratual, permitindo mensurar os riscos assumidos com a conclusão do negócio. Na inexistência de cláusula penal — ou mesmo outros institutos por meio dos quais as partes convencionem sobre a responsabilidade civil contratual — a exposição patrimonial do devedor estará sujeita à extensão dos danos que o credor conseguir provar. Com a cláusula penal, essa exposição é desde logo delimitada, de modo que muitas vezes é o devedor quem tem o maior interesse em estabelecer uma cláusula penal.

Portanto, a cláusula penal pode tutelar interesses tanto do credor, quanto do devedor[62]. Na ausência de previsão expressa de direito à indenização suplementar, ao mesmo tempo em que o primeiro fica dispensado de provar prejuízo e tem garantido o recebimento de uma determinada prestação em caso de inadimplemento, o segundo tem na referida prestação a limitação de sua responsabilidade pelo mesmo inadimplemento[63]. Nesse sentido, a cláusula penal não se restringe a

[62] Precisas, nesse particular, as considerações de Motta Pinto: "Ao mesmo tempo que o credor se furta ao encargo de ter de provar a extensão do prejuízo efectivo, o devedor previne-se quanto a uma indemnização avultada, superior às suas expectativas. Numa palavra, acordando-se num montante indemnizatório predeterminado, as vantagens e os inconvenientes que daí poderão advir são partilhados pelos dois contraentes: ambos conhecem, de antemão, as consequências de um eventual inadimplemento, e um e outro se submetem ao risco de o prejuízo efectivo ser consideravelmente menor ou maior do que a soma prevista". PINTO, Carlos Alberto da Motta. **Teoria geral do direito civil**. 4. ed. Atualizado por Antonio Pinto Monteiro e Paulo Mota Pinto. Coimbra: Coimbra, 2005, p. 591.

[63] Conforme leciona Nanni, "Mesmo que o valor da cláusula penal seja tímido em relação aos danos causados ao credor, ele não terá a faculdade de optar pelas perdas e danos judiciais. Em sentido inverso, será ineficaz alegação pelo devedor quanto à configuração de dano em montante inferior ao pactuado. O caráter aleatório da pena demonstra que ela atende

uma fixação contratual dos direitos do credor, pois atua como verdadeiro instrumento de repartição de riscos que "inequivocamente propicia segurança jurídica às partes[64].

Trata-se de estipulação feita antes da superveniência do inadimplemento, com o objetivo, inclusive, de impedir que esse ocorra. Dessa forma, o acordo entre as partes é celebrado em momento no qual gozam de boa e equitativa relação, contribuindo para que pactuem pagamento da cláusula penal em valor que lhes pareça justo, frente ao valor total da obrigação e aos interesses envolvidos no seu adimplemento.

Essa ótica se modifica diante de expressa previsão de "indenização suplementar", conferindo-se à cláusula penal compensatória a atribuição de piso indenizatório, conforme preconizado pela segunda parte do parágrafo único do artigo 416[65]. Nesses casos, a cláusula penal surge como instrumento de proteção apenas ao credor, que tem garantido o recebimento de uma prestação, independentemente da ocorrência de qualquer prejuízo, e resguardado o direito de demonstrar que sofreu prejuízo em montante superior ao da penalidade, reclamando a diferença. O devedor, por seu turno, não obtém com a cláusula penal a delimitação de sua exposição patrimonial, nem a previsibilidade sobre as consequências do seu eventual inadimplemento, alocando para si o risco de os danos que vierem a ser comprovados pelo credor superarem o valor da cláusula penal.

Nesses casos, é possível, ainda, que a delimitação da exposição patrimonial do devedor seja obtida por outros mecanismos de regulação convencional da responsabilidade civil, como ocorrerá, por exemplo, quando além da cláusula penal estipulada com previsão de indenização suplementar, seja fixada uma cláusula limitativa de responsabilidade, estabelecendo um teto para o valor da diferença a ser reclamada pelo credor.

ao interesse de credor e de devedor. Ambos se submetem ao risco de um dano real maior ou menor que o valor da cláusula penal". Nanni, Giovanni Ettore. **Comentários ao Código Civil**: direito privado contemporâneo. Alexandre Dartanhan de Mello Guerra *et al.* (coord.) Nanni, Giovanni Ettore. São Paulo: Saraiva Educação, 2018, p. 684.

[64] BRASIL. REsp n. 1.498.484/DF, Segunda Seção, Rel. Min. Luis Felipe Salomão, j. 22-5--2019.

[65] "[...] Se o tiver sido, a pena vale como mínimo da indenização, competindo ao credor provar o prejuízo excedente".

Na realidade, não são apenas as cláusulas penais compensatórias pactuadas com a previsão de indenização suplementar que acabam se voltando quase que exclusivamente aos interesses do credor, pois isso se verificará em maior grau nas cláusulas punitivas, nas quais a penalidade é devida em acréscimo à obrigação principal ou às perdas e danos decorrentes do seu inadimplemento absoluto.

Isso não quer dizer que essas disposições — cláusulas penais compensatórias com previsão de indenização suplementar e cláusulas penais punitivas — não propiciem qualquer vantagem ao devedor. Como abordaremos no capítulo 4, a estipulação da cláusula penal muitas vezes funciona como uma sinalização importante pelo devedor, que com ela obtém melhores condições comerciais, ou a própria viabilização do negócio.

Em síntese, a cláusula penal não tem como pressuposto constituir uma convenção sobre a responsabilidade civil contratual destinada exclusivamente à tutela dos interesses do credor. Ela pode ser fixada em termos que atendam aos interesses de ambas as partes, ou primordialmente ao de uma delas, e, ainda, ser estipulada em conjunto a outras convenções sobre a responsabilidade civil contratual. Trata-se, portanto, de mecanismo à disposição dos contratantes, que têm liberdade para adequá-lo às finalidades necessárias ao programa contratual em concreto, auxiliando a alocação de riscos definida na formação do negócio.

A segunda constatação que entendemos necessária à construção dogmática da cláusula penal consiste no entendimento de que, em relação a ambos os polos da relação obrigacional, ela não se confunde com a obrigação alternativa, cuja disciplina se encontra nos artigos 252 a 256 do Código Civil. Na lição de Mendonça,

> a alternativa, porém, é uma obrigação única, compreendendo duas prestações, de modo tal que, se uma perecer por caso fortuito, a obrigação continua a subsistir, pois que tem ainda um objeto. Na obrigação com cláusula penal, ao contrário, as duas prestações constituem objeto de obrigações diferentes, uma principal, outra acessória. De modo que, se a prestação da obrigação principal perecer por caso fortuito, a acessória desaparece[66].

[66] Mendonça, Manuel Inácio Carvalho de. **Doutrina e prática das obrigações ou tratado geral dos direitos de crédito**. t. 2. 4. ed. Rio de Janeiro: Forense, 1956, p. 370.

A obrigação alternativa envolve a possibilidade de escolha, a faculdade de cumprir-se ou exigir-se "isto ou aquilo", tendo-se como integralmente adimplida a obrigação em ambas as hipóteses. Esse, contudo, não é o caso da cláusula penal, que de maneira alguma estabelece uma obrigação alternativa, muito menos abre às partes a possibilidade de escolha.

Sob a ótica do credor, a ausência de alternatividade se revela de duas formas distintas. A primeira é a de que ele

> não tem, em virtude da cláusula penal, duplicidade de prestações, alternativamente exigíveis, pois não tem direito a uma de duas soluções, a específica e a multa. Esta somente existe e será exigível depois de caracterizado o inadimplemento[67].

Nesse particular, como lembra Ferriani, a cláusula penal "não é prestação que está *in obligatione*, mas *in solutione*"[68].

Ainda sob a ótica do credor, cabe abordar o sentido alternativo da expressão "converter-se-á em alternativa a benefício do credor", constante do artigo 410. Em que pesem algumas opiniões em sentido contrário, é amplamente majoritário o entendimento sobre a consequência advinda do parágrafo único do artigo 416, no sentido de que "existente a cláusula penal, o credor não pode escolher pleitear o ressarcimento pela apuração das perdas e danos decorrente da falha total do devedor"[69].

[67] PEREIRA, Caio Mário da Silva. **Instituição de direito civil**. v. 2. Atual. Guilherme Calmon Nogueira da Gama (coord.) 29. ed. Rio de Janeiro: Forense, 2017, p. 146.

[68] FERRIANI, Carlos Alberto. Da cláusula penal. **Revista de Direito Bancário e do Mercado de Capitais**. (coord.) RIBEIRO, José Horácio Halfeld Rezende. São Paulo: RT, v. 55, ano 15, mar. 2012, p. 143.

[69] NEVES, José Roberto de Castro. **Direito das obrigações**. 7. ed. Rio de Janeiro: LMJ Mundo Jurídico, 2017, p. 382. No mesmo sentido, "dado o caráter à forfait da cláusula penal, o credor não pode renunciar a ela para requerer o ressarcimento integral do dano, segundo as regras gerais". NANNI, Giovanni Ettore. **Comentários ao Código Civil**: direito privado contemporâneo. Alexandre Dartanhan de Mello Guerra *et al.* (coord.) NANNI, Giovanni Ettore. São Paulo: Saraiva Educação, 2018, p. 673. Ressalta, Motta Pinto, a esse respeito, que "se o credor pudesse, sem mais, fazer a referida opção, isso significaria frustrar a expectativa do devedor ao subscrever a cláusula. A pena é estipulada como substituto da indemnização, pelo que o acordo vincula ambas as partes ao montante predeterminado, sendo este o único exigível a título de indemnização". PINTO, Carlos Alberto da Motta. **Teoria geral do direito civil**. 4. ed. Atualizado por Antonio Pinto Monteiro e Paulo Mota Pinto. Coimbra: Coimbra,

Como detalharemos ao tratar dos regimes da cláusula penal, diante da fixação de cláusula penal para o inadimplemento absoluto, o art. 410 confere ao credor a possibilidade de, perante o inadimplemento que ainda se revele relativo, ou seja, quando o adimplemento ainda se revele possível, escolher entre perseguir o cumprimento da prestação natural, ou, então, abdicar desse direito e reclamar desde logo o recebimento da cláusula penal. Feita a escolha antes de o inadimplemento relativo ser sanado, não caberá mais ao devedor a possibilidade de cumprir, restando o mesmo obrigado ao pagamento da cláusula penal. Tal escolha, em nosso entendimento, reflete a previsão "se o autor o requerer" constante do art. 499 do código de processo Civil.

Por outro lado, quando já se esteja diante de um inadimplemento absoluto, seja por impossibilidade ou perda de utilidade, restará ao credor, apenas, o recebimento da cláusula penal. Desta forma, inexiste alternativa entre o recebimento da cláusula penal, ou as perdas e danos que venham a ser comprovadas.

Em relação ao devedor, também não se cria qualquer alternativa, na medida em que "a cláusula penal não é meio de romper contrato, a dizer, a cláusula penal não pode ser invocada ou oferecida pelo promitente como meio de se desligar da obrigação"[70]. Conforme a lição de Caio Mário,

2005, p. 591. A posição em sentido contrário é defendida por Otávio Rodrigues, para quem "o sentido dessa alternatividade vinca-se, sic et simpliciter, à opção do credor em executar o contrato e demandar a pena compulsória, ou, trilhar a vereda da remorada instrução probatória, requerendo perdas e danos" RODRIGUES JUNIOR, Otavio Luiz. **Natureza, função e modificação da cláusula penal no direito civil brasileiro**. São Paulo. 418 p. Tese (Doutorado em Direito) Faculdade de Direito da Universidade de São Paulo (USP), São Paulo, 2006, p. 171.

[70] FULGÊNCIO, Tito. Do direito das obrigações: das modalidades das obrigações (artigos 863-927). — Rio de Janeiro: Companhia Editora Forense, 1958. p. 395. Complementa, Santos, que "não obstante a cláusula penal, subsiste a obrigação, com tôda sua eficácia, podendo, por conseguinte, o credor exigir o seu cumprimento, certo como é que a cláusula penal não faz extinguir a obrigação, mas apenas representa uma vantagem para o credor, um refôrço da obrigação. Não poderá a cláusula penal, por conseguinte, constituir, jamais um meio de liberação do devedor inadimplente". SANTOS, J. M. de Carvalho. **Código Civil brasileiro interpretado, principalmente do ponto de vista prático**. 13. ed. v. XI. Rio de Janeiro: Freitas Bastos S.A, 1986, p. 302. Mais recentemente, pontua Nanni, "a estipulação da cláusula penal não dá ao devedor o direito de liberar-se da obrigação de prestação sempre que prefira pagar a soma prevista na pena convencional. O credor conserva intacto o direito à

> para ele, devedor, a obrigação é uma só: cumprir o que se obrigou (*una res in obligatione*). Mas, se deixa de prestar, cabe ao credor escolher entre o cumprimento da obrigação e a multa convencionada. Se assim não fosse, e o devedor tivesse a opção entre o implemento da obrigação e o pagamento da multa, a cláusula penal desfiguraria a obrigação, que passaria a facultativa a benefício do devedor (*duae res in solutione*) e perderia todo o sentido de reforço do vínculo[71].

Voltaremos a abordar essa ausência de alternatividade no próximo capítulo, pois é ela que distingue a cláusula penal em relação à multa penitencial. Nesse particular, a diferenciação em relação às obrigações alternativas auxilia a própria compreensão da cláusula penal.

Com efeito, a estipulação de uma cláusula penal visa fortalecer o vínculo e, como regra, delimitar a exposição patrimonial do devedor. Estabelecendo-se que a cláusula penal jamais pode ser entendida como obrigação alternativa compreende-se também a natureza da relação obrigacional que a mesma impõe, ou, em outros termos, o *caráter vinculativo* para ambas as partes. Os dois polos da relação obrigacional estão vinculados ao objeto do contrato. O mecanismo da cláusula penal só deve entrar em vigor quando — e se — estiverem presentes duas condições essenciais: (i) inadimplemento contratual; e (ii) impossibilidade do cumprimento da obrigação principal ou desinteresse do credor em persegui-la. Veja-se que a opção da parte credora só passa a existir após a inadimplência da parte devedora.

No direito brasileiro, em linha com os principais ordenamentos de matriz romano-germânica, a execução específica da obrigação constitui a "sanção primária do incumprimento"[72]. Conforme preceitua o artigo 499 do Código de Processo Civil, "a obrigação somente será convertida em perdas e danos se o autor o requerer ou se impossível a tutela específica ou a obtenção de tutela pelo resultado prático equivalente".

execução". Nanni, Giovanni Ettore. **Comentários ao Código Civil**: direito privado contemporâneo. Alexandre Dartanhan de Mello Guerra *et al.* (coord.) Nanni, Giovanni Ettore. São Paulo: Saraiva Educação, 2018, p. 673.

71 Pereira, Caio Mário da Silva. **Instituição de direito civil**. v. 2. Atual. Guilherme Calmon Nogueira da Gama (coord.) 29. ed. Rio de Janeiro: Forense, 2017, p. 146.

72 Vicente, Dário Moura. **Direito comparado** — obrigações. v. 2. Coimbra: Almedina, 2017, p. 278.

A lei processual, portanto, faculta ao credor duas opções: exigir o cumprimento da obrigação, ou cobrar perdas e danos — aí incluída eventual cláusula penal pactuada entre as partes.

Nesse ponto, reside a diferenciação fundamental entre a obrigação com cláusula penal e a multa penitencial. Na primeira, quem escolhe entre a execução específica ou o pagamento da multa convencionada é o credor. Essa faculdade só surge em seu favor após o inadimplemento da obrigação pelo devedor. Já na multa penitencial, cabe ao devedor a eleição de qual das obrigações será adimplida.

Assim, a cláusula penal vincula ambas as partes da obrigação ao adimplemento da obrigação principal pactuada, passando ao largo de criar uma escolha para qualquer das partes, como fazem a obrigação alternativa e a multa penitencial. Somando-se esse entendimento conceitual ao panorama da lei processual vigente, que permite ao credor a promoção de execução específica contra o devedor, é possível compreender como a cláusula penal de fato permeia as realidades contratual e prática amparadas pela legislação pátria.

Ao instituir cláusula penal em determinada relação contratual, protegem-se ambas as partes de eventual inadimplemento, porém sem jamais prestigiá-lo. Ele é, na verdade, efeito colateral indesejado, remediado por meio do pagamento da cláusula penal. Essa, contudo, não possui o condão de curar o inadimplemento da obrigação principal.

É nesse contexto que se inserem as dificuldades de acolhimento, pelo ordenamento brasileiro, da teoria do inadimplemento eficiente, cunhada pela doutrina de *law & economics*[73]. Propõe-se, por meio desta teoria, uma visão econômica e pragmática do direito das obrigações, que pode ser resumida, em apertada síntese, pela seguinte assertiva:

[73] Como explica Menezes Cordeiro, "podemos apontar como o último acontecimento metodológico do século XX a erupção, no Continente, do pensamento materialista norte-americano, conhecido como 'análise económica do Direito' ou law and economics. Com raízes anteriores, particularmente no economista Ronald H. Coase, a análise económica do Direito foi particularmente divulgada por Richard A. Posner. No fundamental, a análise económica explica que a conduta humana é, no essencial das suas opções, enformada por postulados de ordem económica. Na celebração de um contrato, no exercício das faculdades de proprietário ou na decisão que pode levar à prática de um crime, o agente determina-se em função da maior utilidade que possa retirar de bens escassos (Cordeiro, António Manuel da Rocha e Menezes. **Tratado de direito civil português**. Parte geral. t. I. 3.ed. Coimbra: Almedina, 2007, p. 135).

se o custo de execução do contrato pelo devedor superar o benefício do adimplemento para as partes, o devedor não só pode, como deve inadimplir o contrato, pois é essa a solução mais eficiente e socialmente desejável.[74] [75] Seguindo essa linha de raciocínio, os defensores da teoria do inadimplemento eficiente afirmam que o contrato, na verdade, é uma opção conferida ao devedor entre cumprir a obrigação contratual ou indenizar o credor pelo inadimplemento[76], concepção que, em regra, é atribuída a Oliver Wendell Holmes, em sua clássica afirmação "*the duty to keep a contract at common law means a prediction that you must pay damages if you do not keep it — and nothing else*"[77] [78]. Sob essa perspectiva, todo contrato seria, em sua essência, uma espécie de obrigação facultativa, uma escolha entre cumprir ou indenizar.

Nesse sentido, se um terceiro oferece ao devedor da relação contratual uma recompensa maior do que aquela prevista no contrato, deve-se permitir que o devedor descumpra o pactuado e vá em busca daquela nova oportunidade mais vantajosa. De acordo com os defensores da teoria, o inadimplemento do contrato, nesse cenário, não apenas estimula a economia — pois o produto ou serviço terá sido fornecido

[74] COOTER, Robert; ULEN, Thomas. Breaching is more efficient than performing when the costs of performing exceed the benefits to all parties. **Law and Economics**. 4. ed. Boston: Pearson, 2004, p. 254.

[75] Confira-se, nesse sentido, o entendimento de Richard Posner: "*Even if the breach is deliberate, it is not necessarily blameworthy. The promisor may simply have discovered that his performance is worth more to someone else. If so, efficiency is promoted by allowing him to break his promise, provided he makes good the promisee's actual losses. If he is forced to pay more than that, an efficient breach may be deterred and the law doesn't want to bring about such a result.*" *(Patton v. Mid-Continent Sys., 841 F.2d 742, 750, 7th Cir.1988). Veja-se também o entendimento de Robert L. Birmingham: "Repudiation of obligations should be encouraged where the promisor is able to profit from his default after placing his promisee in as good a position as he would have occupied had performance been rendered. Failure to honor an agreement under these circumstances is a movement toward Pareto optimality* [...]". BIRMINGHAM, Robert L. Breach of contract, damage measures, and economic efficiency. **Rutgers Law Review n. 24**, p. 284.

[76] POSNER, Richard. Let us never blame a contract breaker. **Michigan Law Review** v. 107 University of Chicago Law School: Chicago Unbound, 2009.

[77] HOLMES, Oliver Wendell. The path of the law. **Harvard Law Review**, 1897, pp. 457 e ss.

[78] Parte da doutrina discorda dessa interpretação dada à frase escrita por Holmes, e afirma que, muito pelo contrário, Holmes tratava o inadimplemento contratual como um *tort*: um ato ilícito. Nesse sentido: PERILLO, Joseph M. Misreading Oliver Wendell Holmes on efficient breach and tortious interference. **Fordham Law Review**, v. 68, issue 4, article 4, pp. 1.085-1.106.

àquele que o valoriza mais, seguindo a lei natural do mercado —, mas também proporciona o melhor proveito possível para todas as partes envolvidas (tanto aos contratantes quanto ao terceiro que induz o inadimplemento)[79].

Os defensores dessa teoria propõem, portanto, um olhar frio sobre o direito dos contratos, despido de carga moral. Richard Posner, juiz americano aposentado e renomado jurista na área de *law & economics*, defende a preponderância dos aspectos econômicos em detrimento de outros aspectos na doutrina de direito contratual[80].

A teoria do inadimplemento eficiente foi criada sob a ótica de ordenamentos de *common law*, nos quais a execução específica não é a regra, mas a exceção, aplicada em hipóteses extremamente limitadas. Em ordenamentos de *common law*, o recurso à execução específica ocorre apenas quando a indenização não é medida adequada para tutelar o direito da parte adimplente.[81] Essa predileção pela indenização — em vez da execução específica — decorre de diversos fatores inerentes ao *common law*, dentre eles (i) a extrema valoração da liberdade individual em matéria contratual, que resulta na defesa da faculdade de não cumprir com o contrato, (ii) a dimensão dos mercados em que vigora o *common law*, pois há maior facilidade em encontrar-se bens que substituam os prometidos no contrato a ser inadimplido, mitigando a necessidade da execução específica; e (iii) a maior facilidade e celeridade em executar-se a indenização, quando comparada à execução da obrigação específica[82].

O maior óbice à aplicação da teoria no Brasil decorre dos instrumentos conferidos ao credor para reagir ao inadimplemento, seja ele relativo ou absoluto. Nesse sentido, o artigo 475 do Código Civil prevê que "a parte lesada pelo inadimplemento pode pedir a resolução do contrato,

[79] Posner, Richard. Let's never blame a contract breaker. **Michigan Law Review**. v. 107. n. 8, Chicago Law School: Chicago Unbound, jun. 2009, pp. 1.350-1.351.

[80] "[...] concepts of fault or blame, at least when understood in moral terms rather than translated into economic or other practical terms, are not useful addenda to the doctrines of the contract law". Posner, Richard. Let's never blame a contract breaker. **Michigan Law Review**. v. 107. n. 8, Chicago Law School: Chicago Unbound, jun. 2009, p. 1.349.

[81] Confira-se, nesse sentido, o §359 (1) do *Restatement (Second) of the Law of Contracts*: "*Specific performance or an injunction will not be ordered if damages would be adequate to protect the expectation interest of the injured party.*"

[82] Vicente, Dário Moura. **Direito comparado** — obrigações. v. 2. Coimbra: Almedina, 2017, pp. 280-281.

se não preferir exigir-lhe o cumprimento, cabendo, em qualquer dos casos, indenização por perdas e danos".

O artigo 497 do Código de Processo Civil também confere ao magistrado o poder-dever de determinar a execução específica de uma obrigação de fazer ou não fazer, hipótese em que "determinará providências que assegurem a obtenção de tutela pelo resultado prático equivalente."[83] O direito processual civil brasileiro prevê medidas coercitivas, indutivas, mandamentais ou sub-rogatórias, para que se obtenha o cumprimento da obrigação pelo devedor. O artigo 536, § 1º, do Código de Processo Civil dispõe de um rol exemplificativo de medidas que poderão ser adotadas pelo magistrado a fim de compelir o devedor à execução específica, como "[...] a imposição de multa, a busca e apreensão, a remoção de pessoas e coisas, o desfazimento de obras e o impedimento de atividade nociva, podendo, caso necessário, requisitar o auxílio de força policial."

Portanto, não há espaço no ordenamento jurídico brasileiro para que o devedor descumpra o contrato por ter encontrado outra opção mais vantajosa. Nesse caso, o devedor poderá ser compelido ao cumprimento do contrato, desde que o seu inadimplemento não comprometa o interesse útil do credor no cumprimento da obrigação, o que, por óbvio, impede a aplicação da teoria do inadimplemento eficiente.[84]

Nesse sentido, em sistemas como o brasileiro, "há, por conseguinte, na esfera jurídica do credor, um verdadeiro direito à prestação, e não

[83] "Artigo 497. Na ação que tenha por objeto a prestação de fazer ou de não fazer, o juiz, se procedente o pedido, concederá a tutela específica ou determinará providências que assegurem a obtenção de tutela pelo resultado prático equivalente."

[84] "Destaque-se que o artigo 475 confere apenas ao contratante inocente, não já ao contratante inadimplente, o direito de extinguir o contrato. Não há, assim, a princípio, espaço no Direito Brasileiro para construções como a chamada *quebra eficiente do contrato*, em que o devedor descumpre o contrato original para celebrar negócio mais vantajoso com outro parceiro. Tal inadimplemento não tem o condão de encerrar o contrato originário sem que haja manifestação nesse sentido do contratante prejudicado. Assim, o contratante que rompe o contrato original e celebra novo contrato cuja execução se revele incompatível com o contrato anterior sujeita-se à possibilidade de ser compelido ao cumprimento do primeiro contrato, se sua falta não comprometer o interesse útil do credor na prestação." SCHREIBER, Anderson. *In*: TARTUCE, Flavio *et al.* **Código Civil comentado**: doutrina e jurisprudência. Rio de Janeiro: Forense, 2019, p. 278.

uma mera expectativa de vir a recebê-la, como sucede nos ordenamentos de *common law*"[85].

Por fim, cabe destacar dois outros óbices à aplicação da teoria sob o ordenamento jurídico brasileiro. São eles, a cláusula geral de boa-fé (artigo 422 do Código Civil), que impede o inadimplemento deliberado, e a vedação ao abuso de direito (artigo 187 do Código Civil), que também pode ter o condão de impedir o inadimplemento voluntário.[86]

1.4 Natureza acessória

Outro pressuposto da configuração da cláusula penal consiste na sua natureza de obrigação acessória, pois sua existência, validade, e eficácia estão diretamente vinculadas a outra obrigação, qualificada de principal[87]. Com efeito, a cláusula penal

> Não é fim em si mesma, senão meio de conseguir um fim, um escopo; prende-se necessariamente à relação de obrigação pelo laço que une o acessório ao principal, o credor não estipula a pena, mas a prestação objeto da relação obrigacional, o devedor não deve a pena senão na eventualidade da inexecução da prestação[88].

O Código Civil de 1916 previa no artigo 922 que "a nulidade da obrigação imporá a da cláusula penal". A norma não foi replicada na legislação atual, pois a questão já se encontra suficientemente regulada na disciplina do negócio jurídico, mais especificamente no atual artigo 184. De toda forma, a acessoriedade permanece constituindo característica

[85] Vicente, Dário Moura. **Direito comparado** — obrigações. v. 2. Coimbra: Almedina, 2017, p. 282.

[86] Krueger, Juliana. **Inadimplemento eficiente (*efficient breach*) nos contratos empresariais**. Faculdade de Direito da Universidade Federal do Rio Grande do Sul, Caderno do Programa de Pós-Graduação, v. 1, n. 2, 2016, p. 82.

[87] Segundo Nonato: "O primeiro caráter da cláusula penal, diz Giorgi, consiste, exatamente, em ser convenção acessória. Quando as partes a estipulam, não têm em vista juntar qualquer coisa à obrigação já contratada: visam somente reforçá-la e prefixar o valor dos danos possíveis. Não se pode compreender cláusula penal sem convenção, que ela reforce, e a cujo cumprimento sirva de estímulo, ao passo que se mostra perfeitamente compreensível a existência da convenção sem multa, sem a cláusula estudada". Nonato, Orosimbo. **Curso de obrigações** (generalidades-espécies). v. II. Rio de Janeiro: Forense, 1959, p. 337.

[88] Fulgêncio, Tito. **Do direito das obrigações**: das modalidades das obrigações (artigos 863-927). Rio de Janeiro: Companhia Forense, 1958, p. 395.

fundamental da cláusula penal incidindo, assim, o princípio da gravitação jurídica, segundo o qual "o acessório segue o principal" (*accessorium sequitur principale*)[89].

Independentemente da finalidade com ela perseguida, a cláusula penal somente foi convencionada em razão da existência de outra obrigação e somente será exigível a partir de seu descumprimento. Cabe ressaltar, no entanto, que não se exige identidade entre o credor da obrigação principal e o da cláusula penal, a qual pode ser estipulada em favor de terceiro[90].

Martins-Costa aponta as seguintes regras decorrentes do caráter acessório da cláusula penal:

> a) Se não existe a obrigação principal, ou se foi eficazmente impugnada, declarada inexistente, inválida ou ineficaz, assim correspondentemente será, conforme o caso, a cláusula penal;
> b) se a obrigação se extingue em virtude de impossibilidade superveniente não-imputável ao devedor, não há que se falar mais em prestação devida, e, portanto, é extinta também a cláusula penal;
> c) em linha de princípio, a cessão da obrigação principal importa na cessão da pretensão contida na cláusula penal;
> d) em linha de princípio, a exigibilidade da cláusula penal depende da exigibilidade da obrigação principal.
> Em matéria de prova, as regras concernentes à obrigação principal são estendidas à cláusula penal[91].

[89] Pontes De Miranda, Francisco Cavalcanti. **Tratado de Direito Privado**. t. 26. 2. ed. Rio de Janeiro: Borsoi, 1959. Como referido por Barros Monteiro, "geralmente, a cláusula penal reverte em proveito da parte inocente, mas nada impede seja convencionada em favo de terceiro, estranho à avença, como instituto de beneficência, por exemplo, assim como do próprio contratante inadimplente". Monteiro, Washington de Barros. **Curso de direito civil** — direito das obrigações, 1ª parte: das modalidades, das obrigações, dos efeitos das obrigações, do inadimplemento das obrigações. v. 4. 32. ed. atual. por Carlos Alberto Dabus Maluf. São Paulo: Saraiva, 2003, p. 336.

[90] Pontes de Miranda, Francisco Cavalcanti. **Tratado de Direito Privado**. t. 26. 2. ed. Rio de Janeiro: Borsoi, 1959, p. 63.

[91] Martins-Costa, Judith. **Comentários ao novo Código Civil**: do inadimplemento das obrigações. (coord.) Teixeira, Sálvio de Figueiredo. v. 5. t. 2. Rio de Janeiro: Forense, 2003, pp. 411-412.

De acordo com Serpa Lopes, o princípio da gravitação jurídica seria afastado em duas hipóteses: quando a nulidade da obrigação principal implicar em uma ação indenizatória, na qual, de acordo com o autor, a cláusula penal seria devida por representar o equivalente ao dano a ser indenizado; e quando a cláusula penal for fixada justamente para o caso de a obrigação principal vir a ser considerada nula[92].

Entendemos, entretanto, que os referidos exemplos não afastam o caráter acessório da cláusula penal. No primeiro caso, concordamos com Florence, quando afirma:

> não nos parece que o cumprimento da cláusula penal poderá ser exigido após declarada a nulidade da obrigação principal, ela apenas servirá como um parâmetro para o juiz, ao fixar a indenização perseguida pela parte prejudicada com a extinção do contrato[93].

Já no segundo caso, parece-nos que admitir-se a exigibilidade de cláusula penal fixada para garantir a nulidade de determinada obrigação representaria uma forma de burlar a vedação legal à referia obrigação, que encontraria na cláusula penal uma forma de oferecer aquilo que foi vedado pelo ordenamento[94].

A estipulação da cláusula penal, normalmente, ocorre simultaneamente à da obrigação principal, mas nada impede que ela seja convencionada depois, por meio, por exemplo, de um aditivo ao contrato em que foi estabelecida a obrigação principal. É o que se extrai da primeira parte do artigo 409. Dessa possibilidade de separação temporal entre

[92] LOPES, Miguel Maria de Serpa. **Curso de direito civil**. Rio de Janeiro: Freitas Bastos, 1957, p. 157.

[93] FLORENCE, Tatiana Magalhães. Aspectos pontuais da cláusula penal. *In*: (org.) TEPEDINO, Gustavo. **Obrigações**: estudos na perspectiva civil-constitucional. Rio de Janeiro: Renovar, 2005, p. 519.

[94] Nesse particular, alerta Farias: "se assim foi convencionada a cláusula penal, houve completa desnaturação, pois o pressuposto de sua eficiência deixaria de ser a existência da obrigação para ser a sua inexistência. Em outras palavras, de cláusula penal não se trata". FARIAS, Cristiano Chaves de. Miradas sobre a cláusula penal no direito contemporâneo (à luz do direito civil-constitucional, do novo Código Civil e do Código de Defesa do Consumidor). *In*: (coord.) RHEHARDT JUNIOR, Marcos Hehardt; BARROS, Daniel Conde. **Temas de direito civil contemporâneo**. Estudos sobre o direito das obrigações e contratos, em homenagem ao Professor Paulo Luiz Netto Lôbo. Salvador: JusPodivm, 2009, p. 139.

as estipulações da obrigação e principal e da cláusula penal resulta a diferente terminologia encontrada na doutrina, que adota a denominação de cláusula penal quando a contratação é simultânea, e de pena convencional nos casos em que estipulação da penalidade ocorre em momento posterior[95]. Entretanto, "consoante a sistemática do nosso Código Civil não há fundamento para essa distinção, e a diferença é meramente verbal"[96].

Os marcos temporais da pactuação da cláusula penal são a estipulação da obrigação principal, e o seu inadimplemento. Quanto ao primeiro, como ressaltado por Silvio Rodrigues, "*é inconcebível a estipulação da multa convencional antecedendo a da obrigação principal*"[97]. Em relação ao segundo marco temporal, não se pode admitir a estipulação da cláusula penal em momento posterior ao inadimplemento da obrigação principal. Nas palavras de Caio Mário,

> seja a cláusula penal estipulada juntamente com a obrigação ou em instrumento separado, evidentemente deve ser fixada antes do descumprimento, pois o contrário se não compadeceria com a finalidade econômica (liquidação prévia do dano) e menos ainda se afinaria com a outra, já que o reforçamento da obrigação descumprida pareceria o que a linguagem popular caracteriza no refrão que alude a pôr fechadura em porta arrombada[98].

[95] MENDONÇA, Manuel Inácio Carvalho de. **Doutrina e prática das obrigações ou tratado geral dos direitos de crédito**. t. 2. 4. ed. Rio de Janeiro: Forense, 1956, p. 368.

[96] LOPES, Miguel Maria de Serpa. **Curso de direito civil**. Rio de Janeiro: Freitas Bastos, 1957, p. 159.

[97] Esclarece o autor a circunstância de "evidentemente que só por se tratar de duas obrigações diversas é que a lei admite a estipulação separada de cada uma; e que somente por depender a cláusula penal da obrigação principal é que se pode admiti-la concebida posteriormente a esta, sem que o contrário se possa figurar". RODRIGUES, Silvio. **Direito civil**: parte geral das obrigações. São Paulo: Saraiva, 2007, p. 263. Complementa Benacchio, que a cláusula penal não pode ser firmada antes da existência, não eficácia, do negócio principal, pois, ainda que autônomo, sua causa refere-se à existência de uma obrigação principal e sua falta à estipulação contratual penal é nula, portanto, a validade requer a formulação da pena convencional no momento da gênese da obrigação principal ou em ato posterior. BENACCHIO, Marcelo. Cláusula penal: revisão crítica à luz do Código Civil de 2002. *In*: NANNI, Giovanni Ettore (coord.). **Temas relevantes do direito civil contemporâneo**: reflexões sobre os 5 anos do Código Civil. São Paulo: Atlas, 2008, p. 386.

[98] PEREIRA, Caio Mário da Silva. **Instituição de direito civil**. v. 2. Atual. Guilherme Calmon Nogueira da Gama (coord.) 29. ed. Rio de Janeiro: Forense, 2017, p. 167.

1.5 Exigibilidade condicionada ao inadimplemento imputável

Os pressupostos de exigibilidade da cláusula penal estão definidos no artigo 408 do Código Civil, ao estabelecer que "incorre de pleno direito o devedor na cláusula penal, desde que, culposamente, deixe de cumprir a obrigação ou se constitua em mora".

Primeiramente, o dispositivo definiu a exigibilidade "de pleno direito" da cláusula penal, indicando que, uma vez verificados os pressupostos nele indicados, a exigibilidade da penalidade será *automática*. Como esclarecido por Nanni, "inexiste providência adicional a ser tomada pelo interessado para que o inadimplente ou moroso incorra na obrigação de saldar a cláusula penal, a não ser evidenciar o incumprimento"[99]. A exigibilidade de pleno direito justifica a consideração como "termo inicial da correção monetária incidente sobre a cláusula penal, a data do inadimplemento da obrigação principal"[100].

Nesse ponto, sobressai o caráter acessório da cláusula penal, na medida em que o ônus da prova quanto ao descumprimento da obrigação, e, por conseguinte, da exigibilidade da penalidade, dependerá da natureza da obrigação garantida. Assim, nas obrigações de dar e de fazer, caberá ao devedor o ônus de afastar a exigibilidade da penalidade mediante a prova do adimplemento, ou a demonstração de que o inadimplemento não lhe é imputável. Caso, entretanto, a obrigação principal seja de não fazer, será do credor o ônus de comprovar o inadimplemento, quando da exigência da penalidade[101].

[99] NANNI, Giovanni Ettore. **Comentários ao Código Civil**: direito privado contemporâneo. Alexandre Dartanhan de Mello Guerra *et al.* (coord.) NANNI, Giovanni Ettore. São Paulo: Saraiva Educação, 2018, p. 670.

[100] REsp 1340199/RJ, Rel. luis Felipe Salomão, Quarta Turma, j. 10-10-2017.

[101] "La carga de la prueba, por lo que afecta a las penas convencionales, se regula también por las normas aplicables a la obligación principal. Por consiguiente, si se discute si el deudor há cumplido la obligación principal, éste tendrá que probarlo, aunque lo que se le reclame se ala pena. Por el contrario, cuando se trata de créditos dirigidos a omisiones, la carga de la prueba de que se ha cobrado en contra de la obligación principal corresponde al acreedor, exatamente igual que ocurriría em el caso de que demandasse em virtude de la obligación principal". ENNECCERUS, Ludwig; KIPP, Theodor; WOLFF, Martin. **Tratado de derecho civil**. t. 2, v. 1. Revisado por Henrich Lehmann. Tradução e adaptação (legislação e jurisprudência) do alemão por Blas Pérez González, José Alguer. Barcelona: Bosch, 1954, p. 191. No mesmo sentido, é a doutrina de Fulgêncio: "Outrossim, se o devedor contesta ter incorrido na pena. porque teria executado seu empenho, é a ele que compete provar a execução, a menos que a prestação não consista em uma abstenção. O credor só tem de provar

Diante da incidência de "pleno direito" da cláusula penal, o que importa, para sua exigibilidade, é verificar se de fato ocorreu o inadimplemento. Para tanto, faz-se necessário diferenciar a mora *ex re* da mora *ex persona*. Na primeira, o inadimplemento estará caracterizado mediante o simples transcurso do prazo fixado para o cumprimento da obrigação, de modo que, nestes casos, *dies interpellat pro homine*. Já na segunda, diante da inexistência de prazo anteriormente fixado, a caracterização do inadimplemento demandará prévia interpelação, notificação ou protesto[102].

O dispositivo prossegue indicando que a exigibilidade de pleno direito da cláusula penal ocorrerá quando o devedor "culposamente deixe de cumprir a obrigação". O correto enquadramento desse pressuposto demanda, portanto, a análise sobre as modalidades de inadimplemento bem como sobre o alcance da expressão "culposamente".

Com efeito, as modalidades de inadimplemento no direto brasileiro são encontradas nos artigos 389[103], 394[104] e 395[105] do Código Civil. A conceituação, classificação e a distinção dos inadimplementos é sintetizada por Agostinho Alvim:

> O inadimplemento, por parte do devedor, pode ser absoluto ou traduzir-se em simples mora. Inadimplemento absoluto, e inadimplemento

a mora do devedor, isto é, os fatos que operam a constituição em mora, e o devedor, que pretende ter executado, deve prová-lo. Pela mesma razão é ao credor que compete a prova de que o devedor executou o fato de que devia se abster". FULGÊNCIO, Tito. **Do direito das obrigações**: das modalidades das obrigações (artigos 863-927). Rio de Janeiro: Companhia Forense, 1958, p. 442.

[102] NONATO, Orosimbo. **Curso de obrigações** (generalidades-espécies). v. II. Rio de Janeiro: Forense, 1959, p. 357.

[103] Artigo 389. Não cumprida a obrigação, responde o devedor por perdas e danos, mais juros e atualização monetária segundo índices oficiais regularmente estabelecidos, e honorários de advogado.

[104] Artigo 394. Considera-se em mora o devedor que não efetuar o pagamento e o credor que não quiser recebê-lo no tempo, lugar e forma que a lei ou a convenção estabelecer

[105] Artigo 395. Responde o devedor pelos prejuízos a que sua mora der causa, mais juros, atualização dos valores monetários segundo índices oficiais regularmente estabelecidos, e honorários de advogado.

Parágrafo único. Se a prestação, devido à mora, se tornar inútil ao credor, este poderá enjeitá-la, e exigir a satisfação das perdas e danos.

> mora, subdividindo-se, o primeiro dêles, em inadimplemento absoluto total e parcial.
> Dá-se o inadimplemento absoluto quando a obrigação não foi cumprida, nem poderá sê-lo, como no caso de perecimento do objeto, por culpa do devedor.
> Mais precisamente: quando não mais subsiste para o credor a possibilidade de receber.
> Haverá mora, no caso em que a obrigação não tenha sido cumprida no lugar, no tempo, ou na forma convencionados, subsistindo, em todo o caso, a possibilidade de cumprimento.
> O inadimplemento absoluto, dissemos, pode ser total ou parcial.
> Total, quando a obrigação, em sua totalidade, deixou de ser cumprida, como no exemplo, acima figurado, do perecimento do seu objeto.
> Dá-se o inadimplemento absoluto parcial, se, *verbi gratia*, a obrigação compreende vários objetos, sendo um ou mais entregues e perecendo os restantes por culpa do devedor.
> Com relação a *êstes* últimos não há mora, evidentemente, já que a entrega nem se fêz nem se fará.
> Terá havido, pois, inadimplemento absoluto, parcial, da obrigação[106].

O fundamental, portanto, é verificar se o inadimplemento verificado é absoluto ou mora. Isso terá reflexo direto sobre a cláusula penal, pois se ela tiver sido prevista para a mora, não será devida após caracterizado o inadimplemento absoluto.

A distinção, nesse particular, está no critério da

> possibilidade ou impossibilidade, mas essa possibilidade ou impossibilidade, com maior precisão, não há de se referir ao devedor e sim ao credor: possibilidade ou não de receber a prestação, o que é diferente. [...] há inadimplemento absoluto quando não mais subsiste para o credor a possibilidade de receber a prestação; há mora quando persiste essa possibilidade[107].

[106] Alvim, Agostinho. **Da inexecução das obrigações e suas conseqüências**. 3. ed. São Paulo: Jurídica e Universitária, 1965, pp. 24-25.

[107] Alvim, Agostinho. **Da inexecução das obrigações e suas conseqüências**. 3. ed. São Paulo: Jurídica e Universitária, 1965, p. 59.

Cabe enfatizar, a esse respeito, que o inadimplemento absoluto não comporta purgação, diversamente do ocorrido com a mora. Nesse particular, no caso desta, a possibilidade de purgação somente permanecerá enquanto subsistir o interesse do credor na prestação não cumprida no tempo, lugar e forma estipulados. Afastado tal interesse, deixa de haver mora e caracteriza-se o inadimplemento absoluto. Nesse sentido, convém a ressalva:

> em matéria de mora domina a casuística, sômente ao juiz, tendo em vista cada caso, é que competirá decidir se a falta argüida pelo credor é tal que a prestação se lhe tornou inútil, ou somente menos valiosa, pois, bem pode acontecer que o credor, arrependido do negócio, queira se prevalecer de uma imperfeição relevável, para rejeitar a prestação, o que a lei não permite[108].

Definidas as duas modalidades de inadimplemento vigentes no direito brasileiro, cabe fazer a correlação quanto ao disposto na parte final do artigo 409 do Código Civil, quando define que a cláusula penal pode "referir-se à inexecução completa da obrigação, à de alguma cláusula especial ou simplesmente à mora". Além de indicar a mora, o dispositivo refere-se à alguma cláusula especial, como também à inexecução completa, o que não se confunde com inadimplemento absoluto. Na classificação de Agostinho Alvim apresentada acima, o inadimplemento absoluto se divide em total e parcial, de modo que a "inexecução completa" referida no artigo 409 corresponde ao inadimplemento

[108] ALVIM, Agostinho. **Da inexecução das obrigações e suas conseqüências**. 3. ed. São Paulo: Jurídica e Universitária, 1965, pp. 66-70. Como esclarece o autor, "Não há dúvida que a expressão inútil, abstratamente considerada, tem em linguagem um sentido certo, um conceito objetivo. Mas, dizendo-se inútil para o credor, entra aí o subjetivismo. O arbítrio do juiz entende-se com o exame da inutilidade em face do credor, sendo êste, pois, um conceito relativo dada a alegação do credor de que a prestação, devido à mora, não lhe apresenta mais utilidade, a êle cabe o ônus da prova. Não é o devedor que está sujeito a provar que a prestação continua sendo útil. Esta utilidade presume-se, porque, via de regra, a mora ocasiona prejuízo ao credor, mas só excepcionalmente tornará inútil a prestação. Por isso a lei admite a purgação. Assim sendo, ao que invocar a inutilidade cabe a prova. [...] Como a inutilidade da prestação para o credor é um dos óbices à purgação da mora, segue-se que, tornada inútil a prestação, pelo atraso, o credor demanda a rescisão, fundado no inadimplemento absoluto, e opõe-se à purgação fundado na inutilidade da prestação, que terá transformado a mora em inadimplemento absoluto."

absoluto total. Isso não quer dizer que o dispositivo afaste do inadimplemento parcial a estipulação de cláusulas penais. Acompanhamos, nesse ponto, o entendimento de que o artigo 409 apresenta um rol exemplificativo. Conforme a doutrina de Jorge Cesa,

> é o negócio jurídico que disporá sobre o suporte fático da pena concreta, que poderá dizer respeito ao inadimplemento total, ao inadimplemento parcial, à mora, à violação positiva do contrato, a um específico dever de proteção, a uma específica qualidade do bem, a uma prestação secundária, à mora de uma prestação secundária e assim sucessivamente[109].

A referência do autor à violação positiva do contrato decorre da compreensão da relação obrigacional como um processo, apresentada, no Brasil, pela obra de Clóvis do Couto e Silva[110]. Na doutrina, a violação positiva do contrato é, muitas vezes, apresentada como uma terceira modalidade de inadimplemento para qual é possível, inclusive, a estipulação de uma cláusula penal específica. Assim, alguns autores sustentam:

> embora a doutrina normalmente associe a cláusula ao descumprimento das obrigações consideradas principais, o inadimplemento absoluto também pode decorrer do descumprimento de obrigação secundária, anexa ou instrumental, que efetivamente frustre as legítimas expectativas do credor e distorça ou desvie a objetiva finalidade do contrato, conduzindo à imprestabilidade da prestação eventualmente (mal) feita[111].

Em face do Código Civil brasileiro, entretanto, não nos parece que a violação de deveres anexos ou instrumentais, decorrentes da função criadora do princípio da boa-fé, constitua uma terceira modalidade de

[109] Silva, Jorge Cesa Ferreira da. **Inadimplemento das obrigações**: comentários aos arts. 389 a 420 do Código Civil. Biblioteca de Direito Civil: estudos em homenagem ao Professor Miguel Reale São Paulo: RT, 2007, p. 254.

[110] Silva, Clóvis do Couto e. **A obrigação como processo**. Rio de Janeiro: FGV, 2007.

[111] Tepedino, Gustavo; Barboza, Heloisa Helena. Moraes, Maria Celina Bodin de. **Código Civil interpretado conforme a Constituição da República**. 2. ed. Rio de Janeiro: Renovar, 2007, pp. 751-752. Tratando especificamente da cláusula penal e a violação positiva do contrato: Nakamura, Mario Massao. Cláusula penal nos deveres anexos à obrigação. **Revista de Direito Bancário e do Mercado de Capitais**, São Paulo, v. 63, ano 17, pp. 97-127, mar. 2014, p.124.

inadimplemento. O Código Civil adotou conceito amplo no seu artigo 394[112], do qual se depreende que mora não é apenas cumprimento tardio da obrigação no tempo, abrangendo também as falhas no cumprimento quanto ao lugar e a forma contratados. A legislação brasileira preferiu reunir sob o conceito jurídico de inadimplemento relativo, ou mora, não só o adimplemento tardio, mas também o defeituoso, o que nos parece incluir a inexecução dos deveres anexos do contrato. Ademais, ainda que não se considerasse mora a violação de deveres anexos, a concretude da boa-fé, por meio do artigo 422 do Código Civil, seria aplicável ao caso, acarretando, na prática, os mesmos efeitos, quanto à responsabilidade civil, que adviriam se enquadrássemos o caso como mora ou violação positiva do contrato[113].

Considerada ou não como modalidade específica de inadimplemento, não há qualquer impeditivo para que a cláusula penal seja estipulada especificamente para o cumprimento defeituoso ou da violação dos denominados deveres laterais, em razão da atividade do devedor causar danos independentemente da prestação principal. Na ausência de previsão específica nesse sentido, estipulando-se a penalidade apenas para o inadimplemento absoluto ou a mora, deverá o credor buscar as vias ordinárias para reclamar eventuais prejuízos decorrentes do descumprimento de deveres laterais[114].

Destrinchando os conceitos acima listados, temos que as partes dispõem de ampla liberdade para estipular a cláusula penal, que poderá ser prevista para o inadimplemento absoluto, seja parcial ou total, como também para a mora, em termos abrangentes do negócio como um todo ou obrigações determinadas, inclusive o descumprimento de deveres anexos ou instrumentais criados pela boa-fé.

Resta, agora, analisar o alcance da expressão "culposamente" constante do artigo 408 do Código Civil. A expressão, que não constava do Código Civil de 1916, é objeto de críticas, no sentido de que

[112] Artigo 394. Considera-se em mora o devedor que não efetuar o pagamento e o credor que não quiser recebê-lo no tempo, lugar e forma que a lei ou a convenção estabelecer.

[113] Nesse sentido: Silva, Jorge Cesa Ferreira da. **A boa-fé e a violação positiva do contrato**. Rio de Janeiro: Renovar, 2002.

[114] Rosenvald, Nelson. **Cláusula penal**: a pena privada nas relações negociais. Rio de Janeiro: Lumen Juris, 2007.

> pela dicção legislativa anterior, a aferição da aplicação da cláusula penal tinha natureza indiscutivelmente objetiva, isto é, a mera constatação do descumprimento obrigacional no prazo estipulado ou, no caso de inexistência de prazo final, a constituição do devedor em mora por interpelação judicial ou extrajudicial. Neste sentido, andaria bem o novo legislador se mantivesse a locução anterior uma vez que a inserção do termo 'culposamente' poderia sugerir um novo requisito para aferição da aplicação da cláusula penal, este, contudo, de natureza subjetiva. Tal solução, contudo, deve ser afastada interpretativamente, em homenagem à coerência do sistema[115].

De fato, a expressão "culposamente" era prescindível na definição dos pressupostos de exigibilidade da cláusula penal, em razão dos requisitos da própria caracterização do inadimplemento tanto absoluto, quanto relativo, conforme se depreende dos artigos 393 e 396. A culpa é presumida a partir do momento em que se verifica o inadimplemento, portanto, não é ônus do credor comprovar que houve culpa, mas sim do devedor demonstrar que o inadimplemento não lhe é imputável[116].

Todo inadimplemento é culposo, isto é, ocorre devido à ação ou omissão do devedor para com suas responsabilidades obrigacionais, que devido a sua conduta terão restado inadimplidas. Só não haverá culpa se sobrevierem hipóteses de caso fortuito ou força maior, nas quais o devedor se verá impedido, por evento de grandes proporções e alheio a sua vontade, de cumprir a obrigação[117]. Nesses casos, contudo, não se

[115] TEPEDINO, Gustavo; BARBOZA, Heloisa Helena. MORAES, Maria Celina Bodin de. **Código Civil interpretado conforme a Constituição da República**. 2. ed. Rio de Janeiro: Renovar, 2007, p. 750.

[116] Nesse sentido: "Sem culpa não há mora, mesmo porque a mora pressupõe em si a culpa, que dela é, por sua vez, um dos pressupostos. A mora deve, portanto, ser sempre imputável ao devedor, sem o quê ficará excluída a sua responsabilidade (cfr. CHI RONI, ob. cit., n. 255). O que se verifica é o seguinte: o inadimplemento faz surgir uma presunção de culpa contra quem não cumpre a obrigação no devido tempo, resultando daí ficar o devedor com o ônus de provar que não cumpriu a obrigação, não por culpa sua, mas devido a um caso fortuito ou de fôrça maior, ou mesmo a um ato do credor". SANTOS, J. M. de Carvalho. **Código Civil brasileiro interpretado, principalmente do ponto de vista prático**. 13. ed. v. XI. Rio de Janeiro: Freitas Bastos S.A, 1986, p. 369.

[117] No tocante ao caso fortuito e a força maior, importante atentar para o Enunciado nº 443 da V Jornada de Direito Civil: "Artigos 393 e 927. O caso fortuito e a força maior somente serão considerados como excludentes da responsabilidade civil quando o fato gerador do

verificará a existência de inadimplemento, já que as referidas causas afastam sua incidência. Nesse sentido, "a expressão 'culposamente' de que se vale o artigo ora em exame, deve ser havida como noção de mera imputação"[118].

O legislador parece ter pretendido ressalvar expressamente as situações de caso fortuito ou força maior, acrescentando o adjetivo "culposamente" ao artigo 408 da Lei Civil. No entanto, a redação pode gerar dúvidas, eventualmente cogitando a necessidade de o credor promover comprovação da culpa para proceder à cobrança da cláusula penal.

Como se viu, não é essa a melhor interpretação do dispositivo. O devedor só estará isento da responsabilidade pelo inadimplemento nos casos em que a Lei expressamente prever. É seu o ônus da prova dessas exceções. Assim,

> nos casos em que a lei admite se resolva a obrigação sem culpa do devedor, como, por exemplo, pelo perecimento natural ou fortuito do objeto, ou pela impossibilidade da prestação, também se resolve a pena convencional, como consequência do mesmo caráter acessório desta, que seria incompatível com a sua sobrevivência ao desaparecimento da relação jurídica ou do vínculo obrigatório a que adere[119].

dano não for conexo à atividade desenvolvida". A esse respeito, esclarece Martins-Costa: "O 'fortuito interno' consiste no fato inevitável que se liga à organização da empresa, vale dizer, aos riscos da atividade desenvolvida pelo transportador (v.g., o estouro de um pneu, o mal súbito do motorista). Estes fatos, embora 'imprevisíveis', não são 'fatos necessários e inevitáveis', porque, em larga medida, podem ser evitados (por exemplo, com uma cuidadosa revisão dos pneus, ou com a diligência de realizar exames médicos periódicos e frequentes nos motoristas, ou ter sempre um 'motorista suplente' que possa fazer frente aos imprevistos na saúde do colega). E, se mesmo com todos os cuidados não puderem ser evitados mesmo assim — em face do elevado grau da obrigação de garantia — não exonerarão o transportador do dever de indenizar". Martins-Costa, Judith. **Comentários ao novo Código Civil**: do inadimplemento das obrigações. (coord.) Teixeira, Sálvio de Figueiredo. v. 5. t. 2. Rio de Janeiro: Forense, 2003, p. 201.

[118] Bdine Jr., Hamid Charaf. *In*: Peluso, Cezar (coord.). **Código Civil Comentado**: doutrina e jurisprudência: Lei n. 10.406, de 10.01.2002: contém o Código Civil de 2016. 12. ed. Barueri: Manole, 2018.

[119] Pereira, Caio Mário da Silva. **Instituição de direito civil**. v. 2. Atual. Guilherme Calmon Nogueira da Gama (coord.) 29. ed. Rio de Janeiro: Forense, 2017, p. 144.

Importante, neste ponto, afastar qualquer confusão entre a imputabilidade exigida pelo artigo 408 e a boa-fé do devedor. Como adverte Agostinho Alvim,

> o devedor pode, de boa-fé, violar o avençado, pela má apreciação de certos fatos, ou pela errônea interpretação do contrato. Nem por isso se exonerará de responder. Com efeito, se o êrro fôr de fato, terá havido culpa, pela inadvertência ou negligência. E se fôr de direito, êrro na interpretação do contrato, equivalerá êle ao êrro na interpretação da lei, e tal êrro não se escusa com a boa-fé[120].

Cabe referir, ainda, que a exigibilidade da cláusula penal será afastada em outras situações nas quais a obrigação principal também se revele inexigível, como ocorrerá, por exemplo, nos casos em que o devedor estiver legitimado a invocar a exceção de contrato não cumprido[121].

Assim, a exigibilidade da cláusula penal depende necessariamente da configuração do inadimplemento para o qual foi fixada, que pode ser absoluto ou relativo, total ou parcial, referente ao negócio com um todo ou de disposições específicas, restando resguardado ao devedor a prova de que o inadimplemento não lhe é imputável, de forma que ele não responde pelas consequências da falta de cumprimento, entre elas a cláusula penal.

A cláusula penal, portanto, tem como um dos pressupostos de sua configuração a exigibilidade condicionada ao inadimplemento impu-

[120] ALVIM, Agostinho. **Da inexecução das obrigações e suas conseqüências**. 3. ed. São Paulo: Jurídica e Universitária, 1965, p. 31.

[121] Conforme a doutrina de Orlando Gomes, "A *exceptio non adimpleti contractus* somente pode ser oposta quando a lei ou o próprio contrato não determinar a quem cabe primeiro cumprir a obrigação. Claro que, se estabelecida a sucessividade do adimplemento, o contraente que deve satisfazer a prestação antes do outro não pode recusar-se a cumpri-la sob a conjectura de que este não satisfará a que lhe corre". Gomes, Orlando. **Contratos**. Atualizado por Antonio Junqueira de Azevedo. Rio de Janeiro: Forense, 2008, pp. 109-110. Importante, ainda, a seguinte ressalva de Pontes de Miranda: A exceção *non adimpleti contractus* e a *non rite adimpleti contractus* — ambas de direito material, e não de direito processual — têm de ser exercidas a tempo de não incorrer em mora o devedor-credor, ou, se já incorreu, a tempo de poder ser atendida a alegação. O exercício da exceção *non adimpleti contractus* ou da exceção *non rite adimpleti contractus* é que tem o efeito de legitimar a abstenção de adimplemento. Com êle, o devedor não incorre em mora". PONTES DE MIRANDA, Francisco Cavalcanti. **Tratado de Direito Privado**. t. 26. 2. ed. Rio de Janeiro: Borsoi, 1959, p. 194.

tável de uma obrigação, o que justifica a sua referência em doutrina como "um dos casos mais importantes de promessa condicional"[122]. A afirmação, entretanto, deve ser acompanhada da distinção entre a cláusula penal e a obrigação sujeita à condição. As figuras possuem natureza diversa porque, "na condicional, o credor só adquire um direito eventual e incerto. Na penal, o devedor não pode deixar de realizar a condição a que se subordina a dívida da pena, porque não tem liberdade para não realizar a obrigação principal"[123]. Desse modo, ainda que o inadimplemento imputável pareça ser "condição" da cláusula penal não se trata da modalidade jurídica de obrigação condicional[124].

1.6 Presunção *iure et de iure*

A exigibilidade da cláusula penal não é afastada por eventual prova produzida pelo devedor de que o inadimplemento não infligiu qualquer dano ao credor. Trata-se de pressuposto fundamental da cláusula penal, fundamentado no artigo 416 do Código Civil: "para exigir a pena convencional, não é necessário que o credor alegue prejuízo".

[122] NONATO, Orosimbo. **Curso de obrigações** (generalidades-espécies). v. II. Rio de Janeiro: Forense, 1959, p. 303.

[123] FULGÊNCIO, Tito. **Do direito das obrigações**: das modalidades das obrigações (artigos 863-927). Rio de Janeiro: Companhia Forense, 1958, p. 398.

[124] A distinção está bem explicanda na seguinte doutrina "A cláusula penal e a condição. Muitos juristas, como Puchta, não só colocam no mesmo nível a cláusula penal e a condição, como ainda sustentam nada mais ser a primeira do que uma obrigação condicional, de per si subsistente, e não com a sua validade dependente da eficácia da obrigação por ela reforçada, mas tão-somente da existência da condição. Lacerda de Almeida, porém, depois de expor essa concepção, acusa-a de não resistir a um sério exame, sem deixar, porém, de reconhecer a existência de obrigações penais que se situam nas fronteiras das condicionais, de modo a se tornar difícil reconhecer, se se trata de uma obrigação penal ou de uma obrigação condicional. A dubiedade possível, refere ainda Lacerda de Almeida, não justifica a confusão entre institutos que guardam entre si fisionomia própria. E o argumento é irrespondível: se a pena fosse condicional, a pena passaria a ser objeto da obrigação, e a prestação um evento condicional: pagar-me-ás uma pena de x, se não realizares tal prestação. Na condicional o fato — o evento futuro e incerto — é apenas condição, não prometida, mas posta em incerteza. Além disso essa diferença sensível: a cláusula penal, se a prestação se torna impossível por caso furtuito ou força maior, ela igualmente desaparece: ao passo que, na condicional, esse elemento não influi". LOPES, Miguel Maria de Serpa. **Curso de direito civil**. v. II: obrigações em geral. 6. ed. Atualizada por José Serpa Santa Maria. Rio de Janeiro: Freitas Bastos, 1995, p. 158.

O dispositivo da lei brasileira não é tão claro quanto o da lei italiana, cuja redação estabelece que a cláusula penal é devida independentemente da prova do dano[125]. Tendo em vista que na legislação brasileira a previsão é apenas a de que o credor não precisa alegar prejuízo, uma interpretação exclusivamente literal suscitaria a dúvida sobre se, conquanto o credor esteja dispensado de alegar o prejuízo, poderia o devedor afastar a cláusula mediante a prova da ausência do prejuízo?

Entretanto, essa possibilidade não é admitida quando se está diante de uma cláusula penal, pois "eliminaria ao instituto um dos seus proveitos maiores, uma de suas excelências mais notáveis"[126]. De fato, ao pactuarem uma cláusula penal, as partes afastam as discussões sobre a existência ou não do prejuízo, definindo, antecipadamente, uma prestação que, para ser exigível, dependerá, apenas, da caracterização do inadimplemento imputável. A grande vantagem da prévia estipulação da cláusula penal, assim, reside não na sua aptidão a efetivamente fazer frente aos prejuízos experimentados por ocasião do inadimplemento, mas sim na sua capacidade de regular antecipadamente os riscos e efeitos dessa ocorrência entre as partes contratantes.

Nesse contexto, uma vez pactuada a cláusula penal, "a existência ou não de prejuízo é irrelevante"[127]. Cuida-se do efeito substancial do instituto: a inexistência de danos ou a incompatibilidade do valor ajustado com o montante efetivo de prejuízos incorridos pelo credor não afetam a exigibilidade da penal, cujo objetivo central é blindar as partes de enfrentar o tortuoso processo de apuração da existência e montante dos danos a serem ressarcidos.

Se, por um lado, o credor assume o risco de não ver seus prejuízos integralmente reparados (abdicando, pois, da reparação integral a que teria direito de acordo com a disciplina legal), o devedor, a seu turno,

[125] Artigo 1382 Effetti della clausola penale. La clausola, con cui si conviene che, in caso d'inadempimento o di ritardo nell'adempimento (1218), uno dei contraenti è tenuto a una determinata prestazione, ha l'effetto di limitare il risarcimento alla prestazione promessa, se non è stata convenuta la risarcibilità del danno ulteriore (1223). La penale è dovuta indipendentemente dalla prova del danno.

[126] Nonato, Orosimbo. **Curso de obrigações** (generalidades-espécies). v. II. Rio de Janeiro: Forense, 1959, pp. 359-360.

[127] Rodrigues, Silvio. **Direito civil**: parte geral das obrigações. São Paulo: Saraiva, 2007, p. 266.

compromete-se a efetuar a prestação consubstanciada na cláusula penal a despeito da avaliação da existência e quantidade dos prejuízos causados ao credor, o que pode ou não beneficiá-lo: o resultado da fixação possui, como se percebe, relevância reduzida[128].

Ao fixarem de antemão os valores que lhes serão atribuídos ou imputados por ocasião do inadimplemento, credor e devedor, além de afastarem longas discussões judiciais e a incerteza a elas inerentes, garantem maior dinamismo à extinção contratual[129]. Trata-se de antecipar as consequências de eventual inadimplemento, para que cada uma das partes, a partir desse ajuste, possa gerenciar com segurança sua posição.

É nesse sentido que a doutrina com frequência indica como consequência da cláusula penal a criação de uma presunção absoluta (*iure et de iure*) de prejuízo advindo do inadimplemento[130]. Na realidade,

[128] "É, de facto, usual que ela [cláusula penal] se concretize num montante previsivelmente excedente do valor dos danos, havendo autores que reservam o conceito de cláusula penal, em sentido próprio, para esta convenção que, sendo agravadora da responsabilidade debitória pelo não cumprimento, actua como uma garantia deste. No entanto, não constituindo tal configuração uma imposição legal na maior parte dos ordenamentos jurídicos, resulta ela de uma previsão negocial que, além de poder falhar, não é necessária, nos termos da lei, bem podendo, inversamente, traduzir-se num montante previsto como inferior ao dos danos ou como tendencialmente equivalente ao deles". Prata, Ana. **Cláusulas de exclusão e limitação da responsabilidade contratual.** Coimbra: Almedina, 1985, pp. 53-54. Confira-se ainda: Roppo, Vincenzo. **Il contratto.** Milano: Giuffrè, 2001, pp. 993-994; Rosenvald, Nelson. **Cláusula penal**: a pena privada nas relações negociais. Rio de Janeiro: Lumen Juris, 2007, p. 129.

[129] "A cláusula penal é de grande utilidade, e daí a enorme frequência do seu emprego. Ela, com efeito, dispensa a prova da existência de prejuízos e de seu montante; todas as dificuldades e incertezas inerentes a essa prova ficam afastadas. Obtém-se assim uma importante vantagem de segurança e simplicidade". Telles, Inocêncio Galvão. **Manual de direito das obrigações.** t. 1. Coimbra: Coimbra, 1965, p. 236.

[130] Fulgêncio, Tito. **Do direito das obrigações**: das modalidades das obrigações (artigos 863-927). Rio de Janeiro: Companhia Forense, 1958, pp. 476-477; Nonato, Orosimbo. **Curso de obrigações** (generalidades-espécies). v. II. Rio de Janeiro: Forense, 1959, pp. 359-360; Santos, J. M. de Carvalho. **Código Civil brasileiro interpretado, principalmente do ponto de vista prático.** 13. ed. v. XI. Rio de Janeiro: Freitas Bastos S.A, 1986, p. 428; Gama, Guilherme Calmon Nogueira da. **Direito civil**: obrigações. São Paulo: Atlas, 2008, p. 396; Rizzardo, Arnaldo. **Direito das obrigações**: Lei n. 10.406, de 10.01.2002. 2. ed. Rio de Janeiro: Forense, 2006, p. 563; Simão, José Fernando. Capítulo V: da cláusula penal. *In*: Schreiber, Anderson *et al.* **Código Civil comentado** — doutrina e jurisprudência. Rio de Janeiro: Forense 2019, p. 239; Farias, Cristiano Chaves de. Miradas sobre a cláusula penal no direito contemporâneo (à luz do direito civil-constitucional, do novo Código

"a fixação da pena pelo contrato é mais do que uma presunção: é uma prova irrecusável de que a inexecução ou a mora constituem um prejuízo real que ela é destinada a indenizar e que as partes quiseram subtrair a toda discussão o valor de tais prejuízos"[131].

Assim, a cláusula penal tem como pressuposto a manutenção de sua exigibilidade mesmo diante da prova, pelo devedor, de que o inadimplemento não causou qualquer prejuízo. A ausência de dano não é suficiente para afastar a exigibilidade da cláusula penal[132]. Entendimento contrário, no qual a prova de ausência de dano permitisse o afastamento da penalidade teria o efeito de "desvirtuar a índole da própria cláusula penal"[133].

A eventual ausência de dano relevará, apenas, no plano da redução da cláusula penal, e, ainda assim, de forma indireta e secundária, pois os únicos vetores estabelecidos pelo artigo 413 são a "natureza e a finalidade do negócio", não havendo qualquer referência à existência de dano. Portanto, se a previsão contida no artigo 416 já revela a irrelevân-

Civil e do Código de Defesa do Consumidor). *In*: (coord.) RHEHARDT JUNIOR, Marcos Hehardt; BARROS, Daniel Conde. **Temas de direito civil contemporâneo**. Estudos sobre o direito das obrigações e contratos, em homenagem ao Professor Paulo Luiz Netto Lôbo. Salvador: JusPodivm, 2009, p. 147; FLORENCE, Tatiana Magalhães. Aspectos pontuais da cláusula penal. *In*: (org.) TEPEDINO, Gustavo. **Obrigações**: estudos na perspectiva civil-constitucional. Rio de Janeiro: Renovar, 2005, p. 522.

131 MENDONÇA, Manuel Inácio Carvalho de. **Doutrina e prática das obrigações ou tratado geral dos direitos de crédito**. t. 2. 4. ed. Rio de Janeiro: Forense, 1956, p. 390.

132 Mesmo que o devedor demonstre que não houve prejuízo ao credor em razão do inadimplemento, a cláusula penal é devida pelo simples fato do inadimplemento". GAMA, Guilherme Calmon Nogueira da. **Direito civil**: obrigações. São Paulo: Atlas, 2008, p. 396. No mesmo sentido, "O valor da cláusula penal é devido ainda que o dano não exista ou seja de valor menor ao avençado". SIMÃO, José Fernando. Capítulo V: da cláusula penal. *In*: SCHREIBER, Anderson *et al.* **Código Civil comentado** — doutrina e jurisprudência. Rio de Janeiro: Forense 2019, p. 239. Pertinentes, ainda, as seguintes considerações: "Sem dano não há dever de reparação. Noutras palavras: o dano é um dos pressupostos da responsabilidade civil, seja a modalidade de responsabilidade extracontratual, seja a de responsabilidade contratual. No âmbito da responsabilidade contratual, esta afirmação não pode, porém, ser tomada em termos absolutos. Ou seja, às vezes há responsabilidade, dever ressarcitório, sem que tenha havido dano. É o que acontece, ou pode acontecer, por exemplo, quando houve estipulação de cláusula penal". FERRIANI, Carlos Alberto. Da cláusula penal. **Revista de Direito Bancário e do Mercado de Capitais**. (coord.) RIBEIRO, José Horácio Halfeld Rezende. São Paulo: RT, v. 55, ano 15, mar. 2012, p. 153.

133 FLORENCE, Tatiana Magalhães. Aspectos pontuais da cláusula penal. *In*: (org.) TEPEDINO, Gustavo. **Obrigações**: estudos na perspectiva civil-constitucional. Rio de Janeiro: Renovar, 2005, p. 531.

cia da existência de dano para a exigibilidade da cláusula penal, a redução prevista no artigo 413 reforça essa conclusão.

O inadimplemento contratual — em suas diferentes modalidades — é quem confere exigibilidade à cláusula penal, o que não pode ser afastado por meio da comprovação de inexistência do dano. Com ou seu prejuízo, o devedor é obrigado ao pagamento da cláusula penal. Nesse particular,

> a cláusula penal não pode ser considerada como um simples pacto relativo ao *onus probandi*, um pacto de simplificação probatória favorável ao credor. Se a função substancial da cláusula penal fosse esta, ter-se-ia de admitir a sua redução se (e só se) o devedor provasse que o dano efectivo era menor do que o convencionado antecipadamente, bem como o seu aumento se o credor provasse que o dano efectivo era maior[134].

Em nosso entendimento, a impossibilidade de afastar a exigibilidade mediante a prova da ausência de dano constitui pressuposto fundamental e imprescindível da caracterização de uma cláusula penal, disciplinada nos artigos 408 a 416 do Código Civil, o que, inclusive, "auxilia na compreensão do instituto"[135].

Neste ponto, necessário adiantar, sucintamente, o tema que será adiante abordado sobre a dupla função e as críticas ao modelo unitário da cláusula penal. Isso porque, ao não se admitir que "a mesma figura desempenhe, em simultâneo, a função indenizatória e a função compulsória", tem-se consolidado a concepção sobre a existência de distintas figuras, o que já vem sendo acolhido na legislação de outros ordenamentos[136].

Dentre essas figuras, está a cláusula de prefixação de danos, "aquela em que as partes, ao estipulá-la, visam, tão-só, liquidar antecipadamente, de modo *ne varietur*, o dano futuro", a qual, em razão disso, "não

[134] SILVA, João Calvão da. **Cumprimento e sanção pecuniária compulsória**. 4. ed. Coimbra: Almedina, 2002, p. 248.

[135] NANNI, Giovanni Ettore. **Comentários ao Código Civil**: direito privado contemporâneo. Alexandre Dartanhan de Mello Guerra *et al.* (coord.) NANNI, Giovanni Ettore. São Paulo: Saraiva Educação, 2018, p. 683.

[136] MONTEIRO, António Joaquim de Matos Pinto. Cláusula penal e comportamento abusivo do credor. **Revista Brasileira de Direito Comparado**. Rio de Janeiro: Instituto de Direito Comparado Luso-Brasileiro, 2003, p. 120.

será devida provando o devedor a inexistência de qualquer dano: a falta deste retira toda e qualquer base à sua liquidação anterior"[137].

Em nossa percepção, a partir da presunção *iure et de iure* estabelecida pelo artigo 416, a cláusula de prefixação de danos, inexigível diante da prova da ausência de dano, não configura a cláusula penal regulada nos artigos 408 a 416 do Código Civil. Filiamo-nos, assim, ao entendimento de que "se a cláusula se destina tão-só a calcular antecipadamente o dano devido pelo devedor em caso de não cumprimento ou de cumprimento defeituoso, não será uma verdadeira cláusula penal"[138].

Por essa razão, trataremos da cláusula de prefixação de danos no próximo capítulo, que será dedicado à distinção da cláusula penal em relação a outras figuras. Conforme Jorge Cesa,

> a distinção entre ambas as cláusulas é difícil de realizar-se nos casos concretos. Elas se sobrepõem nas suas finalidades econômicas, possuem pressupostos de incidência parecidos e consequências jurídicas semelhantes. No entanto, a distinção conceitual é fundamental porque, a partir dela, melhor se realiza a hermenêutica das regras da cláusula penal, assim como melhor se compreende a abrangência da autonomia privada relativa às regulações assemelhadas à cláusula penal[139].

[137] Monteiro, António Joaquim de Matos Pinto. Cláusula penal e comportamento abusivo do credor. **Revista Brasileira de Direito Comparado**. Rio de Janeiro: Instituto de Direito Comparado Luso-Brasileiro, 2003, p. 120.

[138] Silva, João Calvão da. **Cumprimento e sanção pecuniária compulsória**. 4. ed. Coimbra: Almedina, 2002, p. 251.

[139] Como esclarece o autor, "Com relação aos seus efeitos, tanto a cláusula penal, quanto a cláusula de perdas e danos possuem grandes semelhanças. Ambas dizem respeito à indenização, ambas geram uma pré –liquidação do dano e ambas podem ser reduzidas judicialmente, seja por força de aplicação direta da lei (para cláusula penal, artigo 413), seja por força de aplicação dos cânones gerais, como a boa-fé e o abuso de direito. Contudo, são distintos os mecanismos que conduzem a essa identidade. No caso da cláusula de perdas e danos, sua vinculação à indenização é clara e direta. Ela visa, exatamente, a determinar o montante indenizatório, desde logo. O conteúdo da cláusula é a indenização. Já em se tratando de cláusula penal, a pena não é a indenização, visto que caracteriza uma outra prestação. Contudo, tendo em vista o afastamento de excessos e desequilíbrios, a pena acaba por assumir o lugar da prestação inicial. É isso que permite compreender, como bem demonstrou Pinto Monteiro, a razão pela qual é admissível que a pena seja devida ainda que nenhum dano possa ser comprovado ou mesmo ter existido. Não é da sua essência ser verdadeira e própria indenização". Silva, Jorge Cesa Ferreira da. **Inadimplemento das obri-**

Nosso entendimento de que a cláusula de prefixação de danos representa figura distinta da cláusula penal não decorre da ideia que esta não possa exercer simultaneamente as funções indenizatória e sancionatória. Dito de outra forma, não estamos afastando da cláusula penal a função indenizatória que se verifica de forma exclusiva na cláusula de prefixação de danos. Mais adiante, pretendemos expor a questão tão debatida sobre a função ou as funções da cláusula penal. Neste momento, para segregar a cláusula de prefixação de perdas e danos, relevante constatar que a prova da ausência do dano não é suficiente ao afastamento da cláusula penal, diversamente do ocorrido na cláusula de simples prefixação de perdas e danos.

As partes, ao pactuarem uma cláusula penal, podem visar ao ressarcimento das perdas e danos, mas não em termos exclusivos, ao ponto de afastar a penalidade em caso de ausência de prejuízo. Busca-se a indenização, mas, ao mesmo tempo, a certeza sobre a consequência do inadimplemento, independentemente da configuração do dano.

Como ressalta Pinto Monteiro, "num caso e no outro, tudo dependerá, à partida, da questão de saber o que pretenderam as partes ao estipularem a cláusula: uma simples cláusula indenizatória ou uma verdadeira cláusula penal"[140].

Tendo em vista ser a cláusula penal a figura típica constante do Código Civil, entendemos que na dúvida deve-se considerar cláusula penal a qual, consequentemente, permanecerá exigível mesmo diante da prova da ausência de dano. A intenção de pactuar a cláusula de prefixação de perdas e danos não se presume. Ela deve resultar clara da interpretação do negócio. A utilização de expressões como "a título de prefixação de danos", "como forma de danos estimados", auxilia no processo de hermenêutica, o qual, entretanto, não se encerra na análise da literalidade do texto contratual. Evidências sobre os cálculos que nortearam a estipulação do montante da cláusula podem, também, ser úteis na identificação sobre se o caso é de cláusula penal ou cláusula de prefixação de danos.

gações: comentários aos arts. 389 a 420 do Código Civil. Biblioteca de Direito Civil: estudos em homenagem ao Professor Miguel Reale São Paulo: RT, 2007, p. 242.

[140] MONTEIRO, António Joaquim de Matos Pinto. Cláusula penal e comportamento abusivo do credor. **Revista Brasileira de Direito Comparado**. Rio de Janeiro: Instituto de Direito Comparado Luso-Brasileiro, 2003, p. 12.

A liberdade de estipulação das partes, nesse sentido, se sobressai. É fundamental a redação do instrumento contratual, que deve procurar deixar claro se a pactuação está subordinada à existência de um dano — sendo, portanto, uma cláusula de prefixação de danos — ou, se, ainda que vise também ressarcir o dano, sua existência não é pressuposto, tratando-se de verdadeira cláusula penal, em que outras finalidades compõem a motivação da estipulação.

Em resumo ao que se expôs neste capítulo inicial, a cláusula penal tem como pressupostos (i) consistir no exercício da liberdade de contratar, sendo fruto de acordo de vontades válido, nos termos da disciplina do negócio jurídico; (ii) regular por convenção das partes a responsabilidade civil contratual, estabelecendo uma consequência, em adição, ou em substituição, das regras legais sobre o inadimplemento; (iii) estabelecer uma prestação acessória, sujeita ao princípio da gravitação jurídica, que pode consistir em obrigações de dar, fazer, ou não fazer, ou, ainda, a perda de um direito; (iv) ter sua exigibilidade condicionada ao inadimplemento imputável, e (v) permanecer exigível mesmo diante da prova da ausência de prejuízo.

2. DISTINÇÃO DA CLÁUSULA PENAL EM RELAÇÃO ÀS FIGURAS AFINS

2.1 Multa penitencial

A multa penitencial é "aquela por cuja virtude, uma vez paga, o devedor se LIBERA da obrigação"[141]. A estipulação de multa penitencial cria a favor do devedor uma alternativa entre o cumprimento e o pagamento da penalidade, no que, como observamos, difere da cláusula penal, cuja estipulação não confere ao devedor a possibilidade de se exonerar da obrigação natural mediante o pagamento da pena[142]. Nas palavras de Almeida Costa, "desaparece, então, o sentido característico da cláusula penal, desenhando-se a situação como uma obrigação com faculdade alternativa do devedor ou como uma cláusula de arrependimento ou retractação deste"[143].

[141] França, Rubens Limongi. **Jurisprudência da cláusula penal.** São Paulo: RT, 1988, p. 208.

[142] "É frequente a confusão entre cláusula penal e multa penitencial, mas se distinguem nitidamente. A multa penitencial é correspectivo do *jus poenitendi*, verificando-se quando as partes se reservam a faculdade de rescindir o contrato sob a condição de pagar a quantia fixada para esse fim. Prevê-se uma alternativa: conservar o vínculo ou pagar a multa. Se de cláusula penal se tratar, o devedor não se exonera da obrigação, oferecendo a importância predeterminada como indenização". Gomes, Orlando. **Obrigações.** Revista, atualizada e aumentada, de acordo com o Código Civil de 2002, por Edvaldo Brito. Rio de Janeiro: Forense, 2007, p. 194.

[143] Costa, Mário Júlio de Almeida. **Direito das obrigações.** 10. ed. Coimbra: Almedina, 2006, p. 800.

A multa penitencial não atende a um dos pressupostos da cláusula penal que é a exigibilidade condicionada ao inadimplemento imputável. O pagamento da penalidade não decorre do inadimplemento, pois representa o "preço pago pelo exercício do direito"[144]. De fato, se a parte tem o direito à resilição condicionado ao pagamento da multa não se pode dizer que houve inadimplemento.

Embora as figuras guardem semelhanças e não raro suscitem dificuldades práticas de identificação, a multa penitencial e a cláusula penal não se confundem. Com efeito, "Um instituto reforça a obrigação; outro afrouxa o vínculo, tornando a obrigação precária"[145].

Como consequência, a instituição de um ou de outro mecanismo levará as partes a regimes completamente distintos, dada a lógica diversa das figuras. De fato, "tais diferenças tornam impossível, à luz do direito, confundi-las e unificá-las"[146].

Nesse sentido, havendo a estipulação de multa penitencial, o credor estará automaticamente desprovido de instrumentos conferidos pelo ordenamento para a perseguição da obrigação principal, tais como a execução específica ou a execução pelo equivalente. Isso não ocorre no caso da cláusula penal, que preserva os direitos do credor quanto a utilização desses instrumentos.

[144] "Neste caso, não se pode mais falar de inadimplemento do devedor ou de sanção contratualmente prevista para esta hipótese. Se a parte tem o direito potestativo de desfazer o vínculo conforme a sua vontade, o exercício deste direito não pode ser considerado um ato ilícito. Assim, a cláusula que prevê as consequências patrimoniais por este ato lícito terá tratamento jurídico em apartado, como o próprio Código Civil previu quanto às arras. Nestas hipóteses, as arras penitenciais e a multa penitencial perdem o caráter sancionatório e assumem o papel de preço pago pelo exercício do direito". Konder, Carlos Nelson. Arras e cláusula penal nos contratos imobiliários. Rio de Janeiro, **Revista dos Tribunais**, v. 4, pp. 83-104, mar.-abr. 2014.

[145] Mendonça, Manuel Inácio Carvalho de. **Doutrina e prática das obrigações ou tratado geral dos direitos de crédito**. t. 2. 4. ed. Rio de Janeiro: Forense, 1956, p. 369. Em sentido similar, afirma Limongi França que a multa penitencial "não se confunde com nenhuma das espécies de cláusula penal, posto que milita no sentido não do reforço, mas do enfraquecimento do vínculo, constituindo uma regalia em benefício do devedor, a quem outorga o alvedrio de, ou pagá-la, ou cumprir a obrigação". França, Rubens Limongi. **Jurisprudência da cláusula penal**. São Paulo: RT, 1988, p. 270.

[146] Nonato, Orosimbo. **Curso de obrigações** (generalidades-espécies). v. II. Rio de Janeiro: Forense, 1959, p. 376.

A caracterização da estipulação como multa penitencial pode advir de atribuição legal a estipulações constantes de contratos determinados, como ocorre, por exemplo, em favor do locatário, por força das partes finais dos artigos 571 do Código Civil[147] e 4º da Lei n. 8.245/1991[148].

Quando convencionada, se a estipulação gera o *direito* de resilir o contrato mediante o pagamento de multa, tem-se multa penitencial. Se, por outro lado, não faculta tal direito, mas tão somente institui pena pelo inadimplemento da obrigação pactuada, tem-se cláusula penal. É preciso analisar com cuidado a redação dos dispositivos contratuais, de modo a verificar se o pactuado é cláusula penal ou multa penitencial.

Quando a estipulação não se revelar suficientemente clara quanto a essa necessária distinção, ou havendo dúvida legítima quanto à vontade das partes, presume-se tratar-se de cláusula penal. Isso porque, na ausência de clara pactuação específica sobre o direito de resilição atrelado à cláusula, a presunção razoável é a de que as partes prestigiaram o cumprimento das obrigações contratadas[149]. A exceção está no caso em que as partes criam a possibilidade de resilição imotivada mediante pagamento de multa penitencial, o que deverá constar expressamente do dispositivo em questão, sob pena de que seja enquadrado na regra geral (cláusula penal).

[147] Artigo 571. Havendo prazo estipulado à duração do contrato, antes do vencimento não poderá o locador reaver a coisa alugada, senão ressarcindo ao locatário as perdas e danos resultantes, nem o locatário devolvê-la ao locador, senão pagando, proporcionalmente, a multa prevista no contrato.

[148] Artigo 4º Durante o prazo estipulado para a duração do contrato, não poderá o locador reaver o imóvel alugado. Com exceção ao que estipula o § 2º do artigo 54-A, o locatário, todavia, poderá devolvê-lo, pagando a multa pactuada, proporcional ao período de cumprimento do contrato, ou, na sua falta, a que for judicialmente estipulada. (Redação dada pela Lei n. 12.744, de 2012) "o locatário, todavia, poderá devolvê-lo, pagando a multa pactuada, proporcional ao período de cumprimento do contrato, ou, na sua falta, a que for judicialmente estipulada".

[149] "Finalmente, a veces, se estipula que el deudor pueda liberarse de la obligación principal mediante el pago de uma pena. Em tal caso no se trata, em realidade, de una convencional, sino de la atribuición de uma facultas alternativa al deudor. Por tanto, el acreedor sólo puede exigir el cumplimiento, pero el deudor puede liberarse mediante la prestación de la pena. Pero si no media um pacto especial, no cabe suponer que tal se ala intención de las partes." ENNECCERUS, Ludwig; KIPP, Theodor; WOLFF, Martin. **Tratado de derecho civil**. t. 2, v. 1. Revisado por Henrich Lehmann. Tradução e adaptação (legislação e jurisprudência) do alemão por Blas Pérez González, José Alguer. Barcelona: Bosch, 1954, p. 191.

Sobressai-se, mais uma vez, o caráter de negócio jurídico da cláusula penal, demandando das partes a clareza na redação contratual quanto às intenções comuns pactuadas, de modo que não haja dúvidas sobre a figura estipulada.

2.2 Cláusulas de prefixação de perdas e danos

Ao incluirmos dentre os pressupostos da cláusula penal a manutenção de sua exigibilidade mesmo diante da prova da completa ausência de dano produzido pelo inadimplemento, fizemos breve referência à concepção que vem se consolidando em outros ordenamentos sobre a existência de espécies diversas de cláusulas penais em razão das finalidades para as quais foram pactuadas.

O dinamismo negocial revela diversas finalidades e formas de regulação convencional da responsabilidade civil contratual. Atendidos os pressupostos que estabelecemos no capítulo anterior, será observado o regime da cláusula penal, que é abrangente de variadas finalidades e apto a atender a riqueza de soluções demandadas no âmbito da estruturação de uma operação econômica revestida por um contrato.

Entretanto, se, por um lado, a cláusula penal atende corriqueiramente a essas variadas necessidades, entre elas, a de prefixar eventuais prejuízos, revela-se igualmente frequente a opção por um mecanismo de consequências mais delimitadas, de menor abrangência, com motivação única, mas de utilidade igualmente relevante.

A estipulação muitas vezes decorre apenas da pressuposição de que um futuro inadimplemento produzirá prejuízos. Diante dessa pressuposição, as partes entendem conveniente liquidá-lo previamente, seja para evitar as delongas de um processo judicial, seja pela dificuldade de futura comprovação, seja pelo interesse de delimitar desde logo a exposição patrimonial do devedor. Em qualquer caso, o que motiva a estipulação é apenas a pressuposição da existência de dano.

A distinção entre essas figuras vem sendo acolhida tanto na legislação quanto na jurisprudência de outros ordenamentos. Nesse particular, o desenvolvimento do assunto no direito alemão, em nossa percepção, constitui paradigma relevante para o estudo dessa questão no direito brasileiro.

Isso porque, na Alemanha, assim como no Brasil, o Código Civil (*Bürgerliches Gesetzbuch*, BGB[150]) positivou uma única figura, a *Vertragsstrafe — strafe* (pena) e *Vertrag* (contrato), sem a adoção de um conceito delimitador de sua função. A despeito disso, com o passar dos anos, a doutrina e a jurisprudência alemã foram consolidando o entendimento sobre a inadequação do regime da *Vertragsstrafe*, estabelecido no BGB, quando constatado que o pressuposto da estipulação foi a existência de dano decorrente do inadimplemento, tendo a finalidade perseguida com a cláusula sido exclusiva de liquidá-lo mediante o prévio estabelecimento de um valor fixo.

A *Vertragsstrafe* foi concebida para desempenhar tanto a função indenizatória, quanto a sancionatória[151]. Quando da edição do BGB não se tem notícia do desenvolvimento doutrinário sobre a crise do modelo unitário da cláusula penal. Já vinha se consolidando a *penalty rule* na Inglaterra, mas a distinção pela *common law* entre a *penalty clause* e a *liquidated damage clause* sempre teve viés distinto. Nesse período, das primeiras codificações dos ordenamentos de matriz romano-germânica, algumas legislações positivaram a figura mediante a adoção de conceito restritivo da função, o que não foi o caso da Alemanha, que adotou um modelo aberto, destinado a atender tanto a função indenizatória quanto a sancionatória.

A partir dos debates doutrinários iniciados na década de 1920, a jurisprudência alemã começou a debater na década de 1960 a adequação das normas estabelecidas pelo BGB sobre a cláusula penal (*Vertragsstrafe*) para regular estipulações nas quais estivesse claro que a intenção das partes foi exclusivamente liquidar o dano. A discussão culminou no entendimento consolidado pelo Supremo Tribunal alemão na década de 1970, de que as disposições de propósito exclusivo de liquidação prévia do dano são figuras distintas da regulada pelo Código

[150] ALEMANHA. Código Civil. Versão em inglês. **Federal Ministry of Justice and Consumer Protection**. Disponível em: www.gesetze-im-internet.de/englisch_bgb/index.html. Acesso em: 23 jul. 2018.

[151] A exposição de motivos do BGB era clara sobre sobre a bifuncionalidade da *Vertragsstrafe*, que foi concebida como meio de pressão sobre o devedor e também para facilitar a reparação devida ao credor. SCHUHMANN, Professor Dr. Ralph. **Terminsicherung**: Vertragsstrafe vs. pauschalierter Schadensersatz. Das richtige Druckmittel. Disponível em: https://beschaffung-aktuell.industrie.de/allgemein/das-richtige-druckmittel/. Acesso em: 13 jan. 2020.

Civil, não estando, portanto, sujeitas às disposições do BGB sobre a *Vertragsstrafe*[152].Como ressalta Pinto Monteiro, após amplo debate, o entendimento no ordenamento alemão, acolhido pelo Supremo Tribunal, foi o seguinte:

> sempre que o credor procure, fundamentalmente, pressionar o devedor ao cumprimento, ainda que destinando-se a soma prefixada, ao mesmo tempo, a indemnizá-lo, estar-se-á perante a cláusula penal (*Vertragsstrafe*); se o objetivo visado pelas partes for, tão-só, o de liquidar antecipadamente o dano, tratar-se-á de um acordo 'sui generis', não regulado no Código, que passou a designar-se por fixação antecipada e invariável do montante da indemnização (*pauschalierten Schadensersatz*). A esta última figura não será de aplicar, em princípio, o regime fixado no BGB para a primeira[153].

Surgiu, assim, no direito alemão, a *pauschalierten Schadensersatz*, entendida como figura autônoma, desprovida de qualquer função que não a de dispensar os inconvenientes da prova do dano mediante a prévia fixação de valor invariável. Essa figura, desenvolvida pela doutrina e pela jurisprudência, foi positiva na legislação alemã em 1976, quando a AGB-Gesetz, editada para regular contratos celebrados mediante prévias condições gerais, estabeleceu normas tanto sobre a *Vertragsstrafe*, quanto sobre a *pauschalierten Schadensersatz*. A mais relevante disposição sobre a segunda residia no parágrafo 11, n. 5, que estabelecia, para os casos de cláusula de pura prefixação de danos, a impossibilidade de privar o devedor da prova da ausência de dano ou de dano substancialmente inferior ao valor estipulado. Essa é a principal diferença de regimes entre as figuras, a qual já vinha sendo implementada pela jurisprudência e veio a ser positivada na legislação sobre condições gerais dos contratos.

[152] Pinto Monteiro relata que a discussão na jurisprudência alemã teve início no âmbito de contratos de adesão em que se fixava, a título de indenização, uma determinada percentagem do preço do contrato não cumprido. Remetemos, neste ponto, à minuciosa análise do autor sobre a consolidação da jurisprudência alemã e os critérios nela debatidos. MONTEIRO, António Joaquim de Matos Pinto. **Cláusula penal e indemnização**. Coimbra: Almedina, 1990, p. 517.

[153] MONTEIRO, António Joaquim de Matos Pinto. **Cláusula penal e indemnização**. Coimbra: Almedina, 1990, p. 509.

Em 2002 foi promulgada, na Alemanha, a Lei de Modernização do Direito das Obrigações, que implementou numerosas e substanciais modificações no BGB. As disposições sobre a *Vertragsstrafe* não foram objeto de qualquer modificação. Entretanto, a lei de 2002 incorporou no BGB as disposições do AGB-Gesetz, entre elas as relativas a *pauschalierten Schadensersatz*. Desta forma, desde de 2002, além da disciplina da *Vertragsstrafe* (parágrafos 339 a 345), o BGB também dispõe sobre a *pauschalierten Schadensersatz* (parágrafo 309 (5)[154]. Conquanto a disciplina da *pauschalierten Schadensersatz*, por ser proveniente da AGB-Gesetz, consta de parágrafo dedicado às cláusulas proibidas quando não há negociação, a distinção entre as figuras, como já ocorria antes da Lei de 2002, é entendida pela doutrina como extensível a contratos paritários nos quais há efetiva negociação das disposições[155].

Assim, o direito alemão distingue, de um lado, a cláusula penal, na qual se busca, primordialmente, pressionar o devedor ao cumprimento, ainda que venha a funcionar também como indenização, e, de outro lado, a cláusula de prefixação de danos, por meio da qual as partes pretendem apenas simplificar o cálculo de futura indenização, estabelecendo previamente um valor fixo, sob o pressuposto de que haverá dano.

A respeito da cisão entre a cláusula penal e a cláusula de prefixação de danos, a evolução da matéria no direito alemão fornece relevantes elementos de comparação que auxiliam a exposição do nosso entendimento sobre o estado da matéria no direito brasileiro. Como já referido, a positivação da cláusula penal na legislação alemã também não

[154] Section 309 Prohibited clauses without the possibility of evaluation. Even to the extent that a deviation from the statutory provisions is permissible, the following are ineffective in standard business terms: [...] 5. (Lump-sum claims for damages) the agreement of a lump-sum claim by the user for damages or for compensation of a decrease in value if a) the lump sum, in the cases covered, exceeds the damage expected under normal circumstances or the customarily occurring decrease in value, or b) the other party to the contract is not expressly permitted to show that damage or decrease in value has either not occurred or is substantially less than the lump sum.

[155] SCHUHMANN, Professor Dr. Ralph. **Terminsicherung**: Vertragsstrafe vs. pauschalierter Schadensersatz. Das richtige Druckmittel. Disponível em: https://beschaffung-aktuell.industrie.de/allgemein/das-richtige-druckmittel/. Acesso em: 13 jan. 2020; FERNER, Jens. **Unterscheidung von Vertragsstrafe und pauschaliertem Schadenersatz**. Disponível em: https://www.ferner-alsdorf.de/vertragsrecht__unterscheidung-vertragsstrafe->>schadenersatz__rechtsanwalt-alsdorf__108014/. Acesso em: 13 jan. 2020.

conceituou a figura nem delimitou suas funções. O modelo de cláusula penal alemão é aberto, assim como o brasileiro. Na realidade, as disposições sobre a *Vertragsstrafe,* mantidas inalteradas desde o início da vigência do BGB em 1900, além de não conceituarem a figura nem restringirem suas funções, são, em essência, semelhantes às normas da lei brasileira sobre a cláusula penal, *Vertragsstrafe.*

Com efeito, o modelo aberto de cláusula penal, desprovido de conceituação restritiva, adotado pelo BGB desde o início da sua vigência, não foi suficiente para manter um único regime e evitar a cisão das figuras. A distinção, pelo direito alemão, entre a cláusula de prefixação de danos (*pauschalierten Schadensersatz*) e a cláusula penal (*Vertragsstrafe*) não decorreu de uma restrição funcional na positivação da cláusula penal, nem do entendimento sobre sua impossibilidade de exercer mais de uma função em simultâneo.

O que se verificou foi a incompatibilidade do regime legal perante disposições reveladoras da razão única de sua estipulação ser a pressuposição de um dano, o qual, caso inexistente, afasta por completo sua lógica, sentido, fundamento e eficácia. A constatação prática da incompatibilidade do regime legal para regular essas estipulações é que levou à distinção, primeiro pela doutrina e jurisprudência e, posteriormente, pela legislação. Isso, naturalmente, suscitou, e ainda suscita, diversas dificuldades, principalmente de identificação da figura em concreto, pois em diversas situações não é possível qualificar, com segurança, a figura em concreto como *Vertragsstrafe* ou *pauschalierten Schadensersatz.* O desenvolvimento da *pauschalierten Schadensersatz* pela jurisprudência alemã foi marcado, além da definição de critérios para identificação da figura em concreto (se *pauschalierten Schadensersatz* ou *Vertragsstrafe*), pela discussão sobre a diferenciação de regimes, ou seja, o afastamento de determinadas normas da *Vertragsstrafe* sobre estipulações identificadas como *pauschalierten Schadensersatz*[156].

Verificou a doutrina e a jurisprudência alemã que, por ter como pressuposto a ocorrência de um futuro prejuízo, a *pauschalierten Schadensersatz não poderia ser exigida perante a prova da ausência de dano, mas esse afastamento da exigibilidade é incompatível com o regime da Vertragsstrafe,*

[156] Faust, Florian. Contractual penalties in german law. **European Review of Private Law** — Kluwer Law International BV, v. 23, n. 3, pp. 285-296, 2015.

que a prevê como um mínimo garantido ao credor. Além disso, diante da clara intenção de fixar de forma prévia e invariável o valor da indenização, não se poderia admitir, em estipulações identificadas como *pauschalierten Schadensersatz*, a ressalva do direito de o credor reclamar indenização suplementar prevista nas normas do BGB sobre a cláusula penal. Também os critérios previstos para a redução da *Vertragsstrafe* se revelavam inadequados para o controle do conteúdo da *pauschalierten Schadensersatz*.

Temos a percepção de que o direito brasileiro se encontra em momento similar ao vivenciado pelo ordenamento alemão entre as primeiras décadas da vigência do BGB e a consagração legislativa da *pauschalierten Schadensersatz*. Ambos os ordenamentos adotaram um modelo aberto, que não restringe as funções a serem exercidas pela cláusula penal. Da mesma forma, os Códigos Civis de ambos os países, conquanto não tenham restringido as funções da cláusula penal, contemplaram, na positivação da figura, dispositivos incompatíveis com a clausula de prefixação de danos, como é o caso do caput do art. 416 da lei brasileira, e do parágrafo 340(2) do código alemão.

Os problemas verificados na Alemanha, advindos da compatibilidade do regime legal perante cláusulas identificadas como tendo função exclusiva de prefixação de danos, se fazem presentes diuturnamente nas cortes brasileiras.

Na Alemanha, algum tempo depois da vigência do BGB, tais problemas levaram a jurisprudência a consolidar a distinção das figuras. Até a consagração legislativa da *pauschalierten Schadensersatz*, ela foi tratada, pela doutrina e jurisprudência alemã, como uma figura autônoma, aceita como expressão da liberdade de contratar, e não sujeita ao regime estabelecido pela BGB para a *Vertragsstrafe*.

Cremos ser possível acreditar que o direito brasileiro seguirá caminho similar. De fato, quando analisarmos as discussões sobre as funções da cláusula penal, discorreremos sobre a doutrina capitaneada pela tese de doutorado de Pinto Monteiro[157], que critica a tese da dupla função da cláusula penal e defende a distinção de figuras. No direito brasileiro, apesar de permanecer majoritária na doutrina a tese da dupla função,

[157] MONTEIRO, António Joaquim de Matos Pinto. **Cláusula penal e indemnização**. Coimbra: Almedina, 1990, p. 509.

percebe-se, tal como ocorreu na Alemanha após as primeiras décadas de vigência do BGB, um crescente acolhimento das críticas ao modelo unitário, com a defesa da necessidade de distinção das figuras[158]. Paradigmática, a esse respeito, a evolução do pensamento de Martins-Costa, que na primeira edição de seus Comentários ao Código Civil, publicada em 2003[159], defendeu a multifuncionalidade da cláusula penal e, na edição seguinte, publicada em 2009[160], reconheceu a mudança de seu entendimento, passando a defender a "tese da duplicidade de espécies de cláusula penal".

Ocorre que, na doutrina brasileira esse entendimento vem sendo defendido mediante a diferenciação de espécies de cláusula penal, ao invés da consideração sobre a existência de figuras distintas e autônomas, sendo uma regulada pelos artigos 408 a 416 do Código Civil (cláusula penal) e outra decorrente da liberdade de contratar (cláusula de prefixação de danos).

A distinção, deve-se alertar, ainda não encontra acolhida nos tribunais brasileiros, onde "as discussões não costumam se pôr na moldura argumentativa do art. 112 do Código Civil (intenção das partes), mas, sim, no da aplicação das normas específicas da cláusula penal, oriundas do arts. 408 a 416 do mesmo Código"[161].

A cláusula de prefixação de danos, em nosso entendimento, não representa uma espécie de cláusula penal. Acompanhamos o posicionamento de Jorge Cesa:

[158] Citem-se, como autores brasileiros que, com base na tese de Pinto Monteiro, defendem a distinção de figuras: Konder, Carlos Nelson. Arras e cláusula penal nos contratos imobiliários. Rio de Janeiro, **Revista dos Tribunais**, v. 4, pp. 83-104, mar.-abr. 2014; Schreiber, Anderson. **Manual de direito civil contemporâneo**. São Paulo: Saraiva Educação, 2018; Rosenvald, Nelson. **Cláusula penal**: a pena privada nas relações negociais. Rio de Janeiro: Lumen Juris, 2007.

[159] Martins-Costa, Judith. **Comentários ao novo Código Civil**: do inadimplemento das obrigações. (coord.) Teixeira, Sálvio de Figueiredo. v. 5. t. 2. Rio de Janeiro: Forense, 2003.

[160] Martins-Costa, Judith. **Comentários ao novo Código Civil**: do inadimplemento das obrigações. (coord.) Teixeira, Sálvio de Figueiredo. v. 5. t. 2. Rio de Janeiro: Forense, 2003, p. 613.

[161] Silva, Jorge Cesa Ferreira da. A cláusula penal e a quadratura do círculo: as funções da cláusula penal depois do novo Código Civil Brasileiro. **A Evolução do Direito Empresarial e Obrigacional. Os 18 anos do Código Civil** — Obrigações e Contratos — Vol. 2. Henrique Barbosa; Jorge Cesa Ferreira da Silva (Coords). São Paulo: Quartier Latin, 2021, p. 594.

> A aceitação de cláusulas de perdas e danos encontra fundamento direito na autonomia privada e, mediatamente, no art. 425, segundo o qual é facultada às partes a celebração de contratos atípicos, desde que observadas as normas gerais fixadas no Código. São essas normas gerais que delimitarão a juridicidade das referidas cláusulas[162].

Importante ressaltar que nossa divergência quanto à qualificação da cláusula de prefixação de danos como espécie de cláusula penal não é meramente conceitual. Tratar a cláusula de prefixação de danos como espécie de cláusula penal implica atrair o regime dos artigos 408 a 416, o que suscita inúmeras dificuldades, como, por exemplo, sua incompatibilidade com disposições cogentes, como é o caso dos artigos 412, 413, e 416.

No caso do primeiro dispositivo citado, consideramos inviável submeter a cláusula de prefixação de danos à limitação pelo valor da obrigação principal, especialmente quando já no momento da contratação estimam-se possíveis danos superiores ao valor do negócio. Ainda que o dispositivo comporte interpretações capazes de mitigar tal problema — entre elas a que proporemos no presente trabalho — é patente a incompatibilidade entre a redação do dispositivo e uma cláusula de pura prefixação de danos.

Da mesma forma, os parâmetros estabelecidos pelo artigo 413 para a redução da cláusula penal não são apropriados à redução da cláusula de prefixação de danos, pois nesta, além da redução ser guiada pela proporcionalidade, e não pela equidade, o dano efetivo será o principal parâmetro a ser observado, diversamente do que ocorre naquela, onde o que importa é a consideração sobre a natureza e a finalidade do negócio. Conforme preceitua Martins-Costa,

> se a cláusula penal foi pactuada como cláusula de perdas e danos (finalidade de prévia liquidação do dano), o juízo sobre a redução do dano, previsto no art. 413, deverá ter em conta o critério da proporcionalidade, pois a natureza da cláusula é francamente indenizatória. Já se foi pactuada cláusula penal em sentido estrito, ou puramente coercitiva (finali-

[162] SILVA, Jorge Cesa Ferreira da. **Inadimplemento das obrigações**: comentários aos arts. 389 a 420 do Código Civil. Biblioteca de Direito Civil: estudos em homenagem ao Professor Miguel Reale São Paulo: RT, 2007, p. 243.

> dade compulsivo-sancionatória, visando-se gerar pressão no devedor de modo a estimulá-lo ao adimplemento), o foco está no cumprimento, e não no dano[163].

Interessante, a esse respeito, a constatação:

> ao intérprete a cláusula de perdas e danos oferece a possibilidade de obter maior clareza sobre o montante devido em casos de redução, já que o juízo de proporcionalidade, em caso de pedido de redução, deve visar à igualdade com o dano sofrido. Seu foco não é evitar o inadimplemento, mas reduzir o grau de controvérsia existente sobre a indenização do dano[164].

Por fim, o *caput* do art. 416 representa a maior incompatibilidade do regramento da cláusula penal em relação à cláusula de prefixação de danos. O dispositivo estabelece uma presunção *iure et de iure* de prejuízo, que tem como consequência manter a exigibilidade da cláusula a despeito da prova da ausência de dano, o que vai no sentido diametralmente oposto da principal característica do regime da cláusula de prefixação de danos.

Essa é a diferença mais significativa entre os regimes da cláusula de prefixação de danos e da cláusula penal. Resultando, claro, dos termos do negócio, que a finalidade da cláusula foi restrita à prévia liquidação do dano, a estipulação tem com pressuposto a existência desse dano, que, caso inexistente, afasta por completo a exigibilidade da cláusula. Por outro lado, se as partes pactuaram uma cláusula penal, a inexistência de dano não terá consequências sobre sua exigibilidade, podendo, apenas, ser considerada, de forma indireta e secundária, na análise da redução prevista no artigo 413.

Isso não quer dizer, como lembra Pinto Monteiro, que a cláusula de prefixação de danos represente mera convenção de inversão do ônus da

[163] MARTINS-COSTA, Judith. **Comentários ao novo Código Civil**: do inadimplemento das obrigações. (coord.) TEIXEIRA, Sálvio de Figueiredo. v. 5. t. 2. Rio de Janeiro: Forense, 2003, p. 622.

[164] SILVA, Jorge Cesa Ferreira da. **Inadimplemento das obrigações**: comentários aos arts. 389 a 420 do Código Civil. Biblioteca de Direito Civil: estudos em homenagem ao Professor Miguel Reale São Paulo: RT, 2007, p. 242.

prova[165]. Com esse tipo de disposição, as partes estabelecem um valor fixo, afastando as discussões sobre a extensão do dano. A cláusula fica condicionada, apenas, à existência do dano.

A possibilidade de afastamento diante da prova da ausência de dano é o principal fundamento de nossa conclusão de que a cláusula de prefixação de danos não representa uma espécie de cláusula penal, mas uma figura autônoma[166]. Essa característica, em nossa avaliação, inviabiliza o enquadramento da cláusula de prefixação de dano no regime dos artigos 408 a 416. Além de frontalmente contrária à norma cogente constante do *caput* do artigo 416, a cláusula de prefixação de perdas e danos guarda uma lógica distinta, que implica na inadequação da quase integralidade dos referidos dispositivos para regulá-la.

É inegável, por outro lado, a proximidade das figuras. Ambas decorrem do exercício da liberdade de contratar para fins de regulação convencional da responsabilidade civil. Ambas estabelecem uma prestação para ser cumprida no caso de inadimplemento imputável. A cláusula penal, em muitos casos, também confere a indenização perseguida pela cláusula de prefixação de danos, mas sem se sujeitar à existência do dano.

[165] "Atente-se, porém, que isso não significa que esta cláusula haja de valer como simples inversão do ónus da prova, visto que o montante predeterminado entre as partes obsta a que o devedor venha a pretender — ainda que competindo-lhe a ele essa prova — a sua redução até ao montante do dano efectivo, assim como obsta, em princípio, a que o credor obtenha indemnização maior do que aquela que foi previamente fixada. O carácter de liquidação forfaitaire impede qualquer pretensão ulterior em ordem a ajustar ou a fazer coincidir o montante indemnizatório predeterminado com o prejuízo real. Mas isso só significa, convém frisá-lo, que ficam arredadas, com a estipulação da cláusula, discussões posteriores sobre a extensão do dano efectivo — não, porém, sobre a existência do dano, base e pressuposto da liquidação operada." MONTEIRO, António Joaquim de Matos Pinto. Cláusula penal e comportamento abusivo do credor. **Revista Brasileira de Direito Comparado**. Rio de Janeiro: Instituto de Direito Comparado Luso-Brasileiro, 2003, p. 120.

[166] Reconhecendo a distinção de figuras, mas tratando a cláusula de prefixação de danos como espécie de cláusula penal, Anderson Schreiber ressalta:"evidencia-se a necessidade de diferenciar as cláusulas penais conforme suas diferentes funções. Se a ausência de dano não impede a incidência de cláusula penal de função punitiva — a chamada cláusula penal puramente compulsória, na terminologia cunhada por Antonio Pinto Monteiro —, o mesmo não se pode dizer em relação a uma convenção que tem por fim a liquidação antecipada da indenização." SCHREIBER, Anderson. **Manual de direito civil contemporâneo**. São Paulo: Saraiva Educação, 2018, p. 377.

Essas semelhanças, entretanto, não são capazes de tornar uma figura espécie da outra. Há substancial incompatibilidade de regimes principalmente no tocante à exigibilidade e controle de conteúdo. A consequência da semelhança entre as figuras é uma eventual consideração das disposições legais sobre a cláusula penal para auxiliar na solução de controvérsias envolvendo cláusulas de prefixação de danos. Nesse contexto, Jorge Cesa menciona: "a aplicação analógica das normas referentes à cláusula penal se faz também possível, desde que a situação normada seja equivalente"[167]. Consideramos, entretanto, que não se trata propriamente de aplicação analógica, pois, apesar de ser a cláusula penal a figura típica mais próxima da cláusula de prefixação de danos, dentre suas principais diferenças está, justamente, a incompatibilidade das normas legais da cláusula penal para regular a cláusula de prefixação de danos.

Caso os elementos obtidos através de uma hermenêutica ampla, abrangente da própria estipulação e de todo o contexto negocial, revele o caráter exclusivo da pressuposição de dano como motivadora da cláusula, então não se estará diante de uma cláusula penal, afastando-se o regime dos artigos 408 a 416. Essas normas poderão apenas auxiliar no tratamento legal da figura em concreto, já que inexistente regulação específica, mas deverão ser adaptadas por força das relevantes distinções entre as figuras.

Assim, por exemplo, a redução da cláusula de prefixação de danos não decorrerá de uma aplicação analógica do artigo 413, pois os vetores serão completamente distintos. O artigo 413, em linha com a principiologia e as diretrizes do Código Civil, demonstra a preocupação do ordenamento com o conteúdo de estipulações sobre as consequências do inadimplemento, o que nos leva a admitir, excepcionalmente, a redução também da cláusula de prefixação de danos, quando, no caso concreto, o devedor produzir prova inequívoca de um excesso de magnitude incompatível com os valores do ordenamento, verificado entre o dano efetivo e o montante da estipulação.

No tocante à redução, Pinto Monteiro afirma a incidência também sobre as cláusulas de prefixação de danos por entender que "esse poder

[167] Silva, Jorge Cesa Ferreira da. **Inadimplemento das obrigações**: comentários aos arts. 389 a 420 do Código Civil. Biblioteca de Direito Civil: estudos em homenagem ao Professor Miguel Reale São Paulo: RT, 2007, p. 242.

abrange todas as espécies de cláusula penais, ainda que o grau dessa redução possa variar em função, designadamente, da espécie de cláusula penal acordada"[168].

Por fim, não podemos desconsiderar que o principal problema advindo da distinção entre a cláusula penal e a cláusula de prefixação de danos resulta da dificuldade prática de identificação sobre qual a figura estipulada pelas partes. A identificação, conquanto imprescindível à definição de regime, revela-se muitas vezes uma tarefa árdua.

Como referimos ao tratar da presunção *iure et de iure* de prejuízo como pressuposto da cláusula penal, o recomendável é que a liberdade de estipulação seja exercida de forma cuidadosa, deixando clara a identificação da figura contratada. Quando essa intenção não estiver clara, será necessário observar todas as regras de hermenêutica na tentativa da identificação mais adequada. A literalidade do texto contratual poderá fornecer elementos importantes, mas que nem sempre serão determinantes. Por exemplo, se a cláusula é acompanhada de referências como "a título de danos estimados" ou algo similar, será um forte indicativo da estipulação de uma cláusula de prefixação de perdas e danos. Por outro lado, expressões como "multa" e "penalidade" são de utilização corriqueira não auxiliando, em nosso entendimento, na identificação.

Interessante, nesse particular, a distinção citada por Pinto Monteiro a partir de uma decisão do BGH:

> o principal critério de distinção resulta de um juízo do tribunal sobre a adequação do montante acordado em relação ao dano previsível, não sendo decisivo o argumento fundado no teor indemnizatório utilizado pelas partes na sua redação. Ao mesmo tempo, o BGH reafirmou que uma Schadenspauschale, para o ser, terá de mostrar-se como constituindo uma soma que se orientou pelo dano a reparar[169].

De fato, a demonstração de que o valor estipulado pela cláusula é resultado de cálculo realizado na época da conclusão do negócio para

[168] Monteiro, António Joaquim de Matos Pinto. Cláusula penal e comportamento abusivo do credor. **Revista Brasileira de Direito Comparado.** Rio de Janeiro: Instituto de Direito Comparado Luso-Brasileiro, 2003, p. 126.

[169] Monteiro, António Joaquim de Matos Pinto. **Cláusula penal e indemnização.** Coimbra: Almedina, 1990, p. 519.

estimar futuros prejuízos cria a presunção de que a figura contratada é uma cláusula de prefixação de perdas e danos. Isso ocorrerá sempre que verificada a compatibilidade entre o valor da cláusula e os danos possíveis de serem estimados na época de conclusão do negócio. Entretanto, mesmos nesses casos, não podemos descartar a possibilidade de outros elementos de interpretação revelarem que, apesar da definição do conteúdo da cláusula ter sido orientada pelo valor dos danos estimados, razões diversas levaram as partes a buscar assegurar o pagamento da penalidade, independentemente da existência do dano.

Ressalvamos, por fim, nosso entendimento de que, na ausência de elementos capazes de identificar a figura pretendida, a estipulação deve ser entendida como cláusula penal, pois essa é a figura típica positivada no Código Civil.

2.3 Arras

Cláusula penal e arras são institutos que guardam, ao mesmo tempo, significativas proximidades e diferenças. Ambos estão localizados, topograficamente, no Título IV do Código Civil brasileiro, referente ao inadimplemento das obrigações (artigos 408 a 420). Nas palavras de Agostinho Alvim, "as arras constituem outro caso de indenização prefixada pelas partes, por isso, o anteprojeto colocou o respectivo capítulo logo em seguida ao da cláusula penal, com a qual elas têm parentesco próximo"[170].

Existe, nesse sentido, inegável similitude funcional, uma vez que ambos são mecanismos reguladores do inadimplemento, refletidos em "cláusulas resultantes do exercício da autonomia negocial e são caracterizadas pela acessoriedade a uma relação obrigacional principal"[171]. Por outro lado, a natureza real das arras representa "o aspecto estrutural que mais as diferencia da cláusula penal, dado o caráter obrigacional, ou pessoal, desta última"[172]. A exigência, no caso das arras, da entrega de

170 Alvim, Agostinho *apud* Rocha, José Dionízio da. Das arras ou sinal. *In*: Tepedino, Gustavo (coord.). **Obrigações**: estudos na perspectiva civil-constitucional. Rio de Janeiro: Renovar, 2005, p. 554.

171 Konder, Carlos Nelson. Arras e cláusula penal nos contratos imobiliários. Rio de Janeiro, **Revista dos Tribunais**, v. 4, pp. 83-104, mar.-abr. 2014, p. 2.

172 Faoro, Guilherme de Mello Franco. Comentário sobre o RESP n. 1.617.652/DF e a sistematização da disciplina das arras e da cláusula penal nas perdas e danos contratuais. **Revista Brasileira de Direito Civil** — RBDCivil, Belo Horizonte, v. 19, pp. 159-176, jan.-mar. 2019.

dinheiro ou de coisa fungível, no ato de sua constituição, é o centro de sua distinção em relação à cláusula penal, que representa prestação prometida, aperfeiçoada mediante a simples estipulação, para ser exigível apenas quando verificado o inadimplemento[173].

As arras compensatórias encontram semelhança com a cláusula penal, eis que a pena aplicada por meio de ambos os institutos pressupõe o inadimplemento do contrato. As arras penitenciais, por outro lado, aplicam-se em hipótese na qual uma das partes exerce o direito de desistir do contrato. Assim, em se tratando do exercício do direito de desistência, não há configuração de inadimplemento contratual, de modo que relevante distinção se verifica neste aspecto em relação à cláusula penal.

A Terceira Turma do Superior Tribunal de Justiça, sob a relatoria da Ministra Nancy Andrighi, decidiu que, assim como a cláusula penal compensatória, ambas as modalidades de arras possuem natureza indenizatória. Em seu voto, a relatora justifica sua divergência da doutrina que reconhece a função indenizatória tão somente das arras penitenciais, e defende, com fundamento no artigo 418 do Código Civil, que as arras confirmatórias também atuam como indenização prefixada em favor da parte inocente[174].

No mesmo acórdão, a Terceira Turma do Superior Tribunal de Justiça entendeu que a cumulação de arras e cláusula penal resulta em *bis in idem*, devendo prevalecer a pena de perda das arras. Isto porque, a natureza real das arras deve prevalecer sobre a natureza pessoal da cláusula

[173] A convenção contratual acerca de arras não deixa de ser válida, como explica Jorge Cesa Ferreira da Silva, mas sua eficácia é condicionada à entrega do bem. SILVA, Jorge Cesa Ferreira da. **Inadimplemento das obrigações**: comentários aos arts. 389 a 420 do Código Civil. Biblioteca de Direito Civil: estudos em homenagem ao Professor Miguel Reale. São Paulo: RT, 2007, p. 294.

[174] "Como se extrai dos dispositivos legais acima destacados, a função indenizatória das arras se faz presente não apenas quando há o lícito arrependimento do negócio (artigo 420), mas principalmente quando ocorre a inexecução do contrato. Isso porque, de acordo com o disposto no artigo 418, mesmo que as arras tenham sido entregues com vistas a reforçar o vínculo contratual, tornando-o irretratável, elas atuarão como indenização prefixada em favor da parte "inocente" pelo inadimplemento do contrato, a qual poderá reter a quantia ou bem, se os tiver recebido, ou, se for quem os deu, poderá exigir a respectiva devolução, mais o equivalente." BRASIL. REsp 1.617.652/DF, Rel. Min. Nancy Andrighi, Terceira Turma, j. 26-09-2017, DJe 29-09-2017. No mesmo sentido: BRASIL. REsp 1669002/RJ, Rel. Min. Nancy Andrighi, Terceira Turma, j. 21-09-2017, DJe 02-10-2017.

penal: as arras representam prestação entregue e a cláusula penal representa promessa de prestação. Além disso, defendeu-se que a prevalência das arras dá efetividade ao artigo 419 do Código Civil, que define as arras confirmatórias como taxa mínima da indenização[175].

Por fim, a relatora, em seu voto, justifica a prevalência das arras explicando que esse entendimento afasta a possibilidade de aplicação de cláusula penal inferior ao sinal, e evita que a parte seja impedida de exigir indenização suplementar por ausência de previsão contratual, nos termos do artigo 416, parágrafo único, do Código Civil [176].

Em comentário à decisão do Superior Tribunal de Justiça, Faoro concorda, por um lado, com a impossibilidade de cumulação, mas discorda, por outro, da opção pelas arras em detrimento da cláusula penal, entendendo que a funcionalidade e a própria estrutura dogmática da cláusula penal justificam sua prevalência[177]. Esse entendimento diverge da tese

[175] Evidenciada a natureza indenizatória das arras na hipótese de inexecução do contrato, revela-se inadmissível a sua cumulação com a cláusula penal compensatória, sob pena de violação do princípio do non bis in idem (proibição da dupla condenação a mesmo título). 8. Se previstas cumulativamente, deve prevalecer a pena de perda das arras, as quais, por força do disposto no artigo 419 do CC, valem como "taxa mínima" de indenização pela inexecução do contrato. BRASIL. REsp 1.617.652/DF, Rel. Min. Nancy Andrighi, Terceira Turma, j. 26-09-2017, DJe 29-09-2017.

[176] Com esse julgamento, foi superado entendimento anterior da Terceira Turma do Superior Tribunal de JustiçaTJ, no sentido de que, havendo cumulação de arras confirmatórias e cláusula penal compensatória, deveriam ser restituídas as arras e aplicada, tão somente, a cláusula penal. Trata-se de acórdão relatado pelo eminente Ministro Paulo de Tarso Sanseverino, no qual a Terceira Turma havia decidido, com arrimo nos ensinamentos de Martins-Costa, que as arras confirmatórias e a cláusula penal possuem função de "*efeito da resolução imputável e culposa*". Por conta dessa identidade de função, sob o fundamento do princípio *non bis in idem*, e com o objetivo de evitar que o valor recebido pelo credor exceda o da obrigação principal (o que violaria o artigo 412 do Código Civil), havia-se entendido que deveria prevalecer a cláusula penal sobre as arras. BRASIL. REsp 1.381.652/SP, Rel. Min. Paulo de Tarso Sanseverino, Terceiro Turma, j. 12-08-2014, DJe de 05-09-2014.

[177] Como observado pelo autor, "a cláusula penal ganhou uma estrutura flexível no Código Civil de 2002 e, ao contrário das arras, foi dogmaticamente concebida pelo legislador pátrio como o instrumento típico, por excelência, à regulação voluntária dos efeitos indenizatórios decorrentes do inadimplemento contratual. Por esse motivo, o quadro normativo da cláusula penal no diploma civil é composto por diversos mecanismos que buscam prestigiar, regular e otimizar a autonomia das partes: como se viu acima, nele prevê-se a possibilidade de sua redução judicial equitativa, baseada em critérios finalísticos como a proporcionalidade e a razoabilidade da pena; o valor total da obrigação é limitado apenas ao valor total da obrigação, conferindo aos contratantes ampla margem de manobra à estipulação do mon-

de Sombra, que defende a possibilidade da cumulação de multa prevista em cláusula penal com a pena de retenção de arras[178].

Parece-nos que a visão de Sombra seria a mais acertada, pois nada impede que um mesmo contrato, e seus pactos acessórios, prevejam sanções diversas para um mesmo inadimplemento. Sempre estará resguardado o direito de se requerer a redução equitativa das sanções, com fundamento no artigo 413 do Código Civil.

Por fim, sobreleva ressaltar apenas uma crítica sobre a argumentação defendida por Sombra: a cumulação da aplicação de multa prevista em cláusula penal com a retenção de arras deve valer apenas para as arras confirmatórias. Isto porque, em se tratando de arras penitenciais, a inexecução é permitida e, portanto, não há inadimplemento para justificar a aplicação de cláusula penal[179].

No entanto, em oposição ao entendimento antes firmado pela Terceira Turma do Superior Tribunal de Justiça, a Quarta Turma, em acórdão proferido posteriormente, de relatoria do Ministro Luis Felipe Salomão, entendeu que "as arras confirmatórias não se confundem com a prefixação de perdas e danos, tal como ocorre com o instituto das arras

tante devido, mas com um limite expressamente definido. A dogmática da cláusula penal ainda prestigia a gestão de riscos desejada pelas partes ao prever, em regra, a suficiência do valor ali estipulado, não sendo permitida indenização suplementar. Desse modo, confere-se maior segurança aos contratantes, os quais têm a certeza de que o montante previamente estabelecido não será majorado, a não ser que assim tenham previsto expressamente no acordo (cf. artigo 416, parágrafo único, do Código Civil)". Faoro, Guilherme de Mello Franco. Comentário sobre o RESP n. 1.617.652/DF e a sistematização da disciplina das arras e da cláusula penal nas perdas e danos contratuais. **Revista Brasileira de Direito Civil** — RBDCivil, Belo Horizonte, v. 19, pp. 159-176, jan.-mar. 2019.

[178] "Ressalve-se, por fim, que é plenamente possível que um contratante previdente queira cumular, em um mesmo contrato, o emprego de cláusula penal e arras — mesmo as confirmatórias —, com o intuito de resguardar e assegurar o cumprimento da prestação avençada. É o caso, por exemplo, do artigo 418. Aquele que der arras perdê-las-á em benefício daquele que as recebeu, caso venha a tornar impossível a prestação. Se os contratantes estipularam a cláusula penal, o contratante responsável pela obstacularização perderá as arras e, ainda, incorrerá no descumprimento do contrato, devendo, portanto, o valor a título de cláusula penal" (Sombra, Thiago Luis Santos. As arras e a cláusula penal no Código Civil de 2002. **Revista dos Tribunais**, v. 917, pp. 75-89, mar. 2012, p. 88.)

[179] Rodrigues Junior, Otavio Luiz. **Natureza, função e modificação da cláusula penal no direito civil brasileiro**. São Paulo. 418 p. Tese (Doutorado em Direito) Faculdade de Direito da Universidade de São Paulo (USP), São Paulo, 2006, p. 202.

penitenciais, visto que servem como garantia do negócio e possuem característica de início de pagamento [...]".[180]

Diante das divergências doutrinárias e jurisprudenciais acerca da finalidade das arras e da cláusula penal, entendemos que a discussão envolve a distinção entre cláusulas penais cumulativas e substitutivas, bem como entre arras confirmatórias e penitenciais.

A cláusula penal cumulativa tem função preponderantemente coercitiva. Nesse sentido, a cláusula penal cumulativa se assemelha às arras penitenciais, pois essas também têm, como principal objetivo, penalizar a parte que desista do contrato. Não obstante, é comum que esses dois institutos, apesar de sua finalidade principal sancionatória, sirvam também como indenização de um potencial dano sofrido.

Por outro lado, o valor estipulado em cláusula penal substitutiva visa, principalmente, reparar o dano causado à parte inocente por decorrência do inadimplemento contratual. Nesse sentido, esse instituto mais se assemelha às arras confirmatórias, cujo objetivo principal também é fixar a indenização devida à parte lesada pelo inadimplemento culposo. O fato de que a parte inocente tem direito à indenização suplementar não afasta a natureza indenizatória do sinal confirmatório. Trata-se, apenas, de previsão legal que busca garantir o ressarcimento integral do dano sofrido, em consonância com o artigo 944 do Código Civil.

Ambos os institutos permitem a redução equitativa de seus valores. Essa possibilidade está expressamente prevista para a cláusula penal no artigo 413 do Código Civil. A jurisprudência do Superior Tribunal de Justiça já se firmou no sentido de que "a previsão de redução equitativa, contida no artigo 413, do Código Civil, também se aplica ao sinal, sejam as arras confirmatórias ou penitenciais"[181] [182].

[180] BRASIL. REsp 1.197.860/SC, Rel. Min. Luis Felipe Salomão, Quarta Turma, j. 05-12--2017, DJe de 12-12-2017.

[181] BRASIL. AgInt no REsp 1.167.766/ES, Rel. Min. Raul Araújo, Rel. p/ acórdão Min. Maria Isabel Gallotti, Quarta Turma, j. 16-11-2017, DJe 1º-02-2018; No mesmo sentido: REsp 1669002/RJ, Rel. Min. Nancy Andrighi, Terceira Turma, j. 21-09-2017, DJe 02-10-2017. Nesse sentido é o Enunciado 165 da 3ª Jornada de Direito Civil promovida pelo CEJ: "Em caso de penalidade, aplica-se a regra do CC 413 ao sinal, sejam as arras confirmatórias ou penitenciais".

[182] Em sentido contrário à extensão às arras da redução prevista no artigo 413. Sombra, Thiago Luis Santos. As arras e a cláusula penal no Código Civil de 2002. **Revista dos Tribunais**, v. 917, pp. 75-89, mar. 2012.

No entanto, há que se distinguir os dois institutos quanto ao aspecto cronológico, eis que o sinal é transferido no momento em que o contrato é firmado, enquanto a multa prevista em cláusula penal somente se transfere em razão de inadimplemento contratual[183].

Em caso de inadimplemento da parte que entregou as arras, a efetividade do valor do sinal o torna garantia mais sólida que a cláusula penal para a parte inocente, pois já estará em posse de ao menos uma parcela do valor que lhe é devido a título de indenização. Há aqui uma espécie de autoexecutoriedade no exercício de sua pretensão, pois não precisará, necessariamente, recorrer ao Poder Judiciário[184].

Quanto à finalidade dos institutos, a cláusula penal e as arras confirmatórias visam claramente estimular o cumprimento do contrato, exercendo função coercitiva/sancionatória em caso de inadimplemento[185]. O sinal penitencial, apesar de configurar também uma pena que se aplica em hipótese de inexecução do contrato, cujo objetivo é desestimular a desistência,[186] permite o direito à desistência do contrato[187].

Além disso, na lição de Jorge Cesa, o inadimplemento que resulta na aplicação da multa prevista em cláusula penal pode ser relativo, ao passo que o inadimplemento que gera a perda do sinal é somente o absoluto[188].

A pena de retenção das arras confirmatórias, assim como ocorre com a cláusula penal cumulativa, também pode ser cumulada com o cumprimento da obrigação principal. No entanto, isso ocorre não porque a inexecução é especificamente relacionada a uma obrigação do contrato — até porque, como visto, o inadimplemento que gera a perda do sinal é somente o total —, mas porque o legislador optou por dar à

[183] Sombra, Thiago Luis Santos. As arras e a cláusula penal no Código Civil de 2002. **Revista dos Tribunais**, v. 917, pp. 75-89, mar. 2012, p. 5.

[184] Rosenvald, Nelson. **Cláusula penal**: a pena privada nas relações negociais. Rio de Janeiro: Lumen Juris, 2007, p. 175.

[185] Rosenvald, Nelson. **Cláusula penal**: a pena privada nas relações negociais. Rio de Janeiro: Lumen Juris, 2007, p. 176.

[186] Gomes, Orlando. **Obrigações**. 16. ed. Rio de Janeiro: Forense, 2004, p. 196.

[187] Silva, Jorge Cesa Ferreira da. **Inadimplemento das obrigações**: comentários aos arts. 389 a 420 do Código Civil. Biblioteca de Direito Civil: estudos em homenagem ao Professor Miguel Reale São Paulo: RT, 2007, p. 312.

[188] Silva, Jorge Cesa Ferreira da. **Inadimplemento das obrigações**: comentários aos arts. 389 a 420 do Código Civil. Biblioteca de Direito Civil: estudos em homenagem ao Professor Miguel Reale São Paulo: RT, 2007, p. 245.

parte inocente esse direito como forma de assegurar-lhe o recebimento de reparação integral do dano sofrido. A retenção de sinal penitencial, por outro lado, jamais poderá ser cumulada com o cumprimento da obrigação principal, pois pressupõe o exercício de um direito legítimo de desistência.

Há que se destacar ainda que as arras só podem ser estipuladas em contratos bilaterais, pois a retenção de um sinal somente produz efeitos em um contrato no qual ambas as partes devem entre si prestações e contraprestações.[189] Isso não impede, como explica Jorge Cesa, previsão contratual de que apenas a parte que deu as arras terá direito ao arrependimento.[190] Além disso, as arras confirmatórias apenas predeterminam o valor que perderá a parte que o entrega caso deixe de executar o contrato e, portanto, não vincula a parte que o recebe, a qual pode buscar ressarcimento pelas normas gerais. A cláusula penal, por outro lado, pode ser convencionada para qualquer obrigação e vincula ambas as partes[191].

2.4 Sanções legais

Alguns exemplos de sanções legais encontram-se previstas nos artigos 773[192] e 940[193] do Código Civil. Por força do primeiro, se o segurador, ao

[189] Segundo Nelson Rosenvald, com apoio nas lições de Pontes de Miranda, é também possível a oposição de arras em negócios jurídicos unilaterais, como no caso de uma promessa de compra e venda na qual aquele que oferece o prêmio deposita valores a título de sinal, em favor de quem vier a obter o direito. ROSENVALD, Nelson. **Cláusula penal**: a pena privada nas relações negociais. Rio de Janeiro: Lumen Juris, 2007, p. 173.

[190] Como leciona o autor, essa hipótese dependerá das condições concretas do caso, pois poderá ser afastada, por exemplo, quando se tratar de desequilíbrio, cláusula abusiva, ou condição meramente potestativa. SILVA, Jorge Cesa Ferreira da. **Inadimplemento das obrigações**: comentários aos arts. 389 a 420 do Código Civil. Biblioteca de Direito Civil: estudos em homenagem ao Professor Miguel Reale São Paulo: RT, 2007, p. 315.

[191] ROSENVALD, Nelson. **Cláusula penal**: a pena privada nas relações negociais. Rio de Janeiro: Lumen Juris, 2007, p. 176.

[192] Artigo 773. O segurador que, ao tempo do contrato, sabe estar passado o risco de que o segurado se pretende cobrir, e, não obstante, expede a apólice, pagará em dobro o prêmio estipulado.

[193] Artigo 940. Aquele que demandar por dívida já paga, no todo ou em parte, sem ressalvar as quantias recebidas ou pedir mais do que for devido, ficará obrigado a pagar ao devedor, no primeiro caso, o dobro do que houver cobrado e, no segundo, o equivalente do que dele exigir, salvo se houver prescrição.

tempo do contrato, souber que não mais existe o risco segurado e, ainda assim, expedir a apólice, pagará em dobro o prêmio estipulado. Já o segundo dispositivo prevê que a cobrança de quantia já paga, ou em valor superior ao devido implica, no primeiro caso, em restituição em dobro do valor cobrado e no segundo em restituição do equivalente ao exigido.

Ambos são exemplos de sanções legais que visam a resguardar a boa-fé no âmbito das relações privadas, de modo que a jurisprudência não se contenta com mera cobrança indevida, exigindo a configuração de intenção maliciosa para que possa incidir a pena prevista na lei.

As sanções legais se distanciam da cláusula penal, pois esta tem como pressuposto ser fruto de acordo de vontades, enquanto aquela é imposta pelo legislador. O Superior Tribunal de Justiça, em acórdão proferido pela Quarta Turma, da relatoria do Ministro Luis Felipe Salomão, tomou sentido oposto ao apreciar disputa entre transportador e embarcador acerca do Vale-Pedágio devido nos termos da Lei n. 10.209/2001 (Lei do Pedágio)[194].

A Turma tratou como cláusula penal a sanção prevista no artigo 8º da lei, o qual dispõe que o embarcador deverá indenizar o transportador em quantia equivalente a duas vezes o frete, em caso de infração à lei. Partindo dessa premissa, decidiu-se que aquela sanção legal deveria obedecer ao limite previsto no artigo 412 do Código Civil e que poderia ser equitativamente reduzida nos termos do artigo 413 do Código Civil.

Discordamos da fundamentação da decisão, pois se a sanção decorre de lei, não se pode tratá-la como cláusula penal. Esta, como se sabe, decorre da vontade das partes e deve ser estipulada em condições específicas por elas determinadas. Decorrendo da lei, estar-se-á diante de sanção de tal natureza e não, cláusula penal.

2.5 Astreintes

Como ressalta Calvão da Silva, "a astreinte é um modelo coercitivo em expansão, dotado da força das coisas imparáveis, que simultaneamente potencia o prestígio dos tribunais e conduz ao cumprimento das obrigações"[195].

[194] REsp 1520327/SP, Quarta Turma, j. 5-5-2016.

[195] SILVA, João Calvão da. **Cumprimento e sanção pecuniária compulsória**. 4. ed. Coimbra: Almedina, 2002, p. 379.

Trata-se de sanção pecuniária e periódica, fixada pelo magistrado visando a tornar insuportável a manutenção da mora pelo devedor e obter o cumprimento de uma obrigação imposta por decisão judicial[196]. Essa sanção está prevista no artigo 536, § 1º, do Código de Processo Civil[197]. Nos termos do *caput* do artigo seguinte,

> a multa independe de requerimento da parte e poderá ser aplicada na fase de conhecimento, em tutela provisória ou na sentença, ou na fase de execução, desde que seja suficiente e compatível com a obrigação e que se determine prazo razoável para cumprimento do preceito.

A astreinte, portanto, é um instrumento de direito processual[198], na qual não se verifica um dos pressupostos da cláusula penal, consistente no acordo de vontades. Além de não decorrer de convenção, como ocorre com a cláusula penal, as astreintes são fixadas pelo juiz de modo a tornar efetivo o processo.[199] Portanto, a multa cominatória serve para preservar a autoridade das decisões judiciais e assim garantir a efetividade da jurisdição.

As astreintes não possuem qualquer relação com o prejuízo sofrido pelo credor, no que também se difere da cláusula penal, a qual, muitas

[196] CARVALHO, Fabiano. *In*: CABRAL, Antonio do Passo; CRAMER, Ronaldo. **Comentários ao Novo Código de Processo Civil**. Rio de Janeiro: Forense, 2015, pp. 871-872.

[197] "§ 1º Para atender ao disposto no caput, o juiz poderá determinar, entre outras medidas, a imposição de multa, a busca e apreensão, a remoção de pessoas e coisas, o desfazimento de obras e o impedimento de atividade nociva, podendo, caso necessário, requisitar o auxílio de força policial".

[198] Para efeitos deste trabalho, não se tem como objetivo discorrer com profundidade sobre as características desse instituto, mas tão somente traçar as suas semelhanças e diferenças quando comparado à cláusula penal, assim como os aspectos controvertidos que circundam o tema. Para um estudo aprofundado, recomenda-se consultar os seguintes artigos: OLIVEIRA, Francisco Antônio de. As astreintes e sua eficácia moralizadora. *In*: (org.) TEPEDINO, Gustavo; FACHIN, Luiz Edson. Obrigações e contratos: funções e eficácia. **Coleção Doutrinas Essenciais**, v. 2, pp. 1.151-1.158, São Paulo: RT, 2011, pp. 1.151-1.158; AMARAL, Guilherme Rizzo. As *astreintes* e o novo Código de Processo Civil. **Revista de Processo**, São Paulo, n. 183, ano 35, pp. 181-214, abr. 2010; REDONDO, Bruno Garcia. Astreintes: aspectos polêmicos. **Revista de Processo**, São Paulo, n. 222, ano 38, pp. 65-89, ago. 2013.

[199] PEREIRA, Caio Mário da Silva. **Instituições de direito civil**: teoria geral das obrigações. v. 2. 21. ed. Rio de Janeiro: Forense, 2008, p. 187.

vezes, substitui as perdas e danos advindas do inadimplemento[200]. Nesse particular, o artigo 500 do Código de Processo Civil dispõe: "a indenização por perdas e danos dar-se-á sem prejuízo da multa fixada periodicamente para compelir o réu ao cumprimento específico da obrigação".

A escolha do destinatário da multa é uma questão de política legislativa[201]. No Brasil, a despeito da independência das astreintes em relação às perdas e danos, o artigo 537, § 2º, do Código de Processo Civil, determina que a multa será devida ao credor. No direito alemão, o valor é devido ao Estado. No direito português, o produto da multa é rateado entre o Estado e o credor.

Nesse aspecto, cláusula penal e astreintes se assemelham, pois ambas são exigidas em benefício do credor, independentemente do prejuízo que esse possa ter sofrido em decorrência do inadimplemento[202].

O valor da multa cominatória deverá ser fixado pelo magistrado considerando as particularidades do caso. Outra importante diferença entre os institutos está nos meios permitidos para se elevar ou reduzir o valor das sanções. O artigo 537, § 1º, I, do Código de Processo Civil prevê que o juiz poderá, de ofício ou a requerimento, modificar o valor ou a periodicidade da multa caso verifique que se tornou insuficiente ou excessiva. A cláusula penal, por sua vez, apenas pode ser reduzida, nos termos do artigo 413 do Código Civil, não admitindo majoração, outra diferença em relação às astreintes.

A controvérsia maior surge quanto à possibilidade de aplicação do artigo 412 do Código Civil às astreintes, limitando-se estas também ao valor da obrigação principal que se busca alcançar. A Terceira Turma do Superior Tribunal de Justiça, em acórdão proferido sob a relatoria do Ministro Carlos Alberto Menezes Direito, em 1999, se posicionou no sentido de que em se tratando de astreinte não há teto para o valor da

[200] Silva, Jorge Cesa Ferreira da. **Inadimplemento das obrigações**: comentários aos arts. 389 a 420 do Código Civil. Biblioteca de Direito Civil: estudos em homenagem ao Professor Miguel Reale São Paulo: RT, 2007.

[201] Carvalho, Fabiano. *In*: Cabral, Antonio do Passo; Cramer, Ronaldo. **Comentários ao Novo Código de Processo Civil**. Rio de Janeiro: Forense, 2015, p. 875.

[202] Rosenvald, Nelson. **Cláusula penal**: a pena privada nas relações negociais. Rio de Janeiro: Lumen Juris, 2007, p. 186.

penalidade[203]. É esse o entendimento da jurisprudência majoritária do Superior Tribunal de Justiça[204].

No entanto, há jurisprudência que aplica analogicamente às astreintes os limites impostos pelo artigo 412 do Código Civil, conforme se depreende de acórdão da Quarta Turma do Superior Tribunal de Justiça, sob a relatoria do Ministro Sálvio de Figueiredo Teixeira[205]. Contudo, trata-se de um único acórdão, anterior aos demais do Superior Tribunal de Justiça em sentido oposto, a despeito de posicionamentos doutrinários defendendo a aplicação às astreintes do limite estabelecido pelo artigo 412[206].

[203] "Há diferença nítida entre a cláusula penal, pouco importando seja a multa nela prevista moratória ou compensatória, e a multa cominatória, própria para garantir o processo por meio do qual pretende a parte a execução de uma obrigação de fazer ou não fazer. E a diferença é, exatamente, a incidência das regras jurídicas específicas para cada qual. Se o Juiz condena a parte ré ao pagamento de multa prevista na cláusula penal avençada pelas partes, está presente a limitação contida no artigo 920 do Código Civil. Se, ao contrário, cuida-se de multa cominatória em obrigação de fazer ou não fazer, decorrente de título judicial, para garantir a efetividade do processo, ou seja, o cumprimento da obrigação, está presente o artigo 644 do Código de Processo Civil, com o que não há teto para o valor da cominação. BRASIL. REsp 196.262/RJ, Rel. Min. Carlos Alberto Menezes Direito, Terceira Turma, j. 06-12-999, DJe de 11.09.2000.

[204] BRASIL. REsp 148.229/RS, Rel. Min. Carlos Alberto Menezes Direito, Terceira Turma, j. 26-06-1998, DJ 13-10-1998; REsp 169.057/RS, Rel. Min. Sálvio de Figueiredo Teixeira, Quarta Turma, j. 01-06-1999, DJ 16-08-1999.

[205] BRASIL. REsp 13.416/RJ, Rel. Min. Sálvio de Figueiredo Teixeira, Quarta Turma, j. 17-03-1992, DJ 13-04-1992.

[206] "Ocorre, porém, que, não obstante os sólidos argumentos dos processualistas e a louvável obstinação com a efetividade da prestação jurisdicional, admitir nessa hipótese uma exceção à regra geral do limite do valor da obrigação principal, pode trazer consequências gravosas. Principalmente porque o credor terá, dependendo do vulto da multa diária, em pouco tempo, um acréscimo no seu patrimônio, que poderá até mesmo lhe ser mais vantajoso que o cumprimento pontual da obrigação determinada na sentença, gerando assim, o enriquecimento sem causa repudiado pelo ordenamento jurídico." FLORENCE, Tatiana Magalhães. Aspectos pontuais da cláusula penal. *In*: (org.) TEPEDINO, Gustavo. **Obrigações**: estudos na perspectiva civil-constitucional. Rio de Janeiro: Renovar, 2005, p. 527. Da mesma forma é o alerta de Caio Mário: "deve-se ponderar com os princípios da razoabilidade e da vedação do enriquecimento sem causa, notadamente para coibir práticas abusivas em favor do credor, essencialmente quando houver configuração de dificuldades financeiras por parte do devedor. Há de se analisar com ponderação, notadamente nos dias contemporâneos, à luz da valorização das situações jurídicas existenciais em detrimento das patrimoniais na ordem constitucional brasileira, instaurada em 1988". PEREIRA, Caio Mário da Silva. **Instituição**

Entendemos que existe uma contradição principiológica no direito brasileiro a esse respeito, pois, ao destinar as astreintes ao exequente, aliado à jurisprudência majoritária do Superior Tribunal de Justiça, que, como se viu, entende que a astreinte não deve ser limitada ao valor da obrigação principal, há margem para se configurar o enriquecimento sem causa do credor.

Em um ordenamento jurídico onde o enriquecimento sem causa é expressamente vedado (artigo 884 do Código Civil), não há lógica em permitir que o credor, antes mesmo de satisfazer o crédito que está a buscar, possa receber o produto de uma multa periódica cujo valor não encontra limites. Se a jurisprudência vem se consolidando no sentido de que o artigo 412 não pode servir como limitação para as astreintes, então, o valor das astreintes não deveria ser entregue ao exequente, mas ao Estado, que poderá usa esses recursos para investimento em projetos de impacto social.

2.6 Cláusulas de garantia

Com as cláusulas de garantia, o credor tem assegurado determinado resultado, cujo risco de não ser alcançado, independentemente da causa, é assumido pelo devedor. Nesse tipo de disposição, conforme explica Pinto Monteiro,

> já nem a impossibilidade objectiva exonera o devedor, uma vez que este assumiu o risco da não verificação do resultado ou efeito pretendido, pelo que ficam a seu cargo as circunstâncias fortuitas ou de força maior que tornem impossível o cumprimento da prestação. Assim, ainda que não haja culpa do devedor, mesmo que o cumprimento se tenha tornado impossível por força de circunstâncias exteriores, impossíveis de prevenir e/ou de superar, o credor tem a garantia de que o devedor responderá pela não obtenção do resultado prometido[207].

de direito civil. v. 2. Atual. Guilherme Calmon Nogueira da Gama (coord.) 29. ed. Rio de Janeiro: Forense, 2017, p. 158.

[207] Monteiro, António Joaquim de Matos Pinto. **Cláusula penal e indemnização**. Coimbra: Almedina, 1990, p. 267. Importante a diferenciação apresentada pelo autor, quando afirma que "a cláusula de garantia. a que nos temos estado a referir, não se identifica com o chamado contrato autónomo de garantia, apesar de este último conter uma obrigação idêntica, prestada pelo garante, no que concerne ao afastamento do requisito da culpa. Mas o contrato autónomo de garantia, pela sua natureza e finalidades, é uma outra figura, diversa

A cláusula de garantia, portanto, implica em responsabilidade para além da objetiva, pois o devedor responderá pelo resultado lesivo mesmo na ausência de nexo causal entre a sua conduta e o dano[208].

As cláusulas de garantia têm se revelado quase onipresentes em contratos de compra e venda de participação societária, na forma de *Representations* e *Warranties*, nas quais o vendedor presta determinadas declarações sobre situações de fato e assume uma obrigação de resultado quanto a sua confirmação. Interessante, a esse respeito, a seguinte ementa de acórdão do Supremo Tribunal de Justiça de Portugal:

> I As denominadas "cláusulas de garantia" assumem uma importância nuclear nos contratos de compra e venda de participações sociais de controlo, constituindo um instrumento de repartição do risco contratual, a qual se mostra necessária ou conveniente face à tendencial assimetria informativa em que o comprador se encontra face ao vendedor, sem correspondente repercussão de forma plena no preço, quando da sua determinação.
> II As mesmas constituem, até, meio privilegiado de proteção do adquirente de tais participações, certo como é que a tutela *ex lege* pressupõe normalmente a indagação (de difícil prova) de estados subjectivos dos sujeitos contratuais, preferindo o adquirente o sistema "garantístico" automático oferecido pelas cláusulas de garantia, cujo objeto se cinge à assunção de um risco.
> III Por força da cláusula de garantia, o devedor (o vendedor) responde pelas eventuais divergências entre o que declara e a realidade «haja o que houver», ou seja, o vendedor assume plenamente o risco da não verificação da «situação» garantida, independentemente de culpa da sua

da simples cláusula de garantia que pode ser aposta a um contrato. [...] Haverá que apurar, por isso, se a garantia convencionada é meramente acessória ou, ao invés, abstrai da relação que lhe subjaz. Neste último caso, estaremos perante uma garantia autónoma, a qual vem conhecendo grande sucesso na actualidade, mormente no âmbito do comércio internacional".

208 ROSENVALD, Nelson. **Cláusula penal**: a pena privada nas relações negociais. Rio de Janeiro: Lumen Juris, 2007, pp. 171-171. O autor indica, contudo, duas exceções à regra. O devedor não responderá por anos imprevisíveis ao tempo de consumação do negócio jurídico, muito menos pelos danos imputáveis ao próprio credor, pois não faria sentido permitir que o credor contribuísse para o dano e ao mesmo tempo se beneficiasse do alargamento das responsabilidades do devedor.

> parte, o que é admissível à luz da liberdade contratual (artigo 405º do CC).
>
> IV A violação da cláusula de garantia não gera um dever de indemnizar na aceção do regime legal da responsabilidade civil, mas apenas um dever de prestar em sentido estrito, correspondente à diferença entre o valor económico financeiro da sociedade garantido pelo vendedor através de contas apresentadas e o seu valor real, que teria determinado o preço do negócio[209].

A cláusula de garantia, portanto, não atende a um dos pressupostos da cláusula penal, pois não tem sua exigibilidade condicionada ao inadimplemento imputável[210]. A cláusula penal tem por finalidade compelir o devedor a cumprir uma obrigação, impondo penalidade em hipótese de inadimplemento. A cláusula de garantia, por sua vez, visa assegurar o resultado prometido pelo devedor, protegendo o credor contra qualquer eventualidade que impeça o cumprimento da prestação.

[209] Supremo Tribunal de Justiça de Portugal, Processo 915/04.9TVLSB.L1.S1, 6ª Secção, Rel Fernandes do Vale, data do acórdão: 3/1/2016.

[210] Como esclarece Moura Vicente, "Nos sistemas jurídicos continentais, o direito à indemnização por incumprimento pressupõe em princípio, além do facto ilícito consistente na violação do dever de prestar e do correlativo direito de crédito ou de deveres de conduta acessórios daquele, o nexo de imputação desse facto ao devedor que se exprime na noção de culpa na Alemanha, em Itália, na Holanda, em Portuga, no Brasil e em Espanha; e na denominada faute em França e na Suíça. Exige-se, com efeito, nesses sistemas jurídicos um juízo de censura sobre o modo como agiu ou deixou de agir certo sujeito, que podia e devia ter atuado de outro modo'. É nesse juízo que se funda a imposição ao devedor da obrigação de reparar o dano: em regra, este é só por si irrelevante. Apenas excecionalmente — maxime no caso das chamadas obrigações de garantia, em que o devedor assume voluntariamente o risco da impossibilidade de realização da prestação — se admite a responsabilidade contratual sem culpa. Trata-se do princípio da culpa (Verschuldensprinzip, príncipe de la culpabilité, principio dela colpa, schuldbeginsel). Daqui resulta, designadamente, que o devedor não será responsável, por via de regra, quando o incumprimento se deva a uma impossibilidade originária ou superveniente da prestação que não lhe seja imputável. A esses sistemas, também ditos, "subjetivos" ou "culpabilisticos", contrapõem-se os "objetivos", como o inglês e o norte-americano, em que o devedor incorre em responsabilidade pelo mero facto do incumprimento, a não ser que ocorra alguma causa de justificação; em matéria contratual a culpa não desempenha neles, por conseguinte, qualquer papel". VICENTE, Dário Moura. **Direito comparado** — obrigações. v. 2. Coimbra: Almedina, 2017, pp. 292-294.

Há uma hipótese, suscitada por Rosenvald[211], na qual a cláusula de garantia se aproxima da cláusula penal: quando nela é incluída uma predeterminação da soma pela qual o devedor se responsabilizará. No entanto, concordamos com o posicionamento do autor, quando afirma que tal cláusula não pode ser taxada como legítima cláusula penal[212].

Portanto, em se tratando de cláusula penal, se a obrigação principal for extinta, por impossibilidade não imputável ao devedor, restará sem efeito a pena. Trata-se de pressuposto da cláusula penal, previsto no artigo 408 do Código Civil. Por outro lado, havendo cláusula de garantia, o devedor responderá independentemente da causa da falta de cumprimento.

2.7 Cláusulas de exclusão e limitação de responsabilidade

São muitas as modalidades de cláusulas de exclusão e limitação de responsabilidade[213]. Há cláusulas que excluem determinados tipos de danos passíveis de serem indenizados. É o caso, por exemplo, de uma cláusula que exclui a possibilidade de indenização por lucros cessantes. Há também as cláusulas limitativas do montante da indenização. Essas não excluem um tipo de dano, mas fixam o limite máximo para o valor da indenização, seja esse um valor fixo ou percentagem. Outra modalidade trata das cláusulas limitativas dos fundamentos da responsabilidade. É o exemplo do devedor que, por inclusão da cláusula, só responderá por dolo ou culpa grave.

Há, ainda, cláusulas nas quais as partes decidem equiparar certas situações hipotéticas à força maior, e estipular que, nesses casos, assim

[211] ROSENVALD, Nelson. **Cláusula penal:** a pena privada nas relações negociais. Rio de Janeiro: Lumen Juris, 2007, pp. 171-171. E também por António Pinto Monteiro: MONTEIRO, António Joaquim de Matos Pinto. **Cláusula penal e indemnização**. Coimbra: Almedina, 1990, pp. 276-280.

[212] MONTEIRO, António Joaquim de Matos Pinto. **Cláusula penal e indemnização**. Coimbra: Almedina, 1990, p. 276.

[213] Conforme a síntese de Pinto Monteiro sobre as cláusulas limitativas de responsabilidade, "pode-se definir esta última, em sentido lato, como aquela que é destinada a restringir ou a limitar antecipadamente, de modo vário, a responsabilidade em que, sem ela, incorreria o devedor. Essa limitação pode dizer respeito, designadamente, ao fundamento ou pressupostos da responsabilidade ou ao montante da indemnização" MONTEIRO, António Joaquim de Matos Pinto. **Cláusula penal e indemnização**. Coimbra: Almedina, 1990, p. 276.

como ocorreria em hipótese de força maior, não se poderá exigir indenização pelo atraso ou inadimplemento. É o exemplo de uma cláusula na qual uma vendedora estipula que não se responsabilizará pelos atrasos ou impossibilidade de efetuar os fornecimentos dentro dos prazos previstos por resultado de incidentes de fabrico, greves, atrasos nos fornecimentos de seus fornecedores e por qualquer caso de força maior. O comprador aceita que, nestas circunstâncias, não tem direito a exigir qualquer indenização.

Encontram-se, ainda, cláusulas que tratam do ônus da prova. Por meio destas, as partes podem, por exemplo, afastar a presunção de culpa que recai sobre o devedor na responsabilidade contratual.

Existem, ainda, cláusulas que regulam a prescrição. Uma cláusula que reduza os prazos de prescrição limita, no tempo, a responsabilidade do devedor. O direito alemão e o direito português admitem os negócios que visam a reduzir os prazos prescricionais, mas não admitem o alargamento, porquanto se prolongariam as situações de insegurança. No Brasil, porém, conforme artigo 192 do Código Civil[214], os prazos de prescrição não podem ser alterados pela vontade das partes, o que impede a estipulação de cláusula nesse sentido.

Por fim, há cláusulas que regulam garantias patrimoniais. As partes podem acordar a limitação da garantia patrimonial, restringindo a responsabilidade do devedor a alguns de seus bens (limitação positiva) ou excluindo da garantia patrimonial determinados bens (limitação negativa, que pressupõe que o devedor não possa diminuir seu patrimônio), para a hipótese de a obrigação não ser voluntariamente cumprida.

São nulas as cláusulas limitativas do dever de indenizar que exonerem o agente em caso dc dolo ou culpa grave, já que admitir a validade dessas cláusulas seria o mesmo que dar uma autorização para delinquir[215].

Evidentemente, cláusulas limitativas sofrem maior controle em contratos de adesão, pois é maior o risco de limitação abusiva de responsabilidades em um contrato formado sem a participação da parte prejudicada. É essa a previsão do artigo 51, I, do Código de Defesa do Consumidor:

214 Artigo 192. Os prazos de prescrição não podem ser alterados por acordo das partes.

215 Monteiro, António Joaquim de Matos Pinto. **Cláusulas limitativas e de exclusão de responsabilidade civil**. Coimbra: Almedina, 2003, pp. 236-237.

> São nulas de pleno direito, entre outras, as cláusulas contratuais relativas ao fornecimento de produtos e serviços que impossibilitem, exonerem ou atenuem a responsabilidade do fornecedor por vícios de qualquer natureza de produtos e serviços ou impliquem renúncia ou disposição de direitos. Nas relações de consumo entre fornecedor e o consumidor-pessoa jurídica, a indenização poderá ser limitada, em situações justificáveis.

Outro exemplo de cláusulas excludentes vedadas sob o ordenamento jurídico brasileiro são as que isentam de indenização o contratante em hipótese de inadimplemento da obrigação principal. Esta disposição facultaria ao contratante descumprir suas obrigações sempre que quisesse. Nos termos do artigo 122 do Código Civil, são vedadas condições meramente potestativas, que sujeitem o negócio jurídico ao puro arbítrio de uma das partes, assim como é vedada qualquer condição que prive de todo efeito o negócio jurídico.

Nada obstante, as cláusulas limitativas, desde que atendam aos requisitos descritos, são consideradas válidas e eficazes, sendo admitidas pela jurisprudência, tanto mais quando inseridas em relações paritárias em que as partes têm oportunidade de negociar. Nesse sentido é o trecho do voto vista do Ministro Cláudio Santos, em acórdão proferido pela Segunda Seção do Superior Tribunal de Justiça:

> [...] uma coisa é cláusula dessa natureza [cláusula de não indenizar], já vedada no direito brasileiro, e outra são cláusulas limitativas de responsabilidade em contratos firmados entre partes igualitárias, entre profissionais, que naturalmente têm a oportunidade de discuti-la ou, de alguma forma, têm a liberdade de contratar e a liberdade contratual amplamente assegurada[216].

A cláusula limitativa de responsabilidade se assemelha à cláusula penal em sua relação com o inadimplemento, pois ambas têm o objetivo de regular suas consequências. Além disso, quando não ressalvado o direito à indenização suplementar, a cláusula penal na maioria das vezes atua como

[216] Trecho do voto-vista do Min. Cláudio Santos: BRASIL. Superior Tribunal de Justiça, REsp 39.082/SP, Rel. para o acórdão Min. Fontes de Alencar, Segunda Seção, j. 09-11-1994, DJ 20-03-1995.

uma limitação da responsabilidade, assim como as cláusulas limitativas. Conforme explica Otávio Rodrigues, a sanção prevista em cláusula penal pode até mesmo limitar tal montante a um valor irrisório ou simbólico. Contudo, mesmo que a pena seja fixada em um real, a cláusula penal jamais se confundirá com a cláusula excludente de responsabilidade[217].

Os institutos, no entanto, não se confundem. Enquanto a cláusula penal estabelece um objeto fixo a ser prestado em caso de inadimplemento, a cláusula limitativa estabelece um *plafond*, ou seja, um máximo, abaixo do qual será apurada a efetiva responsabilidade[218]. A principal diferença é explicada por Martins-Costa:

> mesmo quando a função desempenhada pela cláusula penal seja a de liquidar previamente as perdas e danos — hipótese na qual se poderia supor uma aproximação maior entre as duas figuras — há distinção também, consistente no fato de a cláusula penal dispensar a prova do dano (embora a extensão do dano possa acabar vindo à tona na hipótese de desproporção entre dano e indenização em caso de eventual revisão judicial), enquanto que tal prova se faz necessária diante de uma cláusula de limitação de responsabilidade[219].

[217] RODRIGUES JUNIOR, Otavio Luiz. **Natureza, função e modificação da cláusula penal no direito civil brasileiro**. São Paulo. 418 p. Tese (Doutorado em Direito) Faculdade de Direito da Universidade de São Paulo (USP), São Paulo, 2006, p. 298.

[218] "Como distinguir a cláusula penal da cláusula limitativa de responsabilidade? A diferença de princípio está em que a cláusula penal estabelece um forfait de reparação — fixa antecipadamente, em princípio ne varietur, a indemnização —, enquanto a cláusula limitativa de responsabilidade fixa um maximum (plafond) de ressarcimento abaixo do qual o montante da indemnização deve ainda ser determinado segundo as regras gerais. Acresce que a cláusula limitativa tem apenas função indemnizadora e visa zelar pelos interesses do devedor, ao passo que a cláusula penal tem dupla função (indemnizatória e cominatória) e visa defender e proteger os interesses do credor. Na prática surgem, não raras vezes, situações nuancés de combinação das duas técnicas. Por exemplo, cláusula penal prevendo as bases de cálculo de um forfait, a variar segundo as circunstâncias (v. g., X por cada dia de atraso), seguido de um maximum. Como, neste caso, a determinação da indemnização assenta sempre sobre base forfaitaire pré-estabelecida, tal estipulação deve ser vista e tratada como cláusula penal". SILVA, João Calvão da. **Cumprimento e sanção pecuniária compulsória**. 4. ed. Coimbra: Almedina, 2002, p. 259.

[219] MARTINS-COSTA, Judith. **Comentários ao novo Código Civil**: do inadimplemento das obrigações. (coord.) TEIXEIRA, Sálvio de Figueiredo. v. 5. t. 2. Rio de Janeiro: Forense, 2003, p. 630.

Portanto, em se tratando de cláusula limitativa de responsabilidade, a parte prejudicada deve demonstrar o prejuízo sofrido para ser indenizada. Ao contrário, a estipulação da cláusula penal tem como pressuposto criar uma presunção absoluta de prejuízo, no sentido de que a penalidade não poderá ser afastada diante da ausência de prejuízo, nem reduzida apenas em razão da desproporção em relação aos danos efetivos.

2.8 *Take or pay* e *delivery or pay*

Para compreender tanto a cláusula de *take or pay* como a de *delivery or pay*, oportuno contextualizar brevemente seu surgimento durante as décadas de 1950 e 1960 nos Estados Unidos, quando as flutuações na demanda por gás natural, a depender da estação do ano, geravam graves dificuldades financeiras e instabilidade aos produtores da época[220].

Isso ocorria, pois, durante o inverno, a demanda era altíssima e os compradores adquiriam em larga escala todo o gás produzido. No entanto, nos outros períodos, os compradores simplesmente não adquiriam nada da produção, uma vez que, além de não haver necessidade, não havia nenhum tipo de contrapartida que os obrigasse a realizar um consumo mínimo.

Apesar dessa instabilidade, ainda neste tempo, os compradores insistiam que os produtores firmassem com eles contratos de exclusividade, a fim de garantirem que sempre teriam gás à disposição. Diante desse contexto de contratos de exclusividade, cumulado com fases de baixa demanda, muitos produtores de gás não conseguiam vender o seu produto no mercado, o que impactava, diretamente, na recuperação dos seus próprios custos de operação.

É neste cenário, portanto, que surge a cláusula de *take or pay* através da qual o negócio contempla a opção de (i) ou o contratante usufruir do fornecimento de bens e/ou serviços da empresa produtora ou (ii) efetuar o pagamento de um valor mínimo relativo a estes bens e/ou serviços, a despeito de não os ter adquirido ou os usufruído. Com isso, passou-se a impedir eventual frustração pelas partes contratantes, que passaram a ter como objetivo a intenção de sempre se manterem vinculadas — tornando a relação negocial mais estável e segura.

[220] Marquez, Rafael Batista. **Cláusula *take or pay* em contratos de longo prazo**. Dissertação (Mestrado Profissional em Direito). Fundação Getúlio Vargas, São Paulo, 2018.

As cláusulas de *take or pay* ocupam, atualmente, espaço em contratos de fornecimento nos mais diversos ramos comerciais. Elas garantem maior segurança no mercado, independente do ramo, na medida em que as empresas produtoras não mais ficam à mercê da demanda, ou a falta desta, pelos compradores. Este mecanismo contratual surge com o condão de tornar o contrato mais firme, em razão do consumo mínimo e, ao mesmo tempo, garante a viabilização dos projetos das empresas produtoras e do próprio funcionamento destas, uma vez que, independentemente da demanda, as empresas podem contar com seu fluxo de caixa em razão do vínculo obrigacional mínimo.

A inclusão de obrigações de *take or pay* em contratos, muitas vezes é condição essencial à concretização do negócio, pois viabiliza, por exemplo, investimentos em infraestrutura. Afinal, as receitas futuras de uma companhia constituem a garantia em financiamentos contratados na modalidade *Project Finance.*

Por meio do mecanismo de *take or pay* o contrato "atenua o risco de preço para o demandante e o risco de volume para o ofertante"[221], assegurando: i) um fluxo de caixa fixo e constante aos fornecedores decorrente das obrigações de consumo mínimo, de modo a viabilizar o cumprimento de suas obrigações financeiras, além de amortizar os vultosos investimentos por eles realizados e ii) o acesso dos compradores ao fornecimento contínuo do produto, satisfazendo a demanda do mercado.

Em suma, este dispositivo, além de viabilizar investimentos específicos pelo fornecedor e garantir fluxo seguro ao comprador, possui, como seu principal escopo comercial, mitigar riscos e administrar incertezas inerentes à fluidez da demanda do produto durante o prazo de vigência do contrato. Logo, a sua estipulação, em última análise, é o fator que justifica e dá sustentação à manutenção do vínculo de longo prazo[222].

[221] Medeiros, Pedro Lins Conceição de. A (não) incidência do regime jurídico das cláusulas penais compensatórias a obrigações de *take-or-pay*: uma análise à luz dos direitos inglês e nacional. **Revista de Direito Privado**, v. 98, pp. 189-225, mar.-abr. 2019.

[222] Sobre a finalidade dúplice da cláusula de *take-or-pay*: Ferrario, Pietro. **The adaptation of long-term gas sale agreements by arbitrators.** Kluwer Law International, 2017, p. 32; Namikava, Ryoichi. Take-or-pay under japanese energy policy. **Energy Policy**, v. 31, 2003, p. 1328; Hallack, Michelle; Vazquez, Miguel. Representing the valuation of take-or-Pay provisions in gas markets with limited liquidity. **IEEE Transactions on Power Systems**, v. 31, n. 4, jul. 2016, p. 3152; Creti, Anna; Villeneuve, Bertrand. Longterm contracts and take-or-pay clauses in natural gas markets. **Energy Studies Review**, v. 13, n. 1, 2004, p. 87.

Algumas cortes americanas entendem que a cláusula de *take or pay* deve ser analisada sob uma ótica de obrigação contratual estrita, conferindo à parte que não está inadimplente o valor total referente ao consumo mínimo, conforme previsto nos termos iniciais do contrato[223]. Porém, diverso é o entendimento de quem considera a cláusula uma mera declaração de obrigação alternativa[224].

Nesse sentido, as obrigações contendo cláusula de *take or pay*, conforme o primeiro entendimento, podem ser interpretadas como um remédio ao inadimplemento contratual[225]. Nesta hipótese, se o comprador frustra o contrato — deixando de efetuar a compra do disposto acertado —, o vendedor mantém a propriedade do produto e o comprador paga a quantia na íntegra no que se refere ao consumo mínimo, estimulando a relação contratual, e não o seu descumprimento[226].

Este entendimento, apesar de preferível pela doutrina americana, não é pacificado pelos tribunais. Outras jurisdições têm adotado posições diferentes. É o que se vê no segundo exemplo: casos em que se compreende a verificação da cláusula de *take or pay* como uma configuração de obrigação alternativa.

Em síntese, enquanto há cortes que equiparam a cláusula de *take or pay* a um dos remédios contra o inadimplemento contratual, outros tribunais preconizam o entendimento de que o mecanismo, na realidade, não se refere ao inadimplemento propriamente dito, mas, na realidade, a uma obrigação alternativa de escolha do devedor.

Para Masten e Crocker[227], a cláusula, se descumprida, configura o dever de pagar uma penalidade ou de *expectation damages*. Em artigo publicado pela *American Economic Review*, os autores citam, ainda, o caso julgado em Chicago, no Estado de Illinois, em que uma empresa havia se comprometido a enviar determinada quantidade de produto para que outra realizasse a sua distribuição ao longo de três anos. No entanto, a primeira empresa enviou menos da metade da quantidade ajustada.

[223] Colorado Interstate Gas Co., Inc. *v*. Chemco, Inc., 854 P.2d 1232, 1236-37 (colo. 1993).

[224] Prenalta Corp. v. Colorado Interstate Gas Co., 944 F.2d 677, 689 (10th Cir. 1991).

[225] S. 2-708, UCC.

[226] COFFEY. Fairness is in the eye of the beholder: the conflicting interpretations of the correct measure of damages for breaches of natural gas contracts containing take-or-pay provisions". **B.Y.U Journal of Public Law**, v. 14, 1999-2000, p. 157.

[227] Masten, SE; Crocker, KJ. Efficient adaptation in long-term contracts: take-or-pay provisions for natural gas. **The American Economic Review**, 1985.

Diante disso, a distribuidora, em razão dos elevados investimentos feitos para atender o contrato e por ter ficado durante todo esse período à disposição daquela empresa, ajuizou uma ação para cobrar a diferença entre a quantidade do produto enviado e a quantidade mínima que a empresa havia se comprometido a enviar.

O juiz Richard Posner, em segunda instância, entendeu que se tratava de uma cláusula penal e, portanto, a penalidade não poderia ser exigida, pois o Estado de Illinois vedava a cobrança da referida cláusula[228] [229]. Nos Estados Unidos tal cláusula adquire espaço e importância no mercado, ainda mais diante da circunstância de nesse ordenamento serem raras e excepcionais as hipóteses de execução específica da obrigação.

No Brasil, o termo *take or pay* no que se refere a contratos de gás natural está positivado conforme artigo 1º, § 4º, da Lei n. 10.312/2001, abaixo transcrito:

> Entende-se por cláusula *take or pay* a disposição contratual segundo a qual a pessoa jurídica vendedora compromete-se a fornecer, e o comprador compromete-se a adquirir, uma quantidade determinada de gás natural canalizado, sendo este obrigado a pagar pela quantidade de gás que se compromete a adquirir, mesmo que não a utilize.

Nesta mesma lei, ainda se definem os termos da cláusula de *ship or pay*, esta entendida como "a remuneração pela capacidade de transporte do gás, expressa em um percentual do volume contratado"[230] — também utilizada na prática comercial.

Existe ainda o conceito de *delivery or pay*. Este mecanismo consiste, por sua vez, em uma obrigação de fornecimento mínimo. Presta-se à prefixação de perdas e danos, que aproveitam à manutenção do suprimento.

[228] "*The litigators framed the case in terms of the liquidated damages/penalty clause distinction. If a stipulated damage remedy in the agreement could be characterized as liquidated damages it would be enforceable. But if a court found it to be a penalty, it would not. A lot of scholarly writing, including that of Judge Posner, has questioned the logic behind the penalty clause bar in contracts between sophisticated parties. Nevertheless, the doctrine has survived. Indeed, in some states, notably Illinois, there is a presumption in favor of finding a disputed clause to be an unenforceable penalty*". (Goldberg, 2008, pp. 428-429).

[229] Lake River Corp. *v.* Carborundum Co., 769 F.2d 1284 (7th Cir. 1985). US Court of Appeals for the Seventh Circuit — 769 F.2d 1284 (7th Cir. 1985). Argued April 22, 1985. Decided Aug. 9, 1985.

230 Artigo 1º, § 5º, Lei n. 10.312, de 27 de novembro de 2001.

Nesse sentido, a despeito da falta de previsão legal desses mecanismos — *take or pay*; *delivery or pay*, etc. — em outros ramos comerciais, não existe nenhum óbice à utilização deles em contratos para além do setor de gás.

Em que pesem a importância do tema na prática comercial e a regulamentação citada, tal instituto ainda carece de uma determinação legal específica mais extensa[231]. A jurisprudência pátria ainda não possui um entendimento consolidado nesse sentido, logo, os próprios agentes deste mercado não sabem com precisão qual natureza e, portanto, consequência jurídica este mecanismo contratual possui, o que gera um clima de insegurança quanto à sua utilização no Brasil.

Em outubro de 2019, foi proferido acórdão pela 26ª Câmara de Direito Privado do Tribunal de Justiça de São Paulo[232], de relatoria do Desembargador Antonio Nascimento, segundo o qual se adotou o entendimento de que "o mecanismo do *take or pay* não passa de uma cláusula penal", o que atrairia a aplicação do regime jurídico previsto pelos artigos 408 a 416 do Código Civil. Abaixo, trecho do voto em questão:

> [...] Cumpre, porém, não esquecer que a rescisão do ajuste marca o fim da possibilidade de cobrança dos valores correspondentes à tonelagem mínima garantida pela ré, Empresa de Logística Açucareira, já que a cláusula *take or pay* possui caráter de cláusula penal para a hipótese de rescisão antecipada, ressarcindo a autora pelo que deixou de ganhar, não se justificando, daí, qualquer cobrança relativa ao período posterior à 30.04.2015. No que concernente ao fator de multiplicação, tenho para mim que a sentença há também aqui de permanecer inalterada, à luz do disposto no artigo 413 do Código Civil, diante do adimplemento parcial da obrigação principal, reduzindo-se seu valor em 20% (vinte por cento), totalizando R$ 4.583.855,52.

[231] Segundo o Despacho n. 562, proferido pelo Diretor-Geral da Agência Nacional do Petróleo — ANP e publicado no Diário Oficial da União em 12.06.2008: "Inexistem instrumentos legais que definam e regulem, no País, os conceitos de *take-or-pay*, *make-up gas* e *ship-or-pay* e reconheçam a importância destas cláusulas contratuais para a indústria gasífera, bem como garantam o respaldo legal necessário aos bancos comerciais para a aprovação das operações cambiais referentes ao pagamento dos valores a elas correspondentes".

[232] BRASIL. Tribunal de Justiça de São Paulo. AC: 10842675420158260100 SP 1084267-54.2015.8.26.0100, Rel. Antonio Nascimento, j. 26-09-2019, 26ª Câmara de Direito Privado, Publicação: 03-10-2019.

Como consequência, o crédito a que a obrigação de *take or pay* se referia estaria sujeito à limitação do artigo 412, podendo ser reduzido equitativamente pelo juiz — segundo o artigo 413, do Código Civil — além de ser vedada a sua cumulação com demais penas convencionais.

Ainda neste mesmo ano, em julho, outra decisão, proferida pela 33ª Câmara de Direito Privado do Tribunal de Justiça de São Paulo[233] trouxe importante reflexão sobre o instituto da referida cláusula:

> [...] É abusiva a cláusula que prevê o consumo mínimo, chamada *de take or pay*, sobretudo diante de um contrato de adesão em que já consta outra cláusula penal prevista no item III, d, lembrando que deixou de consumir os produtos da autora em razão da baixa qualidade. Além disso, é abusivo e desproporcional o valor pleiteado a título de cláusula penal sob o ponto de vista do valor médio mensal dos produtos que adquiriu, não podendo exceder o valor da obrigação principal, sob pena de caracterizar enriquecimento ilícito.

No momento em que se considera "abusiva a cláusula que prevê o consumo mínimo sobretudo diante de um contrato de adesão em que já consta outra cláusula penal", aprecia-se a cláusula de *take or pay* como se cláusula penal fosse, na medida em que a verificação da primeira somada à segunda configuraria ato de abusividade no contrato, ou seja, como se estivessem presentes no instrumento contratual duas cláusulas penais para o mesmo inadimplemento.

Portanto, conforme se observa diante dos casos mencionados, existem hipóteses em que se entende pela equiparação da cláusula de *take or pay* à cláusula penal.

Por outro lado, há casos em que o entendimento é diverso. Em decisão de 2017, pela 12ª Câmara Cível do TJRS, afirmou-se o caráter de contraprestação da obrigação de *take or pay*, pois esta diria respeito "a um pagamento mínimo pela quantidade colocada à disposição da requerente, de modo que [a compradora] está pagando valores pelo gás natural disponibilizado e não consumido"[234] [235]

[233] BRASIL. Tribunal de Justiça de São Paulo. AC: 10233858120158260309 SP 1023385-81.2015.8.26.0309, Rel. Eros Piceli, j. 01-07-2019, 33ª Câmara de Direito Privado, Publicação: 05-07-2019.

[234] BRASIL. Tribunal de Justiça do Rio Grande do Sul. AGI 70075011015, 12ª Câmara Cível, Rel. Des. Ana Lúcia Carvalho Pinto Vieira Rebout, j. 19-10-2017.

Ainda nesse sentido, a 27ª Câmara Cível do Tribunal de Justiça do Rio de Janeiro entendeu que o pagamento realizado a título de *take or pay* corresponderia à "contraprestação pecuniária" pela disponibilização de determinado volume anual de gás, independentemente de seu efetivo consumo[236].

Desse modo, não é possível afirmar que existe uma uniformização do tema nos tribunais pátrios, além de inexistir regulamentação mais específica e rigorosa, a fim de balizar tal interpretação, criando os ditames e as consequências devidos à sua aplicação.

Entendemos que a cláusula de *take or pay* e suas variáveis se distinguem da cláusula penal, pois, como enfatizamos, a cláusula penal não gera uma opção ao devedor, que não pode escolher entre o adimplemento da obrigação e o pagamento da cláusula penal. Por outro lado, tal opção é conferida pela cláusula de *take or pay*. Isto é: o devedor mantém seu vínculo contratual independentemente da entrega do produto e/ou serviço ajustado com o pagamento do consumo mínimo embutido no *take or pay* — ficando, portanto, ao seu alvedrio tal decisão.

Em suma, em uma obrigação contendo cláusula de *take or pay*, não há imposição de sanções pecuniárias pelo inadimplemento de uma obrigação. A referida cláusula corresponde, na realidade, à contraprestação devida pelo adquirente à disponibilização de bens ou serviços pelo fornecedor, o que torna inadequada a sua sujeição ao regime reservado às penas convencionais.

Ademais, diante da finalidade concreta que as partes pretendem alcançar ao celebrar contratos com este mecanismo contratual, estas obrigações não apresentam índole indenizatória ou sancionatória. Logo, não apenas sua estrutura é distinta daquela peculiar a cláusulas penais como também as suas finalidades[237].

[235] MEDEIROS, Pedro Lins Conceição de. A (não) incidência do regime jurídico das cláusulas penais compensatórias a obrigações de *take-or-pay*: uma análise à luz dos direitos inglês e nacional. **Revista de Direito Privado**, v. 98, pp. 189-225, mar.-abr. 2019.

[236] BRASIL. Tribunal de Justiça do Rio de Janeiro. AgInt 0094628-22.2013.8.19.0001, 27ª Câmara Cível, Rel. Des. Maria Teresa Pontes Gazineu, j. 29-05-2015.

[237] MEDEIROS, Pedro Lins Conceição de. A (não) incidência do regime jurídico das cláusulas penais compensatórias a obrigações de *take-or-pay*: uma análise à luz dos direitos inglês e nacional. **Revista de Direito Privado**, v. 98, pp. 189-225, mar.-abr. 2019.

3. AS FUNÇÕES DA CLÁUSULA PENAL

3.1 A *stipulatio poenae*

As possíveis funções da cláusula penal têm ocupado o centro do desenvolvimento dogmático da figura, em diversas ordens jurídicas. A análise da questão demanda deve ser iniciada pela origem dessa figura jurídica, que é encontrada nas fontes de direito romano, na chamada *stipulatio poenae* e no simples pacto adjeto a um contrato de boa-fé.

Em linhas gerais, no direito romano clássico, a cláusula penal era incluída em um contrato ou em disposição testamentária para reforçar a obrigação avençada entre as partes através do estabelecimento de uma pena pelo eventual descumprimento da obrigação. Com efeito, a cláusula penal surge no direito romano como uma forma de garantir compromissos que não recebiam tutela jurídica no ordenamento vigente, marcado pelo formalismo e pela solenidade.[238] Desse modo, aponta-se que nesse período a cláusula possuía caráter essencialmente penal a fim de sancionar o devedor que não cumprisse com a sua obrigação, mesmo que essa fosse desconstituída de tutela executiva.[239]

Quando se tratava de uma obrigação principal válida, o credor poderia acionar o devedor inadimplente pela ação do contrato principal ou pela ação da estipulação feita. No direito clássico, o credor, em

[238] LOPES, Miguel Maria de Serpa. **Curso de direito civil**. v. II: obrigações em geral. 6. ed. Atualizada por José Serpa Santa Maria. Rio de Janeiro: Freitas Bastos, 1995, p. 150.

[239] NONATO, Orosimbo. **Curso de obrigações** (generalidades-espécies). v. II. Rio de Janeiro: Forense, 1959, pp. 310-312.

regra, poderia acordar com o devedor duas possibilidades referentes à cobrança da cláusula penal, no caso de inadimplemento:

(i) era especificado que o credor detinha, cumulativamente, as duas ações, ou seja, uma ação de perdas e danos referente ao inadimplemento e outra ação de cobrança da pena estipulada; ou

(ii) que o credor deveria escolher entre as duas ações possíveis; no caso de se tratar de um contrato principal de boa-fé, somente esta segunda opção seria admitida[240].

O direito Justinianeu seguiu praticamente o mesmo regramento clássico, acrescentando a possibilidade de o credor, nos contratos de boa-fé e após a escolha de uma das ações admitidas pelo ordenamento, acionar a ação preterida para obter a diferença a mais que teria recebido com esta[241].

Desse modo, a cláusula penal era estabelecida com duas finalidades principais: i) estabelecer uma avaliação prévia dos danos do inadimplemento; ii) pressionar o devedor para cumprir a obrigação do modo convencionado, mesmo que a obrigação seja desprovida de tutela jurídica, no direito romano.

Essa primeira função de avaliação de danos é expressa por Justiniano, em Inst. III, 15, 7, ao comentar sobre obrigações principais de fazer e não fazer: "*et in huiusmodi stipulationibus optimum erit poenam subicere, ne quantitas stipulationis in incerto sit ac necesse sit actori probare, quid eius intersit*", correspondendo, em tradução de Silvio Rodrigues, a: "e em tais

[240] É o que narra Mendonça: "Desde que se verificasse a inexecução, incorria o promitente na pena convencional, mesmo quando a execução tivesse sido parcial, pois que esta equivalia à inexecução.
O credor podia reclamar a pena pela actio ex stipulatu e, desde que tal fizesse, perdia o direito de reclamar a obrigação principal. Podia também preferir a ação para a execução do prometido com perdas e danos fossem mais elevados do que ela, podia o credor reclamar o que faltasse para completar o montante daqueles pela actio bonce fidei contractu. Depois, porém, que houvesse obtido o cumprimento da obrigação principal, ou as perdas e danos, não mais poderia pedir a pena." Mendonça, Manuel Inácio Carvalho de. **Doutrina e prática das obrigações ou tratado geral dos direitos de crédito**. t. 2. 4. ed. Rio de Janeiro: Forense, 1956, p. 375.

[241] Alves, José Carlos Moreira. **Direito romano**. v. I. 15. ed. Rio de Janeiro: Forense, 2012, p. 423.

estipulações será ótimo estabelecer uma pena para não ficar incerto o quanto da estipulação, sendo então necessário ao autor provar em quanto lhe estima o valor[242].

Desse modo, a cláusula penal permitia que o autor dispensasse a apresentação de provas do dano e evitava que as partes se submetessem aos critérios judiciais de estimação de danos, além de agilizar o processo de tomada de decisão quanto a eventual inadimplemento[243].

A segunda finalidade era a mais importante no direito romano, que, conforme relatado acima, não detinha uma tutela ampla de todas as convenções realizadas pelas partes, exigindo mais requisitos e restringindo, ao menos formal e diretamente, as formas de se pactuar obrigações.

Cita-se, como exemplo clássico, a regra do *omnis condemnatio pecuniaria*, que estabelecia que só teriam tutela assegurada os interesses pecuniários. Era necessário, assim, estabelecer uma cláusula penal para forçar o adimplemento de um interesse de natureza imaterial através da ameaça de uma execução indireta de cunho patrimonial[244]. Portanto, "no antigo direito romano, a cláusula tinha função singular: era a sanção única dos pactos, sem ela destituídos de verdadeira execução"[245].

Em regra, a pena estabelecida era de pagar determinado valor pecuniário, embora haja registros nas fontes de que seria possível estipular pena de entregar coisa, conforme o texto de D. 45, 1, 126, 3[246], no qual o

[242] Rodrigues, Silvio. **Direito civil**: parte geral das obrigações. v. 2. São Paulo: Saraiva, 2002, p. 266.

[243] Zimmermann, Reinhard. **The law of obligations**: roman foundations of the civilian tradition. London: Oxford University Press, 1996, p. 96.

[244] Zimmermann, Reinhard. **The law of obligations**: roman foundations of the civilian tradition. London: Oxford University Press, 1996, p. 97.

[245] Nonato, Orosimbo. **Curso de obrigações** (generalidades-espécies). v. II. Rio de Janeiro: Forense, 1959, pp. 310-312. Como pontuado por Mendonça, "esta última utilidade é talvez a origem histórica da cláusula penal, que era sempre estipulada em quantia de dinheiro e como tal rapidamente exequível pela conditio certi. O rigor do jus civile romano exigia que nas estipulações primitivas só se tivesse como objeto pecunia certa. Daí vinha que as estipulações do facere et non facere eram frequentemente nulas quando não acompanhadas da cláusula penal, pois que o juiz não tinha arbítrio para apreciar o fato, tratando-se de ações stricti juris. Mendonça, Manuel Inácio Carvalho de. **Doutrina e prática das obrigações ou tratado geral dos direitos de crédito**. t. 2. 4. ed. Rio de Janeiro: Forense, 1956, p. 374.

[246] "*Si ita stipulatus fuero te sisti et, nisi steteris, aliquid dari, quod promittenti impossibile est: detracta secunda stipulatione prior manet utilis et perinde erit, ac si te sisti stipulatus essem*". Em tradução livre baseada na tradução espanhola encontrada em García del Corral, Ildefonso I., Cuerpo del

jurisconsulto retrata uma situação de reforço de uma obrigação de fazer — obrigação de comparecer em algum lugar — por uma obrigação de dar uma coisa.

No direito romano não vigorava qualquer limitação prévia do valor da cláusula penal que poderia, inclusive, ser superior ao valor da prestação principal[247]. Da mesma forma, não se admitia a redução por excesso. Aponta-se também que o inadimplemento não precisaria ser total para que a cobrança da pena fosse exigível[248]. Portanto, à época, não havia uma preocupação com a excessividade da pena convencionada entre as partes, pois a medida do dano ou da obrigação principal não era parâmetro para invalidar ou diminuir uma cláusula penal[249]. Além disso, a *stipulatio poenae* não impedia o credor de reclamar quantia superior a que foi estipulada quando a mesma se revelasse aquém do valor do seu interesse lesado[250].

Assim, a *stipulatio poenae* tinha função essencialmente sancionatória. Ela foi concebida como um reforço da obrigação, em atenção exclusiva aos interesses do credor, com a finalidade de compelir o devedor ao cumprimento[251]. Essa preponderância do caráter sancionatório foi sendo mitigada com a repulsa à usura que marcou o direito canônico,

derecho civil romano, vol. III, Barcelona, Jaime Molinas, 1889, p. 553: "Se eu tiver estipulado que compareça e que, caso você não compareça, dê alguma coisa, que seja impossível para você, permanece útil a primeira estipulação, deduzida a segunda; e isto será o mesmo que se eu tivesse estipulado que compareça".

247 ALVES, José Carlos Moreira. **Direito romano**. v. I. 15. ed. Rio de Janeiro: Forense, 2012, p. 422.

248 MENDONÇA, Manuel Inácio Carvalho de. **Doutrina e prática das obrigações ou tratado geral dos direitos de crédito**. t. 2. 4. ed. Rio de Janeiro: Forense, 1956, p. 375.

249 ZIMMERMANN, Reinhard. **The law of obligations**: roman foundations of the civilian tradition. London: Oxford University Press, 1996, p. 107.

250 MONTEIRO, António Joaquim de Matos Pinto. **Cláusula penal e indemnização**. Coimbra: Almedina, 1990, p. 357.

251 Pinto Monteiro a considera uma "sanção particularmente severa contra o devedor inadimplente. O regime a que ela estava submetida evidencia bem o seu particular rigor: recorde-se que a pena não tinha limites; não era susceptível de ser reduzida, mesmo havendo cumprimento parcial; podia acrescer, existindo declaração nesse sentido, ao cumprimento da prestação principal; não impedia o credor de reclamar soma maior, caso o montante da pena ficasse aquém do valor do seu interesse lesado; e, segundo a opinião dominante, a pena seria devida, em princípio, independentemente de culpa do devedor. MONTEIRO, António Joaquim de Matos Pinto. **Cláusula penal e indemnização**. Coimbra: Almedina, 1990, p. 361.

passando-se a, paulatinamente, conferir-se à figura uma função reparatória das perdas e danos"[252].

3.2 O modelo unitário

Superada essa fase histórico-dogmática do instituto, expressiva parcela da doutrina nacional e estrangeira passou a dedicar grande parte da análise da cláusula penal ao debate sobre suas funções, criando divergências marcantes a esse respeito. Tradicionalmente, o entendimento cingia-se em dois grandes grupos, que de certo modo refletem parte da discussão vislumbrada pelos intérpretes a partir das fontes romanas: entre aqueles que identificam uma função compulsória e outros que vislumbram uma função indenizatória.

Nas extensas discussões doutrinárias sobre o tema, parte da doutrina passou a identificar, em realidade, não só duas, mas, sim, quatro teorias distintas para se explicar a função da cláusula penal: (i) a teoria da pena, (ii) a teoria da pré-avaliação, (iii) a teoria do reforço e (iv) a teoria eclética[253]. Nanni sintetiza a controvérsia:

> Diverge a doutrina quanto às funções da cláusula penal. Uns defendem que tem dupla função, uma de reforço da obrigação, para compelir o devedor ao cumprimento da obrigação, outra de fixar antecipadamente as perdas e danos em caso de inadimplemento. Outros defendem que predomina a função de pré-liquidação de perdas e danos, sendo sua força coercitiva acidental, ou o contrário, que sua finalidade essencial é o reforço do vínculo obrigacional, sendo a pré-liquidação uma finalidade subsidiária. Também se defende que detém tríplice feição, pois é reforço, já que efetivamente assume o caráter de garantia da obrigação

[252] Arai, Rubens Hideo. Cláusula penal. *In*: (org.) Lotufo, Renan; Nanni, Giovanni Ettore. **Obrigações**. São Paulo: Atlas, 2011, p. 732.

[253] Renan Lotufo assim trata a questão quanto às novas teorias sobre cláusula penal: "No plano teórico, houve várias teorias para justificar a cláusula penal, como a Teoria do Reforço, ou seja, para reforçar, para garantir o adimplemento da obrigação; a Teoria da Pré-avaliação, ou seja, de mera fixação convencional antecipada dos prejuízos decorrentes do inadimplemento mora, ou absoluto; a Teoria da Pena, ou seja, que, mesmo quando se tenha em vista o ressarcimento do prejuízo, não deixará de haver função penal, que há de se entendida como pena privada; a Teoria Eclética, ou seja, a que aproveita as anteriores, para dizer que é acessória, meio de reforço, avaliação convencional dos danos e sanção." Lotufo, Renan. **Código Civil comentado**. v. 2. São Paulo: Saraiva, 2003, p. 470.

> principal; é pré-avaliação dos danos, porque o seu pagamento é compulsório, independentemente de prova do prejuízo da inexecução ou da execução inadequada; é pena, na acepção lata do termo (mas nem por isso mesmo técnica), porque significa uma punição, infligida àquele que transgride a ordem contratual e, via de consequência, a própria ordem jurídica[254].

Em todo caso, é fundamental ressaltar que, em larga medida, estas teorias oscilam entre os dois polos mencionados acima, de modo que a distinção dúplice permanece ainda de todo relevante[255].

Dito isso, a primeira destas teorias, focando no aspecto sancionatório, sustenta que a cláusula penal tem como função pressionar o devedor, compelindo-o ao cumprimento mediante a ameaça de uma prestação mais gravosa. Essa teoria, capitaneada por Trimarchi[256], é defendida, no direito pátrio, por exemplo, por Rizzardo:

> A sua natureza, no entanto, malgrado os que dão preponderância ao caráter indenizatório, numa pré-avaliação dos danos a que conduz a inadimplência, assenta-se na coerção para o cumprimento, no que se confunde praticamente com a finalidade que a impõe[257].

No polo oposto, encontram-se os defensores da teoria da liquidação antecipada do dano, que, em contrapartida, atribuem à cláusula penal a função exclusiva de representar uma estimativa prévia de eventuais perdas decorrentes do descumprimento da avença, rejeitando, assim, sua função coercitiva, ou, ao menos, dando-lhe importância marcadamente

[254] NANNI, Giovanni Ettore. **Comentários ao Código Civil**: direito privado contemporâneo. Alexandre Dartanhan de Mello Guerra *et al.* (coord.) NANNI, Giovanni Ettore. São Paulo: Saraiva Educação, 2018, p. 669.

[255] Utilizando-se da noção de polos para descrever o debate doutrinário sobre a cláusula penal: "A doutrina, ainda que com sutis nuanças de parte a parte, tem se posicionado ou em pólos antagônicos, opondo as concepções de reparação e pena privada, ou unindo os dois pensamentos em teorias ecléticas". BENACCHIO, Marcelo. Cláusula penal: revisão crítica à luz do Código Civil de 2002. *In*: NANNI, Giovanni Ettore (coord.). **Temas relevantes do direito civil contemporâneo**: reflexões sobre os 5 anos do Código Civil. São Paulo: Atlas, 2008, p. 388.

[256] TRIMARCHI, V. Michele. La clausola penale. Milano: Dott. Antonio Giuffrè, 1954.

[257] RIZZARDO, Arnaldo. **Direito das obrigações**: Lei n. 10.406, de 10.01.2002. 2. ed. Rio de Janeiro: Forense, 2006, p. 538.

residual[258]. Tal função é usualmente referida pela expressão *forfettaria* adotada por Massimo Bianca, que não encontra tradução na língua portuguesa, significando montante previamente calculado[259]. Nesse contexto, a cláusula penal tem a função de dispensar o credor da prova dos prejuízos e, por outro lado, resguardar o devedor quanto a uma indenização acima de suas expectativas.

No ordenamento brasileiro destaca-se a doutrina de Barros Monteiro, ao pontuar que a cláusula penal é verdadeira "liquidação à *forfait*, cuja utilidade consiste, precisamente, em determinar com antecedência o valor dos prejuízos resultantes do não-cumprimento da avença"[260] Da mesma forma afirma Junqueira de Azevedo:

> A principal função da cláusula penal é predeterminar as perdas e danos. Na análise dualista da obrigação (*Schuld + Haftung = débito + responsabilidade*), a cláusula penal consubstancia acordo sobre o elemento 'responsabilidade'. Os contratantes podem estipular antecipadamente esse valor das perdas e danos, pelos mais variados motivos (estimular o adimplemento, tornar previsível o valor de um eventual passivo, reduzir o montante da indenização que seria devida, se não houvesse cláusula penal etc.)[261].

[258] Veja-se, nesse sentido, posição que menciona o caráter residual da finalidade sancionatória: "Não se tente, pois, inverter (e subverter!) o resultado almejado pela estipulação da cláusula penal: se, eventualmente, atua no subjetivismo do devedor, estimulando-o ao adimplemento, é resultado secundário da sua principal atuação de pré-liquidar as perdas e danos." FARIAS, Cristiano Chaves de. Miradas sobre a cláusula penal no direito contemporâneo (à luz do direito civil-constitucional, do novo Código Civil e do Código de Defesa do Consumidor). *In*: (coord.) RHEHARDT JUNIOR, Marcos Hehardt; BARROS, Daniel Conde. **Temas de direito civil contemporâneo.** Estudos sobre o direito das obrigações e contratos, em homenagem ao Professor Paulo Luiz Netto Lôbo. Salvador: JusPodivm, 2009, p.143.

[259] BIANCA, Cesare Massimo. **Diritto civile.** t. V. La responssabilità. Milano: Dott. A. Giuffré, 1994, p. 221.

[260] MONTEIRO, Washington de Barros. **Curso de direito civil** — direito das obrigações, 1ª parte: das modalidades, das obrigações, dos efeitos das obrigações, do inadimplemento das obrigações. v. 4. 32. ed. atual. por Carlos Alberto Dabus Maluf. São Paulo: Saraiva, 2003.

[261] AZEVEDO, Antônio Junqueira de. **Novos estudos e pareceres de direito privado.** Inexistência de erro quanto ao motivo determinante. Inaplicabilidade do princípio da contagiação a contratos com conexidade fraca. Cláusula penal como limite às perdas e danos. São Paulo: Saraiva, 2009, p. 82. No mesmo sentido, NADER, Paulo. **Curso de direito civil**: obrigações. v. 2. 3. ed. Rio de Janeiro: Forense, 2008, p. 479.

Orlando Gomes acompanha essa corrente, ressaltando, por sua vez, que o efeito de "constranger" o devedor seria meramente incidental. Em favor de sua posição argumenta, no sentido de que decorre da própria utilidade da cláusula penal, em certos casos, estabelecer valor inferior ao que poderia advir de condenação eventualmente imposta. No mesmo sentido, o poder conferido aos juízes de reduzir eventual valor exorbitante — e, portanto, ameaçador — dirime qualquer função coercitiva que possa ser nela vislumbrada, vez que reduz o temor do devedor em se ver efetivamente sancionado[262]. O tema, na perspectiva de Tito Fulgêncio, se apresenta da seguinte forma:

> Mas a função primordial e em maneira tanta que muitos autores de nota, como Rue PLANIOL, COLIN ET CAPITANT, reputam-na o fim único da cláusula, consiste na preliquidação convencional do prejuízo do credor, explicitamente assinalada no artigo 1.535, *in fine*. Essa avaliação prévia de perdas e danos constitui a um tempo, claramente, um meio indireto (a garantia da execução vem da lei, observa PLANIOL) de constrangimento, uma ameaça ao devedor para cumprir a obrigação, um reforço do vínculo obrigacional, uma traça para assegurar a execução da obrigação[263].

Na doutrina francesa aparecem alguns dos principais expoentes dessa visão doutrinária, entre eles Ripert[264], Baudry-Lacantinerie, Barde[265], Demolombe[266] e Carbonier[267]. De modo análogo, alguns dos

[262] Gomes, Orlando. **Obrigações**. Revista, atualizada e aumentada, de acordo com o Código Civil de 2002, por Edvaldo Brito. Rio de Janeiro: Forense, 2007, p. 190.

[263] Fulgêncio, Tito. **Do direito das obrigações**: das modalidades das obrigações (artigos 863-927). Rio de Janeiro: Companhia Forense, 1958, pp. 395-396. O autor admite, entretanto, que a cláusula penal também "É meio de constrangimento, pende sobre o devedor como a ameaça de uma indenização a pagar, já fixada, caso falte ao dever de execução, e, portanto, leva-o indiretamente a satisfazê-lo, como cumpre que o faça, leal e exatamente". No mesmo sentido, Neves, José Roberto de Castro. **Direito das obrigações**. 2. ed. Rio de Janeiro: GZ, 2009, p. 426.

[264] Ripert, Georges; Boulanger, Jean. **Traité de droit civil d'après le traité de planiol**. t. II. Paris: Librairie Générale de Droit et de Jurisprudence, 1957, pp. 308-312.

[265] Baudry-Lacantinerie; Barde, L. **Théorique et pratique de droit civil**: des obligations. t. 2. 2. ed. Paris: Librairie de la Societé du Recueil Gnl. Des Lois et des Arrêts, 1902, p. 431.

[266] Demolombe. **Cours de Code Napoléon**. Livre III, Titre III, Chap. IV. Paris: Hachette, 1877, pp. 574-578.

[267] Carbonnier, Jean. **Droit civil 4** — les obligations. Paris: Presses Universitaires de France, 1956, pp. 290-297.

principais nomes da doutrina italiana, como Marini[268], Galgano[269] e Massimo Bianca[270] enxergam do mesmo modo a funcionalidade atribuída à cláusula penal em seu respectivo ordenamento.

Em aprofundado estudo sobre o tema, Otávio Rodrigues pontua, por sua vez, que "não se pode falar em cláusula penal de essência coatora" no ordenamento pátrio ou naqueles com sistemática similar[271]. A opinião do autor é fundamentada, principalmente, no artigo 412 do Código Civil, de forma que voltaremos a ela quando enfrentarmos a limitação da cláusula penal, o que será objeto do capítulo 6.

Dentre os defensores da função compulsória há quem também vislumbre uma finalidade secundária de pré-avaliar as perdas e danos, como é a posição de Caio Mário:

> A finalidade essencial da pena convencional, a nosso ver, é o reforçamento do vínculo obrigacional, e é com este caráter que mais assiduamente se apõe à obrigação. A pré-liquidação do *id quod interest* aparece, então, como finalidade subsidiária, pois que nem sempre como tal se configura. Mesmo naqueles casos em que tem este objetivo, não se pode dizer que o seja com todo rigor, pois que pode faltar, e efetivamente falta, por via de regra, correspondência exata entre o prejuízo sofrido pelo credor e a cláusula penal. Daí a observação de Trabucchi, a dizer que, ainda quando entendida como liquidação prévia de prejuízos, ainda assim importa em reforço do vínculo, pois que o devedor, conhecendo

[268] Marini, Annibale. **La clausola penale.** Napoli: Jovene, 1984, p. 36.

[269] Galgano, Francesco. **Diritto privato.** 15. ed. Italia: Wolters Kluwer Italia Srl, 2010, p. 342.

[270] Bianca, Cesare Massimo. **Diritto civile.** t. V. La responssabilità. Milano: Dott. A. Giuffré, 1994, p. 221.

[271] "1. A cláusula penal, tomada em uma perspectiva do direito civil brasileiro, possui natureza singular, monofuncional, destinada a ressarcir os danos pré-estabelecidos pelas partes em um negócio jurídico. 2. A função punitiva, associada à prevenção geral, não existe no direito brasileiro, ante os controles internos e externos à cláusula. As sanções processuais compulsórias [astreintes] substituíram-na nesse papel, sem que, com isso, tenha-se demonstrado a superioridade dos métodos ad terrorem de índole pública sobre as penas privadas. As penas privadas mantêm-se no direito brasileiro com sua fisiologia repressiva. Não se confundem com reparação de danos, nem com a cláusula penal, cabendo sua cumulação". Rodrigues Junior, Otavio Luiz. **Natureza, função e modificação da cláusula penal no direito civil brasileiro**. São Paulo. 418 p. Tese (Doutorado em Direito) Faculdade de Direito da Universidade de São Paulo (USP), São Paulo, 2006, p. 348.

> o valor da sanção, será estimulado a cumprir o obrigado. Vários escritores, antigos e modernos, sustentam que o seu único objetivo é a preestimativa das perdas e danos. Em contraposição, alguns juristas, alemães principalmente, nela enxergam um caráter eminentemente punitivo. Hoje não mais vigora tão acendrado tom polêmico. E, se alguns dão preponderância ao significado preestimativo dos prejuízos, e secundário ao punitivo, e outros, como Trabucchi no lugar citado, realçam o papel de reforçamento sobre o indenizatório, os juristas mais modernos sustentam que ela os reúne a ambos, sendo ao mesmo tempo a liquidação antecipada das perdas e danos e a punição pelo descumprimento. Cuida-se, pois, de mecanismo de proteção ao crédito, mas que, na visão atual, não pode configurar abuso de direito, nem gerar enriquecimento sem causa[272].

Por fim, como um ponto intermediário no eixo entre as duas funções em cada extremo, tem-se grupo de doutrinadores que sustenta a chamada teoria eclética, hoje tida como predominante no direito brasileiro[273], marcada pela finalidade dúplice atribuída à cláusula, tanto de pré-fixar o valor das perdas e danos, quanto para coagir a parte devedora.

Como adeptos dessa teoria estão Nonato[274], Wald[275], Gama[276], Diniz[277] e Gonçalves[278], além de incontáveis outros autores que escreveram e se posicionaram quanto ao caráter híbrido das cláusulas penais[279]. Silvio

[272] Pereira, Caio Mário da Silva. **Instituição de direito civil**. v. 2. Atual. Guilherme Calmon Nogueira da Gama (coord.) 29. ed. Rio de Janeiro: Forense, 2017, p. 142.

[273] Benacchio, Marcelo. Cláusula penal: revisão crítica à luz do Código Civil de 2002. *In*: Nanni, Giovanni Ettore (coord.). **Temas relevantes do direito civil contemporâneo**: reflexões sobre os 5 anos do Código Civil. São Paulo: Atlas, 2008, p. 390.

[274] Nonato, Orosimbo. **Curso de obrigações** (generalidades-espécies). v. II. Rio de Janeiro: Forense, 1959, p. 317.

[275] Wald, Arnoldo. **Direito civil**. 18. ed. v. 2. São Paulo: Saraiva, 2009, p. 173.

[276] Gama, Guilherme Calmon Nogueira da. **Direito civil**: obrigações. São Paulo: Atlas, 2008, p. 395.

[277] Diniz, Maria Helena. **Curso de direito civil brasileiro**. v. 2. 23. ed. São Paulo: Saraiva, 2008, p. 418.

[278] Gonçalves, Carlos Roberto. **Direito civil brasileiro**. 9. ed. v. 2. São Paulo: Saraiva, 2012, p. 416.

[279] "Em suma, os fundamentos da cláusula penal, a despeito da discussão doutrinária sobre sua finalidade precípua, são o de servir de instrumento de pré-fixação das perdas e danos e, simultaneamente, elemento de reforço do liame contratual". Tepedino, Gustavo; Barboza,

Rodrigues manifesta-se quanto à existência de "interligação entre o caráter sancionatório e indenizatório", apontando que, quando prevista em contrato, o instituto da cláusula penal "oferece uma dupla vantagem para o credor, pois não só aumenta as possibilidades de adimplemento do contrato, como facilita o recebimento da indenização em caso de descumprimento do negócio"[280].

No mesmo sentido, a doutrina de Venosa, que usa como imagem para caracterizar a cláusula penal uma moeda de duas faces; de um lado, há a finalidade de indenização prévia de perdas e danos; do outro, a utilidade "de penalizar, punir o devedor moroso". Aponta, também, divisão da cláusula penal compensatória e da cláusula penal moratória, no qual a primeira atuará como pré-fixação da indenização e a segunda como instrumento de intimidação do devedor ao adimplemento[281].

Pinto Monteiro refere-se, em complemento à função de pré-fixação de perdas e danos, ao papel da cláusula penal como *la police du contrat*, admitindo, pelo menos na visão clássica do instituto, sua natureza híbrida[282]. Digna de nota, ainda, a posição de Limongi França, que

Heloisa Helena; Moraes, Maria Celina Bodin de. **Código Civil interpretado conforme a Constituição da República**. 2. ed. Rio de Janeiro: Renovar, 2007, p. 750.

280 Rodrigues, Silvio. **Direito civil**: parte geral das obrigações. v. 2. São Paulo: Saraiva, 2007.

281 Venosa, Silvio de Salvo. **Direito civil**: teoria geral das obrigações e teoria geral dos contratos. São Paulo: Atlas, 2019, p. 152.

282 "Além de substituto da indemnização — com vantagens óbvias para as partes, dispensadas das dificuldades de prova do dano ou da sua extensão e superada assim a incerteza de uma avaliação judicial —, a cláusula penal desempenha também uma importante função dissuasora e sancionatória que, quanto a nós, não deve ser minimizada, pois constituirá mesmo a sua finalidade principal, não sendo a primeira (pré-avaliação do dano), nas palavras de Antunes Varela, mais do que uma finalidade relativamente secundária da cláusula penal. Entendemos, com efeito, que a cláusula penal não se limita à mera função de fixação prévia e convencional do montante da indemnização, antes lhe compete, simultaneamente, uma função de reforço do cumprimento do contrato, de estímulo, de pressão sobre o devedor e, neste sentido, de moralização, zelando pelo respeito dos compromissos assumidos. Esta função dissuasora da cláusula penal faz com que ela seja vista como la police du contrat, desempenhando um papel fundamental, sobretudo nas obrigações de prestação de facto infungível (em virtude da regra nemo potest praecise cogi ad factum) — sendo manifesto o seu paralelismo com a sanção pecuniária compulsória (artigo 829º-A) —, não faltando, por isso, quem tenha já apelidado a cláusula penal de astreinte conventionnelle". Monteiro, António Joaquim de Matos Pinto. **Cláusulas limitativas e de exclusão de responsabilidade civil**. Coimbra: Almedina, 2003, pp. 137-138.

identifica uma tríplice função na cláusula penal, conjugando, simultaneamente, função de reforço, de pré-avaliação dos danos e, por fim, de pena:

> A nosso ver, baseado nos ensinamentos dos diversos autores das variadas orientações expostas e, sobretudo, na realidade da cláusula penal, enquanto entidade dinâmica da vida sócio-jurídica, ponderamos que a sua natureza apresenta uma tríplice feição, correspondente às três funções que ordinariamente, e de modo simultâneo, exerce em relação aos atos jurídicos a que é adjecta[283].

Em resumo, são as duas funções, indenizatória e compulsória usualmente atribuídas à cláusula penal. Há quem entenda pela presença de apenas a primeira, quem defenda a segunda como única, e quem defenda a coexistência de ambas, havendo, neste último grupo, divergência quanto a qual das duas seria preponderante.

Na realidade, a maior divergência está entre os defensores da função de prefixação de perdas e danos, pois os adeptos dessa corrente têm maiores objeções a aceitar alguma carga coercitiva. Como conclui Continentino,

> O dissídio circunscreve-se ao reconhecimento da primeira função da obrigação penal. Não admitem que a cláusula penal tenha por fim assegurar a execução da obrigação principal, como meio coercitivo, ao qual as partes interessadas recorrem, afim de evitar todo inadimplemento imputável[284].

283 França, Rubens Limongi. **Teoria e prática da cláusula penal**. São Paulo: Saraiva, 1988, p. 157.

284 Continentino, Múcio. **Da cláusula penal no direito brasileiro**. São Paulo: Livraria Acadêmica Saraiva, 1926, p. 29. Sobre o ponto, convém mencionar as seguintes considerações de Darcy Bessone: "Alguns autores preferem uma posição intermédia, afirmando que a verdadeira função da cláusula penal é a de fixação prévia e à forfait da indenização por inadimplemento, mas esta, podendo ser determinada arbitrariamente, pode ser propositadamente exagerada com o fim de constituir-se coercitivo indireto. Ora, se é certo que o que é lícito fazer por via indireta também pode ser feito diretamente, não conseguimos compreender a razão da exclusão da multa como meio direto de reforçar a obrigação". Bessone, Darcy. **Do contrato**: teoria geral. 4. ed. São Paulo: Saraiva, 1997, p. 187.

Se na doutrina brasileira ainda permanece a antiga divergência, na jurisprudência recente do STJ tem se verificado a reafirmação do modelo unitário, englobando as duas funções em uma figura única, entendendo a corte que a cláusula penal representa "a um só tempo, a medida de coerção ao adimplemento do devedor e a estimativa preliminar dos prejuízos sofridos"[285].

3.3 A crítica ao modelo unitário

No capítulo 2, ao tratar da cláusula de prefixação de danos, justificamos a sua análise como figura autônoma por entendermos como pressuposto da cláusula penal a manutenção de sua exigibilidade a despeito da prova de ausência de dano. O tratamento dessa figura de forma autônoma à cláusula penal é reflexo das discussões sobre as funções da cláusula penal, que vem se refletindo em outros ordenamentos, nos quais se verifica a "distinção entre várias figuras, outrora abrangidas pelo conceito unitário de cláusula penal"[286].

Essa cisão do instituto decorre, em parte, da circunstância já referida sobre a metodologia adotada por determinadas legislações que positivaram a cláusula penal mediante a adoção de um conceito restritivo quanto às suas funções. Além disso, alguns autores defendem ser tecnicamente impreciso identificar na cláusula penal, simultaneamente, duas ou mais utilidades, defendendo a existência de figuras distintas, por meio das quais os contratantes disciplinam as consequências do inadimplemento. É nesse sentido a emblemática tese de António Pinto Monteiro para quem a cláusula penal não pode ter, ao mesmo tempo, as funções indenizatória e punitiva, sendo problemático o tratamento unitário do instituto:

> Na verdade, como atribuir natureza indemnizatória a uma figura que é estipulada para *compelir* o devedor ao cumprimento e que, por isso mesmo, excede, *deliberadamente*, o *quantum* que se prevê como necessário para reparar o credor? Como justificar, pela teoria da indemnização,

[285] REsp 1803803/RJ, Rel. Min. Ricardo Villas Bôas Cueva, Terceira Turma, j. 9-11-2021. No mesmo sentido, REsp 189738/SP, Rel. Min. Nancy Andrighi, Terceira Turma, j. 23-03-2021.

[286] Monteiro, António Joaquim de Matos Pinto. Cláusula penal e comportamento abusivo do credor. **Revista Brasileira de Direito Comparado**. Rio de Janeiro: Instituto de Direito Comparado Luso-Brasileiro, 2003, p.120.

> que o credor possa arrecadar, *a esse título,* determinada quantia, ainda que não haja qualquer dano a reparar? Mas, por outro lado, como imputar-lhe a natureza exclusive de *pena privada,* ao mesmo tempo em que se aceita ser ela devida *também* a título de indemnização?
> Para actuar como sanção específica, para exercer a sua função coerciva, para se tornar um eficaz instrumento compulsório, a cláusula penal terá de possuir características que, em si mesmas, contradizem as da indemnização. Acresce que só uma clara separação entre duas espécies ou figuras — de um lado, a cláusula penal em sentido estrito, enquanto sanção compulsória; do outro, a fixação antecipada do *quantum respondeatur,* como liquidação *fotfaitaire* do dano, e, portanto, com a natureza da indemnização — permite resolver, de forma coerente, várias questões de regime, cuja resposta terá de ser diferenciada, consoante o escopo das partes. O que implica, pois, o abandono da tese da dupla função: a cada espécie de cláusula penal corresponde uma finalidade, de acordo com ela se determinando o seu regime e a sua natureza jurídica[287].

Na doutrina brasileira, um dos primeiros escritos sobre a separação das figuras em razão de sua função foi o de De Mattia, que distinguia cláusula penal pura e cláusula penal não pura[288]. Segundo o autor, seriam "duas hipóteses, dois modos de se manifestar do mesmo fenômeno", caracterizado em ambos os casos pela função punitiva essencial; na primeira hipótese (cláusula penal pura) — a penal, seria devida 'a título puro e único de pena', na segunda (cláusula penal não pura) 'também a título de ressarcimento'. Em relação à primeira, tecia o autor as seguintes considerações:

> A primeira noção que se nos afigura em tal tipo de cláusula é a falta de consideração do dano e do ressarcimento que são regulados pelas normas ordinárias. As partes não dispõem, positivamente, a respeito do ressarcimento do dano eventual, porque comumente o dano eventual não é sequer hipotisável, e além do mais declaram prescindir ou reservar o

[287] Monteiro, António Joaquim de Matos Pinto. **Cláusula penal e indemnização**. Coimbra: Almedina, 1990, pp. 649-670.

[288] Mattia, Fábio de Maria. Cláusula penal pura e cláusula penal não pura. *In*: (org.) Tepedino, Gustavo; Fachin, Luiz Edson. Obrigações e contratos: funções e eficácia. **Coleção Doutrinas Essenciais**, v. 2, São Paulo: RT, 2011, p. 1117.

direito e o seu exercício. O dano, porém, pode se verificar e, em tal caso, aparece a obrigação de ressarcimento por fôrça da lei. O fato de faltar entre as partes contraentes uma referência positiva ao ressarcimento do dano, importa que o relacionamento entre as duas obrigações permaneça exclusivamente regulado pelas normas legais. A obrigação penal e a obrigação de ressarcimento são duas obrigações autônomas que derivam de fontes diversas[289].

No tocante à cláusula penal não pura, explicava De Mattia:

> não é concebível e possível, na falta de expressa pactuação, a acumulação da penal e do ressarcimento do dano, e não porque a penal é compensação do dano se bem que as partes na determinação de prestação prometida pelo devedor tiveram presente um determinado dano (o previsto) e estipularam a penal, também a título de ressarcimento. Não se liquidou o dano, mas se transportou o ressarcimento do dano à penal, e diferentemente do que se notou para a cláusula penal pura, não se tem uma simples fixação da penal com fim punitivo. Por esta consideração de conjunto a obrigação de ressarcimento não está mais desvinculada inteiramente no seu exercício da obrigação penal, de modo a poder o credor pedir o ressarcimento junto com a penal[290].

A distinção de De Mattia não decorria do entendimento sobre impossibilidade da mesma figura exercer tanto função reparatória, quanto sancionatória. Como esclarecido pelo autor, "não podemos deixar de lembrar que, também, no caso de cláusula penal não pura está presente a função penal como causa típica".

289 O autor citava "Alberto Trabucchi, em sua obra "Istituzioni di Diritto Civile", pág. 604, ao tratar de cláusula penal afirma: "existe ainda uma cláusula penal pura, com a qual as partes convencionaram uma quantia a ser paga a título de pena, como uma espécie de multa, sem referência à obrigação de ressarcir, e o dano eventual deverá ser liquidado a parte de acordo com as regras ordinárias. Acham-se exemplos de cláusula penal pura na matéria de disciplina contratual das relações de trabalho, onde as multas previstas têm objetivo bem diferente do de reintegrar as lesões de um interêsse patrimonial".

290 Mattia, Fábio de Maria. Cláusula penal pura e cláusula penal não pura. *In*: (org.) Tepedino, Gustavo; Fachin, Luiz Edson. Obrigações e contratos: funções e eficácia. **Coleção Doutrinas Essenciais**, v. 2, São Paulo: RT, 2011, p. 1117.

Entre os argumentos de Otávio Rodrigues para defender a existência apenas da função de prefixação de danos, está o de que não se pode concordar com a visão de que uma cláusula penal poderia ser "ao mesmo tempo sancionatória e indenizatória, tendo em vista a contradição interna havida entre esses elementos"[291].

Também Rosenvald entende pela impossibilidade de coexistência das funções de prefixação de danos e sancionatória. No seu entendimento,

> Um único modelo jurídico — cláusula penal — não pode ao mesmo tempo atuar como indenização e sanção. Cogitar de uma 'indenização sancionatória' é uma impossibilidade lógica, uma contradição em termos. Ou a cláusula penal será uma sanção compulsória ou funcionará como pré-estimativa convencional de danos[292].

Para os defensores da teoria unitária, a possibilidade de o credor receber menos ou mais do que o valor do prejuízo efetivamente verificado pelo inadimplemento demonstra o caráter dúplice da cláusula penal. Nessa linha, no caso dos danos efetivos alcançarem valor abaixo da multa fixada, estariam presentes ambas as funções, enquanto na hipótese do prejuízo ser menor do que o valor estipulado, somente a função indenizatória estaria presente, junto da limitação da responsabilidade do devedor[293].

Desse modo, não seria possível dissociar o caráter coercitivo e, menos ainda, a função indenizatória da cláusula penal. Por mais que a função de prévia liquidação de danos seja a principal, o seu estabelecimento

[291] Rodrigues Junior, Otavio Luiz. **Natureza, função e modificação da cláusula penal no direito civil brasileiro**. São Paulo. 418 p. Tese (Doutorado em Direito) Faculdade de Direito da Universidade de São Paulo (USP), São Paulo, 2006.

[292] Rosenvald, Nelson. **Cláusula penal**: a pena privada nas relações negociais. Rio de Janeiro: Lumen Juris, 2007, p. 82. Também defendem a impossibilidade de coexistência das duas funções, Lobo, Paulo Luiz Netto. **Teoria geral das obrigações**. São Paulo: Saraiva, 2005, p. 306; Silva, Jorge Cesa Ferreira da. **Inadimplemento das obrigações**: comentários aos artigos 389 a 420 do Código Civil. Biblioteca de Direito Civil: estudos em homenagem ao Professor Miguel Reale São Paulo: RT, 2007, p. 237.

[293] Neves, José Roberto de Castro. **Direito das obrigações**. 7. ed. Rio de Janeiro: LMJ Mundo Jurídico, 2017, p. 382.

já cria ao devedor uma pressão para adimplir com o acordado, o que demonstraria obrigatoriamente um caráter coercitiv[294]o.

Ainda em defesa da teoria unitária, indica-se que a cláusula penal tem utilidade de preencher de conteúdo econômico uma obrigação não patrimonial. Nesses casos, funções de reforço no cumprimento da obrigação e de avaliação prévia de danos estariam ainda mais em evidência, visto que a apreciação econômica da obrigação principal seria mais difícil e incerta[295].

Uma primeira crítica apontada pela doutrina em desfavor do modelo unitário é a de que não se pode regular da mesma forma cláusulas com finalidades diferentes, ou seja, o tratamento jurídico dispensado a uma cláusula de prefixação de danos não pode ser igual àquele dispensado a uma cláusula coercitiva, que prevê uma sanção privada[296].

Nessa perspectiva, defende-se que a diferenciação entre as cláusulas de liquidação antecipada de danos e as cláusulas coercitivas é necessária para que se dê respostas apropriadas a problemas condizentes a cada uma das espécies de cláusulas. Aponta-se que a disciplina jurídica de uma pena difere, substancialmente, da de uma indenização[297].

Outro empecilho ao tratamento unitário da cláusula penal diz respeito à dificuldade em se verificar, no caso concreto, quando a cláusula penal tem por finalidade a coerção do devedor para adimplir com a sua obrigação ou quando a multa visa à indenização prévia de danos. Desse modo, a análise das situações e das circunstâncias negociais são importantes para se verificar qual função é, ao menos, predominante no caso concreto[298].

Nessa perspectiva, aponta a doutrina que a linguagem utilizada pelas partes na conclusão do contrato é fundamental para que, em eventual litígio, se possa saber qual era sua intenção na formação do contrato.

[294] Santos, J. M. de Carvalho. **Código Civil brasileiro interpretado, principalmente do ponto de vista prático**. 13. ed. v. XI. Rio de Janeiro: Freitas Bastos S.A, 1986, p. 302.

[295] Nonato, Orosimbo. **Curso de obrigações** (generalidades-espécies). v. II. Rio de Janeiro: Forense, 1959, pp. 317-318.

[296] Nanni, Giovanni Ettore. **Comentários ao Código Civil**: direito privado contemporâneo. Alexandre Dartanhan de Mello Guerra *et al.* (coord.) Nanni, Giovanni Ettore. São Paulo: Saraiva Educação, 2018, p. 669.

[297] Monteiro, António Joaquim de Matos Pinto. **Cláusula penal e indemnização**. Coimbra: Almedina, 1990, p. 647.

[298] Bessone, Darcy. **Do contrato**: teoria geral. 4. ed. São Paulo: Saraiva, 1997, p. 189.

Por exemplo, ao precisar a cumulatividade da multa com perdas e danos, permite-se identificar o caráter coercitivo da cláusula penal[299]. Interessante, neste particular, a observação de Jorge Cesa sobre a imposição gerada pela concepção da dupla função, pois, segundo o autor, "as manifestações das partes conducentes à descrição da cláusula não impediria que a dupla função atuasse, ainda que a cláusula em particular tenha sido claramente formulada para estabelecer uma verdadeira `pena´ para o incumprimento ou tenha sido projetada para pré-estabelecer o valor futuro da indenização"[300].

Nessa linha, abandonar a ideia de que a cláusula penal teria em si essa dupla função significaria permitir que ambas as funções, punitiva e indenizatória, pudessem alcançar o seu escopo com maior efetividade, pois esses escopos têm em si mesmo características contraditórias e incompatíveis[301].

Por meio dessas estipulações as partes já conhecem, em plenitude, as consequências do inadimplemento, economizando tempo e dinheiro na verificação do valor indenizatório ou sancionatório devido. Contudo, essas consequências não são as mesmas caso se tenha convencionado uma pena ou uma indenização.

Em verdade, para atuar como fonte seguramente coercitiva, a cláusula penal não pode conter as características necessárias para configurar uma indenização. Nessa perspectiva, em regra, não há coerção enquanto a multa tem o valor menor do que as perdas e danos efetivas. Também não se pode falar de indenização dissociada desse montante. Esse problema não pode ser solucionado sem a separação dessas duas funções incompatíveis entre si[302].

O caráter coercitivo pressupõe se voltar contra o inadimplemento, enquanto a função indenizatória tem em vista o dano previsto. Desse

[299] Bessone, Darcy. **Do contrato**: teoria geral. 4. ed. São Paulo: Saraiva, 1997, p. 189.

[300] Silva, Jorge Cesa Ferreira da. A cláusula penal e a quadratura do círculo: as funções da cláusula penal depois do novo Código Civil Brasileiro. **A Evolução do Direito Empresarial e Obrigacional. Os 18 anos do Código Civil** — Obrigações e Contratos — Vol. 2. Henrique Barbosa; Jorge Cesa Ferreira da Silva (Coords). São Paulo: Quartier Latin, 2021, p. 589.

[301] Monteiro, António Joaquim de Matos Pinto. **Cláusula penal e indemnização**. Coimbra: Almedina, 1990, p. 671.

[302] Lopes, Miguel Maria de Serpa. **Curso de direito civil**. v. II: obrigações em geral. 6. ed. Atualizada por José Serpa Santa Maria. Rio de Janeiro: Freitas Bastos, 1995, p. 156.

modo, as funções partem de razões diferentes e inconciliáveis, pois a apreciação da culpabilidade pelo inadimplemento e do dano não é dada pelos mesmos fatores[303].

Outro ponto que demonstra essa incompatibilidade é o fato de que a indenização só tem lugar na presença de um dano, enquanto a sanção prescinde desse requisito bastando o inadimplemento imputável.[304]

Nesse contexto, a crise da teoria unitária que aceita a dupla função é sumarizada por Menezes Cordeiro:

> A doutrina tradicional via na cláusula penal um instituto unitário e com uma função dupla: a de fixar antecipadamente a indemnização e a de incentivar o devedor ao cumprimento. A sua unidade tiraria especial relevância ao preciso escopo prosseguido pelas partes.
> A evolução mais recente da doutrina e da jurisprudência, primeiro na Alemanha e, depois, noutros países, introduziu, contudo, uma distinção. Poderiam as partes, ao lado da pena convencional tradicional, estabelecer uma pura e simples liquidação antecipada da indemnização a que eventualmente, pudesse haver lugar.
> Assim sendo, torna-se importante, perante uma determinada cláusula penal, apurar qual foi, precisamente, a vontade das partes: se estabelecer uma cláusula penal (estrita) ou se fixar a liquidação antecipada do dano (Schadensersatzpauschalierung). Vários aspectos do regime dependerão, depois, desta opção. Em especial: o credor ficará liberto da necessidade de indagação dos prejuízos que lhe tenham sido causados[305].

A divisão do instituto vem sendo acolhida pela doutrina brasileira, como no caso de Jorge Cesa, para quem "a distinção conceitual é fundamental porque, a partir dela, melhor se realiza a hermenêutica das regras da cláusula penal, assim como melhor se compreende a abrangência da autonomia privada relativa às regulações assemelhadas à cláu-

303 Lopes, Miguel Maria de Serpa. **Curso de direito civil**. v. II: obrigações em geral. 6. ed. Atualizada por José Serpa Santa Maria. Rio de Janeiro: Freitas Bastos, 1995, p. 156.

304 Lopes, Miguel Maria de Serpa. **Curso de direito civil**. v. II: obrigações em geral. 6. ed. Atualizada por José Serpa Santa Maria. Rio de Janeiro: Freitas Bastos, 1995, p. 156.

305 Cordeiro, António Manuel da Rocha e Menezes. **Tratado de direito civil português**. Parte geral. t. I. 3.ed. Coimbra: Almedina, 2007, p. 737.

sula penal"[306]. No mesmo sentido são os posicionamentos de Nanni[307], Gustavo Tepedino e Anderson Schreiber[308].

Cabe enfatizar, a esse respeito, que a separação dos institutos proposta pela doutrina portuguesa não se limita a separar, de um lado, a cláusula de prefixação de danos, e, de outro, a cláusula penal. A divisão proposta envolve três figuras distintas. Na explicação de Mota Pinto,

> Há, assim, que distinguir, designadamente, entre uma cláusula de fixação antecipada da indemnização («Schadensersatzpauschalierung», «clause de dommages-intérêts» ou «liquidated damages clause»), uma cláusula penal em sentido estrito («Vertragsstrafe», «clause pénale» ou «penalty clause») e uma cláusula penal puramente compulsória[309].

[306] SILVA, Jorge Cesa Ferreira da. **Inadimplemento das obrigações**: comentários aos artigos 389 a 420 do Código Civil. Biblioteca de Direito Civil: estudos em homenagem ao Professor Miguel Reale São Paulo: RT, 2007, p. 241.

[307] "Entretanto, o agrupamento de tais funções não se coaduna com as distintas naturezas que apresentam a cláusula penal compensatória e a cláusula penal moratória. Cada qual tem um escopo específico, que não permite compatibilização unificada. Sendo assim, mais adequado que analisem isoladamente os seus respectivos papéis. Nessa linha de consideração é que Antonio Pinto Monteiro critica o modelo unitário, que se encontra superado, pois submete ao mesmo regime situações com finalidades diversas. Defende, assim, que a resposta a vários problemas de disciplina jurídica exige que se diferencie, claramente, uma cláusula penal com escopo coercitivo ou compulsório de uma cláusula penal com a finalidade de prefixar o montante da indenização: a primeira é uma sanção; a segunda, uma simples liquidação antecipada do dano. A cada espécie de cláusula penal corresponde uma finalidade, que determina o seu regime e a sua natureza jurídica." NANNI, Giovanni Ettore. **Comentários ao Código Civil**: direito privado contemporâneo. Alexandre Dartanhan de Mello Guerra *et al.* (coord.) NANNI, Giovanni Ettore. São Paulo: Saraiva Educação, 2018, p. 669.

[308] "Estudos mais recentes têm, todavia, rejeitado a combinação de uma função punitiva com uma função compensatória, insistindo na precisa distinção entre as cláusulas de função punitiva ou sancionatória, e aquelas de liquidação antecipada do dano, destinadas a pré-fixar o montante da indenização. Neste sentido, o jurista português António Pinto Monteiro afirma que "a resposta a vários problemas de disciplina jurídica exige que se diferencie, claramente, uma cláusula penal com escopo coercitivo ou compulsório, de uma cláusula penal com a finalidade de prefixar o montante da indenização: a primeira, é uma sanção; a segunda, uma simples liquidação antecipada do dano. Sanção essa, porém, que não se identifica ou confunde com a indenização". TEPEDINO, Gustavo; SCHREIBER, Anderson. **Código Civil Comentado**: direito das obrigações. v. 4. (coord.) AZEVEDO, Álvaro Villaça. São Paulo: Atlas, 2008, p. 391.

[309] PINTO, Carlos Alberto da Motta. **Teoria geral do direito civil**. 4. ed. Atualizado por Antonio Pinto Monteiro e Paulo Mota Pinto. Coimbra: Coimbra, 2005, p. 590.

As diferenças entre as três figuras são apresentadas com enorme clareza por Pinto Monteiro. Na primeira figura — cláusula de fixação antecipada de danos — as partes buscam de forma exclusiva prefixar de modo *ne varietur* o dano que advirá de eventual inadimplemento. Busca-se, apenas, evitar as delongas, os custos e as incertezas de um processo judicial ou arbitral no qual seria produzida a prova dos prejuízos efetivos. O credor fica dispensado da prova dos danos e o devedor tem delimitada a sua exposição patrimonial[310].

Por sua vez, com a segunda figura (cláusula penal em sentido estrito), o que se busca é estimular o devedor ao cumprimento mediante a ameaça de uma prestação que será devida em lugar da outra, de modo que "o seu valor contempla já a satisfação do interesse do credor"[311].

Por fim, a terceira figura (cláusula penal puramente compulsória) representa um *plus*, ou seja, ela é acrescida à obrigação ou à indenização pelo seu inadimplemento. Trata-se, portanto, de figura com função estritamente compulsória[312].

Portanto, além da separação da figura da cláusula de estrita prefixação de perdas — com o que já nos manifestamos estar de pleno acordo — a segunda divisão proposta para os institutos tem como parâmetro o regime substitutivo ou cumulativa com que a cláusula penal se apresenta.

3.4 Tomada de posição

O Código Civil não adotou um conceito de cláusula penal que restrinja o instituto a uma ou outra função. Como analisaremos no capítulo seguinte, o que fez a lei brasileira foi, em caráter dispositivo, apresentar

[310] "Numa palavra, acordando-se num montante indemnizatório predeterminado, as vantagens e os inconvenientes que daí poderão advir são partilhados pelos dois contraentes: ambos conhecem, de antemão, as as consequências de um eventual inadimplemento, e um e outro se submetem ao risco de o prejuízo efectivo ser consideravelmente menor ou maior do que a soma prevista" (Monteiro, António Pinto. Cláusula penal e comportamento abusivo do credor. Revista brasileira de direito comparado. Rio de Janeiro: Instituto de Direito Comparado Luso-Brasileiro. Dinigraf, 2003, p. 122).

[311] Monteiro, António Pinto. Cláusula penal e comportamento abusivo do credor. Revista brasileira de direito comparado. Rio de Janeiro: Instituto de Direito Comparado Luso-Brasileiro. Dinigraf, 2003, p. 12.

[312] Monteiro, António Pinto. Cláusula penal e comportamento abusivo do credor. Revista brasileira de direito comparado. Rio de Janeiro: Instituto de Direito Comparado Luso-Brasileiro. Dinigraf, 2003, p. 124.

uma distinção de regimes de consequências (cumulativo e substitutivo) conforme o tipo de inadimplemento. Era por essa razão que Continentino, em relação à doutrina que recusava a função coercitiva, destacava: "No direito brasileiro, pouco importa a refutação dos conceitos dos civilistas referidos; pois o Código Civil, ao contrário do francês, não define os escopos da cláusula penal"[313].

Nesse particular, discordamos da assertiva de que a função de prefixação dos danos "é que se percebe de todos os artigos do Código Civil brasileiro sobre o tema"[314]. Acompanhamos ideia em sentido contrário:

> em momento algum é mencionada a existência de equiparação, ou alusão a isso equivalente, entre cláusula penal e indenização. Pelo contrário, o *caput* do artigo 416 estabelece, justamente, a exclusão disso ao dispor que "para exigir a pena convencional, não é necessário que o credor alegue prejuízo"[315].

De fato, conquanto o artigo 416 por duas vezes se refira a "prejuízos", o faz em seu *caput* justamente para dispensá-lo, estabelecendo a presunção *iure et de iure* de dano, o que, por si só, em nosso entendimento, afasta a interpretação que busca nas disposições do Código uma restrição do instituto à função de prefixação das perdas e danos.

Em complemento, é perspicaz a consideração feita sob a égide da legislação anterior e que permanece inteiramente procedente, pois o texto foi replicado no atual artigo 411:

> Tacitamente o Código Civil pátrio reconhece que a cláusula penal reforça o cumprimento da obrigação como deriva dos termos em que é

[313] Continentino, Múcio. **Da cláusula penal no direito brasileiro**. São Paulo: Livraria Acadêmica Saraiva, 1926, p. 30.

[314] Simão, José Fernando. Capítulo V: da cláusula penal. *In*: Schreiber, Anderson *et al.* **Código Civil comentado** — doutrina e jurisprudência. Rio de Janeiro: Forense 2019, p. 231. É essa, também a visão de Florence, para quem "Seguindo a linha do Código Civil de 1916, o Código Civil faz referência à função de pré-fixação de perdas e danos em vários dispositivos, notadamente nos artigos 410 e 412". Florence, Tatiana Magalhães. Aspectos pontuais da cláusula penal. *In*: (org.) Tepedino, Gustavo. **Obrigações**: estudos na perspectiva civil-constitucional. Rio de Janeiro: Renovar, 2005, p. 518.

[315] Benacchio, Marcelo. Cláusula penal: revisão crítica à luz do Código Civil de 2002. *In*: Nanni, Giovanni Ettore (coord.). **Temas relevantes do direito civil contemporâneo**: reflexões sobre os 5 anos do Código Civil. São Paulo: Atlas, 2008, p. 376.

> redigido o artigo 920 — *verbis* [...] quando se estipular cláusula penal... em segurança especial de outra cláusula determinada[316].

Além disso, a eleição da "finalidade do negócio" como um dos vetores da condução do processo de redução previsto no artigo 413 é mais um indicativo de que o Código não restringiu as funções da cláusula penal. Esse vetor, em nosso entendimento, envolve a finalidade do negócio como um todo e, também, da própria cláusula penal.

A única norma do Código Civil com que se poderia sustentar uma delimitação do instituto à função indenizatória é o artigo 412, que estabelece a limitação pelo valor da obrigação principal. Esse, inclusive, é o principal fundamento de Otávio Rodrigues para sustentar a exclusividade da função indenizatória da cláusula penal no direito brasileiro[317]. Entendemos que o referido dispositivo, na realidade, ao contrário de revelar uma vedação à função punitiva, estabelece justamente os limites da liberdade de contratar cláusulas penais com essa função, regulando as estipulações dessa natureza, ao invés de repeli-las. A defesa dessa interpretação do art. 412 será objeto do Capítulo 6, no qual apresentaremos proposição para que o dispositivo tenha incidência restrita *às cláusulas cumulativas,* servindo, portanto, como a delimitação estabelecida pelo ordenamento para a autonomia nas pactuação de cláusulas penais com função exclusiva ou parcialmente punitiva.

[316] CONTINENTINO, Múcio. **Da cláusula penal no direito brasileiro**. São Paulo: Livraria Acadêmica Saraiva, 1926, p. 31. A função coercitiva também é reconhecida por Darcy Bessone: Preferimos, logo se vê, acompanhar aqueles que admitem que a cláusula penal pode constituir instrumento coercitivo, como pode destinar-se apenas à liquidação convencional prévia de possíveis perdas e danos" BESSONE, Darcy. Do contrato: teoria geral. 4. ed. São Paulo: Saraiva, 1997, p. 188.

[317] "Qual o aspecto coator dessa cláusula? Nenhum. A limitação objetiva do artigo 412, CCB-2002, retira-lhe qualquer pretensão *ad terrorem*. A estipulação da cláusula penal *strictu sensu* é inviável no direito brasileiro. Em Portugal, Alemanha ou França não existe norma semelhante ao artigo 412, cuja sombra se projeta no ordenamento nacional desde as Ordenações do Reino. O caráter de pena é desmoralizado pela circunstância de se ajustar a cláusula, mal e mal, ao ressarcimento de parte dos prejuízos sofridos". RODRIGUES JUNIOR, Otavio Luiz. **Natureza, função e modificação da cláusula penal no direito civil brasileiro**. São Paulo. 418 p. Tese (Doutorado em Direito) Faculdade de Direito da Universidade de São Paulo (USP), São Paulo, 2006, p. 247. Entendimento similar, mas restrito às cláusulas "compensatórias" é encontrado em ABÍLIO, Vivianne da Silveira. **Cláusulas penais moratória e compensatória: critérios de distinção**. Belo Horizonte: Fórum, 2019, p. 105.

Assim, em nosso entendimento as normas do Código Civil deixam abertura quanto às funções a serem exercidas pela cláusula penal. A análise, em nosso modo de ver, deve se pautar pela interpretação da intenção das partes com a penalidade e o seu enquadramento nos distintos regimes, substitutivo e cumulativo, estabelecidos pela legislação. Nesse sentido, afirma-se, com respaldo em doutrina e jurisprudência, que o regime substitutivo, dito compensatório, exerce função preponderantemente indenizatória, enquanto no regime cumulativo, seja vinculado simplesmente à mora ou não, sobressai o aspecto sancionador"[318].

Com isso, não se quer dizer que a cláusula cumulativa se restringe à coerção, pois, conforme demonstraremos no capítulo a seguir, inclusive com apoio no Tema 970 recentemente editado pelo Superior Tribunal de Justiça, a cláusula moratória, como regra, além de compelir o devedor ao cumprimento, compensa os danos advindos da mora[319]. Com efeito, a cláusula cumulativa somente restará de todo desprovida de uma função compensatória quando for ressalvado o direito quanto à indenização dos danos decorrentes do respectivo inadimplemento a que ela estiver

[318] Na doutrina, destaca Gustavo Tepedino, "as codificações contemporâneas, contudo, afastam-se progressivamente da concepção de sanção, ao menos no caso da cláusula penal compensatória, ao argumento de que, ao contrário da cláusula penal moratória, destinada a reforçar a possibilidade do cumprimento da obrigação, sua finalidade é de facilitar o credor com a pré-liquidação das perdas e danos". TEPEDINO, Gustavo. Notas sobre a cláusula penal compensatória. *In*: TEPEDINO, Gustavo. **Temas de direito civil**. t. 2, pp. 47-61. Rio de Janeiro: Renovar, 2016, p. 48. Na jurisprudência são frequentes as afirmações de que "se a cláusula penal compensatória funciona como prefixação das perdas e danos, o mesmo não ocorre com a cláusula penal moratória, que não compensa nem substitui o inadimplemento, apenas pune a mora" STJ, 3.ª T., REsp 1355554/RJ, rel. Min. Sidnei Beneti, j. 06.12.2012, DJe 04.02.2013). Também nesta linha, STJ, 3.ª T., REsp 953907/MS, rel. Min. Nancy Andrighi, j. 23.03.2010, DJe 09.04.2010; STJ, 4.ª T., AgRg no Ag 741776/MS, rel. Min. Raul Araújo, j. 07.11.2013, DJe 11.12.2013; STJ, 4.ª T., AgRg no Ag 788124/MS, rel. Des. Paulo Furtado, j. 27.10.2009, DJe 11.11.2009; STJ, 4.ª T., REsp 968091/DF, rel. Min. Fernando Gonçalves, j. 19.03.2009, DJe 30.03.2009.

[319] Pertinentes as considerações de Darcy Bessone a esse respeito: "Também a distinção entre a natureza moratória e a compensatória da cláusula não apresenta significação decisiva no tocante ao tema, uma vez que, enquanto apenas moratória, ela pode exercer ainda função compensatória, não coercitiva, no sentido de que pode destinar-se a compor os prejuízos decorrentes da impontualidade. O caráter coercitivo independe, pois, tanto da ideia de castigo como da qualidade moratória que a cláusula ostente." BESSONE, Darcy. **Do contrato**: teoria geral. 4. ed. São Paulo: Saraiva, 1997, p. 188.

vinculada, hipótese de configuração da cláusula punitiva, sobre a qual trataremos mais adiante.

Em relação à separação de figuras proposta pela doutrina mais recente, capitaneada por Pinto Monteiro, já manifestamos nosso entendimento sobre a relevância da distinção da cláusula de prefixação de danos em relação à cláusula penal. De fato, é preciso tratar isoladamente a cláusula de prefixação de danos, entendida esta como aquela figura cuja exigibilidade será afastada quando provada a ausência de prejuízo. Essa figura, conforme demonstramos no capítulo 2 deste trabalho, é diversa da cláusula penal regulamentada no Código Civil, que, nos termos do *caput* do artigo 416, contempla uma presunção absoluta de danos. A distinção entre clausula penal e clausula de prefixação de danos resolve os problemas de regime apontados pelos críticos do modelo unitário.

Convém, entretanto, realçar algumas diferenças no ordenamento brasileiro em relação à tese de Pinto Monteiro. Isso porque, de acordo com o doutrinador português, o fundamento legal das denominadas cláusulas penais em sentido estrito e da cláusula penal compulsória reside na liberdade de contratar, e não no regime estabelecido pelo Código Civil português para a cláusula penal. Isso se deve à circunstância de que em Portugal o Código Civil conceituou a cláusula penal de forma a restringi-la à prefixação de danos.

No direito brasileiro ocorre fenômeno inverso, pois é a cláusula de simples prefixação de perdas e danos que tem o seu fundamento na liberdade de contratar, visto que a mesma é incompatível com a presunção estabelecida pelo artigo 416. Assim, as figuras referidas por Pinto Monteiro como cláusula penal em sentido estrito e cláusula penal puramente compulsória são, no direito brasileiro, justamente as acolhidas pelo Código Civil ao disciplinar a cláusula penal.

Dessa forma, uma vez que não se esteja diante de uma cláusula de prefixação de danos, tratando-se, portanto, do instituto da cláusula penal, todas as soluções de regime e consequências deverão ser encontradas nos artigos 408 a 416. Cabe, portanto, à doutrina e à jurisprudência interpretar as referidas disposições, construindo o regime da cláusula penal no direito brasileiro em vista das normas do Código Civil, dos limites da liberdade de contratar e das diversas finalidades concretas de utilização da figura.

Feita a devida distinção das cláusulas de prefixação de danos, resta abordar a diferenciação entre a cláusula penal em sentido estrito e a cláusula penal puramente compulsória. Motta Pinto, nesse particular, ressalta que a distinção entre essas duas espécies é mais complexa do que a distinção em relação à cláusula de prefixação de danos:

> a clareza da distinção referida contrasta com as dificuldades com que se depara ao caracterizar uma outra espécie de cláusula penal, ou seja, aquela designámos como cláusula penal em sentido estrito, ou cláusula penal propriamente dita. Essas dificuldades não têm a ver com a sua demarcação em face da pena estritamente compulsória, antes com a sua autonomia perante a pena enquanto indemnização predeterminada[320].

Temos a percepção de que, para o direito brasileiro, é mais adequada a concepção de De Mattia que, ao distinguir entre cláusula penal pura e cláusula penal não pura, esclarecia tratar-se de "duas hipóteses, dois modos de se manifestar do mesmo fenômeno"[321].

De fato, o que distingue a cláusula penal em sentido estrito e a cláusula penal puramente compulsória é o regime cumulativo ou substitutivo — justamente a separação adotada pelo Código Civil para tratar do mesmo instituto. Trata-se, em nossa opinião, da mesma figura, na qual as partes têm a liberdade de optar entre dois regimes distintos. Nesse sentido, haverá coexistência das funções sancionatória e compensatória, o que poderá ocorrer tanto no caso do regime substitutivo, quando o valor da penalidade for superior ao dos prejuízos estimados ou incorridos, quanto no caso do regime cumulativo, nos casos em que a cominação compensar os prejuízos da mora. Por conseguinte, "a natureza da cláusula pode depender do resultado da operação"[322].

[320] Pinto, Carlos Alberto da Motta. **Teoria geral do direito civil**. 4. ed. Atualizado por Antonio Pinto Monteiro e Paulo Mota Pinto. Coimbra: Coimbra, 2005, p. 594.

[321] Mattia, Fábio de Maria. Cláusula penal pura e cláusula penal não pura. *In*: (org.) Tepedino, Gustavo; Fachin, Luiz Edson. Obrigações e contratos: funções e eficácia. **Coleção Doutrinas Essenciais**, v. 2, São Paulo: RT, 2011, p. 1117.

[322] Como explica Castro Neves, "na verdade, a cláusula penal representa um pouco de todas essas funções, embora prepondere o seu emprego como forma de pré-avaliar os danos, liquidando de antemão o montante exigível da indenização, e, assim, simplificar, em muito, a apuração dos prejuízos. Com ela, as partes não precisarão passar pelo processo, muitas vezes longo e custoso, de apurar o montante do dano, para, a partir daí, apontar o quantum da

Como consignado por De Mattia, "não podemos deixar de lembrar que, também, no caso de cláusula penal não pura está presente a função penal como causa típica"[323]. Com efeito, a impossibilidade de coexistência das funções indenizatória e de prefixação de perdas e danos se dá, apenas, em relação à cláusula de prefixação de perdas e danos — capaz de ser afastada na prova da ausência de dano — mas não dentre os distintos regimes em que se pode contratar a cláusula penal. Calvão da Silva demonstra:

> se a cláusula penal pudesse limitar-se à função coercitiva, de reforço e garantia do cumprimento da obrigação; impunham-se duas consequências: (1) a admissibilidade do seu cúmulo com o cumprimento; (2) a admissibilidade do seu cúmulo com a indemnização a determinar segundo as regras gerais[324].

Essa cumulação poderá, ou não, ocorrer, a depender do regime adotado pelas partes a contratar a cláusula penal. Por essas razões, e com a ressalva de que, como exposto no capítulo 2, entendemos a cláusula de prefixação de danos como figura distinta, em relação à cláusula penal acompanhamos a ideia de que "as duas funções são essenciais à caracterização do instituto"[325].

indenização. Isso faz com que o ressarci mento por conta do incumprimento do dever obrigacional seja muito mais célere [...]. Tenha-se presente que qualificar a cláusula penal meramente como uma pena privada pode absolutamente não corresponder à verdade. Veja-se que, na cláusula penal, antecipa-se o valor da indenização para o caso de inadimplemento. Pode ser que o dano sofrido pela parte lesada seja menor do que o ajustado na cláusula penal: nesta hipótese, haverá, de fato, uma pena, pois a parte inadimplente terá que arcar com uma indenização superior àquela devida — que, em regra, consistiria apenas em reparar o prejuízo sofrido. Contudo, pode ocorrer o oposto: o dano sofrido em decorrência do inadimplemento ser superior ao quantum estipulado na cláusula penal: aqui, a cláusula terá uma natureza de limitação de responsabilidade". NEVES, José Roberto de Castro. **Direito das obrigações**. 7. ed. Rio de Janeiro: LMJ Mundo Jurídico, 2017, p. 382.

323 MATTIA, Fábio de Maria. Cláusula penal pura e cláusula penal não pura. *In*: (org.) TEPEDINO, Gustavo; FACHIN, Luiz Edson. Obrigações e contratos: funções e eficácia. **Coleção Doutrinas Essenciais**, v. 2, pp. 1.117-1.150. São Paulo: RT, 2011, p. 1.117.

324 SILVA, João Calvão da. **Cumprimento e sanção pecuniária compulsória**. 4. ed. Coimbra: Almedina, 2002, p. 251.

325 SILVA, João Calvão da. **Cumprimento e sanção pecuniária compulsória**. 4. ed. Coimbra: Almedina, 2002, p. 251.

3.4.1 *A validade das cláusulas punitivas*

Para encerrar a análise sobre as funções da cláusula penal, é necessário verificar a aceitação, pelo ordenamento brasileiro, das cláusulas penais denominadas por Pinto Monteiro como "puramente compulsória" e por De Mattia como "pura", a qual, doravante neste trabalho, será referida como "cláusula penal punitiva". A compreensão sobre o que se entende por cláusula penal punitiva é extraída da sua comparação em relação às outras formas de contratação da figura. Nesse sentido, a diferenciação apresentada por Limongi França:

> Com relação à cláusula compensatória alternativa, já foi averiguado que, em havendo a sua incidência, o credor, em suma, tem direito à pena ou à obrigação.
> Com referência à compensatória cumulativa (impropriamente chamada "moratória"), o direito do credor concerne à pena mais a obrigação, configurando-se a primeira como pré-avaliação das perdas e danos.
> Finalmente, no que tange à cláusula punitiva, faz jus o credor à pena, independentemente de quanto diga respeito, quer à obrigação, quer às perdas e danos[326].

A cláusula punitiva representa um acréscimo que não produz qualquer reflexo sobre os direitos do credor ao recebimento da prestação ou das pernas e danos decorrentes do inadimplemento. Trata-se da verdadeira figura contraposta da cláusula compensatória. Assim, quando pactuada para o inadimplemento absoluto da obrigação principal, a cláusula punitiva será devida em conjunto da execução pelo equivalente ou das perdas e danos decorrentes da resolução, caso o credor opte por esta via. Da mesma forma, quando pactuada para o inadimplemento absoluto de cláusula determinada, a cláusula punitiva será devida em acréscimo das perdas e danos decorrentes da ausência de tal prestação específica e não produzirá qualquer outro reflexo sobre o ajuste. Por sua vez, quando pactuada para a mora, seja da obrigação principal, seja de cláusula determinada, o recebimento da cláusula punitiva preservará os direitos do credor de obter reparação pelos prejuízos infligidos pela mora.

[326] França, Rubens Limongi. **Teoria e prática da cláusula penal**. São Paulo: Saraiva, 1988, p. 207.

No entendimento sobre a concepção de cláusula penal punitiva, torna-se importante afastar qualquer correlação entre essa espécie de cláusula penal e a indenização suplementar facultada pela segunda parte do parágrafo único do art. 416. Quando a estipulação for de uma verdadeira clausula punitiva, o recebimento da penalidade não produz qualquer reflexo sobre os direitos do credor em relação à obrigação principal. A integralidade do dano poderá ser provada e pleiteada pelo credor, sem que o valor recebido a título da clausula punitiva represente qualquer abatimento. Por sua vez, quando se tratar de cláusula compensatória com previsão de indenização suplementar, o credor deverá provar a integralidade do dano, mas a quantia recebida a título de cláusula penal atuará como "mínimo da indenização", recebendo o credor, em acréscimo, somente o "excedente".

O termo cláusula penal punitiva é usualmente associado à expressão "penas privadas". Ripert entende como parte do progresso do direito a retirada das penas da esfera civil ao sustentar "que esta limitação da regra civil é justamente um dos progressos do direito. Em princípio, o direito civil andava envolvido em ideias penais; pouco a pouco foi-se desembaraçando delas e a separação está hoje nitidamente marcada"[327].

[327] RIPERT, Georges. **A regra moral nas obrigações civis**. Campinas: Bookseller, 2002, p. 229. Discorre o autor contra as sanções civis constatando que "Na nossa época nota-se um nítido movimento neste sentido e o enfraquecimento das sanções civis torna necessário o recurso à sanção penal. Poder-se-ia dizer que a história do delito é uma criação constante. Para não citar senão exemplos relativos às obrigações civis foi preciso nestes últimos anos erigir em delito a alienação do imóvel; hipotecado ou penhorado, a falta de pagamento de alimentos ou bebidas consumidas, o transporte por mar ou em viatura, sem pagamento do preço do transporte, a recusa de assistência às pessoas em perigo de vida no mar, a especulação nas vendas de gêneros ou na fixação dos preços dos aluguéis, a recusa de pagar uma pensão alimentar, a não apresentação das crianças àqueles que as têm legalmente à sua guarda. O legislador sancionou do mesmo modo a recusa em submeter-se à lei fiscal e cria penalidades contra aqueles que, por falta de declaração, não permitem o controle do fisco sobre os seus rendimentos. A intervenção da lei penal assegura duma forma eficaz a execução das obrigações: é assim, por exemplo, a criação do delito de abandono de família permitiu o pagamento de pensões alimentares que não eram satisfeitas pela má vontade do devedor. Esta intervenção tem, no entanto, graves inconvenientes. O emprego constante da força pública nas relações privadas cria para o Estado um encargo de que se não pode desempenhar com satisfação geral, e tem, para mais, o defeito de aclimatar a idéia de que só a fiscalização da força pública é respeitável; enfim há sempre nele uma certa arbitrariedade como se viu na repressão da especulação."

É nesse sentido a lição de Ihering:

> a história da pena é uma abolição constante — e o direito romano, acrescenta, em seu último desenvolvimento, tendeu cada vez mais para abandonar a idéia de pena, e finaliza: as penas decaem à medida que a idéia do direito engrandece. Mais a ordem jurídica se aperfeiçoa, mais os povos se aproximam da maturidade, e cada vez se torna menos necessário o recurso à pena[328].

Aduz-se que o próprio termo "pena privada" soaria estranho à linguagem civilística, pois remeteria aos primórdios do direito romano, no qual pena e ressarcimento estariam ligados. Nessa perspectiva, aponta-se que a evolução do direito, desde a *Lex Poetelia Papiria* — proibitiva de que o devedor respondesse com o próprio corpo por suas dívidas — resultou no desvencilhamento das esferas penal e civil em estrutura, função e jurisdição, impossibilitando a concepção de pena privada, na atualidade[329].

A separação dos campos é inegavelmente um marco civilizatório, quando se pensa na proibição da responsabilidade corporal do devedor. Contudo, essa divisão nunca chegou a ser totalmente completa. Atualmente, os doutrinadores e operadores do direito têm se questionado acerca da possibilidade de intensificar mecanismos punitivos a fim de se obter maior efetividade para o ordenamento.

Outra crítica contrária à possibilidade de se estabelecer em um contrato uma cláusula penal puramente punitiva é o enriquecimento indevido que esta poderia proporcionar ao credor às custas do devedor. Desse modo, a depender do valor estabelecido para a multa punitiva, o credor poderia deixar de objetivar a consecução perfeita do contrato e passar, ao contrário, a desejar o inadimplemento por parte do devedor a fim de receber a multa e a indenização por perdas e danos[330].

[328] LOPES, Miguel Maria de Serpa. **Curso de direito civil**. v. II: obrigações em geral. 6. ed. Atualizada por José Serpa Santa Maria. Rio de Janeiro: Freitas Bastos, 1995, pp. 150-151.

[329] TEPEDINO, Gustavo; SCHREIBER, Anderson. As penas privadas no direito brasileiro. *In*: (org.) SARMENTO, Daniel; GALDINO, Flavio. **Direitos fundamentais**: estudos em homenagem ao professor Ricardo Lobo Torres. Rio de Janeiro: Renovar, 2006, p. 500.

[330] ARAÚJO, Fernando. **Teoria económica do contrato**. Coimbra: Almedina, 2007, p. 929.

Por outro lado, é indiferente o hipotético desejo contrário e íntimo do credor de que ocorra o inadimplemento culposo do devedor para receber a multa estipulada, pois este não pode agir para influenciar esse resultado. Soma-se ainda a circunstância de em uma relação paritária, com simetria de poderes informacionais, sociais e econômicos entre as partes, a autonomia privada se encarregar de manter certo equilíbrio entre as prestações devidas e o montante estipulado como cláusula penal punitiva.

Marcelo Benacchio[331] apresenta o conceito de sanção como gênero e o de pena privada como uma de suas espécies. Para o autor, as sanções podem ser diferenciadas de acordo com as suas funções em compulsórias, reconstitutivas, compensatórias, preventivas e punitivas. Estas últimas são também conhecidas como penas privadas.

Conforme lembra o autor,

> Paolo Gallo divide as penas privadas em (i) negociais, (ii) legais e (iii) judiciais. Essa classificação atenta a sua gênese; assim, as negociais são fundadas na autonomia privada das partes, como a cláusula penal, as legais são fixadas por normas jurídicas, a exemplo do previsto no artigo 940 do Código Civil e as judiciais são impostas pelo magistrado, como acontece com a astreinte[332].

A discussão, em nosso entendimento, não deve se dar em abstrato, mas perquirir em cada instituto o propósito de sua pactuação que, no caso da cláusula penal punitiva, tem o objetivo único de reforçar o recebimento da prestação in natura. Nas palavras de Telles,

> tratar-se-á de mal infligido ao infractor em acréscimo a essa reparação, com função essencialmente preventiva, destinando-se a constituir forte estímulo ao cumprimento específico. O interessado, perante a ameaça

[331] Benacchio, Marcelo. A função punitiva da responsabilidade civil no Código Civil. *In*: Lotufo, Renan; Nanni, Giovanni Ettore; Martins, Fernando Rodrigues (coord.). **Temas relevantes do direito civil contemporâneo**: reflexões sobre os 10 anos do Código Civil. São Paulo: Atlas, 2012, pp. 656-657.

[332] Benacchio, Marcelo. A função punitiva da responsabilidade civil no Código Civil. *In*: Lotufo, Renan; Nanni, Giovanni Ettore; Martins, Fernando Rodrigues (coord.). **Temas relevantes do direito civil contemporâneo**: reflexões sobre os 10 anos do Código Civil. São Paulo: Atlas, 2012, pp. 656-657.

> de ter de pagar uma indemnização e de ter de suportar ainda uma pena, sentir-se-á fortemente compelido a não faltar ao seu compromisso[333].

Importante diferenciar a cláusula penal punitiva, ligada à responsabilidade contratual, dos chamados danos punitivos, ligados à responsabilidade extracontratual. Enquanto a cláusula penal punitiva é estipulada pelas partes antes da verificação do descumprimento do dever que a faz exigível, os danos punitivos são determinados por uma terceira pessoa após o evento danoso[334].

Em razão de seu propósito de reforço e de sua pactuação ser anterior ao inadimplemento, Pinto Monteiro discorda da qualificação da cláusula penal punitiva como verdadeira pena privada:

> Assim, a necessidade de encontrar medidas que, sobretudo no domínio contratual, constituam um incentivo e um estímulo específico e superior ao que decorre da indemnização, levou a que se recuperasse a função coercitiva da cláusula penal, repondo-a em primeiro plano. Simplesmente, isso não conduz, de modo necessário, a considerá-la como pena privada. O seu fim é de induzir o devedor ao cumprimento, através da ameaça, que sobre este impende, de ter de vir a satisfazer, caso não cumpra, uma prestação mais gravosa. Não se trata, portanto, de reprimir ou castigar o devedor, mas de o compelir ou pressionar; daí, justamente, que a pena seja acordada e definida antes da violação, procurando evitá-la, e não após o acto ilícito. Numa palavra, a cláusula penal é estipulada para que o devedor cumpra, e não porque não cumpriu, destina-se a constrangê-lo a adoptar o comportamento devido, e não a infligir-lhe um castigo, estabelece-se em relação ao futuro, e não sobre um acto ilícito passado. O que significa, portanto, tratar-se de uma medida de tutela jurídica de natureza compulsória, não de índole punitiva, qualificação essa que, por isso, achamos preferível à de pena privada[335].

[333] TELLES, Inocêncio Galvão. **Direito das obrigações**. 7. ed. Coimbra: Coimbra, 1997, p. 438.

[334] ARAÚJO, Fernando. **Teoria económica do contrato**. Coimbra: Almedina, 2007, p. 948.

[335] MONTEIRO, António Joaquim de Matos Pinto. **Cláusula penal e indemnização**. Coimbra: Almedina, 1990, pp. 649-670. Esse é também o entendimento de GOMEZ, Juan José Blanco. **La cláusula penal em las obligaciones civiles**: relacion entre la prestación penal, la prestacion principal y el resarcimiento del dano. Madrid: Dykinson, 1996, p. 15.

A referência do doutrinador sobre o momento da pactuação da cláusula, além de realçar o aspecto de reforço em detrimento da ideia de castigo, tem ainda uma outra consequência, relacionada a sua própria constitucionalidade. Como lembrado por Castro Neves, "a pena civil é conhecida das partes desde antes do eventual inadimplemento, de forma que o princípio da anterioridade da pena, cristalizado no artigo 5º, XXXVI, da Constituição Federal, não se encontra ferido"[336].

Essa busca por efetividade através de mecanismos punitivos está assentada na ideia de que penas privadas podem constituir um desestímulo ao comportamento ilícito.[337]. É possível identificar no ordenamento jurídico brasileiro significativos casos de penas privadas, totalmente desvinculadas do direito penal. São os casos, por exemplo, dos artigos 557[338], 939[339], 940[340], 1336, § 2º[341], 1337[342] e 1814[343].

[336] Neves, José Roberto de Castro. **Direito das obrigações**. 7. ed. Rio de Janeiro: LMJ Mundo Jurídico, 2017, p. 381. No mesmo sentido, afirma Nanni que "se as circunstâncias que envolvem a aplicação de uma penalidade civil estão previstas expressamente na legislação, a exemplo das penas penais, não se vê motivo para sustentar a legitimidade de uma pena não estabelecida pelo ordenamento jurídico, sob consequência de violar o princípio da legalidade e o preceito estabelecido no inciso XXXIX do artigo 5º da Constituição Federal 'Não há crime sem lei anterior que o defina, nem pena sem prévia cominação legal'. Nanni, Giovanni Ettore. **Enriquecimento sem causa**. São Paulo: Saraiva, 2004, pp. 354-355.

[337] Tepedino, Gustavo; Schreiber, Anderson. As penas privadas no direito brasileiro. *In*: (org.) Sarmento, Daniel; Galdino, Flavio. **Direitos fundamentais**: estudos em homenagem ao professor Ricardo Lobo Torres. Rio de Janeiro: Renovar, 2006, p. 501.

[338] "Artigo 557. Podem ser revogadas por ingratidão as doações: I — se o donatário atentou contra a vida do doador ou cometeu crime de homicídio doloso contra ele; II — se cometeu contra ele ofensa física; III — se o injuriou gravemente ou o caluniou; IV — se, podendo ministrá-los, recusou ao doador os alimentos de que este necessitava".

[339] Artigo 939. O credor que demandar o devedor antes de vencida a dívida, fora dos casos em que a lei o permita, ficará obrigado a esperar o tempo que faltava para o vencimento, a descontar os juros correspondentes, embora estipulados, e a pagar as custas em dobro.

[340] Artigo 940. Aquele que demandar por dívida já paga, no todo ou em parte, sem ressalvar as quantias recebidas ou pedir mais do que for devido, ficará obrigado a pagar ao devedor, no primeiro caso, o dobro do que houver cobrado e, no segundo, o equivalente do que dele exigir, salvo se houver prescrição.

[341] § 2º O condômino, que não cumprir qualquer dos deveres estabelecidos nos incisos II a IV, pagará a multa prevista no ato constitutivo ou na convenção, não podendo ela ser superior a cinco vezes o valor de suas contribuições mensais, independentemente das perdas e danos que se apurarem; não havendo disposição expressa, caberá à assembleia geral, por dois terços no mínimo dos condôminos restantes, deliberar sobre a cobrança da multa.

Em artigo no qual se posicionam em sentido contrário à pactuação de penas privadas, Gustavo Tepedino e Anderson Schreiber procuram demonstrar a aceitação excepcional das referidas disposições pela jurisprudência. Os autores, entretanto, apresentam a seguinte ressalva:

> Todas estas alternativas não excluem o eventual emprego das penas privadas, desde que instituídas mediante autorização legislativa específica, que discipline de forma adequada o seu processo de aplicação. Necessário registrar, entretanto, que se a ineficiência dos remédios tradicionais do direito civil deriva, em larga medida, dos abusos praticados não mais pelo Estado, mas pelos sujeitos privados, atribuir a tais sujeitos um poder punitivo ou fazer reverter a seu favor os frutos do exercício deste poder não parece ser a solução mais adequada ao problema que se pretende resolver[344].

Entendemos que a ressalva feita pelos autores se encontra observada quanto às cláusulas penais punitivas. Existe previsão legal para a contratação de cláusulas penais, assim como foram estabelecidos mecanismos para o controle do seu conteúdo. Admitir a possibilidade de as partes estabelecerem uma cláusula penal punitiva não significa abrir as portas

[342] Artigo 1337. O condômino, ou possuidor, que não cumpre reiteradamente com os seus deveres perante o condomínio poderá, por deliberação de três quartos dos condôminos restantes, ser constrangido a pagar multa correspondente até ao quíntuplo do valor atribuído à contribuição para as despesas condominiais, conforme a gravidade das faltas e a reiteração, independentemente das perdas e danos que se apurem.
Parágrafo único. O condômino ou possuidor que, por seu reiterado comportamento anti-social, gerar incompatibilidade de convivência com os demais condôminos ou possuidores, poderá ser constrangido a pagar multa correspondente ao décuplo do valor atribuído à contribuição para as despesas condominiais, até ulterior deliberação da assembleia.

[343] Artigo 1.814. São excluídos da sucessão os herdeiros ou legatários: I — que houverem sido autores, co-autores ou partícipes de homicídio doloso, ou tentativa deste, contra a pessoa de cuja sucessão se tratar, seu cônjuge, companheiro, ascendente ou descendente; II — que houverem acusado caluniosamente em juízo o autor da herança ou incorrerem em crime contra a sua honra, ou de seu cônjuge ou companheiro; III — que, por violência ou meios fraudulentos, inibirem ou obstarem o autor da herança de dispor livremente de seus bens por ato de última vontade.

[344] TEPEDINO, Gustavo; SCHREIBER, Anderson. As penas privadas no direito brasileiro. *In*: (org.) SARMENTO, Daniel; GALDINO, Flavio. **Direitos fundamentais**: estudos em homenagem ao professor Ricardo Lobo Torres. Rio de Janeiro: Renovar, 2006, p. 501.

para uma normatização particular sem bases ou limites legais. A esse respeito, Martins-Costa ressalta que "nenhum problema haverá ao estabelecimento dessa cláusula se os contratantes se ativerem aos limites de validade e de licitude postos no próprio Ordenamento"[345].

Como já referido, Otávio Rodrigues fundamenta no artigo 412 do Código Civil o seu entendimento quanto à função exclusivamente indenizatória da cláusula penal e à vedação das cláusulas penais punitivas no direito brasileiro[346]. De fato, a depender da interpretação que se confira ao referido dispositivo, ele poderá representar uma vedação do ordenamento nacional às cláusulas punitivas. Entretanto, conforme o entendimento que procuraremos defender no capítulo 6, o referido dispositivo não afasta qualquer função da cláusula penal, mas se presta a estabelecer um limite, nomeadamente para as cláusulas cumulativas, entre elas as punitivas. A existência de um limite, entretanto, ao contrário de afastar a possibilidade de contratação, corrobora a sua admissão. A redação do dispositivo, como explicaremos oportunamente, apenas limita o valor da "cominação" ao montando da obrigação principal, o que é diferente de impedir que essa cominação seja devida em acréscimo da obrigação principal, como ocorre nas cláusulas penais punitivas.

Outro argumento suscitado para combater a validade das cláusulas punitivas reside na "alternativa" prevista no art. 410, entendendo-se que "o impedimento do cúmulo da obrigação com a pena é outra manifesta refutação"[347]. Em nossa percepção, a norma do art. 410 possui natureza dispositiva, prevendo uma regra geral "em benefício do credor", não

[345] Martins-Costa, Judith. **Comentários ao novo Código Civil**: do inadimplemento das obrigações. (coord.) Teixeira, Sálvio de Figueiredo. v. 5. t. 2. Rio de Janeiro: Forense, 2003, p. 620.

[346] Rodrigues Junior, Otavio Luiz. **Natureza, função e modificação da cláusula penal no direito civil brasileiro**. São Paulo. 418 p. Tese (Doutorado em Direito) Faculdade de Direito da Universidade de São Paulo (USP), São Paulo, 2006. Martins-Costa reconhece: "o caráter punitivo desta espécie de cláusula penal tem sido obscurecido, não só em face da regra do artigo 412, como em razão de antigos preconceitos contra o acolhimento de qualquer coisa que se assemelhe a uma 'pena privada'". Martins-Costa, Judith. **Comentários ao novo Código Civil**: do inadimplemento das obrigações. (coord.) Teixeira, Sálvio de Figueiredo. v. 5. t. 2. Rio de Janeiro: Forense, 2003, p. 620.

[347] Rodrigues Junior, Otavio Luiz. **Natureza, função e modificação da cláusula penal no direito civil brasileiro**. São Paulo. 418 p. Tese (Doutorado em Direito) Faculdade de Direito da Universidade de São Paulo (USP), São Paulo, 2006, p. 247.

se podendo dela extrair uma vedação à estipulação de uma penalidade prevista para o inadimplemento absoluto da obrigação principal com a expressa indicação de que ela será devida em acréscimo da obrigação principal ou dos prejuízos advindos do seu inadimplemento.

A prática negocial revela com frequência a pertinência de se garantir o pagamento da penalidade, sem que isso prejudique o direito ao recebimento da obrigação ou das perdas e danos derivadas de sua ausência. Os interesses do credor que justificam a estipulação da penalidade não estão necessariamente atrelados às consequências financeiras infligidas pelo inadimplemento, de modo que não se justifica a vedação de estipulações com o propósito puramente coercitivo para a proteção de interesses legítimos e dignos de tutela, mormente quando garantida a possibilidade de um controle de eventuais excessos por meio da redução prevista no art. 413.

Importante ressaltar que o Superior Tribunal de Justiça sempre reconheceu a possibilidade de fixação de cláusulas penais punitivas, que, por seus efeitos cumulativos, não afastam o direito à indenização pelo inadimplemento. Isso se verificou em diversos julgados a respeito do atraso na entrega de unidades imobiliárias, afirmando-se que "a cominação contratual de uma multa para o caso de mora não interfere na responsabilidade civil decorrente do retardo no cumprimento da obrigação que já deflui naturalmente do próprio sistema"[348]. No capítulo seguinte, abordaremos o Tema 970, que, conquanto tenha alterado a forma como o STJ decidia as questões envolvidas nesses julgados, não afastou a possibilidade de fixação de cláusulas punitivas, passando, apenas, a ressalvar a sua excepcionalidade.

Limongi França admite a pactuação de cláusulas punitivas "nos contratos e atos jurídicos em geral, desde que atendidos os limites da lei". Entretanto, entende o doutrinador que "diferentemente das cláusulas compensatórias (alternativa e cumulativa, impropriamente chamada

[348] STJ, 3.ª T., REsp 1355554/RJ, rel. Min. Sidnei Beneti, j. 06.12.2012, DJe 04.02.2013). Também nesta linha, STJ, 3.ª T., REsp 953907/MS, rel. Min. Nancy Andrighi, j. 23.03.2010, DJe 09.04.2010; STJ, 4.ª T., AgRg no Ag 741776/MS, rel. Min. Raul Araújo, j. 07.11.2013, DJe 11.12.2013; STJ, 4.ª T., AgRg no Ag 788124/MS, rel. Des. Paulo Furtado, j. 27.10.2009, DJe 11.11.2009; STJ, 4.ª T., REsp 968091/DF, rel. Min. Fernando Gonçalves, j. 19.03.2009, DJe 30.03.200.

moratória), a cláusula punitiva não tem matriz em nenhum dispositivo específico"[349].

Entendemos o artigo 411 do Código Civil como o fundamento jurídico para a pactuação de cláusulas punitivas. O dispositivo prevê a pactuação de cláusulas cumulativas, como é o caso da cláusula punitiva, sem qualquer ressalva ou delimitação. A vinculação feita à mora e à cláusula determinada, em nosso entendimento, é dispositiva, de modo que o regime cumulativo pode, também, se referir ao inadimplemento absoluto.

Portanto, não acompanhamos o entendimento de Vivianne Abílio, que somente admite a liberdade de contratar cláusulas punitivas de forma restrita ao inadimplemento relativo, afastando sua incidência sobre as cláusulas pactuadas em face do inadimplemento absoluto[350]. Para a autora, estipulações dessa natureza somente se justificam quando fixadas em face da mora, pois neste caso elas estimulam um adimplemento que ainda é útil para o credor, favorecendo o objetivo primordial do direito obrigacional, que consiste no cumprimento.

De fato, a justificativa da cláusula punitiva reside na sua função de estimular o cumprimento, mas tal justificativa se verifica igualmente na pactuação de cláusulas punitivas voltadas contra o inadimplemento absoluto. Em ambos os casos, a cláusula punitiva funcionará como meio de coerção para evitar a ocorrência do inadimplemento contra o qual foram fixadas.

Repita-se que a qualificação cumulativa da cláusula punitiva não afasta sua pactuação para o caso de incumprimento total, pois, conforme desenvolveremos no próximo capítulo, as partes têm liberdade

[349] França, Rubens Limongi. **Teoria e prática da cláusula penal**. São Paulo: Saraiva, 1988, p. 205.

[350] "A admissão de cláusula puramente punitiva, a caracterizar verdadeira pena privada, encontra excepcional legitimidade por sua relação com a tutela do adimplemento: vislumbra-se que a imposição de coerção dessa natureza se mostra capaz de garantir o interesse do credor no cumprimento da obrigação (que ainda lhe é útil). Em outras palavras, ao contrário do que ocorre com a cláusula penal compensatória, a moratória incide enquanto ainda é interessante a prestação ao credor, encontrando-se aí ratio suficiente para a admissão excepcional do recurso a expediente punitivo: o cumprimento é o objetivo central das relações obrigacionais e o efeito coercitivo atribuído à moratória visa justamente a estimulá-lo" Abílio, Vivianne da Silveira. **Cláusulas penais moratória e compensatória: critérios de distinção**. Belo Horizonte: Fórum, 2019, p. 134.

para enquadrar os diversos inadimplementos nas duas consequências previstas pelos artigos 410 e 411. Com efeito,

> enquanto a cláusula compensatória alternativa se refere a toda a obrigação e a compensatória cumulativa concerne à mora, a uma cláusula ou a uma parte ou aspecto da obrigação, a cláusula punitiva pode ser estipulada tanto para aquele primeiro caso, como para quaisquer destes últimos[351].

Desse modo, não é preciso buscar fora do Código Civil a fundamentação da cláusula punitiva pois a legislação não estabeleceu qualquer restrição funcional à cláusula penal, prevendo a sua possibilidade de pactuação em regime substitutivo ou cumulativo, abrangendo, este último, as cláusulas punitivas.

Em resumo, não encontramos no ordenamento brasileiro qualquer óbice à estipulação de cláusulas punitivas. Nas palavras de Bessone, "não é necessário, para adotar-se essa posição, afirmar o caráter punitivo que o direito romano lhe reconhecia. Basta ver na disposição penal um meio de coerção, conceitualmente distinto da punição. Com efeito, não é para castigar o inadimplente, mas sim para forçá-lo a satisfazer a prestação prometida, que se estabelece a multa."[352].

Por conseguinte, a cláusula penal punitiva é regulada pelo Código Civil e pode ser estipulada pelas partes em contrato, respeitando os limites impostos na legislação de modo geral. Ela está sujeita aos mesmos limites das cláusulas cumulativas, conforme desenvolveremos no capítulo 6, destinado à limitação da cláusula penal.

O papel punitivo da cláusula penal não se presume. Deve estar expressa a intenção de preservar os direitos quanto à obrigação principal ou à reparação do inadimplemento. Além disso, nada impede que a cláusula penal punitiva seja contratada em conjunto de outras cláusulas penais[353].

[351] França, Rubens Limongi. **Teoria e prática da cláusula penal**. São Paulo: Saraiva, 1988, p. 207.

[352] Bessone, Darcy. Do contrato: teoria geral. 4. ed. São Paulo: Saraiva, 1997, p. 188.

[353] França, Rubens Limongi. **Teoria e prática da cláusula penal**. São Paulo: Saraiva, 1988, p. 206.

Há que se perquirir, no caso de controle sobre o seu conteúdo, se havia um interesse legítimo do credor na sua pactuação, considerando-se, portanto, as variadas atuações da cláusula penal sobre a operação econômica consubstanciada no contrato. Sua pactuação não está relacionada aos prejuízos, mas aos interesses que justificaram o reforço do vínculo por meio da sua utilização.

3.4.2 *A cláusula penal como elemento constitutivo da equação econômica do contrato*

Como já referimos, a discussão sobre as funções da cláusula penal tem ocupado papel central na análise dogmática da figura. Neste ponto, concordamos com as críticas de Rosenvald quanto ao enfoque excessivamente concentrado do estudo sobre a cláusula penal na discussão sobre a função indenizatória ou sancionatória. O autor busca demonstrar a diversidade de funções que a práxis deu ao instituto, corroborando o seu entendimento sobre a esterilidade da discussão[354].

Na análise da cláusula penal, é imprescindível, de fato, verificar, em primeiro lugar, se a figura em concreto consiste numa cláusula de prefixação de danos e, consequentemente, está sujeita ao afastamento diante da demonstração de ausência de dano, ou se trata-se de cláusula penal, regulada pelos artigos 408 a 416 do Código Civil. Se da interpretação do contrato não resultar a clara intenção das partes de contratar uma cláusula de prefixação de perdas e danos, deve-se entender que foi contratada a figura tipificada no Código Civil, perquirindo-se a natureza pretendida pelos contratantes, para que se possa definir o regime aplicável, devendo, em caso de futuro litígio a respeito do controle do conteúdo, ser averiguada a finalidade pretendida pelas partes com a estipulação, para, em conjunto de outros fatores, ser analisada a incidência, no caso concreto, da redução prevista no art. 413.

A despeito do entendimento adotado sobre a função dogmática da cláusula penal, se prefixação das perdas e danos, sanção, reforço ou punição, a realidade mostra que existem diversas finalidades almejadas pelos contratantes na escolha por pactuar uma cláusula penal e na definição do seu conteúdo. A cláusula penal, a despeito de sua natu-

[354] ROSENVALD, Nelson. **Cláusula penal**: a pena privada nas relações negociais. Rio de Janeiro: Lumen Juris, 2007, p. 65.

reza jurídica acessória, atua, em muitos casos, na própria formatação da equação econômica objeto do contrato. A análise da figura, em nossa visão, deve atentar para o papel da cláusula penal como elemento constitutivo da economia do contrato, o que pode se manifestar de diversas formas.

Esclareça-se, desde logo, que não se está a propor qualquer submissão do estudo do instituto a uma análise focada em ganhos de eficiência, em linha com o pensamento da Escola de Chicago sobre a qual já tivemos a oportunidade de mencionar as barreiras jurídicas e filosóficas quanto a sua aceitação no ordenamento brasileiro. Ao contrário, conforme mencionaremos mais adiante, uma das finalidades na utilização da cláusula penal é a de evitar a *eficientt breach*, impedindo que o inadimplemento se torne mais interessante ao devedor do que o cumprimento.

A análise que estamos a considerar envolve as finalidades concretas almejadas pelas partes no momento da contratação de uma cláusula penal e a sua correlação com a formação da equação econômica do programa contratual. Essa análise é de suma relevância, principalmente por ser a finalidade do negócio o principal vetor condutor da intervenção corretiva prevista no artigo 413.

Na clássica expressão de Roppo, "o contrato é a veste jurídico-formal de operações económicas. Donde se conclui que onde não há operação económica, não pode haver também contrato"[355]. Analisar a finalidade do negócio envolve compreender a operação econômica que ele reveste, a qual é integrada e muitas vezes influenciada pela cláusula penal.

Nesse sentido, quando tratarmos da redução da cláusula penal (capítulo 7), abordaremos o tema do *fim* ou da *causa concreta* do negócio, que está diretamente vinculado à finalidade do negócio positivada no artigo 413. Neste capítulo, dedicado à função da cláusula penal, convém abordar as finalidades específicas da cláusula penal correlacionadas à economia contratual.

Em primeiro lugar, uma das principais finalidades na contratação de uma cláusula penal é o fato de que "tornar válida obrigação destituída, em si mesma, de interesse econômico, pode patrimonializar esse interesse"[356]. Aqui, portanto, é a partir da cláusula penal que se extrai a

[355] ROPPO, Enzo. **O contrato**. Coimbra: Almedina, 2009, p. 11.

[356] NONATO, Orosimbo. **Curso de obrigações** (generalidades-espécies). v. II. Rio de Janeiro: Forense, 1959, p. 318. "[...] em certos casos excepcionais, não teria o credor, sem a cláusula,

operação econômica entabulada, pois é a penalidade que revela o valor patrimonial atribuído pelas partes a algo que de outra forma não poderia ser mensurado.

Referindo-se à cláusula penal, Araújo ressalta:

> ela permite incrementar os incentivos ao cumprimento, eventualmente até em termos excessivos, permite libertar as partes de custos de litigância (ou, se a litigância subsistir, liberta o adjudicador de alguns custos de verificação de pressupostos da responsabilidade), e permite também algum *decoupling* na medida em que, fixando *ex ante* o montante máximo a receber em caso de incumprimento, desincentiva o excesso de confiança da parte do credor[357].

É possível identificar — a depender da efetiva relação e do contexto econômico — na cláusula penal algumas funções diretamente relacionadas ao entabulamento da equação econômica: (i) função sinalizadora, (ii) função de compartilhamento de riscos, (iii) função de prevenção negativa e (iv) função de redução de custos de transação.

Em primeiro lugar, identifica-se comumente que a cláusula penal possui a chamada função sinalizadora de confiança no cumprimento da obrigação transmitida pelo vendedor. Nesse sentido, o devedor transmite um sinal — ou melhor, uma evidência — de que ele próprio possui elementos para acreditar que poderá cumprir fielmente a prestação devida, operando como uma modalidade de garantia de cumprimento dada pelo devedor ao credor[358].

possibilidade de fixar o valor da prestação de conteúdo apatrimonial. Em tais hipóteses, graças à cláusula penal, pode, como observa Eduardo Espínola, tornar-se objeto válido de obrigação interesse econômico vazio de conteúdo patrimonial. E, assim, se trata de objeto lícito, pode a cláusula dar vida à obligatio, cuja principalidade se torna discutível. Não pode a cláusula tornar lícito ou ilícito o objeto ou valor como sucedâneo de obrigação irreconhecível. Não é a cláusula poderosa a perlavar a obrigação principal de ineficácia irremediável, pelas nulidades de que se ache trincada. Pode, entretanto, dar-lhe conteúdo econômico. E sua utilidade avulta, ainda, nos casos aludidos em Alves Moreira, em que o objeto da obrigação não consiste em pagamento em dinheiro, dependendo de longa e penosa liquidação".

[357] Araújo, Fernando. **Teoria económica do contrato**. Coimbra: Almedina, 2007, pp. 919-921.

[358] Silveira, Marcelo Matos Amaro da. Análise econômica da cláusula penal em obrigações acessórias negativas. **RJLB**, n. 3, ano 3, 2017, p. 689.

Do ponto de vista negocial, este tipo de sinalização econômica tem utilidade destacada para aqueles que figuram, ao mesmo tempo, como devedores e entrantes em um dado mercado (cenário em que enfrentam desconfiança dos agentes), além de possibilitar que credores mais avessos ao risco encontrem partes dispostas a oferecer um *hedge* ao pactuado. Como citado por Serpa Lopes, dentre os caracteres da cláusula penal apontados por Mauller estava o de funcionar como *um contrato de seguro*[359].

Na mesma linha da finalidade sinalizadora, afirma Araújo:

> essa estipulação prévia de um regime indemnizatório pode funcionar como a prestação de uma caução entre as partes, facilitando em especial a emissão de sinalização por recém-chegados a um sector de actividade, para os quais a prestação de caução pode servir de chave de entrada[360].

De enorme relevância, também, a participação da cláusula penal na construção da matriz de riscos do contrato[361]. Nesse sentido, observa Calvão da Silva:

> o carácter elevado da cláusula penal pode ser, até, a contrapartida de melhores e vantajosas condições contratuais para o devedor, dada a segurança contratual e o escasso risco para o credor de não cumprimento exacto e pontual pelo elevado montante daquela[362].

[359] LOPES, Miguel Maria de Serpa. **Curso de direito civil**. v. II: obrigações em geral. 6. ed. Atualizada por José Serpa Santa Maria. Rio de Janeiro: Freitas Bastos, 1995, pp. 155-156.

[360] ARAÚJO, Fernando. **Teoria económica do contrato**. Coimbra: Almedina, 2007, p. 922. Esse aspecto é destacado pelo doutrinador ao afirmar que as cláusulas penais "visam desempenhar funções economicamente relevantes de sinalização, por exemplo servindo de caução prestada por uma parte que não beneficia ainda de uma reputação favorável no sector de atividade porque por exemplo se trata de um recém-chegado —, ou porque visam permitir a assunção do risco pelo least-cost avoider quando seja difícil a determinação ex ante dos danos (caso em que não existe nenhuma alternativa eficiente ao desempenho, pelo contrato, das suas funções de afectação de riscos)."

[361] "Contratar é, desde logo, planificar, antecipar o futuro e, mesmo, de certo modo, 'trocar' o presente pelo futuro ou, vice-versa, assumir uma desvantagem presente em troca de uma vantagem futura". MONTEIRO, António Joaquim de Matos Pinto; GOMES, Júlio. A *hardship dause* e o problema da alteração das circunstâncias. *In*: (coord.) VAZ, Manuel Afonso; LOPES, J. A. Azeredo. ***Juris et de jure***: nos vinte anos da Faculdade de Direito da Universidade Católica Portuguesa, Porto. Coimbra: Coimbra, 1998, p. 19.

[362] SILVA, João Calvão da. **Cumprimento e sanção pecuniária compulsória**. 4. ed. Coimbra: Almedina, 2002, p. 269.

Em sintonia, são as palavras de Hideo Arai:

> A inserção da multa contratual influencia diretamente no equilíbrio contratual, pois interfere no interesse dos contratantes em se vincular ao contrato, tendo que avaliar o risco do inadimplemento e a sanção a que estarão sujeitos caso isso venha a ocorrer[363].

A cláusula penal, assim como a cláusula resolutiva expressa e as cláusulas limitativas de responsabilidade, representa, de fato, um instrumento de "gestão positiva" de riscos no contrato[364]. Em tese de doutorado sobre a cláusula resolutiva, Terra explica a cláusula resolutiva como um mecanismo convencional de alocação de riscos em termos que entendemos integralmente adequados também para a cláusula penal:

> Por essa razão, os contratantes podem valer-se do contrato, instrumento vocacionado à gestão de riscos nas operações negociais, para distribuir, de forma diversa, os resultados positivos e negativos dele decorrentes, de modo a atender mais eficazmente aos seus interesses. As partes, no exercício da autonomia privada, anteveem, no momento da celebração do contrato, os riscos passíveis de atingir o negócio e os alocam entre si, de sorte que cada um, ao assumi-los, passa a responder por suas consequências econômicas.
>
> De acordo com Trimarchi, por meio do contrato, as partes são capazes de se assegurar do empenho da outra para a consecução de resultado útil programado, e distribuir, entre elas, os riscos das dificuldades e dos imprevistos inculpáveis que possam turbar a atuação do programa

[363] Arai, Rubens Hideo. Cláusula penal. *In*: (org.) Lotufo, Renan; Nanni, Giovanni Ettore. **Obrigações**. São Paulo: Atlas, 2011, p. 739.

[364] "Há duas formas de gestão de riscos no contrato: a gestão positiva e a gestão negativa. Pela gestão negativa, os contratantes deixam, deliberadamente, de repartir alguns elementos da relação contratual, no que se vem denominando de contrato incompleto. Tais elementos serão definidos no futuro, ao longo da execução do contrato, consoante haja a concretização de determinados fatores externos à relação obrigacional. Por sua vez, pela gestão positiva, as partes alocam os riscos por meio de cláusulas contratuais, a exemplo da cláusula resolutiva expressa, da cláusula limitativa ou exonerativa de responsabilidade e da cláusula penal" Tepedino, Gustavo; Santos, Deborah Pereira Pinto Santos. A aplicação da cláusula penal compensatória nos contratos de promessa de compra e venda imobiliária. In: (coord.) Terra, Aline de Miranda Valverde, Guedes, Gisela Sampaio da Cruz. Inexecução das obrigações: pressupostos, evolução e remédios — vol I. Rio de Janeiro: Processo, 2020, p. 514.

> contratual. Para o autor, esses dois aspectos, empenho e garantia contra riscos inculpáveis, podem se apresentar e se combinar de diversas formas nos variados arranjos contratuais. A determinação do esforço devido e a distribuição dos riscos inimputáveis não podem ser reconduzidas a critério abstrato e objetivo; mister analisar o concreto regulamento de interesses, com o propósito de dar atuação ao programa contratual construído pelas partes a partir de suas próprias avaliações e conveniências.
>
> Os contratantes podem, então, alocar de forma diversa os riscos relativos ao inadimplemento, aqueles inerentes à álea normal de certo tipo contratual, ou podem gerir riscos ordinariamente qualificados como extraordinários, ampliando a álea normal do negócio em relação à parte que assume esses riscos — o contrato, ao prever e internalizar certo evento extraordinário, transmuda a álea extraordinária em álea normal, procedendo, dessa forma, à gestão positiva dos riscos[365].

Em linha com a exposição acima, entendemos que uma das finalidades da utilização da cláusula penal é a de alocar os riscos do inadimplemento, consoante a equação econômica do programa contratual e os interesses que nortearam a sua celebração, tendo essa concepção, inclusive, já sido referida no âmbito do Superior Tribunal de Justiça[366]. De fato, "o estabelecimento de uma pena convencional para o incumprimento é uma das formas mais transparentes de se gerir e controlar o risco no seio do contrato"[367].

Da mesma forma, sob determinadas condições, cláusulas prevendo uma penalidade podem ser uma técnica para permitir que as partes compartilhem os prejuízos e os benefícios de uma oferta mais alta de terceiros alheios ao contrato. De modo ilustrativo, pode ser estabelecida uma pena que aloque o benefício de posterior oferta superior, de modo a beneficiar não só o ofertado, como também aquele que primeiro deu a oferta e assegurou a celebração do negócio desde seu início.

[365] Terra, Aline de Miranda Valverde. **Cláusula resolutiva expressa**. Belo Horizonte: Fórum, 2017, pp. 50-52.

[366] "É por meio dessa pena que se assegura o acordo firmado entre as partes, ao sabor do comércio jurídico, dos riscos da inobservância, ou melhor, do descumprimento daquilo que foi inicialmente pactuado, mostrando-se como meio alternativo de solução de conflitos privados" (REsp 1.346.171, Quarta Turma, Rel. Min. Luís Felipe Salomão, julg. 11.10.2016.

[367] Araújo, Fernando. **Teoria económica do contrato**. Coimbra: Almedina, 2007, p. 932.

De Geest indica, para tanto, o caso hipotético de um comprador que faz oferta de 100 unidades monetárias por determinado quadro — ao qual atribui o valor de 150 unidades. Ambas as partes anteveem a possibilidade de uma oferta posterior de 200 unidades e, visando a dividir o risco de tal oferta, as partes pactuam uma multa de 75 ao vendedor, de modo que, no caso de venda por 200, ele obterá um sobrepreço de 25 unidades, correspondente ao saldo 125 após a multa subtraído do valor original de 100. O comprador, por sua vez, receberá compensação de 75 pelo negócio frustrado, ao invés de um prejuízo em sua utilidade de 150[368].

Na literatura econômica sobre responsabilidade civil contratual e extracontratual, há entendimento de que determinadas punições estabelecidas na forma de cláusulas penais podem ser economicamente desejáveis quando o devedor possui risco de escapar à responsabilidade pelo dano que eventualmente causar[369].

De modo intuitivo, vislumbra-se a utilidade para o credor no caso em que há efetiva desconfiança quanto aos incentivos para o devedor desempenhar o pactuado, seja por histórico ou por fatores de mercado (incentivos econômicos para o devedor descumprir a sua obrigação). Nota-se, com efeito, que tal percepção empírica aproxima-se em larga medida à função de *reforço* identificada na doutrina de Caio Mário.

Cumpre destacar, ao fim, que essa funcionalidade pode aparecer em conjunto, mas não se confunde com a função sinalizadora descrita acima. Afinal, na função sinalizadora, há utilidade para o devedor, que busca demonstrar sua liquidez e sua capacidade de cumprir diante da falta de informações, por parte dos credores. Na função de prevenção negativa, o foco se situa na percepção do credor de que tal devedor não possa ou não queira cumprir o avençado, esteja ele interessado ou não em sinalizar ao mercado sua disposição em fazê-lo.

Finalmente, identifica-se também como função econômica da cláusula penal a possibilidade de reduzir os custos de transação envolvidos na operação econômica contratual. Em regra, a redução destes custos é

368 De Geest, Gerrit *et al.* Penalty clauses and liquidated damages. **Encyclopedia of Law and Economics**, v. 3, pp. 141-161, 2000, p. 154.

369 De Geest, Gerrit *et al.* Penalty clauses and liquidated damages. **Encyclopedia of Law and Economics**, v. 3, pp. 141-161, 2000, p. 153.

observada *a posteriori*, ou seja, no momento em que a cláusula já possui aplicabilidade para ambas as partes[370].

Nesse sentido, cláusulas penais possuem o condão de informar e de permitir acesso de modo direto ao custo relacionado a eventual inadimplemento, em oposição a um cenário em que as partes incorrem em diversos custos para acessar o valor efetivo relacionado ao problema do inadimplemento contratual.

Assim como há relação entre a função preventiva com a teoria da pena da cláusula penal, verifica-se uma aproximação desta função com aquela identificada pela doutrina jurídica, de estimativa prévia de danos. Por outro lado, uma consideração contrária à função econômica da cláusula penal apresentada pela literatura diz respeito à possibilidade de possíveis comportamentos oportunistas por parte do credor que estabelece cláusula penal em seu favor, na medida em que possam prejudicar a relação contratual ou significarem *rent seeking* ou captura de renda[371].

Trata-se da noção de que a cláusula penal incentiva a deslealdade contratual por parte do credor, que pode acabar agindo de forma a não cooperar com o devedor para o cumprimento do contrato, ou mesmo agir de forma a prejudicar o cumprimento ou forçar o incumprimento do contrato. Ainda que justificável do ponto de vista econômico quando se pensa na criação de incentivos para tal comportamento, entendemos que práticas oportunistas, sob o aspecto técnico jurídico, podem efetivamente configurar deslealdade contratual e quebra dos deveres de boa-fé, de modo que há instrumentos legais para coibir e mitigar tal incentivo ineficiente.

Apontam-se, ainda. os riscos quanto a erros de técnica jurídica que podem, ao não deixar evidentes os custos relacionados à penalidade, gerar ineficiências que diminuem, neutralizam ou até superam os ganhos em redução de custos de transação. Vale destacar que estes problemas, envolvendo erro de técnica jurídica, são mais presentes e menos contornáveis, pela sua natureza "destacada" do dano, nas cláu-

[370] Silveira, Marcelo Matos Amaro da. Análise econômica da cláusula penal em obrigações acessórias negativas. **RJLB**, n. 3, ano 3, 2017, pp. 691-694.

[371] Edlin, Aaron S. Breach Remedies. *In*: **The palgrave dictionary of economics and law**, v. I, pp. 174A-179B. Editado por Paul Newman. Londres: Macmillan Reference Limited, 1998.

sulas punitivas[372], uma vez que as cláusulas que guardam relação com a compensação dos prejuízos podem ser mais facilmente quantificadas.

Em todo caso, tal ineficiência representa, de fato, um risco inerente à atividade jurídica e tampouco parece razoável crer que eventual erro de técnica no contrato, quando houver, estará unicamente adstrito à cláusula penal.

A relação entre uma cláusula penal e a ideia de que determinadas quebras contratuais induzem ganho econômico (a teoria do *efficient breach* ou inadimplemento eficiente) desponta com frequência na ampla literatura sobre o tema, surgindo desde os primeiros trabalhos sobre a temática[373] e contando com perspectivas e contribuições de diversos autores[374]. Tais discussões acadêmicas separam, para fins de avalição, as cláusulas puramente penais daquelas com intuito de fixação antecipada do dano.

Nesse sentido, em relação à cláusula de liquidação antecipada do dano, não há efetiva controvérsia quanto à sua utilidade, uma vez que, de certa maneira, esta até atua como facilitadora ou incentivadora do inadimplemento eficiente do contrato, estabelecendo de forma clara, precisa e, algumas vezes, barata, o "preço" que o devedor deverá pagar pelo inadimplemento do contrato. Já em relação à cláusula penal em sentido estrito, mantém-se a crítica de que se trata de uma cláusula que dificulta ou mesmo impede a possibilidade de ocorrer uma quebra eficiente do contrato, forçando o cumprimento de um contrato de modo ineficiente e impedindo a livre circulação de bens.

Entretanto, nos ordenamentos de matriz romano-germânica, que buscam propiciar ao credor os meios para obter a própria prestação, por meio de instrumentos como a execução específica e as astreintes, a ótica deve ser inversa, pois a cláusula penal poderá ter como finalidade garantir esse objetivo, impedindo que o devedor fique em posição de preferir o inadimplemento. O descumprimento, nesse sentido, não pode ser

[372] De Geest, Gerrit *et al.* Penalty clauses and liquidated damages. **Encyclopedia of Law and Economics**, v. 3, pp. 141-161, 2000, p. 153.

[373] Coase, Ronald. The problem of social cost. In: **Journal of Law and Economics**, v. III, 1960, p. 1-44.

[374] Goetz, Charles J.; Scott, Robert E. Liquidated damages, penalties and the just compensation principle: some notes on an enforcement model and a theory of efficient breach. **Columbia Law Review**, v. 77, n. 4, p. 567, 1977, pp. 554-594.

mais atrativo do que o cumprimento, salvo nos casos em que se estiver diante de uma multa penitencial. Essa, de fato, é uma das principais utilidades da cláusula penal, pois aumenta as chances de cumprimento e de efetiva implementação da equação econômica estabelecida.

As finalidades que procuramos elencar até aqui, que vinculam a penalidade com a formação e o conteúdo da operação econômica objeto do contrato, têm relevo sobre a aplicação prática dos mecanismos de controle sobre o conteúdo da cláusula penal. As finalidades perseguidas pelos agentes econômicos na contratação da cláusula penal não podem ser menosprezadas sob pena de afastar o interesse das partes em sua contratação, afastar as vantagens de sua utilização, dificultar o tráfego negocial e retirar a imprescindível segurança jurídica das relações comerciais. Pertinentes, a esse respeito, as lições de Eros Grau:

> há de se admitir que ninguém contrata pelo mero prazer de trocar declarações de vontade, como já se disse. Da mesma forma, as partes somente contratam se acreditarem que a vinculação lhes será afinal vantajosa — como os economistas especializados em organização industrial têm nos mostrado. É por conta e em busca da instalação daquela situação de certeza e de segurança que as partes se acomodam ao vínculo contratual e, principalmente, o ordenamento jurídico o tutela. Prestando-se o direito a organizar, administrar e harmonizar conflitos, a jurisdicização dos contratos viabiliza a sua própria funcionalidade, porque traduz segurança e previsibilidade, porque viabiliza e permite a fluência das relações de mercado[375].

A consideração sobre as funcionalidades econômicas da cláusula penal está em linha com o entendimento recentemente firmado pela Suprema Corte inglesa, no julgamento que alterou os parâmetros a serem considerados na distinção entre *liquidated damages clause e penalty clauses*[376]. Na decisão, foi consignado, entre outros aspectos, que (i) a

[375] GRAU, Eros Roberto. Um novo paradigma dos contratos? **Revista Trimestral de Direito Civil**. v. 5, jan.-mar. 2001, Rio de Janeiro: Padma, 2000.

[376] UNITED KINGDOM SUPREME COURT, Cavendish Square Holdings BV *v*. Makdessi; ParkingEye Ltd v. Beavis, j. 04-11-2015. Disponível em: http://www.bailii.org/uk/cases/UKSC/2015/67.htm. Acesso em: 10 jul. 2018. Abordaremos o julgamento com maior detalhamento no capítulo 5.

validade das cláusulas depende da consideração sobre todos os legítimos interesses do credor em obter a prestação natural; (ii) em contratos paritários parte-se da presunção de que as partes são os melhores juízes a respeito da legitimidade das disposições sobre consequências do inadimplemento; e (iii) compensação de prejuízos não necessariamente é o único interesse legítimo do credor na satisfação da obrigação principal.

Conforme sintetiza Araújo,

> a consagração do regime penalizador é um incentivador consensual, torna mais nítido às partes aquilo que está em jogo no cumprimento e no incumprimento, torna a relação mais transparente, podendo bem admitir-se que esses ganhos de transparência são mais do que compensadores já dos excessos em relação à tutela do interesse contratual positivo, tendendo a fomentar as trocas contratuais e podendo mesmo revelar-se decisivas na decisão de contratar. Além disso, contra a supervisão judicial depõe o facto de a relatividade contratual retirar muito do alcance social daquilo que as partes estabeleçam entre elas, não podendo — e, mais importante, não devendo — presumir-se que a autodisciplina de um contrato seja capaz de afectar qualquer standard colectivo de conduta[377].

Com essas considerações, não se pretende menosprezar ou afastar os mecanismos de controle sobre o conteúdo da cláusula penal. O que se pretendeu, aqui, foi realçar as finalidades econômicas da cláusula penal, para que o indispensável controle sobre o seu conteúdo possa ser exercido de forma atenta à operação econômica entabulada, em sua plenitude.

[377] ARAÚJO, Fernando. **Teoria económica do contrato**. Coimbra: Almedina, 2007, p. 932.

4. A DISTINÇÃO DE REGIMES

4.1 A sistematização adotada na legislação brasileira

O Código Civil de 2002 estabelece dois regimes distintos para a cláusula penal. O primeiro é objeto do artigo 410: "Quando se estipular a cláusula penal para o caso de total inadimplemento da obrigação, esta converter-se-á em alternativa a benefício do credor". O segundo regime é abordado imediatamente em seguida, no artigo 411, o qual dispõe: "Quando se estipular a cláusula penal para o caso de mora, ou em segurança especial de outra cláusula determinada, terá o credor o arbítrio de exigir a satisfação da pena cominada, juntamente com o desempenho da obrigação principal".

Os referidos dispositivos reproduzem literalmente os artigos 918 e 919 do Código Civil de 1916, não tendo havido, portanto, qualquer modificação, nesse particular, na sistematização da cláusula penal em relação à legislação anterior.

Revela-se, inicialmente, a opção legislativa de manter a separação dos dois regimes da cláusula penal de acordo com a situação que levaria à sua exigibilidade ("total inadimplemento da obrigação" ou "mora ou em segurança especial de outra cláusula determinada") e as suas duas distintas consequências (conversão "em alternativa a benefício do credor" ou exigibilidade em conjunto da obrigação principal).

O primeiro dispositivo apresenta o regime no qual, não cumprida a obrigação haverá uma substituição pela pena. Já o segundo dispositivo apresenta o regime no qual, descumprido algum dever específico do negócio jurídico, o credor poderá exigir a penalidade a ele correspondente, sem afetar o seu direito ao cumprimento da obrigação principal.

Assim, a separação de regimes estabelecida na legislação observa apenas uma lógica de causa e efeito da cláusula penal: substituição ou cumulação com a obrigação principal, a depender se essa ainda é possível e útil ao credor

Esses cenários retratam a formulação padrão das cláusulas penais, sob o viés da permanência de possibilidade e utilidade da obrigação principal e decorrem da análise geral dos artigos 410 e 411 do Código Civil. Entretanto, estes artigos são meramente dispositivos, pois, como demonstraremos adiante, permitem exceções que comportam a fixação de cláusula penal substitutiva vinculada ao inadimplemento de uma cláusula específica, além de cláusula penal cumulativa vinculada ao "total inadimplemento" e, ainda, a estipulação de cláusula vinculada à mora tanto com compensação dos danos advindos do inadimplemento relativo, quanto de caráter meramente punitivo[378].

O legislador atrelou os efeitos das cláusulas penais conforme os inadimplementos que determinam sua exigibilidade. Nesse ponto, a primeira e principal crítica direcionada ao Código Civil decorre do uso do termo "total inadimplemento", no artigo 410, o qual pode induzir, equivocadamente, à ideia de que a cláusula penal de efeito substitutivo só será aplicável caso ocorra o inadimplemento absoluto total. Em continuidade a essa equivocada premissa, poder-se-ia concluir que o inadimplemento absoluto parcial não poderia ensejar penalidade de regime substitutivo.

Em complemento a essa ideia, passa-se à segunda crítica, que questiona a menção da cláusula em "segurança especial de outra cláusula determinada" apenas no artigo 411. Afinal, por se tratar de pena relacionada a apenas uma parte específica do contrato — no sentido de extensão —, não poderia, em tese, ter efeito substitutivo, somente cumulativo.

[378] Era essa a opinião de Pontes de Miranda, sobre os artigos 918 e 919 do Código Civil de 1916, que foram reproduzidos nos atuais arts. 410 e 411: "Advirta-se, porém, que o artigo 918 é *ius dispositivum*: pode haver pena para o caso de total inadimplemento, sem se ter de considerar substitutiva. [...] Por outro lado, cláusula penal só referente a algum ponto do negócio jurídico pode ser compensatória, se isso resulta dos termos do negócio jurídico". Pontes de Miranda, Francisco Cavalcanti. **Tratado de Direito Privado**. t. 24. 2. ed. Rio de Janeiro: Borsoi, 1959, p. 65.

Para se concluir pelo engano destas conclusões, basta considerar duas corriqueiras hipóteses de obrigações e previsões contratuais que, a despeito de aparentarem ser apenas parciais, podem levar ao "total inadimplemento" e ao efeito substitutivo previsto no artigo 410 do Código Civil.

A primeira diz respeito ao negócio jurídico cuja obrigação principal, apesar de em tese ser divisível, não comporta inadimplemento parcial pois inexiste resultado útil em benefício do credor sem o cumprimento integral. Nestes casos, não seria viável o recebimento de parte da obrigação, com a posterior exigência da multa substitutiva reduzida (hipótese prevista na primeira parte do artigo 413 do Código Civil)[379]. Em razão da natureza da obrigação ou do negócio estabelecido entre as partes, seria possível, apenas, a rejeição da parte da obrigação que o devedor conseguiu ou quis cumprir e a exigência de reparação pelo "total inadimplemento"[380].

A segunda hipótese relaciona-se à prática comum, de negócios jurídicos em que o "descumprimento de uma obrigação secundária, anexa ou instrumental, efetivamente frustre as legítimas expectativas do credor e distorça ou desvie a objetiva finalidade do contrato, conduzindo à imprestabilidade da prestação eventualmente (mal) feita"[381].

Um simples exemplo dessa hipótese seria o da obrigação de contratação de seguro. Apesar de se tratar de uma mera obrigação acessória — como nos casos de seguro para transportes de passageiros ou de seguro

[379] A regra da primeira parte do artigo 413 do Código Civil, como explica Judith Martins-Costa, aplica-se aos casos em que, por "inexecução total", se entenda a "totalidade da prestação principal". Apenas nessas hipóteses, "o devedor tem o direito subjetivo de ver reduzido, equitativamente, o valor da cláusula, correspondente ao poder-dever do juiz de reduzi-la". MARTINS-COSTA, Judith. **Comentários ao novo Código Civil**: do inadimplemento das obrigações. (coord.) TEIXEIRA, Sálvio de Figueiredo. v. 5. t. 2. Rio de Janeiro: Forense, 2003, p. 431.

[380] Conforme dispõe o artigo 314 do Código Civil, "ainda que a obrigação tenha por objeto prestação divisível, não pode o credor ser obrigado a receber, nem o devedor a pagar, por partes, se assim não se ajustou.". A situação se assemelha à prevista no parágrafo único do artigo 395, o qual autoriza o credor a rejeitar o cumprimento inútil da obrigação, em razão de mora, e a exigir as perdas e danos em seu lugar.

[381] MARTINS-COSTA, Judith. **Comentários ao novo Código Civil**: do inadimplemento das obrigações. (coord.) TEIXEIRA, Sálvio de Figueiredo. v. 5. t. 2. Rio de Janeiro: Forense, 2003, p. 445.

para incêndio em contratos de locação[382] —, as partes podem convencionar previamente que, tamanha a importância desse tipo de proteção contra os riscos do empreendimento, a recusa de uma das partes em fazê-lo pode levar à completa falta de interesse da outra em seguir com o negócio.

Assim, caso se entenda que o legislador buscou ser literal e taxativo quanto às possíveis causas das consequências previstas nos artigos 410 e 411, certamente chegar-se-á à conclusão de que o Código Civil "não atenta para as especificidades dos deveres referidos em cláusulas especiais e dos casos de inadimplemento parcial"[383].

Uma forma mais apropriada de interpretação do Código Civil seria entender "total inadimplemento" como inadimplemento absoluto, ou seja, a completa perda de interesse e/ou utilidade da obrigação principal para o credor, o que pode decorrer do inadimplemento de apenas parte da obrigação principal ou de uma obrigação secundária.

Dessa forma, é possível concluir que a previsão da cláusula penal em "segurança especial de outra cláusula determinada" como cumulativa, no artigo 411, implica em regra geral, que comporta exceção.

Como visto, o Código Civil aborda a diferenciação de regimes das cláusulas penais sucintamente, atendo-se, de forma mais concreta, principalmente às suas consequências. Apesar desta objetividade, a doutrina buscou outra forma de classificação, a tomar como base uma suposta distinção quanto à sua natureza, separando as cláusulas penais entre *compensatórias* e *moratórias*[384]. Ocorre que estas terminologias — não

[382] Esse específico exemplo reforça como a classificação da cláusula penal dependerá das particularidades do contrato e da vontade das partes, pois, usualmente, o dever de contratação de tais seguros é protegido por cláusula penal cumulativa moratória. Contudo, ainda assim, nada impede que as partes convencionem, diretamente, uma cláusula penal substitutiva de natureza compensatória por se entender configurado o total inadimplemento do negócio jurídico.

[383] SILVA, Jorge Cesa Ferreira da. **Inadimplemento das obrigações**: comentários aos arts. 389 a 420 do Código Civil. Biblioteca de Direito Civil: estudos em homenagem ao Professor Miguel Reale São Paulo: RT, 2007, p. 255.

[384] Como exemplo de reconhecidos autores adeptos de tal nomenclatura, destacamos MARTINS-COSTA, Judith. **Comentários ao novo Código Civil**: do inadimplemento das obrigações. (coord.) TEIXEIRA, Sálvio de Figueiredo. v. 5. t. 2. Rio de Janeiro: Forense, 2003; TARTUCE, Flávio. **Manual de direito civil**. 9. ed. Rio de Janeiro: Forense, 2019 e DINIZ, Maria Helena. **Curso de direito civil brasileiro** — teoria geral das obrigações. v. 2. 22. ed. São Paulo: Saraiva, 2007. Dentre os poucos que a evitam, citamos Orlando Gomes, que dife-

adotadas pela legislação — quando entendidas em caráter de oposição entre elas, acabam criando mais problemas do que soluções.

Em geral, a classificação *compensatória* equivale ao regime previsto no artigo 410 do Código Civil e recebe tal nomenclatura por se acreditar que esse tipo de cláusula penal possui natureza de compensação — isto é, de pré-fixação de perdas e danos — pelo "total inadimplemento" da obrigação. Como pontua Martins-Costa, "o nome — 'cláusula penal compensatória' — é indicativo: há a compensação ou substituição entre a prestação não feita e a pena previamente pactuada, que se torna, então devida"[385].

Já a classificação *moratória* seria a disciplinada pelo artigo 411 do Código Civil para as cláusulas penais referentes aos casos de "mora ou em segurança especial de outra cláusula determinada", cuja cobrança não afeta o direito à obrigação principal.

Um relevante ponto de falta de consenso diz respeito à própria distribuição das hipóteses previstas no Código Civil como causas gerais das cláusulas penais — "total inadimplemento da obrigação", "mora" e "segurança especial de outra cláusula determinada" — entre as classificações *compensatórias* e *moratórias*.

Para alguns autores, tal separação é estanque e respeita a divisão estabelecida nos artigos 410 e 411 do Código Civil. Isto é, de um lado, apenas a cláusula penal destinada ao caso de "total inadimplemento" teria a natureza de compensatória. De outro lado, tanto as cláusulas penais estabelecidas para a hipótese de mora, quanto as em proteção a outra cláusula específica, possuiriam sempre a mesma natureza[386].

rencia as cláusulas penais entre disjuntivas e cumulativas. Gomes, Orlando. **Obrigações**. Revista, atualizada e aumentada, de acordo com o Código Civil de 2002, por Edvaldo Brito. Rio de Janeiro: Forense, 2007, p.191 e Limongi França. França, Rubens Limongi. **Raízes e dogmática da cláusula penal**. Dissertação para o concurso de professor titular de direito civil da Faculdade de Direito da Universidade de São Paulo (USP). São Paulo: Gráfica, 1987.

385 Martins-Costa, Judith. **Comentários ao novo Código Civil**: do inadimplemento das obrigações. (coord.) Teixeira, Sálvio de Figueiredo. v. 5. t. 2. Rio de Janeiro: Forense, 2003, p. 641.

386 "A mora consiste na inexecução imperfeita da obrigação, pois o artigo 955 do Código de 1916 considerava moroso o devedor que não efetuasse o pagamento no tempo, lugar e forma convencionados. De sorte que o devedor que descumpre alguma cláusula especial do contrato é moroso e, naturalmente, a pena que procura assegurar o cumprimento de tal cláusula é moratória. Aliás, observa-se ser um o regime que o legislador impõe para o inadimple-

Para outros autores, as cláusulas *compensatórias* não seriam apenas as previstas no artigo 410 do Código Civil, mas também as previstas em parte do artigo 411, no caso, as cláusulas penais estipuladas em segurança especial de obrigação destacada. Dessa forma, apenas a cláusula penal relativa à mora seria classificada como *moratória*[387].

Por fim, há autores para quem a separação das hipóteses entre *compensatórias* e *moratórias* não é estanque, como no caso de Martins-Costa, que considera a cláusula penal referente a uma cláusula especial apta

mento absoluto — cláusula compensatória —, como acontece com o artigo 410 do Código Civil; e outro o atribuído à cláusula que contempla a simples mora ou a inadimplência de determinada disposição contratual — cláusula moratória —, como ocorre no artigo 411. De resto, nesse artigo, é fácil notar que as duas últimas hipóteses (mora ou segurança especial de uma cláusula determinada) são tratadas em conjunto, dada a identidade de sua natureza". RODRIGUES, Silvio. **Direito civil**: parte geral das obrigações. v. 2. São Paulo: Saraiva, 2002, p. 270. No mesmo sentido, "o Código Civil de 2002 prevê ainda a possibilidade de a cláusula penal servir a garantir o credor não contra o inadimplemento (absoluto ou relativo) da obrigação principal, mas sim contra o inadimplemento de uma obrigação acessória, como, por exemplo, a previsão de uma multa caso a construção, embora entregue no prazo, não tenha as especificações precisamente indicadas no projeto. Não se trata, contudo, de um terceiro gênero: como indica a melhor doutrina esta será, em regra, uma cláusula penal moratória, exigível junto com a prestação principal, a não ser que "o descumprimento de uma obrigação secundária, anexa ou instrumental, efetivamente frustre as legítimas expectativas do credor e distorça ou desvie a objetiva finalidade do contrato". KONDER, Carlos Nelson. Arras e cláusula penal nos contratos imobiliários. Rio de Janeiro, **Revista dos Tribunais**, v. 4, pp. 83-104, mar.-abr. 2014.

387 Ao classificar as cláusulas penais, a autora faz a seguinte distinção entre *compensatórias* e *moratórias*: "1ª) A compensatória (RT, 257:91, 206:217, 203:221), se estipulada: a) para a hipótese de total inadimplemento da obrigação, quando o credor, pelo Código Civil, artigo 410, poderá, ao recorrer às vias judiciais, optar livremente entre a exigência da cláusula penal e o adimplemento da obrigação, visto que a cláusula penal se converterá em alternativa em seu benefício. [...]; b) para garantir a execução de alguma cláusula especial do título obrigacional, possibilitando ao credor o direito de exigir a satisfação da pena cominada juntamente com o desempenho da obrigação principal (Código Civil, artigo 411; RT, 143:187). 2ª) A moratória, se convencionada para o caso de simples mora; ao credor, então, assistirá o direito de demandar cumulativamente a pena convencional e a prestação principal (Código Civil, artigo 411)." DINIZ, Maria Helena. **Curso de direito civil brasileiro** — teoria geral das obrigações. v. 2. 22. ed. São Paulo: Saraiva, 2007, p. 420. Partilham do mesmo entendimento: MONTEIRO, Washington de Barros. **Direito das obrigações**. 40. ed. Atualizado por Carlos Alberto Dabus Maluf. São Paulo: Saraiva, 2015, pp. 421-431; FARIAS, Cristiano Chaves de. Miradas sobre a cláusula penal no direito contemporâneo (à luz do direito civil-constitucional, do novo Código Civil e do Código de Defesa do Consumidor). São Paulo, **Revista dos Tribunais**. v. 797, pp. 43-59, mar. 2002.

a ser tanto compensatória, como moratória, a depender de seus efeitos substitutivos ou cumulativos — ou seja, adota-se uma forma de classificação que mistura a suposta diferenciação de natureza, com os diferentes efeitos estabelecidos no Código Civil para os regimes de cláusula penal[388].

Há, também, autores que, apesar de utilizarem essas terminologias, não distinguem os regimes de cláusula penal em função de sua natureza, mas em função da sua extensão ou de seus efeitos. Como exemplo do primeiro caso, destacamos o posicionamento de Silvio Rodrigues, para quem tanto as ditas cláusulas *compensatórias*, como as *moratórias*, possuem natureza de cálculo antecipado de indenização por inadimplemento. A diferença, para o autor, reside no fato de que *compensatórias* equivaleriam à indenização pelo inadimplemento absoluto, enquanto *moratórias* à indenização apenas pelo inadimplemento de uma cláusula determinada, no que se inclui a mora:

> Com efeito, a cláusula penal pode ter por escopo incentivar o cumprimento integral da obrigação e servir de cálculo da indenização para o caso de inadimplência absoluta. Nessa hipótese ela se diz compensatória. Ou então, pode destinar-se a garantir apenas o cumprimento de uma cláusula determinada ou a desencorajar e indenizar o retardamento culposo. Nessa hipótese se chama moratória.[389]

Como exemplo do segundo caso, ressaltamos as lições de Jorge Cesa Ferreira da Silva, que, seguindo a lógica adotada na legislação, expressamente elege como critério essencial de distinção dos regimes de cláusulas penais as suas consequências jurídicas, quais sejam, a possibilidade ou não de cobrança junto com a obrigação principal:

[388] "Dito em outros termos, a cláusula penal pode ser referida: a) à inexecução completa da obrigação (cláusula penal compensatória); b) ou apenas a algumas, ou a uma cláusula especial, cujo inadimplemento o credor queira, mais particularmente, evitar (ou cláusula penal compensatória ou moratória, conforme as circunstâncias indicarem); c) ou apenas à mora (cláusula penal moratória)." Martins-Costa, Judith. **Comentários ao novo Código Civil**: do inadimplemento das obrigações. (coord.) Teixeira, Sálvio de Figueiredo. v. 5. t. 2. Rio de Janeiro: Forense, 2003, p. 426.

[389] Rodrigues, Silvio. **Direito civil**: parte geral das obrigações. São Paulo: Saraiva, 2007, pp. 269-270.

> O elemento essencial da distinção encontra-se na consequência jurídica: as cláusulas penais compensatórias são satisfativas, ou seja, substituem a execução do dever originalmente prevista (artigo 410); já as cláusulas penais moratórias são cumulativas, vale dizer, não substituem a prestação e, por isso, podem ser exigidas juntamente com ela (artigo 411)[390].

Independentemente da forma que for utilizada — seja pelo viés da natureza, da extensão ou da consequência da cláusula penal —, consideramos a simples classificação entre *compensatórias* e *moratórias*, em uma ideia de oposição, equivocada. Para melhor explicar essa crítica, destacamos, a seguir, os critérios de classificação das cláusulas penais apresentados por Limongi França.

De acordo com o critério da *extensão* da cláusula penal, o autor apresenta as classificações "ampla ou genérica" e "específica". A primeira, relativa ao total inadimplemento e a segunda, destinada a garantir apenas aspectos particulares da obrigação, como a mora ou outra cláusula, ou, ainda, consequências do inadimplemento, como custas e honorários[391].

Em seguida, o autor apresenta o critério da *função* (similar à classificação doutrinária clássica quanto à natureza das cláusulas penais), subdividido em "punitiva", "compensatória" ou "liberatória (ou penitencial)". Esta última deixaremos de lado, pois se refere à multa penitencial, que já a distinguimos, no capítulo 2, da cláusula penal.

A classificação compensatória apresentada pelo autor é aquela que "tem por função compensar as perdas e danos presumidos, em virtude do inadimplemento"[392]. A fundamental diferença do posicionamento do autor, com o qual concordamos, em relação à doutrina clássica consiste na subdivisão da função compensatória, que compreende tanto a cláusula "alternativa" quanto a cláusula "cumulativa":

[390] SILVA, Jorge Cesa Ferreira da. **Inadimplemento das obrigações**: comentários aos arts. 389 a 420 do Código Civil. Biblioteca de Direito Civil: estudos em homenagem ao Professor Miguel Reale São Paulo: RT, 2007, p. 253.

[391] FRANÇA, Rubens Limongi. **Raízes e dogmática da cláusula penal**. Dissertação para o concurso de professor titular de direito civil da Faculdade de Direito da Universidade de São Paulo (USP). São Paulo: Gráfica, 1987, p. 126.

[392] FRANÇA, Rubens Limongi. **Raízes e dogmática da cláusula penal**. Dissertação para o concurso de professor titular de direito civil da Faculdade de Direito da Universidade de São Paulo (USP). São Paulo: Gráfica, 1987, p. 126.

> Compensatória alternativa é aquela que confere ao credor o arbítrio de exigi-la EM LUGAR da obrigação (CC, artigos 917 [artigo 409 do CC/02], princípio, e 918 [artigo 410 do CC/02]).
> Compensatória cumulativa é aquela que confere ao credor a faculdade de exigi-la CONJUNTAMENTE (cumulativamente) com a obrigação (CC, artigos 917, *in fine* [artigo 409 do CC/02], e 919 [artigo 411 do CC/02])[393].

O autor destaca, ainda, uma segunda subdivisão da função compensatória, em paralelo ao critério de *extensão*, entre "compensatória integral" e "compensatória parcial":

> Compensatória integral é aquela que tem por função COMPENSAR as perdas e danos presumidos, EM SUA TOTALIDADE, em virtude do inadimplemento.
> Compensatória parcial é aquela que tem por função COMPENSAR as perdas e danos, apenas ATÉ UM DETERMINADO ALCANCE[394].

Nas justificativas quanto às subdivisões adotadas para a sua concepção de cláusula penal compensatória — "alternativa" e "cumulativa" ou "integral" e "parcial" —, Limongi França esclarece a imprecisão encontrada na doutrina brasileira quanto à distinção das cláusulas penais apenas entre *compensatórias* e *moratórias*, vinculadas, respectivamente, aos artigos 410 e 411 do Código Civil[395]. Conforme explicou o autor, trata-se

[393] França, Rubens Limongi. **Raízes e dogmática da cláusula penal**. Dissertação para o concurso de professor titular de direito civil da Faculdade de Direito da Universidade de São Paulo (USP). São Paulo: Gráfica, 1987, p. 127. Os dispositivos referidos são do Código Civil de 1916.

[394] França, Rubens Limongi. **Raízes e dogmática da cláusula penal**. Dissertação para o concurso de professor titular de direito civil da Faculdade de Direito da Universidade de São Paulo (USP). São Paulo: Gráfica, 1987, p. 127.

[395] "Parece que aí há pelo menos duas confusões: de critério e de catalogação. A confusão de critério se depara em virtude do fato de a cláusula compensatória ser uma das espécies da cláusula à função, contrapondo-se à punitiva, e não à moratória, enquanto esta, a moratória, é uma categoria das cláusulas quanto à extensão, variedade que é de cláusula específica (ou restrita), contrapondo-se à cláusula ampla ou genérica, e não à compensatória. Por outro lado, ainda dentro do critério da função, a moratória é uma subespécie de cláusula compensatória, do tipo parcial, por isso que se destina a compensar os danos de um aspecto particular da obrigação, a saber, o inadimplemento quanto ao tempo, lugar ou modo estipulados.

de uma confusão entre diferentes critérios de classificação ou, simplesmente, de emprego de terminologia inadequada.

Se efetivamente observado o critério de *função* das cláusulas penais, as cláusulas *compensatórias* não se opõem às *moratórias*, como propõe a doutrina clássica — isso independentemente da forma de interpretação, sejam *compensatórias* as referentes apenas ao "total inadimplemento" ou, também, as referentes ao inadimplemento de uma cláusula específica.

Qualquer forma de inadimplemento pressupõe prejuízos ao credor[396], que deverão ser compensados, na forma da lei, pelo devedor. Observar-se-á diferença apenas sob os critérios de efeito ou *extensão* dessa reparação, conforme o caso concreto, ou seja, se será necessária a reparação integral, pela perda de todo o negócio jurídico, com efeito substitutivo, ou apenas a reparação de algum ponto específico, com efeito cumulativo.

Isso demonstra que a correta classificação das cláusulas penais está relacionada aos efeitos concretos do caso fático e não a uma suposta enumeração taxativa de hipóteses. Isso, pois reiteramos que o "total inadimplemento" mencionado no artigo 410 do Código Civil pode decorrer ou do inadimplemento absoluto total; ou do inadimplemento absoluto parcial (quando não suportado pela natureza da obrigação principal); ou do inadimplemento de apenas uma cláusula específica de dever secundário (quando essa for essencial à lógica contratual como um todo).

Assim, conforme pontua Marcelo Benacchio, não há qualquer distinção de função ou natureza jurídica entre as cláusulas penais *compensatórias* e *moratórias*, especialmente se observado o regime jurídico vigente sobre o tema:

> Parece-nos ser inexistente, senão no que concerne ao regime jurídico aplicável (possibilidade de cumulação ou não com o cumprimento da

Por essas e outras razões, que se consubstanciam fundamentalmente nas definições exaradas ao longo da classificação que propusemos, chamamos a atenção para o fato que compensatória é toda cláusula que não punitiva nem liberatória". FRANÇA, Rubens Limongi. **Raízes e dogmática da cláusula penal**. Dissertação para o concurso de professor titular de direito civil da Faculdade de Direito da Universidade de São Paulo (USP). São Paulo: Gráfica, 1987, p. 136.

[396] No capítulo 1 já tivemos a oportunidade de analisar a presunção absoluta de prejuízo trazida pelo artigo 416 do Código Civil.

obrigação principal), a distinção da natureza jurídica entre as espécies, conforme a sua finalidade, em virtude de que ambas se entrelaçam, ou seja, não há uma diferença de natureza fundamental entre elas, tanto uma como a outra visam a evitar o inadimplemento culposo, sujeitando o devedor a uma pena[397].

Pertinente retomar aqui, também, o posicionamento de autores como Silvio Rodrigues e Jorge Cesa Ferreira da Silva, que, apesar de observarem corretamente os critérios de distinção de regimes de cláusula penal, seja pela *extensão* ou pelos efeitos, adotam as terminologias *compensatórias* e *moratórias* em ideia de oposição. Esses casos retratariam a confusão de catalogação mencionada por Limongi França, consistente no emprego de termos inadequados, apesar do uso de critérios de classificação corretos.

Em síntese, pretendemos ter demonstrado, até esse ponto, que o equívoco da doutrina clássica seria desrespeitar a lógica de que cláusulas compensatórias são, na verdade, um gênero, do qual cláusulas de efeito substitutivo ou cumulativo, ou, ainda, de extensão integral ou parcial, são espécies. Assim, as penas relacionadas à cláusula específica e à mora são, tipicamente, compensatórias, de efeito cumulativo e extensão parcial.

Como visto nas lições de Limongi França, sob o critério de *função*, o gênero que faz oposição ao das cláusulas compensatórias é o das cláusulas punitivas. Reitera-se que o Código Civil não busca definir a natureza específica das cláusulas penais, mas tão somente, de forma dispositiva, as suas consequências substitutiva ou cumulativa, conforme a modalidade de inadimplemento.

Por esse motivo, cláusulas penais cumulativas — isto é, exigíveis em conjunto à obrigação principal — podem ser de natureza meramente punitiva. Nesse caso, por expressa determinação das partes, a cláusula irá "estabelecer, tão-somente, uma pena, para o caso de inadimplemento"[398], sem guardar qualquer relação com as perdas e

[397] Benacchio, Marcelo. Cláusula penal: revisão crítica à luz do Código Civil de 2002. *In*: Nanni, Giovanni Ettore (coord.). **Temas relevantes do direito civil contemporâneo**: reflexões sobre os 5 anos do Código Civil. São Paulo: Atlas, 2008, pp .380-381.

[398] França, Rubens Limongi. **Raízes e dogmática da cláusula penal**. Dissertação para o concurso de professor titular de direito civil da Faculdade de Direito da Universidade de São Paulo (USP). São Paulo: Gráfica, 1987, p. 126.

danos dele decorrentes. Quanto ao critério da *extensão*, tal inadimplemento, alvo da punição, pode ser total ou apenas relativo.

As partes podem fixar a pena com o intuito de substituir as perdas e danos decorrentes de um específico inadimplemento, sem que se interfira em seu efeito cumulativo no que diz respeito à obrigação principal. Ou então, a pena poderá não substituir nem a obrigação principal nem as perdas e danos decorrentes do específico inadimplemento para o qual foi fixada, sendo, portanto, puramente punitiva. Isto é, a penalidade não guardará relação direta com as perdas e danos sofridos com o inadimplemento do ponto específico do contrato que se pretende proteger — seja obrigação acessória ou o tempo, o modo e o lugar do cumprimento da obrigação principal.

Nesse último caso, a cláusula penal terá efeito cumulativo tanto em relação à obrigação secundária quanto em relação à obrigação principal, de forma que, em hipótese de inadimplemento, o credor ainda poderá exigir a indenização por perdas e danos de ambas as obrigações, além da multa punitiva.

A inadequação da classificação da cláusula penal entre moratória e compensatória restou evidenciada na recente jurisprudência do Superior Tribunal de Justiça. De fato, era consolidado o entendimento no sentido de que a "cláusula penal moratória não compensa o inadimplemento, pois se traduz em punição ao devedor"[399]. Assim, independentemente da dinâmica do contrato ou do valor da referida penalidade, defendia o Superior Tribunal de Justiça que o devedor, além do pagamento da multa, sempre seria obrigado "ao pagamento de

[399] Recurso Especial 968.091/DF, de relatoria do Ministro Fernando Gonçalves, julgado pela 4ª Turma do Superior Tribunal de Justiça em 19/03/2009, com a seguinte ementa: "RECURSO ESPECIAL. AÇÃO RESCISÓRIA. OBRIGAÇÃO. DESCUMPRIMENTO. CLÁUSULA PENAL MORATÓRIA. CUMULAÇÃO COM LUCROS CESSANTES. POSSIBILIDADE. VIOLAÇÃO A LITERAL DISPOSIÇÃO DE LEI. INEXISTÊNCIA. DISSÍDIO JURISPRUDENCIAL. AUSÊNCIA DE SIMILITUDE FÁTICA. 1. A instituição de cláusula penal moratória não compensa o inadimplemento, pois se traduz em punição ao devedor que, a despeito de sua incidência, se vê obrigado ao pagamento de indenização relativa aos prejuízos dele decorrentes. Precedente. 2. O reconhecimento de violação a literal disposição de lei somente se dá quando dela se extrai interpretação desarrazoada, o que não é o caso dos autos. 3. Dissídio jurisprudencial não configurado em face da ausência de similitude fática entre os arestos confrontados. 4. Recurso especial não conhecido.".

indenização relativa aos prejuízos dele [do inadimplemento pontual] decorrentes"[400].

Recentemente, em sede de recurso especial afetado pela sistemática repetitiva, a Segunda Seção do Superior Tribunal de Justiça revisou e modificou o seu posicionamento, para firmar o tema 970: "A cláusula penal moratória tem a finalidade de indenizar pelo adimplemento tardio da obrigação, e, em regra, estabelecida em valor equivalente ao locativo, afasta-se sua cumulação com lucros cessantes"[401].

Para tanto, o Ministro Relator, Luís Felipe Salomão, fixou a seguinte questão controvertida da afetação ao rito dos recursos repetitivos:

> É possível cumulação de indenização por lucros cessantes com a cláusula penal moratória nos casos de inadimplemento (relativo) do vendedor, em virtude do atraso na entrega de imóvel em construção objeto de contrato ou promessa de compra e venda.

Apesar de se tratar, no caso específico, de multa moratória fixada em promessa de compra e venda de imóveis na planta, o julgamento contou com extenso debate sobre a natureza das cláusulas penais e seus efeitos. Na origem do recurso afetado como representativo da controvérsia, o Juízo da 5ª Vara Cível de Brasília acolheu pedido da recorrente para determinar o pagamento de lucros cessantes, além da multa moratória estabelecida em contrato. Em sede de apelação, o Tribunal de Justiça do Distrito Federal e Territórios (TJDFT) deu provimento ao recurso, para reformar

[400] Recurso Especial 968.091/DF, de relatoria do Ministro Fernando Gonçalves, julgado pela 4ª Turma do Superior Tribunal de Justiça em 19/03/2009, com a seguinte ementa: "RECURSO ESPECIAL. AÇÃO RESCISÓRIA. OBRIGAÇÃO. DESCUMPRIMENTO. CLÁUSULA PENAL MORATÓRIA. CUMULAÇÃO COM LUCROS CESSANTES. POSSIBILIDADE. VIOLAÇÃO A LITERAL DISPOSIÇÃO DE LEI. INEXISTÊNCIA. DISSÍDIO JURISPRUDENCIAL. AUSÊNCIA DE SIMILITUDE FÁTICA. 1. A instituição de cláusula penal moratória não compensa o inadimplemento, pois se traduz em punição ao devedor que, a despeito de sua incidência, se vê obrigado ao pagamento de indenização relativa aos prejuízos dele decorrentes. Precedente. 2. O reconhecimento de violação a literal disposição de lei somente se dá quando dela se extrai interpretação desarrazoada, o que não é o caso dos autos. 3. Dissídio jurisprudencial não configurado em face da ausência de similitude fática entre os arestos confrontados. 4. Recurso especial não conhecido.".

[401] BRASIL. REsp 1498484/DF, Rel. Min. Luis Felipe Salomão, Segunda Seção, j. 22-05-2019, DJe 25-06-2019.

a sentença, por entender pela impossibilidade de cumulação de lucros cessantes com a multa prevista no contrato firmado entre as partes.

A justificativa adotada pelo Tribunal de Justiça do Distrito Federal e Territórios consistiu no fato de que a multa em questão visava "compor os danos suportados pelo adquirente do bem, aí incluído o aluguel mensal que poderia estar aferindo, caso estivesse na posse do imóvel" e, por isso, seria compensatória, com efeito substitutivo em relação ao dano e ao inadimplemento em questão (apenas a mora e não uma eventual não entrega absoluta do imóvel). Assim, a recorrente defendeu, perante o Superior Tribunal de Justiça, que a multa por mora seria apenas punitiva, sem efeito de substituir a indenização por perdas e danos.

Diante da "transcendência social, econômica e jurídica dos precedentes e das teses que serão consolidados pela jurisprudência desta Corte", realizou-se audiência pública na qual se manifestaram juristas respeitados como Otávio Rodrigues[402], José Fernando Simão[403] e Sylvio Capanema[404]. Interessante, ainda, a manifestação na audiência pública do economista Gustavo Franco que, sob a ótica da economia, se posicionou da seguinte forma:

> quando se estipula números dessa ordem de meio a um por cento para o atraso está-se praticando o que os colegas advogados chamam de lucros cessantes, é uma indenização que repõe exatamente a situação econômica que haveria, caso a obrigação tivesse sido cumprida. E, portanto, a acumulação, obviamente, é pagar duas vezes a mesma coisa e do nosso ponto de vista econômico não faz nenhum sentido

[402] Conforme o Relatório do julgamento, Otavio Rodrigues defendeu o entendimento de que "a cláusula penal não é demandável de modo coativo; ou seja, a parte interessada pode não se utilizar da cláusula penal e discutir lucros cessantes, perdas e danos, de modo livre, por meio de instrução ampla, apenas abrindo mão da agilidade que a cláusula penal confere".

[403] Na audiência, José Simão explicou: "a cláusula penal não se cumula com prejuízos suplementares, salvo autorização expressa do próprio contrato. A cláusula penal "fecharia" a questão, encerraria a autonomia privada. Na hipótese de ser abusiva, nos casos em que existirem outros danos, deve-se anular a cláusula penal e fixar indenização apenas quanto aos prejuízos provados".

[404] Sylvio Capanema defendeu na audiência a posição de que "a cláusula penal não é punitiva, mas, ao contrário, substitui a obrigação que visa garantir, não havendo, portanto, como cumulá-la com qualquer outra análoga a perdas e danos, sob pena de enriquecimento indevido do próprio credor".

Ao analisar, em seu voto, a função das cláusulas penais, o Ministro Relator consignou, em sentido oposto à jurisprudência até então defendida no Superior Tribunal de Justiça, que "a cláusula penal pode ser estabelecida para prefixação de indenização por inadimplemento relativo (quando se mostrar útil o adimplemento, ainda que tardio; isto é, defeituoso), recebendo, assim, a denominação de cláusula penal moratória".

Ressaltando a necessidade de observar as particularidades do contrato (suas partes, obrigações e seus motivos) a fim de se determinar a natureza da cláusula penal[405], o Ministro Relator afirmou que, em geral, assim como no caso julgado, as multas moratórias possuem valor que "representa o aluguel que o imóvel alugado, normalmente, produziria ao locador", levando à inevitável conclusão de que, independentemente de sua nomenclatura, estas multas traduzem a antecipação das perdas e danos em caso de mora. Assim, concluiu que "havendo cláusula penal no sentido de prefixar, em patamar razoável, a indenização, não cabe a cumulação posterior com lucros cessantes" e negou provimento ao recurso.

A Ministra Nancy Andrighi divergiu do Relator, e votou no sentido de dar provimento ao recurso, para restabelecer a sentença, em razão do entendimento consolidado na Corte no sentido da "possibilidade de cumulação da cláusula penal moratória com lucros cessantes[406]. Afir-

[405] Destacou-se, no voto relator, a seguinte colocação de Pablo Rentería: "Por isso a individuação da tutela de cada contrato deve partir igualmente da análise de seu perfil funcional, ou seja, além de questionar quem contrata e o quê, é preciso também investigar as razões do contrato, ou seja, as finalidades que as partes perseguem por meio da execução do contrato. Esta questão é de grande importância e, em certos aspectos, superior às outras, pois é ela que permite que se projete na tutela contratual os valores do ordenamento que são relevantes para aquele concreto regulamento de interesses. RENTERÍA, Pablo. Considerações acerca do atual debate sobre o princípio da função social do contrato. *In*: (coord.) MORAES, Maria Celina Bodin de. **Princípios do direito civil contemporâneo**. Rio de Janeiro: Renovar, 2006, p. 298.

[406] A Ministra citou os seguintes precendentes: REsp 968.091/DF, Rel. Min. Fernando Gonçalves, Quarta Turma, j. 19-03-2009, REsp 1355554/RJ, Rel. Min. Sidnei Benet, Terceira Turma, j. 06-12-2012, REsp 1536354/DF, Rel. Min. Ricardo Villas Bôas Cueva, Terceira Turma, j. 07/06/2016, DJe 20-06-2016, REsp 1642314/SE, Rel. Min. Nancy Andrighi, Terceira Turma, j. 16-03-2017, DJe 22-03-2017. Destacou, ainda, a Ministra, que "Além desses precedentes, analisados colegiadamente, há um sem número de julgamentos realizados de forma monocrática ou em agravos internos/regimentais no mesmo sentido. A título ilustrativo, vale conferir: AgRg no AREsp 525.614/MG, Rel. Min. Luis Felipe Salomão, Quarta Turma, DJe 25-08-2014; AgInt no AREsp 969.357/SP, Rel. Min. Marco Buzzi, Quarta Turma, DJe 03-05-2017; AgInt no AREsp 618.607/DF, Rel. Min. Antonio Carlos Ferreira,

mou, assim, que o posicionamento do Relator "além de, como visto, não encontrar respaldo na jurisprudência desta Casa, não decorre de alterações de paradigmas sociais ou da própria dinâmica inerente ao Direito, o que seria de se exigir para justificar a mudança de posição".

Já a Ministra Maria Isabel Gallotti acompanhou o voto do Ministro Relator, por concordar que a cláusula penal moratória "tem por escopo não apenas punir, mas também, prefixar e compensar, o prejuízo causado por essa demora", principalmente se considerado que a "cláusula vincula diretamente o valor da multa mensal ao valor investido pelo consumidor e ao tempo de duração da mora".

Provavelmente com o intuito de evitar eventuais discussões quanto às terminologias *compensatória* e *moratória*, usadas tipicamente para classificar as cláusulas penais, a Ministra teve o cuidado de esclarecer que, quando se refere ao caráter compensatório da cláusula penal moratória, não está se referindo à compensação da obrigação principal, prevista no artigo 410 do Código Civil, em relação à qual continuará produzindo efeitos cumulativos, mas apenas à compensação dos prejuízos decorrentes da mora:

> Sob este ângulo, não há dúvida de que as cláusulas penais estabelecidas de forma padronizada nos contratos de incorporação imobiliária — indenização equivalente de 0,5% a 1% sobre o preço contratual do imóvel por mês de atraso na entrega da obra — não se constitui em cláusula compensatória da obrigação principal (fornecimento da unidade imobiliária contratada), incidindo, uma vez verificado o atraso, cumulativamente à obrigação principal. O caráter moratório e, portanto, cumulativo, da cláusula em relação à obrigação principal é evidente. [...]. Aqui, portanto, ao meu sentir, o caráter compensatório, não da obrigação de entregar o imóvel, evidentemente, mas do prejuízo mensal causado pelo retardamento da entrega.

Quarta Turma, DJe 20/10/2017; AgRg no REsp 1531756/SP, Rel. Min. Raul Araújo, Quarta Turma, DJe 17-09-2015; REsp 953.907/MS, AgInt no REsp 1617556/DF, Rel. Min. Ricardo Villas Bôas Cueva, Terceira Turma, DJe 10-10-2017; AgInt no AREsp 1036849/SP, Rel. Min. Marco Aurélio Bellizze, Terceira Turma, DJe 01-06-2017; AgInt no AREsp 835.184/DF, Rel. Min. MOoutra Ribeiro, Terceira Turma, DJe 25-05-2017; AgInt no AREsp 685.199/RJ, Rel. Min. Paulo de Tarso Sanseverino, Terceira Turma, DJe 02-03-2017".

Também acompanharam o voto do Ministro Relator, além da Ministra Maria Isabel Gallotti, os Ministros Raul Araújo, Antonio Carlos Ferreira, Ricardo Villas Bôas Cueva, Marco Aurélio Bellizze e Moura Ribeiro. Apenas o Ministro Marco Buzzi acompanhou o voto divergente da Ministra Nancy Andrighi, que restou, portanto, vencido.

Importante registrarmos que, apesar do tema 970 tratar de uma modalidade de contrato específica, em relação de consumo, bem como de cláusula penal moratória particular a essa modalidade de contrato (estipulada em percentual mensal compatível com o valor que seria cobrado pelo aluguel do imóvel), do voto vencedor do Ministro Relator e do voto da Ministra Maria Isabel Gallotti podem ser extraídas valiosas considerações para o entendimento da cláusula penal, principalmente o equívoco da oposição entre a classificações compensatória e moratória que, como vimos acima, já tinha sido alertado por Limongi França[407].

Apesar da delimitação a um tipo contratual específico, o Tema 970 auxilia na constatação de que as cláusulas penais fixadas para o cumprimento fora do tempo, do lugar ou da forma, conquanto sejam devidas em conjunto da obrigação principal, substituem as perdas e danos advindas do cumprimento defeituoso, o que somente não ocorrerá quando estabelecido de forma expressa a sua natureza punitiva. Tais

[407] Como alerta Jorge Cesa, "o texto não estabelece uma regra inflexível a ser seguida em qualquer caso envolvendo cláusulas penais moratórias apostas a contratos de aquisição de imóveis em construção, mas indica um norte interpretativo para cláusulas penais que possuam um certo perfil. Ao assim fazê-lo, o Tema 970 tem uma aplicação restrita a um dado perfil de cláusula, não impedindo, por isso, que outras consequências jurídicas sejam cominadas por cláusulas penais dotadas de outras características. Além disso, vale constatar que o Tema 970 não discute sobre a interpretação da manifestação das partes e tampouco se ocupa de distinguir as cláusulas penais das cláusulas de liquidação de danos, que — considerando a conclusão atingida — poderia ser o caso. Conclui-se disso que ele, seguindo o caminho apontado acima, não incorpora a visão doutrinária mais recente acerca das cláusulas penais e de suas cláusulas correlatas. Nada obstante, o Tema 970 autoriza a interpretação de que as partes estão livres para estabelecer cláusulas com outro desiderato, desde que a consequência estabelecida na cláusula penal em concreto não corresponda à integralidade dos danos indenizáveis oriundos da mora. O espaço para a definição do regime jurídico da cláusula em concreto, portanto, segue preservado" SILVA, Jorge Cesa Ferreira da. A cláusula penal e a quadratura do círculo: as funções da cláusula penal depois do novo Código Civil Brasileiro. **A Evolução do Direito Empresarial e Obrigacional. Os 18 anos do Código Civil** — Obrigações e Contratos — Vol. 2. Henrique Barbosa; Jorge Cesa Ferreira da Silva (Coords). São Paulo: Quartier Latin, 2021, p. 598.

cláusulas, portanto, apesar de moratórias, pois fixadas para o inadimplemento relativo, são espécie do gênero compensatória, na medida em que compensam os danos infligidos pela mora.

Inexiste, portanto, oposição, pois a cláusula penal fixada para o caso de mora possui natureza compensatória — utilizando-se tal expressão em seu sentido etimológico e não relacionada à classificação doutrinária de cláusula *compensatória* que, na realidade, diz respeito às cláusulas de efeito substitutivo — dos prejuízos advindos da mora. Em relação à obrigação principal, tal cláusula mantém seu efeito cumulativo previsto no artigo 411do Código Civil.

O critério de intepretação adotado pelo STJ, no julgamento do Tema 970, para definir que no caso concreto a cláusula fixada para a mora era compensatória dos prejuízos advindos do atraso no cumprimento, foi a proximidade entre o valor estipulado e a estimativa verificada naquele especifico segmento de mercado sobre o montante dos danos advindos do inadimplemento relativo. A decisão, nesse sentido, foi pautada pela interpretação centrada na intenção das partes com a estipulação.

O fato de se tratar de precedente sobre relação consumerista apenas reforça a aplicabilidade da regra geral aos demais contratos. Afinal, privilegiou-se a autonomia, mesmo em sede de contrato de adesão, com a revisão de posicionamento anterior favorável aos consumidores, considerados parte vulnerável da relação (logicamente, por se observar preservados o princípio da boa-fé e a razoabilidade da avença), não havendo motivo para não se aplicar a mesma lógica aos contratos paritários[408].

O novo posicionamento do Superior Tribunal de Justiça, portanto, apenas reforça as críticas já elaboradas à classificação doutrinária de cláusulas penais com fundamento em sua natureza. Não há distinção efetiva (todas as hipóteses previstas nos artigos 410 e 411 do Código Civil podem ter natureza compensatória). Como demonstrado, essa

[408] Na mesma data, o Superior Tribunal de Justiça fixou o Tema 971, nos seguintes termos: "No contrato de adesão firmado entre o comprador e a construtora/incorporadora, havendo previsão de cláusula penal apenas para o inadimplemento do adquirente, deverá ela ser considerada para a fixação da indenização pelo inadimplemento do vendedor. As obrigações heterogêneas (obrigações de fazer e de dar) serão convertidas em dinheiro, por arbitramento judicial". Entretanto, diferentemente do Tema 970, esta tese não tem relevância para o presente trabalho, já que a aplicação recíproca da cláusula penal somente pode ser admitida em relações de consumo, não sendo extensível às relações reguladas pelo Código Civil.

forma de classificação encontra divergências por misturar, indevidamente, diferentes critérios, como natureza, extensão e efeitos.

Como agora reconhecido pelo Superior Tribunal de Justiça, a cláusula penal relacionada à mora pode ser compensatória, como também pode ser punitiva, a depender do que se previu contratualmente. Não é possível estabelecer uma regra absoluta quanto à sua natureza, ignorando a vontade — que pode ser tanto no sentido de pré-fixar perdas e danos para um inadimplemento pontual ou simplesmente puni-lo sem abrir mão de posterior reparação — e a lei, que em momento algum restringe as cláusulas penais em razão de suas naturezas e funções.

Revela-se, assim, mais adequado ater-se ao principal critério de classificação utilizado pela própria legislação, qual seja, a diferenciação conforme os efeitos da cláusula penal: se substitutiva ou cumulativa. Esses efeitos são previstos pela legislação em relação à obrigação principal, como se verifica na redação do art. 411 sendo que, conforme verificaremos oportunamente, será essa relação que determinará à sujeição ou não da penalidade ao limite estabelecido pelo art. 412. No entanto, o caráter substitutivo ou cumulativo pode ser objeto de ótica distinta, quando feita a análise isolada a penalidade.

A atribuição da natureza substitutiva ou cumulativa em face da obrigação principal não apresenta uma correlação necessária aos efeitos da penalidade em relação ao específico inadimplemento para o qual foi fixada. Uma cláusula estipulada para o caso de mora, por exemplo, será sempre cumulativa em relação à obrigação principal, mas, em regra, substituirá as perdas e danos advindos da mora. O mesmo ocorre com as cláusulas fixadas para o descumprimento de cláusula especial. Elas serão cumulativas em relação à obrigação principal, mas, em relação à obrigação específica para a qual foram estabelecidas, poderão ser cumulativas ou substitutivas, a depender da intenção que norteou sua estipulação.

Por todo o exposto, evitaremos adotar a terminologia corriqueiramente utilizada pela doutrina — *moratória* e *compensatória* — por entender inexistente a oposição entre elas, pois, como já referido, a cláusula moratória, em regra, é compensatória dos prejuízos infligidos pela mora Também evitaremos a classificação entre *alternativa* e *cumulativa*, pois essa pode transmitir a ideia errônea de que o regime estabelecido pelo artigo 410 se aproxima das obrigações alternativas, reguladas pelos artigos 252 a 256 do mesmo diploma.

Por fim, evitaremos também a classificação entre *disjuntivas* e *cumulativas*, adotada por Orlando Gomes, pois, apesar de se tratar de análise adequada quanto aos efeitos das cláusulas penais[409], entendemos que o termo *disjuntivo* não expressa de forma clara e direta a principal característica das cláusulas previstas no artigo 410 do Código Civil, que é a substituição da obrigação.

Assim, adotaremos as classificações *substitutivas* e *cumulativas*, as quais acreditamos melhor expressarem a vontade do legislador, que valorizou a análise dos efeitos das cláusulas penais para a distinção de seus regimes.

4.2 A identificação do regime substitutivo e cumulativo

A identificação, no caso concreto, da classificação de uma cláusula penal "*é de suma importância, não sendo meramente acadêmica, visto que o regime jurídico é diferente entre elas*"[410]. Para os fins deste trabalho, a qualificação da cláusula penal como cumulativa ou substitutiva definirá a sua limitação e será o ponto de partida da análise do controle do seu conteúdo em eventual pretensão de redução. Em nossa avaliação, a exata circunstância de o valor pactuado ser cobrado em substituição ou em acréscimo à obrigação principal é o centro de toda a análise sobre o controle do conteúdo da cláusula penal.

Apesar da importância do tema, "não é fácil dizer, em tese, ou genericamente, quando é compensatória ou moratória"[411] — entendendo-se, aqui, por substitutiva ou cumulativa, respectivamente. A doutrina,

[409] "Na primeira hipótese, é disjuntiva. Se o credor se interessa pelo cumprimento da obrigação, não pode exigi-la, por ser indenização substitutiva. Se prefere reclamá-la, presume-se que seu interesse assim se satisfaz, não lhe sendo dado, obviamente, insistir no cumprimento da obrigação principal.
Nas outras duas hipóteses, é cumulativa. Além do cumprimento da obrigação principal, assiste ao credor direito a exigir do devedor que também lhe pague a indenização prefixada na cláusula. Há, portanto, acréscimo no conteúdo do seu direito de crédito, tendo a indenização natureza complementar."
GOMES, Orlando. **Obrigações**. Revista, atualizada e aumentada, de acordo com o Código Civil de 2002, por Edvaldo Brito. Rio de Janeiro: Forense, 2007, p. 191.

[410] NANNI, Giovanni Ettore. **Comentários ao Código Civil**: direito privado contemporâneo. Alexandre Dartanhan de Mello Guerra *et al.* (coord.) NANNI, Giovanni Ettore. São Paulo: Saraiva Educação, 2018, p. 671.

[411] PEREIRA, Caio Mário da Silva. **Instituições de direito civil**: teoria geral das obrigações. v. 2. 21. ed. Rio de Janeiro: Forense, 2008, p. 175.

neste ponto, alerta para a "insuficiência de processo hermenêutico calcado na atribuição de regime jurídico a partir de critérios abstratos e apriorísticos"[412].

Conforme já demonstrado, o próprio legislador falhou ao tentar sistematizar os regimes das cláusulas penais a partir de regras gerais exemplificativas, nos artigos 410 e 411 do Código Civil, quanto às causas que levariam aos efeitos substitutivos e cumulativos ("total inadimplemento", "mora" e "segurança especial de outra cláusula determinada").

Esses artigos acabam por induzir a conclusões equivocadas de limitação das hipóteses de estipulação de cláusula penal, como, por exemplo, o equivocado entendimento de parte da doutrina no sentido de que cláusulas penais moratórias ou, em certas correntes, até mesmo as fixadas em proteção de cláusula determinada, não poderiam ter o efeito substitutivo previsto no artigo 410 do Código Civil, o que é verdade em relação à obrigação principal, mas pode não corresponder ao pretendido pelas partes no tocante ao específico inadimplemento a que se volta à penalidade.

De fato, um mesmo tipo de inadimplemento pode justificar a elaboração de diferentes tipos de cláusula penal, com diferentes efeitos. Essa circunstância decorre do caráter dispositivo tanto do artigo 410 quanto do artigo 411. Como exemplo, destacamos dois casos constantemente objeto de interpretação equivocada quanto à sua classificação: as cláusulas penais por mora e as fixadas em proteção à obrigação anexa ou secundária, que podem ser tanto cumulativas, quanto substitutivas.

Ao tratar das cláusulas penais moratórias, Simão pontua: "o descumprimento de uma única cláusula pode implicar a incidência tanto da cláusula compensatória, quanto da moratória a depender do caso concreto"[413]. Para justificar sua afirmativa, o autor elabora dois didáticos exemplos. O primeiro seria a comum hipótese de contratos de locação que impõem ao inquilino a contratação de seguro para incêndio. O segundo exemplo consistiria em contrato de importação de café, com remessa por navio.

[412] Abílio, Vivianne da Silveira. **Cláusulas penais moratória e compensatória: critérios de distinção.** Belo Horizonte: Fórum, 2019, p. 181.

[413] Simão, José Fernando. Capítulo V: da cláusula penal. *In*: SCHREIBER, Anderson *et al.* **Código Civil comentado** — doutrina e jurisprudência. Rio de Janeiro: Forense 2019, p. 232.

Na primeira hipótese, se o inquilino incorrer em mora e não contratar o seguro no prazo estipulado, será cobrada multa pelo atraso, mas ainda se exigirá o cumprimento da obrigação, ou seja, a contratação do seguro. Na segunda hipótese, se o exportador incorrer em mora, não conseguirá enviar o café através da via contratada, pois o navio que o exportaria já terá partido, configurando-se, assim, o inadimplemento absoluto. Assim, será dele exigida apenas a multa substitutiva, caso pactuada, porque terá se tornado inviável o cumprimento da obrigação principal (a exportação do café).

Em relação à cláusula penal relacionada apenas a uma obrigação secundária — tipicamente cumulativa —, ressaltamos a possibilidade de que, mesmo sem menção expressa ao "total inadimplemento", possa ter feito substitutivo, em razão das consequências concretas de imprestabilidade que pode acarretar ao negócio jurídico como um todo.

Cabe referir, ainda, a colocação de Jorge Cesa, a respeito do inadimplemento parcial:

> O inadimplemento parcial também enseja a mesma dificuldade classificatória descrita no item anterior. Conforme o disposto no negócio jurídico, a cláusula a ele conectada pode variar entre ser compensatória ou moratória.
>
> Se o objeto da prestação for capaz de ser realizado parcialmente (porque assim também concretiza os interesses do credor [...]), há que se analisar se, com a exigência da cláusula penal, permanece a pretensão ao adimplemento da parte faltante. Se a pretensão ao adimplemento total estiver encerrada, a pena é compensatória. Se a pretensão ao adimplemento total permanecer, a pena é moratória[414].

Inequívoco, portanto, que a correta identificação das cláusulas penais dependerá, essencialmente, da intenção das partes e da lógica do negócio jurídico firmado por elas. Assim, recomenda-se a análise do próprio negócio jurídico como um todo, eis que "permite a verificação a respeito

[414] SILVA, Jorge Cesa Ferreira da. **Inadimplemento das obrigações**: comentários aos arts. 389 a 420 do Código Civil. Biblioteca de Direito Civil: estudos em homenagem ao Professor Miguel Reale São Paulo: RT, 2007, p. 253.

de qual foi a vontade das partes no estabelecimento da cláusula penal e, por isso, o intérprete deverá recorrer a ele como fonte principal."[415].

Considerando contratos vagos, que não classificam as cláusulas penais, expressa ou tacitamente, a partir de uma definição clara de seus efeitos, defende Pontes de Miranda: "deve-se entender que as cláusulas penais são, de regra, cumulativas, e só se considera compensatória a pena se a cláusula penal alude ao total inadimplemento, e há redutibilidade de tal pena"[416].

Isto é, de acordo com o critério de classificação adotado, para Pontes de Miranda, as cláusulas penais devem ser entendidas, em regra, como cumulativas, de forma a se autorizar a cobrança da pena em conjunto com a obrigação principal. Só se entenderia configurada uma cláusula penal substitutiva se, no negócio jurídico, houvesse referência ao total inadimplemento e à redutibilidade da pena.

Tamanha a excepcionalidade atribuída ao efeito substitutivo, que o autor ressalta: ainda que conste do contrato referência ao total inadimplemento, não há que se concluir pela classificação conforme o artigo 410 do Código Civil, se da leitura do negócio jurídico como um todo não se extrair a ideia de efetiva consequência de substituição da obrigação principal pela pena: "se há dados negociais que pré-excluam, a despeito da referência a total inadimplemento, haver compensatorie-

[415] GAMA, Guilherme Calmon Nogueira da. **Direito civil**: obrigações. São Paulo: Atlas, 2008, pp. 393-394. Elucidativa, a esse respeito, a seguinte doutrina: "a qualificação da clausula penal, assim, não pode prescindir da função a ela atribuída no negocio, apenas então sendo possível identificar seu regime jurídico. A delimitação da espécie de cláusula penal ajustada pelas partes requer, portanto, a avaliação da medida em que o inadimplemento a que se vincula a multa afeta o atingimento do programa obrigacional conforme delineado pelas partes: tratando-se de cláusula penal ligada a questões essenciais ao ajuste , e, portanto, à extinção do vínculo em função da frustração do interesse na prestação, cuida-se de cláusula penal compensatória; por outro lado, tratando-se de pontos cujo descumprimento, ainda assim, faz permanecerem hígidos os efeitos pretendidos com a disciplina obrigacional, trata-se de cláusula penal moratória. Tal apuração apenas pode ser realizada a partir da interpretação em concreto do ajuste, identificando a razão justificadora da própria relação obrigacional" ABÍLIO, Vivianne da Silveira. **Cláusulas penais moratória e compensatória: critérios de distinção**. Belo Horizonte: Fórum, 2019, p. 181.

[416] PONTES DE MIRANDA, Francisco Cavalcanti. **Tratado de Direito Privado**. t. 26. 2. ed. Rio de Janeiro: Borsoi, 1959, pp. 65-66.

dade, não há pensar-se em invocação do artigo 918 [atual artigo 410 do Código Civil]"[417].

Devemos considerar não apenas os casos em que o contrato é vago, mas também aqueles em que o uso das expressões *compensatória*, *não compensatória* ou *moratória* não é compatível com o teor das cláusulas penais. Atribui-se parte do problema às já mencionadas confusões de classificação e catalogação incorridas frequentemente pela doutrina.

O termo *compensatória* pode ter sido utilizado conforme a classificação doutrinária, para se referir ao efeito substitutivo previsto no artigo 410 do Código Civil, ou pode ter sido utilizado apenas em seu sentido etimológico, para referir-se à compensação de inadimplemento meramente pontual, tratando-se de penalidade de efeito cumulativo.

O termo *não compensatória* pode se referir, por ideia de oposição, às cláusulas penais *moratórias*, de acordo com classificação usualmente adotada pela doutrina — no sentido de cumulativas (que efetivamente podem ter natureza compensatória em relação a inadimplemento pontual) — ou pode ter sido utilizado para especificar a natureza exclusivamente punitiva de cláusula relacionada à inadimplemento pontual, não prejudicial à obrigação principal, que também terá efeito cumulativo, mas não afastará a exigência de perdas e danos.

Por fim, o simples emprego do termo *moratória* pode equivaler às cláusulas cumulativas, se utilizada a classificação doutrinária típica, ou pode dizer respeito à cláusula efetivamente relacionada à mora, que poderá ter efeito tanto substitutivo quanto cumulativo, ao contrário do que defendem, em geral, as clássicas disposições doutrinárias.

Todas as imprecisões mencionadas podem ser agravadas, ainda, se a utilização das expressões estiver acompanhada de previsão expressa do texto legal que, na prática, seja incompatível com os efeitos pretendidos pelas partes e permitidos pela lei.

Por se tratar de ocorrência comum na prática contratual, podem ser encontrados comentários doutrinários sobre estas imprecisões, os quais

[417] PONTES DE MIRANDA, Francisco Cavalcanti. **Tratado de Direito Privado**. t. 26. 2. ed. Rio de Janeiro: Borsoi, 1959, p. 66. O autor fornece ainda o critério segundo o qual "se foi estipulado que a infração de qualquer cláusula daria ensejo à resolução do contrato e se estabeleceu cláusula penal para a infração de qualquer das cláusulas, entende-se que se fez substitutiva, compensatória, a pena". PONTES DE MIRANDA, Francisco Cavalcanti. **Tratado de Direito Privado**. t. 26. 2. ed. Rio de Janeiro: Borsoi, 1959, p. 67.

priorizam o respeito à declaração de vontade das partes, desde que não afastem fundamentos básicos de moral e justiça:

> Há os casos de qualificação expressa e os de tácita. Nos primeiros, porém, ainda podem surgir dúvidas, — as partes declararem expressamente que a multa seria moratória, mas, a sua natureza intrínseca denuncia o artificio, a que o devedor se teve de submeter em triste conjuntura.
> É possível nesse conflito de qualificação dar preferência ao texto contratual, ou o dispositivo legislativo é imperativo?
> Do confronto dos preceitos, que instruem o sistema da cláusula penal, se verifica que a intenção do legislador foi fiscalizar a declaração da vontade para que as regras fundamentais de moral e justiça não fossem postergadas.
> E a jurisprudência assim tem observado; ainda que as partes hajam consignado a cláusula moratória, ela não pode ser cumulada, quando evidentemente tiver a natureza compensatória[418].

Uma das alternativas sugeridas pela doutrina, para classificação da cláusula penal em contratos marcados pela falta de clareza e precisão[419] consiste na verificação do valor previsto na cláusula em comparação ao da obrigação principal, pois "as partes, naturalmente, graduam o valor da pena, segundo a função que ela tiver"[420]. Se a cláusula penal expressa valor que se aproxima ao da obrigação principal, presume-se que possa

[418] Azevedo, José Philadelpho de Barros e. Da cláusula penal. **Revista de Direito Civil Contemporâneo**, v. 13, pp. 469- 482, out.-dez. 2017.

[419] Carlos Roberto Gonçalves ressalta a precariedade desse tipo de análise, sugerindo que deve ser utilizado apenas em casos de efetiva dúvida: "Quando o contrato não se mostra muito claro, costuma-se atentar para o montante da multa, a fim de apurar a natureza da disposição. Se de valor elevado, próximo do atribuído à obrigação principal, entende-se que foi estipulada para compensar eventual inadimplemento de toda a obrigação. Se, entretanto, o seu valor é reduzido, presume-se que é moratória, porque os contratantes certamente não iriam fixar um montante modesto para substituir as perdas e danos decorrentes da inexecução total da avença. Tal critério, contudo, somente pode ser aplicado em caso de dúvida, por falta de clareza e precisão do contrato". Gonçalves, Carlos Roberto. **Direito das obrigações — parte geral**. 16. ed. São Paulo: Saraiva, 2015, p. 388.

[420] Bevilaqua, Clovis. **Código Civil dos Estados Unidos do Brasil Commentado**. 3. ed. v. 4. São Paulo: Livraria Francisco Alves, 1943, p. 67.

ter o efeito de substituí-la, classificando-se como substitutiva. Caso contrário, entende-se ser cumulativa[421].

Esse critério pode ser útil em diversos casos, mas nem sempre será suficiente para solucionar o problema, como, por exemplo, nas situações em que não é possível estimar o valor da obrigação principal. Também nos casos de cláusulas em segurança especial de determinada obrigação, pode surgir a dúvida sobre o parâmetro de comparação, ou seja, se é ao da obrigação principal ou da expressão econômica da cláusula específica para a qual a penalidade foi fixada.

No caso específico de cláusulas penais cumulativas por mora, ainda que sem referência expressa à classificação, podem ter indícios na redação do contrato quanto à contabilização da pena que facilitem a sua identificação, como "a expressão por dia de demora, usada pelas partes, a insignificância da prestação em relação ao valor do contracto, a fixação da quantia por unidade de tempo transcorrido"[422].

A doutrina sugere, ainda, outro método para auxiliar na identificação da classificação da cláusula penal, a partir da verificação da modalidade da obrigação principal, ou seja, se a pena foi fixada para o descumprimento de uma obrigação de dar, fazer, ou não fazer.

De acordo com Caio Mário, penas fixadas para o descumprimento de uma obrigação de dar, em geral, são cumulativas, pois, nessas hipóteses, seria presumível a possibilidade de execução específica contra a vontade do devedor[423]. Nesse particular, a própria exceção prevista pelo autor ("salvo se houver perecimento culposo do objeto ou recusa de cumprir

[421] Nesse sentido: "Se o valor da multa é reduzido, presume-se que tenha natureza moratória, pois os contratantes normalmente não fixam valor modesto para compensar perdas e danos decorrentes da inexecução total daquilo que ajustaram". BDINE JR., Hamid Charaf. *In*: Peluso, Cezar (coord.). **Código Civil Comentado**: doutrina e jurisprudência: Lei n. 10.406, de 10.01.2002: contém o Código Civil de 2016. 12. ed. Barueri: Manole, 2018.

[422] Continentino, Múcio. **Da cláusula penal no direito brasileiro**. São Paulo: Livraria Acadêmica Saraiva, 1926, p. 290.

[423] "A pena que acompanha a *obligatio dandi* em qualquer das suas modalidades (dar, entregar, restituir) é, normalmente, moratória, pois que em regra cabe execução específica ou cominação de entregar, mesmo que o devedor não o queira fazer, e, então, a penal visa a punir o retardamento na entrega, salvo se houver perecimento culposo do objeto ou recusa de cumprir insuprível judicialmente, porque, então, não se pune o atraso, mas compensa-se o dano sofrido pelo credor, em razão de não receber a coisa devida." Pereira, Caio Mário da Silva. **Instituição de direito civil**. v. 2. Atual. Guilherme Calmon Nogueira da Gama (coord.) 29. ed. Rio de Janeiro: Forense, 2017, p. 148.

insuprível judicialmente") revela que o critério não afasta por completo as dificuldades de identificação da natureza da cláusula penal.

Em casos de obrigações de dar coisa infungível ou de dar coisa fungível, porém inutilizável após determinado prazo, poderá ser necessário avaliar se a cláusula penal foi fixada para o caso de atraso na entrega, quando ela será devida em conjunto à obrigação, ou para casos como o perecimento culposo ou a perda do interesse do credor, quando a penalidade substituirá a obrigação inadimplida.

Pense-se no corriqueiro exemplo do vestido de casamento. O negócio jurídico pode ter fixado uma data anterior ao casamento para que o vestido fosse entregue pelo vendedor. O descumprimento da data acordada fará o vendedor incorrer em mora, mas, caso a obrigação não seja cumprida até o momento do casamento, restará caracterizado o inadimplemento absoluto da obrigação, em decorrência da perda de interesse do credor.

Pode ser necessário, então, verificar se, no caso concreto, a cláusula penal foi fixada para a mora ou para o inadimplemento absoluto da obrigação. Como se verificará no subcapítulo a seguir, nada impede que essa mesma obrigação de entregar o vestido esteja sujeita a duas cláusulas penais, sendo uma cumulativa para o caso de entrega entre a data acordada e a data do casamento, e a outra substitutiva para a hipótese de o vestido não ser entregue até o momento do casamento.

Portanto, em situações como essa, o critério da modalidade da obrigação principal não será suficiente. Será necessário recorrer a outros fatores, como, por exemplo, a mencionada avaliação sobre o valor da cláusula penal.

Situação similar poderá ocorrer com as obrigações de não fazer. Também de acordo com Caio Mário, a cláusula penal relativa a uma obrigação de não fazer seria substitutiva "porque, consistindo o inadimplemento em uma ação proibida, o simples fato de praticar o que estava interdito constitui infração integral, que a penalidade ajustada compensará"[424].

Temos a percepção, entretanto, de que a regra não é exaustiva, pois, mesmo nos casos de obrigação de não fazer, poderá emergir o questio-

[424] PEREIRA, Caio Mário da Silva. **Instituição de direito civil**. v. 2. Atual. Guilherme Calmon Nogueira da Gama (coord.) 29. ed. Rio de Janeiro: Forense, 2017, p. 148.

namento sobre a natureza cumulativa ou substitutiva da cláusula penal. Por um lado, é inquestionável que "não se pode falar de mora nas obrigações de não fazer. Uma vez que a obrigação de abster-se a prática do ato consuma a contravenção"[425]. Por outro, a circunstância de uma obrigação não comportar mora é insuficiente para afastar a possibilidade de ser fixada uma pena em acréscimo à reparação pelo seu inadimplemento absoluto.

Basta imaginarmos as cláusulas de não concorrência ou de não aliciamento. Em uma operação de aquisição de controle societário, o vendedor assume a obrigação de não exercer atividade similar por determinado período. Descumprida tal obrigação, poderá surgir a dúvida se a cláusula penal substitui a obrigação de não concorrência, ou se, ao contrário, o credor terá direito ao recebimento da penalidade e, ainda, a adotar medidas visando a compelir o devedor a encerrar a atividade proibida e a permanecer sem realizá-la.

Em razão da relevância deste tipo de disposição para toda a lógica econômica do negócio, na maioria dos casos, a cláusula penal será devida de forma conjunta à obrigação de não concorrência. No entanto, nada obsta que a intenção das partes tenha sido a de fixar a cláusula penal em caráter substitutivo da obrigação. Também nesse caso, o valor da penalidade poderá se revelar critério de maior utilidade do que o da simples verificação da modalidade da obrigação principal.

No caso das obrigações de fazer, o próprio autor aponta a inaplicabilidade do critério de verificação da modalidade da obrigação principal, pois, ainda que entenda, em regra, como substitutivas as cláusulas penais respectivas, ele reconhece que "não há, porém, incompatibilidade nenhuma entre a penal moratória e a *obligatio faciendi*, quando o que se quer punir é a impontualidade da execução"[426].

Vivianne Abílio apresenta, ainda como possível critério auxiliar na identificação da natureza da estipulação em concreto a verificação sobre a presença de uma cláusula resolutiva expressa, pois, de acordo com a pertinente observação da autora, "tratando-se de circunstância prevista como essencial ao programa obrigacional ao ponto de ensejar a forma-

[425] Alvim, Agostinho. **Da inexecução das obrigações e suas conseqüências**. 3. ed. São Paulo: Jurídica e Universitária, 1965, p. 55.

[426] Pereira, Caio Mário da Silva. **Instituição de direito civil**. v. 2. Atual. Guilherme Calmon Nogueira da Gama (coord.) 29. ed. Rio de Janeiro: Forense, 2017, p. 148.

ção de direito de dissolução do vínculo, eventual multa contratual que possa acompanhar tais disposições caracteriza-se como cláusula penal compensatória", terminologia que, como temos defendido, refere-se à cláusula substitutiva[427].

Conclui-se, assim, que a identificação da natureza da cláusula penal representa tarefa complexa que deve ser realizada à luz dos fatos concretos, com a observação da efetiva intenção das partes e da lógica econômica do negócio jurídico. Quando a análise dessas características não estiver clara, diante da complexidade ou da imprecisão das disposições contratuais, passa a ser necessária a observação de outros fatores subsidiários, como os valores envolvidos ou a natureza das obrigações contidas no contrato e "todos os demais indícios que sirvam a conduzir o intérprete no processo hermenêutico de qualificação"[428].

4.3 Regime substitutivo

O regime substitutivo é aquele em que a cláusula penal "afasta a pretensão ao adimplemento ou à indenização por perdas e danos na medida em que ocorre a substitutividade"[429]. O regime substitutivo previsto no art. 410, portanto, indica como regra geral que, no caso do inadimplemento absoluto da obrigação, outra prestação será devida ao credor. Nos termos delineados por Pinto Monteiro,

> A pena substitui a obrigação de indemnizar, não porque seja ela própria a indemnização predeterminada entre as partes, antes porque constitui uma outra prestação, que o credor poderá exigir, em certas condições, em vez daquela que inicialmente era devida. Assim, ao exigir essa outra prestação — ou seja, a pena — esta passa a ocupar o lugar da prestação inicial — que substitui —, pelo que não faria sentido pretender o credor, ao mesmo tempo, o cumprimento desta última ou a indemnização pelo seu não cumprimento.

[427] Abílio, Vivianne da Silveira. **Cláusulas penais moratória e compensatória: critérios de distinção.** Belo Horizonte: Fórum, 2019, p. 173.

[428] Konder, Carlos Nelson. Arras e cláusula penal nos contratos imobiliários. Rio de Janeiro, **Revista dos Tribunais**, v. 4, pp. 83-104, mar.-abr. 2014.

[429] Martins-Costa, Judith. **Comentários ao novo Código Civil**: do inadimplemento das obrigações. (coord.) Teixeira, Sálvio de Figueiredo. v. 5. t. 2. Rio de Janeiro: Forense, 2003, p. 641.

> Por outras palavras, ao ser celebrado o acordo, a fim de pressionar o devedor a cumprir, o credor estipula uma sanção, que o primeiro aceita, nos termos da qual fica legitimado a exigir uma prestação mais gravosa, em alternativa à prestação inicial, uma vez não satisfeita esta. Trata-se, portanto, de uma ameaça exercida através de uma forma de satisfação alternativa do interesse do credor, sem que a mesma passe pela via indemnizatória, uma vez que ela é prosseguida por uma outra prestação — que nem tem de ser pecuniária, embora normalmente revista esta índole —, ao lado da que é inicialmente devida"[430]

De acordo com o artigo 410 do Código Civil, tal regime será observado quando a cláusula penal for estabelecida para o "total inadimplemento da obrigação" e, terá como consequência "converter-se-á em alternativa a benefício do credor". Para a exata compreensão do regime da cláusula penal substitutiva, necessário analisar o que se pode entender por "total inadimplemento" e o sentido e o alcance da expressão "converter-se-á em alternativa a benefício do credor".

4.3.1 *A abrangência do conceito "total inadimplemento da obrigação"*

Como já debatido, a ideia em torno da cláusula penal prevista no artigo 410 é a de substituir uma obrigação. Para que ela ocorra, podem ser configuradas diferentes hipóteses. A mais intuitiva é a da completa impossibilidade ou inutilidade de cumprimento da obrigação, como, por exemplo, pelo seu perecimento, por culpa do devedor. Trata-se de hipótese típica de inadimplemento absoluto. Nessa hipótese, a cláusula penal substituirá a obrigação inadimplida em definitivo — ou funcionará como mínimo indenizatório, caso pactuada a indenização suplementar — com o diferencial de que ao credor não restará qualquer alternativa quanto à obrigação natural.

Contudo, se essa fosse a única causa para o efeito substitutivo o legislador não teria optado por termo diferente e simplesmente teria feito constar do artigo 410 "inadimplemento absoluto da obrigação". Além disso, essa não é a única causa do efeito substitutivo, pois, na hipótese de inadimplemento absoluto, não há "alternativa", no sentido de opção, para o credor. Tratando-se da absoluta impossibilidade ou inu-

[430] Monteiro, António Joaquim de Matos Pinto. **Cláusula penal e indemnização**. Coimbra: Almedina, 1990, p. 613.

tilidade de recebimento da obrigação, a sua única opção será o recebimento da cláusula penal.

Entretanto, uma das "alternativas" a que se refere o artigo 410 envolve a busca pela prestação in natura, a qual, no caso de inadimplemento absoluto, não mais se revela possível[431]. Em outras palavras, a principal situação prevista no artigo 410 é aquela em que a cláusula penal foi prevista de forma substitutiva a uma obrigação integralmente inadimplida, mas ainda é possível de ser cumprida, pois remanesce o interesse do credor no seu recebimento. Caso seja do seu interesse, o credor poderá perseguir o cumprimento da obrigação natural, valendo-se dos meios conferidos pelo ordenamento para viabilizar a execução específica. Contudo, como não é obrigado a permanecer indefinidamente aguardando o cumprimento da prestação in natura, o credor terá resguardado o direito de desistir da mesma e receber em seu lugar a cláusula penal.

O inadimplemento absoluto pode ser causado pela perda de utilidade da prestação para o credor; como visto, a perda total da utilidade pode decorrer do inadimplemento parcial (em sentido de extensão) ou do inadimplemento relativo (em sentido de defeituoso). Mesmo que, em tese, o devedor ainda pudesse "completar" ou "consertar", posteriormente, o cumprimento dessa obrigação, fica a cargo do credor avaliar a permanência da sua utilidade e consequente possibilidade de adimplemento.

Essa avaliação, entretanto, não é arbitrária, conforme pode ser depreender do Enunciado nº. 162 da III Jornada de Direito Civil do Centro de Estudos jurídicos da Justiça Federal: "a inutilidade da prestação que autoriza a recusa da prestação por parte do credor deverá ser aferida objetivamente, consoante o princípio da boa-fé e da manutenção do sinalagma, e não de acordo com o mero interesse subjetivo do credor"[432].

[431] "No caso da cláusula penal prevista no artigo 410, segue sendo possível a pretensão ao pagamento conforme previsto no título. É exatamente por isso que o preceito atribui a alternativa ao credor entre exigir a prestação ou exigir a pena e, dessa forma, se o credor mantiver o interesse na prestação e exigi-la, não haverá inadimplemento absoluto, mas a mora" Silva, Jorge Cesa Ferreira da. **Inadimplemento das obrigações**: comentários aos arts. 389 a 420 do Código Civil. Biblioteca de Direito Civil: estudos em homenagem ao Professor Miguel Reale São Paulo: RT, 2007, p. 259.

[432] Pertinentes a esse respeito as lições de Ruy Rosado: "Como a utilidade deriva da capacidade da coisa ou do ato em satisfazer o interesse do credor, temo que a prestação inútil

Necessário, portanto, distinguir o inadimplemento absoluto do "inadimplemento total" referido pelo artigo 410, o que é feito por Martins-Costa nos seguintes termos:

> O inadimplemento "total" não se confunde com o inadimplemento dito "absoluto": critérios distintos comandam o uso de um ou de outro qualificativo. O inadimplemento absoluto, também dito "definitivo", é o caracterizado pela situação em que a obrigação não foi cumprida, nem mais poderá sê-lo, "em razão da impossibilidade absoluta e total, ou da perda da utilidade da prestação, para o credor". Seu traço característico é a irrecuperabilidade da falta atribuída ao devedor. Pode decorrer da violação de obrigação principal ou acessória, podendo atingir toda a prestação, ou apenas parte dela. A distinção básica opera, em termos relacionais, com a mora, que é o inadimplemento imputável não-definitivo, isto indicando que a prestação, embora não cumprida na forma, tempo e lugar convencionados, ainda poderá sê-lo, com utilidade para o credor.
>
> Diferentemente, o inadimplemento total é comandado pelo critério da extensão relativamente às obrigações assumidas ainda que essa extensão seja mensurada em conformidade aos interesses do credor na prestação. Indica-se, pois, com essa expressão, que nenhuma das obrigações assumidas foi cumprida, não se tendo realizado, sequer parcialmente, os interesses do credor. Em termos relacionais, na sua antípoda está o inadimplemento parcial[433].

Assim, o regime substitutivo poderá abranger tanto situações de inadimplemento absoluto, nas quais "o devedor não pode mais cumprir

— que pode ser enjeitada e levar à resolução do contrato e mais perdas e danos — é a feita com atraso ou imperfeições tais que ofendam substancialmente a obrigação, provocando o desaparecimento do interesse do credor, por inutilidade. Ao reverso, quando não obstante a mora, o cumprimento ainda é possível e capaz de satisfazer basicamente o interesse do credor ou quando, apesar da imperfeição do cumprimento, parcial ou com defeito, foram atendidos os elementos objetivos e subjetivos a serem atingidos pelo cumprimento, diz-se que o adimplemento foi substancial e atendeu às regras dos arts. 394, 935 e 389 do código civil, afastando-se a resolução. Aguiar Júnior, Ruy Rosado de. Extinção dos contratos por incumprimento do devedor. Rio de Janeiro: AIDE Editora, 2004, p. 90.

433 Martins-Costa, Judith. **Comentários ao novo Código Civil**: do inadimplemento das obrigações. (coord.) Teixeira, Sálvio de Figueiredo. v. 5. t. 2. Rio de Janeiro: Forense, 2003, p. 645.

a prestação (seja porque não é possível, seja porque nela não há mais utilidade ou vantagem ao credor)"[434], inexistindo, nestes casos, qualquer alternativa que não o recebimento da cláusula penal, quanto nos casos em que, conquanto a obrigação ainda seja possível de ser cumprida, ela se encontra totalmente inadimplida, tendo a cláusula penal sido fixada para substituí-la, hipótese em que o credor poderá optar entre perseguir o cumprimento da obrigação, ou dela desistir e receber a cláusula penal.

Importante atentar para a circunstância de que o inadimplemento total referido pelo artigo 410 não se circunscreve ao inadimplemento de todo o contrato, podendo abranger, também, o inadimplemento total de determinada cláusula. Como já referimos, os artigos 410 e 411 do Código Civil são dispositivos, de modo que nada impede a adoção do regime substitutivo vinculado ao descumprimento de uma cláusula determinada, e não de todo o contrato[435]. O que estabelece, portanto, o artigo 410, é a substituição entre a cláusula penal e a obrigação integralmente descumprida, quando essa tiver sido a intenção dos contratantes.

4.3.2 *O sentido e o alcance da expressão "converter-se-á em alternativa a benefício do credor"*

Entendida a abrangência do pressuposto "total inadimplemento da obrigação", resta analisar a sua consequência, isto é, o sentido e o alcance da expressão "converter-se-á em alternativa a benefício do credor". A redação adotada pelo legislador poderia ter sido mais clara e de melhor rigor técnico, evitando as divergências interpretativas geralmente ocasionadas.

Nesse sentido, Múcio Continentino, ao analisar o artigo 918 do Código Civil de 1916 (artigo 410 do Código Civil), já ressaltava a defi-

[434] NEVES, José Roberto de Castro. **Direito das obrigações**. 2. ed. Rio de Janeiro: GZ, 2009, pp. 309-310.

[435] "Além do mais, as partes podem conectar a cláusula penal apenas ao inadimplemento de uma, ou de algumas, das obrigações pactuadas no contrato, mas não da totalidade do contrato. Em ambas as hipóteses o "total inadimplemento" aludido no artigo 410 não estará referido ao "total inadimplemento do contrato", mas conecta-se ao total inadimplemento de certa obrigação, seja o não-cumprimento respeitante à determinada parte, seja de obrigação especialmente destacada no contrato". MARTINS-COSTA, Judith. **Comentários ao novo Código Civil**: do inadimplemento das obrigações. (coord.) TEIXEIRA, Sálvio de Figueiredo. v. 5. t. 2. Rio de Janeiro: Forense, 2003, p. 645.

ciência na redação do dispositivo, em razão do "mau emprego nelle feito, da palavra alternativa", e advertia que "esse erro de technica deturpa completamente o sentido da regra legal e occasiona na prática confusões profundamente nocivas"[436].

A primeira confusão diz respeito ao próprio rigor técnico (ou da falta dele) no emprego da palavra "alternativa", que poderia levar à equivocada conclusão de semelhança do regime das cláusulas penais com o das obrigações alternativas. Ocorre que, em obrigações alternativas, apresentam-se opções de adimplemento ao devedor (artigo 252 do Código Civil). Aplicando-se às cláusulas penais, seria dizer que ficaria a cargo do devedor optar por cumprir a obrigação ou submeter-se à penalidade, o que, na realidade, não se admite[437].

No caso das cláusulas penais, tanto sob a perspectiva do credor, como do devedor, não existe alternatividade. Passa-se a cogitar a cláusula penal apenas a partir do inadimplemento[438], quando o credor, e apenas

[436] O autor relata a tentativa de correção da redação ainda na tramitação do Código Civil de 1916: "O artigo 1065 do projeto Bevilaqua estava assim redigido: 'Quando a clausula penal for estipulada para o caso de inexecução completa da obrigação, esta se converte em alternativa para o credor'. Essa redacção foi mantida no artigo 1.062 do projecto revisto. Mas, no parecer extraparlamentar de Amaro Cavalcanti, este propunha substituírem-se as palavras 'esta se converte em alternativa para o credor', pelas seguintes 'o credor pode, ao seu arbítrio, pedir o cumprimento da obrigação ou da cláusula penal'. E justificava a emenda: 'Além disto, é de notar que a expressão — alternativa — empregada no artigo 1.065, nada tem de recomendável; ella é evidentemente impropria, incorrecta, porque não se trata aqui de obrigação alternativa'. O deputado Oliveira Figueiredo não aplaudiu a emenda Amaro Cavalcanti, sustentando que a modificação do texto era inútil: 'Não é exatamente o que se dá com a obrigação alternativa, quando a escolha da prestação pertença ao credor?' E assim ficou desatendido o justo reparo de A. Cavalcanti, permanecendo no texto vigente do artigo 919 a palavra alternativa". CONTINENTINO, Múcio. **Da cláusula penal no direito brasileiro**. São Paulo: Livraria Acadêmica Saraiva, 1926, p. 242.

[437] "A expressão 'a benefício do credor' significa que a escolha de uma das alternativas compete ao credor e não ao devedor. Não pode este dizer que prefere pagar o valor da cláusula penal a cumprir a prestação. Quem escolhe a solução é aquele, que pode optar por esta última, se o desejar". GONÇALVES, Carlos Roberto. **Direito das obrigações** — parte geral. 16. ed. São Paulo: Saraiva, 2015, p. 388.

[438] "Com efeito, na obrigação alternativa a benefício do credor, este já possui, desde o nascimento da obrigação, a opção entre uma, entre duas ou mais prestações; no caso em pauta, a possibilidade de escolha entre a execução específica e a multa só surge após o inadimplemento" ARAI, Rubens Hideo. Cláusula penal. *In*: (org.) LOTUFO, Renan; NANNI, Giovanni Ettore. **Obrigações**. São Paulo: Atlas, 2011, p. 735.

ele, passará a ter duas opções: persistir no cumprimento da obrigação natural pelo devedor ou exigir a penalidade.

Tratando-se de obrigações alternativas, na perda de uma das opções de adimplemento, o devedor simplesmente perde seu poder de escolha, mas continua obrigado, ou seja, ainda deverá cumprir a outra opção de adimplemento.

Nas cláusulas penais, somente o credor é quem tem opções, e apenas após o inadimplemento. Assim, se a perda se deu por fortuito, não há inadimplemento e o devedor estará liberado da obrigação. Não se cogita, no regime das cláusulas penais, obrigar o devedor ao pagamento da penalidade em razão de causa que não lhe possa ser imputada.

Além do problema quanto à classificação do tipo de regime obrigacional decorrente das cláusulas penais substitutivas, o uso da expressão "alternativa em benefício do credor" pode gerar dúvidas em relação às opções que o credor terá a partir do inadimplemento.

De fato, como indica Bdine Junior, da referida expressão, surge a dúvida sobre qual dentre duas alternativas está sendo concedida em favor do credor: "a) desistir da cláusula e provar os prejuízos em valor que a ultrapassem; ou b) perseguir a cláusula e exigir o cumprimento da própria prestação"[439].

Apesar da redação do artigo levar, compreensivelmente, a tais dúvidas, entendemos, em harmonia ao posicionamento majoritário da doutrina, que nenhuma das referidas opções é possível.

Para Otavio Rodrigues, "o sentido dessa alternatividade *vinca-se, sic et simpliciter*, à opção do credor em executar o contrato e demandar a pena compulsória, ou, trilhar a vereda da remorada instrução probatória, requerendo perdas e danos"[440].

Carlos Gonçalves defende que "a alternativa que se abre para o credor é: a) pleitear a pena compensatória, correspondente à fixação antecipada dos eventuais prejuízos; ou b) postular o ressarcimento das

[439] Bdine Jr., Hamid Charaf. *In*: Peluso, Cezar (coord.). **Código Civil Comentado**: doutrina e jurisprudência: Lei n. 10.406, de 10.01.2002: contém o Código Civil de 2016. 12. ed. Barueri: Manole, 2018.

[440] Rodrigues Junior, Otavio Luiz. **Natureza, função e modificação da cláusula penal no direito civil brasileiro**. São Paulo. 418 p. Tese (Doutorado em Direito) Faculdade de Direito da Universidade de São Paulo (USP), São Paulo, 2006, p. 171.

perdas e danos, arcando com o ônus de provar o prejuízo; ou, ainda, c) exigir o cumprimento da prestação"[441].

De forma similar, Silvio Rodrigues entende que a alternativa referida no artigo 410 permite ao credor "recorrer ao procedimento ordinário e pleitear perdas e danos, nos termos do artigo 389 do Código Civil, os quais serão calculados em juízo, ou pode, se preferir evitar as canseiras e delongas de uma ação judicial, demandar somente a importância da multa"[442].

De fato, conforme ressaltado por essa corrente, nos casos em que o inadimplemento tenha sido caracterizado pela impossibilidade da prestação, ao credor não restará qualquer alternativa que não seja o recebi-

[441] Para o autor, o abandono da cláusula penal e a busca pelas perdas e danos será a alternativa adotada pelo credor no caso de entender que a penalidade não suficiente para a reparação de seus prejuízos efetivos: "Da mesma forma, não pode o credor pretender aumentar o seu valor, a pretexto de ser insuficiente. Resta-lhe, neste caso, deixar de lado a cláusula penal e pleitear perdas e danos, que abrangem o dano emergente e o lucro cessante. O ressarcimento do prejuízo será, então, integral. A desvantagem é que terá de provar o prejuízo alegado. Se optar por cobrar a cláusula penal, estará dispensado desse ônus. Mas o ressarcimento pode não ser integral, se o quantum fixado não corresponder ao valor dos prejuízos". GONÇALVES, Carlos Roberto. **Direito das obrigações** — parte geral. 16. ed. São Paulo: Saraiva, 2015, p. 388.

[442] O autor defende o seu entendimento mediante as seguintes considerações: "Segundo a tese que ora sustento, esse dispositivo em nada inovou o direito brasileiro, antes reafirmou solução que já se encontrava no Código Civil. Com efeito, se o artigo 410 do Código determina que a cláusula compensatória constitui uma alternativa para o credor, em caso de inadimplemento absoluto, é evidente que lhe defere a prerrogativa de preferir a indenização do prejuízo, quando este, sendo maior que a pena, for suscetível de prova; caso contrário, nenhuma alternativa ficaria aberta ao credor quando a prestação se houvesse tornado impossível, por culpa do devedor. A interpretação contrária à que alvitro decorre, a meu ver e data venia, de uma confusão entre a natureza da cláusula penal e a da multa *poenitentialis*. Esta é que defere a qualquer das partes a deserção do contrato mediante o pagamento da multa, enquanto aquela constitui benefício exclusivo do credor. Tal distinção entre a cláusula penal e a multa *poenitentialis* é tradicional e se encontra marcada no Código francês. Enquanto este trata da cláusula penal sob rubrica desse nome, nos arts. 1.226 e s., cuida da multa penitencial no artigo 1.152, acima transcrito, que se subordina à rubrica referente às perdas e danos resultantes da inexecução. Enquanto a multa penitencial representa o máximo de indenização a que o faltoso pode ser condenado, pois lhe cabe o direito de pagá-la para ilidir o cumprimento da obrigação, isso não ocorre quando se trata de cláusula penal. Esta constitui um benefício do credor, que a pode exigir se quiser, ou preferir valer-se da regra geral do artigo 389 do Código Civil, pleiteando a condenação do inadimplente em perdas e danos". RODRIGUES, Silvio. **Direito civil**: parte geral das obrigações. v. 2. São Paulo: Saraiva, 2002, p. 264.

mento da cláusula penal. Essa seria, portanto, a única forma de conferir sentido à expressão "alternativa" contida no artigo 410.

Entretanto, em nosso entendimento, permitir ao credor abandonar a cláusula penal e reclamar o prejuízo integral acabaria por inutilizar o instituto. Esta possibilidade significa considerar que a lei propôs o estabelecimento de uma relação contratual com excessiva desproporcionalidade de forças. Apenas o credor teria o direito de ignorar o tempo e o esforço empreendidos conjuntamente pelas partes quando da elaboração do negócio.

Conforme elucida J. M. de Carvalho Santos, uma estipulação contratual firmada em comum acordo pelas partes "não pode ser, em absoluto, posta à margem pela vontade de um só dos contratantes. É uma cláusula do contrato, que, como se sabe, prevalece até o momento em que as partes contratantes o revogarem"[443]. Além disso, não se trata, apenas, de conferir poderes excessivos ao credor, mas de retirar qualquer vantagem do instituto para o devedor. Afinal, se o credor puder simplesmente abandonar a cláusula penal, não haverá motivo para o devedor despender tempo e esforço em uma estimativa, em comum acordo, do valor das perdas e danos.

Para qualquer contratante, só fará sentido se submeter a exceções quanto aos seus direitos expressamente previstos em lei quando se oferecer contrapartida suficiente. O caso das cláusulas penais não é diferente. A parte abre mão do direito de buscar reparação na exata medida dos danos sofridos, sob a promessa de que evitará qualquer discussão sobre o tema e, consequentemente, um longo e dispendioso procedimento para tanto. Na forma vigente, o instituto das cláusulas penais substitutivas traz vantagem às duas partes.

Se o valor da cláusula for menor que o prejuízo efetivo, o benefício para o devedor consistirá em vantagem econômica. Já o benefício para o credor, apesar do recebimento de valor inferior, consiste no fato de que não enfrentará demorado litígio, com o ônus de produção de prova, para alcançar o valor de sua reparação. Se o valor da cláusula for maior que o prejuízo efetivo, o devedor não obterá qualquer vantagem econômica, mas, ao menos, liberar-se-á da obrigação de forma mais rápida e simples.

[443] Santos, J. M. de Carvalho. **Código Civil brasileiro interpretado, principalmente do ponto de vista prático**. 13. ed. v. XI. Rio de Janeiro: Freitas Bastos S.A, 1986, p. 324.

Contudo, caso se admitisse o abandono da cláusula para obtenção de reparação em valor superior, não restaria qualquer benefício ao devedor, o qual terá por desperdiçados o tempo e esforço despendidos na estipulação da cláusula uma vez que enfrentará, de qualquer forma, longo e custoso procedimento — o qual, reitera-se, tinha optado, em comum acordo, evitar —, para, ao fim, ainda responder por valor superior ao provisionado. Assim sendo, o instituto, claramente, seria excessivamente prejudicial ao devedor[444].

Considera-se, ainda, que permitir ao credor devolver a matéria ao crivo do Poder Judiciário, a despeito do que havia sido previamente contratado, não significaria um retrocesso apenas para as partes, mas para o direito em geral. Isso, pois, permitir a intervenção estatal na vontade das partes, mesmo quando expressamente e em comum acordo a recusaram, significaria enorme retrocesso à liberdade negocial conferida pela lei[445].

Pelo exposto, entendemos que a alternativa conferida ao credor pelo artigo 410 do Código Civil consiste na escolha entre exigir desde logo o pagamento da cláusula penal, abandonando, definitivamente, a obrigação principal, ou, então, perseguir o cumprimento da obrigação principal, adotando os remédios jurídicos adequados a esse fim, conforme a natureza da obrigação[446]. O mesmo se dará quando a cláusula penal

[444] "Poderá, sem dúvida, acontecer que a pena convencionada seja inferior ao prejuízo realmente sofrido pelo credor. Pensam alguns que, neste caso, a lei deve permitir-lhe reclamar, além da pena, o restante do prejuízo. O sistema do Código não admite, porém, essa cumulação da pena e de suplemento de perdas e danos, que tiraria à cláusula penal uma de suas principais vantagens, que é a prévia determinação das perdas e danos, e a conseqüente simplificação do processo, dispensando a liquidação". Beviláqua, Clóvis. **Código Civil (LGL\2002\400) dos Estados Unidos do Brasil**. 5. ed. v. IV, n. 70 e 71, 1938, p. 110.

[445] Admitir tal pretensão do credor "destróe uma das vantagens irrecusáveis da pena, suprime a preavaliação da indemnização feita pelas partes, repõe na competência dos tribunaes a faculdade que as partes se atribuíram no uso de um direito expressamente reconhecido". Continentino, Múcio. **Da cláusula penal no direito brasileiro**. São Paulo: Livraria Acadêmica Saraiva, 1926, p. 244.

[446] "A cláusula penal de tipo compensatória prevê uma prestação que pode ser exigida do devedor em lugar da prestação principal. Assim, diante do inadimplemento, a cláusula abre uma alternativa ao credor: ou bem ele persiste buscando a execução específica da prestação, com perdas e danos pelo atraso, ou, se não lhe interessar mais a prestação principal atrasada (inadimplemento absoluto) tem a opção de exigir a prestação prevista pela cláusula penal, em substituição à obrigação principal". Konder, Carlos Nelson. Arras e cláusula penal nos contratos imobiliários. Rio de Janeiro, **Revista dos Tribunais**, v. 4, pp. 83-104, mar.-abr. 2014.

substitutiva for estipulada para o descumprimento de cláusula determinada. Neste caso,

> a expressão alternativa em benefício do credor diz respeito à alternativa entre exigir do devedor o cumprimento daquela cláusula ou exigir do devedor a cláusula penal, de modo que a cláusula penal converte-se em alternativa ao incumprimento, em benefício do credor, daquela cláusula, e não das demais obrigações pactuadas[447].

No caso em que "o credor se interessa pelo cumprimento da obrigação", ou seja, ainda a considera possível e útil, não deverá exigir a multa prevista na cláusula penal substitutiva, por se tratar de "indenização substitutiva". Se, ao contrário, não entender pela possibilidade e utilidade da obrigação principal e optar por exigir a multa, considera-se que "seu interesse assim se satisfaz, não lhe sendo dado, obviamente, insistir no cumprimento da obrigação principal"[448].

A escolha pelo cumprimento da obrigação principal não significa o afastamento do regime da cláusula penal, que poderá incidir a *posteriori*, quando a obrigação acabar por ser convertida em perdas e danos, seja por requerimento do credor ou por impossibilidade[449].

[447] Martins-Costa, Judith. **Comentários ao novo Código Civil**: do inadimplemento das obrigações. (coord.) Teixeira, Sálvio de Figueiredo. v. 5. t. 2. Rio de Janeiro: Forense, 2003, p. 660. Complementa a autora, o seguinte: "A afirmativa ficará mais clara se imaginarmos contrato que prevê várias obrigações, decidindo as partes resguardar com a cláusula penal apenas o inadimplemento de certa cláusula. Nesse caso, a "alternativa" referida no artigo 410 desaparece apenas quanto à cláusula especial a que se relaciona a multa. Quanto ao mais, o credor pode exigir o cumprimento da cláusula penal e mais o cumprimento das obrigações expressas nas cláusulas não reforçadas pela pena, podendo, quanto a essas, postular perdas e danos a serem fixados judicialmente, na medida em que, sendo a cláusula penal prevista para assegurar o cumprimento de uma cláusula contratual específica, não haveria configuração de inadimplemento total das obrigações contidas no inteiro contrato, mas, apenas, inadimplemento total de certa obrigação especialmente destacada no contrato. O fato de remanescerem outras obrigações passíveis de cumprimento em espécie, não retira ou suprime a alternatividade, haja vista que tal atributo está atrelado, exclusivamente, à cláusula (obrigação) assegurada pela cláusula penal".

[448] Gomes, Orlando. **Obrigações**. Revista, atualizada e aumentada, de acordo com o Código Civil de 2002, por Edvaldo Brito. Rio de Janeiro: Forense, 2007, p. 191.

[449] "Quer dizer que a este cabe o direito de escolher entre a exigência da pena, ou da obrigação principal. Escolhida a pena, desaparece a obrigação originária, e com ella o direito de pedir perdas e damnos, que já se acham prefixados na pena. Se o credor escolher o cumpri-

Quanto à eventual necessidade de indenização suplementar, o parágrafo único do artigo 416 do Código Civil superou a controvérsia e prestigiou a autonomia dos contratantes: a possibilidade de indenização suplementar deve ser expressamente convencionada no contrato; somente nestes casos, a indenização poderá ser superior à estabelecida pela cláusula penal, condicionada à prova do prejuízo excedente.

Assim, não se trata de afastar por absoluto o direito do credor de buscar indenização suplementar — o que, como reconhecido, poderia parecer injusto — apenas não se admite tal iniciativa do credor quando, inicialmente, assumiu o compromisso de se contentar com o valor pré-fixado na cláusula penal. Nesse sentido, Tatiana Magalhães Florence destaca que, por não se tratar de questão de ordem pública, não se verifica qualquer impeditivo à indenização suplementar[450] O problema do posicionamento doutrinário minoritário residiria apenas em considerar que o direito a essa suplementação poderia ser presumido[451].

Se o credor preferir perseguir o cumprimento da obrigação in natura, mas não obtiver sucesso, poderá desistir e, então, optar pela cláusula penal. A penalidade não perde a sua função de substituição da indenização por perdas e danos. Assim, não sendo possível o rece-

mento da obrigação, e não puder obte-la, a pena funcionará como compensatória das perdas e damnos". Bevilaqua, Clovis. **Código Civil dos Estados Unidos do Brasil Commentado.** 3. ed. v. 4. São Paulo: Livraria Francisco Alves, 1943, p. 66.

450 "A maioria da doutrina defendida, ao nosso ver acertadamente, que o ordenamento jurídico brasileiro não admitia essa possibilidade, pois tiraria a principal característica e também a maior vantagem da cláusula penal que seria, justamente, a prévia determinação das perdas e danos. A indenização suplementar seria admitida, contudo, se assim tivessem as partes expressamente estipulado, o que seria plenamente possível eis que não se trata de questão de ordem pública. Essa cumulação apenas não seria presumida." Florence, Tatiana Magalhães. Aspectos pontuais da cláusula penal. *In*: (org.) Tepedino, Gustavo. **Obrigações**: estudos na perspectiva civil-constitucional. Rio de Janeiro: Renovar, 2005, pp. 521-522.

451 No mesmo sentido, Miguel Maria Serpa Lopes, destaca o posicionamento de Demolombre e Démogue — A acumulação não é permitida, mesmo no caso em que o prejuízo seja superior à pena. Alguns abrem uma outra exceção, no caso da cumulação resultar de um pacto, sob o fundamento de não se tratar de uma disposição proibitiva de ordem pública. Tal modo de ver tem o apoio de *Démolobre* e *Démogue*. Este último, apesar de qualificar de duvidosa a assertiva de inexistência de questão de ordem pública, por isso que o credor teria direito a uma prestação dupla — a da cláusula penal e a da obrigação in natura, contudo entende admissível o interesse do credor em assegurar a execução. Apenas essa cumulação não deve ser presumida."

bimento da obrigação in natura, o credor poderá optar pela cláusula penal, seja imediatamente após o inadimplemento, seja após tentativa frustrada de execução específica[452].

Inclusive, caso a escolha inicial do credor seja pelo recebimento da obrigação principal, na mesma postulação lhe será permitido deduzir pedido subsidiário e sucessivo, de recebimento da cláusula penal na hipótese de restar infrutífera sua pretensão principal. De fato, "não há preclusão consumativa neste caso. A opção só lhe será retirada se houver expressa previsão negocial estabelecendo que em caso de inadimplemento só poderá ser exigida a pena fixada"[453].

A irretratabilidade, nesse caso, impede apenas que o credor, após optar pela cláusula penal, dela desista e volte a postular o cumprimento da obrigação principal. Isso, pois será "natural que o inadimplente, demandado com um pedido destinado a extinguir os efeitos do contrato, cesse toda a eventual actividade destinada ao cumprimento, e não seria justo obrigá-lo a retomá-la"[454]. Assim, "se o credor exige a pena, caduca imediatamente a pretensão ao cumprimento"[455].

Nesse contexto, a expressão "alternativa em benefício do credor" reflete a essência do regime substitutivo: a impossibilidade, como regra, de cumulação da pena com a obrigação principal, o que, nas legislações de outros ordenamentos, foi positivado de forma mais clara[456].

[452] "É evidente que a opção para o credor pode se dar sucessivamente ao insucesso na obtenção da prestação da obrigação principal. Impossibilitada a execução pela qual optou o credor, somente lhe resta, verificada esta circunstância, retornar à pena convencional. A ela limita-se a sua indenização, que aliás ele mesmo, em concurso de vontade com o devedor, prefixou, preavaliou, preestabeleceu." Nanni, Giovanni Ettore. **Comentários ao Código Civil**: direito privado contemporâneo. Alexandre Dartanhan de Mello Guerra *et al.* (coord.) Nanni, Giovanni Ettore. São Paulo: Saraiva Educação, 2018, pp. 672-673.

[453] Arai, Rubens Hideo. Cláusula penal. *In*: (org.) Lotufo, Renan; Nanni, Giovanni Ettore. **Obrigações**. São Paulo: Atlas, 2011, p. 749.

[454] Roppo, Enzo. **O contrato**. Coimbra: Almedina, 2009, p. 265.

[455] Martins-Costa, Judith. **Comentários ao novo Código Civil**: do inadimplemento das obrigações. (coord.) Teixeira, Sálvio de Figueiredo. v. 5. t. 2. Rio de Janeiro: Forense, 2003, p. 641.

[456] É o que ser verifica, por exemplo, no artigo 1383 da lei italiana ("Divieto di cumulo. Il creditore non può domandare insieme la prestazione principale e la penale, se questa non è stata stipulata per il semplice ritardo"), e na primeira parte do artigo 6 :92 da legislação holandesa ("The creditor cannot demand performance of both, the contractual penalty clause and the obligation to which this penalty clause is linked").

Em seu sentido literal — ou seja, a não se confundir com as obrigações alternativas —, a palavra "alternativa" remete à ideia de exclusão de uma das opções: ou a obrigação inadimplida ou a cláusula penal. Afinal, não se admite considerar que o devedor esteja vinculado às duas opções simultaneamente[457].

Essa impossibilidade de cumulação decorre da própria distinção de regime estabelecida pelo Código Civil[458]. Tendo em vista que a característica fundamental desse regime de cláusula penal é a sua função substitutiva, isto é, a sua equivalência à obrigação previamente estabelecida, permitir a exigência de ambas (pena e obrigação) significaria admitir pagamento em dobro, verdadeiro *bis in idem*[459].

Em função disso, permitimo-nos discordar do entendimento de Aline Terra a respeito da cumulação entre a cláusula penal substitutiva e a denominada execução pelo equivalente[460]. Em que pese a sólida fun-

[457] "Obrigação alternativa é o mesmo que disjuntiva e se diz aquela em que, existindo pluralidade no objeto da prestação, o devedor só está adstrito a um dos objetos. No caso, a pluralidade concerne às duas opções do credor: cobrar a pena ou a obrigação principal, devendo escolher apenas uma delas, porque só a uma delas está o devedor jungido." França, Rubens Limongi. **Raízes e dogmática da cláusula penal**. Dissertação para o concurso de professor titular de direito civil da Faculdade de Direito da Universidade de São Paulo (USP). São Paulo: Gráfica, 1987, p. 202.

[458] "Tal solução, que se impõe pela própria natureza da cláusula moratória, não se concilia com a penal compensatória, onde vigie o princípio de que, se o credor escolheu, para ressarcimento do inadimplemento da obrigação, o valor da cláusula penal, não pode conjuntamente pedir a indenização por perdas e danos: *electa uma via non datur regressum ad alteram*." Lopes, Miguel Maria de Serpa. **Curso de direito civil**. v. II: obrigações em geral. 6. ed. Atualizada por José Serpa Santa Maria. Rio de Janeiro: Freitas Bastos, 1995, pp. 160-163.

[459] "Quando as partes estipulam uma pena para o caso de total inadimplemento da obrigação, [...] essa pena, na comum intenção das partes, representa o subsídio, a equivalência de execução e, portanto, uma e outra a um tempo, conjuntamente, não podem ser exigidas; o credor tem direito a pagamento completo, não, porém, a pagamento duplicado. Na linguagem da doutrina; seria *un double emploi* — causa da obrigação subsidiária no caso está na inexecução mesma da obrigação principal e no dano que ela ocasiona ao credor, e se esta foi cumprida, não tem mais causa a subsidiária ou compensatória, não é possível falar em dano de inexecução de uma obrigação, que foi executada." Fulgêncio, Tito. **Do direito das obrigações**: das modalidades das obrigações (artigos 863-927). Rio de Janeiro: Companhia Forense, 1958, p. 411.

[460] Com efeito, a autonomia e a diversidade entre os instrumentos coativos de tutela de que pode dispor o credor, por força da responsabilidade que se segue ao inadimplemento do débito, impõem o reconhecimento da possibilidade de cumulação da execução pelo equivalente com a responsabilidade civil, cuja indenização está prefixada na cláusula penal. Nessa

damentação apresentada pela autora, a divergência decorre das distintas concepções sobre o sentido da expressão "alternativa em benefício do credor" constante do art. 410. Entendida a expressão como acima defendido, no sentido de que o art. 410 prevê uma substituição da obrigação principal pela cláusula penal, a cumulação desta, com a execução pelo equivalente, além de violar a regra legal, representaria manifesta duplicidade.

Isso porque, a execução pelo equivalente representa o recebimento da obrigação principal por outros meios, sem o rompimento do vínculo, através de uma "satisfação sucedânea, equivalente e aproximada"[461]. Recebendo o credor a obrigação principal por via indireta, através da

linha, há de se reconhecer que, optando o credor pela execução pelo equivalente, as perdas e danos decorrentes do inadimplemento absoluto prefixados na cláusula penal não abrangem o valor da prestação inadimplida, assim como não abrangem a prestação por ele executada no caso de resolução. Configurado o inadimplemento absoluto, o credor fará jus ao equivalente da prestação devida ou à restituição do que prestou (conforme opte pela execução pelo equivalente ou pela resolução), e mais a multa compensatória. E não se diga que o credor estará recebendo em duplicidade: trata-se, o equivalente e a multa compensatória, de verbas inconfundíveis, devidas ao credor a títulos diversos, pelo que merecem tratamento autônomo, de acordo com a disciplina jurídica que lhes é própria. A possibilidade de cumulação da cláusula penal compensatória com o equivalente da prestação não é obstada pela dicção do art. 410, segundo o qual, "quando se estipular a cláusula penal para o caso de total inadimplemento da obrigação, esta converter-se-á em alternativa a benefício do credor". Segundo se afirma, a alternativa que se coloca ao credor é entre o cumprimento in natura da prestação e a multa compensatória, de modo que, ou o credor exige a execução específica, ou exige apenas a cláusula penal compensatória, não podendo cumular os dois pedidos. De fato, esse pareceu o escopo do legislador. Todavia, o dispositivo perde sentido quando se atenta para o fato de que, cuidando-se de cumprimento in natura, sequer se está diante de suporte fático da cláusula penal compensatória, já que de inadimplemento absoluto não se trata, mas de mora, afigurando-se cabível apenas a atuação da cláusula penal moratória. Se, como já se observou, a qualificação do descumprimento como inadimplemento relativo ou absoluto não encerra escolha arbitrária do credor, e se cumprimento in natura e multa compensatória são remédios específicos de cada uma daquelas modalidades de inadimplemento, não há que se falar, propriamente, em "alternativa" para o credor, como estabelecido no art. 410. Mais uma vez, é a qualificação do descumprimento que indicará se o credor poderá se valer da execução específica ou da cláusula penal compensatória (combinada com resolução ou execução pelo equivalente). Terra, Aline de Miranda Valverde. Execução pelo equivalente como alternativa à resolução: repercussões sobre a responsabilidade civil. Revista Brasileira de Direito Civil. v. 18, p. 49-73, out/dez 2018.

[461] Silva, João Calvão da. Cumprimento e sanção pecuniária compulsória. 4. ed. Coimbra: Almedina, 2002, p. 146.

execução pelo equivalente, a prestação terá sido satisfeita, o que, em nosso entendimento, é incompatível com o recebimento de cláusula penal de natureza substitutiva[462].

Tal cumulação, entretanto, será plenamente possível quando se estiver diante de uma cláusula punitiva fixada para o inadimplemento absoluto pois, neste caso, não haverá substituição alguma. Assim, optando o credor por, ao invés da resolução, perseguir a execução pelo equivalente, ele terá assegurado o recebimento da cláusula punitiva e do equivalente. Esta possibilidade não se presume, devendo estar expressa a natureza punitiva da penalidade, para somente assim restar viabilizada a cumulação.

A cláusula penal substitutiva perderia a sua função preponderante de equivalência a perdas e danos[463] e acarretaria o enriquecimento sem causa do credor, pois "receberia a própria prestação e mais o previsto na cláusula penal exatamente para o caso de a obrigação principal não ser cumprida"[464].

4.4 Regime cumulativo

O regime cumulativo é aquele em que a cláusula penal será devida em acréscimo da prestação principal ou das perdas e danos advindas do seu descumprimento. Esse regime, portanto, tem sua "especificidade residindo no fato de a cláusula ser acordada como um plus, como algo

[462] Como explica Darcy Bessone, "não se pode falar em inexecuçao quando o contrato, ainda que coativamente, é cumprido. É certo que a execução coativa pressupõe o inadimplemento. Mas tal pressuposto é apenas uma condição para exercer-se o direito de ação. Esta, destinando-se exatamente a obter o cumprimento do contrato, obviamente, não o exclui: ao contrário, tem-no por escopo. Também já ficou visto que, impossibilitando-se a execução específica da convenção, ela pode realizar-se por meio de sucedâneo, especialmente pelo equivalente em dinheiro do que foi prometido. Neste caso, ainda não se configura a inexecução, porque o contrato é executado, posto que por forma indireta" BESSONE, Darcy. Do contrato: teoria geral. 4. ed. São Paulo: Saraiva, 1997, p. 195.

[463] "Do contrario, em opposição ao bis in idem, destruída a significação scientifica das perdas e damnos equivalentes da execução e da clausula penal equivalente das perdas e damnos, dupla condemnação soffreria o devedor". CONTINENTINO, Múcio. **Da cláusula penal no direito brasileiro.** São Paulo: Livraria Acadêmica Saraiva, 1926, p. 257.

[464] BDINE JR., Hamid Charaf. *In*: PELUSO, Cezar (coord.). **Código Civil Comentado**: doutrina e jurisprudência: Lei n. 10.406, de 10.01.2002: contém o Código Civil de 2016. 12. ed. Barueri: Manole, 2018.

que acresce à execução específica da prestação ou à indenização pelo inadimplemento"[465].

Nesse sentido, a cláusula penal cumulativa destina-se, apenas, "a uma proteção parcial, ou quanto a uma cláusula especial da obrigação ou em relação à mora"[466]. Portanto, com a realização da pena estipulada nos termos do artigo 411 do Código Civil, o devedor não estará dispensado do cumprimento da obrigação principal, motivo pelo qual o credor poderá exigir as duas, conjuntamente. Dessa forma, pode-se atribuir à cláusula penal cumulativa um caráter de complementaridade em relação à obrigação principal[467].

Contudo, tal cumulatividade, segundo Limongi França, é uma faculdade e não uma obrigação do credor. A despeito do uso da expressão "arbítrio" no artigo 411 do Código Civil e da penalidade ser estipulada previamente pelas partes como uma consequência lógica do inadimplemento relativo do contrato, ficará a critério do credor exigi-la ou não[468].

Como já mencionado, o artigo 411 do Código Civil estabelece que poderão ter o efeito cumulativo as cláusulas penais estabelecidas "para o caso de mora, ou em segurança especial de outra cláusula determinada".

[465] MARTINS-COSTA, Judith. **Comentários ao novo Código Civil**: do inadimplemento das obrigações. (coord.) TEIXEIRA, Sálvio de Figueiredo. v. 5. t. 2. Rio de Janeiro: Forense, 2003, p. 620.

[466] Em continuidade a tal afirmativa, Miguel Maria Serpa Lopes afirma que "a realização da cláusula penal [cumulativa] não exime o devedor do pagamento [da obrigação principal] em forma específica. Daí resulta o direito do credor ou o seu arbítrio na cláusula penal moratória, de exigir a satisfação da pena cominada, juntamente com o desempenho da obrigação principal (Cód. Civ., artigo 919). LOPES, Miguel Maria de Serpa. **Curso de direito civil**. v. II: obrigações em geral. 6. ed. Atualizada por José Serpa Santa Maria. Rio de Janeiro: Freitas Bastos, 1995, pp. 160-163.

[467] "A cláusula penal moratória e a instituída em segurança de cláusula especial do contrato são, portanto, cumulativas, permitindo que o credor receba a prestação *referente à obrigação principal, além de exigir o pagamento da indenização prefixada na cláusula. A indenização tem natureza complementar [em relação à obrigação principal]*." GAMA, Guilherme Calmon Nogueira da. **Direito civil**: obrigações. São Paulo: Atlas, 2008, p. 395.

[468] "O texto do artigo 919 [artigo 411 do Código Civil /02] fala em arbítrio do credor quando, ao certo, se trata de uma **faculdade**, um poder de agir e exigir, embora daí resulte naturalmente um 'arbítrio', pois ao credor, em princípio, é lícito não lançar mão desse poder, abrindo mão de uma das prestações e até de ambas." FRANÇA, Rubens Limongi. **Raízes e dogmática da cláusula penal**. Dissertação para o concurso de professor titular de direito civil da Faculdade de Direito da Universidade de São Paulo (USP). São Paulo: Gráfica, 1987, p. 204.

Ao contrário do que muitos doutrinadores defendem, não existe uma distinção precisa entre as duas hipóteses mencionadas no artigo.

Como ressalta Giovanni Ettore Nanni, ao mencionar a proteção a uma cláusula específica, o legislador dá "relevância a uma prestação, que pela sua natureza comporta uma previsão particular de pena convencional se descumprida"[469]. Essa prestação, protegida por penalidade de efeito cumulativo, pode dizer respeito a obrigações acessórias ou secundárias do contrato, que, logicamente, poderiam ter relação com o que foi estipulado quanto ao tempo, ao modo e ao lugar do cumprimento da obrigação principal.

Exatamente em atenção à semelhança das duas situações, Silvio Rodrigues afirma que o devedor que descumprisse alguma cláusula específica do contrato seria considerado, de qualquer forma, "moroso e, naturalmente, a pena que procura assegurar o cumprimento de tal cláusula é moratória"[470].

Assim, não há razão para diferenciação entre as duas hipóteses previstas no artigo 411 do Código Civil. Mais uma vez, o legislador não escolheu os termos que melhor se adequariam ao sentido e propósito da figura. Da leitura do dispositivo, portanto, deve-se entender que cabe a estipulação de cláusula penal de efeito cumulativo para qualquer obrigação estabelecida no contrato que não seja a própria obrigação principal. O regime não apresentará diferença quanto aos seus efeitos em razão de qual cláusula específica protege, seja relacionada ao tempo, modo e lugar da obrigação ou não.

Entretanto, em razão do caráter dispositivo tanto do artigo 410, quanto do artigo 411, é admissível, também, o regime cumulativo para o inadimplemento absoluto. De fato, "pode ocorrer que as partes tenham pactuado que a cláusula penal não substitua a prestação definitivamente

[469] NANNI, Giovanni Ettore. **Comentários ao Código Civil**: direito privado contemporâneo. Alexandre Dartanhan de Mello Guerra *et al.* (coord.) NANNI, Giovanni Ettore. São Paulo: Saraiva Educação, 2018, p. 671.

[470] O autor reconhece: "excepcionalmente, entretanto, pode-se configurar como compensatória a multa que procura garantir o cumprimento de uma cláusula contratual. Mas tal solução é excepcional. Não será difícil, aliás, examinando o contrato, notar que uma cláusula contém dispositivo de tal relevância que seu descumprimento frustra integralmente a expectativa do credor, ou diminui as possibilidades que o contrato lhe oferecia. Tal situação — repito — é excepcional, e será apontada pelo juiz". RODRIGUES, Silvio. **Direito civil**: parte geral das obrigações. v. 2. São Paulo: Saraiva, 2002, p. 268.

inadimplida, mas seja atuada efetivamente como pena, com caráter exclusivamente sancionatório (cláusula penal puramente coercitiva), agregando-se como um plus à execução específica da prestação ou à indenização pelo inadimplemento"[471].

A efetiva diferença existente dentro da própria categoria das cláusulas penais cumulativas consiste na sua separação entre compensatórias e punitivas, conforme analisaremos a seguir.

4.4.1 *Regime cumulativo compensatório*

Ao longo deste capítulo, foram analisados os possíveis critérios de classificação das cláusulas penais. As cláusulas penais denominadas de moratórias, como reconheceu o Superior Tribunal de Justiça no julgamento do Tema 970, serão, em regra, compensatórias. Isso significa que, a despeito de serem devidas em acréscimo da obrigação para a qual foram estipuladas, elas compensam os prejuízos advindos da mora.

Assim, basta observar o critério da extensão, para concluir que as cláusulas penais cumulativas compensatórias (englobadas no artigo 411 do Código Civil) não se confundem com as cláusulas penais substitutivas (artigo 410 do Código Civil), pois, expressam, apenas, a "compensação do dano causado pela mora ou pela violação da cláusula especialmente garantida"[472]. Tratam-se, dessa forma, de previsão de "danos autônomos em relação àqueles que o inadimplemento absoluto visa proteger, enfim, duas formas distintas de ilícitos negociais"[473].

A lógica desse tipo de penalidade reside no fato de que o dano causado pelo inadimplemento relativo "não é eliminado pelo ulterior cumprimento da obrigação principal. Mesmo com o posterior adimplemento e sanação da mora [incluída, aqui, a violação à cláusula específica], não são eliminados os danos produzidos enquanto essa situação perdurou"[474].

[471] Martins-Costa, Judith. **Comentários ao novo Código Civil**: do inadimplemento das obrigações. (coord.) Teixeira, Sálvio de Figueiredo. v. 5. t. 2. Rio de Janeiro: Forense, 2003, p. 643.

[472] Fulgêncio, Tito. **Do direito das obrigações**: das modalidades das obrigações (artigos 863-927). Rio de Janeiro: Companhia Forense, 1958, p. 424.

[473] Rosenvald, Nelson. **Cláusula penal**: a pena privada nas relações negociais. Rio de Janeiro: Lumen Juris, 2007, p. 58.

[474] Rosenvald, Nelson. **Cláusula penal**: a pena privada nas relações negociais. Rio de Janeiro: Lumen Juris, 2007, p. 58.

Ou seja, para que se possa considerar que o devedor relativamente inadimplente liberou-se por completo de suas obrigações, necessário o acúmulo da obrigação principal (ou seu equivalente, em caso de total inadimplemento) com a compensação pelos danos decorrentes da mora ou do descumprimento de algum outro dever secundário do contrato[475].

A decisão do Tema 970 firmado pelo Superior Tribunal de Justiça considerou o valor das cláusulas penais moratórias fixadas em contratos de compra e venda de imóveis na planta para concluir que a estipulação, a despeito de ser devida em conjunto da obrigação principal (entrega do imóvel) compensava os danos advindos do atraso. De fato, a análise do valor da cláusula é sempre um dos indicativos sobre a natureza da cláusula. Em relações paritárias, uma vez verificada a natureza cumulativa, deve-se presumir que se trata de cláusula cumulativa compensatória, pois a natureza punitiva, conforme abordaremos no subcapítulo seguinte, é excepcional e não se presume[476].

Assim, presumindo-se compensatórias as cláusulas cumulativas, o seu recebimento será suficiente para a reparação dos danos infligidos pelo inadimplemento para o qual foram fixadas, ressalvada a previsão de indenização suplementar facultada pelo parágrafo único do art. 416.

Portanto, a cláusula fixada para a mora de determinada prestação, se, por um lado, não prejudica em nada o direito ao recebimento da

[475] "Aqui, ao invés, a pena representa aquilo que falta à execução para ser completa, é a compensação do dano causado pela mora ou pela violação da cláusula especialmente garantida, e deve ser abonada sem prejuízo da obrigação principal, ou, como claramente diz o texto, o credor tem o arbítrio de exigir a satisfação da pena cominada juntamente (cumulativamente) com o desempenho da obrigação principal." Fulgêncio, Tito. **Do direito das obrigações**: das modalidades das obrigações (artigos 863-927). Rio de Janeiro: Companhia Forense, 1958, p. 424.

[476] "Em tais casos, é possível admitir-se que, além do exato ressarcimento dos danos, seja devida uma penal. Tanto mais exata é essa conclusão quanto é certo que, no nosso Direito, a cláusula penal não representa apenas a compensação dos danos, mas ainda um meio coercitivo indireto para assegurar o adimplemento do contrato. (Cfr. Giorgi, ob. e loc. cit.) Essas estipulações, porém, não se presumem. É essencial que a vontade de cumular a penal com a indenização, quando se referem à mesma categoria de danos, resulte clara do contrato, da intenção das partes, porque, de outra forma, na dúvida, se deverá pressupor que a cláusula penal abrange a indenização de tôdas as perdas e danos. (Cfr. Giorgi, ob. e loc. cit.; Demogue, ob. e loc. cit.);". Santos, J. M. de Carvalho. **Código Civil brasileiro interpretado, principalmente do ponto de vista prático**. 13. ed. v. XI. Rio de Janeiro: Freitas Bastos S.A, 1986, p. 314.

referida obrigação, por outro lado, repara os prejuízos decorrentes do seu recebimento fora do tempo, lugar ou modo. Nesse contexto, fica afastada a possibilidade de cumulação da cláusula cumulativa compensatória fixada para a mora com os juros moratórios, para impedir a configuração de *bis in idem*[477].

Além disso, deve-se ter especial atenção, no caso concreto, às precipitadas conclusões de que podem ser tomadas quanto ao tipo de inadimplemento pertinente a cláusulas penais fixadas em proteção a outra cláusula determinada, que podem variar consideravelmente[478]. Conforme já amplamente debatido, a proteção à cláusula especial, muitas vezes, decorre da possibilidade de que seu específico inadimplemento "efetivamente frustre as legítimas expectativas do credor e distorça ou desvie a objetiva finalidade do contrato", tratando-se, assim, de cláusula penal substitutiva que expressa as perdas e danos pelo total inadimplemento e não mais de cláusula penal cumulativa compensatória[479].

[477] "Na hipótese de multa moratória com função indenizatória, como acentuado, não se cogita da cumulação. Ressalve-se, contudo, que a conclusão não exclui que, exigível e não paga a penal, incidam sobre ela juros demora e, ainda, em se tratando de cláusula penal moratória, a cumulação com a prestação principal" Abílio, Vivianne da Silveira. **Cláusulas penais moratória e compensatória: critérios de distinção**. Belo Horizonte: Fórum, 2019, p. 138.

[478] "Desse modo, é de se ter que a cláusula penal, que objetive assegurar o cumprimento de uma cláusula determinada, pode ter tanto natureza de pena moratória como compensatória, ainda que a espécie mais comum seja aquela." Benacchio, Marcelo. Cláusula penal: revisão crítica à luz do Código Civil de 2002. *In*: Nanni, Giovanni Ettore (coord.). **Temas relevantes do direito civil contemporâneo**: reflexões sobre os 5 anos do Código Civil. São Paulo: Atlas, 2008, pp. 380-381.

[479] "O Código Civil de 2002 prevê ainda a possibilidade de a cláusula penal servir a garantir o credor não contra o inadimplemento (absoluto ou relativo) da obrigação principal, mas sim contra o inadimplemento de uma obrigação acessória, como, por exemplo, a previsão de uma multa caso a construção, embora entregue no prazo, não tenha as especificações precisamente indicadas no projeto. Não se trata, contudo, de um terceiro gênero: como indica a melhor doutrina esta será, em regra, uma cláusula penal moratória, exigível junto com a prestação principal, a não ser que o descumprimento de uma obrigação secundária, anexa ou instrumental, efetivamente frustre as legítimas expectativas do credor e distorça ou desvie a objetiva finalidade do contrato". Konder, Carlos Nelson. Arras e cláusula penal nos contratos imobiliários. Rio de Janeiro, **Revista dos Tribunais**, v. 4, pp. 83-104, mar.-abr. 2014.

4.4.2 *Regime cumulativo punitivo*

A cláusula punitiva representa o extremo oposto das cláusulas de regime substitutivo e das de regime cumulativo compensatório, pois o seu recebimento não produzirá qualquer reflexo sobre o demais direitos do credor, seja de recebimento das prestações, seja de reparação pelo seu inadimplemento. Com a cláusula penal punitiva as partes pretendem reforçar o vínculo, mediante a estipulação de penalidade para o caso de inadimplemento absoluto ou relativo, de todo o contrato ou de cláusula determinada, sem prejuízo do direito à indenização pelas perdas e danos decorrentes daquele inadimplemento específico, ou da execução específica da obrigação. Nesse particular, o regime cumulativo punitivo não está sujeito ao parágrafo único do art. 416, que se revela incompatível com a intenção das partes de estipular uma cláusula punitiva.

Conforme o entendimento de Martins-Costa, "nenhum problema haverá ao estabelecimento dessa cláusula se os contratantes se ativerem aos limites de validade e de licitude postos no próprio Ordenamento"[480]. O regime da cláusula punitiva será sempre cumulativo e, portanto, em nosso entendimento, previsto pelo artigo 411 do Código Civil. Defende Limongi França, a esse respeito, que as cláusulas penais punitivas não possuem previsão legal, sendo possível a sua fixação apenas com base em fundamentos jurídico-naturais e jurídico-positivos, de não violação de direitos e de respeito à autonomia das partes[481].

Contudo, como já expomos anteriormente, o Código Civil não se dedica à classificação das cláusulas penais no que tange a sua natureza, mas apenas quanto ao seu regime. O critério de distinção de regimes adotado pela legislação observa, principalmente, os seus efeitos. Assim, entendemos que as cláusulas penais de regime cumulativo, previstas expressamente no artigo 411 do Código Civil, podem, perfeitamente, ser divididas, em função de sua natureza, entre compensatórias e punitivas.

[480] MARTINS-COSTA, Judith. **Comentários ao novo Código Civil**: do inadimplemento das obrigações. (coord.) TEIXEIRA, Sálvio de Figueiredo. v. 5. t. 2. Rio de Janeiro: Forense, 2003, p. 620.

[481] FRANÇA, Rubens Limongi. **Raízes e dogmática da cláusula penal**. Dissertação para o concurso de professor titular de direito civil da Faculdade de Direito da Universidade de São Paulo (USP). São Paulo: Gráfica, 1987, pp. 205-206.

Antes da mudança de entendimento quanto às cláusulas moratórias fixadas para o atraso na entrega dos imóveis, a jurisprudência do Superior Tribunal de Justiça tratava as cláusulas penais moratórias daqueles contratos como verdadeiras cláusulas punitivas, pois além do recebimento da penalidade concediam ao adquirente uma reparação pelos danos da mora, normalmente fixada em valor equivalente ao aluguel de um imóvel similar.

Na hipótese de cláusulas punitivas, a pena não guardará relação direta com as perdas e danos decorrentes do inadimplemento para o qual foram fixadas. Dessa forma, a penalidade terá evidente efeito cumulativo (logo, não substitutivo) tanto em relação a obrigações secundárias quanto em relação à obrigação principal, pois, em hipótese de inadimplemento, o credor ainda poderá exigir a indenização por perdas e danos de ambas, além da multa punitiva. Por esta razão, a estipulação de uma cláusula punitiva para o caso de mora não cria "qualquer óbice à cumulação com os juros moratórios: trata-se de institutos com finalidades distintas e, portanto, plenamente cumuláveis"[482].

A cláusula penal cumulativa compensatória será a regra — em função da presunção de prejuízo decorrente do inadimplemento —, enquanto a cláusula punitiva será a exceção. Deve ficar claro, nos termos do negócio, a intenção das partes de estabelecer a cláusula em termos independentes do cumprimento ou das perdas e danos respectivos. Sobressai, mais uma vez, a condição de exercício da liberdade de contratar da cláusula penal, demandando uma redação contratual cuidadosa. Recomenda-se a previsão expressa no sentido de que a cláusula penal será devida sem prejuízo das perdas e danos advindos do inadimplemento.

A cláusula punitiva pode ser fixada tanto para o inadimplemento absoluto de todo o contrato, quanto para o inadimplemento absoluto de cláusula determinada e, ainda, para a mora. Em todos os casos, sua exigibilidade será independente da execução específica da obrigação ou das perdas e danos decorrentes do seu inadimplemento, absoluto, ou relativo, conforme o caso.

[482] Abílio, Vivianne da Silveira. **Cláusulas penais moratória e compensatória: critérios de distinção.** Belo Horizonte: Fórum, 2019, p. 137.

4.5 A cumulação de cláusulas penais

Diante da ampla liberdade negocial que a lei confere às partes, são inúmeras as possibilidades de combinações, em um contrato, de obrigações, tempo, modo e lugar de cumprimento, bem como com deveres anexos que possam envolver, com as mais distintas lógicas econômicas. Consequentemente, também será grande a "variabilidade fática das hipóteses de inadimplemento", de forma que "nada impede que sejam previstas diversas cláusulas penais em um mesmo negócio jurídico", a depender do esforço empreendido pelas partes quanto à antecipação dessas possibilidades e as suas diferentes consequências e penalidades[483]. As partes deverão observar valores condizentes conforme a intenção de estimular o cumprimento e já pré-fixar as perdas e danos decorrentes da falha respectiva ou de simplesmente punir o inadimplemento respectivo sem qualquer compensação das perdas e danos[484].

A cumulatividade de cláusulas penais pode decorrer tanto do inadimplemento de obrigações diferentes em um mesmo contrato, quanto de modalidades diferentes de inadimplemento da mesma obrigação. Na hipótese mais comum, trata-se do contrato com uma obrigação principal, uma ou mais obrigações secundárias, além das obrigações relativas ao tempo, modo e lugar de cumprimento. As partes poderão estabelecer diferentes cláusulas penais, de diferentes tipos, como uma substitutiva, nos termos do artigo 410 do Código Civil, e quantas cumulativas forem necessárias referentes às obrigações secundárias e às hipóteses de mora, nos termos do artigo 411 do Código Civil[485].

[483] Silva, Jorge Cesa Ferreira da. **Inadimplemento das obrigações**: comentários aos arts. 389 a 420 do Código Civil. Biblioteca de Direito Civil: estudos em homenagem ao Professor Miguel Reale São Paulo: RT, 2007, p. 256.

[484] "Diante disso, o mesmo contrato pode conter várias cláusulas penais, relativas a diferentes possibilidades de inadimplemento, cada qual com um valor específico e condizente com a gravidade da falha." Neves, José Roberto de Castro. **Direito das obrigações**. 7. ed. Rio de Janeiro: LMJ Mundo Jurídico, 2017, p. 381.

[485] A doutrina é unânime em prever a típica hipótese de um contrato com três tipos de cláusulas penais "de valores diferentes: uma, de valor elevado, para o caso de total inadimplemento da obrigação (compensatória); outra, para garantir o cumprimento de alguma cláusula especial, como, por exemplo, a cor ou o modelo do veículo adquirido (moratória) [cumulativa]; e outra, ainda, somente para evitar atraso (também moratória)" Carlos Roberto Gonçalves p. 387. No mesmo sentido: Gomes, Orlando. **Obrigações**. Revista, atualizada e aumentada, de acordo com o Código Civil de 2002, por Edvaldo Brito. Rio de Janeiro:

Contudo, em exemplo menos usual, podem se tratar, também, de diferentes cláusulas penais, de um mesmo tipo, para obrigações diferentes. Como no caso de um contrato com múltiplas e sucessivas obrigações, sem que se tenha, necessariamente, uma diferença de importância entre elas. As partes terão a liberdade de fixar uma cláusula penal substitutiva, nos termos do artigo 410 do Código Civil, para cada uma dessas obrigações, além de multas moratórias cumulativas, também individuais, nos termos do artigo 411 do Código Civil.

De outro modo, a cumulatividade de cláusulas penais também pode decorrer de distintos inadimplementos em relação a uma mesma obrigação. Esse é o caso do exemplo mencionado no subcapítulo anterior de entrega do vestido de casamento, que poderá prever cláusula penal para o atraso, bem como para o inadimplemento absoluto, que se verificará, por exemplo, após a data do casamento. As partes, então, poderão fixar duas cláusulas penais relacionadas aos distintos inadimplementos da mesma obrigação, uma cumulativa e outra substitutiva[486].

Inclusive, a própria sistemática de classificação das cláusulas penais leva à conclusão de que não há qualquer óbice legal à cumulação de penalidades. Afinal, as cláusulas cumulativas são assim classificadas exatamente em razão de seu efeito, que possibilita a sua exigência em conjunto à obrigação principal, que também pode ser objeto de cláusula penal substitutiva própria[487].

Forense, 2007, p. 191; BDINE JR., Hamid Charaf. *In*: PELUSO, Cezar (coord.). **Código Civil Comentado**: doutrina e jurisprudência: Lei n. 10.406, de 10.01.2002: contém o Código Civil de 2016. 12. ed. Barueri: Manole, 2018; RIZZARDO, Arnaldo. **Direito das obrigações**. 7. ed. Rio de Janeiro: Forense, 2013, p. 264; GAMA, Guilherme Calmon Nogueira da. **Direito civil**: obrigações. São Paulo: Atlas, 2008, p. 394.

[486] Conforme leciona Pontes de Miranda, "os negócios jurídicos podem conter duas ou mais cláusulas penais. Nada obsta a que, para a **mesma infração**, se concebam cláusula penal substitutiva e cláusula penal cumulativa. Cada uma se rege por seus princípios próprios". PONTES DE MIRANDA, Francisco Cavalcanti. **Tratado de Direito Privado**. t. 24. 2. ed. Rio de Janeiro: Borsoi, 1959.

[487] "Dessas reflexões, resulta claro que a cláusula penal compensatória destina-se às hipóteses de inadimplemento da obrigação, seja ele total, seja ele apenas parcial. Enquanto que a cláusula penal moratória tem lugar nos casos de ter-se verificado a mora. Daí poderem coexistir diversas cláusulas penais num mesmo contrato. Uma ou mais compensatória. Uma ou mais moratória." FERRIANI, Carlos Alberto. Da cláusula penal. **Revista de Direito Bancário e do Mercado de Capitais**. (coord.) RIBEIRO, José Horácio Halfeld Rezende. São Paulo: RT, v. 55, ano 15, mar. 2012, pp. 146-148.

Por fim, não se pode descartar a possibilidade de a mora ser vinculada simultaneamente tanto a uma cláusula cumulativa compensatória quanto a uma cláusula punitiva. Ambas são consideradas cumulativas quando analisadas em relação à obrigação principal. Entretanto, a compensatória será substitutiva das perdas e danos decorrentes do atraso, enquanto a punitiva será apenas uma punição pelo atraso, sem qualquer tipo de reparação. Quando tratarmos da limitação da cláusula penal no Capítulo 6, explicaremos que o valor de ambas deve ser somado pra fins de verificação do cumprimento do art. 412.

Cabe, por fim, lembrar as considerações de Marino a respeito da cumulação de cláusulas penais em contratos coligados:

> o cúmulo de multas, no âmbito da coligação, somente é possível quando o inadimplemento disser respeito a obrigações pertinentes especificamente a ambos os contratos. Em se tratando de inadimplemento que "diz respeito à finalidade econômica" da coligação, será devida somente a multa do "contrato principal", ou, acrescentamos, quando esse não puder ser determinado, a multa "principal", por assim dizer, isto é, a multa que refletir a frustração do fim da coligação como um todo. A interpretação dos contratos, novamente, será a base necessária para essa análise[488].

Abordamos aqui os exemplos típicos, mais discutidos, mas a ideia geral é que a cláusula penal confere flexibilidade aos contratantes para regularem os inadimplementos do negócio em concreto. Quanto mais complexo o negócio, mais complexas serão as situações que motivarão a estipulação de penalidades.

4.6 Cláusulas penais como teto

Como visto, tanto as cláusulas penais substitutivas, quanto as cumulativas, podem ter natureza compensatória. Portanto, às duas classificações aplica-se a primeira parte do parágrafo único do artigo 416, de modo que "ainda que o prejuízo exceda ao previsto na cláusula penal, não pode o credor exigir indenização suplementar se assim não foi convencionado".

[488] MARINO, Francisco Paulo De Crescenzo. **Contratos coligados no direito brasileiro**. — São Paulo: Saraiva, 2009, p. 203.

Como regra, portanto, a cláusula penal representa um teto indenizatório, servindo aos interesses tanto do credor, quanto do devedor. Assim, "salvo manifestação expressa das partes, o sistema jurídico brasileiro não admite que a indenização por perdas-e-danos possa exceder o valor predeterminado por meio da cláusula penal"[489].

Essa manifestação expressa das partes poderá ocorrer de duas formas distintas. Poderão as partes fazer a ressalva de indenização suplementar, atuando a cláusula penal como mínimo indenizatório, conforme abordaremos no subcapítulo a seguir. Ou, então, poderão as partes indicar de forma clara o caráter punitivo da cláusula penal, hipótese em que, ao invés de representar qualquer mínimo indenizatório, ela será independente das perdas e dos danos advindos do inadimplemento.

Na ausência de disposições nesse sentido, o recebimento da cláusula penal afastará o direito à indenização pelo inadimplemento para o qual foi fixada, o que se justifica pela própria razão da estipulação[490]. Interessante, a esse respeito, a ressalva apresentada por Carlos Nelson Konder, no sentido de que a limitação decorrente da estipulação da cláusula penal não abrange eventual indenização por danos morais, nem o direito do credor à atualização monetária, juros e honorários de advogado[491].

[489] Azevedo, Antônio Junqueira de. **Novos estudos e pareceres de direito privado**. Inexistência de erro quanto ao motivo determinante. Inaplicabilidade do princípio da contagiação a contratos com conexidade fraca. Cláusula penal como limite às perdas e danos. São Paulo: Saraiva, 2009, p. 83. Como ressalta Nanni, "não subsiste nenhuma iniquidade na previsão contida na primeira parte do parágrafo único do texto em referência. Neste ponto, o princípio da reparação integral cede espaço à conveniência de predefinição do quantum a ser reparado". Nanni, Giovanni Ettore. **Comentários ao Código Civil**: direito privado contemporâneo. Alexandre Dartanhan de Mello Guerra *et al.* (coord.) Nanni, Giovanni Ettore. São Paulo: Saraiva Educação, 2018, p. 684.

[490] "Salvo estipulação em contrário, o valor da cláusula penal não poderá ser complementado. É este o disposto no artigo 416, parágrafo único, Código Civil /02. Ao assim proceder, estar-se-ia quebrando a lógica do sistema, em especial quanto à função de pré-liquidação de danos, e transformando a cláusula penal em um fim em si mesmo, cuja incidência seria adicional à garantia legal de reparação de danos. O artigo legal não faz distinção entre as cláusulas compensatória e moratória." Steiner, Renata. **Cláusula penal e indenização suplementar**. Disponível em: https://www.migalhas.com.br/dePeso/16,MI178083,81042-Clausula+penal+e+indenizacao+suplementar. Acesso em: 04 jan. 2020.

[491] Nas palavras do autor, "em que pesem as relevantes opiniões em sentido contrário, deve-se entender que este limite não abarca a indenização por danos morais, eis que, se o próprio legislador não pode limitar a indenização por danos morais, sob pena de violar dispositivo constitucional, não seria admissível que as partes pudessem fazê-lo no exercício de sua auto-

A cláusula penal compensatória constante de negócio, que não contenha previsão de indenização suplementar, consiste em estipulação que atende aos interesses de ambas as partes. Para o credor, a cláusula cria uma presunção absoluta de prejuízo. Já sob a ótica do devedor, ela limita o valor de sua exposição em caso de inadimplemento imputável, impedindo a cobrança do prejuízo que exceda o valor da cláusula penal[492].

Pode-se dizer, assim, que a limitação estabelecida pela cláusula penal representa o "custo natural da vantagem conferida ao credor pela desnecessidade de alegar e provar, quer a existência do dano, quer o montante dele, para fazer jus à execução da cláusula"[493].

Nesse contexto, ausente a convenção de indenização suplementar, não há como reconhecer um direito de escolha do credor entre o regime da cláusula penal e as disposições sobre as consequências do inadimplemento. Essas considerações são relevantes ao tema deste trabalho, pois a impossibilidade de reclamar indenização suplementar tem relação direta com o problema da limitação genérica imposta pelo artigo 412 do Código Civil.

Neste contexto, havendo a fixação de cláusula substitutiva para o inadimplemento da obrigação principal, sem a previsão de indenização suplementar, nenhuma reparação adicional poderá ser reclamada em razão da ausência da obrigação principal, que será substituída pela clausula penal. Da mesma forma, a estipulação de cláusula penal para a mora (cumulativa), na qual não reste expresso o caráter punitivo, e não havendo previsão de indenização suplementar, os danos decorrentes da mora já terão sido reparados pela penalidade, inexistindo qualquer pretensão adicional a esse respeito. O mesmo ocorrerá em relação às penalidades fixadas para o descumprimento de cláusula determinada.

nomia negocial. Da mesma forma, esse limite não restringe o direito do credor à atualização monetária, juros e honorários de advogado, pois a cláusula penal substitui apenas as perdas e danos no tocante aos efeitos do inadimplemento". Konder, Carlos Nelson. Arras e cláusula penal nos contratos imobiliários. Rio de Janeiro, **Revista dos Tribunais**, v. 4, pp. 83-104, mar.-abr. 2014.

492 "É uma questão de responsabilidade. Também o equilíbrio das prestações indica esse caminho — se ao devedor não é dado provar que o prejuízo real é inferior ao previsto ou mesmo nenhum, segue-se que o credor, em situação oposta, não deve ser outorgada posição diferente". Azevedo, José Philadelpho de Barros e. Da cláusula penal. **Revista de Direito Civil Contemporâneo**, v. 13, pp. 469- 482, out.-dez. 2017.

493 Varela, João de Matos Antunes. **Das obrigações em geral**. v. II. 10. ed. Coimbra: Almedina, 2006, p. 142.

Assim, a liberdade de contratar uma cláusula penal abrange, também, a escolha entre duas utilizações opostas entre si, pois, de acordo com a vontade dos contratantes, a cláusula penal poderá fixar o valor da cominação devida, que não poderá ser majorado, ou, em sentido contrário, poderá estabelecer um piso indenizatório, passível de complementação, conforme se demonstrará no subcapítulo a seguir.

4.7 Cláusula penal como piso

O parágrafo único do artigo 416 possibilita às partes a estipulação de previsão de indenização suplementar[494]. Nesse caso, o valor da cláusula penal será o mínimo assegurado ao credor, que, se entender ter sofrido prejuízos maiores do que o esperado, poderá demandar a diferença, mediante a prova da integralidade do dano sofrido. Essa previsão será possível tanto nas cláusulas substitutivas, como nas cumulativas de natureza compensatória, fixadas para a mora ou para cláusulas determinadas. Naturalmente, essa previsão não fará sentido nas cláusulas punitivas, pois, por não terem qualquer efeito compensatório, não constituem mínimo indenizatório e, portanto, não interferem no direito de o credor reclamar os prejuízos advindos do inadimplemento.

Assim, se pactuada uma cláusula cumulativa compensatória, com previsão de indenização suplementar, ao credor, além da cláusula penal e do direito à obrigação principal, será garantido o direito de reclamar a diferença entre o valor da cláusula penal e os prejuízos efetivos infligidos pela mora ou pelo descumprimento da cláusula especial, conforme o caso.

Da mesma forma, na cláusula substitutiva, com pacto de indenização suplementar, uma vez caracterizado o inadimplemento absoluto, o credor terá assegurada a possibilidade de provar que a substituição da prestação natural pela cláusula penal não foi suficiente para reparar seus prejuízos.

Em ambos os casos, deverá o credor produzir a prova da integralidade dos prejuízos sofridos, a fim de demonstrar a inferioridade do valor estipulado na cláusula penal. Feita a prova, a diferença será devida ao

[494] Parágrafo único. Ainda que o prejuízo exceda ao previsto na cláusula penal, não pode o credor exigir indenização suplementar se assim não foi convencionado. Se o tiver sido, a pena vale como mínimo da indenização, competindo ao credor provar o prejuízo excedente.

credor. Na ausência dessa prova, ou mesmo que ela venha, ao contrário, revelar prejuízos inferiores à cláusula penal, ou até mesmo, prejuízo algum, a cláusula penal será integralmente devida.

Há que se atentar, assim, para eventual repartição dos ônus da sucumbência nas ações judiciais ou em processos arbitrais de cobrança de cláusulas penais com previsão de indenização suplementar. Se a cláusula penal é de 100, e o credor ingressa com a ação alegando que o prejuízo foi de 150, o pedido formulado será de 150, mas a condenação nunca será inferior a 100. Portanto, se verificado que o prejuízo efetivo foi de 80, o credor terá sucumbido em 50, pois a condenação será de 100, face a um pedido de 150. No mesmo exemplo, se o prejuízo provado for de 120, o credor terá sucumbido em 30, pois formulou pedido de 150, tendo recebido, ao final, 120.

Em razão do mínimo assegurado pela cláusula penal, pode-se cogitar, em ação de cobrança do valor da penalidade e da indenização suplementar, da formulação de requerimento de tutela de evidência pelo credor, com fundamento no inciso IV, do art. 311 do CPC, para receber desde logo o valor da cláusula penal, enquanto prossegue o litígio para a cobrança da diferença, mediante a prova da integralidade do prejuízo[495]. Como, mesmo diante da prova de prejuízo inferior, ou da ausência de prejuízo, a cláusula penal será devida, consideramos cabível a concessão de tutela de evidência neste caso, salvo o devedor, tiver sido deduzido alegações de inexigibilidade da penalidade, ou pretensão de sua redução com fundamento no artigo 413.

Por fim, deve-se mencionar a possibilidade de, em conjunto da previsão de indenização suplementar, ser estabelecida uma cláusula limitativa de responsabilidade, através da qual seja fixado um limite máximo

[495] "Artigo. 311. A tutela da evidência será concedida, independentemente da demonstração de perigo de dano ou de risco ao resultado útil do processo, quando: I — ficar caracterizado o abuso do direito de defesa ou o manifesto propósito protelatório da parte; II — as alegações de fato puderem ser comprovadas apenas documentalmente e houver tese firmada em julgamento de casos repetitivos ou em súmula vinculante;
III — se tratar de pedido reipersecutório fundado em prova documental adequada do contrato de depósito, caso em que será decretada a ordem de entrega do objeto custodiado, sob cominação de multa; IV — a petição inicial for instruída com prova documental suficiente dos fatos constitutivos do direito do autor, a que o réu não oponha prova capaz de gerar dúvida razoável. Parágrafo único. Nas hipóteses dos incisos II e III, o juiz poderá decidir liminarmente".

para eventual indenização suplementar. Neste caso, as partes estabelecerão um mínimo indenizatório, por meio da cláusula penal, bem como um máximo, através da cláusula limitativa de responsabilidade.[496] Assim, o credor terá assegurado o recebimento do valor da cláusula penal, e resguardado o direito de, mediante a prova do prejuízo efetivo, cobrar a diferença, até o limite previamente estabelecido.

[496] "Podem também as partes limitar sua responsabilidade, estabelecendo um limite para a indenização suplementar". TEPEDINO, Gustavo; BARBOZA, Heloisa Helena. MORAES, Maria Celina Bodin de. **Código Civil interpretado conforme a Constituição da República**. 2. ed. Rio de Janeiro: Renovar, 2007, p. 763.

5. LIMITAÇÃO E REDUÇÃO DA CLÁUSULA PENAL NO DIREITO ESTRANGEIRO

5.1 Propósito da análise

O presente capítulo tem como objetivo averiguar o controle sobre o conteúdo da cláusula penal em outros ordenamentos jurídicos, para verificar de que forma alguns sistemas estrangeiros restringem a liberdade de contratar cláusulas penais. Para os fins do presente trabalho, interessa conhecer se outras ordens jurídicas, (i) disciplinam de forma diferenciada cláusulas de prefixação de danos e cláusulas penais propriamente ditas; (ii) fixam alguma limitação *ex ante* sobre o valor da cláusula penal e, caso afirmativo, quais os parâmetros adotados e as consequências de sua violação; e (iii) contemplam uma intervenção corretiva *ex post* pelo julgador, e, neste caso, quais os requisitos para correção e vetores de sua aplicação.

Essas são as questões que buscaremos verificar como são tratadas no regramento sobre a cláusula penal vigente em outros ordenamentos. Escolhemos para comparação os ordenamentos de maior tradição tanto de matriz romano-germânica, quanto de *common law*, além de alguns sistemas que possuem legislação recente sobre o tema, editada no final do século XX, como Holanda, China, Quebec e Rússia, e no começo do século XXI, como é o caso da Argentina.

Antes de apresentar as normas desses ordenamentos específicas sobre as questões da cláusula penal indicadas acima, diante do reflexo direto sobre os distintos controles exercidos sobre o conteúdo da cláusula penal, é preciso tecer algumas considerações sobre as significativas diferenças existentes entre a própria concepção do contrato na tradição romano-germânica, e na do *common law*. Nas palavras de Menezes Cordeiro, "as razões para este afastamento são de índole social. O liberalismo e o individualismo encontram-se profundamente enraizados na cultura e na sociedade inglesas"[497].

Segundo Moura Vicente, nos ordenamentos de matriz romano-germânica, em relação ao contrato, "o fundamento da sua eficácia jurídica é, antes de mais, a própria vontade das partes; mas essa eficácia assenta também numa ideia de equidade, traduzida na preservação de um certo equilíbrio entre as prestações contratuais"[498]. Diante dessa concepção, admite-se a intervenção judicial para a conformação do conteúdo dos contratos por meio de inclusões, modificações e limitações de deveres e direitos.

Conforme explica o autor, nos países de tradição jurídica consuetudinária, os requisitos para a celebração de um contrato ampliam-se para além do acordo de vontade, sendo necessária uma correspondência entre as promessas de cada parte (*consideration*) ou, na ausência desta, que se cumpram algumas formalidades, na formação do acordo. Nesse sentido, "o Direito dos Contratos é, nesses sistemas, fundamentalmente um Direito das trocas entre privados". Em contrapartida, os órgãos jurisdicionais dos ordenamentos de *common law* pouco interferem no conteúdo das trocas econômicas avençadas, deixando à autonomia de vontade ampla liberdade quanto ao conteúdo das prestações devidas, em termos que "o valor da contrapartida que cada uma das partes obtém pela sua própria prestação é, em princípio, matéria que apenas a cada uma delas compete ajuizar"[499].

Prossegue o autor destacando que essas diferentes concepções têm consequências diretas no tratamento do incumprimento das obrigações contratuais. Com efeito,

[497] CORDEIRO, António Barreto Menezes. Princípio da boa-fé na execução dos contratos no direito inglês. **Revista de Direito Civil Contemporâneo**, v. 14, pp. 369-382, jan.-mar. 2018.

[498] VICENTE, Dário Moura. **Direito comparado** — obrigações. v. 2. Coimbra: Almedina, 2017, pp. 352-356.

[499] VICENTE, Dário Moura. **Direito comparado** — obrigações. v. 2. Coimbra: Almedina, 2017, pp. 358-361.

> A obrigação contratual revela-se, além disso, estruturalmente diversa nestas duas tradições jurídicas: ao passo que nos sistemas de *Civil Law* ela se traduz, por via de regra, na promessa recíproca de certa conduta, nos de *Common Law* uma das partes garante à outra certo resultado da execução da prestação a seu cargo. Correspondentemente, diferem também as consequências do incumprimento do contrato nos sistemas jurídicos em apreço.[500]

O inadimplemento, na *common law*, faz surgir para o credor um direito à indenização por perdas e danos, independentemente da verificação de culpa do credor. Ainda em respeito à liberdade dos contratantes, são poucas as situações nas quais o incumprimento de obrigações enseja a possibilidade de execução específica[501].

Diferentemente, na *civil law*, a responsabilidade pelo inadimplemento é aferida com base na culpa do devedor, que, em regra, não responde na constatação de impossibilidade objetiva de realizar a prestação devida. Nesses ordenamentos verifica-se uma primazia do cumprimento natural das obrigações de modo que a possibilidade de execução específica tem maior aplicação em comparação com os ordenamentos do *common law*. A conversão do inadimplemento em indenização é uma alternativa subsidiária.

O autor aponta, em termos gerais, a diferença sobre o controle do conteúdo das cláusulas penais nessas duas tradições jurídicas:

> Os sistemas romano-germânicos são, de um modo geral, recetivos à estipulação pelas próprias partes, não apenas do montante da indemnização exigível em caso de incumprimento definitivo ou mora do devedor (em vários deles denominada cláusula penal), mas também de sanções pecuniárias cumuláveis com aquela indemnização («astreintes conven-

[500] Vicente, Dário Moura. **Direito comparado** — obrigações. v. 2. Coimbra: Almedina, 2017, pp. 352-356.

[501] Como explica o professor português, "no Direito anglo-americano qualquer desvio à strict performance do programa obrigacional é, independentemente de culpa do devedor, suscetível de originar a obrigação de indemnizar o dano causado ao credor; mas não há lugar, salvo contadas hipóteses, à execução específica do contrato e este só pode ser resolvido pelo credor quando o incumprimento assuma certa gravidade, designadamente por respeitar a uma condition". Vicente, Dário Moura. **Direito comparado** — obrigações. v. 2. Coimbra: Almedina, 2017, pp. 358-361.

tionnelles», «Vertragsstrafen», *«penas convencionais» ou «cláusulas penais compulsórias). Por outro lado, os sistemas de Common Law são mais restritivos nesta matéria. Com efeito, além de não existir neles um equivalente das astreintes, de acordo com a denominada penalty rule* as referidas cláusulas só são eficazes na medida em que estipulem o *quantum* da indemnização devida (caso em que se fala de «liquidated damages clauses»*); não quando estabeleçam uma pena para o devedor inadimplente (*«penalty clauses»*)*[502].

Feitas essas distinções preliminares, passaremos a apresentar as normas específicas sobre o controle do conteúdo da cláusula penal em outros ordenamentos. Com isso, pretendemos obter elementos que poderão auxiliar na visão crítica do sistema brasileiro, além de extrair parâmetros capazes de subsidiar a análise dos conceitos indeterminados constantes do Código Civil, nomeadamente a natureza e a finalidade do negócio.

5.2 *Common law*

5.2.1 *Inglaterra*

(I) A *penalty rule*

A temática da cláusula penal, no direito inglês, é tradicionalmente marcada pela distinção entre, de um lado, a *liquidated damages clause*, amplamente aceita e utilizada na prática contratual, e, de outro lado, a *penalty clause*, rejeitada e fulminada de nulidade. Nesse contexto, o tema já foi referido como uma *anomalia* do ordenamento inglês, diante do paradoxo de um sistema que, apesar de caracterizado pela amplitude da liberdade de contratar — *sanctity of the contract* —, com escassas restrições ao conteúdo das disposições contratuais, veda aos contratantes o estabelecimento de penalidades puras[503].

Essa contradição é, em parte, explicada pelo aquilo que já tivemos oportunidade de expor a respeito do amplo acolhimento, pela *common*

[502] VICENTE, Dário Moura. **Direito comparado** — obrigações. v. 2. Coimbra: Almedina, 2017, p. 313.

[503] BEALE, Hugh. Penalty clauses in english law. **European Review of Private Law**, Kluwer Law International BV, v. 24, n. 3-4, pp. 353-372, 2016, p. 355.

law, da concepção do inadimplemento eficiente. Conforme observa Moura Vicente, há "receio de que tais cláusulas refreiem a referida violação eficiente do contrato, que os sistemas de Common Law consentem (e de alguma sorte procuram estimular)'[504].

A origem da vedação às cláusulas meramente punitivas é encontrada, no direito inglês, ainda na época das cortes de *equity*, em casos envolvendo títulos de créditos nos quais o devedor se comprometia ao pagamento de expressivo montante no caso de não se verificarem as condições indicadas no verso do título[505]. As cortes de equidade liberavam o devedor do pagamento do referido montante quando o mesmo comprovava ter reparado os danos decorrentes do descumprimento. Posteriormente, com a unificação do direito inglês e o desaparecimento da jurisdição separada de equidade, permaneceram vedadas as disposições punitivas, adotando as cortes inglesas o montante efetivamente do prejuízo como parâmetro determinante para a solução dos casos.

No início do século XX, a partir do precedente Clydebank Engineering & Shipbuilding Co. Ltd v. Don Jose Ramos Yzquierdo y Castaneda, as cortes inglesas passaram a se posicionar no sentido de que os montantes fixados contratualmente para serem pagos em caso de inadimplemento funcionavam apenas como garantia, de modo que, ao credor, era assegurado somente o recebimento da perda efetiva. Nesse contexto, nos casos em que o efetivo prejuízo incorrido se revelava de difícil estimativa, o montante fixado contratualmente era reconhecido como verdadeiro desejo das partes para fixar o prejuízo, sendo considerado válido, salvo se se revelar excessivo ou inaceitável.

Conquanto a aceitação das *liquidated damages* e a vedação às *penalty clauses* já se revelasse um entendimento consolidado no direito inglês, foi no julgamento do caso Dunlop Pneumatic Tyre Co. Ltd v. New Garage and Motor Co. Ltd, ocorrido em 1914, que se buscou estabelecer os marcos distintivos dessas disposições[506].

[504] Vicente, Dário Moura. **Direito comparado** — obrigações. v. 2. Coimbra: Almedina, 2017, p. 317.

[505] A exposição detalhada sobre a origem da vedação às cláusulas meramente punitivas, no direito inglês, é exposta em Simpson, Alfred William Brian. The penal bond with conditional defeasance. **Law Quarterly Review**, London, v. 82, pp. 392-422, 1966, p. 392.

[506] HOUSE of Lords do Reino Unido, Dunlop Pneumatic Tyre Co Ltd *v.* New Garage & Motor Co Ltd., j. 01-07-1914. Disponível em: http://www.bailii.org/uk/cases/UKHL/1914/1.html. Acesso em: 10 jul. 2018.

A discussão envolvida no caso Dunlop consistia na cobrança, pela fabricante de pneus, contra uma de suas revendedoras, do valor estabelecido em contrato para ser pago em caso de inadimplemento da obrigação de não revender os pneus abaixo do preço mínimo fixado. De acordo com o contrato, a revendedora deveria pagar a importância de 5 libras esterlinas por cada pneu comercializado abaixo do preço mínimo estabelecido, com a ressalva de que o referido montante consistia em uma liquidação de danos, e não numa penalidade.

Em primeira instância, o valor de 5 libras esterlinas foi considerado uma liquidação de danos, e, consequentemente, exigível. A decisão foi reformada em segunda instância, que entendeu pelo caráter de penalidade do valor fixado, conferindo à Dunlop, apenas, o direito ao recebimento dos danos efetivamente incorridos. Finalmente, a Suprema Corte reverteu novamente a decisão, definindo pela exigibilidade do valor fixado em contrato, por considerá-lo uma genuína *pre-estimate* dos potenciais danos vislumbrados para o caso de inadimplemento.

De fato, esse é um caso emblemático no estudo do assunto, em razão de seu pioneirismo no enfrentamento da complexa questão sobre o que diferencia uma cláusula válida, cujo objetivo é pré-fixar os danos a serem incorridos em caso de inadimplemento, das disposições rejeitadas pela *common law*, por terem a finalidade de coagir a parte ao cumprimento, através da imposição de uma pena cujo valor não guarda correspondência com os prejuízos incorridos pela outra.

No delineamento estabelecido por Lord Dunedin no caso Dunlop, "*the essence of a penalty is a payment of money stipulated as in* terrorem *of the offending party; the essence of liquidated damages is a genuine pre-estimate of damage*". De acordo com as premissas estabelecidas nesse precedente, em cada julgamento deverá ser avaliado se, ao tempo da conclusão do contrato — e não do inadimplemento — o valor fixado representava ou não uma estimativa dos danos a serem sofridos, de forma que serão considerados como penalidades e, portanto, não executáveis, os montantes que forem "*extravagant and unconscionable in amount in comparison with the greatest loss which could conceivably be proved to have followed from the breach*"[507].

[507] No julgamento do caso, Lord Dunedin sugeriu alguns testes a serem realizados para a definição da natureza da estipulação: "To assist this task of construction various tests have

Em relação às situações de impossibilidade de, no momento da contratação, estimar-se de forma genuína os potencia danos decorrentes do inadimplemento, o caso Dunlop não procedeu a grandes inovações quanto ao que já vinha sendo entendido pelas *common law courts*, no sentido de, nestes casos, considerar o montante fixado contratualmente como o verdadeiro valor acordado pelas partes para o dano a ser indenizado.

Como se percebe, a vedação às disposições de natureza punitiva — construída ao longo do tempo e consolidada no caso Dunlop — implica em relevante limitação à autonomia das partes, delas retirando a

been suggested, which if applicable to the case under consideration may prove helpful, or even conclusive. Such are: (a) It will be held to be penalty if the sum stipulated for is extravagant and unconscionable in amount in comparison with the greatest loss that could conceivably be proved to have followed from the breach. (Illustration given by *Lord Halsbury* in *Clydebank Case*). (b) It will be held to be a penalty if the breach consists only in not paying a sum of money, and the sum stipulated is a sum greater than the sum which ought to have been paid (*Kemble v Farren*). This though one of the most ancient instances is truly a corollary to the last test. Whether it had its historical origin in the doctrine of the common law that when A. promised to pay B. a sum of money on a certain day and did not do so, B. could only recover the sum with, in certain cases, interest, but could never recover further damages for non-timeous payment, or whether it was a survival of the time when equity reformed unconscionable bargains merely because they were unconscionable, — a subject which much exercised *Jessel MR* in *Wallis v Smith* – is probably more interesting than material. (c) There is a presumption (but no more) that it is penalty when «a single lump sum is made payable by way of compensation, on the occurrence of one or more or all of several events, some of which may occasion serious and others but trifling damage» (Lord Watson in *Lord Elphinstone v Monkland Iron and Coal Co*). On the other hand: (d) It is no obstacle to the sum stipulated being a genuine pre-estimate of damage, that the consequences of the breach are such as to make precise pre-estimation almost an impossibility. On the contrary, that is just the situation when it is probable that pre-estimated damage was the true bargain between the parties (*Clydebank Case*, Lord Halsbury; *Webster v Bosanquet*, Lord Mersey). Turning now to the facts of the case, it is evident that the damage apprehended by the appellants owing to the breaking of the agreement was an indirect and not a direct damage. So long as they got their price from the respondents for each article sold, it could not matter to them directly what the respondents did with it. Indirectly it did. Accordingly, the agreement is headed "Price Maintenance Agreement," and the way in which the appellants would be damaged if prices were cut is clearly explained in evidence by Mr. Baisley, and no successful attempt is made to controvert that evidence. But though damage as a whole from such a practice would be certain, yet damage from any one sale would be impossible to forecast. It is just, therefore, one of those cases where it seems quite reasonable for parties to contract that they should estimate that damage at a certain figure, and provided that figure is not extravagant there would seem no reason to suspect that it is not truly a bargain to assess damages, but rather a penalty to be held *in terrorem*".

possibilidade de livremente estabelecerem as consequências do inadimplemento contratual. Essa restrição ao conteúdo contratual parece representar um intruso em ordenamento tão marcado pela *freedom of contract*. Além disso, conforme apontado por Beale, são raras as possibilidades, no direito inglês, de obtenção de provimentos jurisdicionais para a execução específica das obrigações contratuais, o que reforça a importância de, em ordenamentos com essas características, ser permitido aos contratantes estabelecer incentivos adicionais ao cumprimento, como seria o caso da cláusula penal que fixa montantes dissociados do prejuízo estimado[508].

Além de sua aparente incompatibilidade com o restante do ordenamento inglês, outras dificuldades se apresentaram diante da vedação às *penalty clauses* consagrada no caso Dunlop. De fato, é entendimento consolidado no direito inglês que a regra de vedação às *penalty clause* tem aplicação restrita aos montantes fixados para o caso de descumprimento contratual. Nesse sentido, em situações nas quais o contrato estabelece a obrigação de pagamentos adicionais em situações distintas do inadimplemento, a regra não se aplica e a disposição, consequentemente, é considerada válida, mesmo que o pagamento adicional estabelecido não guarde qualquer relação com eventuais prejuízos incorridos[509].

[508] Beale, Hugh. Penalty clauses in english law. **European Review of Private Law**, Kluwer Law International BV, v. 24, n. 3-4, pp. 353-372, 2016, p. 359. O autor exemplifica os contratos de vendas de terras como sendo uma das exceções nas quais o direito inglês admite a execução específica.

[509] Nesse sentido, há uma série de críticas quanto à racionalidade negocial e econômica de tais restrições: "Existing penalty regulation [no *common law*] assumes that penalties are undesirable and that parties sometimes put penalty clauses in their contracts. The research described above denies this assumption. It finds that the damage stipulations either are not penalties or that penalties can provide efficient incentive to breach, investment or trade. [...] None of the research supports penalty regulation". Walt, Steven. Penalty clauses and liquidated damages. *In*: De Geest, Gerrit (ed.) **Contract law and economics**. Northampton: Edward Elgar Publishing, 2011, p. 192. De modo análogo: "in sum, the principle embodied in present law of giving the nonbreaching party 'just compensation' or quasi-performance leads to one limiting result, in which all the efficiency gains go to the breacher. But the payment of substantial overcompensation, i.e., penalties, is not necessarily incompatible with an equally efficient result in the neighborhood of the other limiting solution Rg where (infinitesimally less than) all of the efficiency gains from breach go to the non-breaching party. Ranging between these extremes, there are an infinite number of other efficient breach solutions where both parties divide the gains from breach, such as Rs, all of which embody varying combinations of compensatory and 'penalty' damages". Goetz, Charles J.;

Essa limitação do âmbito de aplicação da regra sobre *penalty clause* acabava por levar os contratantes a disfarçar as penalidades em disposições que não se referem expressamente ao inadimplemento. Interessante, nesse particular, a estória narrada por Hugh Beale sobre um eminente professor de Direito que foi indagado pela universidade na qual lecionava sobre a legalidade da conduta da instituição caso ela fixasse contratualmente uma penalidade para os estudantes que efetuassem o pagamento das mensalidades após o término da primeira semana de cada mês[510]. A resposta do professor esclareceu que a penalidade pretendida não era admitida pelo ordenamento, mas que não haveria qualquer óbice ao estabelecimento de valores diferentes de mensalidade consoante a semana do mês em que os pagamentos sejam realizados.

Apesar das críticas e de sua incompatibilidade com o restante do sistema contratual, o caso Dunlop fixou parâmetros que passaram a nortear por muito tempo o direito inglês, centrando toda a análise das cortes na relação direta entre o montante fixado contratualmente e o dano estimado. De fato, é bastante consolidado no direito inglês o entendimento de que a fixação de danos pela quebra do contrato tem a finalidade restrita à compensação dos prejuízos sofridos pela vítima do inadimplemento, sendo absolutamente vedados os *punitive damages* em matéria contratual[511]. A discussão, portanto, se exauria nessa dicotomia entre estimativas genuínas, e montantes *ad terrorem*.

Em 1966, uma outra ótica de análise passou a ser considerada, a partir do julgamento do caso Lordsvale Finance Plc v. Bank of Zambia, no qual se discutiu, em contrato de mútuo, a cobrança de uma taxa superior de juros em caso de inadimplemento. Em um passo adiante sobre o entendimento consolidado no caso Dunlop, Lord Colman J. estabeleceu o entendimento de que "*an additional payment to be made by a party who is*

Scott, Robert E. Liquidated damages, penalties and the just compensation principle: some notes on an enforcement model and a theory of efficient breach. **Columbia Law Review**, v. 77, n. 4, p. 567, 1977.

[510] Beale, Hugh. Penalty clauses in english law. **European Review of Private Law**, Kluwer Law International BV, v. 24, n. 3-4, pp. 353-372, 2016, p. 359.

[511] Há situações excepcionais, como, por exemplo, no caso *Attorney-General v. Blake*, julgado em 2011, no qual Blake, um ex-agente do serviço secreto britânico escreveu e publicou livro com revelações violadoras do compromisso de confidencialidade assumido quando do seu ingresso no Serviço Secreto. A decisão da House of Lords condenou Blake ao pagamento de valor correspondente a uma parcela dos lucros auferidos com a publicação do livro.

in breach of the contract may also be enforceable, even if it was not strictly speaking a pre-estimate of the likely loss, if it was commercially justifiable, provided always that its dominant purpose was not to deter the other party from breach".

A partir desse precedente, a estipulação de valores acima do prejuízo estimado passou a não mais necessariamente qualificar a disposição contratual como *penalty clause*, permitindo-se o enquadramento como *liquidated damage* quando o descolamento entre o dano estimado e o montante acordado (i) fosse comercialmente justificável; e (ii) não tivesse o propósito primordial de coerção ao cumprimento. Nesse ponto, o julgamento representou enorme evolução no entendimento sobre a vedação à *penalty clause*, tendo em vista que a prática contratual já vinha revelando que nem todas as disposições eram perfeitamente enquadráveis na dicotomia estabelecido no caso Dunlop entre pré-estimativas genuínas e montantes *ad terrorem*, pois "*there are clauses which may operate on breach, but which fall into neither category, and they may be commercially perfectly justifiable*"[512].

Agregou-se, assim, a análise da validade das disposições o parâmetro da justificativa comercial e da ausência de propósito coator como importantes vetores de análise.

(II) A mudança de paradigma: Cavendish Square Holdings BV *v.* Makdessi, ParkingEye Ltd *v.* Beavis

Mais recentemente, o tema voltou a ganhar enorme repercussão em razão do julgamento conjunto, pela Suprema Corte britânica, de dois casos que representaram uma reformulação significativa no entendimento vigente até 2015 sobre os critérios de distinção que valida as *liquidated damage clauses* e rejeita as *penalty clauses*[513].

O primeiro caso, Cavendish Square Holdings BV v. Makdessi, envolveu a compra e venda de participação societária que representava o controle de empresa publicitária criada pelo vendedor. Como ordinariamente ocorre em operações dessa natureza, o vendedor assumiu a

[512] COURT of Appeal. Civil Division. **United International Pictures *v.* Cine Bes Filmcilik ve Yapimcilik AS**, j. 21-11-2003.

[513] UNITED Kingdom Supreme Court. **Cavendish Square Holdings BV *v.* Makdessi; ParkingEye Ltd *v.* Beavis**, j. 04-11-2015. Disponível em: http://www.bailii.org/uk/cases/UKSC/2015/67.htm. Acesso em: 10 jul. 2018.

obrigação de, por determinado período, não competir com seu antigo negócio. Estabeleceu-se, no contrato, que, em caso de violação do *non--compete*, o comprador, além de ficar dispensado do pagamento das duas últimas parcelas do preço de compra, teria constituída em seu favor uma opção de adquirir as ações remanescentes por preço bastante reduzido. O resultado da aplicação da cláusula representaria prejuízo da ordem de milhões de dólares para o vendedor. A questão central, portanto, consistia em determinar se estas disposições seriam inexigíveis, por se enquadrarem na regra de proibição da *penalty clause*, nos termos delineados pelo caso Dunlop.

Argumentava o comprador serem essas disposições fundamentais para impedir que o vendedor destruísse o valor do negócio alienado, pois fatalmente isso ocorreria caso o fundador da empresa passasse a concorrer com a mesma. No entanto, era tarefa bastante complexa para o comprador correlacionar o valor econômico resultante da aplicação das disposições com o montante das perdas potencialmente estimadas. Por sua vez, o vendedor argumentava que a aplicação das cláusulas resultaria na perda de parcela relevante do preço de venda acordado, além da possibilidade de o comprador adquirir o restante da participação acionária por valor bastante inferior ao justo preço.

Discutiu-se, no julgamento do caso Makdessi, a abolição da regra que há anos proibiu a *penalty clause* no ordenamento inglês, tendo, ao final, decidido a Suprema Corte daquele país que, apesar de não ser o caso de abolir completamente a regra, era o momento de revisar o delineamento jurisprudencial estabelecido desde 1914, quando do julgamento do caso Dunlop.

Nesse sentido, o julgamento entendeu que a verificação sobre a natureza da disposição, se de *penalty clause* e, portanto, proibida, ou se de uma válida *liquidate damage*, não deve se ater a uma análise individualizada dos inadimplementos contratuais, mas sim, a uma consideração completa sobre os interesses aos quais — no momento da contratação e não do inadimplemento — ela visa proteger, para, a partir disso, avaliar sua exorbitância[514].

[514] GILIKER, Paula. Case note England and wales. UKSC 4 nov. 2015. Cavendish Square Holdings BV *v*. Makdessi; ParkingEye Ltd *v*. Beavis. **European Review of Private Law**. Kluwer Law International BV, v. 25, n. 1, pp. 173-180, 2017.

De fato, a Suprema Corte britânica decidiu que o parâmetro estabelecido no caso Dunlop sobre a cláusula ser uma genuína pré-estimativa dos danos ou uma coerção não é mais determinante. Conforme as considerações expostas pelo Lord Neuberger no julgamento do caso Makdessi, a análise deve perquirir "*whether the impugned provision is a secondary obligation which imposes a detriment on the contract-breaker out of all proportion to any legitimate interest of the innocent party in the enforcement of the primary obligation*"[515].

De maneira similar, os juízes Mance e Hodge pontuaram que o teste sobre a natureza da cláusula passa por primeiro verificar se há algum interesse legítimo protegido pela disposição para, na sequência, avaliar se a proteção desse interesse foi estabelecida de forma "extravagante, exorbitante ou imoral"[516].

A Suprema Corte britânica realçou a circunstância de que"*in a negotiated contract between properly advised parties of comparable bargaining power, the strong initial presumption must be that the parties themselves are the best judges of what is legitimate in a provision dealing with the consequences of breach*"[517].

O julgamento oferece outros contornos amplos para se compreender quais seriam os *legitimate interests* para o estabelecimento de cláusulas penais, apontando que "*compensation is not necessarily the only legitimate interest that the innocent party may have in the performance of the defaulter's primary obligations*"[518].

A Suprema Corte também se manifestou no sentido de que a categorização estanque delineada em Dunlop criou artificialismos normativos: "*the law relating to penalties has become the prisoner of artificial categorisation,*

[515] UNITED Kingdom Supreme Court. **Cavendish Square Holdings BV *v.* Makdessi; ParkingEye Ltd *v.* Beavis**, j. 04-11-2015, parágrafo 32. Disponível em: http://www.bailii.org/uk/cases/UKSC/2015/67.htm. Acesso em: 10 jul. 2018.

[516] UNITED Kingdom Supreme Court. **Cavendish Square Holdings BV *v.* Makdessi; ParkingEye Ltd *v.* Beavis**, j. 04-11-2015, parágrafos 152 e 155. Disponível em: http://www.bailii.org/uk/cases/UKSC/2015/67.htm. Acesso em: 10 jul. 2018.

[517] UNITED Kingdom Supreme Court. **Cavendish Square Holdings BV *v.* Makdessi; ParkingEye Ltd *v.* Beavis**, j. 04-11-2015, parágrafo 35. Disponível em: http://www.bailii.org/uk/cases/UKSC/2015/67.htm. Acesso em: 10 jul. 2018.

[518] UNITED Kingdom Supreme Court. **Cavendish Square Holdings BV *v.* Makdessi; ParkingEye Ltd *v.* Beavis**, j. 04-11-2015, parágrafo 32. Disponível em: http://www.bailii.org/uk/cases/UKSC/2015/67.htm. Acesso em: 10 jul. 2018.

itself the result of unsatisfactory distinctions: between a penalty and genuine pre-estimate of loss, and between a genuine pre-estimate of loss and a deterrent".

Diante desses novos delineamentos estabelecidos para a *penalty clause*, a Suprema Corte julgou válida ambas as disposições discutidas no caso Makdessi, realçando, ainda, a circunstância de terem as mesmas sido fixadas em negócio complexo, precedido de longa duração, entre partes capacitadas em igualdade de condições, além de assessoradas por advogados experientes.

O caso Makdessi foi julgado pela Suprema Corte em conjunto com Parkingeye Ltd *v.* Beavis, que envolvia um consumidor penalizado em 100 libras por ter excedido o tempo de estacionamento gratuito garantido aos clientes de um shopping. Na entrada do estacionamento, a operadora do estacionamento (Parkingeye) havia implementados claras sinalizações de que a permanência por 2 horas seria gratuita, sendo cobrados 85 GBP caso esse período fosse ultrapassado.

A Suprema Corte entendeu que, apesar de, em princípio, uma disposição dessa natureza parecer se enquadrar na proibição da *penalty clause*, no caso concreto existiam interesses legítimos a justificar a sua fixação, pelo que se decidiu pela exigibilidade da cobrança do valor em desfavor do consumidor. No entendimento da Suprema Corte, a operadora do estacionamento tinha o interesse legítimo no estabelecimento da cobrança para viabilizar a utilização eficiente do estacionamento, permitindo a maior circulação de clientes e desestimulando os consumidores a permanecer por mais de 2 horas.

Além disso, o valor não foi considerado extravagante, imoral ou desproporcional, tendo em vista os valores aplicados pelas autoridades em caso de estacionamento em locais proibidos, além da clara indicação do montante na entrada do estacionamento.

Interessante notar que os dois casos foram julgados conjuntamente pela Suprema Corte e tiveram resultado similar pela validade da cláusula, apesar da natureza distinta dos contratos envolvidos, tendo em vista que um (Makadessi) envolvia empresários experientes, assessorados por advogados qualificados em contratação precedida de extensa negociação, enquanto, no outro (Parkeye), tratava-se de um consumidor penalizado por exceder o tempo permitido em um estacionamento.

O julgamento Cavendish Square Holdings BV v. Makdessi; ParkingEye Ltd v. Beavis representa uma profunda reformulação do entendimento do ordenamento inglês sobre a distinção entre *liquidated damages clause* e *penalty clause*, ampliando significativamente os critérios de aceitação do conteúdo das cláusulas penais. Trata-se, portanto, de marco de enorme relevância para o tema, ainda mais diante da constatação de que "a Ciência Jurídica britânica mostra, historicamente, grandes reticências em embarcar em movimentos reformistas, para mais quando colocam em causa a própria essência da *Common Law*"[519].

Nesse contexto, as premissas estabelecidas pelo precedente Cavendish Square Holdings BV v. Makdessi; ParkingEye Ltd *v.* Beavis, que norteiam o posicionamento atual do direito inglês sobre a *penalty clause*, constituem relevante paradigma para a reflexão objeto deste trabalho sobre o controle do conteúdo da cláusula penal no direito brasileiro. A despeito da decisão diversa que se verificaria, no Brasil, na situação específica de ParkingEye Ltd *v.* Beavis, em razão das peculiaridades da cláusula penal no direito do consumidor, a centralização da análise sobre os legítimos interesses protegidos fundamenta a crítica sobre a existência de uma limitação *ex ante*, além de auxiliar na interpretação dos vetores natureza e finalidade consagrados pelo artigo 413.

5.2.2 *Estados Unidos da América*

O direito norte-americano, em linha com a sua matriz na *common law* e influência do direito inglês, acompanha a vedação das cláusulas entendidas como *penalty clause*. Entretanto, os dois sistemas não são idênticos, ao menos em teoria, pois nos Estados Unidos, mesmo as *liquidated damages* são objeto de restrições.

Essas restrições são encontradas na doutrina, jurisprudência, e em regulamentos como o Uniform Commercial Code[520], editado em 1952, e o Restatement 2nd of Contracts[521], publicado em 1979. O artigo

[519] Cordeiro, António Barreto Menezes. Princípio da boa-fé na execução dos contratos no direito inglês. **Revista de Direito Civil Contemporâneo**, v. 14, pp. 369-382, jan.-mar. 2018.

[520] Aplicável aos seguintes contratos: compra e venda, aluguel, depósitos bancários, pagamentos bancários, letras e diversos títulos de crédito e instrumentos negociáveis.

[521] Os Restatements of Law elaborados pelo American Law Institute são documentos de soft law que condensam as normas e os princípios, dentro de um determinado ramo jurídico, comuns a todos os Direitos estaduais. Como pontua Menezes Cordeiro, "Apesar da sua natureza de soft law, os Restatements granjeiam uma notável autoridade, sendo seguidos e citados, com frequência, pelas mais altas instâncias jurisprudenciais locais". Cordeiro,

2-718(1) do UCC dispõe que os danos decorrentes do inadimplemento de quaisquer das partes podem ser liquidados em contrato, mas apenas em montante razoável em vista dos prejuízos antevistos ou efetivos, das dificuldades de prova dos mesmos, e dos inconvenientes ou dificuldades de obter de outra forma a tutela adequada. Uma cláusula fixando valores elevados sem razoabilidade é nula por se considerar a *penalty clause*[522]. A disposição é quase integralmente replicada pelo artigo 356(1) do Restatement 2nd of Contracts[523]. Assim, uma cláusula de *liquidated damages* de valor excessivamente desproporcional é rejeitada pelo ordenamento americano.

Para Hatzis, a principal diferença, na teoria, entre o sistema inglês e o americano, está na circunstância de que, para o primeiro, a análise é guiada pela verificação sobre a intenção de avaliar danos ou de punição, enquanto no segundo o foco é a razoabilidade do valor fixado[524].

O direito norte-americano discute os problemas sobre a fixação dos limites entre uma cláusula de *liquidated damages* e uma *penalty clause.* Nos termos das regras encontradas no UCC e no Restatement 2nd of Contracts, são três os requisitos: a quantidade fixada deve ser razoável, a extensão dos danos é incerta quando calculada antecipadamente, e deve ter havido a intenção das partes de avaliar antecipadamente os prejuízos.

Farnsworth indica que dentre as condições de validade acima citadas, considera-se a mais importante aquela que exigiu valor razoável à quantia a ser imposta pela cláusula, uma vez que esta se encontra tanto no Uniform Commercial Code quanto no Restatement Second, que refor-

António Barreto Menezes. Princípio da boa-fé na execução dos contratos no direito inglês. **Revista de Direito Civil Contemporâneo**, v. 14, pp. 369-382, jan.-mar. 2018.

522 "§ 2-718. Liquidation or Limitation of Damages; Deposits. (1) Damages for breach by either party may be liquidated in the agreement but only at an amount which is reasonable in the light of the anticipated or actual harm caused by the breach, the difficulties of proof of loss and the inconvenience or nonfeasibility of otherwise obtaining an adequate remedy. A term fixing unreasonably large liquidated damages is void as a penalty".

523 "Damages for breach by either party may be liquidated in the agreement but only at an amount that is reasonable in the light of the anticipated or actual loss caused by the breach and the difficulties of proof of loss. A term fixing unreasonably large liquidated damages is unenforceable on grounds of public policy as a penalty".

524 Hatzis, Aristides N. Having the cake and eating it too: efficient penalty clauses in common and civil contract law. **International Review of Law and Economics**, n. 22, pp. 381-406, 2003. Disponível em: http://egov.ufsc.br/portal/sites/default/files/anexos/32973-41250-1-PB.pdf. Acesso em: 26 ago. 2016.

çam a necessidade de razoabilidade entre o dano sofrido e o valor a ser pago como critério de admissibilidade da cláusula[525].

A condição da dificuldade de estimativa prévia dos danos também é reiterada até os dias de hoje pelas cortes americanas[526]. O critério é entendido como um suporte à avaliação de razoabilidade entre a quantia a ser paga e o dano sofrido[527].

Por outro lado, a condição que diz respeito à intenção das partes, embora ainda seja um critério utilizado em algumas cortes, está sendo cada vez menos invocada. Isso porque, "*there's no good reason why a stipulation should not be upheld as one for liquidated damages even though its purpose may have been compulsion.*"[528].

Calamari e Perillo entendem que os requisitos para a validade da cláusula são: (i) o valor final da penalidade não pode ser desproporcional aos danos sofridos pelas partes contratantes; (ii) o dano objeto das cláusulas penais deve ser incerto ou de difícil quantificação e (iii) o montante da cláusula penal deve ser considerado razoável[529].

Barnet, por sua vez, elenca os seguintes fatores para se verificar a razoabilidade da fixação de uma cláusula penal e, portanto, sua validade: (i) a intenção das partes em estipularem *penalties* ou *liquidated damages*; (ii) a incerta ou difícil quantificação do dano e (iii) se o valor dos danos previstos é razoável ao valor do prejuízo real[530].

5.3 Portugal

A comparação da limitação e da redução da cláusula penal com o ordenamento português é de grande valia para os fins deste trabalho. Isso porque, no direito português, além da expressa previsão da redução equitativa em caso de manifesto excesso, vigora dispositivo legal que suscita divergência na doutrina e na jurisprudência sobre a existência de

525 FARNSWORTH, Alan. **Contracts**. 3. ed. New York: Aspen Law &Business, 1999, p. 841.

526 Board of Trustees *v*. Johnson, 507 So. 2d 887 (Miss. 1987) ("loss arising from [doctor's] refusal to engage in family practice...is difficult to assess").

527 FARNSWORTH, Alan. **Contracts**. 3. ed. New York: Aspen Law &Business, 1999, p. 846.

528 FARNSWORTH, Alan. **Contracts**. 3. ed. New York: Aspen Law &Business, 1999, p. 841.

529 CALAMARI, John D; PERILLO, Joseph M. **The law of contracts**. 4. ed. West Group, 1998, pp. 591-593; MUNIZ, Joaquim de Paiva. Considerações sobre certos institutos de direito contratual e seus potenciais efeitos econômicos. *In*: (coord.) WALD, Arnoldo. **Revista de Direito Bancário do Mercado de Capitais**. Ano 7, n. 25, jul.-set. 2004, p. 106.

530 BARNETT, Randy E. **Contracts**: cases and doctrine. 3. ed. Aspen Publishers, 2003, p. 154.

uma limitação genérica da cláusula penal, o que resulta no ordenamento luso em problemática similar àquela do objeto deste trabalho. Antes de expor a controvérsia relativa ao dispositivo, convém apresentar os contornos da cláusula penal em Portugal.

O Código Civil português, promulgado em 25 de novembro de 1966[531], disciplina a cláusula penal na Divisão IV ("Fixação contratual dos direitos do credor"), Subsecção II ("Falta de cumprimento e mora imputáveis ao devedor"), Secção II ("Não cumprimento"), do Capítulo VII (Cumprimento e não cumprimento das obrigações"), mais precisamente nos artigos 809 a 812[532]. Diferentemente da opção do legislador brasileiro, o Código português adotou um conceito de cláusula penal. Nesse sentido, conforme o artigo 810º (1) da lei portuguesa, "as partes podem, porém, fixar por acordo o montante da indemnização exigível: é o que se chama cláusula penal".

Assim, no sistema adotado pelo Código Civil português, "define-se a cláusula penal como a estipulação em que num negócio jurídico, designadamente num contrato, as partes fixam o montante da indemnização para o caso do seu incumprimento"[533]. A despeito da clara conceituação legal do instituto, Antunes Varela, "conjugando a noção dada no preceito legal com a real dimensão da figura e com o sentido corrente da expressão", define a cláusula penal como a estipulação do "objeto da

[531] DL n. 4734/66, com as alterações do DL n. 200-C/80 e do DL n. 262/83.

[532] "ARTIGO 810º (Cláusula penal) 1. As partes podem, porém, fixar por acordo o montante da indemnização exigível: é o que se chama cláusula penal. 2. A cláusula penal está sujeita às formalidades exigidas para a obrigação principal, e é nula se for nula esta obrigação. ARTIGO 811º (Funcionamento da cláusula penal) 1. O credor não pode exigir cumulativamente, com base no contrato, o cumprimento coercivo da obrigação principal e o pagamento da cláusula penal, salvo se esta tiver sido estabelecida para o atraso da prestação; é nula qualquer estipulação em contrário. 2. O estabelecimento da cláusula penal obsta a que o credor exija indemnização pelo dano excedente, salvo se outra for a convenção das partes. 3. O credor não pode em caso algum exigir uma indemnização que exceda o valor do prejuízo resultante do incumprimento da obrigação principal. (Redacção do Dec.-Lei 262/83, de 16-6). ARTIGO 812º (Redução equitativa da cláusula penal). 1. A cláusula penal pode ser reduzida pelo tribunal, de acordo com a equidade, quando for manifestamente excessiva, ainda que por causa superveniente; é nula qualquer estipulação em contrário. 2. É admitida a redução nas mesmas circunstâncias, se a obrigação tiver sido parcialmente cumprida".

[533] Costa, Mário Júlio de Almeida. **Direito das obrigações**. 10. ed. Coimbra: Almedina, 2006, p. 793.

indemnização exigível do devedor que não cumpre, como sanção contra a falta de cumprimento"[534].

Com efeito, ao conceituar a cláusula penal como o acordo sobre o montante da indenização, o Código português limita o instituto à função indenizatória. Diante disso, a doutrina portuguesa encontra fora do instituto positivado no Código Civil a licitude de pactuações que tenham outra finalidade que não apenas a indenizatória. Nas palavras de Almeida Costa,

> a cláusula penal, no sistema da nossa lei, avulta como fixação antecipada da indemnização — compensatória ou apenas moratória — isto é, dirige-se à reparação de danos. Mas nada impede que, ao abrigo do princípio da liberdade contratual, desempenhe uma função coercitiva, destinada a pressionar o devedor ao cumprimento, na medida em que a sua falta autoriza o credor à exigência alternativa de uma prestação mais gravosa[535].

Essa concepção é acolhida pelo Supremo Tribunal de Justiça que, em recente julgado, consignou o entendimento de que quando a pena for convencionada sem intuito estritamente indenizatório,

> trata-se de espécie que escapa ao figurino do instituto da cláusula penal, tal como se acha concebido no artigo 810º, n. 1 do CC, visto não fixar o montante da indemnização exigível, mas que encontra no princípio da liberdade contratual, consagrado no artigo 405º do mesmo diploma, fundamento bastante para a sua aceitação[536].

Nesse sentido, a jurisprudência portuguesa entende que

> a figura da cláusula penal não tem um recorte unitário, no que concerne à sua qualificação e regime, devendo distinguir-se três tipos de cláusulas

[534] VARELA, João de Matos Antunes. **Das obrigações em geral**. v. II. 10. ed. Coimbra: Almedina, 2006, p. 139.

[535] COSTA, Mário Júlio de Almeida. Direito das obrigações. 10ª edição reelaborada. Almedina, 2006. p. 794. No mesmo sentido afirma Menezes Cordeiro: "O artigo 810º/1 parece limitar o âmbito da cláusula penal à fixação do montante da indemnização. A prática — possível perante o artigo 405º. — admite âmbitos mais vastos: os diversos campos do incumprimento podem ser contemplados". CORDEIRO, António Manuel da Rocha e Menezes. **Tratado de direito civil português**. Parte geral. t. I. 3.ed. Coimbra: Almedina, 2007, p. 737.

[536] Processo n. 2020/16.4 T8GMR.G1. S2, 2ª Secção, Rel. Rosa Ribeiro Coelho, j. 3-10-2019.

penais consoante a função visada pelas partes: as cláusulas destinadas a fixar antecipadamente o montante indemnizatório pelo incumprimento ou cumprimento defeituoso do contrato, as cláusulas penais em sentido estrito e as cláusulas penais exclusivamente compulsórias[537].

Diante dessa segregação de regimes, a jurisprudência portuguesa acaba por afastar a incidência de determinadas normas do Código Civil sobre a cláusula penal quando não se estiver diante de uma disposição de caráter indenizatório. Com efeito, é consolidado o entendimento de que "o regime dos artigos 810º e 811º do CC não se aplica às cláusulas penais compulsórias, mas apenas às de natureza indemnizatória"[538].

Esse afastamento das normas do Código Civil quando se trata de cláusula com finalidade diversa da estritamente indenizatória não abrange a redução por excesso manifesto, que é admitida em todas as modalidades de cláusula penal. De fato, "a jurisprudência tem entendido que a cláusula penal, mesmo quando tenha uma função compulsória pode ser reduzida, de acordo com critérios de equidade, quando manifestamente excessiva"[539].

Entende o Supremo Tribunal de Justiça que o artigo 812 do Código Civil, que prevê a redução da cláusula penal em caso de excesso manifesto,

> não faz qualquer distinção entre os diversos tipos de cláusulas, não se vendo nenhuma razão de ordem material, substantiva, para que o intérprete a faça, já que o excesso manifesto, a evidente desproporção, único fundamento que justifica a intervenção do tribunal em nome da equidade, é susceptível de ocorrer em todos os tipos de cláusulas penais,

[537] Processo n. 72/14.0TTOAZ. P1.S1, Rel. Ana Luísa Geraldes, j. 12-5-2016; e Processo n. 3938/12.9 TBPRD.P1. S1, 1ª Secção, Rel. Maria Clara Sottomayor, j. 27-1-2015. Disponíveis em: www.dgsi.pt. Acesso em: 13 jan. 2020.

[538] Processo n. 72/14.0TTOAZ.P1.S1, Rel. Ana Luísa Geraldes, j. 12-5-2016; Processo n. 3938/12.9TBPRD.P1.S1, 1ª Secção, Rel. Maria Clara Sottomayor, j. 27-1-2015; e Processo n. 81/1998.C1.S1, 6ª Secção, Rel. Nuno Cameira, j. 27-9-2011. Disponíveis em: www.dgsi.pt. Acesso em: 13 jan. 2020. No mesmo sentido é a doutrina de Moura Vicente, para quem "a estoutra cláusula, que encontra respaldo no princípio da liberdade contratual, são inaplicáveis os artigos 810º e 811º do Código Civil". VICENTE, Dário Moura. **Direito comparado** — obrigações. v. 2. Coimbra: Almedina, 2017, p. 313.

[539] Processo n. 3938/12.9TBPRD.P1.S1, 1ª Secção, Rel. Maria Clara Sottomayor, j. 27/1-2015. Disponível em: www.dgsi.pt. Acesso em: 13 jan. 2020.

> quiçá até com maior premência nas de natureza compulsória; depois, porque este artigo encerra um princípio de alcance geral, destinado a corrigir abusos no exercício da liberdade contratual, sempre possíveis em razão da ligeireza, da precipitação ou da menor reflexão com que as partes actuam, males estes não raro induzidos pela pressão que a escassez de tempo para bem decidir coloca sobre os contraentes[540].

Mota Pinto sintetiza de forma clara a segregação da incidência das disposições do Código Civil português, conforme a função da cláusula contratada:

> A cláusula definida no artigo 810º, n. 1, é a primeira, de liquida*ção prévia do dano. Pelo que se impõe apurar, de entre as normas esta*belecidas no Código Civil, quais as que se aplicam exclusivamente à espécie definida no n. 1 do artigo 810º, e quais as que, pela sua *ratio* e motivação, podem aplicar-se também à pena convencional de índole compulsória. O artigo 811º, maxime a doutrina dos n. 2 e 3, vale apenas para a espécie definida no artigo anterior. Mas já a doutrina contida no n. 2 do artigo 810º, que traduz a regra da acessoriedade, bem como a que o artigo 812º consagra, sobre a redução da pena, se podem e devem aplicar a todas as espécies de penas convencionais, ainda que indirectamente ou por analogia[541].

Cabe pontuar que essa segregação de regimes, com afastamento de determinadas normas do Código Civil, não apenas é justificada, como também necessária, em Portugal, em razão da opção do legislador de conceituar a cláusula penal, restringindo-a à função indenizatória, o que demanda o recurso à liberdade de contratar para fundamentar disposições com outras funções. Isso não ocorre no Brasil onde adotou-se no Código Civil um modelo aberto, sem conceituação do instituto, com segregação de regimes apenas em função da natureza substitutiva ou cumulativa, o que não implica qualquer restrição quanto às possíveis

[540] Processo n. 2020/16.4T8GMR.G1.S2, 2ª Secção, Rel. Rosa Ribeiro Coelho, j. 3-10-2019; Processo n. 3938/12.9TBPRD.P1.S1, 1ª Secção, Rel. Maria Clara Sottomayor, j. 27-1-2015 Disponível em: www.dgsi.pt. Acesso em: 13 jan. 2020.

[541] PINTO, Carlos Alberto da Motta. **Teoria geral do direito civil**. 4. ed. Atualizado por Antonio Pinto Monteiro e Paulo Mota Pinto. Coimbra: Coimbra, 2005, p. 591.

funções, com a ressalva do entendimento já exposto sobre as cláusulas de prefixação de danos.

Em sua essência, as disposições relativas à redução da cláusula penal da lei portuguesa são similares as do Código brasileiro. De fato, o artigo 812 do Código português também prevê a redução de acordo com a equidade, nas hipóteses de excesso manifesto ou adimplemento parcial. Existem, entretanto, quatro diferenças entre o conteúdo das disposições sobre a redução da cláusula penal nos dois ordenamentos que convêm apontar.

A primeira delas está na utilização do verbo *poder* pela legislação portuguesa ("a cláusula penal *pode* ser reduzida") em contraposição ao verbo *dever* adotado pelo artigo 413 do Código brasileiro ("a penalidade *deve* ser reduzida"). Essa circunstância restringe no ordenamento português a discussão objeto de numerosa divergência no direito brasileiro a respeito da redução *ex officio* da cláusula penal[542]. De fato, a jurisprudência do Supremo Tribunal de Justiça tem sedimentado o entendimento de que "o uso da faculdade de redução equitativa da cláusula penal, previsto no artigo 812º, n. 1, do CC, não é de conhecimento oficioso, dependendo de pedido do devedor da indemnização"[543].

A segunda diferença reside na referência expressa constante da legislação portuguesa esclarecendo que a redução será cabível mesmo quando a causa do excesso manifesto for superveniente à pactuação da cláusula penal. Entretanto, a ausência de referência semelhante no Código brasileiro não acarreta qualquer diferença prática entre os dois ordenamentos, pois não encontramos, nem na doutrina, nem na jurisprudência brasileira, qualquer entendimento afastando a redução quando o excesso manifesto decorrer de causa superveniente.

Da mesma forma, a terceira diferença entre os textos legais também não reflete qualquer divergência entre os dois ordenamentos. Trata-se da cominação de nulidade constante da lei portuguesa de qualquer estipulação que afaste a possibilidade de redução da cláusula penal.

[542] Conforme aponta Almeida Costa, no direito português, "embora a lei não o explicite, afasta-se a possibilidade de uma redução oficiosa pelo tribunal. Esta terá de basear-se em pedido do devedor — após lhe haver sido exigida a pena, judicial ou extrajudicialmente — formulado através de acção ou de excepção peremptória". Costa, Mário Júlio de Almeida. **Direito das obrigações**. 10. ed. Coimbra: Almedina, 2006, p. 801.

[543] Processo n. 1942/07.8TBBNV.L1.S1, 6ª Secção, Rel. Azevedo Ramos, j. 12-09-2013. Disponível em: www.dgsi.pt. Acesso em: 13 jan. 2020.

Conquanto o Código brasileiro não contemple cominação semelhante, reconhece-se o caráter de norma de ordem pública do artigo 413[544].

Por fim, a quarta e última diferença entre as disposições legais referentes à redução da cláusula penal nas legislações brasileira e portuguesa decorre da ausência, nesta, da referência à natureza e à finalidade do negócio consagradas naquela como vetores orientadores da redução. Apesar da ausência de referência no texto legal, tanto a doutrina quanto a jurisprudência portuguesa indicam a natureza e a finalidade do negócio como fatores a serem considerados no processo de redução da cláusula penal[545] [546]. Ademais, conforme teremos a oportunidade de expor, a referência à natureza e finalidade do negócio, conquanto salutar, podem perfeitamente ser consideradas subentendidas na equidade estabelecida em ambas as legislações.

Por fim, não se pode deixar de referir que a jurisprudência portuguesa entende ser *excepcional* a redução equitativa da cláusula penal, havendo referência, inclusive, sobre a necessidade de uma desproporção "chocante"[547]. Tal entendimento não difere do que, oportunamente, defenderemos a respeito da redução da cláusula penal no ordenamento brasileiro. O mesmo ocorre com o entendimento vigente no Supremo Tribunal de Justiça português sobre a circunstância de, na redução da

[544] A questão será abordada no capítulo 7 acompanhada da análise sobre os reflexos da Lei da Liberdade Econômica sobre o tema.

[545] Na doutrina, Almeida Costa indica, entre os fatores a serem ponderados, "a natureza do contrato" e "a função — compulsória ou meramente indemnizatória — que a cláusula visa prosseguir no caso concreto" Costa, Mário Júlio de Almeida. **Direito das obrigações**. 10. ed. Coimbra: Almedina, 2006, p. 804.

[546] Ambas são referidas, por exemplo, na ementa de recente julgado: "Nessa tarefa de redução, que deve pautar-se por critérios de equidade, o tribunal dispõe de uma ampla liberdade de ponderação, podendo/devendo socorrer-se de todos os fatores de ponderação de que disponha, tais como o interesse das partes, a sua situação económica e social, o seu grau de culpa, a função que a cláusula penal visa prosseguir no caso concreto, o motivo de incumprimento, a boa ou má fé do devedor, a natureza do contrato e as circunstâncias em que foi realizado, etc., etc. (Tribunal da Relação de Coimbra (TRC), Apelação 95/05.0TBCTB-H. Cl, Rel. Isaías Pádua, j. 20-6-2017).

[547] Supremo Tribunal de Justiça, Processo n. 4922/07.0TVLSB.L1. S1, 6ª Secção, Rel. Fonseca Ramos, j. 22-2-2001. Disponível em: www.dgsi.pt. Acesso em: 13 jan. 2020. Diversos outros acórdãos do Supremo Tribunal de Justiça ressaltando o caráter excepcional da redução da cláusula penal são referidos por Monteiro, António Joaquim de Matos Pinto. Artigo 811º, n. 3, do Código Civil: *requiem* pela cláusula penal indemnizatória? **Revista de Legislação e de Jurisprudência**. n. 3.976, ano 142, set.-out. 2012, p. 70.

cláusula penal, o juiz ser orientado por "vários factores para formular o seu juízo equitativo sobre o montante, *v.g.*, atendendo aos interesses das partes, à sua situação económica e social, ao seu grau de ilicitude, e às demais circunstâncias que no caso sejam relevantes"[548].

5.3.1 *A controvérsia sobre o artigo 811º, n. 3*

O artigo 811º (3) da lei portuguesa dispõe: "O credor não pode em caso algum exigir uma indemnização que exceda o valor do prejuízo resultante do incumprimento da obrigação principal". Essa norma "tem suscitado vivas críticas e causado a maior perplexidade, chegando a sugerir-se a sua interpretação revogatória"[549].

O dispositivo tem origem quando

> no tocante ao funcionamento da cláusula penal, registrou-se, no início da década de oitenta do século XX, uma curiosa instabilidade legislativa: os artigos 811º e 812º foram, sucessivamente, alterados pelos Decretos -Leis n. 200-C/80, de 24 de Junho e 262/83, de 16 de Junho[550].

Antunes Varela critica severamente o dispositivo que considera "contrário ao sentido tradicional e à função útil da cláusula penal ou convencional, representa uma verdadeira castração da estipulação das partes"[551].

548 Processo n. 72/14.0TTOAZ.P1.S1, Rel. Ana Luísa Geraldes, j. 12-5-2016. Disponível em: www.dgsi.pt. Acesso em: 13 jan. 2020.

549 Monteiro, António Joaquim de Matos Pinto. Artigo 811º, n. 3, do Código Civil: *requiem* pela cláusula penal indemnizatória? **Revista de Legislação e de Jurisprudência**. n. 3.976, ano 142, set.-out. 2012, p. 73.

550 Cordeiro, António Manuel da Rocha e Menezes. **Tratado de direito civil português**. Parte geral. t. I. 3.ed. Coimbra: Almedina, 2007, p. 737. O autor esclarece que essa instabilidade ocorreu "Fundamentalmente, pelo seguinte: atravessou-se, nessa época, um período de inflação muito intensa; o legislador permitiu a subida das taxas de juros, mas de modo limitado; procurou evitar que as partes, através de cláusulas penais, agravassem tensões inflacionistas ou, mais simplesmente: impedissem a repercussão da inflação sobre os proprietários e os credores".

551 Como explica o doutrinador, "Limitando sistematicamente o valor máximo da cláusula ao montante do prejuízo causado, o novo preceito destrói ainda uma das funções mais úteis da cláusula, que era a de pôr termo a discussão entre as partes acerca do montante do prejuízo real sofrido pelo credor. Se qual for o valor da cláusula penal, o devedor tem sempre o poder de impugnar a sua aplicação, com o fundamento de que ela excede o montante o dano efectivo". Varela, João de Matos Antunes. **Das obrigações em geral**. v. II. 10. ed. Coimbra: Almedina, 2006, pp. 146-147.

De fato, conforme apontado por Pinto Monteiro, "uma interpretação mais chegada à letra da lei concluirá que o n. 3 do artigo 811º. impede que o credor exija e obtenha uma indenização que exceda o valor do prejuízo resultante do incumprimento da obrigação principal"[552].

Para evitar essa interpretação, que esvazia por completo a utilidade da cláusula penal, o autor defende uma interpretação do dispositivo "ligando-o à norma imediatamente anterior do mesmo preceito legal"[553]. Nesse contexto, o autor propõe a seguinte interpretação para o dispositivo:

> Em primeiro lugar, o n. 3 do artigo 811º não é uma norma de alcance geral, que se aplique a toda e qualquer pena, mas, tão-só, quando exista convenção sobre o dano excedente. Em segundo lugar, este preceito destina-se a impedir que, por meio dessa convenção, o credor venha a obter uma indemnização superior ao que se mostre necessário em ordem a uma integral reparação do prejuízo. Finalmente, tal solução não resulta da norma anterior, não decorre do n. 2 do mesmo preceito, pois a lei apenas estabelece aí em que condições releva um 'dano excedente', não dizendo, porém, que a convenção das partes haja de limitar-se a consagrar, estritamente, essa reparação — daí, precisamente, a utilidade do n. 3 do artigo 811º, ao determinar que tudo que o credor pode fazer, a fim de prevenir a eventualidade de a pena se mostrar inferior ao dano efectivo, é convencionar o direito a uma reparação integral, que o mesmo é dizer, à indemnização pelo dano excedente, não podendo acordar indemnização superior.

Ao mesmo tempo em que critica incisivamente o dispositivo, Antunes Varela rejeita por completo a solução proposta por Pinto Monteiro[554]. Apesar de discordar da norma, Antunes Varela entende que no

[552] Monteiro, António Joaquim de Matos Pinto. Artigo 811º, n. 3, do Código Civil: *requiem* pela cláusula penal indemnizatória? **Revista de Legislação e de Jurisprudência**. n. 3.976, ano 142, set.-out. 2012, p. 73.

[553] Monteiro, António Joaquim de Matos Pinto. Artigo 811º, n. 3, do Código Civil: *requiem* pela cláusula penal indemnizatória? **Revista de Legislação e de Jurisprudência**. n. 3.976, ano 142, set.-out. 2012, p.75.

[554] A crítica "a solução conduzia a um verdadeiro absurdo, como facilmente se verifica por este exemplo: Imagine-se que A e B incluem no seu contrato, para garantia de uma obriga-

direito português o devedor tem assegurada a possibilidade de "alegar e provar, sempre que o credor se limite a requerer a aplicação da cláusula estabelecida (e não venha a pedir indemnização do dano excedente: artigo 811º, n. 2), que o valor desta excede ao valor real do dano"[555].

O entendimento de Antunes Varela é acompanhado por Moura Vicente, para quem, por força do artigo 811(3), "ao devedor inadimplente será, assim, dado provar que não houve danos em virtude do seu incumprimento ou que o valor destes é inferior ao fixado na cláusula em questão"[556].

Entretanto, a interpretação sustentada por Pinto Monteiro prevalece perante a parcela majoritária da doutrina portuguesa. Almeida Costa restringe a limitação constante do artigo 811 (3) aos casos em que expressamente pactuada a indemnização suplementar, entendendo que a referida norma "não impede que se exija a pena convencionada na sua totalidade, ainda que seja superior aos danos sofridos, salvo, evidentemente, o disposto no artigo 812"[557].

Calvão da Silva adota a mesma interpretação sobre o dispositivo, com o destaque de que "para o caso de existência de cláusula penal sem convenção das partes sobre ressarcibilidade do dano excedente, o artigo 811º, n. 3, não tem nenhuma utilidade". O autor pontua, ainda, a circuns-

ção assumida por B, uma cláusula penal de 1.000 e que o dano efetivamente resultante do não cumprimento é de 750.

E suponha-se que, em circunstâncias paralelas, C e D convencionaram a mesma pena negocial de 1.000 e que o dano real é também de 750, mas que as partes, prevendo *expressis verbis* a possibilidade de o dano ser superior a 1.000, estipularam para essa hipótese uma pena (cláusula penal) de 2.000. De acordo com a solução por nós rejeitada (que parece ser Monteiro, António Joaquim de Matos Pinto. Artigo 811º, n. 3, do Código Civil: *requiem* pela cláusula penal indemnizatória? **Revista de Legislação e de Jurisprudência**. n. 3.976, ano 142, set.-out. 2012, p 457). A teria direito à pena convencionada de 1.000, porque a cláusula do seu contrato não seria abrangida pela nova doutrina do n. 3 do artigo 811º, enquanto C, que foi mais cauteloso e mais previdente, mas caiu na armadilha do novo preceito, teria direito a 750, valor do prejuízo por ele realmente sofrido" Varela, João de Matos Antunes. **Das obrigações em geral**. v. II. 10. ed. Coimbra: Almedina, 2006, p. 147.

[555] Varela, João de Matos Antunes. **Das obrigações em geral**. v. II. 10. ed. Coimbra: Almedina, 2006, p. 147.

[556] Vicente, Dário Moura. **Direito comparado** — obrigações. v. 2. Coimbra: Almedina, 2017, pp. 313-314.

[557] Vicente, Dário Moura. **Direito comparado** — obrigações. v. 2. Coimbra: Almedina, 2017, p. 799.

tância de, mesmo nos casos de previsão de indenização suplementar, a utilidade do dispositivo ocorrer "de forma redundante"[558].

Mota Pinto argumenta:

> Sob pena de se frustrar a função da cláusula penal, o n. 3 do artigo 811.° não pode valer com o sentido de permitir que o devedor possa provar um prejuízo de montante inferior ao da cláusula, para limitar àquele a efectivação da sua responsabilidade. A única forma de dar um sentido útil àquele n. 3 — e mesmo assim com reservas de *jure condendo* — é relacioná-lo com o final do n. 2 do mesmo artigo. Quer dizer: se as partes, através de convenção adrede formulada, estabeleceram a indemnização do dano excedente ao montante da cláusula penal, não podem estipular que, na hipótese de se verificar o referido dano excedente, a indemnização seja inferior a esse mesmo dano[559].

Galvão Telles, destacando que entendimento diverso transformaria a cláusula penal em mero acordo de inversão de ônus da prova, acompanha o entendimento da doutrina majoritária: "se se entender que interpretar assim o n. 3 equivale a dá-lo como não escrito pela sua inutilidade, então que se dê como não escrito, fazendo aplicação da chamada *interpretatio abrogans*. Atribuir-lhe qualquer outro sentido é que não é possível"[560].

[558] Sintetizando o raciocínio a respeito do dispositivo, afirma o doutrinador: "fica definido o sentido do n. 3 do artigo 811.°: o credor não pode em caso algum, mesmo que o tenha convencionado expressamente, exigir uma indemnização que exceda o valor do prejuízo resultante do incumprimento da obrigação principal, sem prejuízo do funcionamento de cláusula penal superior ao valor da indemnização do dano efectivo, determinado segundo as regras gerais". SILVA, João Calvão da. **Cumprimento e sanção pecuniária compulsória**. 4. ed. Coimbra: Almedina, 2002, p. 266.

[559] PINTO, Carlos Alberto da Motta. **Teoria geral do direito civil**. 4. ed. Atualizado por Antonio Pinto Monteiro e Paulo Mota Pinto. Coimbra: Coimbra, 2005, p. 598.

[560] O autor resume a impossibilidade de se atribuir interpretação diversa ao dispositivo nos seguintes termos: "Quererá dizer o aludido preceito que o credor está dispensado de produzir prova quanto a danos, tendo em princípio direito à indemnização fixada na cláusula penal, mas que o devedor poderá, ele, provar qual o valor real dos prejuízos, caso em que a cláusula penal ficará reduzida a esse valor, ou inclusive que não houve prejuízos e que assim nada o credor tem a receber? Por outras palavras, o preceito sob análise possuirá o alcance de transformar, a cláusula penal numa simples presunção de que o credor sofreu danos do montante estipulado, presunção susceptível de ser ilidida por prova em contrário a produzir pelo devedor? A cláusula penal terá assim ficado limitada a mera convenção de inversão

A questão que não é clara na doutrina[561] reflete-se na jurisprudência do Supremo Tribunal de Justiça, que assim já se manifestou: "a cláusula penal é nula quando exceder o valor do prejuízo resultante do incumprimento da obrigação"[562].

Por outro lado, em sua manifestação mais recente, o mesmo Tribunal decidiu: "O preceituado no n. 3 do artigo 811º do CC é aplicável apenas na hipótese prevista no n. 2 da mesma norma, isto é, na hipótese de as partes terem convencionado uma indemnização pelo dano excedente"[563].

Como defendido pela maior parte da doutrina acima referida, a interpretação literal do artigo 811(3) do Código português esvaziaria por completo a utilidade da cláusula penal, que se tornaria mero acordo

do ónus probatório respeitante aos prejuízos? Também não seria admissível esta interpretação, que desvirtuaria por completo a cláusula penal, conferindo-lhe uma natureza que jamais vimos ser-lhe atribuída, e retirando-lhe as vantagens que lhe são inerentes, acima assinaladas na alínea d), substituídas pelo simples benefício de uma presunção". Continua o autor: "Se se quer dar algum conteúdo ao novo n.° 3 do artigo 811.°, só poderá ser o seguinte: dizer por outras palavras o que já está dito no n." 2. O n.° 2 esclarece que, estipulada cláusula penal, não poderá o credor aspirar a indemnização superior à nela fixada, ainda que superior seja o dano. Mas em seguida ressalva a hipótese de se ter convencionado o contrário, isto é, de ao credor se ter assegurado como mínimo a indemnização estabelecida, com a consequente liberdade de obter indemnização superior se provar que superior é o dano. Hipótese essa aliás em que, verdadeiramente, já não se está perante uma cláusula penal, e sim perante uma cláusula de agravamento da responsabilidade, pela qual se deixa aberta ao credor a possibilidade de ser integralmente ressarcido, nos termos gerais, mas se lhe garante um mínimo de indemnização. Feita uma convenção deste estilo, o credor poderá reclamar ainda indemnização pelo dano excedente (excedente em relação a esse mínimo), em termos tais que, segundo esclarece o n." 3 (e será este o seu significado), o credor não poderá aspirar a receber então, no todo, indemnização superior à do prejuízo real". Telles, Inocêncio Galvão. **Direito das obrigações**. 7. ed. Coimbra: Coimbra, 1997, pp. 445-448.

561 Monteiro, António Joaquim de Matos Pinto. Artigo 811º, n. 3, do Código Civil: *requiem* pela cláusula penal indemnizatória? **Revista de Legislação e de Jurisprudência**. n. 3.976, ano 142, set.-out. 2012, pp.71-72.

562 Trecho da ementa do acórdão do Processo 97B607, Rel. Miranda Gusmão, j. 5-11-1997. Disponível em: www.dgsi.pt. Acesso em: 13 jan. 2020. A aplicação do artigo 811(3), como limitador da cláusula penal mesmo em casos sem pactuação de indenização suplementar também é encontrada no acórdão proferido pelo Supremo Tribunal de Justiça no Processo 02B013, Rel. Eduardo Baptista, j. 24-4-2002. Disponível em: www.dgsi.pt. Acesso em: 13 jan. 2020.

563 Processo 9018/16.0T8LSB.L1.S2, 2ª Secção, Rel. Catarina Serra, j. 12-09-2019. Disponível em: www.dgsi.pt. Acesso em: 13 jan. 2020.

de inversão do ônus da prova. Para fins de comparação com o problema enfrentado neste trabalho, relativo à limitação constante do artigo 412, conjugada à redução disposta no artigo 413, cabe referir outro ponto suscitado pela doutrina portuguesa a respeito dessa interpretação literal do artigo 811(3): sua aparente contradição desta norma com a regra estatuída pelo n. 1 do artigo 812º. Afinal, essa limitação da cláusula penal ao valor dos prejuízos tornaria inócua a redução equitativa prevista no artigo 812, pois a penalidade, balizada pelo dano efetivo, jamais se revelaria excessiva[564].

Trata-se, portanto, de problema similar ao que entendemos presente no Código Civil brasileiro. Pertinente, nesse particular, a consideração de Pinto Monteiro ao apontar acórdão que procedeu à aplicação literal do artigo 811(3):

> trata de um problema a que a jurisprudência não tem dado a devida atenção. Efectivamente, recorre-se, por vezes — como sucede no caso concreto —, ao n. 3 do artigo 811º para reagir — ou não — contra cláusulas penais abusivas, em vez de se equacionar o problema perante o artigo 812º. Outras vezes, apela-se até a ambas as normas para fundamentar a decisão de reagir — ou não — contra penas que se reputam exageradas ou abusivas. Ora, a verdade é que há que definir, com acerto e rigor, o âmbito de aplicação de cada um destes preceitos e atentar devidamente nos respectivos pressupostos, que não coincidem, e nas soluções a que ambos conduzem, que também são diferentes[565].

A situação, em nosso entendimento, é semelhante à verificada no direito brasileiro a partir da vigência do atual Código Civil. Esclareça-se que a comparação é feita com todas as ressalvas sobre a diferença

[564] Como observa Pinto Monteiro, a interpretação literal do artigo 811(3) "conduziria, por um lado, a eliminar a doutrina do artigo 812º, uma vez que o tribunal passaria a intervir, por força do n. 3 do artigo 811º, sempre que o montante da pena excedesse o da indemnização, perdendo sentido o poder de fiscalização judicial conferido pelo artigo 812º". MONTEIRO, António Joaquim de Matos Pinto. Artigo 811º, n. 3, do Código Civil: *requiem* pela cláusula penal indemnizatória? **Revista de Legislação e de Jurisprudência**. n. 3.976, ano 142, set.-out. 2012, p. 75.

[565] MONTEIRO, António Joaquim de Matos Pinto. Artigo 811º, n. 3, do Código Civil: *requiem* pela cláusula penal indemnizatória? **Revista de Legislação e de Jurisprudência**. n. 3.976, ano 142, set.-out. 2012, pp. 71-72.

significativa de que, no caso do direito brasileiro, não há como atribuir ao artigo 412 qualquer correlação à previsão de indenização suplementar. Também o parâmetro da limitação é distinto, tendo em vista que o artigo 811(3) da lei portuguesa adota o valor dos prejuízos, enquanto o artigo 413 do Código brasileiro elege o valor da obrigação principal, conceitos que muitas vezes não são coincidentes.

Essas diferenças, no entanto, não afastam a similitude do problema, caso se entenda pela aplicação literal do artigo 811(3) em Portugal, pois, neste caso, lá também haveria uma prévia limitação genérica da cláusula penal, vigente concomitantemente à previsão de redução *ex post* por excesso. Essa é a situação que Antunes Varela qualifica como *justiça de funil*[566], expressão a que nos referiremos novamente quando abordarmos a limitação da cláusula penal no ordenamento brasileiro.

5.4 Alemanha

No capítulo 2, ao tratarmos da cláusula de prefixação de danos, apresentamos a evolução do direito alemão que resultou na distinção entre a cláusula penal e clausula de prefixação de danos, inclusive em sede legislativa, o que torna o ordenamento tedesco um exemplo paradigmático sobre o tema, de grande interesse para o estudo da cláusula penal no direito brasileiro.

Agora, para fins da análise objeto deste capítulo, resta verificar o sistema adotado pelo ordenamento alemão para o controle do conteúdo da cláusula penal.

Conquanto concebida para desempenhar a dupla função, destaca-se nas disposições do BGB sobre a *Vertragsstrafe*, o caráter de estipulação destinada à proteção apenas dos interesses do credor, como se verifica no parágrafo 340(2) resguarda o direito do credor de reclamar indenização suplementar, de forma que, na Alemanha, a cláusula penal atua como mínimo indenizatório, no que se difere do ordenamento brasi-

566 "Note-se a real incongruência da lei, a que o povo chamaria *justiça de funil*; por um lado, o credor nunca pode exigir uma indemnização de valor superior ao dano efectivamente sofrido com a falta de cumprimento, ainda que credor e devedor tenham convencionado indemnização de valor mais alto (par. 811º., n. 3); por outro lado, se a cláusula penal for manifestamente excessiva, o devedor pode requerer e obter uma redução dela até um valor situado abaixo do dano que efectivamente causou ao credor". VARELA, João de Matos Antunes. **Das obrigações em geral**. v. II. 10. ed. Coimbra: Almedina, 2006, p. 148.

leiro, onde, como regra, ela limita a exposição patrimonial do devedor[567]. Dentre as disposições sobre a *Vertragsstrafe* não consta norma similar ao *caput* do artigo 416 do Código brasileiro, que deixa clara a desnecessidade de alegar prejuízo, resultando da cláusula uma presunção *iure et de iure* de dano. Entretanto, ao estabelecer que o credor tem o valor da cláusula assegurado como mínimo, podendo reclamar eventual diferença em relação ao dano efetivo, a consequência das normas acaba sendo idêntica, mantendo-se, por força de ambas, a exigibilidade da penalidade a despeito da prova da ausência de dano.

Inexiste no ordenamento alemão qualquer limitação *ex ante* do conteúdo da cláusula penal. O controle é feito pelo parágrafo 343 do BGB, que permite a redução judicial quando verificado que o conteúdo da cláusula é desproporcionalmente elevado[568]. Interessante, nesse particular, a expressa orientação estabelecida pelo legislador alemão para que, diante de uma pretensão de redução da cláusula penal, o julgador considere todos os interesses legítimos do credor, e não apenas os exclusivamente financeiros. Essa orientação, conforme defenderemos oportunamente, é compatível com o ordenamento brasileiro, em razão dos vetores natureza e finalidade do negócio estabelecidos pelo artigo 413.

A doutrina indica que na aplicação do vetor estabelecido na legislação, relativo a todos os interesses do credor e não apenas os financeiros, nos casos em que se entender que a penalidade supera tais interesses, deve ser ponderada a gravidade da culpa do devedor, as vantagens proporcionadas pelo inadimplemento e a sua situação patrimonial[569].

Enorme relevância tem a característica do direito alemão de afastar do regime da redução previsto no parágrafo 343 do BGB as cláusulas

[567] "2) If the obligee is entitled to a claim to damages for nonperformance, he may demand the penalty payable as the minimum amount of the damage. Assertion of additional damage is not excluded". Disponível em: https://www.gesetze-im-internet.de/englisch_bgb/englisch_bgb.html#p1233. Acesso em: 13 jan. 2020.

[568] "Section 343 Reduction of the penalty (1) If a payable penalty is disproportionately high, it may on the application of the obligor be reduced to a reasonable amount by judicial decision. In judging the appropriateness, every legitimate interest of the obligee, not merely his financial interest, must be taken into account. Once the penalty is paid, reduction is excluded. (2) The same also applies, except in the cases of sections 339 and 342, if someone promises a penalty in the event that he undertakes or omits an action".

[569] Enneccerus, Ludwig; Kipp, Theodor; Wolff, Martin. **Tratado de derecho civil**. t. 2, v. 1. Revisado por Henrich Lehmann. Tradução e adaptação (legislação e jurisprudência) do alemão por Blas Pérez González, José Alguer. Barcelona: Bosch, 1954, p. 19.

penais devidas por comerciantes, conforme a determinação expressa do par. 348 do Código Comercial alemão (*Handelsgesetzbuch*-HGB[570]). Tendo em vista a definição ampla de comerciante constante do par. 1º do HGB[571], constata-se que no direito alemão os contratos empresariais não estão sujeitos ao regime da redução da cláusula penal.

Assim, na Alemanha, os contratos empresariais somente poderão sofrer interferência sobre as cláusulas penais estipuladas quando as mesmas forem manifestamente contrárias à boa-fé[572]. Nesse sentido, em recente decisão jurisprudencial sobre o tema, com base no princípio geral da boa-fé, os tribunais alemães reduziram uma penalidade prevista em contrato empresarial que era cerca de 840 vezes o preço da mercadoria transacionada[573].

Assim, a análise das disposições do BGB demonstra diferenças significativas em relação ao sistema estabelecido pelo Código brasileiro. Em primeiro lugar, o direito alemão não contempla qualquer limitação *ex ante* do valor da cláusula da penal. De fato, no direito alemão, a contratação da cláusula penal está sujeita, apenas, às restrições genericamente incidentes sobre a liberdade de contratar[574].

[570] Section 348. A penalty agreed to be paid by a mercantile trader in the course of his mercantile business cannot be reduced on the ground of sect. 340 of the Civil Code (i).

[571] "Section 1(1) A merchant within the meaning of this Code is a person who carries on a commercial business.

(2) A commercial business is any commercial enterprise unless, by reason of its nature or size, the enterprise does not require a commercially organised business operation."

[572] Faust, Florian. Contractual penalties in german law. **European Review of Private Law** — Kluwer Law International BV, v. 23, n. 3, pp. 285-296, 2015. O autor cita o caso julgado pela Suprema Corte alemã.

[573] Nesse sentido, BGH, 17 de Julho de 2008, NJW 1882, 2009 (Ger.), cit. Faust, Florian. Contractual penalties in german law. **European Review of Private Law** — Kluwer Law International BV, v. 23, n. 3, pp. 285-296, 2015, p. 294. "The case concerned an agreement that imposed the payment of 7,500 euros for every individual violation of the contractually assumed obligation not to sell or produce a certain type of children's pillow, which traded at nine euros each. The aggrieved party then claimed an aggregate amount exceeding 53,000,000 euros for the 7,000 pillows sold in breach of the agreement, but the court ultimately reduced the penalty to 200,000 euros. This example seems to contradict the intuition of some law and economics scholars that contractual penalties are inefficient and therefore business contracts will never provide for them ».

[574] Faust, Florian. Contractual penalties in german law. **European Review of Private Law** — Kluwer Law International BV, v. 23, n. 3, pp. 285-296, 2015. O autor cita, como exem-

Além disso, no sistema alemão, a possibilidade de o credor reclamar indenização suplementar é expressamente assegurada, independentemente da previsão contratual exigida na legislação brasileira.

Finalmente, fundamental apontar que o poder de moderação judicial para reduzir cláusulas penais coercitivas excessivas não incide sobre contratos empresariais regidos pelo HGB, previsão que, do ponto de vista da codificação pátria, não encontra suporte expresso no direito brasileiro. Ainda assim, como pretendemos desenvolver mais adiante neste trabalho, a expressão adotada no artigo 413 da lei brasileira quanto à "natureza" do negócio, pela sua amplitude e indeterminação, permite dar guarida à interpretação que a natureza empresarial de determinado negócio possa impor maior rigor no exercício do poder do juiz de moderar a penalidade.

5.5 França

Com efeito, o Código Civil francês de 1804, conhecido como Código Napoleônico, constitui marco fundamental para a história da civilística de diversos outros países de *civil law*, tendo exercido influência determinante em outras codificações. Apenas para lembrar os casos mais marcantes, uma vez promulgado, o diploma foi adotado como direito interno na Bélgica, enquanto, na Itália, por meio do Código Civil de 1865, foi também praticamente traduzido[575].

O Código francês disciplinava a *clause pénale* nos artigos 1226 a 1231, mas, em outra seção, destinada às perdas e danos decorrentes do inadimplemento das obrigações, vigia o artigo 1152, que disciplinava a convenção por meio da qual as partes acordavam previamente o valor da indenização. Havia, assim, no Código Civil francês, uma distinção entre a cláusula penal e a cláusula de prefixação de danos (*clause de domages-intérêts*)[576].

Desde 1º de outubro de 2016, está em vigor a *Ordonnance* 2016-31, que promoveu ampla reforma no direito dos contratos no ordena-

plo, a vedação constante do artigo 138 do BGB relativa à vedação de disposições contrárias à ordem pública.

575 Pereira, Caio Mário da Silva. Código Napoleão — influência nos sistemas jurídicos ocidentais. **Rev. Faculdade Direito Universidade Federal Minas Gerais**, ed. 32,1989, p. 9.

576 Cannarsa, Michel. French case note on the penalty clause decisions of the UK Supreme Court. **European Review of Private Law**. v. 25, n. 1, pp. 219-226, (1) 2017.

mento francês, visando adequá-lo aos ideais contemporâneos de justiça e equilíbrio contratual[577]. Dentre as modificações introduzidas pela referida norma, a disciplina da cláusula penal passou a constar do novo artigo 1231-5 do Código Civil, que fundiu o antigo artigo 1152, relativo à cláusula de prefixação de danos, com os artigos 1226-1231, que disciplinavam a cláusula penal[578]. Curiosamente, a expressão *clause pénale* não consta do novo dispositivo.

Contudo, ainda que fora da regra geral, a natureza penal e sancionatória não foi excluída do texto legal francês. Com efeito, a expressão *penalité* permanece presente, indicada expressamente nas alíneas 1231-5(2) e 1231-5(3). Outro sinal da permanência de um modelo ligado ao caráter sancionador é a manutenção do poder do juiz para moderar qualquer cláusula penal relativa à inadimplência contratual. Portanto, em linha com o direito anterior, o juiz pode reduzir ou majorar a cláusula penal.

Principia o novo artigo da lei francesa estabelecendo que quando o contrato prever, como consequência do inadimplemento, um valor a ser pago para reparar os danos, não caberá ao credor o recebimento de montante maior, nem menor. Ressalva o dispositivo, entretanto, a possibilidade de o juiz, mesmo de ofício, reduzir, ou majorar, o valor estabelecido, caso o mesmo seja manifestamente excessivo, ou irrisório.

Na sequência, a lei francesa dispõe que, quando verificado o cumprimento parcial, o valor da cláusula penal poderá ser reduzido, inclusive de ofício, de forma proporcional à vantagem obtida pelo credor com o adimplemento parcial, sem prejuízo da possibilidade de redução ou majoração do valor estipulado, com fundamento no manifesto excesso ou exiguidade.

[577] Disponível em: http://codes.droit.org/CodV3/civil.pdf. Acesso em: 13 jan. 2020.

[578] Artigo 1231-5. Lorsque le contrat stipule que celui qui manquera de l'exécuter paiera une certaine somme à titre de dommages et intérêts, il ne peut être alloué à l'autre partie une somme plus forte ni moindre. Néanmoins, le juge peut, même d'office, modérer ou augmenter la pénalité ainsi convenue si elle est manifestement excessive ou dérisoire. Lorsque l'engagement a été exécuté en partie, la pénalité convenue peut être diminuée par le juge, même d'office, à proportion de l'intérêt que l'exécution partielle a procuré au créancier, sans préjudice de l'application de l'alinéa précédent. Toute stipulation contraire aux deux alinéas précédents est réputée non écrite. Sauf inexécution définitive, la pénalité n'est encourue que lorsque le débiteur est mis en demeure"

Por fim, a legislação francesa estabelece o caráter imperativo das disposições sobre a redução ou majoração da cláusula penal, além da necessidade de prévia interpelação do devedor para que a cláusula penal seja devida.

No tocante ao controle do conteúdo, como se extrai da análise do artigo 1231-5, a legislação francesa se difere da brasileira por prever a possibilidade de majoração judicial da cláusula penal. Além disso, inexiste, no direito francês, prévia limitação genérica ao conteúdo.

Na legislação francesa, o vetor orientativo da redução em caso de cumprimento parcial, consiste na proporcionalidade da vantagem obtida pelo credor. No direito francês, a avaliação sobre o manifesto excesso ou exiguidade da cláusula é feita no momento da decisão, ou seja, após o inadimplemento, e não por ocasião da contratação[579].

A jurisprudência francesa entende como excepcional a intervenção sobre o conteúdo da cláusula penal[580]. Os limites e o contorno destas exceções foram, ao longo do tempo, definidos casuisticamente pelos tribunais franceses. Com efeito, de acordo com fórmula jurisprudencial, o valor efetivo do dano, quando presente, constitui parâmetro fundamental para a avaliação da aplicação do antigo artigo 1152 do Código Civil, de modo que o magistrado se encontra impedido de estipular uma quantia inferior ao montante do dano sofrido ou, se assim for o caso, superior a tal prejuízo[581]. Essa representou, aliás, o parâmetro mais estabelecido nas cortes franceses e, indiretamente, também esvazia as possibilidades de se verificar *ex ante* uma suposta excessividade.

Outrossim, ao julgar caso de pedido de aumento da cláusula penal, a *Cour de cassation* entendeu que os magistrados não têm poder para aumentar a penalidade prevista apoiando-se na justificativa de que a referida cláusula seria menor do que o dano sofrido, sem fundamentar entendimento no sentido de que teria efetiva natureza irrisória (*dérisoire*)[582].

[579] Cannarsa, Michel. French case note on the penalty clause decisions of the UK Supreme Court. **European Review of Private Law**. v. 25, n. 1, pp. 219-226, (1) 2017.

[580] Cass. civ. 3e, 20/12/2006, n. 05-20065.

[581] Nesse sentido, a pena não pode ser inferior ao prejuízo, conforme Cass. Civ. 24/07/1978, n. 280.

[582] Cass. com. 10/07/2001, n. 98-16202.

Assim, manteve-se como ponto de partida a premissa de que as cláusulas penais são permitidas, de maneira que a intervenção judicial é justificada apenas em caso de desproporção excessiva, tanto a menor quanto a maior. Ainda que se considerem tais alterações, como regra geral, o poder do juiz de moderar constitui sempre uma exceção ao princípio da força vinculante dos acordos, pilar do direito francês. Por este motivo, o controle jurisdicional, assim como anteriormente, permanece como exceção: só se justifica no caso de uma diferença excessiva entre o dano sofrido pelo credor e o montante que o devedor deve pagar. Do mesmo modo, mantém-se a fórmula legal anterior — *manifestement excessive ou dérisoire.*

Ainda sob a égide do direito anterior, Mazeaud pontuava que o direito francês não ofereceu parâmetros para nortear a revisão judicial. Coube à jurisprudência, como também destaca o autor, estabelecer seus contornos, partindo do ponto central de que a ausência de dano efetivo não constitui motivo idôneo para reduzir a cláusula penal[583].

Cumpre ressaltar, ao fim, que a menos em matéria de moderação das cláusulas penais, as decisões posteriores à reforma têm confirmado entendimentos sedimentados. Em decisão recente, a *Cour de Cassation*, pelo menos em matéria de competência para verificação da natureza manifestamente excessiva ou irrisória da cláusula e de utilização do dano efetivo como limite inferior ou superior, a depender do caso, não enxergou diferenças entre a legislação vigente e a anterior[584]. Mais recentemente, a *Cour d'Appel* de Dijon também reforçou que à luz do direito francês vigente a verificação de um caráter manifestamente excessivo resulta da comparação com o dano efetivo do credor[585].

Em síntese, o controle do conteúdo da cláusula penal, no direito francês, se dá por meio da intervenção *ex post*, nos casos de excesso manifesto, não havendo indicação, na legislação, sobre os critérios para a apuração do excesso, nem sobre a utilização da equidade como instrumento de correção. Inexiste qualquer limitação prévia do conteúdo da cláusula penal, diferenciando-se, esse ordenamento, pela expressa previsão de majoração da cláusula penal irrisória.

[583] MAZEAUD, Denis. **La notion de clause pénale**. Paris: Librairie Générale de Droit et Jurisprudence, 1992, p. 330.

[584] Cass. Com. 20/12/2017, n.16-18.280.

[585] C.A. Dijon, 2.Ch., 08/03/2018, n. 16/01118.

5.6 Itália

O *Codice Civile*, promulgado em 16 de março de 1942[586], disciplina a figura nos artigos 1382[587], 1383[588] e 1384[589]. Desses dispositivos legais extraem-se alguns aspectos importantes do ordenamento jurídico italiano, que guarda nítida influência do Código francês.

O artigo 1382 do *Codice Civile* dispõe que a cláusula penal constitui acordo entre as partes de uma relação obrigacional, pelo qual o devedor fica devendo uma determinada prestação em favor do credor, em caso de inadimplemento ou mora[590]. O Código italiano, portanto, assim como o brasileiro, não conceitua a cláusula penal, nem restringe suas funções.

Assim como a legislação brasileira, a lei italiana estabelece a desnecessidade de o credor demonstrar prejuízo para que a cláusula penal seja devida, além da impossibilidade de cobrança de indenização suplementar, salvo no caso de expressa previsão contratual[591]. Além disso, a doutrina italiana se posiciona no sentido de que, apesar de o artigo 1382

[586] ITÁLIA. **Código Civil**. Altalex. Disponível em: http://www.altalex.com/documents/codici-altalex/2015/01/02/codice-civile. Acesso em: 24 jul. 2018.

[587] "Artigo 1382 Effetti della clausola penale. La clausola, con cui si conviene che, in caso d'inadempimento o di ritardo nell'adempimento (1218), uno dei contraenti è tenuto a una determinata prestazione, ha l'effetto di limitare il risarcimento alla prestazione promessa, se non è stata convenuta la risarcibilità del danno ulteriore (1223). La penale è dovuta indipendentemente dalla prova del danno."

[588] "Artigo 1383 Divieto di cumulo. Il creditore non può domandare insieme la prestazione principale e la penale, se questa non è stata stipulata per il semplice ritardo."

[589] "Artigo 1384 Riduzione della penale. La penale può essere diminuita equamente dal giudice, se l'obbligazione principale è stata eseguita in parte ovvero se l'ammontare della penale è manifestamente eccessivo, avuto sempre riguardo all'interesse che il creditore aveva all'adempimento (1181, 1526-2, att. 163)."

[590] Na doutrina italiana encontra-se a indicação sobre a possibilidade de a cláusula penal representar prestação de natureza não pecuniária, embora a prestação de pagar determinada quantia seja o conteúdo mais comum da cláusula penal. SMORTO, Guido. Clausola penale. *In*: **Digesto Discipline Privatistiche** — Sezione Civile — Ottavo aggiornamento. Torino, Utet, 2013, p. 141.

[591] SMORTO, Guido. Clausola penale. *In*: **Digesto Discipline Privatistiche** — Sezione Civile — Ottavo aggiornamento. Torino, Utet, 2013, p. 141. Em Cass., 26/06/2002, n. 9295, a corte suprema decidiu que a existência de dano não é relevante ou pode ser verificada pela simples existência de mora para a determinação de pagamento da cláusula penal. Nesse sentido da possibilidade cumulação da obrigação principal em caso de mora ver também Cass., 14/04/1994, n. 3475; Cass., 03/09/1999, n. 9298; Cass., 05/08/2002, n. 11710.

se referir, apenas, à prova do dano, a cláusula será devida independentemente da existência do dano[592].

Em relação ao controle da cláusula penal, o sistema italiano não estabelece qualquer limitação prévia, preferindo o sistema de intervenção *ex post* previsto no artigo 1384. Assim como na legislação brasileira, as hipóteses de redução são o cumprimento parcial ou o montante manifestamente excessivo, sendo a equidade o instrumento corretivo indicado pelo legislador. O *Codice* contém vetor orientativo da similar ao do BGB, estabelecendo que a redução deverá resguardar todos os interesses do credor pelo adimplemento.

Em Cass, 27/02/1996, prevaleceu o caráter punitivo da cláusula penal, tendo a corte suprema entendido que a complexidade do mecanismo contratual estabelecido entre as partes não poderia ser quebrada pela diminuição judicial do *quantum* estipulado, decidindo-se, portanto, privilegiar a liberdade negocial e autonomia de vontade das partes envolvidas.

Na aferição do excesso manifesto, a doutrina e a jurisprudência italiana consideram a função que se atribua à cláusula penal. Nas cláusulas em que se verifique a intenção preponderante de prefixar as perdas e danos, o excesso manifesto deve ser considerado a partir da comparação entre o montante do dano efetivo sofrido pelo credor, apurado com base na regra geral do artigo 1223 do Código Civil italiano, e o valor previamente fixado na cláusula penal. Assim, sempre que essa comparação apresentar desproporção manifesta estará configurado o requisito necessário à intervenção corretiva[593].

Diferentemente, nas cláusulas em que sobressai a função punitiva, não será o dano efetivo a ser considerado, mas sim a adequação entre o valor fixado na cláusula penal, a conduta do devedor, e as demais circunstâncias observadas no caso concreto. Nesse sentido, defende-se uma análise do grau de culpa do devedor a fim de se determinar a possibilidade de redução da cláusula penal[594].

[592] Trimarchi, V. Michele. **La clausola penale**. Milano: Dott. Antonio Giuffrè, 1954, p. 110.

[593] Smorto, Guido. Clausola penale. *In*: **Digesto Discipline Privatistiche** — Sezione Civile — Ottavo aggiornamento. Torino, Utet, 2013, p. 143.

[594] Smorto, Guido. Clausola penale. *In*: **Digesto Discipline Privatistiche** — Sezione Civile — Ottavo aggiornamento. Torino, Utet, 2013, p. 143.

Nessa linha, a jurisprudência italiana aponta que o juízo sobre a redução da cláusula penal não deve limitar-se à comparação entre o dano sofrido e o valor fixado na cláusula ou a analisar abstratamente a prestação inadimplida. Ao contrário, aponta-se a necessidade de consideração em concreto dos impactos do inadimplemento na relação contratual estabelecida e do efetivo interesse do credor no adimplemento da obrigação principal, conforme estabelece o artigo 1384 do Código Civil italiano.

Em Cass, 26 de março de 1997, n. 2655, foi confirmada a redução de uma cláusula penal ao apreciar, em um caso de aquisição de imóvel, o prejuízo do adquirente pela mora na transcrição do imóvel em face de razões particulares do mercado imobiliário[595]. Mais recentemente, em Cass, 10 de maio de 2012, n. 7180, a corte estabeleceu que a valoração do excesso manifesto deve verificar a existência de equilíbrio entre as posições contratuais das partes no caso concreto, tendo por base o interesse do credor na prestação principal.

Nesse ponto, o interesse do credor, erigido como critério pelo artigo 1384, não pode ser tomado como um elemento subjetivo e interno, o que o tornaria de impossível aferição e valoração por parte do magistrado[596]. Ainda, o interesse do credor também não pode ser igualado ao dano sofrido ou ao valor pecuniário da própria prestação principal, devendo o juiz fundamentar sua decisão com base nas circunstâncias fáticas e de direito apresentadas no caso concreto e que demonstrem tal interesse[597].

Outra questão discutida na Itália a respeito da redução da cláusula penal é o momento em que deve ser considerado o interesse do credor para valoração do excesso manifesto, dividindo-se em duas opiniões: i) o momento em que as partes estipularam a cláusula; ou ii) o momento em que o devedor passa a inadimplir e a cláusula penal começa a surtir os seus efeitos.

No primeiro sentido, argumenta-se que o artigo 1384, em sua literalidade, defenderia a análise *ex ante* da possibilidade de redução. Desse

[595] Nesse sentido, ver Cass., 18/03/2003, n. 3988; Cass., 05/11/2002, n. 15497; Cass., 09/11/1994, n. 9304; Cass., 14/04/1994, n. 3475; Cass., 09/06/1990, n. 5625; Cass., 24/04/1980, n. 2479.

[596] Marini, Annibale. **La clausola penale.** Napoli: Jovene, 1984, pp. 144-146.

[597] Marini, Annibale. **La clausola penale.** Napoli: Jovene, 1984, pp. 144-146.

modo, o uso do tempo verbal no imperativo do verbo *avere* ("*all'interesse che il creditore aveva all'adempimento*") demonstraria que o momento de valoração do excesso manifesto seria a conclusão do contrato[598].

Na corrente oposta, alega-se que a interpretação literal, focada no tempo verbal do texto legal, não é a mais acertada, devendo-se observar a *ratio legis* da norma, o que levaria para a consideração do momento em que a cláusula real produz seu efeito.

Nessa linha, acrescenta-se que um juízo *ex ante* não é capaz de prever as circunstâncias e fatos lesivos supervenientes do inadimplemento, de modo que a adoção da análise *ex ante* pode levar a problemas como a redução de uma cláusula penal que nem sequer cobre os danos indenizáveis pela regra geral de responsabilidade civil ou, ao contrário, considerar equânime um montante em muito superior ao dano efetivamente sofrido pelo credor[599].

Em Cass, 6 de dezembro de 2012, n. 21994, a corte apontou que o magistrado, ao analisar a possibilidade de redução da cláusula penal, não pode considerar apenas o interesse do credor no momento da formação do contrato, com base na verificação do tempo verbal do texto do artigo 1384.

Ao contrário, a corte defendeu que o texto se refere apenas à identificação do interesse originário do credor. Desse modo, a avaliação do excesso manifesto deve considerar também as circunstâncias ulteriores e ocorridas no decorrer da relação estabelecida entre as partes, em respeito aos princípios da solidariedade, justiça e boa-fé, bem como ao imperativo de uma redução equitativa exposto no artigo em tela.

Ainda quanto ao alegado obstáculo textual, aponta-se que a norma enuncia apenas um limite negativo à concessão da tutela do direito do credor e não impõe um limite temporal à aplicação da norma como um todo[600].

Quanto à abrangência da redução prevista pelo artigo 1384, aos diversos tipos de contratos, a jurisprudência italiana assinalou o caráter

598 SMORTO, Guido. Clausola penale. *In*: **Digesto Discipline Privatistiche** — Sezione Civile — Ottavo aggiornamento. Torino, Utet, 2013, pp. 143-144 n. 11710.

599 SMORTO, Guido. Clausola penale. *In*: **Digesto Discipline Privatistiche** — Sezione Civile — Ottavo aggiornamento. Torino, Utet, 2013, p. 144.

600 MARINI, Annibale. **La clausola penale**. Napoli: Jovene, 1984, p.159.

geral da norma, não se podendo previamente afastar de sua incidência qualquer espécie contratual[601]. Não obstante, a legislação italiana sobre as relações de consumo[602] impõe uma diferenciação no tocante à validade de cláusula penal manifestamente excessiva oposta contratualmente por um empresário sem a realização de tratativas com o consumidor.

Em resumo, o sistema italiano não contém qualquer disposição similar ao artigo 412 do Código brasileiro, inexistindo, no *Codice*, qualquer limitação apriorística sobre o valor que as partes podem livremente estabelecer para a cláusula penal. O mecanismo de controle é a redução *ex post*, por meio da equidade corretiva, em casos de excesso manifesto o qual é avaliado com a consideração de todos os interesses do credor no inadimplemento.

5.7 Países Baixos

A legislação civil holandesa foi objeta de extensa revisão em 1992, de modo que, por se tratar de diploma do final do século XIX, julgamos pertinente abordar as disposições do Código Civil dos Países Baixos referentes à cláusula penal[603].

O artigo 6:91 apresenta definição interessante, pois indica que será cláusula penal toda disposição contratual por meio da qual as partes podem impor penalidades sobre si no caso de inadimplemento de uma obrigação contratual, independentemente se tal penalidade tem objetivo de liquidação de danos ou de *incentivar* a parte oposta a cumprir a obrigação[604]. O ordenamento holandês, portanto, positivou a dupla função.

[601] Nesse sentido, Cass., 21/04/2010, n. 9504.

[602] *Codice del Consumo, "Artigo 33, 2. Si presumono vessatorie fino a prova contraria le clausole che hanno per oggetto, o per effetto, di: ... f) imporre al consumatore, in caso di inadempimento o di ritardo nell'adempimento, il pagamento di una somma di denaro a titolo di risarcimento, clausola penale o altro titolo equivalente d'importo manifestamente eccessivo;".*

[603] Disponível em: http://www.dutchcivillaw.com/civilcodebook066.htm. Acesso em: 13 jan. 2020.

[604] Article 6:91 Contractual penalty clause
A contractual penalty clause is every contractual provision stipulating that the debtor, if he fails to perform his obligation correctly, has to pay a sum of money or deliver another performance, regardless if this sum of money or other performance is meant to be a compensation for damages or just an incentive to perform the obligation.

O artigo 6:92 contém três disposições encontradas com frequência nas legislações[605]. A primeira prevê que o credor não pode demandar conjuntamente a cláusula penal e a obrigação principal, mas, diversamente de outros ordenamentos, não ressalva a penalidade prevista para o caso de mora. A segunda disposição do mesmo artigo estabelece que o valor recebido por força da cláusula penal substituirá a compensação que seria devida por meio das disposições legais reguladoras do inadimplemento. Por fim, o terceiro item do artigo condiciona o direito ao recebimento da cláusula à caracterização da culpa do devedor pelo não cumprimento.

O controle sobre o conteúdo da cláusula penal é feito por meio do artigo 6:94[606]. Adotou-se o mecanismo de intervenção *ex post*. É ausente na legislação holandesa qualquer limitação genérica e prévia ao conteúdo da cláusula penal. O sistema holandês permite tanto a redução, quanto a majoração da cláusula penal, estabelecendo o mesmo critério para ambas, qual seja, o de que a intervenção se revele necessária segundo *standards* de razoabilidade e justiça.

Ao disciplinar o controle sobre o conteúdo, o legislador holandês indicou que a intervenção, seja para reduzir ou majorar a penalidade, deverá ser feita a requerimento da parte. Além disso, na intervenção redutora, ressalvou o legislador que o credor não poderá receber menos do que lhe seria devido caso aplicáveis as normas gerais sobre a responsabilidade contratual.

[605] Article 6:92. Appeal to the performance of a contractual penalty clause. 1. The creditor cannot demand performance of both, the contractual penalty clause and the obligation to which this penalty clause is linked. 2. What is indebted on the basis of a contractual penalty clause will replace (take the place of) the compensation for damages that would have been due by virtue of law (statutory provisions). 3. The creditor cannot demand performance of the contractual penalty clause when the non-performance of the obligation to which that clause is linked is not attributable to the debtor.

[606] Article 6:94 A reduction or increase of the contractual penalty. 1. The court may, upon the request of the debtor, reduce the contractual penalty if this is obliviously required by standards of reasonableness and fairness, on the understanding that it cannot grant the creditor less than the applying compensation for damages that would have been due by virtue of law (statutory provisions). 2. The court may, upon the request of the creditor, grant a compensation for additional damages in addition to a contractual penalty which has replaced the compensation for damages that would have been due by virtue of law (statutory provisions), if this is obliviously required by standards of reasonableness and fairness. 3. Every contractual provision in derogation from paragraph 1 is null and void.

Em decisão de 27 de abril de 2007, no Caso Intrahof vs. Bart Smit[607], o Supremo Tribunal dos Países Baixos decidiu que os tribunais devem exercer cautelosamente sua autoridade para reduzir uma cláusula penal. Tal caso dizia respeito a um contrato de arrendamento celebrado entre as partes, o qual previa, em caso de mora, além de eventuais penalidades por perdas e danos uma multa de 1.000 Euros por dia.

Reformando o entendimento do Tribunal inferior que havia reduzido a cláusula penal por excesso manifesto, o Supremo Tribunal dos Países Baixos entendeu que qualquer juízo, ao exercer seu poder de mitigar a aplicação de uma cláusula penal, deve considerar também se as "circunstâncias do negócio" levam a um resultado excessivo e, portanto, inaceitável. Desse modo, o Tribunal não pode reduzir eventual penalidade apenas se atentando à relação entre o dano real e o valor da multa, mas deve também observar a natureza do contrato, o conteúdo e o escopo da cláusula, além das circunstâncias em que foi estabelecida. Nota-se, assim, que no Direito dos Países Baixos, os juízes devem percorrer caminho argumentativo rigoroso e altamente restritivo para dar ensejo a uma revisão de cláusula avençada pelas partes. Ademais, em importante paralelo com o direito brasileiro, o tribunal deve considerar não apenas o *quantum* da indenização, mas também, como dito, a natureza do contrato, conteúdo e o objetivo da cláusula penal e as circunstâncias em que a cláusula penal foi pactuada.

Mais recentemente, decisão da mesma Suprema Corte, de 16 de fevereiro de 2018[608] confirma o padrão de entendimento para a redução de multas. Neste precedente, envolvendo cláusula inserida em acordo de exclusividade, o Tribunal inferior também decidiu que a penalidade leva a um resultado excessivo, portanto, inaceitável. Desta feita, a Suprema Corte, fazendo remissão expressa ao critério estabelecido no precedente mencionado acima, manteve a redução, tendo em vista que o Tribunal (i) apontou a discrepância de poder entre as partes (o credor redigiu inteiramente o contrato), (ii) verificou a ausência de racional negocial para a sanção e (iii) constatou o descolamento entre dano e multa.

[607] ECLI: NL: HR: 2007: AZ6638 , Judgment, Supreme Court (Civil Chamber), 27-04--2007.

[608] ECLI:NL: HR:2018:207, Judgment, Supreme Court (High Council), 16-02-2018.

5.8 Argentina

A comparação com o sistema argentino é importante, pois, além da proximidade e de se tratar de ordenamento de matriz romano-germânica, a Argentina possui codificação civil bastante recente, com extenso tratamento dispensado à cláusula penal. De fato, a Lei n. 26.994 ("Código Civil e Comercial argentino[609]"), elaborada pela comissão presidida pelo civilista Ricardo Luis Lorenzetti, e promulgada no dia 7 de outubro de 2014, atribuiu à cláusula penal grande importância. O Livro Terceiro destinou ao instituto 13 artigos da seção quinta, do capítulo terceiro, referente às classes de obrigações.

Para efeitos do artigo 790 do Código Civil e Comercial argentino, cláusula penal é aquela em que uma pessoa, para assegurar o cumprimento de uma obrigação, se sujeita a uma pena ou multa em caso de retardo ou descumprimento da obrigação[610]. Vê-se, portanto, que o legislador argentino fez referência à função coercitiva ao conceituar a cláusula penal.

Em complemento a este conceito, Aída Carlucci define a cláusula penal como "um negócio jurídico ou uma convenção ou estipulação acessória por meio da qual uma pessoa, a fim de reforçar o cumprimento de uma obrigação, se compromete a satisfazer certa prestação indenizatória se não cumpre o devido ou o faz de maneira tardia ou irregular"[611].

O artigo 794[612], por sua vez, diferencia a cláusula penal da cláusula simples de prefixação de danos, estabelecendo que para pedir a pena o credor não precisa provar que sofreu prejuízos e deixando claro que o

609 Disponível em: http://www.saij.gob.ar/docs-f/codigo/Codigo_Civil_y_Comercial_de_la_Nacion.pdf. Acesso em: 13 jan. 2020.

610 ARTICULO 790. Concepto. La cláusula penal es aquella por la cual una persona, para asegurar el cumplimiento de una obligación, se sujeta a una pena o multa en caso de retardar o de no ejecutar la obligación.

611 Carlucci, Aída Kemelmajer de. **La cláusula penal**: su régimen jurídico en el derecho civil, comercial, laboral, administrativo, tributário, internacional y procesal. Buenos Aires: Depalma, 1998, p. 17: "La cláusula penal es un negocio jurídico o una convención o estipulación accesoria por la cual una persona, a fin de reforzar el cumplimiento de la obligación, se compromete a satisfacer cierta prestación indemnizatoria si no cumple lo debido o lo hace tardía o irregularmente".

612 Artigo 794 CCyC: "Ejecución. Para pedir la pena, el acreedor no está obligado a probar que ha sufrido perjuicios, ni el deudor puede eximirse de satisfacerla, acreditando que el acreedor no sufrió perjuicio alguno."

devedor não poderá se eximir da pena alegando a ausência de prejuízos. Como esclarece Aída Carlucci, "quando a pena se torna exigível e o credor faz uso desta, a única coisa que ele deve provar no processo é a existência de descumprimento imputável ao devedor, pois se considera irrelevante a existência de dano real e efetivo"[613].

No artigo 796 o legislador argentino diferenciou a cláusula penal da multa penitencial, estabelecendo que o devedor só poderá eximir-se do cumprimento da obrigação principal com o pagamento da pena convencionada, caso esse direito tenha sido expressamente reservado[614]. Segundo, Héctor Lafaille, tal dispositivo se explica em razão da natureza acessória da cláusula penal compensatória, não sendo razoável que o devedor queira substituir a obrigação principal por outra que dela depende[615]. Indo além, Cazeaux explica a exceção, que segundo o autor, tem seu alicerce na autonomia da vontade e, por isso, ante o pacto expresso, o devedor poderá optar entre o objeto da obrigação principal ou o da cláusula penal[616].

O controle do conteúdo da cláusula penal, na legislação argentina é feito pelo mecanismo da intervenção *ex post*, não havendo qualquer limitação genérica prévia. A questão é dividida entre a segunda parte do artigo 794[617], que trata do excesso manifesto, e o artigo 798[618], dedicado ao cumprimento parcial.

613 CARLUCCI, Aída Kemelmajer de. **La cláusula penal**: su régimen jurídico en el derecho civil, comercial, laboral, administrativo, tributário, internacional y procesal. Buenos Aires: Depalma, 1998, p. 41: "cuando la pena se toma exigible y el acreedor hace uso de esta, lo único que se debe probar en el processo es que haya habidop un uncumplimiento imputable al deudor, puesto que se consiera un hecho irrelevante la existencia de un daño real y efectivo."

614 Artículo 796. Opciones del deudor El deudor puede eximirse de cumplir la obligación con el pago de la pena únicamente si se reservó expresamente este derecho.

615 LAFAILLE, Héctor. **Tratado de las obligaciones**. Buenos Aires: Ediar, 1950, p.221: "por una razón estrictamente jurídica el deudor, aunque se haya pactado una cláusula penal compensatória acessória, está obligado a cumplir com la obligación principal, y en principio, no puede pretender sustituir dicho cumplimiento com lo accesorio."

616 CAZEAUX, Pedro N.; CAZEAUX, Felix A. Pedro N.; REPRESAS, Félix A. Trigo. **Compendio de derecho de las obligaciones**. 2. ed. Actualizada La Ley, 2010, p. 454: "com cuestión excepcional, y fundada en el principio de autonomía de la voluntad, ante el pacto expreso, el deudor puede tener la facultad de optar y pagar com el objeto de la cláusula penal."

617 "Los jueces pueden reducir las penas cuando su monto desproporcionado con la gravedad de la falta que sancionan, habida cuenta del valor de las prestaciones y demás circunstancias del caso, configuran un abusivo aprovechamiento de la situación del deudor".

No caso do artigo 798, a redação abrange, desde que aceitos pelo credor, o cumprimento parcial, o cumprimento irregular e o cumprimento fora do lugar. O critério adotado é o da proporcionalidade, similar ao que vigorava no Brasil na legislação de 1916, alterada pelo Código atual que prevê a equidade também para o caso de cumprimento parcial.

Por sua vez, a norma sobre o excesso manifesto (segunda parte do artigo 794), não faz referência à equidade como instrumento corretivo, mas indica relevantes parâmetros para a incidência da norma. A redução será devida quando a penalidade se revelar desproporcional à gravidade da falta que sanciona, considerando o valor das prestações e demais circunstâncias do caso, de modo que se configuraria um abusivo aproveitamento da situação do devedor.

5.9 China

As recentes mudanças na legislação chinesa, inclusive com a positivação de regras sobre as cláusulas penais, aliada à importância desse país na economia mundial, justificam sua abordagem neste capítulo.

Com efeito, o ordenamento chinês é marcado pelo pensamento confucionista que prevê maiores restrições à liberdade contratual das partes[619]. Em suma, tanto a celebração dos contratos, quanto o seu conteúdo devem condizer com os planos estaduais. O contrato é visto como um instrumento dinâmico de negociação constante no qual as obrigações e os direitos das partes devem ser renegociadas, quando alguns requisitos de verificação de alteração das circunstâncias iniciais de contratação estão presentes.[620].

[618] Artículo 798. Disminución proporcional Si el deudor cumple sólo una parte de la obligación, o la cumple de un modo irregular, o fuera del lugar o del tiempo a que se obligó, y el acreedor la acepta, la pena debe disminuirse proporcionalmente.

[619] Na China, o pensamento confucionista via no estabelecimento de leis uma degradação moral, pois estas forçavam as pessoas a terem determinadas condutas que deveriam advir de sua consciência. Devido a essa influência, a discricionariedade judicial, no direito chinês clássico, era ampla se comparada aos padrões ocidentais de segurança jurídica, sendo a lei apenas um marco referencial não-vinculativo para a decisão moral do magistrado. Nesse sentido, ver: LOSANO, Mario G. **Os grandes sistemas jurídicos** — introdução aos sistemas jurídicos europeus e extra-europeus. Tradução de Marcela Varejão. São Paulo: Martins Fontes, 2007, pp. 500-501.

[620] VICENTE, Dário Moura. **Direito comparado** — obrigações. v. 2. Coimbra: Almedina, 2017, pp. 360-361.

Em março de 2017, foram aprovadas as Disposições Gerais de Direito Civil Chinês, que sinalizam os princípios gerais que nortearão o futuro Código Civil Chinês (com livros referentes às matérias de Contratos, Propriedade, Responsabilidade Civil, Família e Sucessões), mas que já estão vigente e têm aplicabilidade nas relações civis desde outubro de 2017[621].

Dentre as inovações presentes na nova legislação chinesa, destacam-se, para nossa breve comparação quanto ao regramento das cláusulas penais, as referentes aos princípios da autonomia privada, igualdade legal e boa-fé, que demonstram nítida influência dos ordenamentos ocidentais, sobretudo de origem romano-germânica. Em síntese, a lei chinesa estabelece a paridade entre os contratantes[622], que são livres para contratar de acordo com a sua vontade[623], devendo respeitar o pactuado[624], a lei e os interesses públicos[625], além de agir com honestidade e boa-fé[626].

A "Parte Geral" do Código Civil chinês apresentou, no seu artigo 114[627], regras sobre a possibilidade de as partes estipularem uma cláu-

[621] Rodrigues Junior, Otávio Luiz. **China aprova 'Parte Geral' de seu futuro Código Civil**. Disponível em: https://www.conjur.com.br/2018-fev-14/direito-comparado-china-aprova-parte-geral-futuro-codigo-civil. Acesso em: 22 nov. 2019.

[622] "Article 3. Contracting parties shall have equal legal status, and no party may impose its will on the other party."

[623] "Article 4. The parties have the right to lawfully enter into a contract of their own free will in accordance with the law, and no unit or individual may illegally interfere therewith."

[624] "Article 8. A lawfully established contract shall be legally binding on the parties thereto, each of whom shall perform its own obligations in accordance with the terms of the contract, and no party shall unilaterally modify or terminate the contract. The contract established according to law is protected by law."

[625] "Article 7. In concluding and performing a contract, the parties shall comply with the laws and administrative regulations, respect social ethics, and shall not disrupt the social and economic order or impair the public interests."

[626] "Article 6. The parties shall observe the principle of honesty and good faith in exercising their rights and performing their obligations."

[627] "Article 114. The parties may agree that if one party breaches the contract, it shall pay a certain sum of liquidated damages to the other party in light of the circumstances of the breach, and may also agree on a method for the calculation of the amount of compensation for the damages incurred as a result of the breach. Where the amount of liquidated damages agreed upon is lower than the damages incurred, a party may petition the People's Court or an arbitration institution to make an increase; where the amount of liquidated damages agreed upon are significantly higher than the damages incurred, a party may petition the People's Court or an arbitration institution to make an appropriate reduction. Where the

sula penal para o caso de descumprimento contratual. A redação do dispositivo indica uma preponderância da função de prefixação de perdas e danos.

A norma interessa aos fins deste trabalho também por apresentar a visão do ordenamento chinês quanto ao controle do conteúdo da cláusula penal. Conforme claramente de depreende da recente legislação chinesa, mesmo em ordenamento de grande restrição sobre a liberdade de contratar, não foi estabelecida qualquer tipo de limitação prévia sobre o montante da cláusula penal. A norma prevê tanto a majoração da cláusula penal, quando ela se revelar inferior aos danos efetivos, quanto a sua redução, nos casos em que o valor acordado for significativamente superior aos prejuízos efetivos.

Trata-se, portanto, de mais um sistema que optou por controlar o conteúdo da cláusula penal mediante a intervenção *ex post*, sem qualquer limitação prévia.

5.10 Quebec

O Código Civil de Quebec constitui a legislação do direito privado em vigor na província de Quebec, Canadá, promulgado em janeiro de 1994[628]. O diploma substituiu o Código Civil do Baixo Canadá que vigorava desde agosto de 1866. O Livro V, que disciplina as Obrigações, contém no Capítulo VI (Cumprimento das Obrigações), Divisão II (Direito de Exigir o Cumprimento), Parágrafo 6º (Cumprimento pelo Equivalente), Inciso II (Apuração de Danos), item 2 (Avaliação antecipada de danos), a disciplina da cláusula penal.

Pela localização topográfica da disciplina da cláusula penal na lei de Quebec, já fica evidenciado que o instituto foi positivado nesse ordenamento de forma similar à Portugal, ou seja, com função exclusiva de pré-fixar as perdas e danos. Essa circunstância é confirmada pelo teor do artigo 1622, que conceitua a cláusula penal como aquela em que as partes avaliam os danos antecipadamente, estabelecendo que o devedor sofrerá a penalidade no caso de faltar ao cumprimento da obriga-

parties agree upon breach of contract damages in respect to the delay in performance, the party in breach shall perform the obligations after paying the breach of contract damages."

[628] Disponível em: http://legisquebec.gouv.qc.ca/en/showdoc/cs/CCQ-1991. Acesso em: 13 jan. 2020.

ção[629]. O dispositivo estabelece, ainda, que nos casos em que admitida a execução específica, o credor terá o direito de receber a cláusula penal, se não preferir exigir o cumprimento, mas não poderá exigir ambos, salvo quando a penalidade tiver sido estabelecida para o atraso no cumprimento.

O artigo 1623 estabelece que o credor não precisará provar os prejuízos para ter direito a receber a cláusula penal. Nessa disposição é prevista a possibilidade de redução da cláusula penal nos casos de cumprimento parcial, como também quando a cláusula se revelar abusiva[630].

Assim, no sistema vigente em Quebec, inexiste qualquer limitação *ex ante* da cláusula penal. O controle do seu conteúdo é implementado mediante o mecanismo da redução *ex post*. O critério adotado é o da abusividade da cláusula, sem definição, na legislação, dos parâmetros a serem observados para a caracterização desse critério, nem a indicação expressa da equidade como instrumento corretivo, o que, nos parece, resta subentendido.

5.11 Rússia

O ordenamento russo descende dos sistemas romanistas e sua legislação privada foi fortemente influenciada pelo direito alemão e holandês nos séculos XVIII e XIX, tendo sofrido relevantes modificações no período soviético, e desde a década de 1990 do Direito Europeu continental. Em 1994, foi promulgado o Código Civil da Federação Russa[631], que na Seção III, dedicada à parte geral das obrigações, disciplina a cláusula penal.

O artigo 339 a relaciona entre os remédios contra o descumprimento[632]. O artigo 330 (1) define que a cláusula penal representa soma

[629] 1622. A penal clause is one by which the parties assess the damages in advance, stipulating that the debtor will suffer a penalty if he fails to perform his obligation. A creditor has the right to avail himself of a penal clause instead of enforcing, in cases which admit of it, the specific performance of the obligation; but in no case may he exact both the performance and the penalty, unless the penalty has been stipulated for mere delay in the performance of the obligation.

[630] 1623. A creditor who avails himself of a penal clause is entitled to the amount of the stipulated penalty without having to prove the injury he has suffered. However, the amount of the stipulated penalty may be reduced if the creditor has benefited from partial performance of the obligation or if the clause is abusive.

[631] Disponível em: http://www.russian-civil-code.com/. Acesso em: 13 jan. 2020.

[632] Article 329. The Ways of Providing for the Discharge of Obligations. 1. The discharge of obligations may be provided for by the forfeit, the pledge, the retention of the debtor's

em dinheiro estabelecida em lei ou contrato a que o devedor é obrigado a pagar em caso de inadimplemento ou adimplemento defeituoso, em particular no caso de atraso no cumprimento. Adota-se, portanto, uma conceituação que define o objeto da cláusula, mas não restringe sua função. A disposição estabelece, ainda, que o credor não é obrigado a provar os prejuízos sofridos para cobrar a cláusula penal. O número (2) do mesmo artigo dispõe que o credor não terá direito à cláusula penal se o devedor não for responsável pelo inadimplemento[633].

O artigo 394 estabelece que em regra a cláusula penal funciona como mínimo indenizatório, pois os prejuízos não cobertos pela cláusula penal devem ser reparados. O dispositivo ressalva que a lei e as partes poderão estabelecer tanto situações em que somente a cláusula penal será devida, quanto previsões de que os prejuízos serão devidos integralmente em conjunto da pena, ou, ainda, determinar que será devida a pena ou os prejuízos[634]. Parece-nos, diante dessa disposição, que há grande liberdade para os contratantes utilizarem a cláusula penal com diversas funções.

property, the surety, the bank guarantee, the advance and also in the other ways, stipulated by the law or by the agreement. 2. The invalidity of the agreement on providing for the discharge of the obligation shall not entail the invalidity of this obligation (the principal obligation). 3. The invalidity of the principal obligation shall entail the invalidity of the obligation, providing for it, unless otherwise established by the law.

633 Article 330. The Concept of the Forfeit 1. The forfeit (the fine, the penalty) shall be recognized as the sum of money, defined by the law or by the agreement, which the debtor is obliged to pay to the creditor in case of his non-discharge, or an improper discharge, of the obligation, in particular, in the case of the delay of the discharge. By the claim for the payment of the forfeit, the creditor shall not be obliged to prove that the losses have actually been inflicted upon him. 2. The creditor shall not have the right to claim the payment of the forfeit, if the debtor is not responsible for the non-discharge or an improper discharge of the obligation.

634 Article 394. The Losses and the Forfeit. 1. If for the non-discharge or an improper discharge of the obligation the forfeit has been ruled, the losses shall be recompensed in the part, which has not been covered by the forfeit. The law or the agreement may stipulate the cases: when only the forfeit, but not the losses shall be exacted; when the losses may be exacted in full above the forfeit; when, according to the creditor's choice, either the forfeit or the losses may be exacted. 2. In the cases, when a limited responsibility for the non-discharge or an improper discharge of the obligation has been established (Article 400), the losses, liable to compensation in the part, not covered by the forfeit, or above it, or instead of it, may be exacted up to the limit, fixed by such a restriction.

A lei russa prevê no artigo 333 a redução da cláusula penal quando, comparada com as consequências da violação da obrigação, ela for fora de proporção[635]. Foi ressalvado que a previsão desse artigo não deverá impactar nem nos direitos de compensação integral que tenham sido estabelecidos em favor do credor nos termos do artigo 394, nem no direito do devedor à redução com fundamento na culpa do credor, estabelecido no artigo 404[636].

Portanto, o controle da cláusula penal no ordenamento russo é feito por meio da intervenção *ex post*, adotando-se o critério da óbvia desproporção em relação aos prejuízos. Inexiste, assim, nesse ordenamento, qualquer prévia limitação genérica ao conteúdo da cláusula penal.

[635] Article 333. The Reduction of the Forfeit If the forfeit, liable to the payment, is obviously out of proportion compared with the consequences of the violation of the obligation, the court shall have the right to reduce the forfeit. The rules of the present Article shall not infringe upon the debtor's right to the reduction of the volume of his liability on the ground of Article 404 of the present Code and upon the creditor's right to the compensation of the losses in the cases, stipulated by Article 394 of the present Code.

[636] Article 404. The Creditor's Guilt 1. If the non-discharge or an improper discharge of the obligation has occurred through the fault of both parties, the court shall correspondingly reduce the scope of the debtor's responsibility. The court shall also have the right to reduce the scope of the debtor's responsibility, if the creditor has intentionally or through carelessness contributed to the increase of the losses, caused by the non-discharge or by an improper discharge, or if he has not taken reasonable measures to reduce them. 2. The rules of Item 1 of the present Article shall also be correspondingly applied in the cases, when the debtor, by force of the law or of the contract, bears responsibility for the non-discharge or for an improper discharge of the obligation regardless of whether he is, or is not, at fault.

6. LIMITAÇÃO DA CLÁUSULA PENAL

6.1 O fundamento do controle sobre o conteúdo da cláusula penal

Chegamos ao momento de enfrentar o tema central deste trabalho, consistente no sistema brasileiro de controle do conteúdo da cláusula penal, composto pela limitação *ex ante* prevista no art. 412, cuja problemática será objeto deste capítulo, e a redução *ex post* prevista no art. 413, a que se dedicará o capítulo seguinte. A análise do problema deve ser iniciada pelo entendimento sobre as razões justificadoras de uma intervenção na autonomia provada para fins de controle do conteúdo da cláusula penal, seja por meio do prévio estabelecimento de um limite, seja por através da atribuição de poderes ao intérprete para proceder a uma redução equitativa.

Para tanto, é preciso verificar se há na cláusula penal peculiaridades que confiram ao controle do seu conteúdo algum fundamento para além da justiça contratual reconhecida e almejada pelos princípios vigentes no direito dos contratos a partir do século XIX. De fato, a afirmação de que o controle sobre o conteúdo da cláusula penal se justifica pela necessidade de coibir abusos e injustiças[637], em nossa avaliação, deve ser complementada pela perquirição sobre se tal necessidade é reforçada nessa figura, ou se, na realidade, é apenas uma concretização dos valores que permeiam toda a teoria contratual contemporânea.

[637] GOMES, Orlando. **Obrigações**. Revista, atualizada e aumentada, de acordo com o Código Civil de 2002, por Edvaldo Brito. Rio de Janeiro: Forense, 2007, p. 192.

Nos primórdios do direito romano, somente eram exigíveis as obrigações de dar somas em dinheiro, de modo que as demais obrigações de dar, de fazer, e de não fazer não eram suscetíveis de execução forçada, nem os juízes tinham a faculdade de fixar uma indenização para o caso de incumprimento. A cláusula penal era, assim, o mecanismo necessário para que o credor pudesse obter a reparação quando do inadimplemento de obrigações distintas da de dar dinheiro. Nesse contexto, em sua origem, a *stipulatio poenae* era caracterizada pela imutabilidade.

Isso, entretanto, não significava a completa ausência de controle sobre o seu conteúdo. O direito romano não admitia a utilização da *stipulatio poenae* para encobrir negócios usurários. Nesses casos, não era a natureza da cláusula penal que implicava no controle sobre o seu conteúdo, mas a circunstância de atentar contra uma norma de ordem pública. Nesse particular, o livro VII, do título XLVII, do Código de Justiniano continha a seguinte norma de ordem pública quanto aos negócios usurários: *"como se han llevado hasta el infinito las antiguas dudas respecto a interesses... mandamos que em todos los casos que contienen uma cantidada o cosa certa, como em las ventas o em los arrendamentos y em todoso los contratos, los interesses no ecedam em manera alguna la cantidad del duplo"*[638].

Pothier, em posicionamento contraditório ao seu espírito liberal que tanto influenciou o Código de Napoleão, defendia o controle do conteúdo da cláusula penal: *"es contraria a su naturaleza el que pueda llevarse* más *allá de los limites de lo que la ley prescribe para danõs y perjuicios*"[639]. Sustentava o doutrinador francês que a cláusula penal era uma estipulação de estilo — aceita pelo devedor com a falsa confiança de que a mesma não seria devida pois não haveria inadimplemento — e, portanto, deveria ser modificada quando implicasse em uma indenização arbitrária.

A influência de Pothier na elaboração do Código napoleônico não foi suficiente para que seu entendimento quanto à cláusula penal fosse acolhido por diploma tão caracterizado pelos preceitos liberais e pela ampla consagração da autonomia da vontade. Foi o que se verificou no artigo 1152 do Código Napoleão, que disciplinou a cláusula penal em caráter imutável, o que vigorou até a reforma de 1975.

638 Mordeglia, Eugenio. Inmutabilidad de la indemnización pactada en la ilamada cláusula penal. **Boletín de la Facultad de Derecho y Ciencias Sociales**, Córdoba, jul.-set., año XIV, n. 3, 1950.

639 Pothier, Robert Joseph. **Tratado de las obligaciones**, segunda parte, n. 346, p. 13. Traduzido por S.M.S. 3. ed. Barcelona: Biblioteca Científica y Literaria, 1839.

A ausência de controle sobre o conteúdo da cláusula penal foi refletida nas demais legislações oitocentistas inspiradas pelo Código napoleônico. Foram os casos do Código Civil italiano de 1865 (artigo 1214), do Código Civil espanhol (artigo 1154), e o Código Civil português de 1867 (artigo 675). As referidas disposições previam a redução da cláusula penal apenas no caso de cumprimento parcial, o que não configura propriamente um controle sobre o seu conteúdo, inexistindo, nas citadas legislações, qualquer limitação ao valor da cláusula nem dispositivos permitindo sua moderação em caso de excesso.

A questão teve tratamento distinto na Alemanha, que desde 1900 prevê no BGB a possibilidade de redução da cláusula penal em caso de excesso, no que foi acompanhada em 1911 pela legislação suíça. O controle admitido pela legislação alemã desde 1900 acabou, posteriormente, sendo acompanhado por diversos outros ordenamentos, em consequência das transformações sofridas pelo direito contratual a partir do século XIX. Como esclarecido por Wieacker,

> a origem dos ténues elementos de carácter social é diversa. Eles provêm, em parte, da preocupação do liberalismo clássico, eticamente fundado, pela pureza das regras morais do tráfego jurídico. Assim, em especial, a limitação do uso desviado da liberdade contratual, nas suas diversas formas[640].

O ingresso de elementos de caráter social sobre o direito contratual é, no caso da cláusula penal, reforçado pela concepção de Pothier, frequentemente encontrada na doutrina, no sentido de que ela se inclui "entre as estipulações de estilo, não examinadas de fito pela parte, armando-se com ela verdadeiro laço à inocência, à ignorância ou à boa-fé de incautos devedores[641].

[640] Wieacker, Franz. **História do direito privado moderno**. 2. ed. Lisboa: Fundação Calouste Gulbenkian, 2004, pp. 551-552. Referindo-se à legislação alemã, o autor cita o "§ 138, II, a redução das cláusulas penais injustas (§ 343), a proibição da *lex commisoria* e a imposição ao devedor hipotecário da proibição de alienação (§§ 1229, 1136 do BGB; cf. ainda § 310 e 312)".

[641] Nonato, Orosimbo. **Curso de obrigações** (generalidades-espécies). v. II. Rio de Janeiro: Forense, 1959, p. 326. No mesmo sentido, afirma Carvalho Santos: "assinalam os comentadores franceses do Código alemão — e é verdade confirmada pela prática — que muitas vêzes as cláusulas penais excessivas são impostas por estilo, sem que os interessados as discutam

Afirma Menezes Cordeiro:

> uma experiência civil velha de séculos mostra que as partes, quando estabelecem uma cláusula penal, não estão a pensar na hipótese de virem a sofrê-la: julgam sempre, *ab initio*, que em quaisquer circunstâncias elas irão cumprir o contrato. Não raramente, pois, elas aceitam subscrever cláusulas penais exorbitantes [...] as cautelas legais tecidas em torno da cláusula penal são excessivas[642].

Além de justificar o controle sobre o conteúdo da cláusula penal mediante a sua qualificação como uma estipulação de estilo, parte da doutrina atribuiu a um abuso de posição dominante do credor, no ato da contratação, uma das razões desse controle. Nas palavras de Antunes Varela,

> interessado em assegurar o cumprimento da obrigação, mediante um novo instrumento de pressão sobre o devedor, o credor não atende muitas vezes ao custo do meio que utiliza, obcecado pelo fim que pretende alcançar. O devedor, por seu turno, forçado pelas circunstâncias a aceitar a exigência do credor, e confiando sobretudo em que a sanção não se aplicará, porque a obrigação será cumprida, não mede muitas vezes a dimensão real da cláusula[643].

No mesmo sentido, é a ideia de que "na prática dos contratos, o credor, que usualmente dita as regras, poderia valer-se da cláusula penal para, de forma abusiva, impor ao devedor multa desarrazoada, com a quebra da própria comutatividade contratual"[644].

convenientemente". SANTOS, J. M. de Carvalho. **Código Civil brasileiro interpretado, principalmente do ponto de vista prático.** 13. ed. v. XI. Rio de Janeiro: Freitas Bastos S.A, 1986, p. 360.

642 Referindo-se à legislação portuguesa relativa aos contratos de adesão, explica o autor: "O dispositivo referente às cláusulas contratuais gerais dispensa já uma tutela considerável ao consumidor e ao pequeno aderente. Há empreendimentos delicados, que em caso algum devem ser postos em causa, no cumprimento: deles podem depender, depois, muitas outras iniciativas. Em tais circunstâncias, é economicamente fundamental poder fixar cláusulas penais muito pesadas. Se todos estiverem de acordo, não se entende porque não o permitir". CORDEIRO, António Manuel da Rocha e Menezes. **Tratado de direito civil português.** Parte geral. t. I. 3.ed. Coimbra: Almedina, 2007, p. 737.

643 VARELA, João de Matos Antunes. **Direito das obrigações**. v. II. Rio de Janeiro: Forense, 1978, p. 74.

644 TEPEDINO, Gustavo; BARBOZA, Heloisa Helena. MORAES, Maria Celina Bodin de. **Código Civil interpretado conforme a Constituição da República**. v. 1. 2. ed. Rio de Janeiro:

Temos o entendimento de que, em relações paritárias, regidas pelo Código Civil, tais argumentos não justificam a existência de um controle de conteúdo específico para a cláusula penal. Endossamos, nesse particular, as ideias de Fernando Araújo, no sentido de que tais argumentos partem de uma presunção de coação ou dolo no momento da contratação, a qual, caso verdadeira, deveria contaminar o contrato como um todo, pois "a verdade é que nada permite presumir sequer que as "penalty clauses" estejam mais expostas à pressão negocial do que qualquer outra estipulação, ou que as partes lhes dispensem menor atenção ou abrandem quanto a elas a sua elasticidade negocial"[645].

O ordenamento jurídico contempla institutos específicos para tutelar a situação na qual uma das partes não tinha o completo entendimento

Renovar, 2007, p. 754. O argumento é também referido por Giovanni Nanni, para quem sem a limitação "poderia o credor, que na maioria dos casos dita a lei do contrato, impor ao devedor pesada multa, criando um elemento compulsivo que, por excessivo, é de certo injusto". NANNI, Giovanni Ettore. **Comentários ao Código Civil**: direito privado contemporâneo. Alexandre Dartanhan de Mello Guerra *et al.* (coord.) NANNI, Giovanni Ettore. São Paulo: Saraiva Educação, 2018, p. 675.

645 Conforme o claro raciocínio exposto pelo autor, "há uma justificação genérica que se prende com a desconfiança de que elas resultem de um processo negocial deficiente, contaminado por falta de racionalidade, parecendo até presumir-se que possa ter havido coacção ou dolo, pois de outro modo ninguém se sujeitaria à penalização, quando a verdade é que nada permite presumir sequer que as «penalty clauses» *estejam mais expostas à pressão negocial do que qualquer outra estipulação, ou que as partes lhes dispensem menor atenção ou abrandem quanto a elas a sua elasticidade negocial (querendo isto dizer que um argumento baseado em falta ou vícios de vontade atingirá o contrato como um todo, e não apenas a cláusula penal, lato sensu ou stricto sensu, o mesmo podendo dizer-se aliás dos argumentos relativos a «lesão contratual», a «estado de necessidade» e a «usura»).*

É verdade que a limitação informativa pode resultar do facto de a estipulação prévia de montantes indemnizatórios se reportar a factos futuros e à possibilidade de ocorrerem condutas que ambas as partes inicialmente não desejam nem concebem, porque têm excesso de confiança ou lhes repugna estarem a explicitar possibilidades que destoam do ambiente de confiança em que negoceiam, não querendo perturbá-lo com alusões a remotas possibilidades de condutas «dissonantes», o que poderia gerar desconfiança. Mas também se afigura óbvio que a resistência judicial gera aqui uma espécie de círculo vicioso, porque as alegadas limitações racionais poderiam ser restringidas se as cláusulas fossem pacificamente aceites e regularmente analisadas pelos tribunais, que mais não seja porque a normalização da prática através da sedimentação jurisprudencial permitiria a eliminação ao menos dos erros não-sistémicos e a difusão de informação relevante, permitindo partilhar todos os benefícios da jurisdicidade". ARAÚJO, Fernando. **Teoria económica do contrato**. Coimbra: Almedina, 2007, pp. 946-948.

sobre a extensão dos compromissos assumidos no ato da contratação. O regramento sobre os vícios da vontade é o meio adequado para dirimir essas situações, não sendo admissível, em nossa opinião, adotar em abstrato uma presunção de posição dominante do credor nas relações privadas submetidas ao Código Civil[646]. De fato, antes de se submeter aos seus mecanismos de controle específicos, a cláusula penal está sujeita a um controle geral, que determina a validade da integralidade do negócio jurídico em que se insere[647].

Ademais, a presunção de que o credor detém uma posição de prevalência negocial, capaz de compelir o devedor a aceitar penalidades desproporcionais, não nos parece adequada, pois existem diversas situações em que é o devedor da obrigação garantida pela cláusula penal quem tinha melhor posição de barganha negocial e nem por isso os ordenamentos, salvo algumas exceções, preveem a possibilidade de majoração da penalidade. Pertinente a esse respeito, a lembrança de Pontes de Miranda, de que "outras vezes, quem oferece a cláusula é o próprio devedor, para obter a aceitação da pessoa, a quem oferta, do contrato todo, inclusive a cláusula"[648].

Alguns autores entendem que, diversamente das circunstâncias da contratação, o controle do conteúdo da cláusula penal se justifica para evitar que, após a conclusão do vínculo negocial, a penalidade "possa

[646] A ausência dessa presunção, que, diga-se de passagem, sempre foi reconhecida pela doutrina e jurisprudência, foi, recentemente, positivada no Art. 421-A, incluído pela Lei nº 13.874/19, nos seguintes termos: Os contratos civis e empresariais presumem-se paritários e simétricos até a presença de elementos concretos que justifiquem o afastamento dessa presunção, ressalvados os regimes jurídicos previstos em leis especiais".

[647] "Nas palavras de Pinto Monteiro, "como qualquer outra estipulação negocial, também ela está sujeita, assim, a um controlo geral, havendo que apurar, designadamente, se o consentimento foi prestado na forma devida, se não há qualquer vício de vontade, como o erro, o dolo, a coacção moral, a incapacidade acidental ou a usura, e se foi aceita por quem tinha capacidade negocial, de gozo e de exercício de direitos. a cláusula penal poderá, assim, ser inválida por aplicação das regras gerais" MONTEIRO, António Joaquim de Matos Pinto. **Cláusula penal e indemnização.** Coimbra: Almedina, 1990, p. 719.

[648] Como adverte o autor, "No tocante à estrutura da cláusula penal, a distinção é sem importância. Não cabe indagar-se de quem partiu a oferta da cláusula. O que importa é que tenha havido o acordo". PONTES DE MIRANDA, Francisco Cavalcanti. **Tratado de Direito Privado.** t. 24. 2. ed. Rio de Janeiro: Borsoi, 1959, p. 59.

vir a estimular o interesse do credor no descumprimento da avença"[649]. Quanto a esse argumento, acompanhamos integralmente as considerações enfáticas com que Pinto Monteiro o rejeita[650]. Com efeito, a cláusula penal somente será devida quando constatada a culpa do devedor, de modo que não é o interesse do credor que determina a sua exigibi-

[649] SCHREIBER, Anderson. **Manual de direito civil contemporâneo**. São Paulo: Saraiva Educação, 2018, p. 376. Na mesma linha, a afirmação: "ao credor interessaria mais receber a indenização nela estabelecida a satisfazer-se com o cumprimento direto da obrigação, o que contraria a própria índole do direito obrigacional". FERRIANI, Carlos Alberto. Da cláusula penal. **Revista de Direito Bancário e do Mercado de Capitais**. (coord.) RIBEIRO, José Horácio Halfeld Rezende. São Paulo: RT, v. 55, ano 15, mar. 2012, p. 157.

[650] "Antes de concluirmos esse percurso pela jurisprudência gostaríamos de focar agora, em especial, um aspecto que, por vezes, é invocado no contexto argumentativo da reação contra penas elevadas: o de que se a pena fosse devida na totalidade, poderia acontecer ter o credor 'mais a ganhar com o incumprimento do mesmo, o que não é admissível'. Não podemos concordar com esta afirmação, pese embora a 'simpatia' que ela possa aparentemente despertar, na sua singeleza! E não podemos concordar com essa afirmação porque ela choca frontalmente com a essência da cláusula penal — e com a própria lei: artigo 812º, precisamente. É contrária, desde logo, à índole invariável da cláusula penal, pois desde sempre se admitiu urbi et orbi, residir no carácter forfaitaire da cláusula penal a essência da mesma. Mas é sobretudo a função coercitiva ou compulsória da cláusula penal que uma tal afirmação pode decisivamente em causa, pois sempre essa função pressuporá que a pena deva constituir um incentivo ao cumprimento do contrato, o que deixará de suceder se o devedor souber, à partida, que nunca lhe pode ser exigido mais do que o valor da indemnização pelos danos sofridos pelo credor! Sim, dizemos nós, o credor poderá vir a receber mais pelo incumprimento do que receberia pelo cumprimento do contrato. Mais isso é imputável ao devedor: porque acordou uma cláusula penal e porque culposamente não cumpriu! São os princípios da autodeterminação e da liberdade contratual a funcionar! Claro que partimos do princípio de que a cláusula penal foi validamente estipulada e o incumprimento do contrato é imputável ao vendedor. Assim sendo, só em casos excepcionais, para evitar abusos, é que se permite a redução de penas, desde que 'manifestamente excessivas': daí, justamente, o artigo 812º, entre nós, tal como outros preceitos idênticos, em várias ordens jurídicas, designadamente alemã, italiana, francesa e brasileira. Afinal, partilhando dessa compreensão do problema, também o Supremo Tribunal de Justiça, ao referir que o montante da pena 'deve ser, em regra, de valor superior aos danos a ressarcir, sob pena de frustrar a finalidade compulsória referida. É importante que essas palavras sejam ponderadas, é importante que se entendam as razões por que se recorre à estipulação de cláusulas penais, é importante que se atenda à própria lei, para que, afinal, se possa compreender que o credor poderá ter mais a ganhar com o incumprimento do contrato do que com o cumprimento do mesmo, sem que isso tenha algo de abusivo, de ilícito, ou, sequer, de estranho!" (MONTEIRO, António Joaquim de Matos Pinto. Artigo 811º, n. 3, do Código Civil: *requiem* pela cláusula penal indemnizatória? **Revista de Legislação e de Jurisprudência**. n. 3.976, ano 142, set.-out. 2012, pp. 71-72).

lidade. Ademais, eventual abuso do credor na exigência da penalidade deverá ser reprimido através do artigo 187 do Código Civil, destinado a limitar o exercício inadmissível de posições jurídicas[651].

Até aqui, portanto, não encontramos nas peculiaridades da cláusula penal nenhum fundamento específico para o controle sobre o seu conteúdo, sendo necessário, então, perquirir nos princípios contratuais essa fundamentação. Como bem colocado por Guilherme Calmon,

> o estágio atual não pode ser confundido com o período da edição do Código Civil de 1916 que encampava, seguindo o modelo de outros textos codificados, valores e ideais do liberalismo econômico e do voluntarismo jurídico, com o dogma da autonomia da vontade[652].

Logo, na atualidade, é importante reconhecer o importante papel da cláusula penal como instrumento jurídico contra a inadimplência, mas também se revela fundamental sua consideração no contexto de não causar efeitos altamente maléficos e desarrazoados à parte do devedor com a vedação de pactuação de obrigações desproporcionais e extremamente onerosas a uma das partes. Como exercício da liberdade de contratar, surge "a necessidade da consideração dos novos princípios da teoria contratual também no campo da cláusula penal"[653].

A evolução da teoria contratual nos séculos XIX e XX se deu tanto quantitativamente, quanto qualitativamente. No primeiro aspecto, o

[651] Artigo 187. Também comete ato ilícito o titular de um direito que, ao exercê-lo, excede manifestamente os limites impostos pelo seu fim econômico ou social, pela boa-fé ou pelos bons costumes. Sobre o ponto, ressalta a doutrina que "o direito à pena deve ser exercido, por outro lado, de acordo com o princípio da boa fé, à luz do qual poderá ter de se considerar que a pena é inexigível — e não apenas susceptível de redução —, caso o seu elevado montante indicie sancionar ela infracções de especial gravidade, o que não se compatibilizará com uma atitude do credor que reclame o seu pagamento em face de uma diminuta infracção, praticamente insignificante. Também um comportamento tolerado ou consentido durante largo tempo, sem qualquer reação do credor, poderá ser fator impeditivo da exigibilidade a pena, caso a sua reclamação posterior se mostre contrária ao princípio da boa fé" MONTEIRO, António Joaquim de Matos Pinto. **Cláusula penal e indemnização**. Coimbra: Almedina, 1990, p. 685.

[652] GAMA, Guilherme Calmon Nogueira da. **Direito civil**: obrigações. São Paulo: Atlas, 2008, p. 390.

[653] PEREIRA, Caio Mário da Silva. **Instituição de direito civil**. v. 2. Atual. Guilherme Calmon Nogueira da Gama (coord.) 29. ed. Rio de Janeiro: Forense, 2017, p. 144.

desenvolvimento econômico-social, que tornou a vida mais complexa e insegura, exigiu a criação de novas figuras contratuais e a intensificação da realização de contratos[654], através da parcial reconstrução de seus princípios em busca de uma maior flexibilização e justiça do conteúdo do contrato[655].

O contrato passa a ser entendido com uma dimensão de efeito não somente individual, entre as partes, mas também social. Desse modo, não pode ser objeto do puro arbítrio entre as partes, devendo a autonomia privada, para efetivamente sê-la, conformar-se nas regras de regulação estatal que podem ser entendidas como parte estruturante do conceito de contrato[656].

A reformulação do instituto do contrato envolveu a parcial reconstrução de seus princípios, em busca de um contrato mais flexível e preocupado também com a justiça do conteúdo. No atual Código Civil,

[654] JOSSERAND, Louis. A evolução moderna do conceito de contrato. Tradução de Thalles Ricardo Alciati Valim. **Revista de Direito Civil Contemporâneo**, v. 17, 2018, pp. 337- 351. "A evolução quantitativa dos contratos, que se manifesta simultaneamente pela multiplicação, pela frequência dos atos jurídicos, e também pela sua diversificação, é resultante de um grande número de fatores, alguns econômicos ou sociais, outros mais propriamente jurídicos."

[655] Nas palavras de Arnoldo Wald, "A resposta do Direito a essa necessidade não foi o declínio ou a morte do contrato, mas sua atualização e modernização, ou seja, a releitura e a reconstrução parcial de seus princípios. Como já ressaltado, o contrato deixou de ser um negócio jurídico isolado, uma relação jurídica estática, uma espécie de bolha ou ilha isolada, para transforma-se num bloco de direitos e obrigações, verdadeiro ente vivo de caráter dinâmico, um vínculo que evolui de acordo com as circunstâncias, mas que mantém o equilíbrio inicialmente estabelecido entre os contratantes. Tendo desaparecido o mundo da segurança, que alguns autores, como Stefan Zweig, pensavam existir no fim do século XIX, entramos com a eliminação das distâncias e a divulgação da informação em tempo real, na "era da incerteza", da descontinuidade e da constante mudança. Não é mais possível manter o contrato como existiu no passado. Já havia, aliás, evoluído nas diversas fases da história, que se sucederam desde o direito romano até agora. O novo contrato que surge, agora, no século XXI, não tem mais a rigidez característica de outros tempos. Já o definiram como sendo "mais ou menos obrigatório; mais ou menos oponível a terceiros; mais ou menos aleatório e mais ou menos suscetível de ser revisto, podendo ser mais ou menos extensa a eventual nulidade de suas cláusulas". WALD, Arnoldo. O interesse social no direito privado. *In*: (org.) TEPEDINO, Gustavo; FACHIN, Luiz Edson. **O direito e o tempo**: embates jurídicos e utopias contemporâneas. Estudos em homenagem ao Professor Ricardo Pereira Lira. Rio de Janeiro: Renovar, 2008, pp. 82-83.

[656] RIBEIRO, Joaquim de Souza. **Problema do contrato** — as cláusulas contratuais gerais e o princípio da liberdade contratual. Coimbra: Almedina, 1999, p. 257.

foram mantidos os princípios clássicos, oriundos da autonomia da vontade — liberdade contratual, força obrigatória dos contratos e a relatividade dos efeitos contratuais — e foram acrescidos três novos princípios: boa-fé objetiva, equilíbrio econômico financeiro e função social do contrato. Nesse sentido, em trabalho anterior ao Código de 2002, Junqueira de Azevedo pontua:

> Hoje, diante do toque de recolher do Estado intervencionista, o jurista com sensibilidade intelectual percebe que está havendo uma acomodação das camadas fundamentais do direito contratual — algo semelhante ao ajustamento subterrâneo das placas tectônicas. Estamos em época de hipercomplexidade, os dados se acrescentam, sem se eliminarem, de tal forma que, aos três princípios que gravitam em volta da autonomia da vontade e, se admitido como princípio, ao da ordem pública, somam-se outros três — os anteriores não devem ser considerados abolidos pelos novos tempos mas, certamente, deve-se dizer que viram seu número aumentado pelos três novos princípios. Quais são esses novos princípios? A boa-fé objetiva, o equilíbrio econômico do contrato e a função social do contrato[657].

Como se vê, os novos princípios refletem a busca do ordenamento pela justiça do conteúdo e sua preocupação com os efeitos dos contratos nas relações sociais. Entretanto, ressalta-se que os princípios clássicos, apesar de não se apresentarem da forma absoluta de outrora, mantém integralmente a sua vigência no ordenamento jurídico[658]. Entretanto, como advertido por Guido Alpa ao ponderar sobre os princípios clássicos, "a diferente origem histórica, a precedente aplicação e a constante observância não dão a estes princípios uma garantia de prevalência e superioridade em relação àqueles de origem mais recente"[659].

[657] Azevedo, Antônio Junqueira de. Princípios do novo direito contratual e desregulamentação do mercado — direito de exclusividade nas relações contratuais de fornecimento — função social do contrato e responsabilidade aquiliana do terceiro que contribui para inadimplemento contratual. **Revista dos Tribunais**, n. 750, abr. 1998, p. 115.

[658] Lobo, Paulo Luiz Netto. **Direito civil**: contratos. São Paulo: Saraiva, 2011.

[659] Alpa, Guido. Princípios gerais e direito dos contratos. Um inventário de dicta e de questões. *In:* **Contratos**: actualidade e evolução. Atas do Congresso Internacional organizado pelo Centro Regional do Porto da Universidade Católica Portuguesa de 28 a 30 de novembro de 1991. (Coord.) António Pinto Monteiro. Porto, 2007, p. 103.

Vale ressaltar que a liberdade contratual continua a gozar de protagonismo e centralidade no espaço contratual, no qual tem amplo espaço de criação normativa, inclusive podendo afastar a aplicação de normas legais dispositivas. Somente há uma exigência de conformação da autodeterminação dos contratantes às cláusulas gerais do ordenamento, que é representada por normas legais de valor hierárquico superior às estabelecidas contratualmente. Trata-se, em primeira linha, de uma verificação de legalidade, não de justiça ou conveniência[660].

Miguel Reale, ao analisar o Código Civil de 2002, aponta como objetivo do Código a socialidade, que pode ser vista na positivação do princípio da função social, consagrando-se a superação do "manifesto caráter individualista da lei vigente [Código Civil de 1916]"[661].

Igualmente, Francisco Amaral destaca a importância da socialidade:

> O princípio da socialidade orientou o legislador no sentido de superar o individualismo que marcava o Código de 1916, fazendo prevalecer os valores coletivos sobre os individuais, sem perda, porém, do valor fundante da pessoa humana. Com esse sentido, superou-se o patriarcalismo dominante na sociedade doméstica, expresso no absolutismo do poder marital e do pátrio poder, já revogados pelo princípio da igualdade dos cônjuges e dos filhos, estabelecido na Constituição Federal, artigo 226, par. 5° e artigo 227, par. 6°, passando pátrio poder a denominar-se poder familiar. A influência do princípio da socialidade fez também surgir um novo conceito de posse, a posse-trabalho, em virtude do qual o prazo de usucapião de um imóvel é reduzido, de 15 para 10 anos, se o possuidor houver estabelecido no imóvel a sua moradia habitual, ou nele realizado obras ou serviços de carácter produtivo (C.C. artigo1238, parágrafo único).[662]

Martins-Costa entende as normas de controle do conteúdo da cláusula penal como "uma das indicações de que o novo Código Civil atende à diretriz da solidariedade social — consequente à concepção solidarista das relações jurídico-sociais"[663].

[660] Ribeiro, Joaquim de Souza. **O problema do contrato** — as cláusulas contratuais gerais e o princípio da liberdade contratual. Coimbra: Almedina, 1999, p. 227.

[661] Reale, Miguel. **História do novo Código Civil**. São Paulo: RT, 2005, pp. 38-40.

[662] Amaral, Francisco. **Direito civil**: introdução. 5. ed. Rio de Janeiro: Renovar, 2003, p. 34.

[663] Martins-Costa, Judith. **Comentários ao novo Código Civil**: do inadimplemento das obrigações. (coord.) Teixeira, Sálvio de Figueiredo. v. 5. t. 2. Rio de Janeiro: Forense, 2003, p. 449.

Nesse contexto, a análise dogmática da limitação e da redução da cláusula penal demanda a verificação do seu correto enquadramento na ordem de princípios vigentes no direito contratual, pois cada princípio tem suas próprias expressões e é ponderado com outros princípios mediante distintos vetores orientadores.

Em primeiro lugar, discordamos da invocação do instituto do enriquecimento sem causa para justificar o controle sobre o conteúdo da cláusula penal[664]. Múcio Continentino era peremptório nesse sentido: "Improcedente e inaceitável é também a objecção que poderia ser oposta, com base na falta de causa, para que o credor receba a pena, si não provou ter sofrido algum damno, pois a causa será a obrigação das partes de respeitarem o pactuado"[665].

Como esclarece Edson Fachin,

> há enriquecimento sem causa quando o acréscimo patrimonial carece do título que o legitime, ou seja, inexiste ato ou fato jurídico que fundamente esse acréscimo patrimonial de um sujeito perante o outro. A "causa" a que se refere esse princípio é relacionada à denominada *causa debendi*, que não se confunde com a causa final dos negócios jurídicos. Por conseguinte, havendo título que legitime juridicamente uma atribuição patrimonial, não se poderá afirmar que esta seja uma forma de enriquecimento sem causa. Ausente o título, caracterizar-se-á a sua ausência de causa[666].

[664] Referindo-se ao artigo 412 do Código Civil, afirma Giovanni Nanni: "Referido limite máximo é instituído para impedir que se configure o enriquecimento sem causa das partes, que seria ocasionado pela inexecução de uma obrigação a qual tivesse uma cláusula penal exorbitante ou muito acima do valor da obrigação principal, pelo que a parte obteria uma vantagem excessiva. Essa situação não é admitida na sistemática da lei civil, justamente porque impera o princípio que veda o enriquecimento sem causa, em que o inadimplemento de uma obrigação não pode propiciar uma situação mais vantajosa do que o próprio adimplemento, pois as partes optaram pela fixação antecipada das perdas e danos." NANNI, Giovanni Ettore. **Enriquecimento sem causa**. São Paulo: Saraiva, 2004, p. 383.

[665] CONTINENTINO, Múcio. **Da cláusula penal no direito brasileiro**. São Paulo: Livraria Acadêmica Saraiva, 1926, p. 161.

[666] FACHIN, Luiz Edson. Autonomia privada e estipulação contratual. *In*: Contratos e responsabilidade civil. **Coleção Soluções e Práticas de Direito**: pareceres, v. 1, pp. 321-343, São Paulo: RT, 2011, p. 341.

Da mesma forma, não é no princípio da boa-fé que entendemos residir o fundamento do controle sobre o conteúdo da cláusula penal. Como adverte Zanetti,

> no mundo dos contratos, não costuma haver contradição entre o pactuado e as exigências impostas pela boa-fé objetiva. No direito brasileiro, ainda não se prestou a devida atenção ao ensinamento legado pelos romanos, segundo o qual nada é mais conforme à boa-fé do que cumprir o avençado[667].

Entendemos a limitação e a redução da cláusula penal como manifestações do princípio do equilíbrio contratual. Nesse particular, como referido por Marino,

> diversamente da função social e da boa-fé, o princípio do equilíbrio econômico não encontra previsão expressa no direito positivo brasileiro. O caminho para a sua construção é a indução a partir de algumas figuras, designadamente a lesão e a excessiva onerosidade superveniente[668].

A lesão e a excessiva onerosidade, referidas pelo autor, são exemplos encontrados diuturnamente na doutrina para apontar a presença do princípio do equilíbrio. Entendemos que tanto a limitação quanto a redução da cláusula penal também se incluem dentre essas figuras. Enquanto o instituto da lesão se volta contra o desequilíbrio decorrente da inexperiência ou da extrema necessidade de uma das partes, e a excessiva onerosidade decorrente de fato superveniente imprevisível e extraordinário, a limitação e a redução da cláusula penal reprimem o desequilíbrio ocasionado pelo inadimplemento, quando as consequências deste tiverem sido previamente pactuadas.

Importante realçar, no tocante ao princípio do equilíbrio contratual, que o mesmo, em negócios formados entre partes com paritário poder

[667] ZANETTI, Cristiano de Souza. A cláusula resolutiva expressa na lei e nos tribunais: o caso do termo de ocupação. *In*: LOTUFO, Renan; NANNI, Giovanni Ettore; MARTINS, Fernando Rodrigues. **Temas relevantes do Direito Civil Contemporâneo**. Reflexões sobre os 10 anos do Código Civil. São Paulo: Atlas, 2012, p. 374.

[668] MARINO, Francisco Paulo de Crescenzo. Oferta de modificação equitativa de contratos afetados pela excessiva onerosidade superveniente. Tese (Livre Docência). Faculdade de Direito, Universidade de São Paulo (USP), São Paulo, 2018, p. 53.

de barganha, não se destina à proteção de vulnerabilidades nem a imperativos de justiça distributiva. Nas relações paritárias, a consideração sobre o equilíbrio volta-se à tutela da alocação de riscos negociada entre as partes, no exercício de sua autonomia privada. Assim, para além do mero equilíbrio econômico das prestações principais, desenha-se verdadeiro equilíbrio normativo, envolvendo a estipulação de cláusulas que convenham a cada uma das partes, cada qual precificada individualmente pelas partes na fase de tratativas.

A análise dos institutos que constituem manifestações do princípio do equilíbrio deve sempre atentar que ele não impõe uma perfeita equivalência entre as prestações. No caso da lesão, somente há tutela quando presente prestação manifestamente desproporcional[669], enquanto no desequilíbrio superveniente exige-se que a prestação tenha se tornado excessivamente onerosa[670]. Especificamente no caso da cláusula penal, sua redução, para além das situações de cumprimento parcial útil ao credor, somente será possível quando o montante da penalidade for manifestamente excessivo[671]. Essa circunstância permanecerá também no caso da limitação genérica da cláusula penal, disposta pelo artigo 412, com a proposta interpretativa que defenderemos mais adiante, no sentido de restringir o dispositivo às cláusulas cumulativas.

O núcleo essencial do princípio do equilíbrio é descrito de forma elucidativa por Anderson Schreiber:

> a visão panorâmica dessas múltiplas possibilidades de incidência do princípio do equilíbrio contratual tem apenas a função de permitir identificar o núcleo essencial do seu conceito, que consiste, em síntese, em evitar que qualquer contratante venha a sofrer sacrifício econômico desproporcional em decorrência do cumprimento das obrigações que

[669] Artigo 157. Ocorre a lesão quando uma pessoa, sob premente necessidade, ou por inexperiência, se obriga a prestação manifestamente desproporcional ao valor da prestação oposta.

[670] Artigo 478. Nos contratos de execução continuada ou diferida, se a prestação de uma das partes se tornar excessivamente onerosa, com extrema vantagem para a outra, em virtude de acontecimentos extraordinários e imprevisíveis, poderá o devedor pedir a resolução do contrato. Os efeitos da sentença que a decretar retroagirão à data da citação.

[671] Artigo 413. A penalidade deve ser reduzida eqüitativamente pelo juiz se a obrigação principal tiver sido cumprida em parte, ou se o montante da penalidade for manifestamente excessivo, tendo-se em vista a natureza e a finalidade do negócio.

compõem o objeto do seu contrato. Não se trata, dessa forma, de exigir uma igualdade absoluta entre prestações ou mesmo de exigir uma rigorosa equivalência objetiva entre direitos e obrigações atribuídos pelo contrato a cada uma das partes. Tamanha exigência não apenas representaria uma limitação excessiva à livre iniciativa em uma economia de mercado, caracterizada pela flutuação de preços e valores segundo "leis" de oferta e procura, mas comprometeria também a própria utilidade do contrato como instituto jurídico, na medida em que, a qualquer mínimo desvio de uma equivalência rigorosa, a relação contratual, dirigida à concretização do objetivo comum dos contratantes, haveria de ser interrompida "a causa della necessità di procedere a continui addattamenti del regolamento contrattuate". Daí por que a expressão "princípio da equivalência material" ou "princípio da equivalência das prestações" não se afigura adequada, na medida em que a questão não é tanto de equivalência valor), mas sim de equilibrar (do latim, *aequi librare, sopesar*) ou, mais precisamente, de prevenir manifestas desproporções ou desequilíbrios macroscópicos[672].

Além disso, não se pode olvidar que o princípio do equilíbrio dos contratos se manifesta através de institutos positivados na forma de cláusulas gerais, nas quais "é impossível determinar com precisão o alcance da regra jurídica"[673]. No caso da cláusula penal, essa característica é verificada em conceitos indeterminados como a expressão manifestamente excessiva, constante do artigo 413, e, a depender da interpretação que se confira ao dispositivo, no conceito de obrigação principal adotado pelo artigo 412. Diante dessas expressões de conteúdo indeterminado, a "aplicação *in concreto* caberá ao juiz decidir, em cada caso, à luz das circunstâncias ocorrentes"[674].

[672] SCHREIBER, Anderson. **Equilíbrio contratual**. Dever de renegociar. São Paulo: Saraiva Educação, 2018, p. 58.

[673] REALE, Miguel. **História do novo Código Civil**. São Paulo: RT, 2005, p. 40.

[674] REALE, Miguel. **História do novo Código Civil**. São Paulo: RT, 2005, p. 40. De enorme relevância para o direito contratual as seguintes palavras do autor: "como se vê, o que se objetiva alcançar é o Direito em sua concreção, ou seja, em razão dos elementos de fato e de valor que devem ser sempre levados em conta na enunciação e na aplicação da norma. No que tange especificamente à disciplina dos contratos, é importante remarcar que o Projeto, reconhecendo a função social do contrato, protege a liberdade de contratar, submetendo, no entanto, os contratantes aos princípios de probidade e da boa-fé. Ou seja, toda

No juízo de concreção dessas disposições, será imprescindível atentar para o tipo de relação em discussão, pois a determinação do conteúdo das normas de controle do conteúdo da cláusula penal será variável conforme a natureza da relação em concreto. De fato, tratando-se de um princípio social dos contratos, sua concreção se dará mediante a ponderação com outros princípios, nomeadamente a liberdade de contratar e a força obrigatória dos contratos. A preponderância de um ou outro princípio será determinada pelo tipo de relação, com atenção para o grau de paridade dos contratantes.

6.2 Os mecanismos de controle sobre o conteúdo da cláusula penal

Entendido o controle do conteúdo da cláusula penal como uma das expressões do princípio do equilíbrio contratual, convém analisar as formas como tal controle pode se efetivar. Os valores e princípios que permeiam o direito contratual justificam o controle sobre o conteúdo da cláusula penal, mas um estudo dogmático precisa avaliar o sistema mais adequado para que esse controle seja efetivado de forma a conciliar seus princípios justificadores com o grau de autonomia conferido pelo ordenamento consoante as distintas relações jurídicas, e sem engessar nem criar inseguranças sobre *o tráfego* negocial.

Analisando-se diversos ordenamentos, verifica-se que o controle sobre o conteúdo da cláusula penal é, na essência, feito de duas formas distintas: (i) através da fixação *ex ante* de um limite máximo, que, se violado, pode implicar na nulidade da penalidade, ou na ineficácia do excesso; e (ii) na previsão de poderes para que o juiz ou o árbitro possa intervir no negócio e proceder a uma redução *ex post*, o que pode ser feito com ou sem a definição dos critérios a serem observados tanto para a verificação do excesso manifesto, quanto para a sua correção.

De acordo com Konder, "a forma mais primitiva de controlar eventuais abusos é a imposição de um valor máximo para a sanção prefixada

base negocial repousa, em última análise, em princípios de moral. Nesse aspecto, o ilustre civilista e magistrado Carlos Alberto Bittar é bastante feliz quando observa que o 'respeito à palavra dada continua sendo, na verdade, o fundamento ético do negócio jurídico. Pode-se explicar pela teoria da declaração, pode-se explicar pelo voluntarismo, enfim as explicações podem ser as mais variadas. Mas, em última palavra, todos os autores são concordes numa coisa: é o respeito à palavra dada, o elemento fundamental na teoria contratual".

contratualmente"[675]. É na *penalty rule* construída nos países de *common law* que se encontra a mais antiga e conhecida limitação *ex ante* da cláusula penal. Sob o viés econômico, Araújo relata a deficiência da *penalty rule*, por

> deixarem de fora as próprias estipulações penalizadoras que sejam eficientes. Mas mesmo nesse âmbito mais restrito a crítica continua a ser profunda, já que as restrições à liberdade penalizadora têm sempre consequências afectivas muito visíveis e muito relevantes em termos de diminuição da frequência e da dimensão dos contratos, vedando diretamente soluções contratuais que seriam incrementadoras de bem-estar para ambas as partes. Mais, o paternalismo subjacente à maior parte da *penalty doctrine* será frustrado na medida em que a proteção pretendida nem sequer é alcançada, por exemplo a protecção de uma parte contratual enfraquecida — já que na maior parte dos casos será possível encontrar formas de contornar os entraves legais, mormente não recorrendo aos tribunais: não se afigurando, pois, muito lógico o apego dos sistemas de *Common Law* à *penalty doctrine,* afigurando-se muito mais curial proceder-se à mencionada destrinça nesse tipo de cláusulas, entre as abusivas e as eficientes, concentrando naquelas a reação normativa e deixando em paz estas[676].

Interessante, igualmente, a referência do autor no sentido de que é

> conhecido o efeito de "memorização" que resulta de uma ingerência sistemática na substância das estipulações contratuais, visto que um tal paternalismo inquisidor, por mais justificado que se afigure, irresponsabiliza e conflitua com objcctivos de previsibilidade e certeza nos contratos, sobretudo se conflituar com objectivos "maioritários" caso em que pode ter ainda a consequência indesejada de obrigar as partes a adoptarem condutas ineficientes, mormente as dirigidas a contornarem obstáculos legais ou judiciais através de estipulações oblíquas e de negócios indirectos. Em suma, se respeitarmos a autonomia contratual, tomaremos as estipulações prévias de montantes indemnizatórios como formas

675 Konder, Carlos Nelson. Arras e cláusula penal nos contratos imobiliários. Rio de Janeiro, **Revista dos Tribunais**, v. 4, pp. 83-104, mar.-abr. 2014, p. 6.

676 Araújo, Fernando. **Teoria económica do contrato**. Coimbra: Almedina, 2007, p. 935.

de moldar as regras supletivas e os regimes dos contratos nominados ao caso concreto, quando as soluções fornecidas por aqueles figurinos não satisfaçam a distribuição de riscos e incentivos — pretendida pelas partes[677].

A adoção de mecanismos para burlar os limites estabelecidos *ex ante* é verificada, por exemplo, no debate a respeito do abono de pontualidade, considerado por Simão como uma cláusula penal disfarçada[678], frequentemente adotada, por exemplo, em cobranças condominiais, cujas penalidades estão sujeitas a um limite específico, previsto no artigo 1.336, § 2º do Código Civil. O Superior Tribunal de Justiça tem entendido pela validade desse mecanismo, como se verifica na seguinte ementa:

> RECURSO ESPECIAL. AÇÃO DE DESPEJO CUMULADA COM COBRANÇA. NEGATIVA DE PRESTAÇÃO JURISDICIONAL. NÃO OCORRÊNCIA. PERDA DO ABONO DE PONTUALIDADE E INCIDÊNCIA DA MULTA MORATÓRIA. *BIS IN IDEM* NÃO CONFIGURADO. JULGAMENTO CPC/15.
> 1. Ação de despejo c/c cobrança de alugueis e acessórios ajuizada em 21/05/2015, da qual foi extraído o presente recurso especial, interposto em 04/10/2017 e concluso ao gabinete em 11/06/2018.
> 2. O propósito recursal é dizer sobre a negativa de prestação jurisdicional e se configura duplicidade (*bis in idem*) a cobrança do valor integral dos alugueis vencidos, desconsiderando os descontos de pontualidade, acrescido da multa moratória.
> 3. Devidamente analisadas e discutidas as questões de mérito, estando suficientemente fundamentado o acórdão recorrido, de modo a esgotar a prestação jurisdicional, não se vislumbra a alegada violação do artigo 1.022 do CPC/15.
> 4. Embora o abono de pontualidade e a multa moratória sejam, ambos, espécies de sanção, tendentes, pois, a incentivar o adimplemento da obrigação, trata-se de institutos com hipóteses de incidência distintas: o

[677] Araújo, Fernando. **Teoria económica do contrato**. Coimbra: Almedina, 2007, pp. 946-948.

[678] Simão, José Fernando. **Cláusula penal e abono de pontualidade ou cláusula penal e cláusula penal disfarçada**. Disponível em: http://professorsimao.com.br/artigos_simao_cf1109.html. Acesso em: 23 jul. 2018.

primeiro representa uma sanção positiva (ou sanção premial), cuja finalidade é recompensar o adimplemento; a segunda, por sua vez, é uma sanção negativa, que visa à punição pelo inadimplemento.
5. À luz dos conceitos de pontualidade e boa-fé objetiva, princípios norteadores do adimplemento, o abono de pontualidade, enquanto ato de liberalidade pela qual o credor incentiva o devedor ao pagamento pontual, revela-se, não como uma "multa moratória disfarçada", mas como um comportamento cooperativo direcionado ao adimplemento da obrigação, por meio do qual ambas as partes se beneficiam.
6. Hipótese em que não configura duplicidade (*bis in idem*) a incidência da multa sobre o valor integral dos alugueis vencidos, desconsiderando o desconto de pontualidade.
7. Recurso especial conhecido e parcialmente provido[679].

Como tivemos oportunidade de maior detalhamento no capítulo 5, a *penalty rule* evoluiu recentemente na Inglaterra, do parâmetro da genuína pré-estimativa de prejuízos, construído no caso Dunlop, para a avaliação de todos os legítimos interesses do credor, conforme o julgamento Cavendish Square Holdings BV *v.* Makdessi; ParkingEye Ltd v. Beavis.

Assim, não há propriamente um limite objetivo quanto ao valor da cláusula penal na Inglaterra, mas apenas a necessidade de uma justificativa da sua quantificação em vista dos interesses do credor. Da mesma forma, nos Estados Unidos da América, as normas do Uniform Commercial Code e do Second Restatment *não estabelecem qualquer parâmetro objetivo, exigindo a razoabilidade da penalidade fixada considerando-se os danos previstos ou a dificuldade de estimativa* dos mesmos.

De fato, são poucos os códigos que estabelecem um parâmetro objetivo para limitar o conteúdo da cláusula penal[680]. O Código Civil chileno prevê que nos contatos comutativos, as cláusulas penais previstas para o descumprimento de obrigações de valor determinado poderão ser redu-

[679] BRASIL. REsp 1745916/ PR, Rel. Min. Nancy Andrighi, 3ª Turma, j. 19-2-2019. No mesmo sentido, BRASIL. AgRg no AREsp 324762 / DF, Rel. Min. Antonio Carlos Ferreira, 4ª Turma, j.1-9-2016; BRASIL. REsp 832293/PR, Rel. Min. Raul Araújo, 4ª Turma, j. 20-8-2015.

[680] Talciani, Hernán Corral. La cláusula penal: análisis de derecho comprado com miras a una armonización del derecho privado latino americano in Roma e America. Diritto Romano Comune. **Rivista di Diritto dell' Integrazione e Unificazione del Diritto in Europa e in America Latina** n. 26, 2008.

zidas até o dobro do valor da obrigação descumprida[681]. Tal restrição não se aplica às cláusulas penais previstas para obrigações de valor indeterminado, as quais poderão ser reduzidas quando se revelarem exorbitantes.

A limitação pelo valor da obrigação principal, constante do artigo 412 da legislação brasileira, é encontrada no Código Civil do México[682], da Bolívia[683] e da Nicarágua[684].

Em nosso entendimento, o controle do conteúdo da cláusula penal, mediante a fixação *ex ante* de um limite, não é adequado, pois, além de criar entraves à prática comercial, estimula a adoção de mecanismos para contorná-lo, não tutela adequadamente todas as situações e acaba por, em muitos casos, afastar o interesse das partes na fixação da cláusula penal. Conforme adverte Konder,

> o maior problema para esse tipo de limite é a enorme diversidade de situações que ele deve abranger. Um limite fixo, único, para todos os tipos de cláusula penal certamente se revelaria alto demais em algumas situações e muito baixo em outras, constantemente gerando injustiças[685].

De fato, não há como se prever, antecipadamente, de forma genérica, um parâmetro de limitação que alcance toda a extensão de danos possíveis, das mais variadas relações contratuais. Com razão, a assertiva de Araújo sobre a circunstância de

681 "Artigo 1544. Cuando por el pacto principal una de las partes se obligó a pagar una cantidad determinada, como equivalente a lo que por la otra parte debe prestarse, y la pena consiste asimismo en el pago de una cantidad determinada, podrá pedirse que se rebaje de la segunda todo lo que exceda al duplo de la primera, incluyéndose ésta en él. La disposición anterior no se aplica al mutuo ni a las obligaciones de valor inapreciable o indeterminado. En el primero se podrá rebajar la pena en lo que exceda al máximum del interés que es permitido estipular. En las segundas se deja a la prudencia del juez moderarla, cuando atendidas las circunstancias pareciere enorme".

682 "Artículo 1843. La cláusula penal no puede exceder ni en valor ni en cuantía a la obligación principal".

683 "Artículo 534. (Cuantía de la pena convencional). La pena convencional no puede exceder la obligación principal".

684 "Arto. 2002. Cuando sólo se reclame la pena, ésta no puede exceder en valor ni en cuantía a la obligación principal; y en los casos en que es posible el reclamo principal y de la pena conjuntamente, la pena no puede exceder de la cuarta parte de aquel".

685 KONDER, Carlos Nelson. Arras e cláusula penal nos contratos imobiliários. Rio de Janeiro, **Revista dos Tribunais**, v. 4, pp. 83-104, mar.-abr. 2014, p. 6.

dado que a estipulação se presume livre e corresponde ao enquadramento disciplinador desejado pelas partes, qualquer limitação legal ou judicial tenderá a redundar em sub-indemnização, levando na prática a que fique sem efeito um seguro estabelecido pelo devedor em favor do credor[686].

Nesse sentido, temos a convicção de que a atribuição de poderes ao intérprete para proceder *ex post* a correção do valor da penalidade constitui o mecanismo mais adequado para o necessário controle sobre o conteúdo da cláusula penal. De fato,

> a técnica de imposição de um limite fixo, geral, é problemática ante a riqueza dos casos concretos. Por conta disso, é utilizado de forma mais eficaz o dispositivo de controle da autonomia negocial que permite ao juiz uma aferição mais flexível com base nas peculiaridades do caso concreto[687].

A intervenção pelo juiz ou pelo árbitro no conteúdo do contrato não é admitida pelos países da *common law*, pois, nesses sistemas,

> persiste uma diferença técnica entre os sistemas da *common law* e da *civil law*, pois neste último sistema, se uma cláusula penal não for exequível ela não pode ser modificada e não se aplica integralmente, tendo a parte

[686] Araújo, Fernando. **Teoria económica do contrato**. Coimbra: Almedina, 2007, p. 924. O autor destaca que a cláusula penal "por radicar na vontade das próprias partes, tende a assegurar um equilíbrio que não é nem sub- nem sobre-indemnizatório, mesmo quando as aparências pareçam indicar em contrário — o mesmo respeito pela autonomia contratual leva a essa presunção de que as partes é que sabem, e têm legitimidade para saber, o que é que compensa o quê, não podendo excluir-se que essas compensações sejam remotas e idiossincráticas. A mesma simpatia pela contratualização das sanções contratuais (passe a redundância) sustenta igualmente que sejam as partes e determinam soberanamente a distribuição do risco contratual, de acordo com as disposições de cada uma para suportar esse risco — pense-se, por exemplo, que uma cláusula penal pode funcionar como modo de a parte mais indiferente ao risco, expondo-se à penalização, assegurar a contraparte que seja dominada por aversão ao risco (sinalizando, aumentado a parada), ou como modo de uma parte garantir à outra o ressarcimento de danos não-pecuniários ou dificilmente verificáveis e quantificáveis, ou o ressarcimento de valores de uso muito superiores aos valores de troca".

[687] Konder, Carlos Nelson. Arras e cláusula penal nos contratos imobiliários. Rio de Janeiro, **Revista dos Tribunais**, v. 4, pp. 83-104, mar.-abr. 2014, p. 6.

a quem beneficiaria que se socorrer; tão-somente, do remédio do ressarcimento de danos ou prejuízo[688].

Intervenções no conteúdo contratual são consideradas inadmissíveis nesse ordenamento, que as entendem como estar o juiz escrevendo o contrato pelas partes. Diversamente, nos países da matriz romano-germânica, essa solução é amplamente admitida, como tivemos a oportunidade de expor em relação ao que vigora atualmente nos ordenamentos alemão, francês, italiano, português e argentino.

Assim, entre a fixação de um limite *ex ante*, e a atribuição de poderes para um controle *ex post*, parece-nos que a segunda opção atende à necessidade de controle sobre o conteúdo da cláusula penal, decorrentes dos atuais princípios da teoria contratual, sem limitar indevidamente a liberdade de contratar e, principalmente, sem criar entraves à prática contratual.

Essa opção, entretanto, também é sujeita a críticas, pois, além dos riscos advindos de qualquer intervenção judicial sobre a economia contratual, não se pode negar, completamente, a afirmação de que "a redução judicial da pena sob cor de excessiva ou de insuficiente eliminaria — conforme ficou assinalado — uma das utilidades do instituto"[689].

De fato, se uma das principais funções da cláusula penal é a de evitar as delongas e os inconvenientes da demonstração judicial dos prejuízos, a segurança e a celeridade propiciadas pela cláusula penal são mitigadas quando se concede poderes ao magistrado para proceder a uma intervenção moderadora que acaba reabrindo a discussão sobre a existência e a quantificação dos prejuízos.

Ainda que, conforme abordaremos no próximo capítulo deste trabalho, no direito brasileiro a extensão do prejuízo não seja o fator primário orientador da redução prevista no artigo 413, a análise do excesso manifesto, em vista da natureza e da finalidade do negócio, com a consideração dos interesses que justificaram a pactuação da penalidade, implica, em maior ou menor medida, na judicialização de temas cuja discussão se buscou afastar.

[688] Freire, J. Renato C. Penalidades nos contratos internacionais de mútuo. *In*: (org.) Baptista, Luiz Olavo; Mazzuoli, Valerio de Oliveira. Direito do comércio internacional. **Coleção Doutrinas Essenciais**: direito internacional. v. 5. São Paulo: RT, 2012, p. 635.

[689] Nonato, Orosimbo. **Curso de obrigações** (generalidades-espécies). v. II. Rio de Janeiro: Forense, 1959, p. 322.

Ocorre que essa consequência acaba por também se verificar no mecanismo de estipulação de um limite *ex ante*. Isso porque, não há como se proceder a uma limitação prévia com parâmetros estritamente objetivos. Veja-se, nesse ponto, a situação do entendimento atual na *common law*, no qual a verificação do novo parâmetro estabelecido, consistente em todos os legítimos interesses do credor na contratação da cláusula penal, demanda análises similares às necessárias na intervenção *ex post*. O mesmo ocorre com o parâmetro adotado na legislação brasileira, acompanhada pela mexicana, boliviana e nicaraguense, pois, como procuraremos demonstrar mais adiante, o parâmetro do valor da obrigação principal também suscita uma série de dificuldades e, em muitos casos, demanda uma interpretação ampliativa, que também contemple a verificação de todos os interesses envolvidos no negócio.

Assim, tendo em vista esse problema comum a ambas as soluções, entendemos que a estipulação prévia de um limite é mais problemática do que a concessão de poderes ao julgador para proceder a uma intervenção moderadora.

Além das vantagens e desvantagens propriamente ditas de uma e de outra solução, a diferenciação entre elas perpassa, também, pelo debate sobre a distinção entre as técnicas legislativas de regras e *standards*[690]. A distinção está diretamente relacionada ao grau de discricionariedade que se pretende conferir aos magistrados e árbitros. Quando a opção legislativa é pela adoção de regras, o poder discricionário do magistrado é restringido, pois o mesmo fica submetido ao respeito de condições legais estabelecidas com maior precisão e grau de determinação. Em sentido oposto, a adoção de *standards* confere aos julgadores maior flexibilidade, pois eles decidirão a partir de parâmetros legais positivados em algum grau de indeterminação, o que demandará maior discricionariedade na sua concretização.

O artigo 413 do Código Civil, por exemplo, é um *standard*, pois, além da utilização de uma equidade corretiva, demanda a verificação no caso concreto, sobre se o "montante da penalidade for manifestamente excessivo, tendo-se em vista a natureza e a finalidade do negócio". Ado-

[690] Para a análise dessa discussão, ver: Kaplow, Louis, Rules *versus* standards: an economic analysis. *In*: **Duke Law Journal**, v. 42, n. 3, pp. 557-629, dez. 1992, pp. 557-629; Kennedy, Duncan. Form and substance in private law adjudication. **Harvard Law Review** n. 89, 1976, pp. 1.685-1.778.

tam-se, nesse dispositivo, conceitos indeterminados que permitirão ao julgador uma análise com maior grau de abertura para as circunstâncias específicas do caso em discussão.

Por outro lado, o artigo 412, em uma primeira leitura, representa uma regra, pois adota parâmetro matemático objetivo a ser observado pelo julgador: o valor da obrigação principal. Essa afirmação é feita com a ressalva de que tal parâmetro não é tão objetivo assim, demandando, em muitas situações, salvo se acolhida a proposição interpretativa que formularemos, uma análise ampliativa, conforme buscaremos demonstrar mais adiante.

No debate sobre a conveniência da utilização de regras ou *standards*, Kaplow sugere a consideração sobre a frequência com que a norma será aplicada. Assim, se se tratar de questões com alguma uniformidade, com aplicação frequente, deve-se preferir a utilização de regras. Ao contrário, se a questão envolve aplicação heterogênea, com incidências variáveis, os *standards* se revelam mais recomendados. Exemplifica o autor afirmando que a definição sobre a forma de conduzir um veículo em autoestrada demanda a utilização de uma regra, como a fixação da velocidade máxima em 110km/h. Já a definição do regramento sobre a relação no âmbito interno de uma sociedade, recomenda a utilização de *standards*, com a adoção de termos como diligência, negligência, boa-fé, etc[691].

Interessante, nesse particular, as considerações de Gazmuri especificamente sobre a escolha entre regras e standards para regular o controle sobre o conteúdo da cláusula penal[692]. Para o autor chileno, se a justificativa for a justiça comutativa, a eleição de uma regra significa que o legislador é capaz de definir com precisão, para além das peculiaridades da relação contratual, quando os termos de um contrato violam a equivalência das prestações. Caso a justificativa seja a justiça distributiva, a opção por uma regra demonstra que o legislador seria capaz de definir com precisão como está distribuído o poder negocial de toda relação contratual. Por outro lado, a escolha de um *standard* revela o entendimento de que é o julgador quem está em melhores condições para avaliar a equivalência das prestações de cada contrato.

691 KAPLOW, Louis, Rules *versus* standards: an economic analysis. *In*: **Duke Law Journal**, v. 42, n. 3, pp. 557-629, dez. 1992, pp. 557-629.

692 GAZMURI, Iñigo de la Maza. El secreto está en la técnica: los límites a la claúsula penal. *In*: **Revista Chilena de Derecho Privado**, n. 7, pp. 19-50, dez. 2016.

Com essa premissa fixada, o autor tece uma crítica à norma do Código Civil chileno que, nos contratos comutativos de prestações determinadas, limita a cláusula penal ao dobro do valor da obrigação principal:

> Ahora bien, lo que me interesa sostener respecto de este primer caso es lo siguiente: las limitaciones pueden ser justificables, pero la técnica del Código Civil, en este inciso, no. La razón es la siguiente: cualquiera que sea la justificación que se utilice –justicia conmutativa, justicia redistributiva o eficiencia– no resulta posible articularla a través de una regla como ésta, que impide al juez considerar la posición de las partes, las peculiaridades de la negociación, los beneficios que cada una de ellas espera obtener y otras consideraciones indispensables para considerar – según cuáles sean las justificaciones que se consideren plausibles al interior de una comunidad política– la enormidad de la cláusula penal[693].

Essas considerações, que entendemos aplicáveis ao ordenamento brasileiro, são de enorme clareza e pertinência, reforçando o nosso entendimento de que um regramento genérico de controle do conteúdo da cláusula penal deve ser feito por meio de *standards*, que devem ser observados pelo julgador no exercício de um poder de intervenção *ex post* sobre o conteúdo da cláusula penal. A adoção de regras, com a finalidade de controlar o conteúdo da cláusula penal, deve se restringir às disposições de incidência específica a determinados tipos ou modalidades contratuais, como as que serão expostas mais adiante em subcapítulo dedicado às limitações específicas da cláusula penal.

O autor indica, como possível argumento de defesa pela adoção, para fins de controle do conteúdo da cláusula penal, de uma regra, ao invés de um *standard*, a análise pela ótica econômica, pois a regra da limitação ao dobro do valor da obrigação principal, adotada pela legislação chilena, seria de aplicação mais facilitada e conferiria maior grau e segurança às partes no momento da contratação pois lhes permitiria dominar desde logo a extensão da cláusula penal, afastando qualquer discricionariedade judicial na sua aplicação.

693 GAZMURI, Iñigo de la Maza. El secreto está en la técnica: los límites a la claúsula penal. *In*: **Revista Chilena de Derecho Privado**, n. 7, pp. 19-50, dez. 2016.

O autor refuta o argumento:

> *sólo tiene sentido en un escenario donde la predictibilidad de la aplicación de una regla resulta más importante que su justificación y donde la desconfianza de las personas es más intensa respecto del Poder Judicial que del Legislativo. Empero, una regla que permitiera cualquier cláusula penal poseería los mismos beneficios, por lo tanto, el criterio definitivo no puede estar allí. Más determinante resultan las justificaciones de las limitaciones*[694].

De toda forma, ainda que assim não se entenda, preferindo-se o mecanismo do estabelecimento prévio de um limite geral, o que não nos parece fazer sentido é a consagração de ambos os mecanismos, simultaneamente, pois um deles acabará se tornando inócuo. Com efeito, a limitação *ex ante* e a intervenção *ex post* têm o mesmo fundamento e comungam do mesmo objetivo, inexistindo, em nosso entendimento, qualquer razão para a sua coexistência para o controle genérico do conteúdo da cláusula penal.

De fato, se o sistema adota um parâmetro para previamente fixar um limite da cláusula penal, o mesmo refletirá aquilo que se entende, no ordenamento respectivo, como aceitável de ser estabelecido pelo livre exercício da autonomia negocial. Como as previsões de intervenção *ex post* são sempre condicionadas à verificação de um excesso manifesto, entendemos que aquilo que é considerado como aceitável, ou seja, dentro do limite prévio, não tem como ser ao mesmo tempo qualificado como manifestamente excessivo.

Por outro lado, se há expressa previsão legal de poderes para o juiz e o árbitro adequarem o conteúdo da cláusula — desde que presentes os requisitos adotados pela legislação —, qual o sentido e a utilidade do estabelecimento prévio de um limite? Nessas situações, a existência de uma limitação prévia ou será inócua ou somente servirá para criar dificuldades e inseguranças, conferindo ao devedor a possibilidade de, mesmo sem conseguir provar a presença dos requisitos necessários à intervenção corretiva, defender interpretações capazes de justificar que a penalidade ultrapassou o limite prévio.

[694] GAZMURI, Iñigo de la Maza. El secreto está en la técnica: los límites a la claúsula penal. *In*: **Revista Chilena de Derecho Privado**, n. 7, pp. 19-50, dez. 2016.

Essa situação é citada por Pinto Monteiro, quando aborda a controvérsia que expusemos no capítulo 5 sobre o artigo 811(3) do Código Civil português[695]. No ordenamento luso, uma parcela minoritária da doutrina entende o referido dispositivo como uma limitação genérica da cláusula penal ao valor do efetivo prejuízo. Já no ordenamento brasileiro, em que o parâmetro é valor da obrigação principal, a situação se torna ainda mais factível, pois, como abordaremos mais adiante, há situações em que o prejuízo efetivo pode superar referido parâmetro. Assim, conquanto não consiga obter a redução prevista no artigo 413, pois não haverá qualquer excesso manifesto consoante a natureza e a finalidade do negócio, o devedor poderá sustentar a extrapolação do limite previsto no artigo 412, o que reforça a necessidade de construir uma interpretação dessa norma que afaste tal problema.

A adoção simultânea de um limite *ex ante* e de uma intervenção redutora *ex post* é criticada por Varela, que a qualifica de justiça de funil[696], termo que consideramos bem refletir a situação, pois o afunilamento se dá, primeiro, pelo enquadramento da cláusula dentro de um limite previamente estabelecido, e continua com a sua redução, através dos parâmetros e requisitos previstos para a intervenção *ex post*.

O problema, em nossa concepção, é mais grave do que a caracterização da justiça de funil e se relaciona diretamente com os malefícios do estabelecimento prévio de um limite objetivo. Este limite, como já referimos, pode se revelar inferior aos possíveis danos do descumpri-

695 Como relatado pelo autor, "pode assim acontecer que nos confrontemos com uma pena que não seja 'manifestamente excessiva' — razão por que, ao abrigo do artigo 812º, não será susceptível de ser reduzida, mantendo o credor, por isso, o direito de exigir o seu pagamento na íntegra — mas, em todo o caso, constitua uma indemnização que excede o valor do prejuízo resultante do incumprimento da obrigação principal, o que contraria o disposto no n. 3 do artigo 811º, ficando o credor impedido de exigir o seu pagamento". Monteiro, António Joaquim de Matos Pinto. Artigo 811º, n. 3, do Código Civil: requiem pela cláusula penal indemnizatória? **Revista de Legislação e de Jurisprudência**. n. 3.976, ano 142, set.-out. 2012, pp. 71-72.

696 "Note-se a real incongruência da lei, a que o povo chamaria *justiça de funil*; por um lado, o credor nunca pode exigir uma indemnização de valor superior ao dano efectivamente sofrido com a falta de cumprimento, ainda que credor e devedor tenham convencionado indemnização de valor mais alto (artigo 811º, n. 3); por outro lado, se a cláusula penal for manifestamente excessiva, o devedor pode requerer e obter uma redução dela até um valor situado abaixo do dano que efectivamente causou ao credor". Varela, João de Matos Antunes. **Das obrigações em geral**. v. II. 10. ed. Coimbra: Almedina, 2006, p. 148.

mento, tanto que a cláusula, nas situações em questão, não preencheria os requisitos para ser objeto do controle *ex post*, mas, ainda assim, deixaria em aberto a discussão sobre o desrespeito à limitação legal.

Uma evidência da falta de lógica e da deficiência do acolhimento em simultâneo dos dois mecanismos de controle do conteúdo da cláusula penal é o escasso número de ordenamentos que adotam esse sistema de duplo controle.

Nos ordenamentos da *common law*, como já mencionado, há uma limitação — não objetiva — sem previsão de intervenção redutora, pois, caso se entenda pela violação do limite, a cláusula é integralmente afastada, restando resguardado o direito do credor de provar e reclamar os danos sofridos.

Na vasta maioria dos sistemas de *civil law*, não há qualquer limite genérico previamente estabelecido, sendo prevista a redução por excesso manifesto como mecanismo de controle. No Chile, a redução é prevista apenas para as obrigações de valor indeterminado, as quais não estão sujeitas à limitação pelo dobro do valor da obrigação principal. Por sua vez, no México e na Nicarágua, que, assim como o Brasil, também estabelecem a limitação pelo valor da obrigação principal, não há previsão de redução por excesso, pois o cumprimento parcial é a única hipótese em que se admite a intervenção corretiva.

Assim, ao lado do Brasil está apenas a Bolívia[697]. Não foi encontrado, durante a pesquisa deste trabalho, qualquer outro ordenamento que, simultaneamente, estabeleça previamente uma limitação genérica do valor da cláusula penal e preveja a sua redução judicial por excesso manifesto.

[697] A redução por excesso está prevista no artigo seguinte ao que estabelece a limitação pelo valor da obrigação principal: "ARTÍCULO 535. (DISMINUCIÓN EQUITATIVA DE LA PENA). La pena puede ser equitativamente disminuida por el juez, si se ha cumplido en parte la obligación principal o si la pena fuese manifiestamente excesiva, considerando la persona del deudor, la importancia de las prestaciones y las demás circunstancias del caso".

6.3 A limitação genérica da cláusula penal no ordenamento brasileiro

6.3.1 *O histórico do artigo 412*

A adoção do parâmetro valor da obrigação principal, constante do artigo 412, para limitar *ex ante* o valor da cláusula penal, constitui mecanismo "nitidamente brasileiro"[698]. As demais legislações que o adotam (México, Nicarágua e Bolívia) se inspiraram no artigo 920 do Código Civil de 1916[699].

O artigo 412 do Código Civil reflete literalmente o artigo 920 do Código anterior, estabelecendo uma limitação genérica ao valor da cláusula penal, nos seguintes termos: "O valor da cominação imposta na cláusula penal não pode exceder o da obrigação principal".

Antes de desenvolver a origem do dispositivo e os problemas dele advindos, importa desde logo registrar que, diferentemente do que ocorre com a *penalty rule* nos sistemas de *common law*, a violação dos limites estabelecidos em nosso ordenamento, sejam os específicos, seja o genérico, não afeta a validade da cláusula penal respectiva. Isso porque, a ultrapassagem dos limites estabelecidos não fulmina de nulidade a cláusula penal avençada, mas apenas torna ineficaz a parcela que exceder o teto legalmente estabelecido. A imprecisão terminológica na diferenciação entre invalidade e ineficácia é encontrada na própria legislação, como, por exemplo, no artigo 9º da Lei de Usura, ao indicar que

> não é válida a cláusula penal superior" ao limite ali estabelecido[700]. Existem, claro, situações dissonantes, como o caso em que o STJ precisou estabelecer o percentual da multa, pois o acórdão recorrido, diante da clara ultrapassagem do limite do artigo 412, invalidou por completo a cláusula, ao invés de simplesmente tornar ineficaz o excesso[701]. A ques-

[698] França, Rubens Limongi. **Raízes e dogmática da cláusula penal.** Dissertação para o concurso de professor titular de direito civil da Faculdade de Direito da Universidade de São Paulo (USP). São Paulo: Gráfica, 1987, p. 100.

[699] Talciani, Hernán Corral. La cláusula penal: análisis de derecho comprado com miras a una armonización del derecho privado latino americano in Roma e America. Diritto Romano Comune. **Rivista di Diritto dell' Integrazione e Unificazione del Diritto in Europa e in America Latina** n. 26, 2008.

[700] Decreto n. 22.626, de 7 de abril de 1933.

[701] BRASIL. REsp 1424074/SP, j. 10/11/2015.

tão, no entanto, não suscita maiores debates, havendo consenso na doutrina e também na jurisprudência sobre a preservação da validade da cláusula, até o limite legal, e a ineficácia do excesso[702].

A origem do art. 412 está nas Ordenações Filipinas, que vigoraram no Brasil de 1603 até 1º de janeiro de 1917, quando entrou em vigor o Código Beviláqua[703]. O Título 70 daquele diploma tratava "Das penas convencionaes, e judiciaes, e interesses, em que casos se podem levar". Logo no *caput*, a antiga legislação disciplinava a limitação da cláusula penal, nos seguintes termos:

> As penas convencionaes, que por convença das partes forem postas e declaradas nos contractos, não podem ser móres, nem crescer mais que o principal. E isto não somente haverá lugar, quando o devedor fôr obrigado dar, ou entregar bens de raiz, ou moveis, ou semoventes, assi como scravo, cavalo, ou outra cousa semelhante, mas também quando fôr obrigado a alguma obra, ou feito, que prometesse fazer a tempo certo; porque em tal caso não a fazendo ao tempo, a que se obrigou, deve ser estimada a obra, que houvera de ser feita, e quanto fôr a estimação, tanto poderá crescer a pena, e mais não.
> E em isto não fazemos differença entre a pena, que he posta e prometida por multiplicação de dias, ou mezes, e a que he posta juntamente, porque em todo caso se poderá levar até outro tanto, como o principal, e mais não. E isto, que dito he das penas convencionaes, haverá lugar nas judiciaes, postas por alguns Juízes à algumas partes, ou fiadores em algum caso[704].

[702] Pontes de Miranda, Francisco Cavalcanti. **Tratado de Direito Privado**. t. 26. 2. ed. Rio de Janeiro: Borsoi, 1959, p. 70; Silva, Jorge Cesa Ferreira da. **Inadimplemento das obrigações**: comentários aos arts. 389 a 420 do Código Civil. Biblioteca de Direito Civil: estudos em homenagem ao Professor Miguel Reale São Paulo: RT, 2007, p. 269; Martins-Costa, Judith. **Comentários ao novo Código Civil**: do inadimplemento das obrigações. (coord.) Teixeira, Sálvio de Figueiredo. v. 5. t. 2. Rio de Janeiro: Forense, 2003, p. 668.

[703] Diante da longa vigência das Ordenações Filipinas, Limongi França afirma que "nenhum outro diploma, na história do Direito Brasileiro, tem o significado do Código Filipino". França, Rubens Limongi. **Raízes e dogmática da cláusula penal**. Dissertação para o concurso de professor titular de direito civil da Faculdade de Direito da Universidade de São Paulo (USP). São Paulo: Gráfica, 1987, p.70.

[704] Disponível em: https://www2.senado.leg.br/bdsf/item/id/242733. Acesso em: 13 jan. 2020.

A disposição expressa a forte influência do direito canônico, em especial do combate à usura, que o caracterizava[705]. Para subsidiar a interpretação que proporemos mais adiante, interessante atentar, desde logo, para as referências constantes do dispositivo no sentido de estabelecer que a cláusula penal não pode ser maior "nem crescer mais que o principal", e que "em isto não fazemos differença entre a pena, que he posta e prometida por multiplicação de dias, ou mezes, e a que he posta juntamente". A concepção original da limitação, portanto, era clara em abranger também as cláusulas cumulativas.

Nas Ordenações Filipinas, importante mencionar, não havia qualquer previsão de redução da cláusula penal. Assim, em sua origem no direito brasileiro, a limitação pelo valor da obrigação principal representava o único mecanismo de controle sobre o conteúdo da cláusula penal.

O Digesto portuguez, elaborado por Corrêa Telles[706], previa no artigo 341 que "se a pena pecuniária do contrato excede o valor da obrigação, é nullo o excesso". Esse trabalho, deve-se esclarecer, contemplou pela primeira vez a redução da cláusula penal, mas apenas em caso de cumprimento parcial[707].

Na história legislativa brasileira, convém referir o Decreto n. 737, de 25 de novembro de 1850, também denominado Regulamento 737, que

[705] Monteiro, António Joaquim de Matos Pinto. **Cláusula penal e indemnização**. Coimbra: Almedina, 1990, p. 409.

[706] "Corrêa Telles, jurisconsulto e político português, foi Deputado às Cortes constituintes de 1821, onde se tornou notável por suas opiniões moderadas, tendo sido reeleito por diversas vezes. Seu Digesto Portuguez — concebido para servir de subsídio ao primeiro código civil português que surgiria apenas em 1867 — apresenta uma visão homogênea do Direito português, ainda que tenha invocado códigos estrangeiros, como o Código Napoleônico. A primeira edição, portuguesa, é de 1835" (Disponível em: https://www2.senado.leg.br/bdsf/item/id/242854. Acesso em: 13 jan. 2020). A referência ao Digesto portuguez é pertinente, pois, como lembra Limongi França, exerceu o autor, "mesmo depois da Independência, grande autoridade no Brasil, a ponto de, além da Doutrina, terem influído na formação das nossas próprias leis". Durante a elaboração do Código Civil brasileiro, como também lembra Limongi França. "Eusébio de Queiroz sugeriu se adotasse entre nós, como ordenamento civil, a obra do grande autor luso, o que não foi aprovado em parecer do Instituto dos Advogados". França, Rubens Limongi. **Raízes e dogmática da cláusula penal**. Dissertação para o concurso de professor titular de direito civil da Faculdade de Direito da Universidade de São Paulo (USP). São Paulo: Gráfica, 1987, p. 73.

[707] Era o que propunha o artigo 342, nos seguintes termos: "O Juiz com parecer de Louvados póde modificar a pena convencional, se o devedor tiver cumprido em parte a obrigação".

estabeleceu normas processuais para dar aplicabilidade às disposições materiais do Código Comercial editado no mesmo ano. Ao dispor sobre o juízo arbitral, o regulamento contemplava uma limitação para as cláusulas penais estabelecidas em desfavor de quem "recorrer da decisão arbitral, ou que dolosamente embaraçar que esta se dê no prazo marcado". Nos termos do artigo 431 do referido diploma, "a pena convencional não poderá ser maior do que o valor da demanda". Tratava-se, portanto, de limitação específica das cláusulas penais fixadas para o descumprimento da obrigação de não recorrer ou não embaraçar a decisão arbitral. O parâmetro era o valor da demanda, o que guarda semelhança, mas não identidade, com o conceito de obrigação principal. De toda forma, a única limitação genérica vigente permanecia sendo o Título 70 das Ordenações Filipinas.

Iniciados os trabalhos preparativos do primeiro Código Civil brasileiro, a disposição passou por diversas idas e vindas. Inicialmente, a Consolidação das leis civis manteve a limitação pelo valor da obrigação principal, prevendo, no artigo 341, que "as penas convencionaes são permitidas, mas não podem exceder o valor da obrigação principal"[708]. Nesse particular, o trabalho de Teixeira de Freitas não contemplou qualquer possibilidade de redução da cláusula penal, nem mesmo em caso de cumprimento parcial.

Na sequência dos trabalhos preparatórios do futuro Código Civil de 1916 o tratamento da questão foi alterado no projeto de Felício dos Santos, que merece destaque, para os fins da presente tese[709]. Esse projeto, "marcado pelo liberalismo dominante"[710], não contemplou qualquer

[708] Disponível em: https://www2.senado.leg.br/bdsf/item/id/496206. Acesso em: 13 jan. 2020. Como narrado por Limongi França, "Rechaçada a ideia de adotarmos como Código o Digesto portuguez de Corrêa Telles, optou-se por um trabalho preliminar à sua confecção. Dsso resultou a 'Consolidação', publicada em 1858, com 1.333 artigos". FRANÇA, Rubens Limongi. **Raízes e dogmática da cláusula penal**. Dissertação para o concurso de professor titular de direito civil da Faculdade de Direito da Universidade de São Paulo (USP). São Paulo: Gráfica, 1987, p. 77.

[709] Projecto do Código Civil da Republica dos Estados Unidos do Brasil. Ano de publicação: 1891. Disponível em: https://www2.senado.leg.br/bdsf/handle/id/242342. Acesso em: 13 jan. 2020.

[710] FRANÇA, Rubens Limongi. **Raízes e dogmática da cláusula penal**. Dissertação para o concurso de professor titular de direito civil da Faculdade de Direito da Universidade de São Paulo (USP). São Paulo: Gráfica, 1987, p. 82.

limitação do valor da cláusula penal, deixando, assim, ampla liberdade de estipulação aos contratantes. Nesse particular, a explicação apresentada pelo autor do projeto para rejeitar a limitação originada nas Ordenações Filipinas revela de forma clara e concisa os problemas que estamos buscando enfrentar no presente trabalho:

> A cláusula penal é uma convenção como qualquer outra; deve regular a vontade das partes com a mais ampla liberdade. Logo que um acto não ofenda os interesses de ordem publica, não intervirá o legislador como tutor dos contratantes.
> Contrato a empreitada por 100, e estipulamos que se a obra não estiver prompta em certo tempo, o empreiteiro pagará 200. É valido o contrato embora a pena convencional exceda o principal. A Ordenação manda reduzir a pena até 100 somente.
> Ninguém conhece mais seus interesses que as próprias partes contratantes; um contrato licito não deve ser anulado senão por vício de consentimento. A obra, que contratarei para certo dia, ser-me-há, talvez, de grande vantagem, poderia lucrar mais de 200, e foi a razão pela qual estipulei a pena convencional superior ao seu custo. No commercio verificão-se todos os dias casos de necessidade de obras insignificantes, mas que devem impreterivelmente estar promptas em dia determinado; passado o dia, tornão-se inúteis com prejuízo do proprietário.

Em 1899, com a Nova Consolidação das Leis Civis, de responsabilidade de Carlos de Carvalho, a questão teve sua primeira reviravolta, diante do artigo 246, que preconizava: "A cláusula penal ou pena convencional não poderá exceder o valor da obrigação principal, ou seja, esta de dar ou de fazer"[711].

No projeto final de Beviláqua, nova reviravolta na matéria, pois além de não contemplar qualquer limitação da cláusula penal, o texto previa no artigo 1.073 que "o devedor não póde eximir-se de cumpri-la, sob o fundamento de que é excessiva".

Foi então que, na Comissão Revisora do Projeto de Código Civil, conhecida como Comissão dos Cinco[712], sobreveio nova mudança, com

[711] Disponível em: https://www2.senado.leg.br/bdsf/handle/id/227295. Acesso em: 13 jan. 2020.

[712] Comissão formada por Lacerda de Almeida, Olegário Hereculano de Aquino e Castro, Joaquim da Costa Barradas, Amphilophio Botelho Freire de Carvalho, e João Evangelista Sayão de Bulhões Carvalho.

o retorno da limitação, desta vez de forma alternativa entre o valor da obrigação principal e o dos danos efetivos. Foi o que ocorreu com a inserção do parágrafo único do artigo 1.066 prevendo que "a cláusula penal não deve exceder o valor da obrigação principal ou das perdas e damnos resultantes da inexecução". Este foi o texto constante do Projeto Final elaborado pela Câmara e enviado ao Senado.

O texto da limitação, bem como de outras disposições relativas à cláusula penal, teve a redação aprimorada pelo parecer de Rui Barbosa na revisão pelo Senado. Foi substituída a expressão "a cláusula penal não deve exceder" pela redação vigente até hoje, "o valor da cominação imposta na cláusula penal". Essa alteração, que *prima facie* parece apenas refletir um aperfeiçoamento da redação, sem maiores reflexos de conteúdo, tem relevo para a interpretação que pretendemos propor mais adiante sobre o alcance do atual artigo 412.

Após a revisão de Rui Barbosa, e os longos debates pelos quais o texto do Código Civil de 1916 ainda atravessou,

> como se vê na edição de emendas do Senado ao Projecto da Câmara e pareceres desta sobre as emendas do senado, datados de 1913, e se depreende do seu cotejo com as edições oficiais do Código, de 1916 e 1919, em nada mais se tocou do Projeto Final da Câmara, podendo dizer-se que, quanto à cláusula penal, o texto que entrou em vigor foi o do mencionado 'Projeto Final, com as correções de vernáculo, do Senador Rui Barbosa[713].

Desta forma, promulgado o Código Civil de 1916, o sistema da cláusula penal no Brasil, como referido em doutrina, tinha três pontos fundamentais: "máximo pelo principal; — redução proporcional à execução por partes; — repulsa às alegações de excesso ou de falta de prejuízo"[714].

O controle do conteúdo da cláusula penal por meio da limitação *ex ante* ao valor da obrigação principal, disposto pelo artigo 920, foi objeto de muitas críticas pela doutrina nacional. Clóvis Beviláqua, que a tinha

[713] FRANÇA, Rubens Limongi. **Raízes e dogmática da cláusula penal**. Dissertação para o concurso de professor titular de direito civil da Faculdade de Direito da Universidade de São Paulo (USP). São Paulo: Gráfica, 1987, p. 93.

[714] AZEVEDO, José Philadelpho de Barros e. Da cláusula penal. **Revista de Direito Civil Contemporâneo**, v. 13, pp. 469- 482, out.-dez. 2017.

excluído em seu Projeto Final, criticava a limitação, pois a considerava "uma restricção á liberdade das convenções, que mais perturba do que tutela os legitimos interesses individuaes". Na opinião do autor do projeto do Código, o controle da cláusula penal era feito de forma mais adequada pelas legislações estrangeiras que previam a possibilidade de redução do excesso, sem, entretanto, estabelecer um teto fixo para a cláusula penal[715].

Limongi França ressaltava que o preceito "não é elemento estrutural do instituto"[716]. Já Carvalho de Mendonça não encontrava

> razão plausível para essa fixação positiva no direito moderno. Sua origem histórica era o antigo ódio à usura, hoje recalcado para o domínio exclusivo da moral. O direito atual não se enquadra bem com a excessiva tutela do indivíduo, máxime em matéria de pura convenção de partes em que cada qual deve medir bem o alcance dos compromissos que assume[717].

[715] Nas palavras do autor do projeto do Código Civil de promulgado em 1916, "O limite imposto á pena por este artigo não se justifica. Nasceu da prevenção contra a usura, e é uma restricção á liberdade das convenções, que mais perturba do que tutela os legitimos interesses individuaes. A melhor doutrina, neste assumpto, é de plena liberdade seguida pelo Codigo Civil italiano, pelo portuguez e pelo venezuelano. O allemão, o suisso e o peruano, 1.227, permittem a reducção da pena, quando excessiva; mas não a reduzem a uma taxa fixa. Sob o ponto de vista social e equitativo, é uma excellente solução, e comprehende-se que Saleilles, com os traductores do Comité de legislação estrangeira em França, considere a disposição do artigo 343 do Codigo Civil allemão uma das mais inmportantes desse corpo de leis. Mas deveria ser completada por um remedio, que impedisse o arbitrio do juiz, que não tem aqui os mesmos pontos de fixação que offerece o artigo 924: a proporção entre a parte cumprida da obrigação e a não executada. Além disso, a inexecução parcial, sempre será menos damnosa aos interesses do credor do que a total (BEVILAQUA, Clovis. **Código Civil dos Estados Unidos do Brasil Commentado.** 3. ed. v. 4. São Paulo: Livraria Francisco Alves, 1943, p. 69).

[716] Com esclarecia o autor, "A limitação é sem dúvida um elemento particular acidental da cláusula penal no sentido de que não só muitas legislações não a preveem, como ainda pelo fato de que o próprio projeto Beviláqua não a determinava no texto primitivo, tendo sido introduzida pela Comissão do Cinco. Assim, o preceito do artigo 920, segundo o qual 'o valor da cominação imposta na cláusula penal não pode exceder o da obrigação principal', a despeito de deitar raízes nas Ordenações de D. Felipe, não é elemento estrutural do instituto". FRANÇA, Rubens Limongi. **Raízes e dogmática da cláusula penal.** Dissertação para o concurso de professor titular de direito civil da Faculdade de Direito da Universidade de São Paulo (USP). São Paulo: Gráfica, 1987, p. 180.

[717] MENDONÇA, Manuel Inácio Carvalho de. **Doutrina e prática das obrigações ou tratado geral dos direitos de crédito.** t. 2. 4. ed. Rio de Janeiro: Forense, 1956, p. 379.

Carvalho Santos ecoava as críticas ao dispositivo por entender existir manifesta antinomia entre ele e o artigo 927, segundo o qual o devedor não poderia se eximir do pagamento da cláusula penal por considerá-la excessiva. No seu modo de ver, "o Código incidiu, assim, em uma evidente incoerência sancionando, ao mesmo tempo, as duas doutrinas opostas e absolutamente inconciliáveis"[718]. Para o autor, diante do artigo 927, a limitação do artigo 920 tornava-se "letra morta no texto do Código", pois aquele era o preceito a prevalecer. Lembrando que o texto não reconheceu o instituto da lesão, ressaltava o autor que o espírito do Código de 1916 foi o da "mais completa liberdade à manifestação de vontade", deixando-se às partes "ampla liberdade de convencionarem o preço da coisa nos seus contratos comutativos ou os juros do capital, nas convenções; de empréstimo de dinheiro". Nesse particular, pontua o doutrinador:

> Ora, a cláusula penal não mais do que a estipulação do preço em que as partes estimarem a prestação principal, prevendo a hipótese de seu inadimplemento pelo devedor.
> No caso de lesão, o preço que se estipulava era dado à coisa, que fazia objeto do contrato; na hipótese da cláusula penal, tal preço é dado à prestação sôbre quê recai a convenção das partes.

[718] No entendimento do autor, os dois dispositivos eram flagrantemente inconciliáveis: "Efetivamente, se, de acôrdo com êste último dispositivo, o valor da cominação imposta na cláusula penal não pode exceder o da obrigação principal, segue-se, lògicamente, que, tôdas as vêzes que êsse excesso se verificar, o devedor poderá à semelhança do que prescrevem os Códigos austríaco, suíço e alemão, alegar e provar essa circunstância, para se eximir à satisfação da pena desproporcional. Se, entretanto, o devedor, como determina o artigo 927, não pode eximir-se de cumprir a pena, a pretexto de ser esta excessiva, conclui-se, também lógicamente, que a pena poderá ter qualquer valor, mesmo superior ao da obrigação principal. A aplicação de um dêstes preceitos excluirá, assim, a aplicação de outro. Um cerceia a liberdade das partes na estipulação da pena, dando a esta por limite o valor da prestação que ela reforça. Outro deixa ao arbítrio das partes a fixação do valor da pena, o qual não poderá nunca ser impugnado pelo devedor, sob o pretexto de ser excessivo. Chocam-se, dêste modo, êles, flagrantemente, no texto do Código, que, com a sua consagração simultânea, pretende conciliar duas idéias antagônicas e harmonizar, dentro do seu sistema legislativo, o sim e o não, o essere et non essere. Não podemos, realmente, compreender como não poderá o valor da pena exceder o valor da obrigação principal, se, ao mesmo tempo, não fôr facultado ao devedor impugná-la, sob o fundamento de ser excessiva". SANTOS, J. M. de Carvalho. **Código Civil brasileiro interpretado, principalmente do ponto de vista prático**. 13. ed. v. XI. Rio de Janeiro: Freitas Bastos S.A, 1986, pp. 430, 435, 437, 438.

> Não há, pois, razão para se deixar de aplicar à cláusula penal o mesmo dispositivo que o Código consagrou com relação aos contratos comutativos, em geral, os quais não podem ser mais anulados sob o fundamento de lesão.
>
> Às partes deve ser livre fixar o preço que lhes convier tanto às coisas como às prestações, sôbre quê recai a convenção das partes[719].

O autor, analisando a tramitação do dispositivo, concluía:

> Bastava conhecermos, dêste modo, o histórico da disposição para nos convencermos, pois, de que a doutrina em que verdadeiramente se inspirou o Código, é a que consagra a liberdade das convenções particulares, tanto no que concerne à estipulação do preço, em geral, nos contratos comutativos, como na fixação do valor da pena convencional, para o caso da inexecução da prestação principal, nas obrigações contratuais, não passando a disposição contrária de um enxêrto mal lembrado pela comissão dos cinco, que, por mero apêgo à tradição e sem nenhum espírito crítico, fêz intercalar no projeto o dispositivo malsinado, que foi, depois, conservado, sem discussão, e sem exame, nas duas casas do Congresso Nacional, durante todo o trabalho de elaboração do Código[720].

Concordamos com o autor sobre a falta de análise crítica quanto à inserção do dispositivo, e sobre a ausência de debate sobre a sua compatibilização com o artigo 927. Na pesquisa que fizemos sobre a elaboração do Código de 1916, a única análise mais detida que encontramos sobre a limitação pelo valor da obrigação principal foi a exposta acima, de Felício dos Santos, que, com sólidos fundamentos, defendeu sua exclusão.

No entanto, é preciso ter em mente que, no período de vigência do Código Civil de 1916, não havia no direito brasileiro qualquer dispositivo legal que possibilitasse a redução da cláusula penal em razão do

[719] Santos, J. M. de Carvalho. **Código Civil brasileiro interpretado, principalmente do ponto de vista prático**. 13. ed. v. XI. Rio de Janeiro: Freitas Bastos S.A, 1986, pp. 430, 435, 437, 438.

[720] Santos, J. M. de Carvalho. **Código Civil brasileiro interpretado, principalmente do ponto de vista prático**. 13. ed. v. XI. Rio de Janeiro: Freitas Bastos S.A, 1986, pp. 430, 435, 437, 438.

excesso do valor fixado, pois a intervenção prevista no antigo artigo 924 era restrita aos casos de cumprimento parcial da obrigação. Ao contrário, o antigo artigo 927 era expresso ao estabelecer que "o devedor não pode eximir-se de cumpri-la, a pretexto de ser excessiva".

É nesse sentido o raciocínio de Tito Fulgêncio:

> O nosso legislador aproximou-se das tendências novas manifestadas pela disposição do artigo 343 do Cód. Civil alemão, inspirou-se no mesmo sentimento de equidade que a escuda, mas aperfeiçoou o mecanismo[721]. No entendimento desse autor, o sistema alemão, ao permitir a intervenção corretiva do valor da cláusula penal, deixava um "largo arbítrio" ao julgador. Assim, defendia que, ao editar o Código Civil de 1916, obedeceu o legislador aos impulsos da equidade, mas não perdeu de vista o princípio da liberdade das convenções, atendeu-o na medida daquela, fazendo-o respeitar até o limite do valor da obrigação principal, só impediu o excesso, cortando ao juiz o arbítrio de apreciação que lhe deixou o Código alemão sobre o conveniente[722].

Conforme explicava Carvalho Santos, enfático nas críticas ao dispositivo, "O que a lei não tolera é o excesso, mas teve o cuidado de esclarecer o que considera excesso, para que o juiz não tenha um arbítrio tal capaz de invalidar a convenção, preponderante sôbre a vontade das partes"[723]. Em outras palavras, lecionava Nonato:

> o sistema do Código Civil brasileiro é o da irredutibilidade da pena, não porém, o da irrestringida liberdade de sua estipulação: não pode o valor da pena exceder o da obrigação principal e, se isso ocorre, o juiz ainda de seu ofício, decota a exorbitância (artigo 920)[724].

[721] Fulgêncio, Tito. **Do direito das obrigações**: das modalidades das obrigações (artigos 863-927). Rio de Janeiro: Companhia Forense, 1958, p. 430.

[722] Fulgêncio, Tito. **Do direito das obrigações**: das modalidades das obrigações (artigos 863-927). Rio de Janeiro: Companhia Forense, 1958, p. 430.

[723] Santos, J. M. de Carvalho. **Código Civil brasileiro interpretado, principalmente do ponto de vista prático**. 13. ed. v. XI. Rio de Janeiro: Freitas Bastos S.A, 1986, pp. 361-362.

[724] Nonato, Orosimbo. **Curso de obrigações** (generalidades-espécies). v. II. Rio de Janeiro: Forense, 1959, p. 326.

Nesse contexto, a despeito das críticas que já naquela época eram lançadas sobre o estabelecimento de um teto fixo para as cláusulas penais, além das preferências pelo sistema vigente em outros ordenamentos que permitem reduzir o excesso sem prévia limitação fixa, a realidade é que, diante da ausência de previsão legal sobre a redução das cláusulas de valor excessivo, a limitação estabelecida pelo artigo 920 compunha um sistema harmônico que se equilibrava entre a liberdade de contratar e a necessidade de controle sobre o conteúdo da cláusula penal.

Se, por um lado, o excesso no valor fixado não podia ser objeto de correção judicial, esse excesso, por outro lado, estava sujeito a um teto legal, de força cogente. Permitiam-se, assim, cláusulas de valores excessivos, mas até um determinado limite. Apesar de constatarmos uma série de inconvenientes na limitação *ex ante* e, como abordaremos a seguir, entendermos o conceito de valor da obrigação principal como um parâmetro inadequado para tal limitação, não podemos deixar de reconhecer que, diante da ausência de previsão de intervenção *ex post*, o artigo 920 do Código Civil de 1916 era justificável.

O problema é que o atual Código, alinhado com os princípios e diretrizes que o nortearam, previu expressamente no artigo 413 a possibilidade de redução do excesso, mas, ao mesmo tempo, manteve a limitação fixa ao valor da obrigação principal, nos termos do artigo 412.

Analisando a questão durante o longo período de elaboração do Código atual, Barros Monteiro narra:

> o velho anteprojeto de Código Brasileiro das Obrigações não estabeleceu limite algum para a pena, tendo em vista que ao juiz seria lícito, em qualquer caso, reduzir a cláusula penal excessiva (artigo 351). Vingou assim, no referido anteprojeto, a mesma ideia de equilíbrio preconizada outrora por Amaro Cavalcanti. Aliás, esse o sistema abraçado pelos Códigos Alemão e Suíço, que permitem a redução da multa, quando excessiva, sem reduzi-la, no entanto, a taxa fixa. Clóvis reputa excelente essa solução (João Franzen de Lima, Curso de Direito Civil, Direito das Obrigações, 1/98). O anteprojeto do prof. Caio Mário da Silva Pereira foi omisso a respeito, mas o projeto da Comissão Revisora se mostrou explícito: o valor da cominação estabelecido na cláusula penal não pode exceder o da obrigação principal (artigo 151, parágrafo único). No mesmo

sentido o anteprojeto do Prof. Miguel Reale (artigo 407), que se transformou no artigo 412 do Código Civil de 2002[725].

Nas reflexões sobre a elaboração do Código atual, são extensas as considerações sobre os novos princípios contratuais, sobre a diretriz da eticidade, e sobre a técnica das cláusulas gerais. Em outras palavras, há farta fundamentação para a inclusão do *standard* estabelecido pelo artigo 413, o qual, pela primeira vez em nosso ordenamento, conferiu poderes ao julgador para corrigir *ex post* as cláusulas excessivas. No entanto, não há material que justifique a manutenção da limitação pelo valor da obrigação principal, estabelecida pelo artigo 412, nem que explique os motivos para a consagração em simultâneo dos dois mecanismos de controle do conteúdo da cláusula penal.

Concordamos, assim, em relação à limitação pelo valor da obrigação principal, com a afirmação de que sua "manutenção é fruto da pura força da inércia. Uma vez que estava, ficou"[726]. Como alerta Caio Mário,

> O novo Código mantém um princípio que no regime de 1916 já não tinha justificativa. E, na sistemática do atual, menos cabimento traz. [...] a disposição do artigo 412 do Código Civil de 2002 é inócua, tendo em vista que o seguinte permite a redução equitativa pelo juiz, e o artigo 416 admite seja estipulada indenização suplementar[727].

O problema, em nossa opinião, é mais grave do que a simples inocuidade do dispositivo decorrente do *standard* de redução estabelecido pelo artigo seguinte. Ao lado da desnecessidade do disposto, já que eventuais excessos podem ser corrigidos pelo artigo 413, está o problema de que o limite consagrado pelo artigo 412, caso não interpretado adequadamente, poderá servir de subterfúgio lançado pelos devedores quando a

[725] MONTEIRO, Washington de Barros. **Curso de direito civil** — direito das obrigações, 1ª parte: das modalidades, das obrigações, dos efeitos das obrigações, do inadimplemento das obrigações. v. 4. 32. ed. atual. por Carlos Alberto Dabus Maluf. São Paulo: Saraiva, 2003, p. 343.

[726] NANNI, Giovanni Ettore. **Comentários ao Código Civil**: direito privado contemporâneo. Alexandre Dartanhan de Mello Guerra *et al.* (coord.) NANNI, Giovanni Ettore. São Paulo: Saraiva Educação, 2018, p. 676.

[727] PEREIRA, Caio Mário da Silva. **Instituição de direito civil**. v. 2. Atual. Guilherme Calmon Nogueira da Gama (coord.) 29. ed. Rio de Janeiro: Forense, 2017, p. 153.

penalidade não atender aos requisitos estabelecidos pelo artigo 413, mas possa ser interpretada como de valor superior ao da obrigação principal.

Rosenvald entende que "a referida norma, certamente atada ao ideário liberal da incoercibilidade das obrigações, empobrece o modelo da cláusula penal, reduzindo-a a mera cláusula de prefixação de danos e esvaziando completamente a sua essência coercitiva"[728]. Para que estas preocupações não se consumem, imperioso estabelecer uma interpretação do artigo 412 que dê algum sentido ao dispositivo, sem esvaziar a figura da cláusula penal, nem engessar o giro negocial.

Cabe ressalvar, entretanto, a doutrina que, mesmo após a vigência do atual Código e do standard de redução nele consagrado, defende o artigo 412. É o caso das considerações de Barros Monteiro, expostas nos seguintes termos:

> Cumpre, todavia, vislumbrar no preceito, antes de tudo, legítima limitação aos pendores individualistas, que só têm olhos para os próprios interesses, sem a menor consideração pela outra parte, a cuja fragilidade se mostra impermeável e surda. Nosso direito positivo, em tal matéria, segue de perto moderna tendência social do direito. Semelhante assistência, como bem adverte RIPERT, não é piedade, mas justiça. Aquele que se mostra fraco, ainda que por culpa própria, tem direito de ser protegido. Filiou-se, assim, o Código aos sistemas jurídicos que limitam a extensão da cláusula penal. Colocou-se, portanto, em antagonismo ao legislador gaulês, que optou pela liberdade sem controle, sendo lícito às partes fixá-la com a maior amplitude, ainda que a taxa respectiva seja verdadeiramente *in terrorem*. A legislação alemã, por sua vez, em tal assunto, apresenta singularidade, que mereceu censura de POLACCO. Ela distingue a matéria civil da comercial; naquela há limite, nesta, não. Nosso Código Civil de 2002, porém, repita-se, num dispositivo prudente e que se aplica tanto às obrigações civis como às mercantis, põe freio ao individualismo das partes: o valor da multa não pode exceder o da obrigação principal[729].

[728] ROSENVALD, Nelson. **Cláusula penal**: a pena privada nas relações negociais. Rio de Janeiro: Lumen Juris, 2007, p. 300.

[729] MONTEIRO, Washington de Barros. **Curso de direito civil** — direito das obrigações, 1ª parte: das modalidades, das obrigações, dos efeitos das obrigações, do inadimplemento das

No mesmo sentido, é o entendimento de Farias: "o caráter de equidade e justiça social presente na regra, eis que permite maior equilíbrio no tratamento da questão, evitando que o devedor seja compelido a pagar altos valores, importando em enriquecimento sem causa do credor"[730].

Os elogios encontrados ao artigo 412 são desacompanhados de qualquer consideração sobre o que justifica a sua positivação em simultâneo à redução prevista pelo artigo 413. A necessidade de controle sobre o conteúdo da cláusula penal, reforçada pelos valores vigentes no direito dos contratos, não está em discussão. A reflexão que entendemos necessária é sobre a melhor forma de exercer esse controle, além da interpretação adequada para o parâmetro adotado em simultâneo a um *standard* de redução.

Se o ordenamento prevê expressamente, de forma imperativa, a redução da cláusula penal que se revelar excessiva, não há motivo algum para se estabelecer um limite prévio e absoluto. A limitação se revela desnecessária, na medida em que confere ao devedor argumentos para se esquivar de uma cláusula penal à revelia dos requisitos legais para redução equitativa previstos no artigo 413. Perfilhamos, assim, as seguintes críticas de Nader a respeito do artigo 412 do Código Civil:

> Realmente, razão não existe para a limitação imposta, uma vez que ao juiz é permitida a diminuição do valor, quando este se mostra desproporcional às características do ato negocial. Enquanto o mecanismo de redução favorece à eticidade, que é um dos três pilares do Código Civil de 2002, o limite imposto pelo artigo 412 é empecilho à justiça do caso concreto. Absolutamente injustificável a permanência da regra limitadora em nosso ordenamento. O objetivo que teve em mira — o combate à usura — já é alcançado pelo mecanismo da redução[731].

obrigações. v. 4. 32. ed. atual. por Carlos Alberto Dabus Maluf. São Paulo: Saraiva, 2003, p. 343.

[730] FARIAS, Cristiano Chaves de. Miradas sobre a cláusula penal no direito contemporâneo (à luz do direito civil-constitucional, do novo Código Civil e do Código de Defesa do Consumidor). *In*: (coord.) RHEHARDT JUNIOR, Marcos Hehardt; BARROS, Daniel Conde. **Temas de direito civil contemporâneo**. Estudos sobre o direito das obrigações e contratos, em homenagem ao Professor Paulo Luiz Netto Lôbo. Salvador: JusPodivm, 2009, p. 148.

[731] NADER, Paulo. **Curso de direito civil**: obrigações. v. 2. 3. ed. Rio de Janeiro: Forense, 2008, pp. 446-447.

Pretendemos, com o presente trabalho, propor uma interpretação para o artigo 412 que possa lhe conferir sentido e utilidade, garantindo o necessário controle sobre o conteúdo da cláusula penal, sem privar o instituto das funções que lhe são inerentes, nem criar inseguranças e entraves à prática contratual. Antes de apresentar tal proposição, faz-se necessário expor os contornos e as deficiências do parâmetro adotado pelo referido dispositivo.

6.3.2 *As vicissitudes do parâmetro valor da obrigação principal*

A verificação objetiva em concreto do parâmetro "valor da obrigação principal" é simplificada quando a cláusula penal é fixada em dinheiro para o descumprimento de obrigação pecuniária, pois "não há tropeços quando se comparam quantidades homogêneas"[732]. Além disso, nos contratos em que a obrigação principal é adimplida de forma diferida o parâmetro acompanha a redução do montante[733].

O primeiro problema advindo do parâmetro adotado pela legislação brasileira decorre da circunstância já referida neste trabalho no sentido de que "uma das funções mais prestantes da cláusula penal é assentar a indenizabilidade de danos no caso de não ser pecuniária ou ser de difícil avaliação a prestação prometida"[734]. De fato, são vastos os casos em que a cláusula é fixada para o descumprimento de uma obrigação cujo valor pecuniário é indeterminado e de difícil avaliação, tendo sido esse um

[732] MONTEIRO, Washington de Barros. **Curso de direito civil** — direito das obrigações, 1ª parte: das modalidades, das obrigações, dos efeitos das obrigações, do inadimplemento das obrigações. v. 4. 32. ed. atual. por Carlos Alberto Dabus Maluf. São Paulo: Saraiva, 2003, p. 346.

[733] "Entendendo-se o valor da obrigação principal o que falta para pagar, nunca é ela igualada ao valor do contrato. É o entendimento justo. A importância da convenção, à medida que vai se solvendo o pagamento, ela se reduz, segundo inteligência mais coerente, sob pena de o summum jus transformar-se em summa injuria". RIZZARDO, Arnaldo. **Da ineficácia dos atos jurídicos e da lesão no direito**. Rio de Janeiro: Forense, 1983, p. 182.

[734] PONTES DE MIRANDA, Francisco Cavalcanti. **Tratado de Direito Privado**. t. 24. 2. ed. Rio de Janeiro: Borsoi, 1959, p. 59. No mesmo sentido, Santos afirmava: "a cláusula penal, em verdade, é também um meio de tornar possível a avaliação econômica de interêsses não patrimoniais por sua própria natureza." SANTOS, J. M. de Carvalho. **Código Civil brasileiro interpretado, principalmente do ponto de vista prático**. 13. ed. v. XI. Rio de Janeiro: Freitas Bastos S.A, 1986, p. 377.

dos motivos para a pactuação da cláusula penal. A avaliação da obrigação é complexa e justamente para evitá-la, contrata-se a cláusula penal.

Portanto, em diversas situações, verifica-se que a regra estabelecida pelo artigo 412 estabelece um conceito de difícil apuração. De fato, "a dificuldade de se aplicar essa regra se dá quando a obrigação não é uma prestação em dinheiro e sim uma obrigação de outra natureza, como de dar, fazer, ou não fazer"[735]. Essa circunstância é apontada por diversos doutrinadores que se debruçaram sobe o tema[736].

Há que se considerar, ainda, as situações em que a própria cláusula penal não constitui uma obrigação pecuniária, de modo que, como se não bastassem os percalços na identificação do valor da obrigação principal, a dificuldade de comparação pode ocorrer, também, no sentido inverso[737].

[735] Florence, Tatiana Magalhães. Aspectos pontuais da cláusula penal. *In*: (org.) Tepedino, Gustavo. **Obrigações**: estudos na perspectiva civil-constitucional. Rio de Janeiro: Renovar, 2005, p. 525.

[736] Nonato, Orosimbo. **Curso de obrigações** (generalidades-espécies). v. II. Rio de Janeiro: Forense, 1959, p. 322; Nanni, Giovanni Ettore. **Comentários ao Código Civil**: direito privado contemporâneo. Alexandre Dartanhan de Mello Guerra *et al.* (coord.) Nanni, Giovanni Ettore. São Paulo: Saraiva Educação, 2018, p. 676. Gustavo Tepedino e Anderson Schreiber ressaltam, com exemplos, que "o cálculo do valor da obrigação principal nem sempre é fácil. Se, por um lado, há negócios como a compra e venda de bem imóvel em que se identificará no preço estabelecido o valor da obrigação principal, o mesmo não se pode dizer de um contrato de locação ou de abertura de linha de crédito, em que a obrigação é de restituir, não tendo por isso mesmo o mesmo valor do bem ou montante entregue. Há ainda a questão dos contratos gratuitos, como o comodato, nos quais nada impediria, a princípio, a fixação de uma cláusula penal para o caso de descumprimento da obrigação de devolver o bem, e onde a identificação do valor da obrigação principal também despertaria algumas perplexidades. Tepedino, Gustavo; Schreiber, Anderson. **Código Civil Comentado**: direito das obrigações. v. 4. (coord.) Azevedo, Álvaro Villaça. São Paulo: Atlas, 2008, p. 397.

[737] Santos entendia que "a maior dificuldade na aplicação do dispositivo que comentamos surge quando a cláusula penal, em vez objetivar-se numa prestação em dinheiro, estipula uma prestação de outra natureza, como seja dar, fazer ou não fazer uma coisa". Santos, J. M. de Carvalho. **Código Civil brasileiro interpretado, principalmente do ponto de vista prático**. 13. ed. v. XI. Rio de Janeiro: Freitas Bastos S.A, 1986, pp. 430, 435, 437, 438. Da mesma forma alerta Nanni que "a dificuldade que daí deflui reside na definição do montante da cláusula penal quando consiste em prestação diversa de dinheiro, como obrigação de dar, fazer ou não fazer". Nanni, Giovanni Ettore. **Comentários ao Código Civil**: direito privado contemporâneo. Alexandre Dartanhan de Mello Guerra *et al.* (coord.) Nanni, Giovanni Ettore. São Paulo: Saraiva Educação, 2018, p. 675.

A solução apontada pela doutrina para esse problema é o arbitramento judicial do valor da obrigação principal, ou da cláusula penal, conforme o caso[738]. Ocorre que, não se pode deixar de reconhecer que "em tal caso, se priva a cláusula penal de uma de suas mais assinaladas vantagens, a eliminação de contestações entre as partes"[739].

De fato, o parâmetro de limitação adotado pelo legislador tem o potencial de criar litígios, seja sobre o cálculo do valor da obrigação principal, seja sobre a expressão pecuniária da pena, transformando o instituto que em essência visa a facilitar a contratação, em um fator de insegurança jurídica. Nas palavras de Continentino, "além de suprimir uma das vantagens da pena que é a extrajudicialidade de fixação prévia da indemnização, dificulta, ao envez de simplificar, o processo de liquidação das perdas e damnos"[740].

O problema não se resume ao esvaziamento da utilidade do instituto nem à litigiosidade potencial criada pela discussão sobre a avaliação da obrigação principal ou da pena. A avaliação judicial sempre estará sujeita ao risco da arbitrariedade, pois poderá não sopesar adequadamente os interesses que compõem o valor da obrigação principal, ou da própria pena. Precisas, a esse respeito, as colocações de Continentino:

> Resulta desse dispositivo que para ser aplicável a pena, faz-se indispensável previamente estimar o seu valor, afim de apurar-se si elle ultrapassa o da obrigação principal. Tal avaliação sem uma base certa, resultante de cálculos de uma precariedade manifesta, cujo término pode ser inevitavelmente arbitrário[741].

[738] Tepedino, Gustavo; Schreiber, Anderson. **Código Civil Comentado**: direito das obrigações. v. 4. (coord.) Azevedo, Álvaro Villaça. São Paulo: Atlas, 2008, p. 397; Nanni, Giovanni Ettore. **Comentários ao Código Civil**: direito privado contemporâneo. Alexandre Dartanhan de Mello Guerra *et al.* (coord.) Nanni, Giovanni Ettore. São Paulo: Saraiva Educação, 2018, p. 675; Santos, J. M. de Carvalho. **Código Civil brasileiro interpretado, principalmente do ponto de vista prático**. 13. ed. v. XI. Rio de Janeiro: Freitas Bastos S.A, 1986, pp. 430, 435, 437, 438.

[739] Monteiro, Washington de Barros. **Curso de direito civil** — direito das obrigações, 1ª parte: das modalidades, das obrigações, dos efeitos das obrigações, do inadimplemento das obrigações. v. 4. 32. ed. atual. por Carlos Alberto Dabus Maluf. São Paulo: Saraiva, 2003, p. 346.

[740] Continentino, Múcio. **Da cláusula penal no direito brasileiro**. São Paulo: Livraria Acadêmica Saraiva, 1926, p. 156.

[741] Continentino, Múcio. **Da cláusula penal no direito brasileiro**. São Paulo: Livraria Acadêmica Saraiva, 1926, p. 156.

Nesse particular, Araújo ressalta os problemas de uma avaliação judicial dos valores envolvidos na contratação de uma cláusula penal, pois somente as partes estão em condições de fazer adequadamente tal avaliação. Conforme pontuado pelo doutrinador, essa tarefa

> poderia ser pesada ou mesmo incomportável, nomeadamente no que respeita ao cômputo dos danos subjectivos, isto é, aqueles que se prendem mais diretamente com as preferências (o mapa de indiferença) do credor, não sendo por outro lado de esperar, nem que haja sofisticação (nem tempo) para se proceder a sondagens dessas preferências, nem que o credor revele sinceramente as suas preferências a um juiz. E não se trata apenas de reduzir custos, mas também de diminuir os resultantes erros de apreciação judicial — pense-se na já referida ponderação dos custos de oportunidade, dos lucros cessantes associáveis a ocasiões de negócio frustradas (que possivelmente só o próprio lesado conhecerá e conseguirá avaliar)[742].

Com efeito, mesmo nos casos em que a cláusula penal é estabelecida para o caso de inadimplemento de uma obrigação pecuniária, não necessariamente o valor desta corresponderá ao que a cláusula penal visava a garantir, pois a pactuação da pena pode se inserir dentro de um contexto negocial mais amplo. A apuração, portanto, sobre o que deve ser considerado como valor da obrigação principal, para fins de limitação do valor da cláusula penal, é muitas vezes uma tarefa "tormentosa"[743].

O segundo e, em nossa opinião, maior problema advindo do parâmetro adotado pelo artigo 412, consiste na sua própria inadequação para funcionar como limite da cláusula penal, principalmente daquelas regidas pelo artigo 410 do Código Civil, ou seja, as cláusulas substitutivas. A razão é simples: "perfeitamente possível que o prejuízo decorrente do descumprimento de um contrato ultrapasse o valor total do contrato"[744].

[742] Araújo, Fernando. **Teoria económica do contrato**. Coimbra: Almedina, 2007, p. 923.

[743] Tepedino, Gustavo; Schreiber, Anderson. **Código Civil Comentado**: direito das obrigações. v. 4. (coord.) Azevedo, Álvaro Villaça. São Paulo: Atlas, 2008, p. 397.

[744] Salles, Pedro Amaral. **A função coercitiva da cláusula penal e uma crítica ao art. 412 do Código Civil de 2002**. Coimbra: Almedina, 2014, p. 43.

Alguns exemplos apontados pela doutrina comprovam essa afirmação. Nonato, citando Dias Ferreira, explicava:

> a compra, no mês de janeiro, de uma porção por 30$000 (trinta mil réis) para ser entregue no mês de abril, sob pena de 60$000, não lesa nem locupleta qualquer dos pactuantes, porque, no mês de abril, talvez nem os 60$000 sejam suficientes para completar aquela porção[745].

Como já referimos, durante a elaboração do Código Civil de 1916, Felício dos Santos utilizou o seguinte exemplo para justificar a retirada em seu projeto da limitação constante das Ordenações Filipinas:

> Contrato a empreitada por 100, e estipulamos que se a obra não estiver prompta em certo tempo, o empreiteiro pagará 200. É válido o contrato embora a pena convencional exceda o principal. A Ordenação manda reduzir a pena até 100 somente.
> Ninguém conhece mais seus interesses que as próprias partes contratantes; um contrato lícito não deve ser anulado senão por vício de consentimento. A obra, que contratarei para certo dia, ser-me-há, talvez, de grande vantagem, poderia lucrar mais de 200, e foi a razão pela qual estipulei a pena convencional superior ao seu custo. No commercio verificão-se todos os dias casos de necessidade de obras insignificantes, mas que devem impreterivelmente estar promptas em dia determinado; passado o dia, tornão-se inúteis com prejuízo do proprietário.

Em monografia crítica ao artigo 412, Salles aponta o exemplo da compra e venda futura de *commodities*:

> muitas vezes o adquirente de safra futura exporta o produto para um comprador internacional, prometendo, a este último, a entrega futura de uma determinada quantidade de mercadoria. Os prejuízos que decorrem do inadimplemento do vendedor original abarcam não só o contrato de compra e venda de safra futura, mas também o contrato de exportação, que ficará prejudicado, causando enormes prejuízos ao adquirente de safra futura. Nesta hipótese, entretanto, as partes estão adstritas ao teto estabelecido no artigo 412 do CC.

[745] NONATO, Orosimbo. **Curso de obrigações** (generalidades-espécies). v. II. Rio de Janeiro: Forense, 1959, p. 322.

Outro exemplo trazido pelo autor é o do contrato de transporte de carga perigosa, pois

> é possível que os danos decorrentes da execução inadequada da obrigação causem prejuízos além do valor do contrato. Basta que o transportador cause um acidente durante o transporte: ele perderá a carga, causará danos a terceiros e quiçá ao próprio meio ambiente, prejuízos estes que podem ser muito maiores que o valor do frete.

Com base nesses exemplos, conclui o autor, acertadamente:

> a premissa de que o valor dos prejuízos que o inadimplemento contratual pode causar não supera o valor global do contrato nem sempre é verdadeira — até porque em contratos de longa duração, estes prejuízos, muitas vezes, não envolvem apenas danos emergentes, mas também investimentos específicos, lucros cessantes e até mesmo danos extrapatrimoniais[746].

Esse problema, não se pode deixar de reconhecer, é equacionado pela previsão constante do parágrafo único do artigo 416, que permite a pactuação do direito de o credor pleitear indenização suplementar. Como pontuado por Nanni, "a despeito das críticas direcionadas ao limite legal da pena convencional, há uma forma de se obter a indenização total dos danos sofridos em função do inadimplemento, sem descaracterizar a feição e a utilidade do instituto"[747]. Entretanto, a possibilidade de indenização suplementar deve ser expressa, sendo escas-

[746] Salles, Pedro Amaral. **A função coercitiva da cláusula penal e uma crítica ao art. 412 do Código Civil de 2002**. Coimbra: Almedina, 2014, p. 44.

[747] Complementa o autor esclarecendo que "ainda é possível conjugar com uma avença de limitação de responsabilidade, evitando exposição a um pleito indenizatório ilimitado, circunscrevendo-se a uma margem de previsibilidade, justamente o que buscou ao pactuar a cláusula penal. Nada impede que as partes tenham estabelecido um limite para esse plus indenizatório. Nesses termos, o contrato pode rezar que a cláusula penal é de R$ 100,00 e que, mediante prova do prejuízo, as perdas e danos poderão montar R$ 200,00. Trata-se, na verdade, de modalidade de limitação de responsabilidade que a doutrina e o ordenamento não repelem, estratégia utilizada com frequência em contratos mais complexos". Nanni, Giovanni Ettore. **Comentários ao Código Civil**: direito privado contemporâneo. Alexandre Dartanhan de Mello Guerra *et al.* (coord.) Nanni, Giovanni Ettore. São Paulo: Saraiva Educação, 2018, p. 685.

sas essas previsões em contratos com menor grau de sofisticação, até mesmo por desconhecimento das partes a respeito dessa possibilidade. Ademais, a previsão retira uma das vantagens da clausula que é conferir segurança e previsibilidade quanto a exposição patrimonial do devedor.

A evidente iniquidade que pode decorrer desse problema acaba por em determinadas situações levar a jurisprudência a deixar de lado a limitação constante do artigo 412, quando as peculiaridades do caso revelam que os prejuízos não seriam equacionados se a penalidade restasse limitada ao valor do contrato, pois os interesses em jogo justificam uma pactuação em valor superior. Nesse sentido, a ementa:

> PROPRIEDADE INTELECTUAL. Autora detentora de direito de exclusividade do Programa de Treinamento XTEND no Brasil, que mescla técnicas de pilates com balé, tendo firmado contrato com a empresa americana XTEND HOLDINGS LCC. Acordo de concessão de licença firmado entre as partes para divulgação e comercialização de método em rede de academias da ré. Posterior distrato com estipulação de multa diária de U$5.000,00 dólares em caso de violação das cláusulas de não concorrência e de confiabilidade. Conjunto probatório contundente que demonstra que a ré continuou a utilizar o programa XTEND sob a denominação de BIO CLASSIC. Plágio caracterizado. Usurpação da obra alheia, em que se omite a paternidade da obra intelectual. Cláusula penal devida. Inteligência dos artigos 412 e 413 do Código Civil. Valor máximo do contrato seria de U$18.000,00 dólares levando-se em conta que era previsto U$1.500,00 dólares por local de uso do programa mais a taxa anual de licença de U$300,00 dólares. A pretendida quantia de R$862.040,00 extrapola os limites do razoável além de violar os dispositivos legais supramencionados. A previsibilidade do ato ilícito e a necessidade de combater o dano conduziram a Turma Julgadora a superar, no caso específico dos autos, a regra do artigo 412 do CC, para adequação em U$ 36 mil dólares, a multa, sem o que não desestimula o infrator da inadequação do descumprimento contratual. Dano moral negado. Continuidade da utilização do método que parecia previsível para a autora que cuidou de elaborar um contrato minucioso com a previsão da multa diária. Não há impacto que possa produzir lesão à imagem objetiva da autora. Honorários que devem ser carreados para a ré em 10% do valor atualizado da condenação, ainda que a autora não tenha vencido inte-

> gralmente. Artigo 21 do CPC. Dá-se provimento em parte ao recurso da autora. Nega-se provimento ao apelo adesivo[748].

A definição sobre o que seria o valor da obrigação principal foi objeto de debate no julgamento do Resp 1.466.11/SP, que envolvia a cobrança de cláusula penal promovida por determinado cantor em face de empresa de televisão, em razão do rompimento antecipado de contrato de prestação de serviços[749]. O contrato estabelecia cláusula penal no valor de R$ 1 milhão, a ser paga pela parte que viesse a dar causa à rescisão antecipada ao prazo de vigência de 12 meses, tendo a empresa de televisão encerrado o vínculo quando decorrido a metade desse lapso temporal.

Em sua defesa, a empresa de televisão pleiteou a redução da cláusula penal sob dois fundamentos. O primeiro deles, o cumprimento parcial do contrato e, o segundo, a violação do artigo 412, pois o valor da cláusula penal seria superior ao somatório da remuneração a ser percebida pelo cantor nos 6 meses remanescentes do contrato, o que, no seu entendimento, representaria o valor da obrigação principal. Em sua decisão, o Superior Tribunal de Justiça analisou os demais interesses do cantor no contrato, entendendo que o valor da obrigação principal não se restringiria à remuneração ajustada. Além disso, verificou o Superior Tribunal de Justiça a necessidade de que o parâmetro obrigação principal, para fins de aplicação do artigo 412, seja simétrico entre os contratantes. Vejam-se os termos da fundamentação do acórdão:

> Consoante notório, os ganhos financeiros auferidos pelos artistas — especialmente aqueles cujas imagens aparecem na televisão — não se resumem às remunerações expressamente previstas nos contratos celebrados com as emissoras. É que o direito de imagem e conexos desses profissionais costumam ser valiosos, conferindo aos empregadores grandes lucros com sua exibição, realização de *merchandising* de variados bens de consumo, comercialização de intervalos publicitários, entre outros.
>
> Daí se extrai a justificativa para que a indenização arbitrada para o caso de rompimento imotivado do presente contrato tenha sido de expres-

[748] BRASIL. Tribunal de Justiça de São Paulo. Apel. 0226539-30.2011.8.26.0100, 1ª Câmara Reservada de Direito Empresarial, Rel. Des. Ênio Zuliani, j. 4-11-2014.

[749] Rel. Min. Luis Felipe Salomão, j. 20-6-2017.

siva monta. É que as eventuais perdas e danos da emissora também foram utilizadas como parâmetro caso o artista rescindisse a avença. Desse modo, a assessoria jurídica da ré com certeza avaliou o fato de que a limitação da cláusula penal à obrigação remuneratória não cobriria os custos arcados, nem tampouco os ganhos eventualmente perdidos com a rescisão antecipada.

Deveras, é certo que o proveito esperado com a exibição do programa televisivo superava, evidentemente, a remuneração prevista ao artista que, além da cessão de seus direitos de imagem e conexos, tinha sua atuação limitada em razão de cláusula de exclusividade.

Nesse passo, caso acolhida a tese aventada pela emissora, o princípio da equivalência entre as partes não seria observado, pois o valor da multa teria limites diversos a depender do transgressor do termo de vigência contratual. Para o artista, o valor máximo de R$ 480.000,00 (quatrocentos e oitenta mil reais), em razão da remuneração anual prevista, e, para a emissora, a quantia de R$ 1.000.000,00 (um milhão de reais) poderia ser considerada insuficiente diante dos prejuízos experimentados.

O julgamento acima, além de revelar a fragilidade do conceito de obrigação principal adotado pelo artigo 412, revela posicionamento do Superior Tribunal de Justiça sobre necessidade de interpretá-lo de forma atenta aos interesses envolvidos, não se limitando a uma análise superficial sobre o valor aparente da contraprestação envolvida.

O problema acaba levando a doutrina a uma interpretação ampliativa do conceito de obrigação principal, transformando-o em um limite fluido, que não corresponde ao valor em si da obrigação, mas ao conjunto de interesses envolvidos. É nessa linha o entendimento de Castro Neves:

> essa limitação, contida no artigo 412 do Código Civil, não pode servir como obstáculo do dever de reparar, de sorte que ele seja fixado em montante inferior ao do efetivo dano sofrido pelo credor lesado pelo inadimplemento do devedor. Cumpre entender o alcance do conceito de 'valor da obrigação principal' como o valor de todo o adimplemento, nele incluído todos os custos com o cumprimento da obrigação, de forma que o eventual inadimplemento possa ser reparado de forma efetiva[750].

[750] Neves, José Roberto de Castro. **Direito das obrigações**. 7. ed. Rio de Janeiro: LMJ Mundo Jurídico, 2017, p. 384.

No mesmo sentido, a doutrina de Nanni:

> Ademais, por obrigação principal se há de ter o conjunto de prestações atinentes à prestação principal (incluindo, pois, as obrigações secundárias e anexas, referentes ao interesse de prestação), não se equiparando as expressões "valor da obrigação principal" e "valor do contrato"[751].

Essa interpretação, por um lado, resolve o problema decorrente do potencial de os prejuízos serem superior ao valor do contrato ou da obrigação para a qual a cláusula foi fixada, pois permite uma análise ampla do conceito de obrigação principal que considera todos os interesses em jogo. Entretanto, temos a percepção de que com isso resta esvaziada por completo a aptidão a que se destina o artigo 412, que é a de funcionar como um limite. A regra ficará desprovida de qualquer objetividade que permita às partes, no ato da pactuação da cláusula penal, saberem se estão exercendo a liberdade de contratar dentro dos limites permitidos pelo ordenamento. Uma limitação da liberdade de contratar precisa ser estabelecida em termos capazes de permitir, no ato da conclusão do negócio, a constatação sobre se ela está sendo respeitada. Tornar indeterminado o conceito de obrigação principal constante do artigo 412, em nossa opinião, retira qualquer aplicação prática do dispositivo e relega todo o controle sobre o conteúdo da cláusula penal à intervenção *ex post* prevista no artigo 413.

Nesse sentido, a limitação estabelecida pelo artigo 412, caso não se proceda a uma intepretação que delimite o âmbito de sua aplicação, deixa a disposição em uma dicotomia extremamente prejudicial ao instituto da cláusula penal. Se ela for interpretada de forma objetiva, que considera o valor pecuniário da obrigação garantida ou do contrato como um todo, em inúmeras situações não se poderá pactuar uma cláusula penal capaz de proteger o credor quanto a todos os seus interesses no cumprimento. Caso, entretanto, se proceda a uma interpretação ampliativa, que permita a consideração não apenas do valor pecuniário do contrato ou da obrigação, a regra deixará de funcionar como um

[751] NANNI, Giovanni Ettore. **Comentários ao Código Civil**: direito privado contemporâneo. Alexandre Dartanhan de Mello Guerra *et al.* (coord.) NANNI, Giovanni Ettore. São Paulo: Saraiva Educação, 2018, p. 675.

limite, não terá mais qualquer utilidade prática e gerará insegurança jurídica na pactuação de cláusulas penais.

A questão é bem sintetizada por Konder:

> No entanto, o dispositivo apresenta dois problemas. Primeiro, o que significa a referência ao valor da obrigação principal? Se isto, em uma interpretação inicial envolve apenas o seu objeto, isto é, o valor nominal da prestação, o limite ficaria sempre aquém do prejuízo sofrido pelo credor, pois este, ao não receber a prestação, tem direito à indenização não apenas do equivalente pecuniário, mas também dos demais danos emergentes e ainda dos lucros cessantes. Assim, uma multa compensatória em promessa de compra e venda de imóvel que estivesse limitada ao valor do imóvel não abrangeria o aluguel gasto pelo promitente comprador para residir em outro local ante a falta da entrega da habitação prometida. Se, contudo, em outra interpretação, o valor da obrigação principal significar a totalidade dos prejuízos sofridos diante do seu inadimplemento, a norma sofreria de outra dificuldade: calcular este valor total dos prejuízos, que será o limite máximo, era exatamente o que se buscava evitar quando se instituiu a cláusula penal[752].

Por essas razões, pretendemos, com o presente trabalho, apresentar uma proposição interpretativa do artigo 412, que confira utilidade ao dispositivo, preservando sua função limitadora — que necessita ser objetiva para fins de segurança jurídica — sem, entretanto, inviabilizar a pactuação de cláusulas penais em casos nos quais o potencial de prejuízos seja superior ao valor do contrato.

Antes disso, para que tal proposição seja adequadamente formulada, é imprescindível apresentar, primeiro, o terceiro problema advindo do parâmetro estabelecido pelo artigo 412, consistente na sua abrangência, ou não, sobre ambos os regimes de cláusula penal previstos no Código Civil. A análise é imprescindível tendo em vista os entendimentos doutrinários que restringem o artigo 412 às cláusulas substitutivas e os seus reflexos sobre a proposição que formularemos.

Esse debate é encontrado na doutrina com a utilização das terminologias “compensatória” e “moratória” que procuramos criticar no

[752] KONDER, Carlos Nelson. Arras e cláusula penal nos contratos imobiliários. Rio de Janeiro, **Revista dos Tribunais**, v. 4, pp. 83-104, mar.-abr. 2014, p. 6.

capítulo. De toda a forma, para o que importa neste momento, as referências "compensatória" podem ser entendidas como cláusulas sujeitas ao regime substitutivo, enquanto "moratória" ao regime cumulativo.

Nesse debate, é necessário separar, inicialmente, a opinião dos autores que entendem pela aplicação do artigo 412 de forma restrita às cláusulas substitutivas, por considerarem a Lei de Usura uma limitação abrangente de todas as cláusulas moratórias. É o caso de Pontes de Miranda para quem "no Código Civil, artigo 920, adotou-se a técnica do máximo, sem se entrar na distinção quanto as penas", mas, com o advento da Lei de Usura, "a propósito das penas cumulativas, houve, portanto, derrogação do artigo 920 do Código Civil". Assim, para o autor, passaram a vigorar "duas limitações diferentes: a do artigo 920 do Código Civil, que alude à espécie do artigo 918; a do artigo 9º do Decreto n. 22.626, de 7 de abril de 1933, que só se reporta às penas cumulativas"[753].

Portanto, não era o parâmetro estabelecido pelo artigo 920, atual 412, que justificava o entendimento do autor sobre sua aplicação restrita às cláusulas cumulativas. Ao contrário, ele reconhecia que a limitação pelo valor da obrigação principal foi estabelecida "sem se entrar na distinção quanto às penas".

A justificativa de uma posição pela incidência do artigo 412 restrita às cláusulas substitutivas com fundamento em uma limitação genérica das cláusulas moratórias pela Lei de Usura também é apresentada por Tartuce[754], e também por Martins Costa na primeira edição de seus Comentários ao Código Civil[755].

Oportunamente, fundamentaremos o nosso entendimento que acompanha a posição majoritária a respeito da restrição da Lei de Usura aos contratos de mútuo feneratício, o que justifica a abordagem dessa Lei na parte deste trabalho dedicada aos limites específicos da cláusula penal. Caso se entenda de forma distinta, todo o debate a seguir apre-

[753] Pontes de Miranda, Francisco Cavalcanti. **Tratado de Direito Privado**. t. 24. 2. ed. Rio de Janeiro: Borsoi, 1959, pp. 69-70.

[754] Tartuce, Flávio. **Direito civil**: direito das obrigações e responsabilidade civil. v. 2. 12. ed. Rio de Janeiro: Forense, 2017, pp. 248-249.

[755] Martins-Costa, Judith. **Comentários ao novo Código Civil**: do inadimplemento das obrigações. (coord.) Teixeira, Sálvio de Figueiredo. v. 5. t. 2. Rio de Janeiro: Forense, 2003, p. 454.

sentado, assim como a proposição interpretativa formulada, restarão prejudicados, pois a aplicação ampla da Lei de Usura implica na incidência restrita do artigo 412 às cláusulas substitutivas.

Como esse não é o nosso entendimento, nem da doutrina majoritária, o que importa verificar é se há no próprio artigo 412 algo que afaste as cláusulas cumulativas de sua incidência.

De fato, parte da doutrina defende que o artigo 412 é voltado apenas às cláusulas "compensatórias", sem, para isso, invocar a Lei de Usura[756]. Para Castro Neves, "com relação a um máximo na fixação da cláusula penal moratória, não existe, para ela, um correspondente ao artigo 412, que, como acabou de se ver, aponta um limite à cláusula penal compensatória"[757].

Como tivemos a oportunidade de referir no capítulo, um dos critérios comumente sugeridos para identificar a natureza cumulativa ou substitutiva é a comparação entre o valor da cláusula e o da obrigação garantida, de modo que, quando o valor da penalidade for baixo, se comparado ao da obrigação garantida, entende-se pela natureza cumulativa, enquanto, se os valores se aproximarem, há indicativo de que se está diante de uma cláusula substitutiva. É esse raciocínio a justificativa do entendimento daqueles que consideram o artigo 412 como destinado às cláusulas substitutivas. Como estas cláusulas costumam ter valor próximo ao da obrigação, e o parâmetro adotado pelo dispositivo é justamente o valor da obrigação, chega-se à conclusão de que a norma é de incidência restrita a essas cláusulas.

756 Tepedino, Gustavo; Barboza, Heloisa Helena. Moraes, Maria Celina Bodin de. **Código Civil interpretado conforme a Constituição da República**. v. 1. 2. ed. Rio de Janeiro: Renovar, 2007, p. 754; Farias, Cristiano Chaves de. Miradas sobre a cláusula penal no direito contemporâneo (à luz do direito civil-constitucional, do novo Código Civil e do Código de Defesa do Consumidor). *In*: (coord.) Rhehardt Junior, Marcos Hehardt; Barros, Daniel Conde. **Temas de direito civil contemporâneo**. Estudos sobre o direito das obrigações e contratos, em homenagem ao Professor Paulo Luiz Netto Lôbo. Salvador: JusPodivm, 2009, p. 148); Ferriani, Carlos Alberto. Da cláusula penal. **Revista de Direito Bancário e do Mercado de Capitais**. (coord.) Ribeiro, José Horácio Halfeld Rezende. São Paulo: RT, v. 55, ano 15, mar. 2012.; Rizzardo, Arnaldo. **Direito das obrigações**: Lei n. 10.406, de 10.01.2002. 2. ed. Rio de Janeiro: Forense, 2006, p. 552.

757 Neves, José Roberto de Castro. **Direito das obrigações**. 7. ed. Rio de Janeiro: LMJ Mundo Jurídico, 2017, p. 385.

Nanni acompanha esse raciocínio entendendo que a aproximação de valores torna "intuitivo que se refira à cláusula penal compensatória". No entanto, o próprio autor esclarece que "nada impede, contudo, que se aplique à cláusula penal moratória"[758].

Bdine, por sua vez, afirma, sem qualquer ressalva, que o dispositivo se aplica tanto à multa moratória quanto à compensatória[759]. No mesmo sentido, a incidência do artigo 412 sobre as cláusulas cumulativas é aceita por Jorge Cesa[760] e, atualmente, por Martins-Costa, a partir da segunda edição de seus Comentários ao Código Civil[761].

Simão apresenta a seguinte fundamentação em defesa da aplicação restritiva às cláusulas compensatórias:

> Em se tratando de cláusula penal moratória, os limites costumeiros são de 20% do valor da prestação inadimplida para as relações civis e empresariais e de 2% para as relações de consumo, conforme se verá. Esse limite de 20% para as relações civis e empresariais é resultado de longa experiência histórica e de uma verdadeira repetição de condutas em matéria contratual. É por isso que as multas que passam 20% acabam por destoar do cenário contratual[762].

Sobre esse entendimento devem ser feitas duas ponderações. A primeira é a de que o limite estabelecido pelo artigo 412 está sendo afastado pela entendida existência de uma outra limitação, de caráter consuetudinário, para as cláusulas cumulativas. Trata-se, portanto, de

[758] NANNI, Giovanni Ettore. **Comentários ao Código Civil**: direito privado contemporâneo. Alexandre Dartanhan de Mello Guerra *et al.* (coord.) NANNI, Giovanni Ettore. São Paulo: Saraiva Educação, 2018, p. 675.

[759] BDINE JR., Hamid Charaf. *In*: PELUSO, Cezar (coord.). **Código Civil Comentado**: doutrina e jurisprudência: Lei n. 10.406, de 10.01.2002: contém o Código Civil de 2016. 12. ed. Barueri: Manole, 2018.

[760] SILVA, Jorge Cesa Ferreira da. **Inadimplemento das obrigações**: comentários aos arts. 389 a 420 do Código Civil. Biblioteca de Direito Civil: estudos em homenagem ao Professor Miguel Reale São Paulo: RT, 2007, p. 266.

[761] MARTINS-COSTA, Judith. **Comentários ao novo Código Civil**: do inadimplemento das obrigações. (coord.) TEIXEIRA, Sálvio de Figueiredo. v. 5. t. 2. Rio de Janeiro: Forense, 2003, p. 668.

[762] SIMÃO, José Fernando. Capítulo V: da cláusula penal. *In*: SCHREIBER, Anderson *et al.* **Código Civil comentado** — doutrina e jurisprudência. Rio de Janeiro: Forense 2019, p. 234.

lógica similar a dos que entendem pela aplicação abrangente da Lei de Usura. A segunda ponderação é a de que se deve atentar para a circunstância de as cláusulas cumulativas, em especial as moratórias, muitas vezes serem estipuladas de forma fracionada, por períodos temporais. Assim, não nos parece que o limite consuetudinário de 20% alcance essa soma. Conquanto não seja, de fato, usual a pactuação de uma cláusula moratória estanque, em percentual superior a 20%, é frequente que o somatório da sua incidência ultrapasse o referido percentual. Permanece, assim, a questão: aplica-se o limite do artigo 412 sobre o total que alcançar a incidência das cláusulas cumulativas?

Com efeito, há vasta jurisprudência aplicando o artigo 412 para limitar o somatório de cláusulas cumulativas. Existem inúmeros acórdãos no âmbito do Superior Tribunal de Justiça atestando que "a cláusula penal, ainda que nominada multa diária por descumprimento do contrato, não pode exceder ao máximo da obrigação principal (artigo 920 do Código Civil/1916)"[763]. De fato, "o entendimento do Superior Tribunal de Justiça é no sentido de que a multa decendial deve se limitar ao valor da obrigação principal, nos termos do artigo 412 do Código Civil"[764].

Pode-se afirmar, inclusive o rigor com que o Superior Tribunal de Justiça limita o somatório das cláusulas penais moratórias ao valor da obrigação principal. Existe precedente no qual o Superior Tribunal de Justiça acolheu ação rescisória, com fundamento na violação da lei, em

[763] BRASIL. REsp 796714/MG, Terceira Turma, Rel. Min. Humberto Gomes de Barros, j. 03-04-2007.

[764] BRASIL. AgInt em AREsp 1455518 — SP, Min. Rel. Ricardo Villas Boas Cueva, Terça Turma, j. 30-09-2019, DJe 04-10-2019. No mesmo sentido: BRASIL. AgInt no AREsp 1.114.655/SP, Rel. Min. Maria Isabel Gallotti, Quarta Turma, j. 10-04-18, DJe 18-04-18; BRASIL. AgInt no REsp 1.393.789/SP, Rel. Min. Paulo de Tarso Sanseverino, Terceira Turma, j. 06-06-17, DJe 19-06-17; BRASIL. AgInt no REsp 1338159/SP, Rel. Min. Luis Felipe Salomão, Quarta Turma, j. 06-12-16, DJe 14-12-16; BRASIL. AgInt no AREsp 927.423/SP, Rel. Min.Luis Felipe Salomão, Quarta Turma, j. 25-10-16, DJe 07-11-16; BRASIL. AgRg no REsp 1570442/SP, Rel. Min. Moura Ribeiro, Terceira Turma, j. 05-05-16, DJe 13-05-16; BRASIL. AgRg no AREsp 59.338/SP, Rel. Min. João Otávio de Noronha, Terceira Turma, j. 25-11-14, DJe 12-12-14; BRASIL. AgInt no AREsp 922.526/SP, Rel. Min. Marco Buzzi, Quarta Turma, j. 08-05-18, DJe 18-05-18; BRASIL. AgInt no REsp 1.338.159/SP, Rel. Min. Luis Felipe Salomão, Quarta Turma, j. 06-12-16, DJe 14-12-16; BRASIL. AgInt no REsp 1393789/SP, Rel. Min. Paulo de Tarso Sanseverino, Terceira Turma, j. 06-06-17.

razão do somatório da aplicação de cláusula penal moratória ter ultrapassado o valor da obrigação principal[765].

Nos Tribunais Estaduais também é corrente a aplicação do artigo 412 para limitar o somatório de cláusulas moratórias:

> PRESTAÇÃO DE SERVIÇOS EDUCACIONAIS EMPRÉSTIMO DE LIVRO NÃO DEVOLUÇÃO PELO ALUNO MULTA POR DIA DE ATRASO LIMITAÇÃO AO VALOR DA OBRIGAÇÃO PRINCIPAL EXEGESE DO ARTIGO 412 DO CÓDIGO CIVIL RECURSOS DESPROVIDOS. A multa por dia de atraso na devolução do livro emprestado, previsto no Regulamento da Biblioteca da Instituição de ensino, configura cláusula penal moratória, razão porque aplicável a regra do artigo 412 do Código Civil, que limita o valor da cominação ao da obrigação principal. A despeito do efeito intimidativo-coercitivo, a multa diária prevista no contrato configura norma de direito material, razão porque inaplicável o disposto no artigo 461 do CPC que não prevê limitação à imposição das astreintes — que se refere à multa de natureza processual[766].
>
> Agravo de Instrumento. Ação de indenização securitária em fase de cumprimento de sentença Aplicação da multa decendial prevista na cláusula 17 da apólice de seguro Limitação da cláusula penal moratória ao valor da obrigação principal Aplicação do artigo 412 do Código Civil. Nega-se provimento ao recurso[767].

Na realidade, a maior parte da jurisprudência sobre o artigo 412 é justamente no sentido de utilizá-lo para impedir que o somatório de cláusulas moratórias venha a superar o valor da obrigação principal. Em vista disso, bem como de não encontrarmos na redação do dispositivo qualquer restrição a sua incidência sobre cláusulas cumulativas, nem na legislação alguma limitação genérica ao valor das cláusulas cumulativas, conclui-se que o dispositivo é plenamente aplicável às cláusulas penais submetidas ao regime cumulativo do artigo 411 do Código Civil.

[765] BRASIL. REsp 439.424/RS, Rel. Min. Humberto Gomes de Barros, j. 11-10-2005.

[766] BRASIL. Tribunal de Justiça de São Paulo. APL 0012255-29.2010.8.26.0005, Rel. Clóvis Castelo, j. 18-11-13, 35ª Câmara de Direito Privado, DJe 18-11-13.

[767] BRASIL. Tribunal de Justiça de São Paulo. 0173243-68.2012.8.26.0000, Rel. Christine Santini, j. 31- 10-12, 5ª Câmara de Direito Privado.

Importante relembrar, nesse particular a origem do dispositivo nas Ordenações Filipinas com redação abrangendo expressamente as cláusulas cumulativas, ao prever que a cláusula penal não pode ser maior "nem crescer mais que o principal", e que "em isto não fazemos differença entre a pena, que he posta e prometida por multiplicação de dias, ou mezes, e a que he posta juntamente".

O raciocínio focado na comparação entre o valor da penalidade e o da obrigação, adotado por alguns autores para defender o afastamento das cláusulas cumulativas do artigo 412, nos parece funcionar para a identificação da natureza substitutiva ou cumulativa da cláusula, mas é inadequado para a análise da sua limitação. A ótica da questão nos parece inversa, pois justamente por apresentarem expressão econômica inferior ao da obrigação principal é que as cláusulas cumulativas não podem, em hipótese alguma, superar esse valor. Por outro lado, as cláusulas que substituem a obrigação, e, portanto, se aproximam do seu valor, é que não devem ser limitadas por ele, pois é perfeitamente possível que prejuízo decorrente do não recebimento da prestação in natura seja superior a objetiva expressão econômica dessa mesma prestação.

De fato, é a cláusula cumulativa que gera maiores preocupações quanto ao seu conteúdo, ainda mais diante da prática usual de aumento, com o decurso do tempo, do total acumulado a título de cláusula moratória. Referindo-se ao artigo 412, comenta Gustavo Tepedino que o dispositivo visa coibir os excessos que podem ser fomentados na estipulação de cláusulas penais, "particularmente aquelas cominadas por atraso diário a certa prestação contratual"[768].

De fato, como lembrado por Martins-Costa,

> a funcionalidade da cláusula moratória é diversa. Não tem caráter substitutivo, destinando-se, como vimos, a penalizar o devedor moroso. Porém, o seu valor não pode ser deixado ao talante da parte contratualmente mais poderosa, o que traria evidentes reflexos no campo da justiça contratual[769].

[768] Tepedino, Gustavo. Efeitos da crise econômica na execução dos contratos. Elementos para a configuração de um direito da crise econômica. *In*: **Temas de direito civil**. 2. ed. Rio de Janeiro: Renovar, 2001, p. 95.

[769] Martins-Costa, Judith. **Comentários ao novo Código Civil**: do inadimplemento das obrigações. (coord.) Teixeira, Sálvio de Figueiredo. v. 5. t. 2. Rio de Janeiro: Forense, 2003, p. 454.

Um indicativo de que a cláusula cumulativa tem maior potencial de gerar resultados contrários aos princípios vigentes no direito contratual brasileiro é a circunstância de, como será exposto mais adiante neste trabalho, a maior parte dos limites específicos estabelecidos pelo legislador ser a ela destinados. Esses limites específicos, no entanto, são circunscritos a determinados tipos contratuais, o que reforça a necessidade de um controle genérico, capaz de impedir tais efeitos sobre os contratos não abarcados pela limitação específica, corroborando o nosso entendimento a respeito da incidência do artigo 412 sobre as cláusulas cumulativas.

Por outro lado, o que não nos parece fazer sentido, além de criar uma série de inconvenientes, é a limitação genérica da cláusula substitutiva. Havendo a substituição de uma prestação pela outra, uma limitação *ex ante* do valor da penalidade nos parece representar uma indevida interferência sobre a liberdade de contratar, mormente em relações paritárias reguladas pelo Código Civil[770].

6.3.3 *Proposição interpretativa do artigo 412*

No decorrer deste capítulo, procuramos demonstrar, inicialmente, que o controle sobre o conteúdo da cláusula penal representa manifestação do princípio do equilíbrio econômico-financeiro dos contratos, o qual atua com intensidades distintas consoante as naturezas das relações jurídicas em concreto.

Indicamos que esse controle pode ser feito através de dois mecanismos distintos: o primeiro, a fixação *ex ante* de uma limitação, e o

[770] Nos termos da advertência de Santos, "se a cláusula penal é o preço, convencionalmente estabelecido, do inadimplemento da obrigação, nada mais racional do que deixar-se à vontade das partes a fixação desse preço, cujo quantum sòmente a elas interessa e só elas estão em condições de poder precisar antecipadamente, com justeza e verdade (Santos, J. M. de Carvalho. **Código Civil brasileiro interpretado, principalmente do ponto de vista prático**. 13. ed. v. XI. Rio de Janeiro: Freitas Bastos S.A, 1986, pp. 430). Da mesma forma entende Caio Mário: "Somente as partes são interessadas em reforçar o cumprimento da obrigação com uma pena convencional. E, do mesmo modo que são livres de inseri-la ou não, no texto ou em apartado, devem ter o arbítrio de graduá-la nos limites de suas conveniências, estimando-a em cifra mais ou menos elevada". Pereira, Caio Mário da Silva. **Instituição de direito civil**. v. 2. Atual. Guilherme Calmon Nogueira da Gama (coord.) 29. ed. Rio de Janeiro: Forense, 2017, p. 153.

segundo, a conferência de poderes aos julgadores para uma intervenção corretiva *ex post*. Defendemos ser o segundo mecanismo o que está em maior conformidade com a diretriz da operabilidade observada pelo Código Civil, além de ser o mais adequado, tendo em vista que

> a técnica de imposição de um limite fixo, geral, é problemática ante a riqueza dos casos concretos. Por conta disso, é utilizado de forma mais eficaz o dispositivo de controle da autonomia negocial que permite ao juiz uma aferição mais flexível com base nas peculiaridades do caso concreto, como se passa a examinar[771].

Explicamos que, independentemente da preferência por um ou outro mecanismo, a adoção simultânea de ambos não se justifica, pois o fundamento jurídico e os objetivos são os mesmos. Sua adoção conjunta cria um sistema no qual um deles se tornará inócuo, gerando insegurança jurídica quanto à contratação e execução da cláusula penal, na medida em que, mesmo na ausência da presença dos requisitos para uma das formas de controle, o devedor poderá tentar se esquivar da penalidade invocando a outra solução.

Essas razões nos levam a entender pela desnecessidade, no ordenamento brasileiro, da limitação disposta pelo artigo 412 do Código Civil, pois a intervenção corretiva prevista pelo artigo 413 é consentânea com a técnica legislativa de *standards* adotada pelo legislador; mais adequada para exercer o controle sobre o conteúdo da cláusula penal; e, principalmente, suficiente para abarcar as diversas relações e situações com que a cláusula penal se apresenta.

Expusemos, também, os problemas advindos da adoção do parâmetro valor da obrigação principal constante do artigo 412. Diante da vasta utilização da cláusula penal para disciplinar o inadimplemento de obrigações de valor indeterminado ou de difícil avaliação, o parâmetro adotado acaba por demandar uma avaliação que, além de ter se procurado evitar com a pactuação da penalidade, pode resultar em arbitrariedade.

O referido parâmetro é inadequado, também, por ser "perfeitamente possível que o prejuízo decorrente do descumprimento de um contrato

[771] KONDER, Carlos Nelson. Arras e cláusula penal nos contratos imobiliários. Rio de Janeiro, **Revista dos Tribunais**, v. 4, pp. 83-104, mar.-abr. 2014, p. 6.

ultrapasse o valor total do contrato"[772]. Isso acaba por levar a doutrina e a jurisprudência a uma interpretação ampliativa do conceito de valor da obrigação principal, o que torna indeterminado o parâmetro e, consequentemente, ineficaz para atuar como um limite que permita aos contratantes conhecerem previamente com segurança a licitude do conteúdo negocial.

Verificamos, por fim, que não existe qualquer restrição à incidência do artigo 412 sobre as cláusulas cumulativas disciplinadas pelo artigo 411, seja porque não há, em outro diploma legal, uma limitação genérica da referida cláusula, seja porque a redação original do dispositivo nas Ordenações Filipinas era expressa sobre a abrangência das cláusulas moratórias, seja, ainda, pela jurisprudência reiterada que, com fundamento no antigo artigo 920, e no atual 412, impede que o somatório da cláusula moratória ultrapasse o valor da obrigação principal.

Ponderamos, por fim, a percepção de ser a cláusula cumulativa que demanda maior necessidade de controle sobre o seu conteúdo, em razão tanto da preponderância de sua função coercitiva, quanto de ser frequentemente pactuada de forma que seu montante é majorado com o prolongamento do inadimplemento. Por sua vez, ressaltamos os maiores inconvenientes da limitação da cláusula substitutiva.

Os problemas apontados sobre o artigo 412 não são suficientes para permitir a sua completa desconsideração. O dispositivo é de ordem pública e "tido pela civilística como insuperável"[773]. Incabível, portanto,

[772] SALLES, Pedro Amaral. **A função coercitiva da cláusula penal e uma crítica ao art. 412 do Código Civil de 2002**. Coimbra: Almedina, 2014, p. 43.

[773] TEPEDINO, Gustavo. Efeitos da crise econômica na execução dos contratos. Elementos para a configuração de um direito da crise econômica. *In*: **Temas de direito civil**. 2. ed. Rio de Janeiro: Renovar, 2001, p. 95. O caráter de ordem pública do artigo 412 é afirmado também por Caio Mário, quando atesta que "tal como redigido, o artigo contém disposição de ordem pública, estatuindo a variação da pena em qualquer cifra, desde que não ultrapasse o valor da obrigação a que excede". PEREIRA, Caio Mário da Silva. **Instituição de direito civil**. v. 2. Atual. Guilherme Calmon Nogueira da Gama (coord.) 29. ed. Rio de Janeiro: Forense, 2017, p.153. Da mesma forma, Farias, para quem "se trata de disposição de ordem pública, não podendo, destarte, ser alterada pelos particulares". FARIAS, Cristiano Chaves de. Miradas sobre a cláusula penal no direito contemporâneo (à luz do direito civil-constitucional, do novo Código Civil e do Código de Defesa do Consumidor). *In*: (coord.) RHEHARDT JUNIOR, Marcos Hehardt; BARROS, Daniel Conde. **Temas de direito civil contemporâneo**. Estudos sobre o direito das obrigações e contratos, em homenagem ao Professor Paulo Luiz Netto Lôbo. Salvador: JusPodivm, 2009, p. 146.

uma *interpretatio abrogans*, tal como sugerida por Telles em relação ao artigo 811 (3) da lei portuguesa[774].

O dispositivo não pode ser ignorado. É necessário construir uma interpretação capaz de, a um só tempo, conferir-lhe utilidade prática, permitir que ele funcione como um limite — esse é o seu propósito — sem, entretanto, criar embaraços à prática contratual, nem insegurança jurídica quanto ao seu cumprimento.

Com essas premissas em vista, a interpretação proposta para o artigo 412 consiste em limitar sua incidência às cláusulas cumulativas regidas pelo artigo 411, sejam elas cumulativas compensatórias, como em regra são as cláusulas moratórias e as de cláusula determinada, sejam as denominadas cláusulas punitivas.

Nesta perspectiva, seriam excluídas da limitação estabelecida pelo artigo 412 as cláusulas substitutivas previstas no artigo 410, cujo controle sobre o conteúdo será exercido, apenas, por meio da intervenção corretiva *ex post* disciplinada pelo artigo 413.

O primeiro fundamento de nossa proposição sobre o artigo 412 consiste na interpretação literal, histórica e sistemática das disposições do Código Civil sobre a cláusula penal. Isso porque, analisando-se a redação dos artigos 410, 411 e 412, percebe-se a estreita vinculação entre os dois últimos e sua diferenciação em relação ao primeiro. É o que se verifica tanto em relação à ideia de cominação, quanto sobre a expressão obrigação principal. Para clareza da exposição, permita-se novamente a reprodução dos dispositivos, desta feita com os realces necessários ao entendimento ao que estamos a defender:

> Artigo 410. Quando se estipular a cláusula penal para o caso de total inadimplemento da obrigação, esta converter-se-á em alternativa a benefício do credor.
>
> Artigo 411. Quando se estipular a cláusula penal para o caso de mora, ou em segurança especial de outra cláusula determinada, terá o credor

[774] "Se se entender que interpretar assim o nº 3 equivale a dá-lo como não escrito pela sua inutilidade, então que se dê como não escrito, fazendo aplicação da chamada « interpretatio abrogans ». Atribuir-lhe qualquer outro sentido é que não é possível, como ficou demonstrado". TELLES, Inocêncio Galvão. **Direito das obrigações**. 7. ed. Coimbra: Coimbra, 1997, pp. 445-448.

> o arbítrio de exigir a satisfação da pena **cominada**, juntamente com o desempenho da **obrigação principal**.
> Artigo 412. O valor da **cominação** imposta na cláusula penal não pode exceder o da **obrigação principal**. (grifos nossos)

A qualificação da cláusula penal como cominação ("pena cominada" no artigo 411 e "cominação" no artigo 412) não consta do artigo 410, que, ao dispor sobre o regime substitutivo, se refere apenas à "cláusula penal" e à "alternativa". A primeira referência ao verbete cominação aparece no artigo 411, que, ao tratar das cláusulas penais cumulativas, refere-se à satisfação da pena cominada. A expressão aparece novamente apenas no dispositivo seguinte, quando o artigo 412 dispõe sobre o valor da cominação imposta. Por aqui já se percebe uma aproximação entre os artigos 411 e 412 e um diferenciação em relação ao artigo 410.

A utilização de expressões distintas pelo legislador ao diferenciar os regimes substitutivos e cumulativos demonstra as diversas funções que preponderam em cada um deles. A cláusula substitutiva, justamente por conferir uma alternativa ao credor no caso de inadimplemento, não tem caráter cominatório, pois sua função preponderante é a de substituir obrigação in natura e os prejuízos decorrentes de sua ausência.

A palavra "cominação" significa "ato de cominar", verbo definido no dicionário como "1. ameaçar com pena ou castigo no caso de infração ou falta de cumprimento de contrato, ou de preceito, ordem, mandato, etc. 2. Impor, prescrever (castigo, pena)"[775].

Nesse sentido, só existe cominação propriamente dita na cláusula cumulativa, pois a pena é acrescida com a finalidade de compelir o devedor ao cumprimento. Antunes Varela, nesse particular, expressava que as cláusulas cumulativas "constituem verdadeiras cláusulas cominatórias. São cláusulas que formulam uma cominação ou sanção contra a mora"[776]. Espínola, por sua vez, se referia às penas previstas pelo artigo 919, atual 411, da seguinte forma:

[775] DICIONÁRIO. **Novo Dicionário da Língua Portuguesa Aurélio Buarque de Holanda Ferreira.** 15ª impressão. Rio de Janeiro. Nova Fronteira, p. 334.

[776] Em diversos trechos o autor se referia dessa forma, indicando que "a especialidade da cláusula — como autêntica cláusula cominatória — reside apenas no facto de a sanção indemnizatória aumentar gradualmente, sem nenhuma correlação com o prejuízo efetivamente sofrido pelo credor", bem como que "esta multa, dado o carácter cominatório da

> Sem perder de vista esse traço fundamental da cláusula em questão, cumpre atender à diversidade de seus efeitos, conforme é comminatoria ou compensatória.
> No primeiro caso, tem o credor direito à pena cominada e pode exigir ainda, conjunctamente, o adimplemento da obrigação principal.
> No segundo caso, isto é, quando seja compensatória, cabe ao credor escolher: ou exigirá que a obrigação principal seja cumprida, ou reclamará a importância estipulada na cláusula penal como compensação das perdas e damnos resultantes do inadimplemento.
> Por isso, bem se compreende a necessidade de determinar com precisão se a pena estipulada num contracto tem caracter puramente comminatorio ou se é compensatória.
> Não obstante constituir sempre uma vantagem para o credor, poderá ser cumulada com a prestação principal se fôr comminatoria, ao passo que o credor terá de optar entre a pena e a obrigação se compensatória[777].

Assim, nos parece razoável o entendimento de que se é o valor da "cominação" que não pode exceder a obrigação principal, o legislador estava se referindo exclusivamente às cláusulas cumulativas previstas no artigo 411, pois apenas elas foram por ele denominadas de "pena cominada", e somente elas são uma verdadeira "cominação".

Em reforço desse entendimento, convém esclarecer que as expressões "cominação" e "penalidade cominada" foram inseridas simultaneamente no texto legal. De fato, na elaboração do Código de 1916, elas não constavam do Projeto Final da Câmara dos Deputados e foram inseridas simultaneamente na revisão do Senado Federal capitaneada por Rui Barbosa. Reproduzimos abaixo a tabela comparativa entre os dois

cláusula, nada tem que ver, em princípio, com o valor dos danos sofridos pela credora com o facto do não cumprimento", e, ainda, "porque a execução da prestação devida (ainda que com as sanções adequadas) não apaga o ilícito da mora, não afasta o cabimento lógico-jurídico da sanção cominatória" Varela, João de Matos Antunes. Parecer. Revista da Ordem dos Advogados, ano 45, vol I, 1985, Lisboa., p. 185-188.

[777] Espinola, Eduardo. **Questões jurídicas e pareceres**. São Paulo: Cia. Graphico; Monteiro Lobato, 1925, p. 260. Da mesma forma, Rizzardo, referindo-se às cláusulas compensatórias e moratórias, afirma que "a primeira representa a indenização, em caso de não cumprimento do contrato, enquanto a segunda equivale a uma cominação pelo mesmo fato, isto é, pelo descumprimento" Rizzardo, Arnaldo. **Direito das obrigações**: Lei n. 10.406, de 10.01.2002. 2. ed. Rio de Janeiro: Forense, 2006, p. 545.

textos, com a ressalva de que houve posterior ajuste na numeração dos artigos quando do texto final:

Projeto Final da Câmara dos Deputados	Revisão Rui Barbosa
Artigo 919 Quando a cláusula penal fôr estipulada para o caso de inexecução completa da obrigação, converter-se-á esta em alternativa para o credor.	Artigo 919. Quando se estipular a cláusula penal para o caso de total inadimplemento da obrigação, esta converter-se-á em alternativa a benefício do credor.
Artigo 920 — Quando a cláusula penal fôr estipulada para o caso de mora, ou como segurança de alguma cláusula especial, terá o credor a faculdade de pedi-la conjuntamente com a execução da obrigação principal.	Artigo 920 — Quando se estipular a cláusula penal para o caso de mora, ou em segurança especial de outra cláusula determinada, terá o credor o arbítrio de exigir a satisfação da pena **cominada**, juntamente com o desempenho da obrigação principal.
Artigo 921 — A cláusula penal não deve exceder o valor da obrigação principal.	Artigo 921. O valor da **cominação** imposta na cláusula penal não pode exceder o da obrigação principal.

Assim, a análise da tramitação do Código de 1916 reforça a nossa percepção de que o artigo 920, atual 412, foi concebido para limitar apenas as cláusulas cumulativas reguladas pelo atual artigo 411. O texto de ambos os dispositivos foi conjuntamente alterado para que eles se referissem à "cominação", o que revela a vinculação entre as disposições e seu distanciamento em relação ao regime substitutivo previsto no artigo 410.

Em complemento, também a expressão obrigação principal somente aparece nos artigos 411 e 412, sendo ausente do artigo 410. Há, também neste caso, em nosso entendimento, uma lógica comum na redação dos dispositivos. Como tivemos oportunidade de referir no capítulo 1, a cláusula penal é uma obrigação acessória, ou seja, nasce sempre vinculada a uma obrigação principal. Ocorre que esse caráter acessório se perpetua na cláusula cumulativa, mesmo após o inadimplemento, pois a obrigação principal permanecerá exigível, em conjunto da penalidade. Por outro lado, nas penas substitutivas, uma vez verificado o inadimplemento, bem como a escolha do credor pelo recebimento da pena, haverá uma substituição, de modo que a partir de então não será mais adequado referir-se a acessório e principal.

O segundo fundamento que nos leva a essa proposição é a falta de sentido, bem como a inadequação, de uma limitação *ex ante* das cláusulas substitutivas. Se as partes têm liberdade para fixar o conteúdo da obrigação principal, inexiste razão para não lhes conferir a mesma liberdade de estipulação sobre o conteúdo da prestação que irá substitui-la em caso de inadimplemento — sempre imputável ao devedor — especialmente diante da previsão de uma intervenção corretiva guiada pela natureza e finalidade do negócio. A cláusula substitutiva exerce função preponderantemente indenizatória. O montante dos prejuízos não necessariamente guardará relação com o valor da obrigação principal, ou com o valor total do contrato.

Pertinente, nesse particular, as considerações de Nanni:

> De fato, ante o dinamismo da sociedade contemporânea, em que as relações negociais paritárias, ausente situação de vulnerabilidade ou assimetria, mormente nas empresariais, são, em larga escala, marcantemente complexas, envolvendo contratos de duração dotados de várias prestações, a restrição da cláusula penal ao valor da obrigação não se justifica. De qualquer forma, é bem possível que a extensão dos danos decorrentes do inadimplemento, que se busca predeterminar por intermédio da pena convencional, seja bem mais expressiva do que o da cifra decorrente da própria prestação. E não há, em princípio, nenhuma iniquidade nem abusividade em tal intenção. Mesmo porque, haveria sempre a possibilidade de se buscar sua redução caso manifestadamente excessiva (artigo 413, CC)[778].

Limitar *ex ante* a cláusula substitutiva, como referido por Varela, no tocante ao artigo 811 (3) do Código português, "representa uma verdadeira castração da estipulação das partes" e "destrói ainda uma das funções mais úteis da cláusula, que era a de pôr termo a discussões entre as partes acerca do montante do prejuízo real sofrido pelo credor"[779].

[778] NANNI, Giovanni Ettore. **Comentários ao Código Civil**: direito privado contemporâneo. Alexandre Dartanhan de Mello Guerra *et al.* (coord.) NANNI, Giovanni Ettore. São Paulo: Saraiva Educação, 2018, p. 676.

[779] VARELA, João de Matos Antunes. **Das obrigações em geral**. v. II. 7. ed. Coimbra: Almedina, 1997, pp. 146-147.

Nesse sentido, a limitação da cláusula substitutiva pelo parâmetro do valor da obrigação principal acaba por demandar uma interpretação ampliativa desse conceito, que se torna indeterminado, perdendo o caráter objetivo e, assim, sua aptidão de atuar como limite capaz de propiciar segurança jurídica quanto a sua verificação. Ao contratarem uma cláusula penal, as partes precisam ter condições de apurar se sua liberdade de estipulação está sendo exercida dentro dos limites conferidos pelo ordenamento. O limite não pode ser fluido, interpretado com grau de indeterminação para comportar todos os interesses pecuniários, ou não, que o credor tenha no adimplemento. Essa indeterminação confere ao devedor a possibilidade de questionar a exigibilidade da cláusula, defendendo uma interpretação restritiva do parâmetro, em contraposição à argumentação ampliativa a ser suscitada pelo credor.

A melhor adequação da intervenção *ex post* como mecanismo de controle sobressalta na cláusula substitutiva. As partes podem estabelecer a obrigação que substituirá a natural sem o receio de estar infringindo um limite legal, mas devem estar cientes de que eventuais excessos manifestos poderão ser corrigidos, não por força da violação de um parâmetro fixo, mas em razão de uma análise concreta em vista da natureza e da finalidade do negócio.

O terceiro fundamento de nossa proposição interpretativa reside na ótica inversa verificada na cláusula cumulativa. As cláusulas desta natureza exercem função preponderantemente coercitiva, o que justifica o seu controle para preservação dos valores vigentes no ordenamento. Tal controle, em nosso entendimento, também se efetivaria de forma mais adequada por meio da intervenção corretiva prevista no artigo 413. Entretanto, como há que se conferir utilidade à norma de ordem pública expressa pelo artigo 412, entendemos que no caso das cláusulas cumulativas essa disposição é capaz de atuar como verdadeiro limite objetivo, diversamente do que ocorre com as cláusulas substitutivas. Como, no caso das cláusulas cumulativas, a penalidade será devida em conjunto da obrigação, o parâmetro do valor da obrigação principal pode ser interpretado em termos mais objetivos, sem tanta necessidade de ampliação visando a abranger todos os interesses envolvidos, pois o recebimento da penalidade não afastará o direito à execução específica da obrigação principal (no caso das cláusulas cumulativas moratórias), ou à reparação dos prejuízos infligidos pelo seu inadimplemento absoluto (no caso das cláusulas cumulativas punitivas).

Desta forma, caso a cláusula penal seja devida em conjunto da obrigação principal, o valor daquela não poderá superar o desta. Isso se dará tanto para a cláusula cumulativa fixada em termos estanques, quanto para aquelas penalidades fixadas de forma crescente, como no caso da moratória por fração de tempo, de forma que o somatório não poderá ultrapassar o valor da obrigação principal, tal como já vem sendo entendido pela jurisprudência do Superior Tribunal de Justiça.

Visto de outra forma, quando não houver substituição da obrigação pela penalidade, a responsabilização do devedor estará limitada ao dobro do valor de sua prestação original, pois, além da obrigação natural, ele poderá incorrer em penalidades cumulativas limitadas ao valor da obrigação para a qual foram fixadas. Pode-se fazer uma analogia, neste caso, com a previsão constante do artigo 940 sobre a repetição de indébito[780].

Essas são as razões pelas quais propomos a interpretação que restringe a incidência do artigo 412 às cláusulas cumulativas previstas no artigo 411. Com efeito, a vinculação entre os dispositivos é demonstrada tanto pela sua redação e tramitação, quanto pela sua lógica, já que, como visto, não é conveniente limitar a cláusula substitutiva, mas é justificável um maior controle da cumulativa.

Além de resolver os inconvenientes que procuramos expor, nossa proposta de interpretação viabiliza a aceitação no ordenamento brasileiro das cláusulas punitivas, pois a aplicação do art. 412 sobre as cláusulas substitutivas constitui um dos principais fundamentos invocados pela doutrina que não reconhece a validade das estipulações puramente punitivas. Nesse sentido, o at. 412 passa a atuar como limite da autonomia conferida pelo ordenamento para a estipulação de clausulas penais cumulativas, entre elas as punitivas.

Em resumo, a interpretação proposta afasta da limitação do art. 412 todas as cláusulas substitutivas da obrigação principal, reguladas pelo art. 410, e permite que o somatório das penalidades devidas em acrés-

780 Artigo 940. Aquele que demandar por dívida já paga, no todo ou em parte, sem ressalvar as quantias recebidas ou pedir mais do que for devido, ficará obrigado a pagar ao devedor, no primeiro caso, o dobro do que houver cobrado e, no segundo, o equivalente do que dele exigir, salvo se houver prescrição.

cimo da obrigação principal, sejam as fixadas contra a mora, sejam as atreladas à cláusulas destacadas, sejam as puramente punitivas, alcance no máximo o valor da obrigação principal, objetivamente considerado.

A exclusão do regime substitutivo previsto no artigo 410 da abrangência da limitação estabelecida pelo artigo 412 nos parece ser inovadora, pois não encontramos nenhuma doutrina ou jurisprudência que apresente o mesmo entendimento. Aqui reside a contribuição original do presente trabalho para a ciência jurídica brasileira. Estamos cientes de que a proposição apresentada diverge da opinião de grandes civilistas, os quais expõem o entendimento inverso, ou seja, limitando a incidência do artigo 412 às cláusulas substitutivas e afastando de sua incidência as cláusulas que denominam de moratórias.

Acreditamos, entretanto, que o presente trabalho poderá contribuir para a análise dos problemas apresentados, pois foi buscada uma solução dentro do próprio Código Civil, que nos parece compatível com a interpretação literal e sistemática das disposições da legislação brasileira sobre a cláusula penal. A proposição apresentada, além de fundamentada na Lei, resolve os problemas que procuramos apontar, conferindo utilidade ao artigo 412, sem criar embaraços e insegurança jurídica na contratação da cláusula penal.

Procuramos afastar o problema decorrente da inadequação do parâmetro obrigação principal para limitar as cláusulas substitutivas, pois os prejuízos podem superar o valor total do contrato. Também procuramos evitar uma interpretação ampliativa do conceito de obrigação principal, na qual ele precisaria abranger todos os interesses do credor que justificaram a pactuação da cláusula.

Essa interpretação ampliativa é a única alternativa que vislumbramos na hipótese de não acolhimento da nossa proposição interpretativa. Entendemos possível, neste caso, traçar um paralelo com os novos parâmetros estabelecidos pela Suprema Corte da Inglaterra para verificação da *penalty clause*. Como já referido, até 2015 o parâmetro vigente na Inglaterra, desde o caso Dunlop, era de considerar como *penalty clause*, e, portanto, proibida, toda disposição que não representasse uma genuína estimativa das perdas e danos vislumbrados no momento da contratação. Com a mudança de paradigma a partir do caso Cavendish Square Holdings BV *v*. Makdessi; ParkingEye Ltd *v*. Beavis, passaram a ser aceitas todas as cláusulas em que houvesse um interesse legítimo a justificar a sua pactuação.

Esse parâmetro do interesse legítimo nos parece adequado para a interpretação do conceito de obrigação principal estabelecido no artigo 412, caso rejeitada a nossa proposição. Em nossa avaliação, o termo "valor" constante do dispositivo não deverá exigir a demonstração de uma perfeita equivalência financeira, mas sim uma análise sobre todos os interesses legítimos do credor que nortearam a fixação da cláusula naquele montante.

Como já tivemos a oportunidade de argumentar, a intepretação ampliativa, que torna indeterminado o conceito de obrigação principal, esvazia a utilidade do artigo 412 para funcionar como um limite, impedindo que as partes possam identificar com segurança, no momento da contratação, se ele está sendo respeitado. De qualquer forma, se rejeitada nossa proposição, essa foi a única alternativa que conseguimos conceber para evitar intervenções automáticas no conteúdo da cláusula penal, fruto de uma análise rasa que se limite a extrair um valor financeiro para a obrigação principal e a partir dele reduzir a cláusula penal.

Uma vez mantida a incidência do artigo 412 sobre as cláusulas substitutivas, e estabelecida a interpretação ampliativa do conceito de obrigação principal, o controle sobre o seu conteúdo acabará por ser realizado por meio da intervenção corretiva prevista pelo artigo 413 — esvaziando-se a utilidade do artigo 412 —, que passaremos a analisar no próximo e último capítulo deste trabalho.

Antes disso, para encerrar o presente capítulo dedicado à limitação da cláusula penal, e tendo em vista que o artigo 412, independentemente da interpretação que lhe seja atribuída, representa uma limitação genérica, convém apontar, nos subtítulos a seguir, as limitações específicas das cláusulas penais voltadas a determinados tipos contratuais. Trata-se de situações nas quais "não é possível sequer ir até o valor da obrigação principal"[781].

6.4 Limites específicos das cláusulas cumulativas

6.4.1 *A Lei de Usura e o âmbito de sua aplicação*

Com a promulgação do Decreto n. 22.626 em 1933, ou seja, ainda sob a vigência do Código Civil de 1916, entra em vigor a Lei de Usura e, com

[781] Gomes, Orlando. **Obrigações**. 16. ed. Rio de Janeiro: Forense, 2004, p. 192.

ela, surge impasse que dividiu a opinião de civilistas e doutrinadores à época. A grande discussão dizia respeito à extensão da limitação da cláusula penal imposta por essa lei. Em seu artigo 9º, estabelece a Lei de Usura que a cláusula penal não pode ultrapassar 10% do valor da dívida. Leia-se, abaixo, o texto legal:

> DECRETO N. 22.626, DE 7 DE ABRIL DE 1933.
>
> Dispõe sobre os juros nos contratos e dá outras providências.
>
> Considerando que todas as legislações modernas adotam normas severas para regular, impedir e reprimir os excessos praticados pela usura;
>
> Considerando que é de interesse superior da economia do país não tenha o capital remuneração exagerada impedindo o desenvolvimento das classes produtoras:
>
> [...]
>
> Artigo 9º. Não é válida a cláusula penal superior a importância de 10% do valor da dívida.

Neste ponto, discute-se entre a aplicação restrita do Decreto aos contratos de mútuo ou a incidência genérica a cláusulas penais moratórias inseridas em outros contratos que não o de mútuo feneratício. Existe, de fato, divergência tanto doutrinária, quanto jurisprudencial, a esse respeito. Alguns autores entenderam que, a partir da entrada em vigor deste Decreto, o sistema da cláusula penal instituído pelo Código Civil de 1916 havia se alterado, pois as novas disposições possuíam abrangência geral — estipulando, portanto, um novo limite às cláusulas penais cumulativas. Para outros, contudo, a Lei de Usura, apesar de ter se valido de termos amplos, possuía aplicação restrita aos contratos de mútuo.

Clóvis Bevilacqua entendia que a Lei de Usura alterou o regime constante do Código Civil de 1916 sobre cláusulas penais. Para o autor, a disposição contida na Lei de Usura possuía abrangência geral, isto é, para além de contratos de mútuo feneratício. Assim, referindo-se ao artigo 920 do Código Civil de 1916, afirmou o autor que "o dec. n. 22.626, de 7 de abril de 1933 modificou este artigo do Código Civil"[782]. Da mesma forma, pensava Pontes de Miranda, esclarecendo que com

[782] BEVILAQUA, Clovis. **Código Civil dos Estados Unidos do Brasil**. V. IV. 10.ed. São Paulo: Livraria Francisco Alves, 1955, p. 57.

advento da Lei de Usura, "a propósito das penas cumulativas, houve, portanto, derrogação do artigo 920 do Código Civil"[783].

Serpa Lopes entendia arbitrária a aplicação da Lei de Usura somente para o caso de mútuo feneratício, já que a referida lei não estabelece essa restrição. Em sua opinião, se o Decreto se destina atacar a usura e esta não se manifesta apenas nos contratos de mútuo, sua abrangência deve ser ampla, uma vez que o texto da Lei afirma dispor sobre juros "nos contratos", genericamente, em concordância com seu artigo 1º:

> O intuito do legislador foi punir a usura, e a usura deve ser objeto de sanção em todos os contratos de qualquer espécie onde quer que ela reponte. O artigo 1º do referido decreto refere-se expressamente à estipulação em quaisquer contratos. Ainda no artigo 8º, se consigna que as multas ou cláusulas penais, quando convencionadas, num sentido geral, sem se dirigir a uma determinada espécie de contrato, como é o mútuo[784].

Nesse sentido, leia-se o artigo 1º do Decreto, na íntegra: "Artigo 1º. É vedado, e será punido nos termos desta lei, estipular em quaisquer contratos taxas de juros superiores ao dobro da taxa legal (Código Civil, artigo 1062)."

Podemos observar, neste ponto, portanto, que a dúvida suscitada, dividindo opiniões, dizia respeito ao termo "quaisquer contratos" presente no artigo citado. Conforme exposto pela posição dos autores mencionados, entendeu-se a expressão "quaisquer contratos" de forma a abranger todos os contratos, independentemente de sua natureza, isto é, podendo ser outro que não de mútuo feneratício.

Por outro lado, diverso foi o posicionamento dos autores que entenderam pela aplicação restritiva da Lei de Usura, ou seja, incidindo apenas aos contratos de mútuo feneratício, de modo que as disposições do Código Civil continuavam em vigor para os demais contratos. Esses autores entendiam que o termo a que se refere o artigo 1º — "quaisquer contratos" — dizia respeito a qualquer contrato, mas sendo, obrigatoriamente,

[783] Pontes de Miranda, Francisco Cavalcanti. **Tratado de Direito Privado**. t. 24. 2. ed. Rio de Janeiro: Borsoi, 1959.

[784] Lopes, Miguel Maria de Serpa. **Curso de direito civil**. v. II: obrigações em geral. 6. ed. Atualizada por José Serpa Santa Maria. Rio de Janeiro: Freitas Bastos, 1995.

de empréstimo de dinheiro, isto é, o entendimento seria no sentido de o referido termo ser interpretado como "quaisquer contratos de mútuo".

Nessa perspectiva, Carvalho Santos defendia que a alteração no Código Civil de 1916 foi somente com relação aos contratos de empréstimo de dinheiro. Nas demais hipóteses, portanto, a cláusula penal deveria se manter em consonância com os ditames do Código. Leia-se, em suas palavras:

> O decreto n. 22.626 cit., a nosso ver, não se aplica senão aos contratos de empréstimo de dinheiro, inclusive hipotecários. Não se aplica às obrigações em geral. O Govêrno Provisório, ao justificar o decreto, isso mesmo deixa claro:
>
> 'Considerando que tôdas as legislações modernas adotam normas severas para regular, impedir e reprimir os excessos praticados pela usura;
>
> Considerando que é de interêsse superior da economia do país não tenha o capital remuneração exagerada impedindo o desenvolvimento das classes produtoras'.
>
> Quer dizer: não pode o Código Civil ser considerado como alterado, nesta parte, pelo decreto n. 22.626 citado, porque a cláusula penal não se aplica somente aos contratos de empréstimo de dinheiro, mas a todas as obrigações inclusive as de fazer ou não fazer, como já ficou esclarecido. A alteração que houve, portanto, foi somente com relação aos contratos de empréstimos de dinheiro. Mas, nas demais hipóteses, como v.g., nas obrigações de fazer, a cláusula penal continua a ser havida como prefixando as perdas e danos que poderão ser exigidas no caso de inadimplemento do devedor[785].

Orosimbo Nonato seguia na mesma linha: "o decreto n. 22.626 não se mostra completivo de todos os contratos abrangedor das obrigações convencionais, em geral"[786]. Em sua opinião:

> Esse decreto, aliás, como ressai de suas claras finalidades e do seu mesmo contexto, não constitui diploma de aplicação geral. Sua influência, apenas incide nos mútuos de dinheiro que produzem juros. Não se

[785] Santos, J. M. de Carvalho. **Código Civil brasileiro interpretado, principalmente do ponto de vista prático**. 13. ed. v. XI. Rio de Janeiro: Freitas Bastos S.A, 1986, p. 442.

[786] Nonato, Orosimbo. **Curso de obrigações** (generalidades-espécies). v. II. Rio de Janeiro: Forense, 1959, p. 365.

trata aqui de distinção ou acurtamento introduzido arbitrariamente pelo intérprete da lei, senão de exame do alcance do diploma, desvelado não só pelo complexo de seu texto, como pelos objetivos a que visa. É certo fazer o seu artigo 1° referência a "quaisquer contratos", mas a alusão alcança quaisquer contratos, todos os contratos de natureza dos visados na lei, vale dizer, todos os contratos de mútuo feneratício. Trata-se de lei de usura, que dizer, de lei de juros. A lei visa a coibir a remuneração exagerada do capital e, pois, abrange os contratos de mútuo feneratício[787].

Agostinho Alvim[788] acompanhava este entendimento, uma vez que também considera a Lei de Usura como uma limitação específica das cláusulas penais inseridas em contratos de mútuo feneratício, de forma que a única restrição genérica sobre a cláusula penal foi a estabelecida pelo artigo 920 do Código Civil.

Ainda sob a égide do Código Civil de 1916, o tema foi ao Supremo Tribunal Federal que, em 1943, entendeu pela aplicação restritiva da Lei de Usura de modo que o artigo 9º seria aplicado somente a contratos de mútuo feneratício[789]. Posteriormente, o Supremo Tribunal Federal teve a oportunidade de reafirmar o seu entendimento em diversos acórdãos[790].

O Superior Tribunal de Justiça possuía posição majoritária no sentido de interpretação restritiva da Lei da Usura[791]. Como entendido, em maio de 1999, pela 3ª Turma, manteve-se a antiga posição do Supremo Tribunal Federal afirmando que, em caso de contrato de compra e venda, prevalece a inaplicabilidade da norma da Lei da Usura a estabelecer que a multa não ultrapasse 10%[792].

787 BRASIL. REsp 151.458/RS, Rel. p/ acórdão Min. Carlos Alberto Menezes Direito, j. 8-11-2002.

788 ALVIM, Agostinho. **Da inexecução das obrigações e suas conseqüências**. 3. ed. São Paulo: Jurídica e Universitária, 1965, p. 187.

789 BRASIL. RE 6.799/RN, Rel. Min. José Linhares, j. 20-04-1943.

790 BRASIL. AI 23935, Segunda Turma, Rel. Min. Victor Nunes, DJU 12-09-1961, p. 1907; BRASIL. RE 50130, Primeira Turma, Rel. Min. Luis Gallotti, j. 27-08-1962, RTJ 26/177; BRASIL. RE 51313, Primeira Turma, Rel. Min. Gonçalves de Oliveira, j. 14-03-1963, RTJ 27/409; BRASIL. RE 57395, Primeira Turma, Rel. Min. Evandro Lins, Ementa 604-03/1384; BRASIL. RE 44655, Segunda Turma, Rel. Min. Victor Nunes, j. 26-10-1965, DJU 08-12-1965.

791 BRASIL. REsp 151458, Terceira Turma. Rel. Min. Carlos Alberto Menezes Direito, j. 08-11-2002, DJU 17-03-2003, p. 224.

792 BRASIL. REsp 85356, Rel. Min. Eduardo Ribeiro, DJU 29-11-1999, p. 158.

Porém, no mesmo ano, em novembro, a 4ª Turma decidiu justamente pelo lado oposto ao afirmar que a regra do artigo 9º do decreto não contém nenhuma limitação quanto a incidir apenas sobre os contratos de mútuo[793].

Mesmo diante de uma jurisprudência oscilante nesse sentido, assentou-se, como majoritária na doutrina — e posteriormente, no próprio entendimento dos tribunais — a visão de que a Lei de Usura apenas se destina a regular o contrato de mútuo feneratício.

A discussão a respeito da amplitude da Lei de Usura se manteve com a promulgação do novo Código Civil, em 2002, e também trouxe opiniões divergentes. De modo geral, a discussão era semelhante com relação à extensão da aplicabilidade da Lei de Usura. No entanto, possuía suas peculiaridades. Afinal, o Código atual é posterior à Lei de Usura, invertendo-se, portanto, a ordem cronológica das leis.

Para Fábio Ulhoa Coelho, com a promulgação do Código de 2002, o Decreto n. 22.626 fora revogado, uma vez que "desde a vigência do atual Código, a pena pelo inadimplemento pode ser contratada até empatar com o valor da obrigação principal."[794].

Flávio Tartuce entende que mesmo com o Código atual, a aplicação da Lei de Usura se aplica a todas as cláusulas moratórias — sem distinção da natureza contratual —, pois,

> as consequências da mora são menores do que as do inadimplemento, do ponto de vista do credor, devendo a multa moratória ser fixada em montante menor do que a multa compensatória. Reforçando, o limite da multa moratória em, no máximo, 10% (dez por cento) sobre o valor do débito afasta o enriquecimento sem causa, com base no princípio da função social dos contratos e da obrigação[795].

Por outro lado, Hideo Arai entende, com base no princípio da especialidade, que a Lei de Usura permanece em vigor, mas com aplicação restritiva. Esclarecedoras, a esse respeito, suas palavras:

[793] BRASIL. REsp 229776, Rel. Min. Ruy Rosado, DJU 17-12- 1999, p. 381.

[794] COELHO, Fábio Ulhoa. **Curso de direito civil**. Obrigações. Responsabilidade Civil. 5. ed. São Paulo: Saraiva, 2012.

[795] TARTUCE, Flávio. **Direito civil**: direito das obrigações e responsabilidade civil. v. 2. 12. ed. Rio de Janeiro: Forense, 2017, pp. 248-249.

> Em relação à Lei da Usura, entendemos oportuno trazer algumas considerações quanto a sua aplicação em relação ao Código Civil de 2002. Aquela, por força do princípio da especialidade, deve ser aplicada aos casos de mútuo, enquanto este rege, genericamente, os demais contratos. As regras da Lei da Usura podem ser aplicadas aos mútuos do Código Civil, pois este não trouxe regras específicas nos artigos 586 a 592. Contudo, as regras da Lei da Usura não se aplicam às cláusulas penais dos mútuos de natureza financeira que são reguladas pela Lei n. 4.595/64, conforme prevê a Súmula n. 596 do Supremo Tribunal Federal[796].

Silvio Rodrigues acompanha tal entendimento: "merece aplauso essa jurisprudência que limitou a abrangência do Decreto n. 22.626, de 7 de abril de 1933, para entendê-lo como só alcançando as cláusulas penais estipuladas em contrato de mútuo."[797] Caio Mário também entende pela aplicação restritiva das disposições contidas na Lei de Usura, "porque o mútuo é tratado como contrato típico, e pode comportar normas restritivas, como, aliás, aconteceu com o Decreto n. 22.626, de 7 de abril de 1933, que restringiu a pena convencional, para aquele contrato, no limite de 10% do débito."[798].

Acompanhamos a posição da doutrina majoritária, uma vez que entendemos pela aplicação da Lei de Usura circunscrita aos contratos de mútuo em dinheiro, que é o tipo negocial a que ela se destina. Ademais, no atual Código não houve regulamentação específica quanto às cláusulas penais inseridas em contrato de mútuo feneratício. Portanto, podem coexistir a norma geral e a norma especial nesse sentido. Até porque, como se verá a seguir, é comum a existência de leis especiais que disponham sobre cláusula penal aplicável a contratos específicos.

Nas palavras de Norberto Bobbio:

> As regras fundamentais para a solução de antinomias seriam: (iii) o critério da especialidade (*lex specialis*): Lei especial derroga lei geral — Por

[796] Arai, Rubens Hideo. Cláusula penal. *In*: (org.) Lotufo, Renan; Nanni, Giovanni Ettore. **Obrigações**. São Paulo: Atlas, 2011, p. 744.

[797] Rodrigues, Silvio. **Direito civil**: parte geral das obrigações. v. 2. São Paulo: Saraiva, 2002, p. 278.

[798] Pereira, Caio Mário da Silva. **Instituição de direito civil**. v. 2. Atual. Guilherme Calmon Nogueira da Gama (coord.) 29. ed. Rio de Janeiro: Forense, 2017, p. 153.

> efeito da lei especial, a lei geral cai parcialmente (é uma antinomia total -parcial).
> [...]
> O critério de especialidade se comporta da mesma forma como se comporta em relação ao critério cronológico: o critério de especialidade prevalecerá a depender da interpretação dada à norma especial. Se a norma especial for vista como mais justa, ela deverá prevalecer[799].

Nesse sentido, é possível concluir que, principalmente, à luz do Código Civil de 2002, não há mais cabimento referir-se à Lei de Usura de maneira ampla, incluindo todos os contratos. Sua restrição é específica aos contratos de empréstimo em dinheiro. Com efeito, o artigo 9º da Lei de Usura não foi revogado pelo Código Civil de 2002, mas tem sua aplicabilidade restrita aos contratos de mútuo[800]. Mesmo em relação aos contratos de mútuo, deve-se observar o disposto na a Súmula 596 do STF, segundo a qual "As disposições do decreto 22626/1933 não se aplicam às taxas de juros e aos outros encargos cobrados nas operações realizadas por instituições públicas ou privadas, que integram o sistema financeiro nacional".

Em síntese, não é aceitável a aplicação geral dos referidos artigos da Lei da Usura. Cm a ressalva sobre preceitos específicos que limitam a abrangência das cláusulas penais em determinados contratos, o artigo 412 deve ser entendido como único texto normativo básico capaz de limitar de forma genérica a cláusula penal.

6.4.2 *Demais diplomas*

Conforme analisado, existem disposições específicas quanto ao montante de cláusulas penais em diversos outros diplomais legais.

O artigo 52, § 1º do Código de Defesa do Consumidor, com a redação dada pela Lei n. 9.298/1996, no qual se estabelece que "as multas de mora decorrentes do inadimplemento de obrigações no seu termo não

[799] Bobbio, Norberto. A teoria do ordenamento jurídico. *In*: **O positivismo jurídico**: lições de filosofia do direito. São Paulo: Ícone, 1995.

[800] "O art. 9º do Decreto n. 22.626/1933 (Lei de Usura), que limita a multa moratória a 10% do valor da dívida, só é aplicável aos mútuos feneratícios" (Recurso Especial nº 1.455.515/ES, 3ª Turma, Rel. Min. João Otávio de Noronha, j. em 02.06.16).

poderão ser superiores a dois por cento do valor da prestação"[801]. Nesse caso, trata-se, portanto, de uma limitação à cláusula penal moratória específica das relações de consumo.

Ainda sobre cláusulas penais moratórias, no compromisso de compra e venda, cessões e promessas de cessão de imóveis loteados, regulado pela Lei n. 6.766/1979, em seu artigo 26, inciso V, pode-se observar que os instrumentos poderão prever "cláusula penal, nunca excedente a 10% (dez por cento) do débito e só exigível nos casos de intervenção judicial ou de mora superior a 3 (três) meses"[802].

O Decreto-Lei n. 70/1966 dispõe no artigo 34, I, nas cédulas hipotecárias "as penalidades previstas no contrato de hipoteca, até 10% (dez por cento) do valor do mesmo débito, e da remuneração do agente fiduciário"[803].

Por sua vez, no caso dos títulos de crédito rural, o artigo 71, do Decreto-Lei n. 167/1967 prevê:

> o emitente da cédula de crédito rural, da nota promissória rural, ou o aceitante da duplicata rural responderá ainda pela multa de 10% (dez por cento) sôbre o principal e acessórios em débito, devida a partir do primeiro despacho da autoridade competente na petição de cobrança ou de habilitação de crédito.

De forma similar, em relação aos títulos de crédito industrial, o Decreto-Lei n. 413/1969, no artigo 58, determina:

> o emitente da cédula de crédito industrial responderá ainda pela multa de 10% (dez por cento) sôbre o principal e acessórios em débito, devida

[801] Para a análise das questões advindas dessa limitação, ver: Oliva, Milena Donato; Abílio, Vivianne da Silveira. A cláusula penal compensatória estipulada em benefício do consumidor e o direito básico à reparação integral. **Revista de Direito do Consumidor**, v. 105, pp. 273-294, maio-jun. 2016; Neves, José Roberto de Castro. **O Código do Consumidor e as cláusulas penais**. Rio de Janeiro: Forense, 2005.

[802] Para o estudo da Lei n. 6.766/1979, remetemos a Sabino, Jamilson Lisboa. **Lei de parcelamento do solo urbano comentada**. São Paulo: Saraiva, 2016 (*ebook*).

[803] Para o estudo do Decreto-Lei n. 70/1966: Erhardt, Manoel de Oliveira. A execução hipotecária por agente financeiro (Lei n. 5.741/71 e Decreto-lei n. 70/66). *In*: (coord.) Guerra, Alexandre. Benacchio, Marcelo. **Direito imobiliário brasileiro**. Novas fronteiras na legalidade constitucional. São Paulo: Quartier Latin do Brasil, 2011.

> a partir do primeiro despacho da autoridade competente na petição de cobrança ou de habilitação do crédito[804].

As dívidas condominiais têm como teto das penalidades decorrente de atraso o percentual de 2%, conforme o artigo 1.336, § 1º, do Código Civil.

No âmbito societário, em relação à obrigação de realizar o capital, a Lei das S.A, no § 2º do artigo 106 estabelece:

> O acionista que não fizer o pagamento nas condições previstas no estatuto ou boletim, ou na chamada, ficará de pleno direito constituído em mora, sujeitando-se ao pagamento dos juros, da correção monetária e da multa que o estatuto determinar, esta não superior a 10% (dez por cento) do valor da prestação.

No entendimento de Luis Spinelli, diante da ausência de previsão legal expressa, essa limitação se restringe às Sociedades Anônimas, não sendo extensiva às limitadas[805].

6.5 Limites específicos das cláusulas substitutivas

Quanto às cláusulas penais substitutivas, há disposições específicas no próprio Código Civil capazes de limitar o seu conteúdo, notadamente quando relacionadas à resolução do contrato.

Na compra e venda com reserva de domínio, optando o credor por recuperar a posse da coisa vendida (artigo 526, segunda parte), o artigo 527 limita a indenização e, por conseguinte, a eventual cláusula penal ao montante necessário para cobrir a depreciação da coisa, as despesas feitas e o mais que de direito for devido ao credor, sendo devida em caso de recuperação da coisa.

No transporte de pessoas, se o passageiro optar por desistir do transporte antes de iniciada a viagem, o artigo 740, § 3º, limita a cláusula penal compensatória a 5% da importância a ser restituída ao passageiro.

[804] Para o estudo do Decreto-Lei n. 413/1969, remetemos a Montu, Ricardo. **Novos financiamentos**: os títulos de crédito advindos do desenvolvimento econômico. Disponível em: https://www.conjur.com.br/2009-jun-09/diferentes-titulos-credito-advindos-desenvolvimento-economia. Acesso em: 13 jan. 2020.

[805] Spinelli, Luis Felipe. **Exclusão de sócio por falta grave na Sociedade Limitada**. São Paulo: Quartier Latin, 2015.

Além desses, podemos, ainda, citar, os contratos de construção ajustada, conhecidos como *built to suit*. De acordo com o § 2º, do artigo 54-A, da Lei n. 8.245/1991, a cláusula compensatória "não excederá, porém, a soma dos valores dos aluguéis a receber até o termo final da locação"[806]. A esse respeito, convém referir o enunciado 67 da II Jornada de Direito Comercial segundo o qual "na locação *built to suit*, é válida a estipulação contratual que estabeleça cláusula penal compensatória equivalente à totalidade dos alugueres a vencer, sem prejuízo da aplicação do artigo 416, parágrafo único, do Código Civil".

Por mim, faz-se necessário tecer algumas considerações sobre a recente Lei n. 13.786/2018, conhecida vulgarmente como "Lei do Distrato". Por meio da referida Lei, o legislador visou regular as consequências do inadimplemento do adquirente em contratos de compra e venda de imóveis em regime de incorporação e loteamento, disciplinados, respectivamente, nas Leis n. 4.591/1964 e n. 6.766/1979.

Dentre as inovações trazidas pela nova Lei, tem especial relevo para os fins do presente trabalho o novo artigo 67-A, acrescido à Lei n. 4.591/1964, bem como o artigo 32-A, acrescido à Lei n. 6.766/1979. Os referidos dispositivos estabelecem limites para as cláusulas penais previstas para o caso de extinção do contrato em decorrência de inadimplemento dos adquirentes.

Antes de qualquer aprofundamento, cumpre atentar à terminologia equivocada utilizada para denominar a nova Lei. Isso porque, o termo "distrato" se refere ao desfazimento do contrato em um contexto de comum acordo entre as partes, isto é, uma resilição bilateral, de modo que os contratantes extinguem o vínculo obrigacional estabelecido pelo contrato.

Contudo, a Lei n. 13.786/1918 traz em seu preâmbulo e *caput* do artigo 1º, a seguinte disposição:

> Altera as Leis n. 4.591, de 16 de dezembro de 1964, e 6.766, de 19 de dezembro de 1979, para disciplinar **a resolução do contrato por inadimplemento** do adquirente de unidade imobili*á*ria em incorporação imobili*á*ria e em parcelamento de solo urbano. (grifo nosso)

[806] Para o estudo do contrato *built to suit:* Leonardo, Rodrigo Xavier. O contrato *built to suit*. *In*: (coord.) Carvalhosa, Modesto. **Tratado de Direito Empresarial**. v. 4. São Paulo: RT, 2016.

A literalidade do preâmbulo da Lei não deixa dúvida quanto ao contexto em que é aplicável: resolução por inadimplemento do adquirente. Trata-se, portanto, da extinção em razão do inadimplemento absoluto e unilateral, não havendo que se falar em situação de desfazimento do contrato por vontade de ambas as partes em termos distintos daqueles previstos contratualmente.

Com efeito, o §13º do artigo 67-A assim determina: "Poderão as partes, em comum acordo, por meio de instrumento específico de distrato, definir condições diferenciadas das previstas nesta Lei".

Ademais, o artigo 35-A da Lei n. 4.591/1964 e o inciso V do artigo 26-A, acrescido à Lei n. 6.766/1979, preveem que no quadro-resumo constante dos contratos de compra e venda de imóveis 'na planta' estejam previstas "as consequências do desfazimento do contrato, seja por meio de distrato, seja por meio de resolução contratual motivada por inadimplemento de obrigação do adquirente".

No entanto, mais uma vez, percebe-se a equívoca utilização do termo. Afinal, caso fosse facultativo às partes anteverem as cláusulas do futuro distrato, isso, por si só, esvaziaria seu conceito, pois denomina-se distrato justamente o cenário em que a extinção do contrato ocorre em termos distintos daqueles previstos, em comum acordo. Essa imprecisão vem sendo apontada pela doutrina[807].

Assim, a chamada "Lei do Distrato" regula, na realidade, tão somente as hipóteses em que haja extinção do contrato em função de inadimplemento unilateral, isto é, uma resolução contratual, de modo que já surgem sugestões na doutrina "para afastar confusões interpretativas, que a expressão 'distrato' seja suprimida do *caput* do artigo 67-A, encerrando interpretações conflitivas entre os referidos dispositivos legais"[808].

[807] "O termo distrato a*í* alude, na verdade, *à* resili*ção unilateral, pois, como a resiliçã*o bilateral pressup*õe um acordo de vontade futuro, é* absolutamente imposs*í*vel que, no momento da celebração do contrato principal, as partes j*á* antevejam as cl*á*usulas de um futuro acordo de resilição. N*ão existe, por impossibilidade jurí*dica, distrato com cl*á*usulas j*á* definidas no momento da celebração de um contrato, pois o distrato pressupõe que o acordo seja necessariamente posterior ao contrato."
Oliveira, Carlos E. de; Silva, Bruno Mattos. A recente Lei do Distrato (Lei 13.786/2018): o novo cenário jurídico dos contratos de aquisição de imóveis em regime de incorporação imobiliária e em loteamento. *In*: (coord.) Vitale, Olivar. **Lei dos Distratos**: Lei 13.786/18. São Paulo: Quartier Latin, 2019, p. 104.

[808] Baldissera, Fábio Machado; Borchardt, Bernardo; Cantali, Rodrigo Uztárroz. Incorporação imobiliária: alcance do distrato nos termos do § 13º do artigo 67-A da Lei

Superada a questão da atecnia do termo, a fim de compreender a *ratio* do legislador, cumpre aludir suscintamente ao contexto histórico no momento prévio à concepção da Lei n. 13.786/2018. Nesse sentido, destaca-se, de antemão, a importância social do tipo de contrato regulado pela Lei. O contrato de compra e venda de imóvel em regime de incorporação ("na planta") pode ser considerado um dos mais corriqueiros e com enorme relevância social. O sonho da casa própria, por um lado, demanda comprometimento de parcela expressiva da renda da população, por outro lado, impulsiona a construção civil, que é uma atividade com enorme participação na economia nacional. Trata-se, nesse particular, de contrato correlacionado ao direito à moradia e, consequentemente, com potencial para afetar o fundamento constitucional da dignidade da pessoa humana.

Nesse sentido, em uma país com instabilidades econômicas, as crises financeiras têm como um dos primeiros impactos perceptíveis a dificuldade no cumprimento desses contratos e o aumento da inadimplência. Em cenários de incerteza proporcionados pelas crises econômicas e o inerente aumento do desemprego, o inadimplemento dos contratos em questão sofre forte incremento. O impacto na renda da população acaba por inviabilizar o cumprimento do contrato, levando o adquirente a desistir do negócio ou ficar inadimplente a ponto de acarretar a resolução do contrato[809].

Ademais, não era incomum que o preço do imóvel, dado o contexto de crise no setor imobiliário, decaísse exponencialmente. A situação, portanto, era a de um valor muito superior do imóvel quando da celebração do contrato se comparado àquele do momento de entrega das chaves[810].

Pelo polo das incorporadoras o capital levantado com as parcelas adimplidas na compra de imóveis "na planta" é destinada a suprir os

4.951/1964. *In*: **Lei dos Distratos**: Lei 13.786/18. (coord.) Vitale, Olivar. São Paulo: Quartier Latin, 2019, p. 149.

809 Sales, Patrícia. Extinção do compromisso de compra e venda por inadimplemento do comprador no atual cenário de crise e a Lei 13.786, de 27 de dezembro de 2018. Maior segurança jurídica? *In*: (coord.) Vitale, Olivar. **Lei dos Distratos**: Lei 13.786/18. São Paulo: Quartier Latin, 2019, p. 286.

810 Oliveira, Carlos E. de; Silva, Bruno Mattos. A recente Lei do Distrato (Lei 13.786/2018): o novo cenário jurídico dos contratos de aquisição de imóveis em regime de incorporação imobiliária e em loteamento. *In*: (coord.) Vitale, Olivar. **Lei dos Distratos**: Lei 13.786/18. São Paulo: Quartier Latin, 2019, p. 72.

custos das empresas com a obra, mão de obra e divulgação do empreendimento. Justamente por essas razões, não raro as cláusulas penais constantes previstas nesses contratos para o caso de resolução por inadimplemento do adquirente estabeleciam a perda da integralidade ou de parte substancial das parcelas adimplidas.

Por se tratar de um dos contratos mais frequentes no direito brasileiro, a discussão sobre estas penalidades constituiu objeto de demandas cada vez mais frequentes nos tribunais pátrios[811]. No julgamento dessas demandas, naturalmente, havia a consideração de que o contrato de compra e venda de imóvel na planta é formado, na esmagadora maioria dos casos, na modalidade de adesão, com consumidores figurando no polo adquirente. Desta forma, a análise sobre o excesso das cláusulas penais fixadas em desfavor do adquirente era norteada pela hipossuficiência do mesmo em relação à incorporadora.

Nesse sentido, ante a ausência de qualquer texto legal que dispusesse especificamente sobre o assunto, a jurisprudência passou a traçar os limites à cláusula penal presente nesses contratos, buscando amenizar os prejuízos causados ao adquirente frente à retenção dos valores referentes às parcelas já adimplidas em contexto de resolução contratual. A grande problemática surge a partir desse momento: os limites impostos para a retenção dos valores por parte das incorporadoras encontravam percentuais variáveis, porquanto cabia a cada juízo defini-lo com base nas peculiaridades do caso concreto. Os Tribunais exerciam o controle sobre as cláusulas penais com fundamento no disposto no artigo 413, do Código Civil c/c artigo 53 da Lei n. 8.078/1990[812], intervindo nas

[811] "Os profissionais do mercado imobiliário, sobretudo os que atuam no CRM das incorporadoras, testemunham ddiuturnamente a resistência do adquirente quando da cobrança da multa prevista na cláusula penal. Não raro, no perto do anterior à publicação da citada lei, o cliente interrompia a negociação quando cientificado da multa rescisória, momento em que iniciava-se a busca pela solução judicial. isso na tentativa de eximir-se da multa, ignorando, contudo, a duração, bem como o custo do processo/honorários de sucumbência". Gaspar, Alan. A instrumentalidade da cessão de direitos no fomento à desjudicialização e na prevenção de litígios (Artigo 67-A, § 9º, da Lei 13.786/20180). *In:* (coord.) Vitale, Olivar. **Lei dos Distratos**: Lei 13.786/18. São Paulo: Quartier Latin, 2019, p. 21.

[812] "Nos contratos de compra e venda de móveis ou imóveis mediante pagamento em prestações, bem como nas alienações fiduciárias em garantia, consideram-se nulas de pleno direito as cláusulas que estabeleçam a perda total das prestações pagas em benefício do credor que, em razão do inadimplemento, pleitear a resolução do contrato e a retomada do produto alienado".

cláusulas que previam a perda total ou substancial dos valores das prestações pagas.

Em função dos critérios subjetivos para mensurar a excessividade da multa, era de se esperar que os percentuais de restituição fixados pelos Tribunais fossem, por vezes conflitantes[813]. Muito embora a jurisprudência seguisse um padrão, estabelecendo o percentual de restituição de 70%, não raro eram proferidas decisões nas quais restavam ajustados percentuais ainda mais altos, chegando a 90%, sendo manifesto o prejuízo para as construtoras em um cenário de inadimplemento em massa.

Instalou-se, por conseguinte, uma enorme insegurança jurídica em relação aos percentuais de devolução das parcelas já quitadas. Por um lado, o adquirente se via impossibilitado de planejar financeiramente a compra do imóvel, posto que ao assumir o compromisso, as consequências no caso de inadimplemento não eram previsíveis. Por outro lado, o planejamento das incorporadoras restava inevitavelmente prejudicado. Inúmeras foram as incorporações denunciadas ou de outra forma abortadas frente à enorme taxa de inadimplência, pois a devolução das parcelas recebidas inviabilizava o fluxo de caixa necessário à construção das unidades imobiliárias, mormente nas incorporações submetidas ao regime do patrimônio de afetação[814].

[813] BRASIL. AG 450169/MG, Rel. Min Barros Monteiro, j. 11-11-02 / BRASIL. REsp 50691/SP, Rel. Min. Ruy Rosado de Aguiar, j. 16-07-03 / BRASIL. 5457708/MG, Rel. Min. Nancy Andrighi, j. 24-11-03/ BRASIL. REsp 619135/SP, Rel. Min. Nancy Andrighi, j. 21-05-04/ BRASIL. Min. Humberto Gomes de Barros, j. 29-06-04/ BRASIL. AG 578152/RS, Rel.Min. Carlos Alberto Menezes Direito, j. 23-06-04 — 30%/ BRASIL. REsp 313770/MG, Rel. Min Carlos Alberto Menezes Direito, j. 25-08-04/ BRASIL. AG 521505/MG, Rel. Min. Antônio de Pádua Ribeiro, j. 26-10-04/ BRASIL. AG 517201/RS, Rel. Min. Antônio de Pádua Ribeiro, j. 31-04-05/ BRASIL. AgInt nos EDcl no AREsp 989906/SP, Rel. Min. Marco Aurélio Bellizze, Terceira Turma, j. 24-10-17/ BRASIL. AgRG no AREsp 730520/DF, Rel. Min. Luiz Felipe Salomão, Quarta Turma, j. 25-08-15/ BRASIL. RCDEsp no AREsp 208018/SP, Rel. Min. Sidnei Beneti, Terceira Turma, j. 16-10-12/ BRASIL. EAg 1138183/PE, Rel. Min. Sidnei Beneti, Segunda Seção, j. 27-06-12/ BRASIL. REsp 838516/RS, Rel. Min. Luis Felipe Salomão, Quarta Turma, j. 17-05-11/ BRASIL. AgRg no Ag 1283663/SP, Rel. Min. Sidnei Beneti, Terceira Turma, j. 14-12-10/ BRASIL. AgRg no Ag 608550/MG, Rel. Min. Carlos Fernando Mathias, Quarta Turma, j. 19-08-08/ BRASIL. AgRg no Ag 1100908/RO, Rel. Min Luis Felipe Salomão, Quarta Turma, j. 18-08-09/ BRASIL. REsp 397821/SP, Rel. Min. Hélio Quaglia Barbosa, Quarta Turma, j. 19-09-07/ BRASIL. REsp 686865/PE, Rel. Min. Aldir Passarinho Junior, Quarta Turma, j. 28-08-07.

[814] "A afetação não interfere no conteúdo do direito subjetivo do incorporador, mas condiciona o exercício dos poderes do incorporador, vinculando-o ao cumprimento da função

Destarte, a necessidade de uniformizar o entendimento sobre as cláusulas penais em desfavor dos adquirentes de imóveis "na planta" se revelava necessária para afastar a instabilidade do setor imobiliário e conferir o mínimo de segurança jurídica. Nesse contexto, o objetivo da nova Lei foi o de "[...] pacificar as relações de consumo, trazendo regras claras para reforçar a obrigatoriedade do vínculo contratual, como forma de proteção do empreendimento, da sociedade como um todo e, principalmente, do bom consumidor"[815].

A Lei n. 13.786/2018 passou, então, a regulamentar os efeitos da resolução de contratos de compra e venda de imóveis em regime de incorporação e loteamento, solucionando a insegurança jurídica instaurada no período que a antecedeu e, consequentemente, reduzindo a "judicialização" do tema[816].

A Lei estabeleceu distinção entre os contratos de compra e venda de imóveis submetidos ao regime de patrimônio de afetação e aqueles que não se submetem a tal regime. Foram diferenciados os percentuais de retenção máximos permitidos, além dos prazos para a restituição dos valores ao adquirente.

No § 5º do artigo 67-A da Lei restou estabelecido que, quando a incorporação estiver submetida ao regime do patrimônio de afetação, o incorporador poderá reter 50% dos valores pagos pelo adquirente. O prazo para a restituição da outra metade deve ocorrer em até 30 dias contados do habite-se ou documento equivalente.

econômica e social da incorporação afetada. O "patrimônio da afetação" visa proteger a incorporação afetada contra os ricos patrimoniais de outros negócios da empresa incorporadora, visando a que seus eventuais insucessos em outros negócios não interfiram na estabilidade econômico-financeira da incorporação afetada. Por efeito da afetação, cria-se um regime de vinculação de receitas, pelo qual as quantias pagas pelos adquirentes fiquem afetadas à consecução da incorporação, vedado, nos limites definidos pela lei, o desvio de seus recursos para outras finalidades". (CHALHUB, Melhim Namem, "*Da Incorporação Imobiliária*", 2ª ed, Rio de Janeiro: Renovar, 2005, p. 62).

[815] TERRA, Marcelo; RIBEIRO, Ana Paula. Compromisso de compra e venda: a tarifação expressa da cláusula penal pela Lei 13.786, a Lei dos Distratos. *In*: (coord.) VITALE, Olivar. **Lei dos Distratos**: Lei 13.786/18. São Paulo: Quartier Latin, 2019, p. 239.

[816] GASPAR, Alan. A instrumentalidade da cessão de direitos no fomento à desjudicialização e na prevenção de litígios (Artigo 67-A, § 9º, da Lei 13.786/20180). *In:* (coord.) VITALE, Olivar. **Lei dos Distratos**: Lei 13.786/18. São Paulo: Quartier Latin, 2019, pp. 20-21.

Quanto às incorporações não submetidas ao regime de afetação, o inciso II do mesmo artigo estabelece que "a pena convencional não poderá exceder a 25% (vinte e cinco por cento) da quantia paga". Nessas incorporações, o prazo de restituição é determinado pelo § 6º do artigo 67-A, que fixa em 180 dias o prazo da incorporadora, contados do desfazimento do contrato.

Em relação aos percentuais definidos pela nova Lei, nota-se que a alteração se deu de forma mais expressiva no âmbito dos contratos relacionados às incorporações submetidas ao regime de patrimônio de afetação. O valor a ser restituído nessas hipóteses praticamente quase dobrou (antes, a média era de 20% a 25% estabelecidas pelas decisões judiciais, após a Lei, a restituição passou a ser de 50%). A discrepância passou a ser objeto de divergência entre a recente doutrina sobre o tema.

Alguns autores sustentam que o percentual de 50% foi estabelecido pelo legislador com o intuito de incentivar o incorporador a optar pelo regime de patrimônio de afetação, uma vez que a retenção dos valores já pagos pelo adquirente é substancialmente maior. Mas, por outro lado, essa disposição acaba prejudicando o adquirente, justamente em uma operação que, em tese, deveria ser mais segura, porque há certeza quanto à finalização e entrega do empreendimento[817].

Para outros autores, a Lei n. 13.786/2018 tem como propósito estabelecer um equilíbrio contratual entre adquirente e incorporadora, impedindo, com isso, que o contrato se torne excessivamente oneroso para alguma das partes[818]. Sob essa lógica, a incorporadora, ao conferir maior garantia ao adquirente de consumação do empreendimento por meio da adoção do patrimônio de afetação, teria o direito de reter um maior percentual em situações de resolução do contrato. Já sob a ótica do comprador, embora as consequências do inadimplemento sejam mais onerosas, não haveria riscos para o recebimento do imóvel na hipótese de falência da empresa construtora, por exemplo. De todo modo, acreditamos que a

[817] MOTA, Beatriz Vila Nova Sodré da. O patrimônio da afetação, dessa vez, em prejuízo do consumidor. *In*: (coord.) VITALE, Olivar. **Lei dos Distratos**: Lei 13.786/18. São Paulo: Quartier Latin, 2019, p. 62.

[818] SANTOS, Anna Gabriella Oliveira dos. O (des)equilíbrio no atual desfazimento do contrato de aquisição de imóvel. Lei dos distratos. Proteção às construtoras ou aos consumidores? *In:* (coord.) VITALE, Olivar. **Lei dos Distratos**: Lei 13.786/18, São Paulo: Quartier Latin, 2019, p. 54.

segurança jurídica conferida pela nova Lei transcende a discussão sobre a onerosidade da retenção.

No que concerne à possível extensão de aplicação da Lei n. 13.786/2018, seu preâmbulo, bem como o *caput* do artigo 1º da Lei n. 13.786/2018, são categóricos quanto à sua restrição aos contratos que regulam a aquisição de imóveis "na planta". A despeito da literalidade do texto legal, a doutrina sobre a nova legislação sustenta que a nova Lei deve ser aplicada aos contratos de compra e venda de imóveis prontos e, portanto, não submetidos ao regime da incorporação, quando nesses contratos o adquirente puder ser considerado consumidor. Observa-se, para esses casos, o princípio *ubi eadem ratio, ibi eadem iuris*, o qual estabelece que onde existe a mesma razão, a mesma regra deverá ser aplicada[819].

Essa aplicação analógica da Lei n. 13.786/2018 à compra e venda de imóveis prontos, em que caracterizada a figura do consumidor, nos termos do artigo 2º do Código de Defesa do Consumidor[820], não é pertinente para os fins do presente trabalho, que, conforme esclarecido não envolve as relações de consumo. Entretanto, a abordagem sobre a Lei n. 13.786/2018 se justifica, pois sua abrangência não é limitada a contratos de compra e venda de imóveis "na planta" em que o adquirente é destinatário final do produto, sendo extensiva a todo e qualquer contrato

[819] "[...] em se tratando de venda de imóveis construídos, deve ser admitida, por analogia, a aplicação da nova Lei quando o comprador puder ser considerado consumidor, pois, onde há o mesmo fundamento deve haver a mesma regra (ubi eadem ratio, ibi eadem iuris). O artigo 4º da LINDB autoriza essa analogia. [...]Por fim, embora a lei só trate de contratos de compra e venda de seus desdobramentos (promessas e cessões), ela também deve ser estendida, por analogia, mutatis mutandi, a outras espécies contratuais envolvendo transferência de imóvel, como o contrato de permuta. Assim, se um consumidor trocar um terreno próprio por um apartamento "na planta", devem-se observar analogicamente as regras da nova Lei, como as de limites de valores de multas compensatórias". Oliveira, Carlos E. de; Silva, Bruno Mattos. A recente Lei do Distrato (Lei 13.786/2018): o novo cenário jurídico dos contratos de aquisição de imóveis em regime de incorporação imobiliária e em loteamento. *In*: (coord.) Vitale, Olivar. **Lei dos Distratos**: Lei 13.786/18. São Paulo: Quartier Latin, 2019, pp. 74-75.

[820] "Artigo 2º da Lei n. 8.078/1990. Consumidor é toda pessoa física ou jurídica que adquire ou utiliza produto ou serviço como destinatário final". Importante referir a respeito do conceito de consumidor disposto no artigo 2º da Lei 8.078/90, que a jurisprudência do STJ "entende ser possível a incidência do CDC quando a parte, não sendo destinatária final do produto ou serviço, se apresenta em situação de vulnerabilidade técnica, econômica ou jurídica." BRASIL. AgInt no AREsp 1536569/ PR 2019/0195967-9. Rel. Min. Marco Buzzi. Turma 4, j. 26-11-19.

regido pelas Leis n. 4.591/1964 e n. 6.766/1979, ainda que o adquirente não seja o destinatário final do imóvel.

De fato, a nova lei faz referência ao Código de Defesa do Consumidor em alguns dispositivos, a exemplo do artigo 35-A da Lei n. 7.591/1964[821], precisamente em seu inciso VIII e § 2º. Entretanto, não há uma disposição expressa na Lei capaz de restringir a sua aplicabilidade aos contratos regulamentados pelo Código de Defesa do Consumidor (Lei n. 8.078/1990). O *caput* da Lei indica que ela foi editada "para disciplinar a resolução do contrato por inadimplemento do adquirente de unidade imobiliária em incorporação imobiliária e em parcelamento de solo urbano". A delimitação, portanto, é pelo regime da aquisição (incorporação imobiliária e parcelamento do solo urbano). Não há qualquer fundamento capaz de afastar sua abrangência dos contratos em que o adquirente não possa ser qualificado como consumidor. A doutrina sobre a nova lei acompanha esse entendimento, indicando que as limitações por ela impostas são aplicáveis aos contratos em que o comprador, por exemplo, é um fundo de investimento imobiliário[822].

Para fins de verificação da incidência da nova lei, a caracterização ou não do adquirente como consumidor somente relevará nos casos de aplicação analógica a contratos de compra e venda de imóveis prontos, pois

[821] Artigo 35-A da Lei n. 13.786/18. [...] "VIII — as informações acerca da possibilidade do exercício, por parte do adquirente do imóvel, do direito de arrependimento previsto no artigo 49 da Lei n. 8.078, de 11 de setembro de 1990 (Código de Defesa do Consumidor), em todos os contratos firmados em estandes de vendas e fora da sede do incorporador ou do estabelecimento comercial; [...] § 2º A efetivação das consequências do desfazimento do contrato, referidas no inciso VI do *caput* deste artigo, dependerá de anuência prévia e específica do adquirente a seu respeito, mediante assinatura junto a essas cláusulas, que deverão ser redigidas conforme o disposto no § 4º do artigo 54 da Lei n. 8.078, de 11 de setembro de 1990 (Código de Defesa do Consumidor)".

[822] "Há casos em que o adquirente não é consumidor, a exemplo de fundos de investimentos imobiliários. Não há dúvidas de que casos como esses são alcançados pela nova Lei". OLIVEIRA, Carlos E. de; SILVA, Bruno Mattos. A recente Lei do Distrato (Lei 13.786/2018): o novo cenário jurídico dos contratos de aquisição de imóveis em regime de incorporação imobiliária e em loteamento. *In*: (coord.) VITALE, Olivar. **Lei dos Distratos**: Lei 13.786/18. São Paulo: Quartier Latin, 2019, p. 77. Igualmente, Rodrigo Toscano de Brito compreende: "[...], não só o adquirente-consumidor, como também o adquirente-investidor terá direito de arrependimento diante os requisitos previstos na lei." BRITO, Rodrigo Toscano de. Direito de arrependimento do adquirente no contrato de promessa de compra e venda de imóvel em construção. *In*: (coord.) VITALE, Olivar. **Lei dos distratos**: lei n. 13.786/18. São Paulo: Quartier Latin, 2019, pp. 352-353.

esta analogia só será admissível quando verificada a presença do consumidor. Os contratos de compra e venda de imóveis fora do regime da incorporação, em que não há relação de consumo, não estão sujeitos às disposições da Lei n. 13.786/2018. Nesses casos, o controle sobre o conteúdo da cláusula penal deverá observar as disposições do Código Civil.

Conforme a doutrina sobre a nova legislação, "em vendas entre particulares sem relação de consumo, não há razão para a incidência analógica da nova Lei: o regime da liberdade contratual deve seguir as regras gerais do direito civil"[823].

Portanto, as disposições constantes da Lei n. 13.786/2018 sobre a limitação da cláusula penal constituem limites específicos dos contratos regidos pelas Lei n. 4.951/1964 e Lei n. 6.766/1979, aplicáveis sobre tais contratos independentemente da qualificação do adquirente. Em contratos de compra e venda de imóveis prontos, sem a presença de adquirente caracterizado como destinatário final, não há que se cogitar de aplicação analógica da nova legislação.

[823] Oliveira, Carlos E. de; Silva, Bruno Mattos. A recente Lei do Distrato (Lei 13.786/2018): o novo cenário jurídico dos contratos de aquisição de imóveis em regime de incorporação imobiliária e em loteamento. *In*: (coord.) Vitale, Olivar. **Lei dos Distratos**: Lei 13.786/18. São Paulo: Quartier Latin, 2019, p. 75.

7. A REDUÇÃO DA CLÁUSULA PENAL

7.1 Reflexos da Lei n. 13.874/2019 ("Lei da Liberdade Econômica")

Diferentemente da regra de limitação prévia estabelecida pelo art. 412, a redução equitativa disposta no art. 413 constitui mecanismo de controle do conteúdo da cláusula penal por meio de um *standard*. Enquanto o Código Civil de 1916 era quase que integralmente constituído de regras, o atual, em função da diretriz da operabilidade, contempla diversos *standards*, na forma de cláusulas gerais e conceitos indeterminados, entre eles o artigo 413. Isso se deve à diretriz da operabilidade, que norteou a elaboração do atual Código Civil. Nas palavras de Amaral,

> dessa opção metodológica, resulta conceder-se larga margem de criação ao intérprete para, por meio de princípios, cláusulas gerais, usos do lugar, costumes etc, criar a norma jurídica adequada ao caso concreto, lastreado em sólido embasamento doutrinário, pois doutrina e prática se influenciam e enriquecem reciprocamente[824].

[824] Amaral, Francisco. **Direito civil**: introdução. 5. ed. Rio de Janeiro: Renovar, 2003, p. 101. As cláusulas gerais não são imunes às críticas: "As cláusulas gerais não têm concitado apenas aplausos, mas também críticas agudas. Estas reportam-se à insegurança jurídica e ao arbítrio do julgador, mercê do subjetivismo que se considera inerente às cláusulas gerais. Desenvolveu-se uma extensa controvérsia sobre o tema, principalmente a partir do momento em que Hedeman começou a referir-se a uma 'fuga' (do legislador) para as cláusulas gerais" Costa, Mário Júlio de Almeida. **Direito das obrigações**. 10. ed. Coimbra: Almedina, 2006.

A cláusula geral de redução da cláusula penal representa uma das excepcionais hipóteses nas quais o legislador expressamente conferiu ao julgador poderes para uma intervenção na autonomia privada, desde que verificados determinados pressupostos. Como já tivemos oportunidade de referir neste trabalho, o fundamento do controle sobre o conteúdo da cláusula penal reside no princípio do equilíbrio contratual, base axiológica de outras formas de intervenção, como, por exemplo, as normas dos arts. 317 e 478 a 480.

Diante do seu caráter de standard de intervenção na autonomia privada, a análise da redução da cláusula penal prevista no art. 413 precisar ser iniciada mediante a verificação sobre se o seu quadro normativo sofreu alguma modificação em decorrência da Lei 13.874/2019, nomeadamente as alterações e acréscimos promovidas sobre art. 421 do Código Civil[825].

No tocante ao caput do art. 421, a redação original previa que a liberdade de contratar deveria ser exercida "em razão" e "nos limites" da função social do contrato. A Lei da Liberdade Econômica, porém, restringiu a disposição para definir que a função social do contrato atua, apenas, como um limite da liberdade de contratar, em linha com o que já advertia a doutrina, que sempre defendeu ser a função social "apenas mais uma limitação à liberdade de contratar e não razão de ser do contrato"[826].

[825] A referida Lei é objeto de duras críticas pela doutrina: "Jamais se pode olvidar que a Lei Federal nº 13.874, de 20 de setembro de 2019 (a "LLE"), é consequência de Medida Provisória (nº 881, de 30 de abril de 2019, a "MP") que mais profundas alterações propunha, e que, mesmo modificando dispositivos-chave do Código Civil, fora elaborada à revelia da comunidade jurídica, quebrando com a tradição das grandes reformar legislativas, que é de abertura para o democrático e prévio debate ou, ao menos, para a participação de grandes expoentes do direito privado em sua elaboração. O que se teve foi um ato do Poder Executivo editado "do dia para a noite", com restritíssimo espaço de tempo chamado coletivo a posteriori para correções, resultando, em menos de cinco meses, na chamada "Lei da Liberdade Econômica", felizmente com algumas vitórias da comunidade judaica — que logrou, a revisão a jato e no hercúleo esforço de convencimento, extirpar dispositivos de gravidade maior e modificar outros tantos que fraturariam a coluna vertebral do direito privado." NITSCHKE, Guilherme Carneiro Monteiro. Colmatação de Lacunas Contratuais: Insuficiências do Código civil, Deficiências da lei da Liberdade Econômica o Trabalho da Doutrina. **A Evolução do Direito Empresarial e Obrigacional. Os 18 anos do Código Civil — Obrigações e Contratos — Vol. 2.** Henrique Barbosa; Jorge Cesa Ferreira da Silva (Coords). São Paulo: Quartier Latin, 2021, p. 363.

[826] ZANETTI, Cristiano de Souza. **Direito contratual contemporâneo** — a liberdade contratual e sua fragmentação. Rio de Janeiro: Forense/São Paulo: Método, 2008, p. 199.

Se a alteração do caput do art. 421 traduz adequado aperfeiçoamento do texto normativo, o mesmo não se pode afirmar da inserção do parágrafo único e do art. 421-A, considerado "um exemplo de como não deve ser redigido um texto de lei, por descuidar da boa técnica legislativa", além de "o seu teor expressar algo que já está dito e redito no Código Civil"[827].

As inserções do parágrafo único e do art. 421-A buscaram restringir as intervenções sobre a autonomia naquilo que denominou de "contratos civis e empresariais", positivando (i) a presunção de simetria e paridade; (ii) o denominado "princípio da intervenção mínima"; e (iii) o caráter excepcional e limitado da revisão contratual. Nesse sentido, a alteração legislativa "representa fortalecimento dos princípios contratuais ditos clássicos, em particular a autonomia privada"[828].

Ocorre que a essência dessa modificação legislativa corresponde ao que já representava a doutrina e jurisprudência majoritárias no ordenamento brasileiro[829]. Desde a promulgação do atual Código Civil, a ordem jurídica nacional atravessou crescente aperfeiçoamento na implementação da teoria contratual e da ponderação dos princípios nela consagrados[830].

[827] Fradera, Véra Maria Jacob de. Art. 7º: Liberdade Contratual e Função Social do Contrato — Art. 421 do Código Civil. Comentários a Lei de Liberdade Econômica: Lei 13.874/2019 [livro eletrônico] / coordenadores Floriano Peixoto Marques Neto, Otavio Luiz Rodrigues Júnior, Rodrigo Xavier Leonardo. São Paulo: Thomson Reuters Brasil, 2020.

[828] Rodrigues Junior, Otávio Luiz. Leonardo, Rodrigo Xavier. A Liberdade contratual e a função social do contrato — alteração do art. 421-A do Código Civil: Art. 7º. Comentários a Lei de Liberdade Econômica: Lei 13.874/2019 [livro eletrônico] / coordenadores Floriano Peixoto Marques Neto, Otavio Luiz Rodrigues Júnior, Rodrigo Xavier Leonardo. São Paulo: Thomson Reuters Brasil, 2020.

[829] Em várias ocasiões o STJ prestigiou o a autonomia privada como pilar do direito contratual: STJ, REsp 766,012-RJ, 3a t., Rei. Min, Humberto Gomes de Barros, 07.11.2005; STJ, REsp 493.159-SP, 3a t., Rei. Min. Castro Filho, 19.10.2006; STJ, REsp 1.112.796-PR, 4a t.; Min. Rei. Luis Felipe Salomão, 10.08.2010; STJ, REsp 1.691.008-GO, 3a t., Rei. Min. Ricardo Villas Bôas Cueva, 18.05.2018; STJ, REsp 1.409.849-PR, 3a t., Rei. Min. Paulo de Tarso Sanseverino, 26.04.2016.

[830] O novo art. 421-A revela, contudo, a potencialidade de gerar certa insegurança jurídica, a qual o dispositivo pretendia evitar. Tal se explica pelo fato de que, na atualidade, era perceptível que a teoria geral dos contratos, notadamente no que se refere à função social, adquiria certa estabilidade. Esse processo era perceptível não apenas no âmbito doutrinário, mas sobretudo na jurisprudência, espaço onde se desenvolveu notável esforço para extremar o alcance da função social dos contratos" Rodrigues Junior, Otávio Luiz. Leonardo,

Atendo-se ao tema deste trabalho, entendemos que a inserção do parágrafo único do art. 421 e do art. 421-A demanda a verificação de eventuais reflexos nos seguintes aspectos da redução da cláusula penal, que serão objeto dos subcapítulos a seguir: (i) os pressupostos de incidência; (ii) a natureza cogente da norma; e (iii) a discussão sobre a possibilidade de aplicação de ofício.

7.1.1 *Manutenção dos Pressupostos*

As alterações promovidas no Código Civil pela Lei 13.874/2019 não produziram qualquer alteração nos pressupostos de incidência da redução equitativa da cláusula penal. O texto do art. 413 permanece com a sua redação original e não deve ter sua incidência afastada com fundamento exclusivo no denominado "princípio da intervenção mínima", nem na positivação do caráter excepcional e limitado da revisão contratual.

A realidade é que o legislador de 2019 "pretendeu uma coabitação pouco provável de ser levada a cabo, porquanto producente de antinomia"[831]. De fato, as hipóteses de intervenção na autonomia privada, tais como os arts. 317, 413, e 478 a 480 continuam previstas na legislação, com os mesmos pressupostos, cuja verificação será o único requisito para a incidência dessas normas.

A positivação do princípio da intervenção mínima e da excepcionalidade da revisão contratual não se prestam a abreviar o caminho do intérprete, dispensando-o da tarefa de verificar no caso concreto a presença dos pressupostos do artigo 413, como, desde a vigência Lei 13.874/2019, já se verificou em alguns julgados[832]. A doutrina, nesse particular, alertava, logo após a promulgação da nova legislação, que tais modificações poderiam ter como resultado o de "dar margem a maiores

Rodrigo Xavier. A Liberdade contratual e a função social do contrato — alteração do art. 421-A do Código Civil: Art. 7º. Comentários a Lei de Liberdade Econômica: Lei 13.874/2019 [livro eletrônico] / coordenadores Floriano Peixoto Marques Neto, Otavio Luiz Rodrigues Júnior, Rodrigo Xavier Leonardo. São Paulo: Thomson Reuters Brasil, 2020.

[831] Fradera, Véra Maria Jacob de. Art. 7º: Liberdade Contratual e Função Social do Contrato — Art. 421 do Código Civil. Comentários a Lei de Liberdade Econômica: Lei 13.874/2019 [livro eletrônico] / coordenadores Floriano Peixoto Marques Neto, Otavio Luiz Rodrigues Júnior, Rodrigo Xavier Leonardo. São Paulo: Thomson Reuters Brasil, 2020.

[832] TJRJ, Apelação nº 0027385-77.2017.8.19.0209, Décima Nona Câmara Cível, Relator Des. Guaraci de Campos Vianna, j. em 2.7.2019, DJe 4.7.2019.

arbitrariedades por parte dos aplicadores do direito ou gerar hesitações em relação à correta aplicação dos institutos"[833].

A tentativa de impedir a incidência de mecanismos legais que, sujeitos à presença de pressupostos específicos, permitem a intervenção na autonomia privada, chega a suscitar a inconstitucionalidade das alterações legislativas, em face da possível violação do direito fundamental de acesso à justiça[834]. Ademais, "a intervenção do Estado nas relações jurídicas privadas por meio da revisão contratual, ainda que excepcional, nos lindes estabelecidos pelo direito positivo, é imprescindível para garantir a manutenção e a força vinculante dos contratos"[835].

A redução da cláusula penal sempre foi considerada uma medida excepcional, mas sua efetivação está dependente, apenas, dos pressupostos rigorosos estabelecidos na legislação, ou seja, no art. 413[836]. Nossa posição, portanto, é no sentido de que as alterações promovidas Lei 13.874/2019 não refletem sobre a verificação dos pressupostos necessários à redução a cláusula penal prevista no art. 413. A intenção legislativa de restringir intervenções nos contratos empresariais já se fazia atendida, no caso da cláusula penal, através do vetor "natureza" do negócio, fixado pelo art. 413, conforme desenvolveremos oportunamente.

Sobre o princípio da intervenção mínima, acompanhamos, portanto, as considerações de Anderson Schreiber:

[833] TEPEDINO, Gustavo. CAVALCANTI, Laís. Notas sobre as alterações promovidas pela Lei nº 13.874/2019 nos artigos 50, 113 e 421 do Código Civil. Lei de Liberdade Econômica e seus impactos no direito brasileiro / Luis Felipe Salomão, Ricardo Villas Bôas Cueva, Ana Frazão, coordenação. -1. ed. -São Paulo: Thomson Reuters Brasil, 2020.

[834] FRADERA, Véra Maria Jacob de. Art. 7º: Liberdade Contratual e Função Social do Contrato — Art. 421 do Código Civil. Comentários a Lei de Liberdade Econômica: Lei 13.874/2019 [livro eletrônico] / coordenadores Floriano Peixoto Marques Neto, Otavio Luiz Rodrigues Júnior, Rodrigo Xavier Leonardo. São Paulo: Thomson Reuters Brasil, 2020.

[835] RODRIGUES JUNIOR, Otávio Luiz. LEONARDO, Rodrigo Xavier. A Liberdade contratual e a função social do contrato — alteração do art. 421-A do Código Civil: Art. 7º. Comentários a Lei de Liberdade Econômica: Lei 13.874/2019 [livro eletrônico] / coordenadores Floriano Peixoto Marques Neto, Otavio Luiz Rodrigues Júnior, Rodrigo Xavier Leonardo. São Paulo: Thomson Reuters Brasil, 2020.

[836] O poder de redução judicial — ele próprio, repete-se, uma medida de correcção — esteja dependente de pressupostos rigorosos, em termos de só actuar em circunstâncias excepcionais, por forma a impedir actuações abusivas do credor" MONTEIRO, António Joaquim de Matos Pinto. **Cláusula penal e indemnização**. Coimbra: Almedina, 1990, p. 725.

> "Não existe, na ordem jurídica brasileira, um 'princípio da intervenção mínima' que possa ser consagrado no Código Civil como lei ordinária que é. A intervenção do Estado nas relações contratuais de natureza privada afigura-se, independentemente de ideologias políticas, imprescindível, quer para assegurar a força vinculante dos contratos, quer para garantir a incidência das normas jurídicas, inclusive das normas constitucionais, de hierarquia superior à Lei da Liberdade Econômica. O legislador parece ter se deixado levar aqui por uma certa acepção ideológica que enxerga o Estado como inimigo da liberdade de contratar, quando, na verdade, a presença do Estado — e, por conseguinte, do próprio Direito — afigura-se necessária para assegurar o exercício da referida liberdade"[837].

Em resumo, após a Lei 13.874/2019 o quadro normativo da redução da cláusula penal "continua sendo o que sempre foi: nem regra, nem exceção, mas tão somente um instituto jurídico cuja aplicação permanece subordinada a presença dos requisitos que o próprio Código Civil enuncia expressamente"[838].

7.1.2 *Impossibilidade de afastamento convencional*

Ao longo do processo evolutivo do instituto da cláusula penal surgiram relevantes debates na doutrina e na jurisprudência acerca da natureza da norma que possibilita a redução da penalidade contratual pelo julgador. Discute-se, desse modo, desde o antigo Código Civil de 1916, se a norma que permite a redução da cláusula penal traduz um direito patrimonial disponível ou se a norma tem caráter cogente, impossibilitando a disposição pelas partes contratantes.

A norma cogente, a ordem pública e os bons costumes são frequentemente citados pela doutrina e pela jurisprudência como sinônimos, mas, em verdade, são conceitos com características próprias, que merecem ser tratados de forma distinta. Os três conceitos atuam como balizas à liberdade de contratar e preocupam-se preponderantemente com

[837] SCHREIBER, Anderson. Equilíbrio contratual. Dever de renegociar. São Paulo: Saraiva Educação, 2ª ed. 2020, p. 87-88.

[838] SCHREIBER, Anderson. Equilíbrio contratual. Dever de renegociar. São Paulo: Saraiva Educação, 2ª ed. 2020, p. 89.

o interesse da coletividade. No entanto, a despeito das semelhanças, esses conceitos pertencem a categorias jurídicas distintas.

Ordem pública e bons costumes são conceitos ligados a valores (sociais, políticos, econômicos, culturais, morais, etc.) considerados fundamentais ao Estado e à sociedade, e que variam no tempo e no espaço[839]. Norma cogente, por outro lado, é um gênero jurídico mais amplo, integrado pelos conceitos de ordem pública e de bons costumes[840], abrangendo todas as normas de aplicação obrigatória — que não podem ser afastadas por convenção contratual. Rafael Alves afirma que o artigo 413 do Código Civil, ao estabelecer o poder-dever do juiz de reduzir a cláusula penal nas hipóteses previstas, insere no ordenamento uma norma que é cogente, mas que não busca proteger um valor maior da sociedade brasileira — ou seja, entende que a norma, apesar de cogente, não é de ordem pública.

Contudo, essa é apenas uma de muitas opiniões que se formaram nos campos da doutrina e da jurisprudência desde a inserção da previsão de redução da cláusula penal no Código Civil de 1916. O artigo 924 do Código Civil de 1916, nesse sentido, previa que o juiz *poderia* reduzir a pena estipulada em cláusula penal na hipótese de cumprimento parcial da obrigação[841]. A adoção do verbo *poder* indicava claramente que não se tratava de um dever do julgador. Muito pelo contrário: a possibilidade de redução do valor da cláusula penal estaria sujeita a uma discricionariedade do julgador. Diante dessa redação legal, boa parte da doutrina e da jurisprudência à época da vigência do Código Civil de 1916 sustentava a possibilidade de que as partes convencionassem a irredutibilidade da pena contratual.

Contudo, ainda na vigência do artigo 924 do Código Civil de 1916, já se encontravam precedentes do Superior Tribunal de Justiça que, em

[839] O conceito de ordem pública é constituído dos seguintes elementos: "[...] relações jurídicas privadas, interêsse substancial da sociedade e irrenunciabilidade do direito pelo seu titular". Brito, Rodrigo Toscano de. Direito de arrependimento do adquirente no contrato de promessa de compra e venda de imóvel em construção. *In*: (coord.) Vitale, Olivar. **Lei dos distratos**: lei n. 13.786/18. São Paulo: Quartier Latin, 2019, pp. 168-169.

[840] Alves, Rafael Francisco. Árbitro e direito: o julgamento do mérito na arbitragem. São Paulo: Almedina, 2018, pp. 205-208.

[841] "Artigo 924. Quando se cumprir em parte a obrigação, poderá o juiz reduzir proporcionalmente a pena estipulada para o caso de mora, ou de inadimplemento."

sentido contrário, permitiam a redução da cláusula penal, mesmo diante de previsão em contrário no instrumento contratual. Nesse sentido, ao julgar um recurso especial sobre o tema, sob relatoria do então Ministro Sálvio de Figueiredo Teixeira, a Quarta Turma do Superior Tribunal de Justiça, em 1992, entendeu que a função social da norma de "proteção a parte presumidamente mais frágil" deve prevalecer sobre o apego desmedido à supremacia da vontade. O julgado restou assim ementado:

> DIREITO CIVIL. REDUÇÃO PELO JUIZ DA PENA CONVENCIONAL. FACULDADE OUTORGADA PELO LEGISLADOR AO MAGISTRADO. INDERROGABILIDADE POR CONVENÇÃO DAS PARTES. EXEGESE DO ARTIGO 924 DO CÓDIGO CIVIL. DOUTRINA E JURISPRUDÊNCIA.
> I- A faculdade conferida ao juiz pelo artigo 924 do Código civil prevalece mesmo em face de expressa convenção em contrário das partes no sentido de ser a multa devida por inteiro em caso de inadimplemento parcial da obrigação.
> II- A moderna doutrina e a atual jurisprudência se opõem à clássica doutrina civilista da supremacia da vontade, preferindo optar pelo caráter social de proteção a parte presumidamente mais frágil[842].

No mesmo sentido, a Quarta Turma afirmou, em acórdão proferido em 2002, sob a relatoria do Ministro Barros Monteiro, que a norma prevista no artigo 924 do Código Civil é "destinada a proteger a pessoa do devedor; de interesse público e não pode ser invalidada pela convenção das partes"[843]. Ainda na vigência do antigo Código, o entendimento que vigorou era de que a norma que permite a redução da cláusula penal era de natureza cogente e que, por isso, não poderia ser derrogada pelas partes.

Havia, claro, quem discordasse desse entendimento. Caio Mário, por exemplo, defendia o direito das partes de ajustarem não apenas limites à redução da cláusula penal, mas também a irredutibilidade da pena, pois, em seu entendimento, "a finalidade cogente da pena convencional

[842] BRASIL. REsp 11.527/SP, Rel. Min. Sálvio de Figueiredo Teixeira, Quarta Turma, j. 01-04-1992.

[843] BRASIL. AgRg no Ag 115.023/SP, Rel. Min. Barros Monteiro, Quarta Turma, j. 03-09--2002.

poderia frustrar-se com a perspectiva de sua diminuição, e o ajuste contrário a esta restitui-lhe todo o prestígio"[844]. Esse entendimento, contudo, perdeu força ao longo do século XX.

Com a promulgação do Código Civil de 2002, a maioria da doutrina passou a defender a natureza cogente da norma. Afinal, ao contrário do que o ocorria com o artigo 924 do Código Civil de 1916, cuja redação previa uma possibilidade de reduzir a pena, o artigo 413 do Código Civil de 2002 prevê que a penalidade *deve* ser reduzida pelo juiz[845]. Verifica-se que a atual redação do artigo 413 foi além daquela prevista no antigo artigo 924 da Lei revogada. Além de, agora, o juiz não apenas "poder", mas "dever" reduzir a penalidade, a norma alargou a hipótese na qual essa intervenção se faz necessária. Não se trata, pois, de uma discricionariedade do julgador, porém, antes, um dever.

Com o advento do Código Civil de 2002, além do adimplemento parcial, adiciona-se o excesso manifesto como hipótese de redução da cláusula penal. A alteração da regra legal se encontra, inclusive, em harmonia com o propósito contemporâneo do direito civil de não albergar relações profundamente díspares, zelando pelo equilíbrio das relações, como ensinam Martins-Costa, Calmon e Gustavo Tepedino[846].

Nesse sentido, Konder afirma: "a possibilidade de redução equitativa é inderrogável pelas partes: afinal, caso não o fosse, a efetividade e a funcionalidade do dispositivo restariam severamente prejudicadas"[847]. Lotufo, por outro lado, afirma que a vontade das partes não pode ser capaz de afastar essa regra que busca a preservação do juízo de equidade e Justiça[848].

[844] Pereira, Caio Mário da Silva. **Instituições de direito civil**. v. 2. Rio de Janeiro: Forense, 2010, pp. 155-156.

[845] "Artigo 413. A penalidade deve ser reduzida eqüitativamente pelo juiz se a obrigação principal tiver sido cumprida em parte, ou se o montante da penalidade for manifestamente excessivo, tendo-se em vista a natureza e a finalidade do negócio."

[846] Martins-Costa, Judith. **Comentários ao novo Código Civil**: do inadimplemento das obrigações. (coord.) Teixeira, Sálvio de Figueiredo. v. 5. t. 2. Rio de Janeiro: Forense, 2003, p. 458; Gama, Guilherme Calmon Nogueira da. **Direito civil**: obrigações. São Paulo: Atlas, 2008, pp. 400-401; Tepedino, Gustavo [*et. al.*]. **Código civil interpretado**. v. 1. Rio de Janeiro: Renovar, 2014, p. 750.

[847] Konder, Carlos Nelson. Arras e cláusula penal nos contratos imobiliários. Rio de Janeiro, **Revista dos Tribunais**, v. 4, pp. 83-104, mar.-abr. 2014, pp. 6-7.

[848] Lotufo, Renan. Questões relativas à cláusula penal contratual. **Revista do Advogado**, São Paulo, n. 116, jul. 2012, pp. 165-166.

Em sentido semelhante, Jorge Cesa defende que a norma prevista no artigo 413 do Código Civil tem fundamento na garantia do equilíbrio contratual e na vedação ao excesso, em conformidade com outras disposições do Código que preveem a vedação ao abuso de direito (artigo 187) e a onerosidade excessiva, como forma de desequilíbrio contratual superveniente (artigos 317 e 478). Além disso, para defender a cogência da norma, o autor ressalta que é da natureza da noção de pena que ela se ajuste à realidade em que é aplicada, e lembra ainda que a mudança na redação da norma, do Código Civil de 1916 para o de 2002, alçou a redução de simples faculdade para um dever do juiz[849].

Com efeito, a atual doutrina majoritária sobre o tema entende que a norma que regula a redução da cláusula penal é cogente, sob o fundamento de que a matéria regulada é de ordem pública[850]. É exatamente nesse sentido o Enunciado 355 da IV Jornada de Direito Civil, cuja orientação é a de que "não podem as partes renunciar à possibilidade de redução da cláusula penal se ocorrer qualquer das hipóteses previstas no artigo 413 do Código Civil, por se tratar de preceito de ordem pública".

A jurisprudência mais atual dos tribunais pátrios, à luz da redação do artigo 413 do Código Civil, caminha na mesma direção. Veja-se, nesse sentido, que a Terceira Turma do Superior Tribunal de Justiça, ao analisar um caso em que se discutia a redução da pena contratual diante do cumprimento parcial da obrigação, afirmou: "a redução da multa moratória é medida que se impõe, pois a norma do artigo 413 do Código Civil de 2002 é cogente, ao contrário da prevista no Código revogado [...]"[851].

A 4ª Turma do Superior Tribunal de Justiça, indo além, afirmou, em outra oportunidade, que a previsão legal de redução da cláusula penal é "norma de ordem pública, objetivando a concretização do princípio da equidade — mediante a preservação da equivalência material do pacto — e a imposição do paradigma da eticidade aos negócios jurídicos."

[849] Silva, Jorge Cesa Ferreira da. **Inadimplemento das obrigações**: comentários aos arts. 389 a 420 do Código Civil. Biblioteca de Direito Civil: estudos em homenagem ao Professor Miguel Reale São Paulo: RT, 2007, pp. 279-280.

[850] Nesse sentido: Rodrigues, Silvio. **Direito civil**: parte geral das obrigações. v. 2. São Paulo: Saraiva, 2002, p. 275.

[851] BRASIL. REsp 1554965/PE, Rel. Min. Paulo de Tarso Sanseverino, Terceira Turma, j. 08-03-2016.

Sob esse entendimento, a Turma concluiu tratar-se de norma imperativa e cogente[852].

Há, contudo, um menor grupo de juristas, no âmbito da doutrina civilista, que interpreta a norma contida no artigo 413 do Código Civil como uma previsão de direito patrimonial disponível. Nesse sentido, Simão defende a possibilidade de os contraentes convencionarem a irredutibilidade da cláusula penal ou, ainda, parâmetros próprios para a sua redução, da mesma forma como o devedor pode não invocar a regra do artigo 413 do Código Civil por concordar com o valor da cláusula. Para o autor, não se trata de matéria de ordem pública ou de norma cogente, mas de direito patrimonial disponível, atinente à autonomia privada.

Assim, Simão critica o Enunciado 355, pois no seu entendimento a lógica apenas se aplicaria a contratos de adesão. Em se tratando de contrato paritário, a intervenção do juiz sobre a penalidade convencionada violaria a autonomia privada[853]. Em direção similar, Nanni entende que, muito embora a possibilidade de redução da cláusula penal seja a regra — sob pena de esvaziar-se a substância da norma —, a irredutibilidade da pena pode ser convencionada em hipóteses excepcionais, "no bojo de uma relação paritária, em que a diminuição da pena convencional comprometa a estrutura, o racional e/ou a equação econômica do contrato". Trata-se, no seu entendimento, de uma situação excepcional, que deve ser aferida à luz das circunstâncias do caso concreto, e que pode autorizar o afastamento da norma que prevê a redução da pena[854].

Feita a ressalva sobre essas pontuais manifestações em sentido contrário, a realidade é que, desde a promulgação do atual Código Civil, seja pela adoção do verbo "dever" pela literalidade do dispositivo; seja pela inclusão do excesso manifesto como hipótese autônoma de redução; seja pela teoria contratual vigente, tanto a doutrina, quanto a jurisprudência, consolidaram-se majoritariamente pela impossibilidade de derrogação convencional do artigo 413 do Código Civil. O tema não

[852] BRASIL. REsp 1447247/SP, Rel. Min. Luis Felipe Salomão, Quarta Turma, j. 19-04-2018.

[853] Simão, José Fernando. Capítulo V: da cláusula penal. *In*: Schreiber, Anderson *et al.* **Código Civil comentado** — doutrina e jurisprudência. Rio de Janeiro: Forense 2019, p. 237.

[854] Nanni, Giovanni Ettore. **Comentários ao Código Civil**: direito privado contemporâneo. Alexandre Dartanhan de Mello Guerra *et al.* (coord.) Nanni, Giovanni Ettore. São Paulo: Saraiva Educação, 2018, p. 678.

representava, em nossa avaliação, problemática que justificasse maiores desenvolvimentos.

Com a entrada em vigor da Lei n. 13.874/2019, faz-se necessário analisar se ela tem o alcance de impactar esse entendimento, nomeadamente diante da autonomia positivada no inciso I do artigo 421-A segundo a qual "as partes negociantes poderão estabelecer parâmetros objetivos para a interpretação das cláusulas negociais e de seus pressupostos de revisão ou de resolução". De fato, esse novo dispositivo do Código Civil reacende o debate sobre a derrogação convencional do art. 413. Afinal, podem as partes, com fundamento no inciso I do artigo 421-A estipular a absoluta impossibilidade de redução da cláusula penal?

A resposta afirmativa é apresentada por Paula Forgioni quando, ao analisar o novo dispositivo, afirma que a "as empresas terão maior segurança e previsibilidade, pois poderão, por exemplo, descartar, a intervenção do julgador nos casos de: penalidades contratuais, afastando o poder atribuído ao julgador de reduzir equitativamente o valor convencionado em cláusula penal (cf. art. 413 do Código Civil)"[855].

Por outro lado, Rosenvald, após apontar as peculiaridades dos contratos empresariais, entende, mesmo após a vigência do art. 421-A, inciso I, como "inafastável o poder sindicante sobre a cláusula penal, a luz do art. 413 do Código Civil"[856].

Entendemos que o ordenamento brasileiro não sofreu qualquer alteração no que concerne à impossibilidade de convencionar o afastamento do artigo 413, permanecendo o quadro normativo anterior à vigência da Lei da Liberdade Econômica. Com efeito, "*a ratio da norma, por si só, já lhe conferia esse carácter de ordem pública*"[857]. Entendemos que isso se mantém mesmo nos contratos dito empresariais, circunstância que relevará

[855] Forgioni, Paula Andrea. A Interpretação dos Negócios Jurídicos II — Alteração do Art. 113 do código civil: Art. 7º. Comentários a Lei de Liberdade Econômica: Lei 13.874/2019 [livro eletrônico] / coordenadores Floriano Peixoto Marques Neto, Otavio Luiz Rodrigues Júnior, Rodrigo Xavier Leonardo. São Paulo: Thomson Reuters Brasil, 2020.

[856] Rosenvald, Nelson. Cláusula penal: a pena privada nas relações negociais, 2ª ed.. Rio de Janeiro: Editora Foco, 2020, p.444. O autor ressalta, entretanto, sobre convenção afastando a redução, que "a sua ineficácia perante o art. 413 do CC não retira do julgador a aptidão de interpretar a atitude do contratante que pleiteia a moderação da pena convencional como uma quebra da boa-fé contratual diante das circunstâncias em que se deu a negociação".

[857] Monteiro, António Joaquim de Matos Pinto. **Cláusula penal e indemnização.** Coimbra: Almedina, 1990, p. 729.

apenas na análise do vetor "natureza" constante do art. 413., não sendo a natureza empresarial, entretanto, apta a justificar a convenção de exclusão da redução.

Em nossa percepção, ao adicionar o excesso manifesto, de forma autônoma ao adimplemento parcial, como segunda hipótese de redução, o art. 413 se torna incompatível com uma previsão contratual que afaste a sua incidência. Os princípios e valores justificadores da previsão de redução por excesso manifesto não seriam preservados caso se conferisse à autonomia privada a possibilidade de afastar o art. 413 da base normativa do contrato. Em vasto número de situações, as mesmas vicissitudes no exercício da autonomia, que resultaram na estipulação de penalidades passíveis de intervenção, estarão presentes na pactuação da cláusula de afastamento do art. 413.

A faculdade conferida pelo art. 421-A, inciso I, em nossa interpretação, está restrita ao estabelecimento de parâmetros para a interpretação dos "pressupostos" de uma intervenção, o que nos parece diverso do afastamento da possibilidade de intervenção. Como ressalta a doutrina, "a liberdade contratual, ressaltada por tais artigos do Código Civil, deverá sempre ser exercida nos limites das normas de ordem pública"[858].

O que o inciso I do art. 421-A permite, relativamente à cláusula penal, consiste no estabelecimento de parâmetros contratuais para a interpretação dos conceitos indeterminados constantes do artigo 413 do Código Civil. As partes poderão, por exemplo, explicitar a finalidade da penalidade e as justificativas para o seu valor. Da mesma forma, poderão ser estabelecidos parâmetros tanto para a verificação do excesso, quanto para a eventual redução. Com efeito, o legislador, ao consolidar o artigo 413 do Código Civil, tornou expressa a obrigatoriedade da aplicação da norma, mas, quanto à forma de redução da pena contratual, estabeleceu apenas que deve seguir o princípio da equidade, de acordo com a natureza e a finalidade do negócio. Assim, diante desses parâmetros indeterminados, entendemos que as partes podem estabelecer critérios mais específicos para instruírem o procedimento.

[858] RODRIGUES JUNIOR, Otávio Luiz. LEONARDO, Rodrigo Xavier. A Liberdade contratual e a função social do contrato — alteração do art. 421-A do Código Civil: Art. 7º. Comentários a Lei de Liberdade Econômica: Lei 13.874/2019 [livro eletrônico] / coordenadores Floriano Peixoto Marques Neto, Otavio Luiz Rodrigues Júnior, Rodrigo Xavier Leonardo. São Paulo: Thomson Reuters Brasil, 2020.

Isso inclusive, é extremamente recomendável, como forma de permitir que eventual intervenção observe ao máximo a alocação de ricos definidas pelas partes. Esclarecedoras, a esse respeito, as considerações de Jorge Cesa:

> "Cabe a elas, ao negociarem, indicar os interesses perseguidos pela cláusula escolhida, inclusive explicitamente quando possível, seja por meio de 'consideranda', *seja por meio de referências explicativas na própria cláusula.* Nunca é demais lembrar que cabe às partes, em primeira instância, deliberar sobre a interpretação dos seus próprios negócios"[859].

Cabe ressalvar, entretanto, que a autonomia conferida pelo artigo 421-A, inciso I, não pode servir como mecanismo de burla do caráter cogente do art. 413. Os parâmetros convencionados devem servir de guia ao intérprete na análise sobre a subsunção da situação concreta no art. 413 e, em caso afirmativo, sobre a forma de conduzir a intervenção. Dado o caráter cogente da regra do art. 413, os parâmetros não podem ser estabelecidos pelas partes em termos tais que acabem por inviabilizar por completo a redução, em qualquer hipótese. Nesse contexto, "o exame da higidez de tais regras interpretativas, inseridas facultativamente nos contratos, submeter-se-á ao Poder Judiciário. Caberá a esse último sindicar, em cada caso, sobre a existência de excessos, abusos ou desvio na redação de tais cláusulas"[860].

7.1.3 *Impossibilidade de redução de ofício*

A natureza cogente do art. 413 não se confunde com a possibilidade de a redução nele prevista ser implementada na ausência de pretensão manifestada pelo devedor nesse sentido[861]. Essa discussão, em nossa

[859] Silva, Jorge Cesa Ferreira da. A cláusula penal e a quadratura do círculo: as funções da cláusula penal depois do novo Código Civil Brasileiro. **A Evolução do Direito Empresarial e Obrigacional. Os 18 anos do Código Civil** — Obrigações e Contratos — Vol. 2. Henrique Barbosa; Jorge Cesa Ferreira da Silva (Coords). São Paulo: Quartier Latin, 2021, p. 603.

[860] Rodrigues Junior, Otávio Luiz. Leonardo, Rodrigo Xavier. A Liberdade contratual e a função social do contrato — alteração do art. 421-A do Código Civil: Art. 7º. Comentários a Lei de Liberdade Econômica: Lei 13.874/2019 [livro eletrônico] / coordenadores Floriano Peixoto Marques Neto, Otavio Luiz Rodrigues Júnior, Rodrigo Xavier Leonardo. São Paulo: Thomson Reuters Brasil, 2020.

[861] "Ser aquela norma de ordem pública significa, como vimos atrás, não ser permitida convenção das partes que afaste esse poder de redução judicial. Mas daí não se retira, ipso facto,

opinião, representa o único aspecto da cláusula penal que veio a ser impactado pela vigência da Lei n. 13.874/2019.

Como se viu, a redação do antigo artigo 924 do Código Civil indicava que o juiz "poderá" reduzir a cláusula penal, o que transmitia a ideia do caráter facultativo da intervenção. Diante da escolha legislativa pelo verbo *poder*, a possibilidade de redução da cláusula penal pelo juiz *ex officio* parecia uma ideia distante. Afinal, se o caráter da intervenção era facultativo, não parecia existir um dever do Estado em intervir na relação privada para ajustar a penalidade livremente convencionada.

No entanto, ainda na vigência do Código Civil de 1916, gradativamente cresceu a doutrina defendendo a possibilidade de redução da cláusula penal de ofício pelo magistrado. Por outro lado, na jurisprudência, o debate acerca da possibilidade de redução da cláusula penal *ex officio* veio a surgir apenas mais tarde, já sob a vigência do Código Civil de 2002. Sob a égide do velho Código, o debate travado na jurisprudência versava sobre a cogência da norma e de sua natureza — se de ordem pública ou não.

Com a promulgação do atual Código Civil, e a mudança promovida pelo artigo 413 para a expressão *deve ser reduzida*, o debate que se travou a partir de então gira em torno da possibilidade de a intervenção ser realizada de ofício pelo julgador, ou seja, sem que o devedor formulasse previamente pedido específico nesse sentido. Discussões acerca da mudança no verbo empregado pelo artigo 413 logo ganharam destaque no meio doutrinário. Ainda no início do período de vigência do novo Código, Martins-Costa destacou que a redução passou de uma faculdade a um dever do magistrado. Portanto, aquilo que consistia em mera expectativa e interesse do devedor tornou-se uma pretensão real que, se violada, faz surgir um direito subjetivo à redução da cláusula penal[862].

que o tribunal possa intervir oficiosamente. Trata-se de uma norma de proteção do devedor, é certo, mas — et pour case — a este competirá decidir sobre a atitude a tomar. A proibição de uma renúncia antecipada ao pedido de redução judicial destina-se a tutelá-lo contra a sua própria fraqueza e precipitação. Mas, se, exigida a pena, o devedor não solicitar a sua redução, nem reclamar ou reagir de algum modo contra sua manifesta excessividade, isso significará que ele não acha abusiva a atitude do credor, pese embora o eventual montante elevado da mesma, circunstância esta que não basta, de per si, para legitimar a intervenção do juiz" MONTEIRO, António Joaquim de Matos Pinto. **Cláusula penal e indemnização**. Coimbra: Almedina, 1990, p. 736-737.

862 MARTINS-COSTA, Judith. **Comentários ao novo Código Civil**: do inadimplemento das obrigações. (coord.) TEIXEIRA, Sálvio de Figueiredo. v. 5. t. 2. Rio de Janeiro: Forense, 2003,

Assim, não tardou para que a doutrina passasse a defender a possibilidade da redução da cláusula penal pelo julgador *ex officio*. Em pouco tempo, a entendimento de que a cláusula penal poderia ser reduzida de ofício tornou-se majoritário na doutrina[863]. Seguindo esse posicionamento, a IV Jornada de Direito Civil, no ano de 2006, aprovou o Enunciado n. 356, o qual consignou a orientação de que "nas hipóteses previstas no artigo 413 do Código Civil, o juiz deverá reduzir a cláusula penal de ofício". Foi este, sem dúvida, um importante passo para a consolidação do entendimento acerca da possibilidade de redução da cláusula penal *ex officio*.

Em julgamento de 2014, a 4ª Turma do Superior Tribunal de Justiça, sob a relatoria do Ministro Luis Felipe Salomão, consignou que a redução da penalidade estipulada em cláusula penal, a partir da vigência do novo Código Civil,

> é obrigatória e tem por escopo harmonizar a autonomia privada com o princípio da boa-fé objetiva e função social do contrato, instrumentário que proporcionará ao julgador a adequada redução do valor estipulado a título de cláusula penal, observada a moldura fática do caso concreto[864].

No caso concreto, no entanto, a redução não havia sido determinada de ofício, tratando-se, portanto, de simples *obter dictum*. Em 2018, o Superior Tribunal de Justiça foi um passo adiante. Primeiro, a 4ª Turma, sob a relatoria do Ministro Lázaro Guimarães, manifestou-se favoravelmente à redução de ofício da penalidade contratual pelo tribunal estadual. Contudo, o acórdão foi superficial, e o Ministro Relator, ao tratar da possibilidade da redução *ex officio* em seu voto, afirmou apenas que "a jurisprudência é remansosa do sentido de sua possibilidade."[865].

O verdadeiro avanço no sentido da consolidação da possibilidade de redução da cláusula penal *ex officio* ocorreu logo depois, em novo julgamento pela 4ª Turma, sob relatoria do Ministro Luis Felipe Salomão.

p. 458. No mesmo sentido: PEREIRA, Caio Mário da Silva. **Instituições de direito civil**. v. 2. 25. ed. Rio de Janeiro: Forense, 2012, p. 154.

[863] KONDER, Carlos Nelson. Arras e cláusula penal nos contratos imobiliários. Rio de Janeiro, **Revista dos Tribunais**, v. 4, pp. 83-104, mar.-abr. 2014, p. 6.

[864] BRASIL. REsp 1186789/RJ, Rel. Min. Luis Felipe Salomão, Quarta Turma, j. 20-03-2014.

[865] BRASIL. AgInt no AREsp 669.670/RJ, Rel. Min. Lázaro Guimarães (Desembargador Convocado do TRF-5), Quarta Turma, j. 15-03-2018.

Nessa ocasião, invocando a doutrina sobre o tema e a jurisprudência que reconhece a possibilidade de exame de ofício de matérias de ordem pública, a Turma decidiu que, quando presentes os requisitos do artigo 413 do Código Civil, a cláusula penal deve ser reduzida *ex officio* pelo julgado.[866].

No caso, a questão jurídica submetida à Corte Superior foi justamente o princípio da adstrição do juiz ao pedido, uma vez que as instâncias ordinárias haviam determinado a redução da cláusula penal, mesmo diante da ausência de pedido específico do devedor nesse sentido. Em seu voto, o Ministro Luis Felipe Salomão asseverou:

> Em que pese ser a cláusula penal elemento oriundo de convenção entre os contratantes, sua fixação não fica ao total e ilimitado alvedrio destes, porquanto o atual Código Civil, diferentemente do diploma revogado, introduziu **normas de ordem pública, imperativas e cogentes**, que possuem o escopo de preservar o equilíbrio econômico financeiro da avença, afastando o excesso configurador de enriquecimento sem causa de qualquer uma das partes.
> [...]
> Sob a égide do Código Civil de 2002, a redução da cláusula penal pelo magistrado deixou de traduzir uma faculdade restrita às hipóteses de cumprimento parcial da obrigação (artigo 924 do Código Civil de 1916) e passou a consubstanciar um **poder/dever de coibir os excessos e os abusos** que venham a colocar o devedor em situação de inferioridade desarrazoada.

Antes mesmo da promulgação da Lei n. 13.874/2019, a despeito da doutrina majoritária e da jurisprudência do Superior Tribunal de Justiça, a possibilidade de redução de ofício da cláusula penal era objeto de crítica. Em linha com o seu entendimento sobre a ausência de natureza cogente do artigo 413, Simão critica a posição de que a pena possa ser reduzida de ofício, tal como firmado no Enunciado n. 356 da IV Jornada de Direito Civil, vez que a matéria é puramente patrimonial e apenas interessa aos contratantes, devendo ser respeitada sua autonomia privada no âmbito das relações paritárias[867].

[866] REsp 1447247/SP, Rel. Min. Luis Felipe Salomão, Quarta Turma, j. 19-04-2018.

[867] Simão, José Fernando. Capítulo V: da cláusula penal. *In*: Schreiber, Anderson *et al.* **Código Civil comentado** — doutrina e jurisprudência. Rio de Janeiro: Forense 2019, p. 237.

Apesar de, como já manifestado, defendermos, pela sua natureza cogente, a vedação à convenção de afastamento do art. 413, entendemos que a posição contrária à redução de ofício encontra, agora, amparo na nova redação do parágrafo único do art. 421 ("princípio da intervenção mínima e excepcionalidade revisão contratual") e no artigo 421-A, inciso III, do Código Civil ("a revisão contratual somente ocorrerá de maneira excepcional e limitada"), ambos inseridos pela Lei n. 13.874/2019. Ainda que, como já exposto, tal dispositivo não tenha alterado os pressupostos de incidência da norma do art. 413, o nítido propósito do legislador em restringir as intervenções sobre a autonomia privada encontra concretude na impossibilidade de intervenções sem pedido da parte, respeitando-se o caráter "mínimo" e "excepcional" recentemente positivado de forma expressa na legislação civil brasileira.

Esse reflexo específico da Lei n. 13.874/2019 sobre a cláusula penal é reconhecido por Rosenvald, mas com referência, apenas, aos contratos ditos empresariais[868]. Entendemos que o caráter "mínimo" e "excepcional" estabelecido pela Lei n. 13.874/2019, que justifica a impossibilidade de redução de ofício, não se restringe aos contratos interempresariais, abrangendo igualmente os contratos civis, sempre que não restar, no caso concreto, afastada a presunção de simetria e paridade estabelecida no caput do art. 421-A. Assim, somente na "presença de elementos concretos que justifiquem o afastamento dessa presunção", ou seja, nos casos em que verificada a situação de vulnerabilidade de um dos contratantes, seja em contratos civis, seja nos interempresariais, poderá o julgador reduzir a penalidade fixada em desfavor da parte vulnerável quando, a despeito da ausência de pedido, seja constatada a presença dos pressupostos do art. 413.

Em qualquer hipótese, a redução de ofício exige que de forma prévia seja garantido ao credor o pleno exercício do direito ao contraditório. Nesse sentido, eis a lição de Nanni:

[868] Rosenvald, Nelson. Cláusula penal: a pena privada nas relações negociais, 2ª ed.. Rio de Janeiro: Editora Foco, 2020, p.444. Como pontua o autor, a atitude do magistrado de reduzir oficiosamente o quantum da cláusula penal em contratos empresariais paritários converte a cláusula penal de uma obrigação facultativa em favor do credor em uma potestade do devedor, uma espécie de "incumprimento eficiente" (Efficiency Theory), no qual cumprir ou não cumprir se torna uma opção com resultados economicamente equivalentes e indiferentes quando objetivamente avaliado.

> Apesar de se autorizar a redução de ofício, segundo o artigo 10 do Código de Processo Civil, bem como seu artigo 9º, *caput*, não é dado ao juiz decidir sem que dê oportunidade às partes para que se manifestem, ainda que se trate de matéria sobre a qual deva deliberar de ofício. É preciso proporcionar o contraditório, pelo que, mesmo em situação passível de diminuição da cláusula penal, deve o julgador provocar o debate a respeito, instando as partes para que se pronunciem, para, depois, deliberar[869].

O princípio constitucional do contraditório (artigo 5º, LV, da Constituição Federal de 1988[870]) encontra expressa previsão em diversas disposições do Código de Processo Civil de 2015. O artigo 7º estabelece, de maneira expressa e direta, o dever do magistrado de "zelar pelo efetivo contraditório"[871]. O artigo 9º, por sua vez, prevê que "não se proferirá decisão contra uma das partes sem que ela seja previamente ouvida". Vê-se, desse modo, que o legislador buscou robustecer a noção do contraditório efetivo e substancial, ao preocupar-se em introduzir normas expressas nesse sentido no novo Código[872].

869 NANNI, Giovanni Ettore. **Comentários ao Código Civil**: direito privado contemporâneo. Alexandre Dartanhan de Mello Guerra *et al.* (coord.) NANNI, Giovanni Ettore. São Paulo: Saraiva Educação, 2018, p. 678.

870 "Artigo 5º. Todos são iguais perante a lei, sem distinção de qualquer natureza, garantindo-se aos brasileiros e aos estrangeiros residentes no País a inviolabilidade do direito à vida, à liberdade, à igualdade, à segurança e à propriedade, nos termos seguintes: [...] LV — aos litigantes, em processo judicial ou administrativo, e aos acusados em geral são assegurados o contraditório e ampla defesa, com os meios e recursos a ela inerentes".

871 "Artigo 7º. É assegurada às partes paridade de tratamento em relação ao exercício de direitos e faculdades processuais, aos meios de defesa, aos ônus, aos deveres e à aplicação de sanções processuais, competindo ao juiz zelar pelo efetivo contraditório."

872 Isso não significa que o princípio do contraditório não tivesse que ser observado sob a égide do Código de Processo Civil de 1973, pois, em se tratando de princípio previsto na Constituição Federal, este permeia todas as esferas do direito. Nesse sentido, confira-se o ensinamento de Rafael Alves: "Essas seriam as bases para um modelo de direito processual cooperativo, que, segundo alguns, já vigia em nosso direito antes da promulgação do novo Código. Para essa linha de pensamento, o silêncio até então existente no plano infraconstitucional (CPC), em nada alterava a obrigação do juiz de sempre observar o contraditório, garantia constitucional das partes, quando pretendesse conhecer ex oficio matéria não ventilada pelas partes, ainda que fosse matéria de ordem pública. Nessa perspectiva, o artigo 10º do novo Código de Processo Civil não trouxe novidade: o contraditório deveria ser entendido como "garantia de não surpresa". A corroborar essa posição, o Superior Tribu-

Além de encontrar-se expresso nessas normas de caráter geral, as quais garantem a aplicação do princípio no âmbito de todas as relações submetidas ao direito processual civil, o contraditório permeia outras tantas disposições do Código. Veja-se, por exemplo, que o artigo 372 exige, para admissão da prova emprestada de outro processo, que as partes tenham tido a oportunidade de exercer o contraditório[873]. O artigo 493, parágrafo único, por sua vez, prevê a possibilidade de que o juiz aprecie fatos novos que vierem a surgir após a propositura da demanda. Nesse caso, no entanto, o "juiz ouvirá as partes sobre ele antes de decidir"[874].

Por outro lado, o artigo 503 do Código de Processo Civil, ao tratar da coisa julgada, dispõe, em seu § 1º, a possibilidade de que nela se inclua questão prejudicial que tenha de ser decidida expressa ou incidentalmente no processo para que o mérito da questão principal possa ser decidido. Em todo caso, o juiz deverá respeitar o "contraditório prévio e efetivo", nos termos do inciso II[875].

É de se destacar que o contraditório exigido não é o puramente formal. Em uma visão contemporânea do processo civil, o direito ao contraditório decompõe-se em duas dimensões complementares: *procedimental* (oportunidade de se manifestar no processo) e *substancial* (direito da parte de influenciar o convencimento do magistrado). Enquanto a primeira é assegurada pela fixação de prazo às partes para

nal de Justiça também possuía julgados proibindo "decisões-surpresa"". ALVES, Rafael Francisco. Árbitro e direito: o julgamento do mérito na arbitragem. São Paulo: Almedina, 2018, pp. 126-130. Sobre a aplicação do princípio da decisão não-surpresa na vigência do antigo Código de Processo Civil: BRASIL. Superior Tribunal de Justiça. REsp 496.348/PR, Rel. Min. José Delgado, Primeira Turma, j. 04-09-2003.

[873] "Artigo 372. O juiz poderá admitir a utilização de prova produzida em outro processo, atribuindo-lhe o valor que considerar adequado, observado o contraditório."

[874] "Artigo 493. Se, depois da propositura da ação, algum fato constitutivo, modificativo ou extintivo do direito influir no julgamento do mérito, caberá ao juiz tomá-lo em consideração, de ofício ou a requerimento da parte, no momento de proferir a decisão.
Parágrafo único. Se constatar de ofício o fato novo, o juiz ouvirá as partes sobre ele antes de decidir."

[875] "Artigo 503. A decisão que julgar total ou parcialmente o mérito tem força de lei nos limites da questão principal expressamente decidida.§ 1º O disposto no caput aplica-se à resolução de questão prejudicial, decidida expressa e incidentemente no processo, se: [...] II — a seu respeito tiver havido contraditório prévio e efetivo, não se aplicando no caso de revelia".

se manifestarem, a segunda é efetivada pela fundamentação da decisão judicial — que exige o enfrentamento de todos os argumentos capazes de infirmar a convicção do julgador, a teor do artigo 489, § 1º, IV, do Código de Processo Civil[876].

Como ensina Tucci, o contraditório compreende o direito da parte a que seus argumentos sejam levados em consideração pelo magistrado ao proferir a decisão. A dimensão substancial do princípio do contraditório garante às partes, portanto, o direito de efetivamente influenciar a decisão judicial, tendo seus argumentos e provas apreciados em decisão que seja "expressa, clara, coerente e completa"[877].

Com efeito, a carência de fundamentação da decisão, com violação ao contraditório substancial, é causa de nulidade de decisões judiciais, como vem sedimentando a jurisprudência dos tribunais pátrios com base também em preceito constitucional, constante do artigo 93, IX, da Constituição Federal de 1988[878].

Para Rafael Alves, o juiz, mesmo ao aplicar normas cogentes, não pode inovar sem antes ouvir as partes, pois o exercício do contraditório e a cognição oficiosa não se excluem. No entanto, o autor entende que essa disposição comporta exceções, tal como ocorre nos casos de tutelas de urgência e de evidência. Trata-se da exceção prevista no parágrafo único[879] do próprio artigo 9º do Código de Processo Civil, que, como se viu, reafirma o contraditório no direito processual civil[880]. Nesse diapa-

[876] "Artigo 489. [...] § 1º Não se considera fundamentada qualquer decisão judicial, seja ela interlocutória, sentença ou acórdão, que:[...] IV — não enfrentar todos os argumentos deduzidos no processo capazes de, em tese, infirmar a conclusão adotada pelo julgador."

[877] Tucci, José Rogério Cruz e *et. al.* Comentários ao artigo 489 do CPC/15. *In*: **Código de Processo civil anotado.** Rio de Janeiro: GZ, 2016, pp. 692-693.

[878] Nesse sentido: BRASIL. Tribunal de Justiça do Rio de Janeiro. Apelação Cível n. 1012013-23.2011.8.19.0002, Rel. Des. Maria Isabel Paes Gonçalves, 2ª Câmara Cível, j. 25-10-17; BRASIL. Tribunal de Justiça do Rio de Janeiro. Agravo de Instrumento n. 0053605-60.2017.8.19.0000, Rel. Des. Alexandre Freitas Câmara, 2ª Câmara Cível, j. 25-10-17.

[879] "Artigo 9º. Não se proferirá decisão contra uma das partes sem que ela seja previamente ouvida.

Parágrafo único. O disposto no *caput* não se aplica: I — à tutela provisória de urgência; II — às hipóteses de tutela da evidência previstas no artigo 311, incisos II e III; III — à decisão prevista no artigo 701."

[880] Alves, Rafael Francisco. Árbitro e direito: o julgamento do mérito na arbitragem. São Paulo: Almedina, 2018, pp. 126-130.

são, o autor trata também dos princípios do *iura novit curia* e da decisão não surpresa. O primeiro institui o entendimento de que o juiz conhece o direito e a lei. É o magistrado, portanto, quem aplicará os preceitos de direito material para resolver o litígio, cabendo às partes a formulação de pedidos e o delineamento dos fundamentos jurídicos que os sustenta.

O segundo princípio, da decisão não surpresa, intimamente ligado ao *iura novit curia*, foi inserido no direito processual civil por meio do artigo 10 do novo Código, e prevê que o "juiz não pode decidir, em grau algum de jurisdição, com base em fundamento a respeito do qual não se tenha dado às partes oportunidade de se manifestar, ainda que se trate de matéria sobre a qual deva decidir de ofício". A inserção desse segundo princípio no direito processual civil implicou na "releitura" do *iura novit curia*. Isso porque, ao julgador é permitido decidir com base em fundamento jurídico diverso daqueles suscitados pelas partes, porém, ao decidir pela aplicação *ex officio* de um novo fundamento, deve previamente ouvir as partes, evitando, assim, a prolação de uma decisão surpresa. O exercício do contraditório deve se dar de forma ampla, assegurando às partes a produção de novas provas, ainda que a instrução já tenha sido encerrada[881].

Portanto, quando admitida a redução de ofício da cláusula penal, o que, em nosso entendimento, somente será possível quando constatada em concreto a situação de vulnerabilidade do devedor, será imprescindível a prévia concessão *às partes* de oportunidade para manifestarem-se a respeito, expondo os motivos pelos quais entendem que a pena deve, ou não, ser reduzida, os quais deverão ser considerados pelo magistrado em decisão devidamente fundamentada.

7.2 A natureza e a finalidade do negócio como fatores determinantes

O centro da análise sobre a norma do art. 413 reside no sentido e no alcance dos parâmetros da "natureza" e da "finalidade do negócio", os quais, como já referido, são os únicos parâmetros previstos em lei para verificação dos requisitos de incidência da redução da cláusula penal nos casos de excesso manifesto e cumprimento parcial da obrigação.

[881] ALVES, Rafael Francisco. Árbitro e direito: o julgamento do mérito na arbitragem. São Paulo: Almedina, 2018, p. 133.

Além disso, como se verá adiante, os critérios da *natureza* e da *finalidade* orientam não apenas a análise sobre a presença dos requisitos necessários para a redução da cláusula penal, mas também a própria atuação da equidade corretiva.

Conquanto a *natureza* e a *finalidade* do negócio sejam comumente tratadas em conjunto, sem maiores distinções, entendemos que, apesar de interligadas, as duas concepções contêm características próprias que as distinguem.

Como bem ressalta Martins-Costa, o legislador, ao introduzir a *natureza e finalidade do negócio* como parâmetros para redução da cláusula penal, afasta a adoção de parâmetros estáticos e uniformes, levando o intérprete à análise dos elementos do caso concreto:

> Note-se que a determinação da lei no sentido de ser considerada, para a redução da cláusula penal, 'a natureza e a finalidade do negócio' afasta a adoção de critérios fixos e idênticos para todas as espécies e modalidades de cláusula penal, dirigindo o intérprete à busca da racionalidade econômica do negócio; à identificação das estratégias das partes, incluindo elementos não-econômicos; à consideração ao que é habitual no segmento econômico em que é situado o contrato, bem como à natureza e às características do contrato (por exemplo, se formado por adesão ou após processo negociatório; se pactuado entre contraentes situados num patamar de relativa igualdade ou se há manifesta assimetria contratual) etc. Em suma: a excessividade manifesta há de ser apurada de forma relacional à natureza do negócio e à finalidade do negócio[882].

Não há, portanto, um parâmetro fixo, pois o "juízo é de ponderação, e não de mera subsunção, atendendo-se às "circunstâncias do caso"[883]. Nesse sentido, os parâmetros da natureza e finalidade do negócio demandam a consideração da operação econômica representada pelo

[882] Martins-Costa, Judith. A dupla face do princípio de equidade na redução da cláusula penal. *In*: (org.) Assis, Araken de *et al.* **Direito civil e processo** — estudos em homenagem ao Professor Arruda Alvim. São Paulo: RT, 2007, p. 68.

[883] Martins-Costa, Judith. A dupla face do princípio de equidade na redução da cláusula penal. *In*: (org.) Assis, Araken de *et al.* **Direito civil e processo** — estudos em homenagem ao Professor Arruda Alvim. São Paulo: RT, 2007, p. 68.

contrato como um todo, com atenção ao equilíbrio construído através do exercício da autonomia privada entre partes.

7.2.1 *A natureza do negócio*

Em relação ao sentido da expressão *natureza* do negócio de que trata o artigo 413 do Código Civil, entendemos que o mesmo se desdobra em dois parâmetros que servem tanto para a análise de merecimento da tutela de redução quanto para a própria forma de redução da cláusula penal, quais sejam: (i) a natureza da própria cláusula penal; e (ii) a natureza da relação negocial.

Quanto ao primeiro parâmetro, a análise da natureza do negócio deve passar pelo estudo da própria cláusula penal, a qual integra o negócio jurídico, e cuja natureza causa evidente impacto sobre os parâmetros de redução da penalidade. Com efeito, a "referência à "natureza do negócio" apanha tanto o negócio principal quanto o acessório, isto é, a própria cláusula penal"[884].

Isso porque, como visto nos capítulos anteriores, a cláusula penal pode ser cumulativa, ou seja, a penalidade pode incidir cumulativamente com o cumprimento da própria obrigação, ou pode ser substitutiva, aplicando-se como única ferramenta contratual a satisfazer os interesses do credor. Portanto, a análise de uma pretensão redutora demanda "apurar a falta que os contratantes, por seu intermédio, quiseram sancionar, se a simples mora, o inadimplemento definitivo, o incumprimento propriamente dito, ou qualquer outra irregularidade da prestação"[885].

De maneira geral, sendo a natureza da cláusula substitutiva, menor será a possibilidade de sua redução, e, uma vez reduzida, menor será a extensão da diminuição, pois o valor da penalidade, naturalmente, será maior, tendo em vista que o credor terá deixado de receber a prestação contratada. Por outro lado, em sendo cumulativa a natureza da penalidade, a norma de redução poderá ser aplicada com maior facilidade,

[884] Martins-Costa, Judith. A dupla face do princípio de equidade na redução da cláusula penal. *In*: (org.) Assis, Araken de *et al.* **Direito civil e processo** — estudos em homenagem ao Professor Arruda Alvim. São Paulo: RT, 2007, p. 68.

[885] Monteiro, António Joaquim de Matos Pinto. **Cláusula penal e indemnização**. Coimbra: Almedina, 1990, p. 736-737, p. 683.

visto que essa não será a única medida a satisfazer o direito do credor, que também gozará da prestação da obrigação contratada.

Entendemos, portanto, que a natureza da cláusula penal, enquanto elemento que gera claro impacto sobre a adequação da penalidade ao caso concreto, deve servir como parâmetro primordial à análise do merecimento da redução, bem como à própria redução.

Nessa perspectiva, cabe citar relevante lição de Martins-Costa que, embora tratando das modalidades de cláusula penal sob os rótulos de cláusula moratória e compensatória — os quais entendemos não serem adequados à definição da natureza da cláusula penal, preferindo-se os termos *substitutiva* e *cumulativa* —, ressalta a importância de se considerar a natureza da cláusula como parâmetro para a sua redução:

> Igualmente, a modalidade há de ser tida em conta. Trata-se de cláusula penal moratória — que acresce ao da obrigação principal — ou de uma cláusula compensatória — que substitui a prestação originalmente pactuada? O valor atribuído a uma cláusula penal que vise tão-somente penalizar a mora, acrescendo ao da obrigação principal, é incompatível com o valor de uma cláusula penal compensatória, isto é, substitutiva da obrigação principal[886].

A redução prevista no art. 413, portanto, se aplica a todas as espécie e regimes da cláusula penal[887]. Ressalte-se, no entanto, que a cláusula penal não pode ser analisada de forma isolada, sendo imprescindível que todo o contrato e a relação por ele instaurada sejam observados, inclusive a sua fase formativa. Explica-se: muitas vezes uma cláusula penal inserta em um contrato específico envolve relação negocial complexa formada por diversos contratos, o que pode fazer com que, na fase

[886] MARTINS-COSTA, Judith. A dupla face do princípio de equidade na redução da cláusula penal. *In*: (org.) ASSIS, Araken de *et al.* **Direito civil e processo** — estudos em homenagem ao Professor Arruda Alvim. São Paulo: RT, 2007, p. 69.

[887] "Embora a redação do artigo 413 aluda à "obrigação principal", não pode haver dúvida de que o preceito se aplica também às cláusulas penais moratórias. Se é certo que a avaliação de seu caráter excessivo mostra-se menos evidente, na medida em que se dirige expressamente a sancionar apenas a impontualidade, não se afigura menos verdadeiro que, constatada a desproporção em face dos prejuízos derivados do inadimplemento relativo, impõe-se a redução judicial." TEPEDINO, Gustavo; SCHREIBER, Anderson. **Código Civil comentado**: direito das obrigações. v. 4. (coord.) AZEVEDO, Álvaro Villaça. São Paulo: Atlas, 2008, p. 401.

de negociação dessa relação, eventual cláusula penal que, isoladamente, possa parecer excessiva, tenha sido incluída para equilibrar a relação jurídica estabelecida entre as partes[888].

A espécie contratual deve considerar se o mesmo é comutativo, oneroso, aleatório, ou de outra natureza, bem como o tipo específico de contrato celebrado — compra e venda, locação, etc. Com efeito, o artigo 139, I, ao tratar do erro substancial como aquele atinente à natureza do negócio, refere-se ao tipo contratual. Nesse sentido, Anderson Schreiber, ao analisar a disposição legal, afirma que essa modalidade de vício de consentimento se aplica à hipótese em que "o agente pensa estar celebrando negócio diverso do efetivo (*v.g.* assina contrato de doação supondo se tratar de compra e venda)"[889].

Há, ainda, outras tantas hipóteses previstas no Código Civil nas quais o legislador tratou da *natureza* do negócio jurídico: a renúncia antecipada em contratos de adesão (artigo 424), a produção de efeitos da resilição diante da realização de investimentos (artigo 473) e a remuneração do corretor (artigo 724). O artigo 424 do Código, ao tratar dos contratos de adesão, prevê a nulidade da renúncia do aderente a direito que resulta da própria natureza do negócio. Ao fazer alusão à natureza negocial nessa hipótese, o legislador parece mesmo estar referindo-se à espécie negocial, pois é certo que os direitos essenciais do aderente a um contrato de adesão variam de acordo com o tipo negocial.

Nesse sentido, Tepedino, Barboza e Moraes afirmam que o contrato de distribuição, ainda que por prazo indeterminado, não pode ser resilido sem aviso prévio que permita ao distribuidor a amortização dos custos incorridos, nos termos do artigo 720 do Código.[890-891] Anderson Schreiber, por outro lado, apresenta o exemplo de um contrato de

[888] Martins-Costa, Judith, "Comentários ao novo Código Civil: do inadimplemento das obrigações. Coordenação: Sálvio de Figueiredo Teixeira. Rio de Janeiro: Forense, 2009, v. 5, t. 2., p. 705.

[889] Schreiber, Anderson. *In*: Schreiber, Anderson *et al.* **Código civil comentado** — doutrina e jurisprudência. Rio de Janeiro: Forense, 2019, p. 89.

[890] "Artigo 720. Se o contrato for por tempo indeterminado, qualquer das partes poderá resolvê-lo, mediante aviso prévio de noventa dias, desde que transcorrido prazo compatível com a natureza e o vulto do investimento exigido do agente."

[891] Tepedino, Gustavo; Barboza, Heloisa Helena; Moraes, Maria Celina Bodin de. **Código Civil interpretado conforme a Constituição da República**. v. 2. Rio de Janeiro: Renovar, 2006, p. 116.

transporte escolar por prazo indeterminado, em que a escola denuncia o contrato logo após o transportador ter realizado investimentos consideráveis, hipótese em que o autor entende que a eficácia da denúncia poderia ser suspensa[892].

Por óbvio, o vulto dos investimentos, assim como o momento e o modo com que são realizados, varia de acordo com a natureza do negócio (assim como em relação a outros elementos do contexto fático envolvido na relação contratual). Portanto, é possível interpretar o termo "natureza do contrato", previsto no parágrafo único do artigo 473 do Código Civil, também como sendo uma referência ao tipo do contrato celebrado.

Para além da interpretação sistemática do conceito de *natureza* do negócio jurídico, Gustavo Tepedino justifica seu entendimento de que o legislador, ao tratar da natureza do negócio jurídico no artigo 413 do Código Civil, quis referir-se à espécie do negócio, sob o fundamento de que a excessividade varia de acordo com o tipo negocial. Conforme elucida o autor, uma cláusula penal pode se mostrar razoável em um contrato oneroso e excessiva em um contrato gratuito. Por outro lado, os contratos comutativos, nos quais as partes podem antever o que terão de dispender para o cumprimento de suas obrigações, podem autorizar penalidades mais elevadas do que os contratos aleatórios, em que, naturalmente, há maior risco envolvido. Além disso, os contratos fiduciários têm natureza negocial que pode autorizar penalidades mais elevadas, posto que o inadimplemento atinge não apenas o dever assumido, mas também a confiança depositada pelo credor. Ainda sobre a natureza do negócio jurídico como referência à espécie negocial, o autor esclarece que o impacto e as consequências da rescisão contratual serão diversos, dependendo do tipo de contrato, o que justifica a consideração desse elemento na redução da cláusula penal[893].

Já a segunda vertente do vetor "natureza" do negócio envolve as características da relação negocial. A constatação de eventual vulnerabilidade de um contratante em relação ao outro deve influir na análise. Da mesma forma, a consideração sobre eventual preponderância de

[892] SCHREIBER, Anderson. *In*: SCHREIBER, Anderson *et al.* **Código civil comentado** — doutrina e jurisprudência. Rio de Janeiro: Forense, 2019, p. 276.

[893] TEPEDINO, Gustavo. **Temas de direito civil**. t. 2. Rio de Janeiro: Renovar, 2006, p. 57.

uma das partes na redação do contrato, facilitando a redução em prol do contratante que teve menos peso na formatação do negócio. Assim, "a redução será mais ou menos excepcional (aumentando ou diminuindo o ônus argumentativo do julgador) conforme houver maior ou menor poder de negociação e conforme o negócio seja gratuito ou oneroso"[894].

Quanto maior o envolvimento das partes nas negociações, maior deve ser a presunção de que conheçam os termos da cláusula penal pactuada e suas implicações sob a relação contratual, e menor deve ser a amplitude para redução. Afinal. "foi justamente diante da consideração dos casos de desigualdade estrutural entre os contraentes que se iniciou — e se justifica — o controle externo, é dizer, pelo juiz, do conteúdo do contrato"[895]. Deve-se considerar, nesse particular, se as partes estavam bem assessoradas durante a fase de negociações, o que faz pressupor a ciência das partes e de seus advogados sobre as condições contratadas, enfraquecendo a possibilidade de redução posterior da penalidade convencionada. Nesse caso, "há que se presumir que o excesso foi querido, atendendo aos interesses dos contraentes", tratando-se, contudo, de presunção relativa, que pode ser afastada por meio de prova[896].

Nesse contexto, ganha relevo a dinâmica da relação jurídica, sendo mais restritiva a análise quando se estiver perante contratos celebrados no âmbito empresarial, em linha com a distinção proposta por Junqueira de Azevedo entre "contratos existenciais" e "contratos

[894] Chagas, Beatriz Uchôas. A redução equitativa da cláusula penal: a aplicação do art. 413 do Código Civil. Revista de Direito Privado, vol. 110, ano 22, p. 85-108: São Paulo: RT, out-dez 2021 Como observa a autora, "a gratuidade ou onerosidade do negócio também impacta na excepcionalidade da redução. Se tratar-se de liberalidade em que se estipula cláusula penal em desfavor do devedor, há maior suscetibilidade a encontrar excesso manifesto; do contrário, se for fixado em desfavor do beneficiário da liberalidade, o termo deve ser empregado de modo que apenas um excesso gritante seja qualificado como "manifestamente excessivo" no sentido da lei. Seguindo o mesmo raciocínio, uma cláusula penal que se mostre excessiva em um contrato gratuito pode se revelar adequada a um contrato oneroso".

[895] Martins-Costa, Judith. A dupla face do princípio de equidade na redução da cláusula penal. *In*: (org.) Assis, Araken de *et al.* **Direito civil e processo** — estudos em homenagem ao Professor Arruda Alvim. São Paulo: RT, 2007, p. 68.

[896] Martins-Costa, Judith. A dupla face do princípio de equidade na redução da cláusula penal. *In*: (org.) Assis, Araken de *et al.* **Direito civil e processo** — estudos em homenagem ao Professor Arruda Alvim. São Paulo: RT, 2007, p. 70.

empresariais"[897]. Os contratos existenciais são aqueles que dizem respeito à "subsistência da pessoa humana", como, por exemplo, os contratos de consumo, de trabalho, locação residencial, compra de imóveis, dentre outros. Como esclarece a doutrina, "os contratos existenciais imporão ao hermeneuta em juízo de ponderação maior densidade na aplicação dos denominados princípios sociais do contrato, quando cotejados com a autonomia privada"[898].

Os contratos empresariais, por sua vez, como o próprio nome diz, são aqueles que possuem empresas em ambos os polos da relação, sendo imperioso que, em ambos os polos do contrato, haja a presença de partes com "estrutura para a prática habitual de negócios", com "traços de organização, especialização, cooperação e instituição social"[899]. Como observa Fábio Morselo,

> nos denominados contratos de lucro, fulcrados em componente interempresarial destituído de qualquer hipossuficiência, a autonomia privada terá maior peso e interesse quando sopesada com os demais

[897] Azevedo, Antônio Junqueira de. Natureza jurídica do contrato de consórcio. Classificação dos atos jurídicos quanto ao número de partes e quanto aos efeitos. Os contratos relacionais. A boa-fé nos contratos relacionais. Contratos de duração. Alteração das circunstâncias e onerosidade excessiva. Sinalagma e resolução contratual. Resolução parcial do contrato. Função social do contrato. **Revista dos Tribunais**, n. 832, pp. 123-124.

[898] Morsello, Marco Fábio. Contratos existenciais e de lucro. Análise sob a ótica dos princípios contratuais contemporâneos. *In*: Lotufo, Renan. Nanni, Giovanni Ettore; Martins, Fernando Rodrigues. **Temas relevantes do direito civil contemporâneo**. Reflexões sobre os 10 anos do Código Civil. São Paulo: Atlas, 2012, p. 293. "Nas relações interempresariais a adoção do mesmo standard de proteção, seguramente, teria o condão de obstaculizar a célere circulação de bens e serviços e a riqueza proveniente da livre-iniciativa, de modo que impõe-se demonstração de maior peso ao princípio da autonomia privada, quando cotejado com os novos princípios sociais, sendo relevantes a análise econômica e sua repercussão negativa em eventual spreading do risco negociai ao corpo social. No entanto, caso prevaleça interpretação pretoriana maximalista que, por vezes, temos presenciado na seara das relações de consumo, seguramente, teremos não só o spreading social com vezos negativos, como também a diminuição do standard de proteção ao arquétipo jurídico negociai condizente com a subsistência da pessoa humana, cônscios de que a generalização da tutela perderia sua especificidade natural".

[899] Martins-Costa, Judith. Critérios para aplicação do princípio da boa-fé objetiva (com ênfase nas relações empresariais). *In*: Martins-Costa, Judith; Fredera, Véra Jacob de. (org.) **Estudos de direito privado e processual civil**: em homenagem a Clóvis do Couto e Silva. São Paulo: RT, 2014, p. 201.

princípios, nomeadamente sociais, que, embora não elididos, terão aplicação em menor grau, sob pena de obstaculizar o tráfego contratual, com efetivo *spreading* indevido para o corpo social[900].

É nesse sentido o Enunciado 21 da I Jornada de Direito Civil, "Nos contratos empresariais, o dirigismo contratual deve ser mitigado, tendo em vista a simetria natural das relações inter empresariais". De fato, já se encontra consolidada no Superior Tribunal de Justiça a ideia de menor intervenção nos contratos empresariais:

> contratos empresariais não devem ser tratados da mesma forma que contratos cíveis em geral ou contratos de consumo. Nestes admite-se o dirigismo contratual. Naqueles devem prevalecer os princípios da autonomia da vontade e da força obrigatória das avenças. Direito Civil e Direito Empresarial, ainda que ramos do Direito Privado, submetem-se a regras e princípios próprios. O fato de o Código Civil de 2002 ter submetido os contratos cíveis e empresariais às mesmas regras gerais não significa que estes contratos sejam essencialmente iguais[901].

Destaque-se o entendimento da 19ª Câmara Cível do Tribunal de Justiça do Rio de Janeiro,[902] em caso de rescisão unilateral de contrato de fornecimento, no qual previu-se o valor da cláusula penal equivalente a 22,5 meses de aluguel, em contrato com prazo determinado de 24 meses. O Tribunal entendeu por bem não reduzir a cláusula penal por questões probatórias e, em suas razões, considerou que a parte contratante devedora seria "pessoa jurídica devidamente constituída e representada", aplicando-se estritamente a autonomia da vontade.

No mesmo sentido, em acórdão proferido pela 1ª Câmara Reservada de Direito Empresarial do Tribunal de Justiça de São Paulo,[903] em caso

[900] MORSELLO, Marco Fábio. Contratos existenciais e de lucro. Análise sob a ótica dos princípios contratuais contemporâneos. *In*: LOTUFO, Renan. NANNI, Giovanni Ettore; MARTINS, Fernando Rodrigues. **Temas relevantes do direito civil contemporâneo**. Reflexões sobre os 10 anos do Código Civil. São Paulo: Atlas, 2012, p. 293.

[901] BRASIL. Superior Tribunal de Justiça. REsp 936.741/GO, Rel. Min. Antonio Carlos Ferreira, Quarta Turma, j. 03-11-2011, DJe 08-03-2012.

[902] BRASIL. Tribunal de Justiça do Rio de Janeiro. Apelação Cível n. 0027385-77.2017.8.19.0209, Rel. Des. Guaraci de Campos Vianna, 19ª Câmara Cível, j. 03-07-2019.

[903] BRASIL. Tribunal de Justiça de São Paulo. Apelação Cível n. 1091094-47.2016.8.26.0100, Rel. Des. Cesar Ciampolini, 1ª Câmara Reservada de Direito Empresarial, j. 04.07.2018.

de rescisão de contrato de afiliação a marca e prestação de serviços, decidiu pela não redução do valor da cláusula penal e, entre outros fundamentos, afirmou:

> a função da cláusula penal em avenças como a que se analisa, em que ambas contratantes são empresárias e, desse modo, cientes dos riscos e dos ônus da contratação; diante disso tudo, imperioso, penso, que a multa contratual seja integralmente aplicada.

Inegável, portanto, que, tratando-se de contrato empresarial, presume-se não só a paridade entre as contraentes, como também sobressai a mitigação do dirigismo contratual[904]. Essas considerações, entretanto, não significam a completa exclusão em abstrato da possibilidade de redução da cláusula penal nos contratos ditos empresariais, como ocorre na Alemanha, por força de expressa disposição legal. A redução da cláusula penal prevista no art. 413 não se justifica, apenas, em razão de uma eventual assimetria das partes no momento da contratação, em regra não verificada nos contratos empresariais[905]. Diante da "natureza" empresarial do ajuste, em conjunto da "finalidade" da penalidade, a análise sobre a verificação do excesso manifesto será mais rigorosa, exigindo-se um descolamento de proporções exorbitantes entre o valor da penalidade e os interesses que a justificaram.

Em síntese, "a natureza do negócio consiste no conjunto de caracteres essenciais à operação econômica realizada e identifica a espécie negocial, isto é, o tipo de contrato efetivamente celebrado pelas partes: seus elementos essenciais não podem ser desprezados, tanto na forma-

[904] FORGIONI, Paula A. Contratos Empresariais: teoria geral e aplicação. São Paulo: Revista dos Tribunais, 2015. p. 40.

[905] Como leciona Pinto Monteiro, "proteção essa que, como acabamos de dizer, se justificará mesmo quando, ao ser estipulada a cláusula, não tenha havido qualquer intuito abusivo do credor. O que importa, no fundo, é que, ao ser exigida a pena, se mostre contrário à equidade o seu integral cumprimento, em razão do seu valor manifestamente excessivo". Em outro trecho, complementa o autor: "mesmo que as partes, ao estipularem a cláusula penal, se determinem por valores razoáveis, circunstâncias posteriores, imprevisíveis ou não, podem vir a tornar a pena manifestamente excessiva, o que favoreceria injustificadamente o credor, em prejuízo do devedor, para além do que é admissível, à luz de um juízo equilibrado, que pondere todas as circunstâncias do caso concreto e se determine por opções de justiça material" MONTEIRO, António Joaquim de Matos Pinto. **Cláusula penal e indemnização.** Coimbra: Almedina, 1990, p. 725.

ção do juízo de legitimidade da cláusula penal, como na definição da intensidade de sua eventual equitativa"[906].

7.2.2 *A finalidade do negócio*

A finalidade do negócio é qualificada por Mota Pinto como "factor determinante do conteúdo interno da relação contratual; constitui a «missão» concreta comum a todos os elementos singulares integrados no todo unitário (créditos, débitos, direitos potestativos, sujeições, deveres laterais, etc.)". Segue o autor dizendo que "não se trata do interesse correspondente à estrutura negocial típica utilizada (no caso dos negócios nominados), considerado em abstracto". Com efeito, é essa a causa abstrata do contrato, que diz respeito à espécie de contrato celebrado, a qual, como vimos, integra o parâmetro da natureza negocial, e não o da finalidade.

O parâmetro da finalidade diz respeito à causa concreta do negócio jurídico. Conforme elucida Mota Pinto, "havemos de partir do negócio concreto e ater-nos a ele, considerado na sua veste de acto individual". Há que se considerar, nesse sentido, o fim almejado pelas partes quando da celebração do negócio jurídico, sempre em bases de aferição concretas. Para o autor, é esse o fim que pode ser considerado da perspectiva do destinatário, o qual, em contratos sinalagmáticos, é não apenas o bem a ser recebido ou a consideração contábil da prestação que se receberá, assim como o ônus a ser suportado em contrapartida, "mas supõe uma ligação de causalidade-finalidade entre a necessidade económica correspondente à prestação que se efectiva e a utilidade que se visa colher da prestação a receber"[907].

Indo adiante, Mota Pinto afirma que a finalidade do negócio não pode ser considerada como se tratasse apenas dos elementos do contrato, independentes e desconexos. A finalidade é antes a "estrutura interna da relação contratual", de "caráter funcional". Nesse sentido, a identidade do fim contratual decorre da percepção de todos esses ele-

[906] Tepedino, Gustavo; Santos, Deborah Pereira Pinto. A aplicação da cláusula penal compensatória nos contratos de promessa de compra e venda imobiliária. In: (coord.) Terra, Aline de Miranda Valverde, Guedes, Gisela Sampaio da Cruz. Inexecução das obrigações: pressupostos, evolução e remédios — vol I. Rio de Janeiro: Processo, 2020, p. 532.

[907] Pinto, Carlos Alberto da Mota. **Cessão da posição contratual**. Coleção Teses. Coimbra: Almedina, mar. 2003, pp. 314-317.

mentos — débitos, créditos, ônus, deveres principais, deveres acessórios e laterais, direitos potestativos, etc. — de forma interligada e funcional[908]. Além disso, a finalidade, segundo o mesmo autor, não é um elemento estático. É, antes, uma relação entre os elementos do negócio em concreto que variam no curso da relação negocial, na medida em que deveres surgem e são cumpridos, tudo a fazer "da relação contratual um sistema dinâmico ou evolutivo."[909].

Em sentido semelhante, Marino explica que o conceito de causa, de notória polissemia, desdobra-se em duas facetas: a causa como função econômico-social típica — chamada, por Pinto, de causa abstrata — e a causa como finalidade concreta. A primeira, causa-função, compõem-se dos elementos essenciais de uma determinada espécie contratual, a qual permanece uniforme para todos os contratos daquele tipo. A segunda, causa concreta, consiste no "fim prático ou interesse concretamente perseguido pelas partes"[910].

O primeiro sentido de *causa* do negócio jurídico, como se viu, diz respeito à própria natureza do contrato. Nesse sentido, Marino afirma: "a função (típica) termina por confundir-se com o próprio tipo negocial, mostrando-se inapta a resolver as principais questões endereçadas à causa e empobrecendo a consideração do negócio jurídico *in concreto*".

O autor sugere, assim como Mota Pinto, que seja adotada "uma visão "concreta" da causa, enquanto "função econômico-individual" ou "função prática" do negócio jurídico." Isso não significa, contudo, que a natureza do negócio jurídico deva ser descartada. Até porque, a causa concreta exerce um papel integrativo e corretivo da causa-função, a qual permanece tendo enorme importância na dogmática jurídica.[911]

A diferença entre motivo e fim é que o primeiro é composto de interesses juridicamente irrelevantes, enquanto o segundo é composto de interesses juridicamente relevantes, quais sejam, aqueles que se objeti-

[908] Pinto, Carlos Alberto da Mota. **Cessão da posição contratual**. Coleção Teses. Coimbra: Almedina, mar. 2003, p. 374.

[909] Pinto, Carlos Alberto da Mota. **Cessão da posição contratual**. Coleção Teses. Coimbra: Almedina, mar. 2003, pp. 377-378.

[910] Marino, Francisco Paulo de Crescenzo. Oferta de modificação equitativa de contratos afetados pela excessiva onerosidade superveniente. Tese (Livre Docência). Faculdade de Direito, Universidade de São Paulo (USP), São Paulo, 2018, p. 220.

[911] Marino, Francisco Paulo de Crescenzo. **Interpretação do negócio jurídico**. São Paulo: Saraiva, 2011, p. 123.

varam, passando a integrar o conteúdo do contrato. Para que se possa apurar a contratualização do interesse, distinguindo, assim, o fim do motivo, o autor sugere critérios.

Em primeiro lugar, não basta que uma das partes tenha conhecimento do interesse da contraparte, apesar de tratar-se de importante indício de que se trata de um fim e não um motivo. Isso porque, esse critério não considera a valoração do interesse pela contraparte. Por outro lado, pode haver interesses que não apenas são conhecidos da contraparte, mas que também tenham sido considerados em algum termo do contrato. Essa circunstância também é insuficiente, pois não garante que tenha havido acordo quanto à integração do interesse ao conteúdo do negócio jurídico.

Hipótese diversa é aquela em que as partes tenham convencionado a satisfação de um determinado interesse, de forma expressa ou tácita. Nesse caso, o interesse terá sido integrado ao contrato, tornando-se juridicamente relevante de modo a configurar um fim contratual[912].

Dentre os elementos que devem ser considerados na análise do fim contratual, Marino cita:

> o próprio tipo e subtipo contratual [...]; a qualificação das partes; as qualidades da coisa objeto da prestação; o valor da contraprestação; o comportamento posterior das partes; os demais elementos identificadores da operação econômica subjacente ao contrato; e os usos e costumes aplicáveis à relação *in concreto*[913].

Ao tratarmos das funções da cláusula penal, a qualificamos como um instrumento de gestão de riscos do contrato, o que, segundo a doutrina, corresponde aos "efeitos essenciais perseguidos pelos contratantes com vistas ao atendimento de suas pretensões"[914]. O entendimento sobre

[912] MARINO, Francisco Paulo de Crescenzo. **Interpretação do negócio jurídico**. São Paulo: Saraiva, 2011, p. 129.

[913] MARINO, Francisco Paulo de Crescenzo. **Interpretação do negócio jurídico**. São Paulo: Saraiva, 2011, p. 131.

[914] TERRA, Aline de Miranda Valverde; BANDEIRA, Paulo Greco. A cláusula resolutiva expressa e o contrato incompleto como instrumentos de gestão de risco nos contratos. Revista Brasileira de Direito Civil. v. 6, pp. 9-25, out.-dez. 2015. Ressaltam as autoras que a "aludida alocação de riscos, que será identificada com base na vontade declarada pelos contratantes, estabelece o equilíbrio econômico do negócio. Tal equação econômica, que funda-

de que forma a cláusula penal integrou no caso concreto a alocação de riscos constitui premissa fundamental, capaz de comprometer todo o processo de avaliação e efetivação da sua redução com fundamento no art. 413.

Para Pinto Monteiro, o juiz deve considerar a finalidade visada pelos contratantes, a gravidade da infração, o grau de culpa do devedor, as vantagens que para este resultem do inadimplemento, o interesse do credor na prestação, a situação econômica de ambas as partes, a sua boa ou má-fé, a índole do contrato, as condições em que foi negociado e eventuais contrapartidas que tenham beneficiado o devedor pela inclusão da cláusula penal[915].

Assim como ocorre com a expressão natureza do negócio, a finalidade do negócio deve considerar também a finalidade da própria cláusula penal. Nesse sentido, Martins-Costa, embora tratando do que considera ser a natureza da cláusula penal, ressalta a importância da "espécie da cláusula penal" — o que, para nós, na verdade, diz respeito à finalidade da pena contratual. Isso porque, a autora trata da cláusula penal de viés indenizatório e da cláusula "puramente coercitiva" para descrever os impactos dessa característica da cláusula sob a forma de redução da penalidade:

> O que poderá ser "manifestamente excessivo para uma cláusula penal de fixação de perdas e danos não o será, necessariamente, para uma cláusula penal puramente coercitiva, pois é preciso distinguir à [sic] qual finalidade está concretamente voltada a cláusula penal: *indenizar* — estabelecendo, prévia e *substitutivamente,* o valor das perdas e danos para o caso de inadimplemento culposo da prestação — ou *coagir ao cumprimento,* mediante um "estímulo", "pressão" ou "ameaça" ao devedor? Lembremos que, no segundo caso, a "pressão" pode ser feita por dois modos, ou formas: ou o devedor é pressionado ao cumprimento porque, se não cumprir, o credor terá a faculdade de exigir *em vez da prestação* que o devedor se recusa a cumprir, uma *outra prestação,* visando contemplar

menta o sinalagma ou a correspectividade entre as prestações, deve ser observada no curso da relação contratual, em atenção aos princípios da obrigatoriedade dos pactos e do equilíbrio dos contratos".

915 Monteiro, António Joaquim de Matos Pinto. **Cláusula penal e indemnização**. Coimbra: Almedina, 1990, pp. 743-744.

> a *satisfação do interesse do credor*, que, então, *substituirá* a prestação devida; ou por meio da dação, ao credor, de um *plus*, como algo que *acresce* à execução específica da prestação ou à indenização pelo não-cumprimento. Assim sendo, essas diferenças funcionais e finalistas hão de ser adequadamente consideradas para valorar o alegado excesso da cláusula penal.[916]

Conquanto não concordemos que a cláusula penal de finalidade indenizatória seja, necessariamente, substitutiva, é certo afirmar que a finalidade da cláusula penal é mais um elemento de extrema relevância para a aplicação do artigo 413 do Código Civil, como parâmetro para redução da penalidade contratual.

Por fim, Martins-Costa trata ainda de alguns outros critérios para revisão do valor da cláusula penal, dentre os quais: (i) o interesse do credor, (ii) a gravidade da infração e o grau de culpa do devedor, (iii) as vantagens que o incumprimento pode trazer ao devedor, (iv) a consideração da totalidade das relações negociais interligadas, (v) a consideração das fases formativa e de desenvolvimento do contrato, e (vii) atenção ao específico segmento do mercado.

Pertinente relembrar aqui alguns contornos estabelecidos na recente modificação do direito inglês a respeito da penalty rule, como, por exemplo, a premissa afirmada pela Suprema Corte britânica no sentido de que "*compensation is not necessarily the only legitimate interest that the innocent party may have in the performance of the defaulter's primary obligations*". Os parâmetros estebelecidos no emblemático precedente britânico nos parecem aplicáveis ao direito brasileiro em vista do vetor "finalidade do negócio", principalmente no processo de redução das cláusulas punitivas, quando, como explicitado pelo tribunal britânico, a análise deve perquirir se há algum interesse legítimo protegido pela disposição para, na sequência, avaliar se a proteção desse interesse foi estabelecida de forma "extravagante, exorbitante ou imoral"[917].

916 Martins-Costa, Judith. A dupla face do princípio de equidade na redução da cláusula penal. *In*: (org.) Assis, Araken de *et al.* **Direito civil e processo** — estudos em homenagem ao Professor Arruda Alvim. São Paulo: RT, 2007, pp. 68-69.

917 UNITED Kingdom Supreme Court. **Cavendish Square Holdings BV *v.* Makdessi; ParkingEye Ltd *v.* Beavis**, j. 04-11-2015, parágrafos 152 e 155. Disponível em: http://www.bailii.org/uk/cases/UKSC/2015/67.htm. Acesso em: 10 jul. 2018.

Da mesma forma, a referência à finalidade do negócio aproxima o direito brasileiro do alemão pois o artigo 343 do BGB determina ao julgador que, ao avaliar o excesso da penalidade, leve em consideração todos os interesses legítimos do credor, não se restringindo aos exclusivamente financeiros.

Em resumo, o vetor finalidade do negócio demanda o entendimento sobre "quais os interesses em jogo em cada operação econômica, dignos de proteção, buscando-se preservar a finalidade econômico-individual do contrato, isto é, a sua causa. No exame da juridicidade da multa contratual, não se pode analisar somente a cláusula abstratamente considerada, mas sim o contexto específico de cada relação jurídica"[918].

7.2.3 *O prejuízo como fator indireto e secundário*

Para Pinto Monteiro, o prejuízo sofrido pelo credor é o primeiro fator, de caráter objetivo, a ser considerado para fins de redução da penalidade. Isso porque, "[...] se as partes tiverem tido a preocupação de fixar antecipadamente o montante da indenização no pressuposto de que haveria dano, a prova, pelo devedor, de que não há dano, afasta o direito do credor à pena"[919]. Nesse sentido, eis o entendimento do autor:

> Ora, qual será o critério que deve pautar a actuação do juiz, quer para decidir se pode reduzir a pena, quer para determinar, simultaneamente, em caso afirmativo, a medida dessa redução?
>
> Naturalmente que a diferença entre o valor do prejuízo efectivo e o montante da pena é, desde logo, o primeiro fator, de cariz objetivo, a considerar.
>
> Não basta, porém, uma mera superioridade da pena em relação ao prejuízo. Sendo ela estipulada a título indemnizatório, a sua índole de liquidação *forfaitaire* justifica que pequenas variações não dêem lugar à redução; sendo acordada como sanção compulsória, a eficácia da mesma

[918] Tepedino, Gustavo; Santos, Deborah Pereira Pinto. A aplicação da cláusula penal compensatória nos contratos de promessa de compra e venda imobiliária. In: (coord.) Terra, Aline de Miranda Valverde, Guedes, Gisela Sampaio da Cruz. Inexecução das obrigações: pressupostos, evolução e remédios — vol I. Rio de Janeiro: Processo, 2020, p. 532.

[919] Monteiro, António Joaquim de Matos Pinto. Responsabilidade contratual: cláusula penal e comportamento abusivo do credor. **Revista da Escola da Magistratura do Estado do Rio de Janeiro** — EMERJ, Rio de Janeiro, n. 26, v.7, pp. 165-178, 2004.

pressupõe, igualmente, que só em casos de evidente e flagrante desproporção haja lugar a um controlo judicial[920].

Ocorre que, como se viu, a cláusula penal, sob o ordenamento jurídico português, tem como finalidade unicamente indenizar o dano causado pelo inadimplemento. Sendo assim, justifica-se o entendimento de que a ausência de dano afasta o direito à penalidade contratual.

No entanto, no ordenamento jurídico brasileiro, a legislação estabeleceu como vetores exclusivos para a redução equitativa prevista no artigo 413 do Código Civil a natureza e a finalidade do negócio. Além disso, como já demostrado, a cláusula penal implica em presunção *iure et de iure* de prejuízo, conforme se depreende do *caput* do artigo 416.

Entendemos que a conjugação dessas normas dos artigos 413 e 416 revela que, no direito brasileiro, a redução equitativa é norteada pela natureza e finalidade do negócio, e não pela existência ou extensão do dano. Em outras palavras, a pretensão à integralidade da cláusula penal só pode ser restringida com base na natureza e finalidade do negócio, mas não com base na extensão do prejuízo sofrido.

Nesse sentido, não basta demonstrar o excesso manifesto entre a cláusula penal e o dano efetivo, ou o cumprimento parcial da obrigação pelo devedor. É preciso demonstrar que o desequilíbrio da penalidade se revela manifestamente injustificável diante da natureza e da finalidade da cláusula penal e do negócio.

Esse entendimento, entretanto, não tem sido constante na jurisprudência. Veja-se, nesse sentido, que a 5ª Câmara Cível do Tribunal de Justiça do Rio de Janeiro[921], em caso de cumprimento parcial de contrato de prestação de serviços, entendeu, para fins de redução do valor da cláusula penal, "que [deve] ser considerado também que não restou esclarecido pela autora qual o efetivo prejuízo material que sofreu em razão do inadimplemento da ré".

Na mesma esteira caminhou a 1ª Câmara Reservada de Direito Empresarial do Tribunal de Justiça de São Paulo,[922] que, em caso de

920 MONTEIRO, António Joaquim de Matos Pinto. **Cláusula penal e indemnização**. Coimbra: Almedina, 1990, pp. 741-742.

921 BRASIL. Tribunal de Justiça do Rio de Janeiro. Apelação Cível n. 0330831-57.2017.8.19.0001, Rel. Des. Cristina Tereza Gaulia, 5ª Câmara Cível, j. 26-03-2019.

922 BRASIL. Tribunal de Justiça de São Paulo. Apelação Cível n. 1040518-84.2015.8.26.0100, Rel. Des. Enio Zuliani, 1ª Câmara Reservada de Direito Empresarial, j. 24-06-2016.

rescisão antecipada do contrato de franquia, considerou para a redução do *quantum* indenizatório que o curto tempo em que o contrato foi rescindido não teria sido suficiente para demonstrar "abalos outros para a marca da autora". A 2ª Câmara Reservada de Direito Empresarial,[923] em caso similar de contrato de franquia, foi mais expressa ao considerar os prejuízos para a aferição da redução da cláusula penal: "não se verifica tenha esta última sofrido significativo prejuízo a justificar a imposição da substancial cláusula penal ajustada no contrato".

Como lecionava Pontes de Miranda,

> As decisões judiciais que procuram ligar a cláusula penal a algum prejuízo desgarram do conhecimento científico do instituto e, aberta ou sub-repticiamente, violam o artigo 927, alínea 1ª, do Código Civil [de 1916, idêntico ao *caput* do artigo 416 do CC2002] [...]. A cláusula penal incide ainda que nenhum prejuízo haja existido [...]. Não é preciso, sequer, que, ao conceber-se a cláusula penal, se pense em prejuízo ou dano que possa ocorrer [...][924].

Tratando-se de contrato livremente negociado entre partes que, despidas de qualquer vulnerabilidade, assumiram voluntariamente as vantagens e desvantagens da estipulação de uma cláusula penal, será descabido o afastamento ou mesmo a redução da cláusula penal baseada exclusivamente na extensão do dano, pois o legislador brasileiro expressamente afastou a alegação de dano para a exigibilidade da cláusula penal e determinou que sua redução somente deve considerar a natureza e a finalidade do negócio.

Esse papel secundário e indireto do prejuízo no juízo de redução de clausulas penais que não tenham finalidade estritamente indenizatória pode ser verificado em relevante precedente julgado pela Terceira Turma do STJ em 9.11.2021[925]. O caso versava sobre contrato de patrocínio celebrado com extenso prazo de vigência, envolvendo vultosas

[923] BRASIL. Tribunal de Justiça de São Paulo Apelação Cível n. 0075191-83.2012.8.26.0114, Rel. Des. Carlos Alberto Garbi, 2ª Câmara Reservada de Direito Empresarial, j. 30-10-2016.

[924] Pontes de Miranda, Francisco Cavalcanti. **Tratado de Direito Privado**. t. 24. 2. ed. Rio de Janeiro: Borsoi, 1959.

[925] REsp 1803803/RJ, Rel. Min. Ricardo Villas Bôas Cueva.

cifras, que seriam pagas em 64 parcelas trimestrais, tendo constado a seguinte estipulação:

> "a parte que infringir qualquer cláusula deste Acordo estará sujeita ao pagamento à parte inocente de multa no valor de 20% (vinte por cento) do valor do PATROCÍNIO corrigido monetariamente à época da infração, independentemente de outros valores pleiteados a título de danos morais e materiais".

A patrocinadora rompeu o contrato muito antes do prazo avençado, pagando menos de 10% da quantia total avençada, mas, aproximadamente um mês após a rescisão, a patrocinada logrou êxito em celebrar outro contrato de patrocínio com terceiro. Nas instâncias ordinárias, o diminuto prejuízo da patrocinadora decorrente da célere celebração com terceiro de outro contrato constituiu o fundamento adotado para uma expressiva redução do valor da penalidade, que passou a corresponder ao valor de uma parcela semestral, dentre as 64 previstas, o que representava quantia substancialmente inferior aos 20% sobre o valor total do contrato previstos na cláusula penal.

O STJ reformou a decisão das instâncias ordinárias, pois, analisando a natureza e a finalidade do negócio, verificou que : (i) "em maior grau que apenas reparar os danos, a cláusula penal possuía o principal intuito de coagir as partes ao adimplemento integral do contrato, celebrado para viger por longo período"; (ii) a circunstância de a patrocinada "ter conseguido firmar um novo contrato de patrocínio em tempo exíguo constitui mérito que só pode ser atribuído a ela própria, não servindo, pois, para amenizar a falta atribuída à sua patrocinadora, tampouco para reduzir o valor da cláusula penal"; (iii) "a cláusula penal está inserida em contrato empresarial firmado entre empresas de grande porte, tendo por objeto valores milionários, inexistindo assimetria entre os contratantes que justifique a intervenção em seus termos, devendo prevalecer a autonomia da vontade e a força obrigatória dos contratos".

Portanto, a despeito do vultoso valor da penalidade, a prova da diminuta expressão do prejuízo não teve qualquer relevância na decisão que, corretamente, foi norteada pela finalidade (preponderância da função coercitiva) e pela natureza do negócio (relação comercial paritária).

O prejuízo efetivo, nesse sentido, somente relevará quando verificado o propósito indenizatório precípuo da estipulação, não constituindo ele próprio, portanto um vetor orientativo da análise em concreto dos pressupostos da redução, pois sua eventual consideração resulta da perquirição sobre a finalidade do negócio, esta sim um vetor fixado pelo art. 413. Assim, em nosso entendimento, o prejuízo representa um fator indireto e secundário no processo de redução da cláusula penal. Deve-se perquirir se a cláusula se revela excessiva diante da natureza e da finalidade do negócio, e não em razão do dano efetivo. Uma vez entendido que estão preenchidos os requisitos do artigo 413, no campo das consequências guiadas pela equidade, que demandará a análise das circunstâncias do caso, é que, então, o prejuízo efetivo poderá ser considerado, em conjunto com as demais circunstâncias.

7.3 O cumprimento parcial

A redução equitativa da cláusula penal com fundamento no adimplemento parcial é aplicável nos casos em que o credor efetivamente tiver recebido parcela do que lhe era devido, contanto que isso tenha viabilizado parcialmente a execução do objetivo do contrato. Quando parte da utilidade almejada pelo credor é alcançada e, assim, satisfeito parcialmente seu interesse, tendo a cláusula penal sido fixada para o descumprimento integral da prestação, o montante fixado para a penalidade pode não mais corresponder aos fins de sua estipulação, o que demanda a redução equitativa.

Nesse sentido, considerando tratar-se de hipótese em que o credor já recebeu parte da prestação que contratou, a lógica envolvida na redução da penalidade é diferente da que se vislumbra na hipótese de excesso manifesto, posto que fundada sob o princípio da vedação ao enriquecimento sem causa. Nesse sentido, cabe citar pertinente lição de Nanni:

> De fato, não pode o direito tolerar que o credor seja beneficiado pelo recebimento da cláusula penal em sua integralidade, quando o devedor já cumpriu parcialmente a sua obrigação, pois, de uma forma, ou de outra, o credor já recebeu em parte a contraprestação decorrente da obrigação ajustada, pelo que, exigindo a pena convencional na sua totalidade, ocorrerá inevitavelmente um enriquecimento sem causa[926].

[926] NANNI, Giovanni Ettore. **Enriquecimento sem causa**. São Paulo: Saraiva, 2004, p. 384.

A redução por cumprimento parcial adequa a sanção convencionada entre as partes ao inadimplemento concretamente verificado no caso, que é menor do que o visado inicialmente pela vontade das partes expressa na cláusula penal, no caso de um adimplemento parcial[927]. Em sentido semelhante, Gustavo Tepedino afirma que a inspiração do preceito é a de "proibir o enriquecimento sem causa do credor, que resultaria da aplica*ção da* pré-liquidação das perdas e danos quando o prejuízo do credor, em face do cumprimento parcial, é presumidamente menor."[928].

Fundamental, entretanto, atentar para a seguinte ressalva de Jorge Cesa,

> nem todo adimplemento parcial justifica a redução da pena, mas somente aquele que foi útil ao credor. Pode ocorrer que o adimplemento parcial seja insuficiente para satisfazer, ainda que em parte, o credor, assim como é possível que o percentual de adimplemento não signifique a proporcional satisfação do credor.[929]

Nesse mesmo sentido, Gustavo Tepedino afirma que deve ser considerado o grau de satisfação dos interesses almejados pelo credor com o cumprimento parcial da obrigação. Se não houver aproveitamento útil do adimplemento parcial da obrigação, deve-se considerar o inadimplemento como total, afastando-se essa hipótese de redução[930].

Há quem entenda que a redução por cumprimento parcial não se aplica à cláusula penal cumulativa, como Silvio Rodrigues, que sustenta ser "difícil conceber mora parcial", pois, em seu entendimento, "desde que houve qualquer imperfeição na execução da obrigação, revela-se a mora". Para o autor, portanto, há apenas duas opções: ou bem houve

[927] Marini, Annibale, *La Clausola Penale,* Napoli, Jovene, 1984, pp. 137-138.

[928] Tepedino, Gustavo; Schreiber, Anderson. **Código Civil Comentado**: direito das obrigações. v. 4. (coord.) Azevedo, Álvaro Villaça. São Paulo: Atlas, 2008, pp. 339-400.

[929] Silva, Jorge Cesa Ferreira da. **Inadimplemento das obrigações**: comentários aos arts. 389 a 420 do Código Civil. Biblioteca de Direito Civil: estudos em homenagem ao Professor Miguel Reale São Paulo: RT, 2007, p. 286. Em termos similares se manifesta Pinto Monteiro: "Pode ter havido cumprimento parcial e, todavia, não se justificar, sequer, a redução da pena, quer em razão do escasso ou nulo interesse, para o credor, desse cumprimento, quer em razão, ainda assim, do reduzido valor daquela" Monteiro, António Joaquim de Matos Pinto. Cláusula penal e indemnização. Coimbra: Almedina, 1990, p. 746.

[930] Tepedino, Gustavo; Schreiber, Anderson. **Código Civil Comentado**: direito das obrigações. v. 4. (coord.) Azevedo, Álvaro Villaça. São Paulo: Atlas, 2008, pp. 339-400.

mora e, portanto, a penalidade é devida, ou bem não houve mora, hipótese em que a multa não será devida[931].

Da mesma forma, Pontes de Miranda afirmava, ainda na vigência do Código Civil de 1916, que "tal redução não se refere às penas cumulativas"[932], no que é acompanhado pela doutrina de Jorge Cesa, sob a ótica do Código atual[933].

Em contrapartida, Nonato afirmava, sob a égide do Código Civil de 1916, que a redução da penalidade poderia ser aplicada tanto em caso de mora quanto de inadimplemento da obrigação,[934] discordando, portanto, do entendimento adotado pelos autores citados. Tratou também o autor da hipótese em que a penalidade é estipulada para garantir o cumprimento de uma cláusula especial, hipótese em que incidirá a multa completa ainda que outras obrigações contratuais sejam cumpridas. No entanto, "a redução poderá ser efetuada se ocorreu cumprimento parcial da obrigação a que se acharia ligada, especialmente, a cláusula penal"[935].

Nesse aspecto, concordamos com Nonato em que a redução da penalidade contratual pode ser aplicada à cláusula penal cumulativa fixada para cláusula especial. Por mais que as possibilidades de aplicação do instituto da redução a essas hipóteses sejam mais restritas, entendemos

[931] "Assim, a disposição do artigo em análise parece de evidente justiça, no que concerne à cláusula compensatória. Mas, o artigo 413 não se circunscreve apenas à cláusula compensatória, antes a estende à multa moratória, pois se refere também à pena estipulada para o caso de mora.
Ora, aqui não se manifesta tão cativante a determinação legal. A mora se caracteriza pelo fato de o devedor, por culpa, não efetuar o pagamento no tempo, lugar e forma devidos. Ora, se assim é e se a pena foi estabelecida para castigar a mora, é difícil conceber mora parcial. Desde que houve qualquer imperfeição na execução da obrigação, revela-se a mora. Desse modo, ou ocorreu mora e a multa é devida ou inocorreu e a multa não é reclamável." RODRIGUES, Silvio. Direito civil: parte geral das obrigações. São Paulo: Saraiva, 2002, p. 274.

[932] PONTES DE MIRANDA, Francisco Cavalcanti. **Tratado de Direito Privado**. t. 24. 2. ed. Rio de Janeiro: Borsoi, 1959, p. 66.

[933] SILVA, Jorge Cesa Ferreira da. **Inadimplemento das obrigações**: comentários aos arts. 389 a 420 do Código Civil. Biblioteca de Direito Civil: estudos em homenagem ao Professor Miguel Reale São Paulo: RT, 2007, p. 286.

[934] NONATO, Orosimbo. **Curso de obrigações** (generalidades-espécies). v. II. Rio de Janeiro: Forense, 1959, p. 326.

[935] NONATO, Orosimbo. **Curso de obrigações** (generalidades-espécies). v. II. Rio de Janeiro: Forense, 1959, p. 332.

que a pena deve ser reduzida se houver cumprimento útil de uma parcela da prestação, ou prestações, garantidas pela cláusula penal.

Da mesma forma, o cumprimento parcial pode justificar a redução de cláusulas punitivas, quando, analisando-se os interesses que justificaram a estipulação estritamente punitiva e a utilidade propiciada ao credor pelo adimplemento parcial, em conjunto dois demais elementos norteadores de um juízo de equidade corretiva, fica constatada a necessidade de uma intervenção no valor da pena.

Martins-Costa sintetiza com precisão os requisitos para a redução por adimplemento parcial: "a) pelo fato de a prestação poder ter sido cumprida por partes; b) pelo fato de a prestação ter sido efetivamente cumprida em parte; c) pelo fato de o credor se ter aproveitado do cumprimento parcial, não rejeitando a prestação"[936]. O item 'a' reflete a necessidade de que o negócio jurídico seja cindível. Nesse sentido, o Superior Tribunal de Justiça já se pronunciou pelo "descabimento da redução da penalidade com base no cumprimento parcial da obrigação na hipótese em que a prestação é incindível ou, sendo cindível, não tenha o credor concordado, expressa ou tacitamente, com a cisão do negócio jurídico"[937].

Como se viu, a ferramenta para a redução da cláusula penal, seja em caso de cumprimento parcial da obrigação, seja diante de excesso manifesto, não é mais a proporcionalidade, tal como previa o artigo 924 do antigo Código, passando a ser a equidade corretiva. O antigo parâmetro da proporcionalidade é encontrado, por exemplo, em caso julgado pelo Superior Tribunal de Justiça envolvendo atleta campeão olímpico que celebrara contrato de cessão de uso de imagem com empresa fornecedora de material esportivo, com prazo de vigência de 12 meses, prorrogáveis por igual período[938]. O primeiro ano de vigência fluiu normalmente, efetivando-se a prorrogação automática contratualmente prevista. Após decorridos seis meses do segundo ano de vigência, a fornecedora de material esportivo suspendeu os pagamentos, o que levou o atleta a ajuizar ação para cobrar a multa estipulada em contrato.

[936] Martins-Costa, Judith. **Comentários ao novo Código Civil**: do inadimplemento das obrigações. (coord.) Teixeira, Sálvio de Figueiredo. v. 5. t. 2. Rio de Janeiro: Forense, 2003, p. 46.

[937] REsp 1381652/SP, Rel. Min. Paulo de Tarso Sanseverino, Terceira Turma, j. 12-08-2014.

[938] REsp 1212159/SP, Rel. Min. Paulo de Tarso Sanseverino, Terceira Turma, j. 19-06-2012.

Nas instâncias ordinárias a empresa de material esportivo foi condenada ao pagamento da integralidade do valor da cláusula penal, mas a 3ª Turma do Superior Tribunal de Justiça reformou a decisão para, com fundamento no revogado artigo 924, determinar a redução da multa pela metade, tendo em vista que foi essa a parcela de cumprimento do contrato após sua renovação.

O critério "matemático", naturalmente não é completamente desconsiderado na análise, sendo considerado, agora, em conjunto com os demais vetores que compõem o juízo de equidade[939]. Exemplo claro sobre a substituição do critério da proporcionalidade pelo da equidade é encontrado em julgamento da Quarta Turma do Superior Tribunal de Justiça envolvendo contrato de prestação de serviços, com cláusula de exclusividade, celebrado entre uma rede televisão e o apresentador âncora de um de seus telejornais[940]. O vínculo tinha prazo de vigência de quatro anos e três meses com estipulação de multa substitutiva no valor de R$ 1.200.500,00 para o caso de rompimento imotivado. Quando transcorrido cerca de 95% do prazo contratual, o apresentador rescindiu o vínculo e imediatamente passou a prestar serviços para uma das concorrentes da empresa de televisão.

Diante da cobrança da multa pactuada, o apresentador sustentou que somente seria devido o equivalente a 5% do valor da penalidade fixada, em razão do cumprimento parcial de 95% do prazo contratual. Caso ainda vigorasse o critério de proporcionalidade constante do artigo 924 do Código de 1916, aplicar-se-ia a redução defendida pelo apresentador, calculando-se a pena em função do número de dias de cumprimento do contrato. No entanto, diante do critério de equidade estabelecido pelo artigo 413 do Código Civil, a decisão das instâncias ordinárias, mantida pelo Superior Tribunal de Justiça, foi pela redução de apenas 50% do valor da multa, e não de 95% como pretendido pelo apresentador.

Em outro julgado, sob a relatoria da Ministra Nancy Andrighi, constam relevantes considerações acerca da redução equitativa da penalidade no caso de adimplemento parcial:

[939] Costa, Mário Júlio de Almeida. Direito das obrigações. 10. ed. Coimbra: Almedina, 2006, p. 804.

[940] BRASIL. REsp 1186789/RJ, Rel. Min. Luis Felipe Salomão, Quarta Turma, j. 20-03-2014.

> A redução da cláusula penal é, no adimplemento parcial, realizada por avaliação equitativa do juiz, a qual relaciona-se à averiguação proporcional da utilidade ou vantagem que o pagamento, ainda que imperfeito, tenha oferecido ao credor, ao grau de culpa do devedor, a sua situação econômica e ao montante adimplido, além de outros parâmetros, que não implicam, todavia, necessariamente, uma correspondência exata e matemática entre o grau de inexecução e o de abrandamento da multa[941].

Essa orientação está em consonância, inclusive, com o Enunciado n. 359 do Conselho da Justiça Federal, o qual prevê que "a redação do artigo 413 do Código Civil não impõe que a redução da penalidade seja proporcionalmente idêntica ao percentual adimplido".

Outro precedente relevante do Superior Tribunal de Justiça sobre a redução por adimplemento parcial norteada pela equidade, no lugar da proporcionalidade, envolveu a devolução antecipada de loja localizada em shopping center[942]. Na hipótese, a corte estadual aplicou ao contrato de locação o critério da proporcionalidade e reduziu a penalidade prevista contratualmente no valor de 6 aluguéis, para 2,34 aluguéis, pois teriam sido cumpridos apenas 14 dos 36 meses estipulados para a relação jurídica. O Min. Luiz Felipe Salomão, porém, aplicando o critério da equidade, não restringiu a redução da cláusula ao período remanescente de contrato, levando em consideração particularidade específica do caso concreto, qual seja, o fato de que lojas desocupadas em shopping center podem prejudicar o sucesso do empreendimento como um todo. Com isso, aplicando em juízo equitativo atento às circunstâncias específicas do caso concreto, reformou o acórdão recorrido para fixar o valor da multa em quatro aluguéis, pois "as consequências econômicas da inexecução perpetrada pelos locatários pode, desse modo, ter proporções muito maiores, o que justifica uma redução mais comedida do valor pactuado a título de cláusula penal".

Esse acórdão é particularmente interessante em razão da proporcionalidade ter sido afastada, em prol da equidade, mesmo em relação

[941] BRASIL. Superior Tribunal de Justiça. REsp 1641131/SP, Rel. Min. Nancy Andrighi, Terceira Turma j. 16-02-2017.

[942] REsp 1353927/SP, Rel. Ministro Luis Felipe Salomão, Quarta Turma, julgado em 17/05/2018, DJe 11/06/2018.

regida pela Lei 8.245/91, cujo art. 4º estabelece como direito do locatário a redução proporcional[943]. Conforme a lição de Simão, o sistema de redução da multa, segundo critérios de equidade, entra no novo Código Civil como verdadeira decorrência da função social contrato, atingindo indistintamente a todos os contratos, em especial o de locação[944].

Como se percebe, também a redução por adimplemento parcial tem o juízo de equidade orientado pelos vetores da natureza e finalidade do negócio, devendo o intérprete procurar o inadimplemento para o qual a penalidade foi fixada, a finalidade procurada com a sua estipulação, perquirindo se a mesma foi alcançada em alguma medida com o cumprimento parcial.

Ainda nesse sentido, Konder afirma que o Código Civil, ao fazer menção ao juízo de equidade, permite ao juiz considerar que um descumprimento na proporção de 50% da prestação justifique a redução de apenas 30% da multa, "por reputar que aquela metade faltante era qualitativamente mais importante para o credor"[945].

Para Rosenvald, a mudança legislativa da redução proporcional para a redução equitativa gerou um ganho de qualidade, pois o juiz pode deixar de ser estatístico e passar a interpretar as características específicas do caso concreto[946]. De fato, não se deve confundir os conceitos de equidade e de proporcionalidade, ainda que a proporcionalidade, muitas vezes, faça parte do juízo de equidade. Reduzir equitativamente nem sempre significa reduzir proporcionalmente[947].

Cabe referir, por fim, a autonomia das partes para regular a redução da penalidade nos casos de adimplemento parcial. Em nosso entendimento, o parâmetro da proporcionalidade, outrora previsto na legis-

[943] Art. 4o Durante o prazo estipulado para a duração do contrato, não poderá o locador reaver o imóvel alugado. Com exceção ao que estipula o § 2o do art. 54-A, o locatário, todavia, poderá devolvê-lo, pagando a multa pactuada, proporcional ao período de cumprimento do contrato, ou, na sua falta, a que for judicialmente estipulada.

[944] SIMÃO, José Fernando. Disponível em: http://professorsimao.com.br/artigos_simao_a_%20lei_do_inquilinato_01.htm. Acesso em: 16 jan. 2020.

[945] KONDER, Carlos Nelson. Arras e cláusula penal nos contratos imobiliários. Rio de Janeiro, **Revista dos Tribunais**, v. 4, pp. 83-104, mar.-abr. 2014, p. 6.

[946] ROSENVALD, Nelson. **Cláusula penal**: a pena privada nas relações negociais. Rio de Janeiro: Lumen Juris, 2007. p. 258.

[947] SILVA, Regina Beatriz Tavares da (coord.) **Código Civil comentado**. 6. ed. São Paulo: Saraiva, 2008, p. 369.

lação, poderá orientar a redução se houver convenção nesse sentido. As partes têm liberdade para estabelecer balizas a serem observadas na redução por inadimplemento parcial, estipulando, por exemplo, um grau mínimo de adimplemento para que a redução seja permitida. Estipulações dessa natureza representam exemplo da autonomia positivada pela Lei da Liberdade Econômica por meio do inciso primeiro do art. 421-A do Código Civil, a despeito de não representar qualquer inovação no ordenamento a esse respeito, pois tal autonomia já existia antes de sua vigência.

Hipótese bastante frequente de regulação convencional da redução por adimplemento parcial são as estipulações que preveem a definição do montante da penalidade com base na parcela inadimplida do contrato, situações nas quais "uma vez que o cumprimento parcial já enseja a alteração no cálculo da penalidade, não caberá a redução judicial com esse mesmo fundamento"[948].

7.4 Excesso manifesto

A excessividade da pena contratual que dá ensejo à redução da cláusula penal é aquela que se mostre evidente e substancial. A esse respeito, Calvão da Silva:

> A decisiva condição legal de intervenção do tribunal é, por conseguinte, a presença, ao,tempo da sentença, de uma cláusula manifestamente excessiva — não basta uma cláusula excessiva, cuja pena seja superior ao dano —, de uma cláusula cujo montante desmesurado e desproporcional ao dano seja de excesso manifesto e evidente, numa palavra, de excesso extraordinário, «enorme», que «salte aos olhos». Tem de ser, portanto, uma desproporção evidente, patente, substancial e extraordinária, entre o dano causado e a pena estipulada, mas já não a ausência de dano em si[949].

[948] Chagas, Beatriz Uchôas. A redução equitativa da cláusula penal: a aplicação do art. 413 do Código Civil. Revista de Direito Privado, vol. 110, ano 22, p. 85-108: São Paulo: RT, out-dez 2021.

[949] Silva, João Calvão da. **Cumprimento e sanção pecuniária compulsória**. 4. ed. Coimbra: Almedina, 2002, pp. 272-274. No mesmo sentido: Pereira, Caio Mário da Silva. **Instituição de direito civil**. v. 2. Atual. Guilherme Calmon Nogueira da Gama (coord.) 29. ed. Rio de Janeiro: Forense, 2017, p. 155.

Como visto, para redução em casos em que o valor da cláusula penal se revelar manifestamente excessivo, deve o julgador considerar a natureza e a finalidade do negócio. Como destaca Caio Mário, "o julgador apreciará o valor, confrontando-o com as demais circunstâncias do negócio, e somente o diminuirá se for manifesto, ostensivo, perceptível a todo surto de vista"[950].

Como ensina Konder, a aferição do excesso pelo julgador, além de ser objetiva, deve considerar a função econômico-individual do contrato, concretamente estabelecida:

> Daí a segunda hipótese prevista pelo dispositivo, na qual temos um mecanismo de revisão judicial que viabiliza a aplicação do princípio do equilíbrio econômico objetivamente, sem requisito de imprevisibilidade ou de inferioridade de uma das partes. Sempre que o magistrado verificar, objetivamente, um excesso manifesto na sanção negocialmente estipulada, deve reduzi-la. Para a verificação deste excesso — que, destaque-se, deve ser manifesto — levará em conta a natureza do contrato e a sua finalidade.
> Como já destacou a melhor doutrina, a referência à finalidade é especialmente feliz, pois permite adotar a perspectiva funcional no exame da excessividade. [...]. Todavia, mais importante é levar em conta, como indica o dispositivo, a finalidade do negócio, isto é, a função econômico -individual, concretamente estabelecida, do acordo como um todo, pois é ela que determinará sua qualificação mais adequada[951-952].

950 Pereira, Caio Mário da Silva. **Instituições de direito civil**. v. 3. Rio de Janeiro: Forense, 2009, p. 155.

951 Konder, Carlos Nelson. Arras e cláusula penal nos contratos imobiliários. Rio de Janeiro, **Revista dos Tribunais**, v. 4, pp. 83-104, mar.-abr. 2014, p. 8.

952 Assim entende Marino: "Modernamente, a causa finalis especifica-se por meio de duas noções, aptas, em tese, a qualificar o resultado equitativo. Referimo-nos aos conceitos de causa e de fim do negócio jurídico. Com efeito, no contexto da notória polissemia da palavra causa, predominam dois sentidos objetivos da expressão "causa do negócio jurídico": função econômico-social típica e fim individual ou concreto. A despeito de ter tido como precursor, na doutrina italiana, Vittoiuo Scialoja, o primeiro sentido costuma vir associado à magistral obra de Emilio Betti, para quem a causa-função seria a síntese dos elementos essenciais do tipo negocial, permanecendo, pois, uniforme em todos os negócios pertencentes ao mesmo tipo". Marino, Francisco Paulo de Crescenzo. Oferta de modificação equitativa de contratos afetados pela excessiva onerosidade superveniente. Tese (Livre Docência). Faculdade de Direito, Universidade de São Paulo (USP), São Paulo, 2018, p. 220. No mesmo

De acordo com Manuel de Andrade, a aferição da relação entre prestações ou vantagens deve se dar a partir da perspectiva das partes. O valor dessas prestações não deve ser visto de maneira objetiva, mas como o valor que tais prestações têm para as partes no caso concreto[953].

Marta Costa, por sua vez, afirma que o montante em que a pena pode ser fixada deverá recair dentro de uma moldura constituída de um

sentido, Viola: "Nesse aspecto, o modo de apreciar a extensão da redução equitativa deverá considerar todas as circunstâncias fáticas em correspondência com os ditames constitucionais, isto é, a redução deve ser lida à luz da solidariedade constitucional prevista no artigo 3°, I e III da Constituição. Para a aplicação desta norma elástica estipulada pelo legislador de 2002, portanto, o magistrado deverá seguir critérios objetivos na fixação da redução. Neste ponto, ao invés de formal e passiva, a atuação do magistrado consiste em uma atividade crítica e ativa, orientada pelos valores constitucionais. Em outras palavras, não basta que o magistrado determine o valor da redução, mas, antes, deverá fundamentar adequada e criticamente as razões que o levaram àquele valor. Consequentemente, o aplicador deverá, obrigatoriamente, expor em que medida o valor da indenização não é excessivo e, ainda, por que o valor da redução fixado não torna o quantum indenizatório iníquo ou irrisório." VIOLA, Rafael. Indenização equitativa: uma análise do art. 944, parágrafo único, do Código Civil. *In*: (org.) MOTA, Mauricio; KLOH, Gustavo. **Transformações contemporâneas do direito das obrigações**. Rio de Janeiro: Elsevier, 2011, pp. 546-547.

953 "A relação entre as duas prestações ou vantagens, afere-se, porém, do ponto de vista das partes. Em que condições? Ela não se determina pelo chamado valor real, objectivo, comum ou usual das prestações, isto é, pelo valor que têm para toda a gente — o seu valor normal de troca, no tempo e no lugar considerado. Releva também para o efeito o valor especial que elas têm para as partes, em virtude de qualquer razão de ordem económica ou até de ordem moral. E tudo isto segundo a estimativa das partes. Relevam dum modo geral quaisquer possíveis factores de apreciação que elas queiram tomar em conta e valorizados estes segundo o seu critério. O que importa e decide em última análise é a vontade das partes. Uma das partes pode dar alguma coisa (prestação) que sabe valer mais do que aquilo que recebe da outra. Pode saber que faz um negócio em que fica prejudicada, um negócio ruinoso até. Mas fá-lo porque quer receber e para receber a prestação da outra parte, em virtude de um interesse de qualquer ordem, e não pôde ou não soube obter essa prestação em condições menos gravosas. E mutatis mutandis pelo lado da outra parte. Essa pode saber que o negócio em questão é vantajoso para ela — que é mesma uma verdadeira pechincha — mas por qualquer motivo não está disposta a dar mais pelo que recebe ou aproveita-se dos motivos particulares (urgência, inabilidade, etc.) que levaram o outro contratante a consentir num sacrifício maior do que o normal para obter a prestação do que tinha em vista. De qualquer maneira, as partes entendem permutar duas prestações, fazer um negócio, uma transacção — boa ou má —, e não dar e receber, no todo ou em parte, uma liberalidade. Assim como talvez se possa dizer que entre as prestações há, segundo a vontade das partes, uma relação de causalidade-finalidade." ANDRADE, Manuel A. Domingues de. **Teoria geral da relação jurídica**. v. II. Facto jurídico, em especial negócio jurídico. Coimbra: Almedina, 2003, p. 55.

valor máximo, qual seja, o valor da cláusula penal, e um valor mínimo, que pode chegar a zero em hipóteses nas quais o impacto do inadimplemento, ou da mora, é tão ínfimo que não merece a aplicação de qualquer sanção[954]. Sobre esse ponto, concordamos com Martins-Costa[955] e discordamos de Marta Costa, quanto à possibilidade de eliminação da cláusula penal, pois tal hipótese, em nosso entendimento, somente é admissível quando se tratar de cláusula de prefixação de danos.

Em se tratando de verdadeira cláusula penal, a redução do artigo 413 não admite a sua eliminação, mas apenas a supressão do excesso, devendo o juiz se limitar ao controle do exercício da pena, corrigindo-a e não eliminando-a.

Quanto ao momento de aferição da excessividade, este deve ser aquele no qual se produz o incumprimento que faz atuar a pena. Nesse sentido, Martins-Costa afirma ser essa a opção mais adequada, "seja porque a cláusula penal caracteriza-se como promessa condicional, seja porque a excessividade diz respeito ao sinalagma funcional, ou dinâmico, e não ao sinalagma genético, ou estático."[956].

Já quanto à forma de efetiva redução, como afirma Florence, essa deve se dar também por meio do exercício do juízo de equidade, em atenção às circunstâncias do caso concreto[957]. Para Martins-Costa, se houver atraso mínimo no pagamento, por exemplo, o valor da multa, que será cumulada com o próprio pagamento, deve ser reduzido para grau "inferior ao dos limites legais"[958].

[954] COSTA, Marta. Arbitragem e redução da cláusula penal compulsória. *In*: (coord.) WALD, Arnoldo. **Revista de Arbitragem e Mediação**, v. 1, pp. 67-78, jan.-abr. 2004. São Paulo: RT, 2004, pp. 76-78.

[955] MARTINS-COSTA, Judith, "Comentários ao novo Código Civil: do inadimplemento das obrigações. Coordenação: Sálvio de Figueiredo Teixeira. Rio de Janeiro: Forense, 2009, v. 5, t. 2, p. 709.

[956] MARTINS-COSTA, Judith. A dupla face do princípio de equidade na redução da cláusula penal. *In*: (org.) ASSIS, Araken de *et al.* **Direito civil e processo** — estudos em homenagem ao Professor Arruda Alvim. São Paulo: RT, 2007, p. 71.

[957] FLORENCE, Tatiana Magalhães. Aspectos pontuais da cláusula penal. *In*: (org.) TEPEDINO, Gustavo. **Obrigações**: estudos na perspectiva civil-constitucional. Rio de Janeiro: Renovar, 2005, p. 531.

[958] MARTINS-COSTA, Judith. **Comentários ao novo Código Civil**: do inadimplemento das obrigações. (coord.) TEIXEIRA, Sálvio de Figueiredo. v. 5. t. 2. Rio de Janeiro: Forense, 2003, p. 457.

Por outro lado, Faria, ao tratar das obrigações de trato sucessivo, afirma que a cláusula penal moratória deve ser calculada sobre o valor da prestação inadimplida, e não sobre a integralidade do contrato[959].

Cabe, por fim, citar a valiosa lição de Anderson Schreiber acerca das alegações oportunistas de desequilíbrio contratual. Isso porque, não raro, a invocação de desequilíbrio contratual é feita por contratantes inadimplentes que usam de ferramentas legais de reequilíbrio contratual para adiar o cumprimento de suas obrigações. Por vezes, argumentos atécnicos e subjetivistas, fundados apenas em conceitos genéricos como os de fragilidade, justiça, equidade, etc., são capazes de convencer as cortes a prover uma tutela de assistencialismo subjetivista[960].

Esse dado prático se mostra extremamente relevante, pois o oportunismo ressaltado por Anderson Schreiber se verifica também no âmbito dos pleitos de redução de cláusulas penais por excesso manifesto. Para que essa situação seja evitada, é fundamental que o magistrado analise o merecimento da tutela de redução de maneira criteriosa e fundamentada, atento sempre aos parâmetros da natureza e finalidade fixados no artigo 413 do Código Civil.

Neste contexto, não se deve considerar como excessiva a penalidade cujo patamar elevado foi alcançado em decorrência exclusiva da conduta do devedor, como ocorre, muitas vezes, com as cláusulas fixadas contra a mora, que vão acrescendo conforme a duração do inadimplemento[961]. Para estas situações, vigora o limite do art. 412, como meio mais adequado de controle.

[959] Farias, Cristiano Chaves de. Miradas sobre a cláusula penal no direito contemporâneo (à luz do direito civil-constitucional, do novo Código Civil e do Código de Defesa do Consumidor). São Paulo, **Revista dos Tribunais.** v. 797, pp. 43-59, mar. 2002, p. 124.

[960] Schreiber, Anderson. **Equilíbrio contratual.** Dever de renegociar. São Paulo: Saraiva Educação, 2018, pp. 71-72.

[961] "Importa salientar que o peso excessivo da multa aplicável à faltosa não resulta da própria cláusula penal ou dos termos em que ela foi estabelecida. Resulta apenas da larga e injustificada duração da mora, ou seja, duma circunstância superveniente à celebração do contrato e inteiramente imputável à contraente faltosa" Varela, João de Matos Antunes. Parecer. Revista da Ordem dos Advogados, ano 45, vol I, 1985, Lisboa.

7.5 A equidade

O merecimento ou não da tutela de redução da cláusula penal depende da constatação do excesso manifesto da penalidade contratual ou do cumprimento parcial da obrigação pelo devedor, elementos que, como vimos nos subcapítulos anteriores, devem ser analisados à luz da natureza e finalidade do negócio.

Em sendo constatado um desequilíbrio capaz de exigir a redução da pena convencionada, o próximo passo é proceder à sua redução. É nesse momento que se inicia a atuação da *equidade*. Como observa Nanni, a equidade não deve ser aplicada na apreciação do excesso manifesto ou do cumprimento parcial, pois tais situações devem ser apreciadas à luz da finalidade e da natureza do negócio. A equidade aplica-se tão somente na fase de redução da penalidade, como ferramenta para definição da extensão da diminuição. Nesse sentido, confira-se a lição do autor:

> A atuação equitativa do julgador na vertente em tela não está na apreciação e configuração, no caso concreto, do cumprimento parcial da obrigação e/ou de estipulação manifestamente excessiva (antecedente). Tais situações devem ser examinadas à luz do que determina a lei, tão somente. Daí, presente a hipótese justificadora de diminuição da pena convencional, é que se franqueia ao juiz decidir por equidade (visto que só autorizado nos casos previstos em lei — artigo 140, parágrafo único, CPC), ou seja, no momento da redução da penalidade (consequente). É apenas no consequente, na extensão da diminuição, que ele atua equitativamente: tanto, vale dizer, segundo Adriano de Cupis, quanto reputa a quo. E outra não pode ser a conclusão, haja vista que, se na Lei Civil antiga o juiz reduzia proporcionalmente a cláusula penal, agora ele o faz equitativamente, a saber, unicamente no montante[962].

O artigo 413 do Código Civil de 2002, em sentido diverso do artigo 924 do antigo Código, que previa a redução proporcional da pena, estabeleceu a equidade como ferramenta para a redução. O critério de

[962] NANNI, Giovanni Ettore. **Comentários ao Código Civil**: direito privado contemporâneo. Alexandre Dartanhan de Mello Guerra *et al.* (coord.) NANNI, Giovanni Ettore. São Paulo: Saraiva Educação, 2018, p. 677.

equidade estabelecido pelo artigo 413 é o vetor orientador da redução tanto nos casos de cumprimento parcial, quanto de manifesto excesso do valor da penalidade[963].

Para que se possa compreender a forma de aplicação desse critério de redução, é preciso, primeiro, compreender o sentido do juízo de equidade. Segundo Ascensão, o juízo de equidade deve compreender a análise de "todas as circunstâncias que forem relevantes à luz da justiça, como é próprio da solução eqüitativa"[964].

Para Anderson Schreiber, deve-se rejeitar "a circunscrição do tema do desequilíbrio contratual a uma questão de 'equidade', assim entendida no sentido aristotélico de justiça do caso concreto ou 'corretivo do justo legal'". Isso porque, a equidade não deve ser solução casuística e externa, destinada a corrigir excessos em casos gritantes. Para o autor, "trata-se, ao contrário, de um mandamento que decorre internamente da própria ordem jurídica, como visto no corpo do texto", mas cuja delimitação ainda vem sendo buscada pelo direito contemporâneo[965].

Gambino, ao tratar da aplicação do juízo de equidade ao procedimento arbitral, afirma que se deve ter como referência os termos do próprio contrato, pois a equidade não pode se contrapor ao interesse das partes expressado no negócio jurídico[966].

Além disso, o certo subjetivismo inerente ao juízo de equidade não pode servir de carta branca ao julgador para decidir de maneira arbitrária. Como explica Cordeiro, na aplicação do juízo de equidade ao caso concreto, deve haver um mínimo de objetividade. A aplicação da equidade, desse modo, deve observar "o esquema valorativo dominante nas representações comuns, sob pena de arbítrio", sendo certo que a solução

[963] MARTINS-COSTA, Judith. A dupla face do princípio de equidade na redução da cláusula penal. *In*: (org.) ASSIS, Araken de *et al*. **Direito civil e processo** — estudos em homenagem ao Professor Arruda Alvim. São Paulo: RT, 2007, p. 61.

[964] ASCENSÃO, José de Oliveira. **O direito**: introdução e teoria geral. Uma perspectiva luso-brasileira. 8. ed. (revista por Portugal). Rio de Janeiro: Renovar, 1994, pp. 188-189.

[965] SCHREIBER, Anderson. **Equilíbrio contratual**. Dever de renegociar. São Paulo: Saraiva Educação, 2018, p. 52.

[966] GAMBINO, Francesco. Árbitros de equidade e laudo conforme o direito. Reflexões acerca do princípio *pacta sunt servanda*. *In*: (coord.) WALD, Arnoldo. **Revista de Arbitragem e Mediação**. Ano 3, jan.-mar. 2006, p. 207.

equitativa tem a particularidade de ser confeccionada "caso a caso, sem preocupações generalizantes."[967].

No mesmo sentido, Lôbo afirma que a equidade não dá espaço à arbitrariedade judicial, e que deve nortear a decisão do julgador a "justiça do caso concreto", e não o "juízo de valor subjetivo do julgador".[968].

A fim de melhor compreender o sentido da equidade, cabe também analisar outras disposições do Código Civil que tratam do princípio. Veja-se, nesse sentido, que o artigo 944, ao dispor que a "indenização mede-se pela extensão do dano", prevê, em seu parágrafo único, que "se houver excessiva desproporção entre a gravidade da culpa e o dano, poderá o juiz reduzir, eqüitativamente, a indenização".

Para Viola, a ferramenta introduzida pela norma, consiste "numa redução dependente de uma análise casuística, ou seja, é uma redução que tem seu ponto de origem nas especificidades do caso concreto, atendendo à equidade"[969]. Ao aprofundar-se na análise do parágrafo único do artigo 944 do Código Civil, afirma que a equidade

> É um preceito jurídico genérico carente de preenchimento valorativo que, graças a sua generalização e abstração, abarca um mais vasto campo de situações, permitindo ao juiz e ao intérprete maior possibilidade de adaptar a norma às situações de fato, que, não obstante não pode ser confundida com arbitrariedade[970].

Assim como Lôbo, Viola afirma que, para evitar a arbitrariedade na aplicação da equidade, o magistrado não deve invocar valores pessoais, mas deve considerar os valores e princípios da sociedade[971]. Deverá o

[967] Cordeiro, António Manuel da Rocha e Menezes. **Da boa-fé no direito civil**. Coimbra: Almedina, 2001, pp. 1200-1206.

[968] Lobo, Paulo Luiz Netto. **Teoria geral das obrigações**. São Paulo: Saraiva, 2005, pp. 311-312.

[969] Viola, Rafael. Indenização equitativa: uma análise do art. 944, parágrafo único, do Código Civil. *In*: (org.) Mota, Mauricio; Kloh, Gustavo. **Transformações contemporâneas do direito das obrigações**. Rio de Janeiro: Elsevier, 201, p. 537.

[970] Viola, Rafael. Indenização equitativa: uma análise do art. 944, parágrafo único, do Código Civil. *In*: (org.) Mota, Mauricio; Kloh, Gustavo. **Transformações contemporâneas do direito das obrigações**. Rio de Janeiro: Elsevier, 201, p. 537.

[971] Viola, Rafael. Indenização equitativa: uma análise do art. 944, parágrafo único, do Código Civil. *In*: (org.) Mota, Mauricio; Kloh, Gustavo. **Transformações contemporâneas do direito das obrigações**. Rio de Janeiro: Elsevier, 2011, pp. 546-547.

julgador, portanto, não apenas proceder a uma atividade crítica e ativa, à luz da solidariedade constitucional (artigo 3º, I e III, da Constituição Federal de 1988), mas também fundamentar os motivos que o levaram à concluir pela extensão da redução, expondo "em que medida o valor da indenização não é excessivo e, ainda, por que o valor da redução fixado não torna o *quantum* indenizatório iníquo ou irrisório"[972].

A equidade corretiva[973], como ferramenta de redução da cláusula penal, deve visar sempre a preservação da finalidade cominatória e dissuasora da penalidade contratual. Para assim fazer, deve o julgador considerar, ao reduzir equitativamente a penalidade, "todo o circunstancialismo objectivo e subjectivo do caso concreto, nomeadamente o comportamento das partes, a sua boa ou má-fé"[974].

A intenção do legislador ao prever o dever de redução equitativa do valor da cláusula penal, quando a sua estipulação resultar em grandes desproporcionalidades, foi a de evitar que uma das partes contratantes obtenha vantagens excessivas, sem que haja uma contraprestação correspondente. Nesse sentido, Martins-Costa enfatiza que a equidade prevista no artigo 413 do Código Civil, aplicada para redução da cláusula penal por excesso manifesto ou por cumprimento parcial, tem, em ambas as hipóteses, uma mesma finalidade: "evitar que um instrumento útil, e em si mesmo legítimo, como a cláusula penal, se transforme em instrumento de ilegítimo exercício do maior poder contratual, ou via

972 Viola, Rafael. Indenização equitativa: uma análise do art. 944, parágrafo único, do Código Civil. *In*: (org.) Mota, Mauricio; Kloh, Gustavo. **Transformações contemporâneas do direito das obrigações**. Rio de Janeiro: Elsevier, 2011, pp. 546-547.

973 Com efeito, a equidade corretiva é apenas uma das facetas do princípio da equidade, como ensina Amaral: "Tem-se, assim: a eqüidade interpretativa, quando o juiz, perante a dificuldade de estabelecer o sentido e o alcance de um contrato, por exemplo, decide com um justo comedimento; a eqüidade corretiva, que contempla o equilíbrio das prestações, reduzindo, por exemplo, o valor da cláusula penal; a eqüidade quantificadora, que atua na hipótese de fixação do quantum indenizatório; a eqüidade integrativa, na qual a eqüidade é fonte de integração, e ainda a eqüidade processual, ou juízo de eqüidade, conjunto de princípios e diretivas que o juiz utiliza de modo alternativo, quando a lei autoriza, ou permite que as partes a requeiram, como ocorre nos casos de arbitragem". Amaral, Francisco. A eqüidade no Código Civil brasileiro. *In*: Arruda, Alvim. (coord.) **Aspectos controvertidos do novo Código Civil**. São Paulo: RT, 2003, pp. 207; 198-199.

974 Silva, João Calvão da. **Cumprimento e sanção pecuniária compulsória**. 4. ed. Coimbra: Almedina, 2002, pp. 272-274.

para o enriquecimento injustificado, ou para a consagração da injustiça contratual"[975].

Assim também entende Nanni, ao afirmar que o julgador, ao reduzir o valor da pena, deve ater-se aos parâmetros da natureza e finalidade, utilizando-os como norteadores para definir a extensão da diminuição:

> [...] o juiz não deverá deixar de atender à natureza e condições de formação do contrato (por exemplo, se a cláusula foi contrapartida de melhores condições negociais); à situação respectiva das partes, nomeadamente a sua situação económica e social, os seus interesses legítimos, patrimoniais e não patrimoniais; à circunstância de se tratar ou não de um contrato de adesão; ao prejuízo previsível no momento da celebração do contrato e ao efectivo prejuízo sofrido pelo credor; às causas explicativas do não cumprimento da obrigação, em particular à boa ou má-fé do devedor (aspecto importante, se não mesmo determinante, parecendo não se justificar geralmente o favor da lei ao devedor de manifesta má-fé e culpa grave, mas somente ao devedor de boa-fé que prova a sua ignorância ou impotência de cumprir) ao próprio carácter à *forfait* da cláusula e, obviamente, à salvaguarda do seu valor cominatório[976].

O autor afirma que a cláusula penal é, em regra, imutável, sendo a sua redução medida excepcional:

> o poder do juiz não pode ser levado ao extremo de minguá-lo a ponto de convertê-la em quantia ínfima, desfigurando a pena convencional e retirando-lhe a dupla finalidade, de reforço da obrigação e de liquidação prévia das perdas e danos[977].

[975] Martins-Costa, Judith. **Comentários ao novo Código Civil**: do inadimplemento das obrigações. (coord.) Teixeira, Sálvio de Figueiredo. v. 5. t. 2. Rio de Janeiro: Forense, 2003, p. 686.

[976] Silva, João Calvão da. **Cumprimento e sanção pecuniária compulsória**. 4. ed. Coimbra: Almedina, 2002, pp. 272-274.

[977] Nanni, Giovanni Ettore. **Comentários ao Código Civil**: direito privado contemporâneo. Alexandre Dartanhan de Mello Guerra *et al.* (coord.) Nanni, Giovanni Ettore. São Paulo: Saraiva Educação, 2018, p. 681.

No mesmo sentido, Konder afirma que não se pode reduzir a penalidade contratual a valor ínfimo, devendo-se buscar sempre um montante adequado, sob pena de violação à autonomia privada[978].

Com efeito, a Quarta Turma do Superior Tribunal de Justiça entendeu que a aplicação da equidade corretiva, tal como prevista no artigo 413 do Código Civil de 2002, tem como função harmonizar a autonomia privada à luz da boa-fé objetiva e da função social do contrato de acordo com contexto fático do caso concreto[979].

Contudo, vê-se com frequência, na jurisprudência, casos em que a redução equitativa é realizada sem efetiva consideração das circunstâncias do caso concreto. Nesse sentido, a 34ª Câmara de Direito Privado do Tribunal de Justiça de São Paulo, ao reduzir uma cláusula penal fixada para a hipótese de resilição do contrato, afirmou apenas que "a imposição de multa consistente em 30% (trinta por cento) sobre o valor do contrato é excessiva, pois se trata de sanção que não corresponde ao serviço efetivamente prestado pela ré, a evidenciar a ocorrência de enriquecimento ilícito". Assim, sob esse entendimento, o Tribunal reduziu a penalidade ao percentual de 10% sobre o valor do contrato sem considerar qualquer elemento do caso em concreto e sem sequer fundamentar a sua decisão[980].

Com efeito, trata-se de um exemplo em que a equidade foi aplicada de maneira incorreta, recaindo a solução do caso ao puro arbítrio do jul-

978 Konder, Carlos Nelson. Arras e cláusula penal nos contratos imobiliários. Rio de Janeiro, **Revista dos Tribunais**, v. 4, pp. 83-104, mar.-abr. 2014, p. 6.

979 "A equidade é cláusula geral que visa a um modelo ideal de justiça, com aplicação excepcional nos casos legalmente previstos. Tal instituto tem diversas funções, dentre elas a eqüidade corretiva, que visa ao equilíbrio das prestações, exatamente o caso dos autos. [...] Sob a vigência do Código Civil de 1916, era facultado ao magistrado reduzir a cláusula penal caso o adimplemento da obrigação fosse tão somente parcial, ao passo que no vigente Código de 2002 se estipulou ser dever do juiz reduzir a cláusula penal, se a obrigação principal tiver sido cumprida em parte, ou se o montante da penalidade for manifestamente excessivo, afastando-se definitivamente o princípio da imutabilidade da cláusula penal. A evolução legislativa veio harmonizar a autonomia privada com o princípio da boa-fé objetiva e função social do contrato, instrumentário que proporcionará ao julgador a adequada redução do valor estipulado a título de cláusula penal, observada a moldura fática do caso concreto." BRASIL. Tribunal de Justiça do Rio de Janeiro, REsp 1186789/RJ, Rel. Min. Luis Felipe Salomão, Quarta Turma, j. 20-03-2014.

980 BRASIL. Tribunal de Justiça de São Paulo. Apelação Cível 1085141-10.2013.8.26.0100, Rel. Des. Kenarik Boujikian, 34ª Câmara de Direito Privado, j. em 06.07.2016.

gador. Infelizmente, esse modo de julgamento tem sido recorrente nos Tribunais pátrios. Em outra oportunidade, o Tribunal de Justiça do Rio de Janeiro, em acórdão proferido pela 3ª Câmara Cível em que se discutia o inadimplemento de um contrato para a elaboração de um projeto de loteamento,[981] o qual previa o valor da cláusula penal em 10% do valor do contrato; entendeu o Tribunal que a multa deveria ser reduzida para 2%, sob fundamentos teóricos de equilíbrio contratual e equidade, sem tecer nenhum critério em bases fáticas que justificasse a sua decisão em reduzir a multa para 2% do valor do contrato.

Em um recurso especial julgado pela 3ª Turma do Superior Tribunal de Justiça, sob relatoria da Ministra Nancy Andrighi, discutia-se uma cláusula penal moratória, constante de instrumento de transação judicial, o qual previa o pagamento de multa fixada em 30% sobre o valor total da avença em caso de atraso no pagamento das parcelas fixadas. No caso, houve atraso de um dia útil no pagamento de duas parcelas e, diante disso, o acórdão recorrido determinou o pagamento integral da multa.

A 3ª Turma do Superior Tribunal de Justiça, constatando o cumprimento parcial da obrigação, determinou sua redução para 0,5% do valor das parcelas em atraso, atentando-se para as seguintes circunstâncias:

> (i) "não há necessidade de correspondência exata entre a redução da cláusula penal e o quantitativo da mora"; (ii) "a avença foi firmada entre pessoas jurídicas — não tendo, por esse motivo, ficado evidenciado qualquer desequilíbrio de forças entre os contratantes –"; (iii) "houve diminuto atraso no pagamento de duas prestações"; e (iv) "o adimplemento foi realizado de boa-fé pela recorrente".

Assim, diante de todas essas circunstâncias, o Tribunal concluiu ser "desproporcional o percentual original da cláusula penal, fixado em 30% do valor total do contrato".[982] Nesse caso, vemos que o Superior Tribunal de Justiça atentou-se para as circunstâncias do caso concreto e para a natureza do negócio jurídico ao exercer o juízo de redução equitativa, em respeito ao que determina o artigo 413 do Código Civil.

[981] BRASIL. Tribunal de Justiça do Rio de Janeiro. Apelação Cível n. 0002666-82.2011.8.19.0066, Rel. Des. Renata Machado Cotta, 3ª Câmara Cível, j. 31-07-2019.

[982] BRASIL. REsp 1641131/SP, Rel. Min. Nancy Andrighi, Terceira Turma, j. 16-02-2017.

Em outro caso, agora envolvendo um contrato de locação de banco de dados, em que não houve pagamento pelo número correto de dados utilizados, o Superior Tribunal de Justiça precisou reformar o acórdão recorrido, pois o mesmo havia invalidado a cláusula penal, por entender ter ultrapassado o limite instituído no artigo 412 do Código Civil, ao invés de simplesmente tornar ineficaz o excesso. Ao reduzir a penalidade, o Tribunal considerou a conduta das partes e evidências de que não tinham perfeito conhecimento acerca do alcance da cláusula, estabelecendo a penalidade em 20%,

> por expressar a extensão das obrigações não cumpridas no contrato em tela, considerando, ainda, a indiscutível dúvida que incidiu sobre o alcance da cláusula contratual que estabeleceu o método de filtragem denominado *merge and purge* e a ausência de má-fé na conduta da empresa ora recorrida[983].

A gravidade da infração e o grau de culpa do devedor são aspectos ressaltados também por Martins-Costa, que afirma que os fatores subjetivos do contrato poderão influenciar diretamente na margem de redução da cláusula penal[984]. Por outro lado, deve-se analisar, também, eventuais vantagens que o incumprimento da obrigação pode apresentar ao devedor. Isto é, eventual redução deverá ser afastada se verificado que o devedor inadimpliu o contrato no intuito de se beneficiar, seja por apostar na morosidade do poder judiciário, ou por qualquer motivo que o tenha incentivado a não cumprir com o contrato por lhe ser mais vantajoso. Demonstrada a sua má-fé, tal conduta deverá impactar negativamente na redução da cláusula[985].

983 BRASIL. REsp 1.424.074/SP, Rel. Min. Ricardo Villas Bôas Cueva, Terceira Turma, j. 10-11-2015.

984 MARTINS-COSTA, Judith. **Comentários ao novo Código Civil**: do inadimplemento das obrigações. Coordenação: Sálvio de Figueiredo Teixeira. Rio de Janeiro: Forense, 2009, v. 5, t. 2., p. 704.

985 MARTINS-COSTA, Judith. **Comentários ao novo Código Civil**: do inadimplemento das obrigações. Coordenação: Sálvio de Figueiredo Teixeira. Rio de Janeiro: Forense, 2003, v. 5, t. 2., pp. 704-705.

CONCLUSÕES

A cláusula penal tem como pressupostos ser fruto da liberdade de contratar, representar uma regulação convencional da responsabilidade civil, constituir uma obrigação acessória, ter sua exigibilidade condicionada ao inadimplemento imputável e criar uma presunção *iure et de iure* de prejuízo.

Em regra, a cláusula penal atende aos interesses tanto do credor, quanto do devedor, pois, além de constituir uma presunção *iure et iure* de dano, na ausência de expressa previsão de indenização suplementar, limitará a responsabilidade do devedor, conferindo previsibilidade para ambas as partes sobre as consequências do inadimplemento contratual.

A estipulação da cláusula penal não confere ao credor uma alternativa entre o recebimento da penalidade e a pretensão de perdas e danos mediante a prova do prejuízo. Estipulada a cláusula penal, o credor não terá franqueada a possibilidade de demonstrar que os prejuízos efetivos superaram o valor da penalidade e reclamar a diferença, salvo se pactuada a previsão de indenização suplementar. Neste caso, o credor, mediante a prova dos danos efetivos, fará jus ao recebimento da diferença e, caso não se desincumba desse ônus probatório, terá resguardado o direito ao valor da penalidade, ainda que a mesma se revele superior aos prejuízos impostos pelo inadimplemento.

Por outro lado, a cláusula penal não confere ao devedor uma alternativa entre o cumprimento e o oferecimento da penalidade. Nisso se difere a cláusula penal da multa penitencial, pois enquanto a primeira fortalece o vínculo, a segunda o enfraquece. O direito brasileiro garante ao credor, salvo quando pactuada uma multa penitencial, o direito à execução específica da obrigação, cabendo ao credor, diante do inadimplemento, a escolha entre perseguir a obrigação in natura, quando possível, ou se satisfazer mediante o recebimento da penalidade.

Diante da presunção *iure et iure* de prejuízo constituída por força do *caput* do artigo 416, a cláusula penal representa instituto distinto da cláusula de prefixação de perdas e danos. Nesta, o devedor pode se eximir do pagamento da penalidade mediante a prova da ausência de dano, enquanto a cláusula penal não poderá ser afastada, ainda que provada a falta de prejuízo efetivo. Tratam-se de institutos distintos, aproximando-se a cláusula de prefixação de danos, das cláusulas limitativas de responsabilidade.

Como manifestação da liberdade de contratar, a cláusula penal demanda adequado *design* contratual, que demonstre de forma clara as intenções comuns na estipulação da penalidade. Os principais problemas decorrentes da estipulação da cláusula penal decorrem da necessidade de intepretação do contrato para apurar se o caso é realmente de cláusula penal, a natureza cumulativa ou substitutiva com que a penalidade foi pactuada, bem como as finalidades e os interesses que nortearam a formação do seu conteúdo.

O Código Civil não conceituou a cláusula penal, adotando um modelo aberto, sem restrição quanto às funções do instituto. A cláusula penal exerce diversas finalidades na formatação da operação econômica contratada, atuando como mecanismo de alocação dos riscos do programa contratual. Inexiste no direito brasileiro qualquer vedação à estipulação de cláusulas penais punitivas, entendidas como aquelas devidas em conjunto dos prejuízos advindos do inadimplemento ao qual estão vinculadas. O caráter punitivo da cláusula cumulativa deverá ser previsto expressamente, do contrário, a cláusula será entendida como compensatória dos prejuízos advindos do inadimplemento respectivo, como é o caso da cláusula fixada para a mora.

A cláusula penal foi disciplinada pelo Código Civil mediante a distinção de dois regimes, separando-se as cláusulas que substituem a obrigação principal ou os prejuízos advindos do seu inadimplemento, das cláusulas devidas em conjunto da obrigação principal ou dos prejuízos infligidos pelo descumprimento. A vinculação feita pelos artigos 410 e 411, ao total inadimplemento e à mora ou cláusula determinada, respectivamente, é dispositiva, podendo as partes estabelecer ambos os regimes, para os diferentes inadimplementos. A identificação da natureza substitutiva ou cumulativa é o ponto central da análise em concreto da cláusula penal, definindo todo o seu regime, inclusive a sua sujeição ou não a um limite prévio.

A análise comparativa de outros ordenamentos revelou diferenças significativas quanto ao controle do conteúdo da cláusula penal. Parte dessas diferenças no tratamento da cláusula penal decorre de distinções mais amplas entre os ordenamentos, como a verificada na própria concepção de contrato e da teoria contratual dos países de *common law*, que consagram a primazia das perdas e danos como remédio ao inadimplemento contratual, com admissão de medidas visando à execução específica em hipóteses restritas e excepcionais. Isso acaba por justificar a rejeição, por esses ordenamentos, de cláusulas entendidas como de propósito exclusivamente punitivo.

A análise de diversos ordenamentos jurídicos revelou a existência de dois mecanismos distintos para o controle do conteúdo da cláusula penal. O primeiro deles consiste no prévio estabelecimento de um parâmetro máximo para o valor da penalidade, cuja violação, em determinados ordenamentos, implica na nulidade completa da cláusula penal, que não produz mais qualquer efeito. O segundo mecanismo consiste na previsão de uma intervenção jurisdicional corretiva *ex post*. Ambos os mecanismos têm o mesmo fundamento jurídico e visam a mesma finalidade, inexistindo qualquer utilidade na sua adoção em simultâneo. Na realidade, a adoção de ambos os mecanismos como controle genérico do conteúdo das cláusulas penais, sem qualquer separação do campo de atuação dos mesmos, cria um sistema disfuncional e propicia insegurança jurídica.

Consideramos o segundo mecanismo mais adequado, pois a adoção prévia de um parâmetro máximo, por um lado, se fixada em termos objetivos, não abarcará a generalidade das situações com que a cláusula penal se apresenta, enquanto, por outro lado, se estabelecida de forma indeterminada, cria insegurança jurídica, pois dificulta a verificação sobre o respeito ao limite, no ato da contratação, e permite discussões posteriores.

A limitação prévia é encontrada, principalmente, nos ordenamentos de *common law*, que adotam parâmetros indeterminados. Na Inglaterra, esse parâmetro foi alterado recentemente, superando-se a regra secular que exigia o caráter de genuína estimativa de danos e passando-se condicionar a validade da cláusula à verificação de um legítimo interesse a justificá-la. Nos Estados Unidos, o parâmetro é a razoabilidade do valor em relação aos prejuízos efetivos ou estimados, aliada à dificuldade de previsão dos danos no momento da contratação.

Nas principais tradições jurídicas de matriz romano-germânica, como França, Alemanha, Itália e Portugal, e nas legislações civis editadas no final do século XX e no começo do século XXI, como é o caso da Holanda, Argentina, Quebec, Rússia e China, adota-se o mecanismo da intervenção jurisdicional *ex post* para o controle das cláusulas penais, inexistindo qualquer limitação prévia do seu conteúdo.

No Chile adota-se o parâmetro dobro do valor da obrigação principal, de forma restrita às cláusulas penais fixadas para o descumprimento de obrigações de valor determinado em contratos comutativos. As demais cláusulas são expressamente excluídas dessa limitação pelo Código Civil chileno, que prevê a intervenção *ex post* para o controle do seu conteúdo. A limitação prévia pelo parâmetro valor da obrigação principal também é encontrada nos Códigos Civis do México, da Nicarágua e da Bolívia, todos influenciados pela legislação brasileira de 1916. Somente na Bolívia a limitação prévia vigora em simultâneo à previsão de redução *ex post* por excesso manifesto.

No direito brasileiro, o controle sobre o conteúdo da cláusula penal constitui manifestação do princípio do equilíbrio contratual. A ponderação desse princípio, perante a liberdade de contratar, é guiada por critérios distintos, conforme a natureza da relação em concreto. Complementado por disposições esparsas de incidência delimitadas a relações específicas, vigora no Brasil um sistema de duplo controle do conteúdo da cláusula penal, exercido por dois mecanismos estabelecidos no Código Civil, com atuação sucessiva e incidência não excludente. O primeiro mecanismo consiste na limitação *ex ante* pelo parâmetro valor da obrigação principal.

A adoção do parâmetro valor da obrigação principal é inadequada, pois, além de criar litígios — justamente o que muitas vezes se procurou evitar com a estipulação da cláusula penal —, sobre a expressão pecuniária da obrigação garantida, não resguarda uma série de situações, nas quais o valor dos prejuízos advindos do descumprimento pode superar o valor do próprio contrato. Nesse contexto, cria-se a possibilidade de, a despeito de não conseguir demonstrar o excesso manifesto exigido para a intervenção corretiva prevista no artigo 413, o devedor questionar o conteúdo da penalidade mediante a sua comparação com o valor da obrigação principal ou do contrato.

Essa circunstância acaba levando a doutrina a sugerir uma interpretação ampliativa do parâmetro valor da obrigação principal, tornando indeterminado o seu conceito, de modo a abranger todos os interesses envolvidos na estipulação da cláusula penal. Com isso, o parâmetro deixa de ser objetivo e, consequentemente, se torna incapaz de funcionar como um limite que permita aos contratantes ter a segurança de estarem exercendo a sua liberdade de contratar nos limites conferidos pelo ordenamento.

De acordo com a tese desenvolvida no presente trabalho, essa limitação é de incidência restrita às cláusulas penais cumulativas regidas pelo artigo 411 do Código Civil, afastando-se da limitação prévia as cláusulas substitutivas. Fundamentamos essa proposição na maior necessidade de controle das cláusulas cumulativas, na melhor adequação do parâmetro valor da obrigação principal para funcionar como limite objetivo das cláusulas dessa natureza e, principalmente, na análise literal e sistemática das disposições do Código Civil. De fato, a análise do texto das disposições dos artigos 410, 411, e 412 revela a estreita vinculação entre o regime cumulativo e a limitação pelo valor da obrigação principal. Procuramos com essa proposição conferir utilidade prática ao artigo 412, sem criar insegurança jurídica na utilização das cláusulas penais.

Nesse sentido, o controle da cláusula penal demanda, em primeiro lugar, a definição sobre a qualificação mais adequada à cláusula para definir sua sujeição ou não ao limite estabelecido pelo artigo 412. Serão substitutivas todas as cláusulas fixadas para o inadimplemento absoluto da obrigação principal, nas quais não tenha havido expressa pactuação de natureza punitiva. Essas disposições são enquadradas no regime substitutivo do artigo 410, tendo como consequência direta e imediata o afastamento do artigo 412.

Por outro lado, serão cumulativas as cláusulas fixadas para a mora, sejam elas compensatórias dos prejuízos advindos do inadimplemento relativo, ou punitivas. Da mesma forma, as cláusulas fixadas para o descumprimento de cláusula especial, compensatórias ou punitivas, serão enquadradas no regime cumulativo do artigo 411 e, portanto, sujeitas ao limite do artigo 412. O mesmo ocorrerá com as cláusulas fixadas para o inadimplemento absoluto da obrigação principal, quando for expressamente pactuada a sua natureza punitiva.

Entendemos que sem essa proposição é necessário interpretar o artigo 412 de forma ampla, com a consideração de todos os legítimos interesses envolvidos na estipulação da cláusula penal. Com isso, o parâmetro se tornará indeterminado, perdendo a capacidade de funcionar como limite, com o efetivo controle da cláusula penal sendo exercido, ao final, apenas pela intervenção prevista no artigo 413, afastando-se qualquer utilidade prática do artigo 412. Neste caso, o dispositivo se prestaria, apenas, a permitir questionamentos sobre o conteúdo de cláusulas penais que não se revelem manifestamente excessivas, mas comportem uma discussão relacionada a sua comparação com o valor do negócio.

O segundo mecanismo de controle do conteúdo da cláusula penal consiste na correção *ex post* prevista no artigo 413, que abrange ambos os regimes da cláusula penal. A redução da cláusula penal prevista no artigo 413 do Código Civil não pode ser afastada no contrato. A Lei da Liberdade Econômica não produz reflexos sobre os pressupostos da redução da cláusula penal, nem afasta a sua natureza cogente, sendo vedadas, portanto, as convenções que afastem a incidência do art. 413. É permitido aos contratantes convencionar os parâmetros de interpretação dos seus requisitos e critérios a serem observados na sua implementação pelos juízes e árbitros, sem, entretanto, buscar com isso burlar a natureza cogente da norma. Por outro lado, a partir da Lei da Liberdade Econômica a redução de ofício da cláusula penal somente é permitida quando verificada a vulnerabilidade do devedor, sendo imprescindível o prévio exercício do contraditório, conferindo-se ao credor a possibilidade de influenciar na decisão.

No direito brasileiro, toda a análise sobre a presença dos requisitos necessários à redução da cláusula penal, assim como, se for o caso, a atuação da equidade corretiva, são norteadas pela natureza e pela finalidade do negócio. O prejuízo efetivo é critério secundário, não determinante da intervenção, a ser sopesado junto com outros elementos.

A consideração sobre a natureza do negócio demanda; (i) em primeiro lugar, a verificação sobre a natureza da própria cláusula penal, ou seja, se substitutiva, ou cumulativa e, no segundo caso, se cumulativa compensatória ou cumulativa punitiva; (i) a ponderação da natureza da relação jurídica concreta, considerando eventual assimetria ou vulnerabilidade, o caráter existencial ou empresarial, e as distintas atuações dos princípios contratuais; e (iii) a natureza do negócio, se gratuito, comutativo, ou aleatório.

Por sua vez, o vetor finalidade do negócio envolve a consideração dos concretos objetivos dos contratantes, a operação econômica efetivamente contratada, e o conjunto dos interesses legítimos, principalmente os que justificaram a definição do conteúdo da cláusula penal.

A redução é excepcional sendo somente admitida em duas hipóteses: (i) o cumprimento parcial que, consoante a natureza e a finalidade do negócio, tenha sido útil ao credor; e (ii) quando, em vista da natureza e da finalidade do negócio, o montante da penalidade se revele manifestamente excessivo.

Em ambas as hipóteses a intervenção se dará por meio de um juízo de equidade corretiva por meio da qual o julgador, norteado pela natureza e finalidade do negócio, e pelas circunstâncias do caso concreto, se limitará a reduzir o montante da penalidade naquilo que for estritamente necessário para a preservação dos valores do ordenamento. O juízo equitativo deve ser fundamentado, considerando diversos fatores como os interesses das partes, as causas do incumprimento e a boa ou má-fé do devedor.

REFERÊNCIAS

Abílio, Vivianne da Silveira. Cláusulas penais moratória e compensatória: critérios de distinção. Belo Horizonte: Fórum, 2019.

Adams, Kenneth A. **A manual of style for contract drafting**. 3. ed. Published by American Bar Association Publishing, 2013.

Adams, Kenneth A. **As liquidated damages and not as a penalty**. Publicado em: 04 fev. 2011. Disponível em: http://www.adamsdrafting.com/as-liquidated-damages-and-not-as-a-penalty/. Acesso em: 26 ago. 2016.

Adiers, Moacir. Erro substancial, dolo e cláusula leonina. Elementos caracterizadores. Cláusula penal e multa penitencial — distinções. **Revista Jurídica**, Órgão Nacional de doutrina, leg. e crítica judiciária, Porto Alegre, n. 298, v. 50, pp. 47-58, 2002.

Aguiar Júnior, Ruy Rosado de. O novo Código Civil e o Código de Defesa do Consumidor — pontos de convergência. **Revista de Direito do Consumidor**, v. 48, pp. 55-68, out.-dez. 2003.

Aguiar Júnior, Ruy Rosado de. Extinção dos contratos por incumprimento do devedor. Rio de Janeiro: AIDE Editora, 2004.

ALEMANHA. Código Civil. Versão em inglês. **Federal Ministry of Justice and Consumer Protection**. Disponível em: www.gesetze-im-internet.de/englisch_bgb/index.html. Acesso em: 23 jul. 2018.

Almeida, Carlos Ferreira de. **Contratos II**. Contéudo — contratos de troca. 2. ed. Coimbra: Almedina, 2011.

Almeida, Carlos Ferreira de. **Contratos IV**. Funções, circunstâncias, interpretação. Coimbra: Almedina, 2017.

Alpa, Guido; Giampieri, Alberto. Law and economics and method analysis: the contractual damages issue. **Cardozo Law Bulletin**, 1995. Disponível em: https://www.cisg.law.pace.edu/cisg/biblio/alpa.html. Acesso em: 23 jul. 2018.

Alpa, Guido. Princípios gerais e direito dos contratos. Um inventário de dicta e de questões. *In:* **Contratos**: actualidade e evolução. Atas do Congresso Internacional organizado pelo Centro Regional do Porto da Universidade Católica Portuguesa de 28 a 30 de novembro de 1991. (Coord.) António Pinto Monteiro. Porto, 2007.

ALVES, Fernando Augusto Frank de Almeida. A natureza jurídica e a prescrição da demurrage à luz da jurisprudência. **Revista Direito Aduaneiro, Marítimo e Portuário**, São Paulo, n. 24, v. 04, pp. 87-106, 2015.

ALVES, José Carlos Moreira. **Direito romano**. v. II. 6. ed. Rio de Janeiro: Forense, 2005.

ALVES, José Carlos Moreira. **Direito romano**. v. I. 15. ed. Rio de Janeiro: Forense, 2012.

ALVES, Rafael Francisco. Árbitro e direito: o julgamento do mérito na arbitragem. São Paulo: Almedina, 2018.

ALVIM, Agostinho. **Da inexecução das obrigações e suas conseqüências**. 3. ed. São Paulo: Jurídica e Universitária, 1965.

ALVIM NETTO, José Manoel de Arruda. Cláusula penal e violação ao art. 920 do CC/1916. *In*: **Soluções Práticas de Direito**, v. 2, pp. 211-226, 2011.

ALVIM NETTO, José Manoel de Arruda. Interpretação contratual. **Soluções Práticas de Direito**, v. 2, p. 515, 2011.

ALVIM NETTO, José Manoel de Arruda. Preceito cominatório e cláusula penal: distinção. *In*: ALVIM NETTO, José Manoel de Arruda. **Soluções Práticas de Direito**, v. 4, pp. 1021-1031, 2011.

ALVIM NETTO, José Manoel de Arruda. Rescisória e âmbito de devolutividade dos embargos infringentes. *In:* ALVIM NETTO, José Manoel de Arruda. **Soluções Práticas de Direito**, v. 4, pp. 363-380, 2011.

AMARAL, Francisco. A eqüidade no Código Civil brasileiro. *In*: ARRUDA, Alvim. (coord.) **Aspectos controvertidos do novo Código Civil**. São Paulo: RT, 2003.

AMARAL, Francisco. **Direito civil**: introdução. 5. ed. Rio de Janeiro: Renovar, 2003.

AMARAL, Guilherme Rizzo. As *astreintes* e o novo Código de Processo Civil. **Revista de Processo**, São Paulo, n. 183, ano 35, pp. 181-214, abr. 2010.

AMARAL NETO, Francisco dos Santos. A autonomia privada como princípio fundamental da ordem jurídica: perspectivas estrutural e funcional. *In*: NERY JUNIOR, Nelson; NERY, Rosa Maria de Andrade (org.). **Doutrinas essenciais** — responsabilidade civil. v. 1. São Paulo: RT, 2010.

ANCEL, François. The spirit of the reform of french contract law. **Montesquieu Law Review**. n. 6, pp. 4-21, dec. 2017 (Special Issue: The Reform of French Contract Law).

ANDRADE, Manuel A. Domingues de. **Teoria geral da relação jurídica**. v. II. Facto jurídico, em especial negócio jurídico. Coimbra: Almedina, 2003.

ANDREWS, Neil. Interpretação dos "contratos escritos" na Inglaterra. **Revista Brasileira de Direito Civil**, v. 1, pp. 79-95, jul.-set. 2014.

Arai, Rubens Hideo. Cláusula penal. *In*: (org.) Lotufo, Renan; Nanni, Giovanni Ettore. **Obrigações**. São Paulo: Atlas, 2011.

Araújo, Fernando. **Teoria económica do contrato**. Coimbra: Almedina, 2007.

Araújo, Luciano Vianna. *In*: (coord.) Cabral, Antonio de Passo; Cramer, Ronaldo. **Comentários ao novo Código de Processo Civil**. 2. ed. Rio de Janeiro: Forense, 2016.

Ascensão, José de Oliveira. **Alteração das circunstâncias e justiça contratual no novo Código Civil**. R. CEJ, Brasília, n. 25, p. 59-69, abr./jun. 2004.

Ascensão, José de Oliveira. **Direito civil**. Teoria geral. v. II. 2.ed. Acções e factos jurídicos. Coimbra, 2003.

Ascensão, José de Oliveira. **O direito**: introdução e teoria geral. Uma perspectiva luso-brasileira. 8.ed. (revista por Portugal). Rio de Janeiro: Renovar, 1994.

Atilio Aníbal Alterini. La inmutabilidad relativa de la cláusula penal. **Revista del Notariado**, Buenos Aires, año LXXII, n. 712, p. 983, 1970.

Aubry, Charles; Rau, Charles-Frédéric. **Cours de droit civil français**. 5. ed. t. 4. Paris: Libraries Techiniques, 1951.

Auvray, Françoise; Jansen, Sanne. Belgique — a propos des clauses pénales qui ne peuvent être pénales ...: Le critère distinctif entre les clauses pénales licites et les clauses pénales illicites en droit Belge. **European Review of Private Law** — Kluwer Law International BV. v. 25, n. 1, pp. 181-196, (1) 2017.

Azevedo, Álvaro Villaça. **Comentários ao Código Civil**: parte especial do direito das obrigações. São Paulo: Saraiva, 2003.

Azevedo, Álvaro Villaça. Inexecução culposa e cláusula penal compensatória. **Revista dos Tribunais**, v. 791, São Paulo, pp. 121-132, 2001.

Azevedo, Antônio Junqueira de. Cláusula cruzada de não indenizar (*cross-waiver of liability*), ou cláusula de não indenizar com eficácia para ambos os contratantes — renúncia ao direito de indenização — promessa de fato de terceiro — estipulação em favor de terceiro. **Revista dos Tribunais**, v. 769, ano 88, pp. 1-848, nov. 1999.

Azevedo, Antônio Junqueira de. Diálogos com a doutrina: entrevista Antônio Junqueira de Azevedo. **Revista Trimestral de Direito Civil**, Rio de Janeiro, v. 9, n. 34, pp. 304-305, abr.-jun. 2008.

Azevedo, Antônio Junqueira de. Insuficiências, deficiências e desatualização do projeto de Código Civil na questão da boa-fé objetiva nos contratos. **Revista Trimestral de Direito Civil**, v. 1, pp. 3-12, 2000.

Azevedo, Antônio Junqueira de. Natureza jurídica do contrato de consórcio. Classificação dos atos jurídicos quanto ao número de partes e quanto aos efeitos. Os contratos relacionais. A boa-fé nos contratos relacionais. Contratos de duração. Alteração das circunstâncias e onerosidade excessiva. Sinalagma e resolução contratual. Resolução parcial do contrato. Função social do contrato. **Revista dos Tribunais**, n. 832.

AZEVEDO, Antônio Junqueira de. **Negócio jurídico**: existência, validade e eficácia. 4. ed. São Paulo: Saraiva, 2002.

AZEVEDO, Antônio Junqueira de. **Novos estudos e pareceres de direito privado**. Inexistência de erro quanto ao motivo determinante. Inaplicabilidade do princípio da contagiação a contratos com conexidade fraca. Cláusula penal como limite às perdas e danos. São Paulo: Saraiva, 2009.

AZEVEDO, Antônio Junqueira de. Princípios do novo direito contratual e desregulamentação do mercado — direito de exclusividade nas relações contratuais de fornecimento — função social do contrato e responsabilidade aquiliana do terceiro que contribui para inadimplemento contratual. **Revista dos Tribunais**, n. 750, abr. 1998.

AZEVEDO, José Philadelpho de Barros e. Da cláusula penal. **Revista de Direito Civil Contemporâneo**, v. 13, pp. 469- 482, out.-dez. 2017.

BAGIŃSKA, Ewa; ŚLUFIŃSKA, Paulina. A polish perspective on liquidated damages and the fairness of contract: comment on Cavendish Square Holdings BV *v*. Makdessi and ParkingEye Ltd *v*. Beavis. **European Review of Private Law** — Kluwer Law International BV. v. 25, n. 1, pp. 255-266, 2017.

BAEZ GARCIA, Marcelo Andrade. **Lições de direito obrigacional**. Rio de Janeiro: Editora do Autor, 2008.

BALDISSERA, Fábio Machado; BORCHARDT, Bernardo; CANTALI, Rodrigo Uztárroz. Incorporação imobiliária: alcance do distrato nos termos do § 13º do artigo 67-A da Lei 4.951/1964. *In*: **Lei dos Distratos**: Lei 13.786/18. (coord.) VITALE, Olivar. São Paulo: Quartier Latin, 2019.

BALDUS, Christian. Autonomia privada romana. **Revista dos Tribunais**, v. 904, 2011.

BANDEIRA, Paula Greco. Fundamentos da responsabilidade civil do terceiro cúmplice. **Revista Trimestral de Direito Civil**, Rio de Janeiro, n. 30, v. 8, pp.79-127, 2007.

BARASSI, Lodovico. **La teoria generale delle obbligazioni**. v. III: L'Attuazione. Milano: Dott. A. Giuffrè, 1964.

BARNETT, Randy E. **Contracts**: cases and doctrine. 3. ed. Aspen Publishers, 2003.

BAUDRY-LACANTINERIE; BARDE, L. **Théorique et pratique de droit civil**: des obligations. t. 2. 2. ed. Paris: Librairie de la Societé du Recueil Gnl. Des Lois et des Arrêts, 1902.

BDINE JR., Hamid Charaf. *In*: PELUSO, Cezar (coord.). **Código Civil Comentado**: doutrina e jurisprudência: Lei n. 10.406, de 10.01.2002: contém o Código Civil de 2016. 12. ed. Barueri: Manole, 2018.

BEALE, Hugh. Penalty clauses in english law. **European Review of Private Law**, Kluwer Law International BV, v. 24, n. 3-4, pp. 353-372, 2016.

BELO, Emília Moreire. Tutela externa do direito de crédito. **Revista dos Tribunais Nordeste**, v. 5, pp. 75-115, maio-jun. 2014.

BENACCHIO, Marcelo. A função punitiva da responsabilidade civil no Código Civil. *In*: LOTUFO, Renan; NANNI, Giovanni Ettore; MARTINS, Fernando Rodrigues (coord.). **Temas relevantes do direito civil contemporâneo**: reflexões sobre os 10 anos do Código Civil. São Paulo: Atlas, 2012.

BENACCHIO, Marcelo. Cláusula penal: revisão crítica à luz do Código Civil de 2002. *In*: NANNI, Giovanni Ettore (coord.). **Temas relevantes do direito civil contemporâneo**: reflexões sobre os 5 anos do Código Civil. São Paulo: Atlas, 2008.

BESSONE, Darcy. **Do contrato**: teoria geral. 4. ed. São Paulo: Saraiva, 1997.

BEVILÁQUA, Clóvis. **Código Civil dos Estados Unidos do Brasil Commentado**. 3. ed. v. 4. São Paulo: Livraria Francisco Alves, 1943.

BEVILÁQUA, Clóvis. **Direito das obrigações**. 2. ed. Bahia: Livraria Magalhães, 1910.

BIANCA, Cesare Massimo. **Diritto civile**. t. V. La responssabilità. Milano: Dott. A. Giuffré, 1994.

BIRMINGHAM, Robert L. Breach of contract, damage measures, and economic efficiency. **Rutgers Law Review n. 24**.

BOBBIO, Norberto. A teoria do ordenamento jurídico. *In*: **O positivismo jurídico**: lições de filosofia do direito. São Paulo: Ícone, 1995.

BOILEUX, Jacques Marie. **Commentaire sur le code civil, contenant l'explication de chaque article séparément, l'énonciation, au bas du commentaire, des questions qu'il a fait naître, les principales raisons de décider pour et contre, l'indication des passages des divers ouvrages où les questions sont agitées, et le renvoi aux arrêts**. t. II, Paris: Joubert, 1843.

BORDA, Guillermo Antonio. **Manual de derecho civil**: obligaciones. 14. ed. Buenos Aires: La Ley, 2012.

BOUCARD, Hélène. **Montesquieu Law Review**. n. 6. Special issue: the reform of french contract law, pp. 103-114, dec. 2017.

BOULOS, Daniel Martins. **O novo regime jurídico da cláusula penal**: ensaio acerca da interpretação do Artigo 413 do Código Civil. São Paulo. 168 p. Tese (Doutorado em Direito), Faculdade de Direito da Pontifícia Universidade Católica de São Paulo (PUC-SP), 2013.

BRITO, Rodrigo Toscano de. Direito de arrependimento do adquirente no contrato de promessa de compra e venda de imóvel em construção. *In*: (coord.) VITALE, Olivar. **Lei dos distratos**: lei n. 13.786/18. São Paulo: Quartier Latin, 2019.

BRITO, Rodrigo Toscano de. O ambiente da nova contratualidade e a tendência da jurisprudência do STJ em matéria contratual. **Revista Brasileira de Direito Civil**, v. 1, pp. 135-159, jul.- set. 2014.

CAHALI, Yussef Said. Cláusula penal e honorários de advogado. **AJURIS**, Porto Alegre: n. 20, v. 7, pp. 181-185, 1980.

CALAMARI, John D; PERILLO, Joseph M. **The law of contracts**. 4. ed. West Group, 1998.

CALIXTO, Marcelo Junqueira. Reflexões em torno do conceito de obrigação, seus elementos e suas fontes. *In*: TEPEDINO, Gustavo (coord.). **Obrigações**: estudos na perspectiva civil-constitucional. Rio de Janeiro: Renovar, 2005.

CANARIS, Claus-Wilhelm. A liberdade e a justiça contratual na 'sociedade de direito privado'. *In*: (coord.) MONTEIRO, António Pinto. **Contratos**: actualidade e evolução. Atas do Congresso Internacional organizado pelo Centro Regional do Porto da Universidade Católica Portuguesa de 28 a 30 de novembro de 1991, Porto, 2007.

CANNARSA, Michel. Contractual penalties in french law. **European Review of Private Law** — Kluwer Law International BV. n. 3, pp. 297-308, (3) 2015.

CANNARSA, Michel. French case note on the penalty clause decisions of the UK Supreme Court. **European Review of Private Law**. v. 25, n. 1, pp. 219-226, (1) 2017.

CARBONNIER, Jean. **Droit civil 4** — les obligations. Paris: Presses Universitaires de France, 1956.

CARLUCCI, Aída Kemelmajer de. **La clausula penal**: su regimen juridico en el derecho civil, comercial, laboral, administrativo, tributario, internacional y procesal. Buenos Aires: Depalma, 1981.

CARLUCCI, Aída Kemelmajer de. La liquidación de lós daños y perjuicios derivados del incumplimiento que causo la resolución cuando el contrato contiene cláusulas penales. *In*: (org.) TEPEDINO, Gustavo; FACHIN, Luiz Edson. Obrigações e contratos: obrigações, funções e eficácia. **Coleção doutrinas essenciais**. São Paulo: RT, v. 2, pp. 1087-1094, 2011.

CARLUCCI, Aída Kemelmajer de. **La cláusula penal**: su régimen jurídico en el derecho civil, comercial, laboral, administrativo, tributário, internacional y procesal. Buenos Aires: Depalma, 1998.

CARNACCHIONI, Daniel Eduardo Branco. As teorias da cláusula penal e das aras: conceito e introdução. *In*: (coord.) ANDRIGHI, Fátima Nancy. **Responsabilidade civil e inadimplemento no direito brasileiro**. São Paulo: Atlas, 2014.

CARPENA, Márcio Louzada. Descumprimento de contrato — cláusula resolutiva expressa — inviabilidade de cumulação de cláusula penal com indenização — impossibilidade de reversão de multa — limitação da pena ao valor da obrigação. **Revista dos Tribunais**, v. 817, pp. 121-132, nov. 2003.

CARVALHO, Fabiano. *In*: CABRAL, Antonio do Passo; CRAMER, Ronaldo. **Comentários ao Novo Código de Processo Civil**. Rio de Janeiro: Forense, 2015.

CASSETTARI, Christiano. **Multa contratual**: teoria e prática da cláusula penal. 2. ed. São Paulo: RT, 2010.

CAVALIERI FILHO, Sérgio. **Programa de responsabilidade civil**. 5. ed. São Paulo: Malheiros, 2003.

CAZEAUX, Pedro N.; CAZEAUX, Felix A. Pedro N.; REPRESAS, Félix A. Trigo. **Compendio de derecho de las obligaciones**. 2. ed. Actualizada La Ley, 2010.

CERQUEIRA, João da Gama. A redução proporcional da multa nos contratos de locação. **Revista dos Tribunais**, n. 119, p. 463, maio 1939.

CÉSAR, J. Sobre os efeitos da cláusula penal no contrato de locação de cousas. *In*: (org.) TEPEDINO, Gustavo; FACHIN, Luiz Edson. Obrigações e contratos: obrigações: funções e eficácia. **Coleção doutrinas essenciais**. v. 2. São Paulo: RT, 2011.

CHAGAS, Beatriz Uchôas. A redução equitativa da cláusula penal: a aplicação do art. 413 do Código Civil. Revista de Direito Privado, vol. 110, ano 22, p. 85-108: São Paulo: RT, out-dez 2021.

CHAVES, Antônio. Cláusula penal. *In*: (org.) TEPEDINO, Gustavo; FACHIN, Luiz Edson. Obrigações e contratos: obrigações: funções e eficácia. **Coleção doutrinas essenciais**. v. 2, pp. 1.095-1.098, São Paulo: RT, 2011.

CHAVES, Cristiano; ROSENVALD, Nelson. **Curso de direito civil**: obrigações. v. 2. São Paulo: Atlas, 2015.

CITARELLA, Valentina. **La penale esigua e l'equità del contrato**. Turin: G. Giappichelli, 2016.

CLIFFORD, Philip; BROWNE, Oliver; HEW, Jonathan. Arbitral awards based on penalty clauses: enforceable? **Latham & Watkins International Arbitration Newsletter**, pp. 3-4, jul. 2016.

CLIVE, Eric. The new UK law on penalty clauses and european private law. **European Private Law News**, 28 jan. 2016.

COASE, Ronald. **The firm, the market, and the law**. Chicago: University of Chicago Press, 1988.

COASE, Ronald. Law and economics at Chicago. **Journal of Law and Economics**, n. 36, pp. 239-254, 1993.

COASE, Ronald. Why economics will change. **Newsletter of the International Society for New Institutional Economics**, n. 4, v. 1, pp. 4-7, Summer 2002.

COASE, Ronald. The problem of social cost. In: **Journal of Law and Economics**, v. III, p. 1-44, 1960.

COELHO, Fábio Ulhoa. **Curso de direito civil**. Obrigações. Responsabilidade Civil. 5. ed. São Paulo: Saraiva, 2012.

COELHO, Ivana Pedreira. Cessão da posição contratual: estrutura e função. **Revista Brasileira de Direito Civil**, v. 5, pp. 26-66, jul.-set. 2015.

COFFEY. Fairness is in the eye of the beholder: the conflicting interpretations of the correct measure of damages for breaches of natural gas contracts containing take-or-pay provisions". **B.Y.U Journal of Public Law**, v. 14, 1999-2000.

COLLINS, Hugh. **The law of contract**. 4. ed. Scotland: LexisNexis UK, 2003.

COMPARATO, Fábio Konder. Função social de propriedade dos bens de produção. *In:* **Tratado de direito comercial**. São Paulo: Saraiva, 2015.

CONTINENTINO, Múcio. **Da cláusula penal no direito brasileiro**. São Paulo: Livraria Acadêmica Saraiva, 1926.

COOTER, Robert; ULEN, Thomas. Breaching is more efficient than performing when the costs of performing exceed the benefits to all parties. **Law and Economics**. 4. ed. Boston: Pearson, 2004.

CORDEIRO, António Barreto Menezes. Princípio da boa-fé na execução dos contratos no direito inglês. **Revista de Direito Civil Contemporâneo**, v. 14, pp. 369-382, jan.-mar. 2018.

CORDEIRO, António Manuel da Rocha e Menezes. **Tratado de direito civil português**. Parte geral. t. I. 3.ed. Coimbra: Almedina, 2007.

CORDEIRO, António Manuel da Rocha e Menezes. **Da boa-fé no direito civil**. Coimbra: Almedina, 2001.

CORDEIRO, António Manuel da Rocha e Menezes. **Direito das obrigações**. v. 1. Lisboa: Associação Acadêmica da Faculdade de Direito de Lisboa, 1980.

COSTA, Dilvanir José da. Promessa de compra e venda de imóveis. *In*: (org.) TEPEDINO, Gustavo; FACHIN, Luiz Edson. Obrigações e contratos — contratos: formação e regime. **Coleção Doutrinas Essenciais**, v. 4, pp. 63-78, São Paulo: RT, 2011.

COSTA, Mário Júlio de Almeida. **Direito das obrigações**. 10. ed. Coimbra: Almedina, 2006.

COSTA, Marta. Arbitragem e redução da cláusula penal compulsória. *In*: (coord.) WALD, Arnoldo. **Revista de Arbitragem e Mediação**, v. 1, pp. 67-78, jan.-abr. 2004. São Paulo: RT, 2004.

CRETELLA NETO, José. Da cláusula penal nos contratos empresariais: visão dos tribunais brasileiros e necessidade de mudança de paradigma. **Revista de Processo**, São Paulo, n. 245, ano 40, pp. 379-404, jul. 2015.

CRETI, Anna; VILLENEUVE, Bertrand. Longterm contracts and take-or-pay clauses in natural gas markets. **Energy Studies Review**, v. 13, n. 1, 2004.

DANTAS, San Tiago. **A evolução contemporânea do direito contratual**. Problemas de direito positivo: estudos e pareceres. 2. ed. Rio de Janeiro: Forense, 2004.

DÁVILA GONZÁLEZ, Javier. **La obligación con cláusula penal**. Madrid: Montecorvo, 1992.

DE CUPIS, Adriano. **Il danno**: teoria generalle della responsabilità civile. v. 1. Milano: Giuffrè, 1979.

DE GEEST, Gerrit *et al.* Penalty clauses and liquidated damages. **Encyclopedia of Law and Economics**, v. 3, pp. 141-161, 2000.

DELBIN, Gustavo Normanton. Natureza jurídica da cláusula penal indenizatória. **Revista Brasileira de Direito Desportivo**, v. 20, pp. 375-389, dez. 2011.

DELGADO, José Augusto. **Comentários ao Novo Código Civil**. v. 11. t. 1. Rio de Janeiro: Forense, 2004.

DEMOLOMBE. **Cours de code Napoléon**. Livre III, Titre III, Chap. IV. Paris: Hachette, 1877.

DERNBURG, Arrigo. **Diritto delle obligazioni**. t. V. Torino: Fratelli Bocca, 1903.

DEVOTO, Luigi. **L'obbligazione a esecuzione continuata**. Padova: Cedam, 1943.

DIAS, José de Aguiar. **Da responsabilidade civil**. 11. ed. Aumentada por Rui Berford Dias. Rio de Janeiro: Renovar, 2006.

DIAS, Rui Berford. Cláusula penal moratória — uma releitura. **Revista Trimestral de Direito Civil**, Rio de Janeiro, v. 49, ano 13, jan.-mar. 2012.

DIAZ, Guilhermo. **La inmutabilidad de la clausula penal**. Buenos Aires: El Ateneo, 1936.

DICIONÁRIO. **Novo Dicionário da Língua Portuguesa Aurélio Buarque de Holanda Ferreira**. 15ª impressão. Rio de Janeiro. Nova Fronteira.

DIMATTEO, Larry A. Behavioural case for contractual penalties under the common law. **European Review of Private Law** — Kluwer Law International BV, v. 23, n. 3, pp. 327-354, (3) 2015.

DINIZ, Maria Helena. **Curso de direito civil brasileiro** — teoria geral das obrigações. v. 2. 22. ed. São Paulo: Saraiva, 2007.

DINIZ, Maria Helena. **Curso de direito civil brasileiro**. v. 2. 23. ed. São Paulo: Saraiva, 2008.

DUARTE, Nestor. Ideias de Rubens Limongi França. **Revista dos Tribunais**, v. 921, pp. 25-34, jul. 2012.

EDLIN, Aaron S. Breach Remedies. *In*: **The palgrave dictionary of economics and law**, v. I, pp. 174A-179B. Editado por Paul Newman. Londres: Macmillan Reference Limited, 1998.

ENNECCERUS, Ludwig; KIPP, Theodor; WOLFF, Martin. **Tratado de derecho civil**. t. 2, v. 1. Revisado por Heinrich Lehmann. Tradução e adaptação (legislação e jurisprudência) do alemão por Blas Pérez González, José Alguer. Barcelona: Bosch, 1954.

ERHARDT, Manoel de Oliveira. A execução hipotecária por agente financeiro (Lei n. 5.741/71 e Decreto-lei n. 70/66). *In*: (coord.) GUERRA, Alexandre. BENACCHIO, Marcelo. **Direito imobiliário brasileiro**. Novas fronteiras na legalidade constitucional. São Paulo: Quartier Latin do Brasil, 2011.

ESPÍN ALPA, Isabel. **La cláusula penal**. Madrid: Marcial Pons, 1997.

ESPINOLA, Eduardo. **Questões jurídicas e pareceres**. São Paulo: Cia. Graphico; Monteiro Lobato, 1925.

ESTACA, José Marques. A cláusula penal e a responsabilidade civil. *In*: **Estudos em homenagem ao Professor Doutor Inocêncio Galvão Telles**. v. 4. Coimbra: Almedina, 2003.

ESTADOS UNIDOS. **The restatement of contracts**, versão promulgada de 1981. Seção 356. Disponível em: http://www.lexinter.net/LOTWVers4/liquidated_damages_and_penalties.htm. Acesso em: 26 ago. 2016.

FACHIN, Luiz Edson. Autonomia privada e estipulação contratual. *In*: Contratos e responsabilidade civil. **Coleção Soluções e Práticas de Direito**: pareceres, v. 1, pp. 321-343, São Paulo: RT, 2011.

FACHIN, Luiz Edson. Fato de força maior e o adimplemento contratual. *In*: Contratos e responsabilidade civil. **Coleção Soluções e Práticas de Direito**: pareceres, v. 1, pp. 231-276, São Paulo: RT, 2011.

FACHIN Neto, Eugênio. Reflexões histórico-evolutivas sobre a constitucionalização do direito privado. *In*: SARLET, Ingo Wolfgang. **Constituição, direitos fundamentais e direito privado**. Porto Alegre: Livraria do Advogado, 2010.

FACIO, Jorge Peirano. **La clausula penal**. Montevidéu: G. Morales, 1947.

FAORO, Guilherme de Mello Franco. Comentário sobre o RESP n. 1.617.652/DF e a sistematização da disciplina das arras e da cláusula penal nas perdas e danos contratuais. **Revista Brasileira de Direito Civil** — RBDCivil, Belo Horizonte, v. 19, pp. 159-176, jan.-mar. 2019.

FARIAS, Cristiano Chaves de. Miradas sobre a cláusula penal no direito contemporâneo (à luz do direito civil-constitucional, do novo Código Civil e do Código de Defesa do Consumidor). *In*: (coord.) RHEHARDT JUNIOR, Marcos Hehardt; BARROS, Daniel Conde. **Temas de direito civil contemporâneo**. Estudos sobre o direito das obrigações e contratos, em homenagem ao Professor Paulo Luiz Netto Lôbo. Salvador: JusPodivm, 2009.

FARNSWORTH, Alan. **Contracts**. 3. ed. New York: Aspen Law &Business, 1999.

FAUST, Florian. Contractual penalties in german law. **European Review of Private Law** — Kluwer Law International BV, v. 23, n. 3, pp. 285-296, 2015.

FAUST, Florian. German case note on the penalty clause decisions of the UK Supreme Court. **European Review of Private Law** — Kluwer Law International BV, v. 25, n. 1, pp. 197-208, 2017.

FERRARIO, Pietro. **The adaptation of long-term gas sale agreements by arbitrators**. Kluwer Law International, 2017

FERREIRA, José Alves. Da cláusula penal. *In*: TEPEDINO, Gustavo; FACHIN, Luiz Edson (org.) Obrigações e contratos: obrigações: funções e eficácia. **Coleção Doutrinas Essenciais**, v. 2, pp. 1189-1200, São Paulo: RT, 2011,

FERREIRA, Waldemar. **Instituições de direito comercial**. v. 1. 5. ed. Imprenta: São Paulo, M. Limonad, 1956.

FERRIANI, Carlos Alberto. Da cláusula penal. **Revista de Direito Bancário e do Mercado de Capitais**. (coord.) RIBEIRO, José Horácio Halfeld Rezende. São Paulo: RT, v. 55, ano 15, mar. 2012.

FERRIER, Didier. The impact of the reform on economic law. **Montesquieu Law Review**. Special issue: the reform of french contract law.n. 6, pp. 132-142, dec. 2017

FIGUEIREDO, Antonio Borges de. A redução da cláusula penal no novo Código Civil. **Revista Síntese de Direito Civil e Processual Civil**, Porto Alegre, n. 23, v. 4, pp. 152-158, 2003.

FILOMENO, José Geraldo Brito. Da cláusula penal no direito do consumidor. **Revista de Direito do Consumidor**, v. 49, pp. 77-104, jan.-mar. 2004.

FLORENCE, Tatiana Magalhães. Aspectos pontuais da cláusula penal. *In*: (org.) TEPEDINO, Gustavo. **Obrigações**: estudos na perspectiva civil-constitucional. Rio de Janeiro: Renovar, 2005.

FORGIONI, Paula Andrea. A interpretação dos negócios empresariais no novo Código Civil brasileiro. *In:* **Revista de Direito Mercantil**: industrial, econômico e financeiro. São Paulo: Malheiros, 2003.

FORGIONI, Paula Andrea. **Contratos empresariais**: teoria geral e aplicação. São Paulo: RT, 2015.

FORGIONI, Paula Andrea. **Teoria geral dos contratos empresariais**. São Paulo: RT, 2010.

FORGIONI, Paula Andrea. A Interpretação dos Negócios Jurídicos II — Alteração do Art. 113 do código civil: Art. 7º. **Comentários a Lei de Liberdade Econômica: Lei 13.874/2019** [livro eletrônico] / coordenadores Floriano Peixoto Marques Neto, Otavio Luiz Rodrigues Júnior, Rodrigo Xavier Leonardo. São Paulo: Thomson Reuters Brasil, 2020.

FRADERA, Véra Maria Jacob de. Art. 7º: Liberdade Contratual e Função Social do Contrato — Art. 421 do Código Civil. **Comentários a Lei de Liberdade Econômica: Lei 13.874/2019** [livro eletrônico] / coordenadores Floriano Peixoto Marques Neto, Otavio Luiz Rodrigues Júnior, Rodrigo Xavier Leonardo. São Paulo: Thomson Reuters Brasil, 2020.

FRANÇA, Rubens Limongi. **Jurisprudência da cláusula penal**. São Paulo: RT, 1988.

FRANÇA, Rubens Limongi. **Raízes e dogmática da cláusula penal**. Dissertação para o concurso de professor titular de direito civil da Faculdade de Direito da Universidade de São Paulo (USP). São Paulo: Gráfica, 1987.

FRANÇA, Rubens Limongi. **Teoria e prática da cláusula penal**. São Paulo: Saraiva, 1988.

FRANÇA. Código Civil. ***Legi France***. Disponível em: https://www.legifrance.gouv.fr/affichCode.do?cidTexte=LEGITEXT000006070721 Acesso em: 23 jul. 2018.

FREIRE, J. Renato C. Penalidades nos contratos internacionais de mútuo. *In*: (org.) BAPTISTA, Luiz Olavo; MAZZUOLI, Valerio de Oliveira. Direito do comércio internacional. **Coleção Doutrinas Essenciais**: direito internacional. v. 5. São Paulo: RT, 2012.

FREZZA, Paolo. **La garanzie delle obbligazioni**: corso di diritto romano. v. 1. Padova: CEDAM, 1962.

FUENTE, Isabel Arana de la. Algunas precisiones sobre la reforma de la cláusula penal em la propuesta de modernización del Código. **Revista de Direito Civil Contemporâneo**, v. 2, pp. 275-293, jan.-mar. 2015.

FULGÊNCIO, Tito. **Do direito das obrigações**: das modalidades das obrigações (artigos 863-927). Rio de Janeiro: Companhia Forense, 1958.

GABRIELLI, Enrico. **Studi sui contratti**. Torino: G. Giappichelli, 2000.

GALGANO, Francesco. **Diritto privato**. 15. ed. Italia: Wolters Kluwer Italia Srl, 2010.

GALLO, Paolo. **Pene private e responsabilità civile**. Milão: Giuffrè, 1996.

GAMA, Guilherme Calmon Nogueira da. **Direito civil**: obrigações. São Paulo: Atlas, 2008.

GAMA JUNIOR, Lauro. Os princípios do UNIDROIT relativos aos contratos do comércio internacional 2004 e o direito brasileiro: convergências e possibilidades. **Revista de Arbitragem e Mediação**, v. 8, pp. 48-100, jan.-mar. 2006.

GAMBINO, Francesco. Árbitros de equidade e laudo conforme o direito. Reflexões acerca do princípio *pacta sunt servanda*. *In*: (coord.) WALD, Arnoldo. **Revista de Arbitragem e Mediação**. Ano 3, jan.-mar. 2006.

GARCEZ, José Maria Rossani. Garantias, pagamentos, penalidades e exclusão de responsabilidades nos contratos internacionais. *In*: (org.) BAPTISTA, Luiz Olavo.

MAZZUOLI, Valerio de Oliveira. **Direito do comércio internacional**: teoria geral. v. 5. São Paulo: RT, 2012.

GARCÍA, Ignacio Marín. Cláusula penal: la facultad moderadora del juez. **Revista para el Análisis del Derecho** (INDRET), v. 1, Barcelona, jan. 2008. Disponível em: http://www.indret.com/pdf/513_es.pdf. Acesso em: 26 ago. 2016.

GARCÍA, Ignacio Marín. Enforcement of penalty clauses in civil and common law: a puzzle to be solved by the contracting parties. **European Journal of Legal Studies**, v. 5, Issue 1, pp. 98-123, Spring/Summer 2012. Disponível em: http://cadmus.eui.eu/bitstream/handle/1814/24818/MarinG127UK.pdf?sequence=1&isAllowed=y. Acesso em: 22 jul. 2018.

GARCÍA DEL CORRAL, Ildefonso I. **Cuerpo del derecho civil romano**. v. III. Barcelona: Jaime Molinas, 1889.

GASPAR, Alan. A instrumentalidade da cessão de direitos no fomento à desjudicialização e na prevenção de litígios (Artigo 67-A, § 9º, da Lei 13.786/20180). *In:* (coord.) VITALE, Olivar. **Lei dos Distratos**: Lei 13.786/18. São Paulo: Quartier Latin, 2019.

GAZMURI, Iñigo de la Maza. El secreto está en la técnica: los límites a la claúsula penal. *In*: **Revista Chilena de Derecho Privado**, n. 7, pp. 19-50, dez. 2016.

GÉLINAS, Paul A. Chapter 1. General characteristics of recoverable damages in international arbitration. *In*: DERAINS, Yves; KREINDLER, Richard H. **Evalua-**

tion of damages in international arbitration, dossiers of the ICC institute of world business law. v. 4, pp. 11-36, 2006.

GILIKER, Paula. Case note England and wales. UKSC 4 nov. 2015. Cavendish Square Holdings BV *v*. Makdessi; ParkingEye Ltd *v*. Beavis. **European Review of Private Law**. Kluwer Law International BV, v. 25, n. 1, pp. 173-180, 2017.

GILIKER, Paula. **Penalty clauses in the private law courts of Europe** — to enforce or not to enforce (or to modify)? Disponível em: https://british-association-comparative-law.org/2017/04/21/paula-giliker-penalty-clauses-in-the-private-law-courts-of-europe-to-enforce-or-not-to-enforce-or-to-modify/. Acesso em: 23 jul. 2018.

GILO, David; PORAT, Ariel. The unconventional uses of transaction costs. **John M. Olin program in law and economics working paper**, n. 310. Boilerplate: Foundations of market contract. O. Ben Shahr (ed.). University of Chicago Law & Economics. out. 2006. Disponível em: https://ssrn.com/abstract=937016. Acesso em: 18 jul. 2018.

GODOY, Claudio Luiz Bueno de. **Função social do contrato**. 4. ed. São Paulo: Saraiva, 2012.

GOETZ, Charles J.; SCOTT, Robert E. Liquidated damages, penalties and the just compensation principle: some notes on an enforcement model and a theory of efficient breach. **Columbia Law Review**, v. 77, n. 4, p. 567, 1977.

GOMES, Orlando. **Contratos**. Atualizado por Antonio Junqueira de Azevedo. Rio de Janeiro: Forense, 2008.

GOMES, Orlando. **Obrigações**. Revista, atualizada e aumentada, de acordo com o Código Civil de 2002, por Edvaldo Brito. Rio de Janeiro: Forense, 2007.

GOMES, Orlando. **Questões mais recentes de direito privado**: pareceres — cláusula penal. Condição potestativa e condição meramente potestativa. São Paulo: Saraiva, 1987.

GOMEZ, Juan José Blanco. **La cláusula penal em las obligaciones civiles**: relacion entre la prestación penal, la prestacion principal y el resarcimiento del dano. Madrid: Dykinson, 1996.

GONÇALVES, Carlos Roberto. **Direito das obrigações** — parte geral. 16. ed. São Paulo: Saraiva, 2015.

GONÇALVES, Carlos Roberto. **Direito civil brasileiro**. v. 3: contratos e atos unilaterais. 15. ed. São Paulo: Saraiva Educação, 2018.

GONÇALVES, Carlos Roberto. **Direito civil brasileiro**. 9. ed. v. 2. São Paulo: Saraiva, 2012.

GONÇALVES, Javier Davila. **La obligacion com clausula penal**. Madrid: Montecorvo, S.A., 1992.

GRAU, Eros Roberto. Um novo paradigma dos contratos? **Revista Trimestral de Direito Civil**. v. 5, jan.-mar. 2001, Rio de Janeiro: Padma, 2000.

GRNCHALLA-WESIERSKI, Tadensz. A framework for understanding *soft law*. **McGill Law Journal 1984**. Revue de droit de McGill.

GUASTALLA, Emanuele Lucchini. Riflessioni in tema di clausola penale. **Rivista di Diritto Civile**, Padova: CEDAM, n. 1, v. 60, pp. 91-102, 2014.

GUIMARÃES, Paulo Jorge Scartezzini. Cláusula de *drag along* no acordo de acionistas. **Revista de Direito Empresarial**, v. 9, pp. 127-188, maio-jun. 2015.

GUIMARÃES, Paulo Jorge Scartezzini. Responsabilidade civil e interesse contratual positivo e negativo (em caso de descumprimento contratual). **Revista de Direito Privado**, v. 63, pp. 33-58, jun.-set. 2015.

HACHEM, Pascal. Agreed sums in CISG contracts. **Belgrade Law Review**, year LIX, n. 3, pp. 140-149, 2011. Disponível em: http://www.cisg.law.pace.edu/cisg/biblio/hachem1.html#*. Acesso em: 26 ago. 2016.

HALLACK, Michelle; VAZQUEZ, Miguel. Representing the valuation of take-or-Pay provisions in gas markets with limited liquidity. **IEEE Transactions on Power Systems**, v. 31, n. 4, jul. 2016.

HATZIS, Aristides N. Civil contract law and economic reasoning an unlikely pair? *In*: (d.) GRUNDMANN, Stefan. **The architecture of european codes & contract law**. The Hague: Kluwer, 2005.

HATZIS, Aristides N. Having the cake and eating it too: efficient penalty clauses in common and civil contract law. **International Review of Law and Economics**, n. 22, pp. 381-406, 2003. Disponível em: http://egov.ufsc.br/portal/sites/default/files/anexos/32973-41250-1-PB.pdf. Acesso em: 26 ago. 2016.

HERBOTS, Jacques. Why it is ill-advised to translate consequential damages by dommage indirect. **European Review of Private Law**, v. 6.

HIRONAKA, Giselda M. Fernandes. Contrato: estrutura milenar de fundação do direito privado. **Revista do Advogado**, ano XXII, n. 68, dez. 2002.

HORA NETO, João. O princípio da função social do contrato no Código Civil de 2002. **Revista de Direito Privado**, São Paulo, v. 4, n. 14, pp. 38-48, abr.-jun. 2003.

HOLLAND, Ben. Enforceability of take-or-pay provisions in english law contracts — resolved. **Journal of Energy & Natural Resources Law** — International Bar Association. jan. 2016.

HOLMES, Oliver Wendell. The path of the law. **Harvard Law Review**, 1897.

HONDIUS, Ewoud. Unfair contract terms and the consumer: ECJ case law, foreign literature, and their impact on dutch law. **European Review of Private Law** — Kluwer Law International BV, n. 3-4, pp. 457-472, 2016.

HOOG, Wilson Alberto Zappa. **Perdas, danos e lucros cessantes em pericias judiciais**. Curitiba: Juruá, 2009.

HOUSE of Lords do Reino Unido, Dunlop Pneumatic Tyre Co Ltd *v*. New Garage & Motor Co Ltd., j. 01-07-1914. Disponível em: http://www.bailii.org/uk/cases/UKHL/1914/1.html. Acesso em: 10 jul. 2018.

INTERNATIONAL Arbitration Court of the Chamber of Commerce and Industry of the Russian Federation, case 229/1996, UNILEX– Unidroit Principles — cases (by date), 05.06.1997. Disponível em: www.unilex.info. Acesso em: 13 jan. 2020.

ITÁLIA. **Código Civil**. Altalex. Disponível em: http://www.altalex.com/documents/codici-altalex/2015/01/02/codice-civile. Acesso em: 24 jul. 2018.

JANSSEN, André; STORME, Matthias Edward (ed.). **European Review of Private Law** — Kluwer Law International BV, v. 25, 2017.

JENKINS, Jane. **International construction arbitration law**. Alphen Aan den Rijn: Kluwer Law International, 2013.

JOSSERAND, Louis. A evolução moderna do conceito de contrato. Tradução de Thalles Ricardo Alciati Valim. **Revista de Direito Civil Contemporâneo**, v. 17, 2018.

KAPLOW, Louis, Rules *versus* standards: an economic analysis. *In*: **Duke Law Journal**, v. 42, n. 3, pp. 557-629, dez. 1992.

KATAOKA, Eduardo Takemi. Segurança jurídica como direito fundamental e as cláusulas gerais do novo Código Civil brasileiro. *In*: (org.) SARMENTO, Daniel; GALDINO, Flavio. **Direitos fundamentais**: estudos em homenagem ao professor Ricardo Lobo Torres. Rio de Janeiro: Renovar, 2006.

KELLY, Andrew. **Construction alert**: liquidated damages clause not a penalty says Supreme Court. Produzido em: 29 abr. 2015. Disponível em: http://www.tglaw.com.au/corporate/publications/construction-alert-liquidated-damages-clause-not-a-penalty-says-supreme-court/. Acesso em: 26 ago. 2016.

KEMPTHRONE, Victoria. **When does an agreed liquidated damages clause go too far and become a penalty?** Produzido em: 20 jul. 2015. Disponível em: http://www.clarkslegal.com/Legal_Updates/Read/When_does_an_agreed_liquidated_damages_clause go_too_far_and_become_a_penalty. Acesso em: 26 ago. 2016.

KENNEDY, Duncan. Form and substance in private law adjudication. **Harvard Law Review** n. 89, 1976.

KHOURI, Pedro R. Roque A. A contratação por preço máximo garantido (PMG) e seu conjunto de relações jurídicas. **Revista de Direito Privado**. v. 70, pp. 153-170, out. 2016.

KLASS, Gregory. Efficient breach. *In*: KLASS, G.; LETSAS, G.; SAPRAI, P. **The philosophical foundations of contract**. Oxford: Oxford University Press, 2015. Disponível em: http://scholarship.law.georgetown.edu/cgi/viewcontent.cgi?article=2194&context=facpub. Acesso em: 26 ago. 2016.

KONDER, Carlos Nelson. Arras e cláusula penal nos contratos imobiliários. Rio de Janeiro, **Revista dos Tribunais**, v. 4, pp. 83-104, mar.-abr. 2014.

KONDER, Carlos Nelson. Para além da "principialização" da função social do contrato. **Revista Brasileira de Direito Civil**, Belo Horizonte, v. 13, pp. 39-59, jul.-set. 2017.

KONDER, Carlos Nelson e. OLIVEIRA, Williana Nayara Carvalho. A interpretação dos negócios jurídicos a partir da Lei de liberdade Econômica. **Revista Fórum de Direito Civil**. Belo Horizonte, ano 9, n. 25, p. 13-35, set-dez. 2020.

KRUEGER, Juliana. **Inadimplemento eficiente (*efficient breach*) nos contratos empresariais**. Faculdade de Direito da Universidade Federal do Rio Grande do Sul, Caderno do Programa de Pós-Graduação, v. 1, n. 2, 2016.

KUYVEN, Fernando; PIGNATTA, Francisco Augusto. **Comentários à Convenção de Viena**. São Paulo: Saraiva, 2015.

LAFAILLE, Héctor. **Tratado de las obligaciones**. Buenos Aires: Ediar, 1950.

LAL, Hamish, Liquidated damages. **Construction Law Journal** — sweet & maxwell, v. 25, n. 8, pp. 560-590, 2009.

LARDI, Elia; TRIEBOLD, Claudius. **Liquidated damages or contractual penalty**: under Swiss law. Eversheds. Suíca. Janeiro, 2015. Disponível em: https://www.lexology.com/library/detail.aspx?g=2eecddf8-91d1-49f9-a05b-41e4263c076a. Acesso em: 14 jan. 2020.

LARENZ, Karl. **Derecho de obligaciones**. t. 1, TraduçãoTradução de Jaime Santos Briz. Madrid: Editorial Revista de Derecho Privado, 1958.

LAUTENSCHLEGER JR., Nilson. Limitação de responsabilidade na prática contratual brasileira — permite-se no Brasil a racionalização dos riscos no negócio empresarial? **Revista de Direito Mercantil**, n. 125, pp. 7-24, jan.-mar. 2002.

LEÃES, Luiz Gastão Paes de Barros. O contrato e o princípio do equilíbrio econômico. **Revista Brasileira de Direito Civil**. v. 3, pp. 113-139, jan.-mar. 2015.

LEITE, Ana Paula Parra. O caso Ryan Lochte e a aplicação da cláusula moral no direito negocial brasileiro. **Revista Brasileira de Direito Civil**. Belo Horizonte, v. 12, pp. 37-57, abr.-jun. 2017.

LEONARDO, Rodrigo Xavier. O contrato *built to suit*. *In*: (coord.) CARVALHOSA, Modesto. **Tratado de Direito Empresarial**. v. 4. São Paulo: RT, 2016.

LETARTE, Yves. Requiem pour une clause pénale? **Rev. Jur. Coram**. n. 101, 1978.

LIGMANOVSKI, Patricia Ayub da Costa. A importância da utilização de modelos jurídicos de negociação de contratos internacionais. **Revista de Direito Empresarial**, v. 10, pp. 75-98, jul-ago. 2015.

LOBATO, Jesus Maria. **La cláusula penal en el derecho español**. Pamplona: Universidad de Navarra, 1974.

LOBO, Paulo Luiz Netto. **Teoria geral das obrigações**. São Paulo: Saraiva, 2005.

LOBO, Paulo Luiz Netto. **Direito civil**: contratos. São Paulo: Saraiva, 2011.

LOPES, Miguel Maria de Serpa. **Curso de direito civil**. Rio de Janeiro: Freitas Bastos, 1957.

LOPES, Miguel Maria de Serpa. **Curso de direito civil**. v. II: obrigações em geral. 6. ed. Atualizada por José Serpa Santa Maria. Rio de Janeiro: Freitas Bastos, 1995.

LOSANO, Mario G. **Os grandes sistemas jurídicos** — introdução aos sistemas jurídicos europeus e extra-europeus. Tradução de Marcela Varejão. São Paulo: Martins Fontes, 2007

LOTUFO, Renan. **Código Civil comentado**. v. 2. São Paulo: Saraiva, 2003.

LOTUFO, Renan. Questões relativas à cláusula penal contratual. **Revista do Advogado**, São Paulo, n. 116, jul. 2012.

LUCA, Massimiliano de. **La clausola penale**. Milão: Giuffrè, 1998.

LUSTOSA, Paulo Franco. De volta ao bem de família luxuoso: comentários sobre o julgamento do Recurso Especial n. 1.351.571/SP. **Revista Brasileira de Direito Civil**, v. 8, pp. 141-152, abr.-jun. 2016.

MACHADO, Flávio R. Naval. O gerenciamento do contrato de construção civil e a cláusula penal. *In:* BAPTISTA, Luiz Olavo; PRADO, Mauricio Almeida. **Construção civil e direito**. São Paulo: Lex, 2011.

MAIA, Roberto Mauro Medina. A Súmula n. 308 do STJ e o permutante de terreno: análise do RESP n. 1.432.693/SP. **Revista Brasileira de Direito Civil**. Belo Horizonte, v. 14, pp. 165-184, out.-dez. 2017.

MANZO, Ronaldo. Qual é a natureza jurídica do demurrage? **Revista Direito Aduaneiro, Marítimo e Portuário**, São Paulo, n. 21, v. 4, pp. 93-100, 2014.

MARINI, Annibale. **La clausola penale**. Napoli: Jovene, 1984.

MARINI, Caio Maria de. **Il giudizio di equità nel processo civile**: premesse teoriche. Padova: Casa Edutruce Dott. Antonio Milani, 1959.

MARINO, Francisco Paulo de Crescenzo. **Interpretação do negócio jurídico**. São Paulo: Saraiva, 2011.

MARINO, Francisco Paulo de Crescenzo. Oferta de modificação equitativa de contratos afetados pela excessiva onerosidade superveniente. Tese (Livre Docência). Faculdade de Direito, Universidade de São Paulo (USP), São Paulo, 2018.

MARINO, Francisco Paulo de Crescenzo. **Contratos coligados no direito brasileiro**. São Paulo: Saraiva, 2009.

MARINONI, Luiz Guilherme. Possibilidade de a multa contratual superar o valor da prestação. *In*: MARINONI, Luiz Guilherme. **Soluções Práticas**. v. 1, pp. 103-121, out. 2011.

MARKOVITS, Daniel; SCHWARTZ, Markovits. (In)efficient breach of contract. Yale Law School. John M. Olin center for studies in law, economics, and public policy. **Research Paper n. 539**. p. 3. Disponível em: http://ssrn.com/abstract=2758741. Acesso em: 04 jan. 2020.

MARQUES, Cláudia Lima. **Contratos no Código de Defesa do Consumidor**: o novo regime das relações contratuais. 5. ed. São Paulo: RT, 2005.

MARQUEZ, Rafael Batista. **Cláusula *take or pay* em contratos de longo prazo.** Dissertação (Mestrado Profissional em Direito). Fundação Getúlio Vargas, São Paulo, 2018.

MARRONE, Matteo. **Istituzioni di diritto romano privato**. 3. ed. Palermo: Palumbo, 2006.

MARTINS, Fernando Rodrigues. **Temas relevantes do direito civil contemporâneo**. Reflexões sobre os 10 anos do Código Civil. São Paulo: Atlas, 2012.

MARTINS-COSTA, Judith. **A boa-fé no direito privado**. São Paulo: RT, 1999.

MARTINS-COSTA, Judith. A dupla face no princípio de equidade na redução da cláusula penal. *In*: (org.) ASSIS, Araken de *et al*. **Direito civil e processo** — estudos em homenagem ao Professor Arruda Alvim. São Paulo: RT, 2007.

MARTINS-COSTA, Judith. A teoria da imprevisão e a incidência dos planos econômicos governamentais na relação contratual. **Revista dos Tribunais** v. 80, n. 670, pp. 41-48, São Paulo, ago. 1991.

MARTINS-COSTA, Judith. **Comentários ao novo Código Civil**: do inadimplemento das obrigações. (coord.) TEIXEIRA, Sálvio de Figueiredo. v. 5. t. 2. Rio de Janeiro: Forense, 2003.

MARTINS-COSTA, Judith. **Comentários ao novo Código Civil**: do inadimplemento das obrigações. (coord.) TEIXEIRA, Sálvio de Figueiredo. v. 5. t. 2. 2.e d. Rio de Janeiro: Forense, 2009.

MARTINS-COSTA, Judith. Como harmonizar os modelos jurídicos abertos com a segurança jurídica dos contratos? (notas para uma palestra). **Revista Brasileira de Direito Civil**, v. 5, pp. 67-76, jul.-set. 2015.

MARTINS-COSTA, Judith. Critérios para aplicação do princípio da boa-fé objetiva (com ênfase nas relações empresariais). *In*: MARTINS-COSTA, Judith; FREDERA, Véra Jacob de. (org.) **Estudos de direito privado e processual civil**: em homenagem a Clóvis do Couto e Silva. São Paulo: RT, 2014.

MARTINS-COSTA, Judith. O método da concreção e a interpretação dos contratos: primeiras notas de uma leitura suscitada pelo Código Civil. *In*: NANNI, Giovanni Ettore (coord.). **Temas relevantes do direito civil contemporâneo**: execução sobre os cinco anos do Código Civil: estudos em homenagem ao professor Renan Lotufo. São Paulo: Atlas, 2008.

MARTINS-COSTA, Judith. O novo Código Civil brasileiro: em busca da "ética da situação". *In*: **Revista da Faculdade de Direito da UFRGS**, v. 20, pp. 211-259, out. 2002.

MARTINS-COSTA, Judith. Reflexões sobre o princípio da função social dos contratos. **Revista Direito GV**, v. 1, n. 1, pp. 41-66, maio 2005.

MASTEN, SE; CROCKER, KJ. Efficient adaptation in long-term contracts: take-or-pay provisions for natural gas. **The American Economic Review**, 1985.

MATTEI, Ugo. The comparative law and economics of penalty clauses in contract. **American Journal of Comparative Law n. 43**, p. 427, 1995. Disponível em: https://repository.uchastings.edu/cgi/viewcontent.cgi?article=1522&context=faculty_scholarship. Acesso em: 23 jul. 2018.

MATTIA, Fábio de Maria. Cláusula penal pura e cláusula penal não pura. *In*: (org.) TEPEDINO, Gustavo; FACHIN, Luiz Edson. Obrigações e contratos: funções e eficácia. **Coleção Doutrinas Essenciais**, v. 2, pp. 1.117-1.150. São Paulo: RT, 2011.

MAURITIUS n. 1, Cruz City1 Mauritius holdings *versus* Unitech Limited *et al.* Supreme Court of Mauritius, Record n. 107966 and Record n. 107967, 28 march 2014. *In*: VAN DEN BERG, Albert Jan (ed.). **Yearbook commercial arbitration**. v. 39, pp. 447-452, 2014.

MAXIMILIANO, Carlos. **Hermenêutica e aplicação do direito**. Rio de Janeiro: Forense, 2010.

MAZEAUD, Denis. **La notion de clause pénale**. Paris: Librairie Générale de Droit et Jurisprudence, 1992.

MAZEAUD, Denis. **La révision du contrat**. Rapport Français, en Journées Bresiliennes, Association Henri Capitant, 2005.

MAZEAUD, Denis. What is the scope of the principles of contractual freedom, certainty and good faith? **Montesquieu Law Review**. Special issue: the reform of french contract law, n. 6, pp. 36-44, dec. 2017.

MCKENNA, J. Frank. Liquidated damages and penalty clauses: a civil law *versus* common law comparison. **The critical path** — Reed Smith, pp. 1-6, Spring 2008.

MEDEIROS, Pedro Lins Conceição de. A (não) incidência do regime jurídico das cláusulas penais compensatórias a obrigações de *take-or-pay*: uma análise à luz dos direitos inglês e nacional. **Revista de Direito Privado**, v. 98, pp. 189-225, mar.-abr. 2019.

MEDINA, J. M; MCKENZIE, G. A; DANIEL, B. M. (1986-1987). Take or litigate: enforcing the plain meaning of the take-or-pay clause in natural gas 65 contracts. **Arkansas Law Review**, 40, pp.185-260. Disponível em: https://home.heinonline.org. Acesso em: 14 jan. 2020.

MEDINA, J.M. **The take-or-pay wars**: a cautionary analysis for the future, 27 Tulsa L. J. 283, 2013. Disponível em: http://digitalcommons.law.utulsa.edu/tlr/vol27/iss2/7. Acesso em: 14 jan. 2020.

MENDONÇA, Manuel Inácio Carvalho de. **Doutrina e prática das obrigações ou tratado geral dos direitos de crédito**. t. 2. 4. ed. Rio de Janeiro: Forense, 1956.

MIRAGEM, Bruno. **Direito civil**: direito das obrigações. São Paulo: Saraiva, 2017.

MIRANDA, R. S. Contratos da indústria de gás natural. Mitigação de risco de mercado. Financiamento através de *project finance*. **Temas de direito do petróleo e do gás natural**, pp. 261-272. Rio de Janeiro: Lumen Juris, 2002.

MOHS, Florian. Penalty clauses in arbitration agreements. *In*: (org.) ARROYO, Manuel. **Arbitration in Switzerland**: the practitioner's guide. Kluwer, 2013.

MOHS, Florian; ZELLER, Bruno. Penalty and liquidated damages clauses in CISG contracts revisited. **Mealey's International Arbitration Report**, v. 21, n. 6, pp. 1-5, June 2006. Disponível em: http://www.cisg.law.pace.edu/cisg/biblio/zeller-mohs.html. Acesso em: 26 ago. 2016.

MONTEIRO, António Joaquim de Matos Pinto. Artigo 811º, n. 3, do Código Civil: *requiem* pela cláusula penal indemnizatória? **Revista de Legislação e de Jurisprudência**. n. 3.976, ano 142, set.-out. 2012.

MONTEIRO, António Joaquim de Matos Pinto. Cláusula penal e comportamento abusivo do credor. **Revista Brasileira de Direito Comparado**. Rio de Janeiro: Instituto de Direito Comparado Luso-Brasileiro, 2003.

MONTEIRO, António Joaquim de Matos Pinto. **Cláusula penal e indemnização**. Coimbra: Almedina, 1990.

MONTEIRO, António Joaquim de Matos Pinto. Cláusula penal pura ou exclusivamente compulsória. **Revista de Legislação e de Jurisprudência**. Coimbra, n. 3.972, ano 141, jan.-fev. 2012.

MONTEIRO, António Joaquim de Matos Pinto. **Cláusulas limitativas e de exclusão de responsabilidade civil**. Coimbra: Almedina, 2003.

MONTEIRO, António Joaquim de Matos Pinto; GOMES, Júlio. A *hardship dause* e o problema da alteração das circunstâncias. *In*: (coord.) VAZ, Manuel Afonso; LOPES, J. A. Azeredo. ***Juris et de jure***: nos vinte anos da Faculdade de Direito da Universidade Católica Portuguesa, Porto. Coimbra: Coimbra, 1998.

MONTEIRO, António Joaquim de Matos Pinto. O "modelo" aberto de cláusula penal no movimento de harmonização do direito europeu dos contratos. **Revista de Direito Civil Contemporâneo**, v. 6, pp. 181-196, jan.-mar. 2016.

MONTEIRO, António Joaquim de Matos Pinto. Responsabilidade contratual: cláusula penal e comportamento abusivo do credor. **Revista da Escola da Magistratura do Estado do Rio de Janeiro** — EMERJ, Rio de Janeiro, n. 26, v.7, pp. 165-178, 2004.

MONTEIRO, António Joaquim de Matos Pinto. Sobre o controlo da cláusula penal. *In*: **Comemorações dos 35 anos do Código Civil e dos 25 anos da Reforma de 1977**. Faculdade de Direito da Universidade de Coimbra. v. 3. Coimbra: Coimbra, 2007.

MONTEIRO, Washington de Barros. **Direito das obrigações**. 40. ed. Atualizado por Carlos Alberto Dabus Maluf. São Paulo: Saraiva, 2015.

MONTU, Ricardo. **Novos financiamentos**: os títulos de crédito advindos do desenvolvimento econômico. Disponível em: https://www.conjur.com.br/2009-jun-09/diferentes-titulos-credito-advindos-desenvolvimento-economia. Acesso em: 13 jan. 2020.

MORDEGLIA, Eugenio. Inmutabilidad de la indemnización pactada en la ilamada cláusula penal. **Boletín de la Facultad de Derecho y Ciencias Sociales**, Córdoba, jul.-set., año XIV, n. 3, 1950.

MORSELLO, Marco Fábio. Contratos existenciais e de lucro. Análise sob a ótica dos princípios contratuais contemporâneos. *In*: LOTUFO, Renan. NANNI, Giovanni Ettore; MARTINS, Fernando Rodrigues. **Temas relevantes do direito civil contemporâneo**. Reflexões sobre os 10 anos do Código Civil. São Paulo: Atlas, 2012.

MORSELLO, Marco Fábio. Análise categorial dos contratos existenciais e de lucro. *In*: (org.) GUERRA, Alexandre Dartanhan de Mello. **Estudos em homenagem a Clóvis Beviláqua por ocasião do centenário do direito civil codificado no Brasil**. v. 2. São Paulo: Escola Paulista da Magistratura, 2018.

MOTA, Beatriz Vila Nova Sodré da. O patrimônio da afetação, dessa vez, em prejuízo do consumidor. *In*: (coord.) VITALE, Olivar. **Lei dos Distratos**: Lei 13.786/18. São Paulo: Quartier Latin, 2019.

MOUZALAS, Rinaldo. *In*: WAMBIER, Teresa Arruda Alvim *et al.* (coord.). **Breves comentários ao Novo Código de Processo Civil**. São Paulo: RT, 2015.

MUNIZ, Joaquim de Paiva. Considerações sobre certos institutos de direito contratual e seus potenciais efeitos econômicos. *In*: (coord.) WALD, Arnoldo. **Revista de Direito Bancário do Mercado de Capitais**. Ano 7, n. 25, jul.-set. 2004.

NADER, Paulo. **Curso de direito civil**: obrigações. v. 2. 3. ed. Rio de Janeiro: Forense, 2008.

NAKAMURA, Mario Massao. Cláusula penal nos deveres anexos à obrigação. **Revista de Direito Bancário e do Mercado de Capitais**, São Paulo, v. 63, ano 17, pp. 97-127, mar. 2014.

NALIN, Paulo. A força obrigatória dos contratos no Brasil: uma visão contemporânea e aplicada à luz da jurisprudência do Superior Tribunal de Justiça em vista dos princípios sociais dos contratos. **Revista Brasileira de Direito Civil**, v. 1, pp. 111-134, jul.-set. 2014.

NAMIKAVA, Ryoichi. Take-or-pay under japanese energy policy. **Energy Policy**, v. 31, 2003.

NANNI, Giovanni Ettore. **Comentários ao Código Civil**: direito privado contemporâneo. Alexandre Dartanhan de Mello Guerra *et al.* (coord.) NANNI, Giovanni Ettore. São Paulo: Saraiva Educação, 2018.

NANNI, Giovanni Ettore. **Enriquecimento sem causa**. São Paulo: Saraiva, 2004.

NERY JUNIOR, Nelson. Ação indenizatória. Termo *a quo* para contagem do prazo prescricional. **Soluções Práticas de Direito**, v. 7, pp. 551-572, set. 2014.

NERY JUNIOR, Nelson. Ação rescisória — cláusula penal. **Soluções Práticas de Direito**, v. 4, pp. 487-516, set. 2010.

NERY JUNIOR, Nelson. Cláusula penal — multa compensatória que não pode ser tida como moratória. **Soluções Práticas de Direito**, v.1, pp. 751-765, set. 2014.

NERY JUNIOR, Nelson. Contrato de prestação de serviços advocatícios — multa penitencial. **Soluções Práticas de Direito**, v. 7, pp. 551-572, set. 2014.

NERY JUNIOR, Nelson; ANDRADE NERY, Rosa Maria de. **Código Civil comentado**. 10. ed. São Paulo: RT, 2013.

NEVES, Daniel Amorim Assumpção *et al.* **Reforma do CPC**. São Paulo: RT, 2006.

NEVES, José Roberto de Castro. **O Código do Consumidor e as cláusulas penais**. 2. ed. Rio de Janeiro: Forense, 2006.

NEVES, José Roberto de Castro. **Direito das obrigações**. 7. ed. Rio de Janeiro: LMJ Mundo Jurídico, 2017.

NITSCHKE, Guilherme Carneiro Monteiro. Colmatação de Lacunas Contratuais: Insuficiências do Código civil, Deficiências da lei da Liberdade Econômica o Trabalho da Doutrina. **A Evolução do Direito Empresarial e Obrigacional. Os 18 anos do Código Civil — Obrigações e Contratos — Vol. 2**. Henrique Barbosa; Jorge Cesa Ferreira da Silva (Coords). São Paulo: Quartier Latin, 2021.

NONATO, Orosimbo. **Curso de obrigações** (generalidades-espécies). v. II. Rio de Janeiro: Forense, 1959.

OLIVA, Milena Donato; ABÍLIO, Vivianne da Silveira. A cláusula penal compensatória estipulada em benefício do consumidor e o direito básico à reparação integral. **Revista de Direito do Consumidor**, v. 105, pp. 273-294, maio-jun. 2016.

OLIVEIRA, Carlos E. de; SILVA, Bruno Mattos. A recente Lei do Distrato (Lei 13.786/2018): o novo cenário jurídico dos contratos de aquisição de imóveis em regime de incorporação imobiliária e em loteamento. *In*: (coord.) VITALE, Olivar. **Lei dos Distratos**: Lei 13.786/18. São Paulo: Quartier Latin, 2019.

OLIVEIRA, Francisco Antônio de. As astreintes e sua eficácia moralizadora. *In*: (org.) TEPEDINO, Gustavo; FACHIN, Luiz Edson. Obrigações e contratos: funções e eficácia. **Coleção Doutrinas Essenciais**, v. 2, pp. 1.151-1.158, São Paulo: RT, 2011.

OLIVEIRA, Nuno Manuel Pinto Oliveira. **Cláusulas acessórias ao contrato**: cláusulas de exclusão e de limitação do dever de indemnizar e cláusulas penais. Coimbra: Almedina, 2005.

OLIVEIRA, Valdeci Mendes de. **Obrigações e responsabilidade civil aplicadas**: doutrina, prática, jurisprudência. 2. ed. Bauru: Edipro, 2002.

OST, François; KERCHOVE, Michel van de. O presente, horizonte paradoxal das sanções reparadoras? *In*: BART, Jean; PINHEIRO, Jorge. **Filosofia do direito e direito económico**: que diálogo? miscelâneas em honra de Gérard Farjat. Lisboa: Instituto Piaget, 1999.

OUMER, Kamil Abdu. Penalty clauses: a comparative analysis between the Turkish and Ethiopian laws. **Beijing Law Review**. n. 8, pp. 423-439, nov. 2017. Disponível em: https://doi.org/10.4236/blr.2017.84023. Acesso em: 18 jul. 2018.

PARGENDLER, Mariana Souza; MARTINS-COSTA, Judith. **A ressignificação do princípio da autonomia privada**: o abandono do voluntarismo e a ascensão do valor de autodeterminação da pessoa. Pesquisa orientada na Universidade Federal do Rio Grande do Sul (UFRGS), pela Profª Drª Judith Martins-Costa, no âmbito do programa de bolsas de iniciação científica da UFRGS, v. 15, 2010.

PASA, Barbara. The european law of 'contractual penalties'. **European Review of Private Law** — Kluwer Law International BV, v. 23, n. 3, pp. 355-384, 2015.

PATTI, Francesco Paolo. The new english law on penalty clauses: an italian perspective. **European Review of Private Law** — Kluwer Law International BV, v. 25, n. 1, pp. 227-240, 2017.

PATTI, Francesco Paolo. Penalty clauses in italian law. **European Review of Private Law**, v. 23, n. 3, pp. 309-325, 2015.

PENNINGTONS MANCHES. Penalty clauses in contracts: changing the rules of the game? **Procurement & Outsourcing Journal**, jan. 2016. Disponível em: https://www.penningtons.co.uk/news-publications/latest-news/penalty-clauses-in-contracts-changing-the-rules-of-the-game/. Acesso em: 23 jul. 2018.

PENTEADO, Arthur Bardawill; PENTEADO, Mauro Bardawill. Apontamentos sobre a liberdade de contratar. *In*: (coord.) ADAMEK, Marcelo Vieira von. **Temas de direito societário e empresarial contemporâneos**. São Paulo: Malheiros, 2011.

PEREIRA, Caio Mário da Silva. Código Napoleão — influência nos sistemas jurídicos ocidentais. **Rev. Faculdade Direito Universidade Federal Minas Gerais**, ed. 32, 1989.

PEREIRA, Caio Mário da Silva. **Instituições de direito civil**: teoria geral das obrigações. v. 2. 21. ed. Rio de Janeiro: Forense, 2008.

PEREIRA, Caio Mário da Silva. **Instituições de direito civil**. v. 3. Rio de Janeiro: Forense, 2009.

PEREIRA, Caio Mário da Silva. **Instituições de direito civil**. v. 2. Rio de Janeiro: Forense, 2010.

PEREIRA, Caio Mário da Silva. **Instituição de direito civil**. v. 2. Atual. Guilherme Calmon Nogueira da Gama (coord.) 29. ed. Rio de Janeiro: Forense, 2017.

PEREIRA, Caio Mário da Silva; MELO, Leonardo de Campos; MOTTA, Cristiane da Silva Pereira; HENRICI, Ricardo Loretti (colaboradores). **Obrigações e contratos**: pareceres de acordo com o Código Civil de 2002. Rio de Janeiro: Forense, 2011.

PEREIRA, Paula Moura Francesconi de Lemos. Controvérsias sobre o âmbito de aplicação da lei do inquilinato nos contratos *built to suit*. **Revista Brasileira de Direito Civil**, v. 5, pp. 77-101, jul.-set. 2015.

PERILLO, Joseph M. Misreading Oliver Wendell Holmes on efficient breach and tortious interference. **Fordham Law Review**, v. 68, issue 4, article 4.

PERLINGIERI, Pietro. **Perfis de direito civil**: introdução ao direito civil constitucional. Tradução de Maria Cristina de Cicco. Rio de Janeiro: Renovar, 1997.

PERLINGIERI, Pietro. **O direito civil na legalidade constitucional**. Tradução de Maria Cristina De Cicco. Rio de Janeiro: Renovar, 2008.

PINHEIRO, Luis de Lima. Clausulas típicas dos contratos do comércio internacional. **Revista da Faculdade de Direito da Universidade de Lisboa**, Lisboa, Lisboa, n.s. 1 e 2, v. 44, pp. 83-108, 2003.

PINTO, Carlos Alberto da Motta. **Teoria geral do direito civil**. 4. ed. Atualizado por Antonio Pinto Monteiro e Paulo Mota Pinto. Coimbra: Coimbra, 2005.

PINTO, Carlos Alberto da Mota. **Cessão da posição contratual**. Coleção Teses. Coimbra: Almedina, mar. 2003,

PONTES DE MIRANDA, Francisco Cavalcanti. **Tratado de Direito Privado**. t. 24. 2. ed. Rio de Janeiro: Borsoi, 1959.

PONTES DE MIRANDA, Francisco Cavalcanti. **Tratado de Direito Privado**. t. 26. 2. ed. Rio de Janeiro: Borsoi, 1959.

PONTES DE MIRANDA, Francisco Cavalcanti. **Tratado de Direito Privado**. t. 49. 2. ed. Rio de Janeiro: Borsoi, 1959.

PORTUGAL. **Código Civil**. Procuradoria-Geral Distrital de Lisboa. Ministério Público. Disponível em: http://www.pgdlisboa.pt. Acesso em: 23 jul. 2018.

POSNER, Richard. **The crisis of capitalist democracy**. Cambridge, Massaschusetts: Harvard University Press, 2010.

POSNER, Richard. **Economic analysis of law**. Nova Iorque: Wolters Kluwer Law & Business, 2014.

POSNER, Richard. Let's never blame a contract breaker. **Michigan Law Review**. v. 107. n. 8, Chicago Law School: Chicago Unbound, jun. 2009.

POTHIER, Robert Joseph. **Tratado das obrigações**. Campinas: Servanda, 2002.

POTHIER, Robert Joseph. **Tratado de las obligaciones**, segunda parte, n. 346, p. 13. Traduzido por S.M.S. 3. ed. Barcelona: Biblioteca Científica y Literaria, 1839.

PRATA, Ana. **Cláusulas de exclusão e limitação da responsabilidade contratual**. Coimbra: Almedina, 1985.

PUGLIESI, Giovanni. *Res corporales, res incorporales* e o problema do direito subjetivo. ***Quaestio Iuris***, v. 11, n. 3, 2018.

RAMBERG, Christina. Swedish case note on the penalty clause decisions by the UK Supreme Court. **European Review of Private Law** — Kluwer Law International BV, v. 25, n. 1, pp. 241-254, 2017.

RAMOS, Fernando Augusto Werneck. Estudos e pareceres — direito do petróleo e gás — da cláusula *take or pay* nos contratos de compra e venda de gás natural. (coord.) ROSADO, Marilda. Rio de Janeiro: Renovar, 2005.

REALE, Miguel. **Estudos preliminares do Código Civil**. São Paulo: RT, 2003.

REALE, Miguel. **Função social do contrato**. Disponível em: http://www.miguelreale.com.br/artigos/funsoccont.htm. Acesso em: 01 out. 2019.

REALE, Miguel. **História do novo Código Civil**. São Paulo: RT, 2005.

REALE, Miguel. **Lições preliminares de direito**. 24. ed. São Paulo: Saraiva, 1998.

REDONDO, Bruno Garcia. Astreintes: aspectos polêmicos. **Revista de Processo**, São Paulo, n. 222, ano 38, pp. 65-89, ago. 2013.

RENTERÍA, Pablo. Considerações acerca do atual debate sobre o princípio da função social do contrato. *In*: (coord.) MORAES, Maria Celina Bodin de. **Princípios do direito civil contemporâneo**. Rio de Janeiro: Renovar, 2006.

REZENDE, Cristiane; ZYLBERSTAJN, Décio. Quebras contratuais e dispersão de sentenças. **Revista Direito GV**. São Paulo, jan.-jun. 2011.

RIPERT, Georges. **A regra moral nas obrigações civis**. Campinas: Bookseller, 2002.

RIPERT, Georges; BOULANGER, Jean. **Traité de droit civil d'après le traité de planiol**. t. II. Paris: Librairie Générale de Droit et de Jurisprudence, 1957.

RIZZARDO, Arnaldo. **Da ineficácia dos atos jurídicos e da lesão no direito**. Rio de Janeiro: Forense, 1983.

RIZZARDO, Arnaldo. **Direito das obrigações**. 7. ed. Rio de Janeiro: Forense, 2013.

RIZZARDO, Arnaldo. **Direito das obrigações**: Lei n. 10.406, de 10.01.2002. 2. ed. Rio de Janeiro: Forense, 2006.

RODRIGUES, Daniel Gustavo de Oliveira Colnago. Cláusula penal e abuso de direito: estudo de um caso sob a perspectiva civil-constitucional. **Revista Jurídica**: Órgão Nacional de Doutrina, Leg. eE Crítica Judiciária, Porto Alegre, n. 396, v. 58, pp. 69-79, 2010.

RODRIGUES, Darcio Roberto Martins. Abstração e sistematização na *Iurisprudentia* romana. Revista da Faculdade De Direito, Universidade De São Paulo, 97, pp. 23-33. Disponível em: http://www.revistas.usp.br/rfdusp/article/view/67532 Acesso em: 14 jan. 2020.

RODRIGUES, Silvio. **Direito civil**: parte geral das obrigações. v. 2. São Paulo: Saraiva, 2007.

RODRIGUES JUNIOR, Otavio Luiz. Cláusula penal: natureza e função no direito romano. Separata de **'O sistema contratual romano**: de Roma ao direito actual'. Edição especial da Faculdade de Direito da Universidade de Lisboa. Coimbra: Coimbra, 2010.

RODRIGUES JUNIOR, Otavio Luiz. **Natureza, função e modificação da cláusula penal no direito civil brasileiro**. São Paulo. 418 p. Tese (Doutorado em Direito) Faculdade de Direito da Universidade de São Paulo (USP), São Paulo, 2006.

RODRIGUES JUNIOR, Otávio Luiz. **Revisão judicial dos contratos** — autonomia da vontade e teoria da imprevisão. São Paulo: Atlas, 2006.

RODRIGUES JUNIOR, Otávio Luiz. **China aprova 'Parte Geral' de seu futuro Código Civil**. Disponível em: https://www.conjur.com.br/2018-fev-14/direito-comparado-china-aprova-parte-geral-futuro-codigo-civil. Acesso em: 22 nov. 2019.

RODRIGUES JUNIOR, Otávio Luiz. LEONARDO, Rodrigo Xavier. A Liberdade contratual e a função social do contrato — alteração do art. 421-A do Código Civil: Art. 7º. **Comentários a Lei de Liberdade Econômica : Lei 13.874/2019** [livro eletrônico] / coordenadores Floriano Peixoto Marques Neto, Otavio Luiz Rodrigues Júnior, Rodrigo Xavier Leonardo. São Paulo: Thomson Reuters Brasil, 2020.

ROPPO, Enzo. **O contrato**. Coimbra: Almedina, 2009.

ROPPO, Vincenzo. **Il contratto**. Milano: Giuffrè, 2001.

ROSAS, Roberto Ferreira. Cláusula penal. Honorários advocatícios. **Revista dos Tribunais**, São Paulo, n. 437, v. 61, pp. 268-270, 1972.

ROSENVALD, Nelson. **Cláusula penal**: a pena privada nas relações negociais. Rio de Janeiro: Lumen Juris, 2007.

ROSENVALD, Nelson. **Quebra contratual**: indenização ou tutela específica? Publicado em: 3 nov. 2016. Disponível em: https://www.nelsonrosenvald.info/single-post/2016/11/03/Quebra-contratual-indeniza%C3%A7%C3%A3o-ou-tutela-espec%C3%ADfica Acesso em: 29 out. 2019.

ROWAN, Solène. The new french law of contract. **LSE Research Online**, maio 2017. Disponível em: http://eprints.lse.ac.uk/75815/1/Rowan_New%20French%20law_2017.pdf Acesso em: 23 jul. 2018.

RUSSO, Andrea. **Inadempimento e clausola penale tra civil law e common law**. Napoli: Jovene, 2012.

SABINO, Jamilson Lisboa. **Lei de parcelamento do solo urbano comentada**. São Paulo: Saraiva, 2016.

SACCO, Rodolfo. Liberté contractuelle, volonté contractuelle. **Revue Internationale de Droit Comparé**, n. 4, 2007.

SALES, Patrícia. Extinção do compromisso de compra e venda por inadimplemento do comprador no atual cenário de crise e a Lei 13.786, de 27 de dezembro de 2018. Maior segurança jurídica? *In*: (coord.) VITALE, Olivar. **Lei dos Distratos**: Lei 13.786/18. São Paulo: Quartier Latin, 2019.

SALLES, Marcos Paulo de Almeida; HUCK, Marcelo Hermes; LEÃES, Luiz Gastão Paes de Barros. Câmara de Comércio Brasil-Canadá. Sentença arbitral no processo arbitral 01/2005. Racional Engenharia Ltda. x Rio do Brasil Projetos Ltda. e Hines do Brasil Empreendimentos Ltda. **Revista de Arbitragem e Mediação**. v. 13, pp. 281-309, abr.-jun. 2007.

SALLES, Pedro Amaral. **A função coercitiva da cláusula penal e uma crítica ao art. 412 do Código Civil de 2002**. Coimbra: Almedina, 2014.

Salomão Filho, Calixto. Função social do contrato: primeiras anotações. **Revista de Direito Mercantil, Industrial, Econômico e Financeiro**, São Paulo, v. 42, n. 132, pp. 7-24, 2003.

Santoro, Luiz Felipe Guimarães. A cláusula penal no contrato dos atletas profissionais. **Revista Brasileira de Direito Desportivo**, v. 12, pp. 213-221, dez. 2007.

Santos, Anna Gabriella Oliveira dos. O (des)equilíbrio no atual desfazimento do contrato de aquisição de imóvel. Lei dos distratos. Proteção às construtoras ou aos consumidores? *In:* (coord.) Vitale, Olivar. **Lei dos Distratos**: Lei 13.786/18, São Paulo: Quartier Latin, 2019.

Santos, J. M. de Carvalho. **Código Civil brasileiro interpretado, principalmente do ponto de vista prático**. 13. ed. v. XI. Rio de Janeiro: Freitas Bastos S.A, 1986.

Santos, Thiago Alves Ferreira. II Congresso Pan-Americano de Arbitragem, out. 2015: Painel IV. **Revista de Arbitragem e Mediação**. v. 48, pp. 525-530, jan.-mar. 2016.

SAUDILEGAL. Islamic Contract Law. **Saudi Arabian Law Review**. Disponível em: http://www.saudilegal.com/saudilaw/02_law.html. Acesso em: 23 jul. 2018.

Schäfer, Hans-Bernd; OTT, Claus. *In*: Carstenn-Lichterfelde, Macarena Von (Tradução). **Manual de análisis económico del derecho civil**. Madrid: Tecnos, 1991.

Schelhaas, Harriët N. Concluding comparative remarks in relation to UK Supreme Court Cases on penalty clauses. **European Review of Private Law** — Kluwer Law International BV, v. 25, n. 1, pp. 267-272, 2017.

Schelhaas, Harriët N. Het boetebeding in het europese contractenrecht (met een samenvatting in het engels /the penalty clause in european contract law (with a summary in english). Utrecht, **Trans-lex Law Research**, 2004, pp. 503-514. Disponível em: https://www.trans-lex.org. Acesso em: 23 jul. 2018.

Schelhaas, Harriët N. Penalty clauses and the recent decisions by the UK Supreme Court in Cavendish *v.* Makdessi & ParkingEye *v.* Beavis. **European Review of Private Law** — Kluwer Law International BV, v. 25, n. 1, pp. 169-172, 2017.

Schelhaas, Harriët N. The UK Supreme Court cases on penalty clause cases from a dutch perspective. **European Review of Private Law** — Kluwer Law International BV, v. 25, n. 1, pp. 209-218, 2017.

Schreiber, Anderson. Compensação de créditos em contrato de empreitada e instrumentos genéricos de quitação. **Revista Brasileira de Direito Civil**, v. 8, pp. 140-162, abr.-jun. 2016.

Schreiber, Anderson. Contratos eletrônicos e consumo. **Revista Brasileira de Direito Civil**, v. 1, pp. 88-110, jul.-set. 2014.

SCHREIBER, Anderson. Efeitos do inadimplemento em relação triangular coligada entre clube de futebol, patrocinadora e atletas. A responsabilidade *post factum finitum* e a chamada perda superveniente da causa do contrato. **Revista Brasileira de Direito Civil**, v. 13, pp. 157-193, jul.-set. 2017.

SCHREIBER, Anderson. **Equilíbrio contratual**. Dever de renegociar. São Paulo: Saraiva Educação, 2ª ed, 2020.

SCHREIBER, Anderson. **Manual de direito civil contemporâneo**. São Paulo: Saraiva Educação, 2018.

SCHREIBER, Anderson. **O direito civil em 2019**: uma breve retrospectiva. Disponível em: http://cartaforense.com.br/conteudo/colunas/o-direito-civil-em-2019-uma-breve-retrospectiva/18349. Acesso em: 06 jan. 2020.

SCHREIBER, Anderson. *In*: TARTUCE, Flavio *et al.* **Código Civil comentado**: doutrina e jurisprudência. Rio de Janeiro: Forense, 2019.

SCHVARTZMAN, Felipe. Desconto de pontualidade e cláusula penal: como o direito das obrigações pode promover a adimplência? **Revista Brasileira de Direito Civil**. Belo Horizonte, v. 14, pp. 229-244, out.-dez. 2017.

SCHWENZER, Ingborg *et al.* Agreed sums payable upon breach of an obligation in CISG contracts. **CISG Advisory Council Opinion n. 10**. Disponível em: www.cisg.law.pace.edu/cisg/CISG-AC-op10.html. Acesso em: 04 jan. 2020.

SCOTT, Paulo. **Direito constitucional econômico** — estado e normalização da economia. Porto Alegre: Sergio Antonio Fabris, 2000.

SCOTT, Robert. E.; TRIANTIS, George G. Anticipating litigation in contract design. **The Yale Law Journal**, 2006.

SERVICE provider (Xanadu) *v.* State Entity (Xanadu), final award, ICC case n.18489. *In*: VAN DEN BERG, Albert Jan (ed.). **Yearbook Commercial Arbitration**. v. 42, pp. 172-203, 2017. SHARPLES, John. **Supreme Court changes law relating to liquidated damages and penalty clauses**. 05 nov. 2015. Disponível em: http://www.stjohnschambers.co.uk/dashboard/wp-content/uploads/The-New-Law-of-Penalties1.pdf. Acesso em: 26 ago.2016.

SHAVELL, Steven. Is breach of contract immoral? Cambridge: Harvard Law School, **Discussion Paper n. 531**, 2005.

SHIFFRIN, Seana Valentine. Remedial clauses: the overprivatization of private law. **Hastings Law Journal**, v. 67, pp. 407-442, feb. 2016.

SILVA, Clóvis do Couto e. **A obrigação como processo**. Rio de Janeiro: FGV, 2007.

SILVA, João Calvão da. **Cumprimento e sanção pecuniária compulsória**. 4. ed. Coimbra: Almedina, 2002.

SILVA, Jorge Cesa Ferreira da. **Inadimplemento das obrigações**: comentários aos arts. 389 a 420 do Código Civil. Biblioteca de Direito Civil: estudos em homenagem ao Professor Miguel Reale São Paulo: RT, 2007.

Silva, Jorge Cesa Ferreira da. **A boa-fé e a violação positiva do contrato**. Rio de Janeiro: Renovar, 2002.

Silva, Jorge Cesa Ferreira da. A cláusula penal e a quadratura do círculo: as funções da cláusula penal depois do novo Código Civil Brasileiro. **A Evolução do Direito Empresarial e Obrigacional. Os 18 anos do Código Civil — Obrigações e Contratos — Vol. 2**. Henrique Barbosa; Jorge Cesa Ferreira da Silva (Coords). São Paulo: Quartier Latin, 2021.

Silva, Luís Renato Ferreira da. A função social do contrato no novo Código Civil e sua conexão com a solidariedade social. *In*: (org.) Sarlet, Ingo Wolfgang. O novo Código Civil e a Constituição. Porto Alegre: Livraria do Advogado, 2006.

Silva, Luís Renato Ferreira. **Revisão dos contratos do Código Civil ao Código do Consumidor**. Rio de Janeiro: Forense, 1999.

Silva, Orosimbo Nonato da. **Curso de obrigações**. Rio de Janeiro: Forense (vv. 1 e 2) Jurídica e Universitária (v. 3), 1959.

Silva, Regina Beatriz Tavares da (coord.) **Código civil comentado**. 6. ed. São Paulo: Saraiva, 2008.

Silva, Raul Campos. Poder Judiciário e (in) coerência: a jurisprudência do Superior Tribunal de Justiça sobre cumulação de cláusula penal com indenização por perdas e danos. **Revista de Direito Privado**. v. 70, pp. 189-208, out. 2016.

Silveira, Marcelo Matos Amaro da. Análise econômica da cláusula penal em obrigações acessórias negativas. **RJLB**, n. 3, ano 3, 2017.

Silveira, Paulo Burnier da. A cláusula penal no Brasil e em Portugal. **Revista Trimestral de Direito Civil**, Rio de Janeiro, n. 46, abr.-jun. 2011.

Simão, José Fernando. Capítulo V: da cláusula penal. *In*: Schreiber, Anderson *et al.* **Código Civil comentado** — doutrina e jurisprudência. Rio de Janeiro: Forense 2019.

Simão, José Fernando. **Cláusula penal e abono de pontualidade ou cláusula penal e cláusula penal disfarçada**. Disponível em: http://professorsimao.com.br/artigos_simao_cf1109.html. Acesso em: 23 jul. 2018.

Simão, Regis Elias. Inquilinato: questões fundamentais. **Revista de Direito Civil**, Rio de Janeiro, pp. 25-54, jul.-set. 1983.

Simpson, Alfred William Brian. The penal bond with conditional defeasance. **Law Quarterly Review**, London, v. 82, pp. 392-422, 1966.

Smorto, Guido. Clausola penale. *In*: **Digesto Discipline Privatistiche** — Sezione Civile — Ottavo aggiornamento. Torino, Utet, 2013.

Snyder, F. **The effectiveness of European Community law**: institutions, processes, tools and techniques' (1993) 56 MLR 19, 32, republished as F. Snyder 'The Effectiveness of European Community Law: Institutions, Processes, Tools and Techniques'. *In*: Daintith, T. Implementing EC Law in the United Kingdom: Structures for Indirect Rule. Chichester: John Wiley & Sons, 1995.

Solorzano, Jonathan S. An uncertain penalty: a look at the international community's inability to harmonize the law of liquidated damages and penalty clauses. **Law and Business Review of the Americas**. v. 15, n. 4, 2009. Disponível em: http://scholar.smu.edu/lbra/vol15/iss4/4. Acesso em: 18 jul. 2018.

Sombra, Thiago Luis Santos. As arras e a cláusula penal no Código Civil de 2002. **Revista dos Tribunais**, v. 917, pp. 75-89, mar. 2012.

Souza, James J. Marins de. O juízo arbitral e sua viabilidade na solução de litígios. **Revista de Processo**, n. 64, pp. 186-192, out.-dez. 1991.

Souza, Renato A. Gomes de. Multa contratual em empréstimos de dinheiro a juros — sua cobrança extrajudicial. **Revista dos Tribunais**, v. 610, pp. 46-51, ago. 1986.

Ribeiro, Joaquim de Souza. **O problema do contrato** — as cláusulas contratuais gerais e o princípio da liberdade contratual. Coimbra: Almedina, 1999.

Spinelli, Luis Felipe. **Exclusão de sócio por falta grave na Sociedade Limitada**. São Paulo: Quartier Latin, 2015.

Steiner, Renata. **Cláusula penal e indenização suplementar**. Disponível em: https://www.migalhas.com.br/dePeso/16,MI178083,81042-Clausula+penal+e+indenizacao+suplementar. Acesso em: 04 jan. 2020.

Steltmann, Isabel. **Die Vertragsstrafe in Einem Europäischen Privatrecht**. Broschiert, 2000.

STIBBE. **English Court enforces arbitral award including a contractual penalty**. 5 feb. 2016. Disponível em: https://www.stibbe.com/en/news/2016/february/english-court-enforces-arbitral-award-including-a-contractual-penalty Acesso em: 23 jul. 2018.

Stole, Lars A. The economics of liquidated damage clauses in contractual environments with private information. **Journal of Law, Economics, and Organization**, v. 8, n. 3, pp. 582-606, Oct.1992. Disponível em: http://papers.ssrn.com/sol3/papers.cfm?abstract_id=2398477. Acesso em: 26 ago. 2016.

Storme, Matthias E. Freedom of contract: mandatory and non-mandatory rules in european contract law. **European legal harmony**: goals and milestones, 10th anniversary Juridica International. Tartu, 6 dec. 2005.

Talciani, Hernán Corral. La cláusula penal: análisis de derecho comprado com miras a una armonización del derecho privado latino americano in Roma e America. Diritto Romano Comune. **Rivista di Diritto dell' Integrazione e Unificazione del Diritto in Europa e in America Latina** n. 26, 2008.

Tartuce, Flávio. **A "lei da liberdade econômica" (Lei n. 13.874/19) e os seus principais impactos para o direito civil**. (segunda parte). Disponível em:

https://www.migalhas.com.br/dePeso/16,MI313017,21048-A+lei+da+liberdade+economica+lei+1387419+e+os+seus+principais. Acesso em: 08 nov. 2019.

TARTUCE, Flávio. **Direito civil**: direito das obrigações e responsabilidade civil. v. 2. 12. ed. Rio de Janeiro: Forense, 2017.

TARTUCE, Flávio. **Manual de direito civil**. 9. ed. Rio de Janeiro: Forense, 2019.

TELLA, María José Falcón y. **Equidad, derecho y justicia**. Madrid: Centro de Estudios Ramón Areces, 2005.

TELLES, Inocêncio Galvão. **Direito das obrigações**. 7. ed. Coimbra: Coimbra, 1997.

TELLES, Inocêncio Galvão. **Manual de direito das obrigações**. t. 1. Coimbra: Coimbra, 1965.

TEPEDINO, Gustavo. Atividade interpretativa e o papel da doutrina e da jurisprudência. **Revista Brasileira de Direito Civil**, v. 1, pp. 6-8, jul.-set. 2014.

TEPEDINO, Gustavo. Autonomia privada e obrigações reais. *In*: TEPEDINO, Gustavo. **Soluções Práticas de Direito**, v. 2, pp. 43-66, São Paulo: RT, 2011.

TEPEDINO, Gustavo; BARBOZA, Heloisa Helena. MORAES, Maria Celina Bodin de. **Código Civil interpretado conforme a Constituição da República**. v. 1. 2. ed. Rio de Janeiro: Renovar, 2007.

TEPEDINO, Gustavo; BARBOZA, Heloisa Helena; MORAES, Maria Celina Bodin de. **Código Civil interpretado conforme a Constituição da República**. v. 2. 2. ed. Rio de Janeiro: Renovar, 2012.

TEPEDINO, Gustavo. Contratos empresariais na unidade do ordenamento. **Revista Brasileira de Direito Civil**. v. 3, pp. 6-8, jan.-mar. 2015.

TEPEDINO, Gustavo. Crise financeira mundial, teoria da imprevisão e onerosidade excessiva. *In*: TEPEDINO, Gustavo. **Soluções Práticas de Direito**, v. 2, pp. 337-350, São Paulo: RT, 2011.

TEPEDINO, Gustavo. Declaração de vontade e formação do vínculo contratual. *In*: TEPEDINO, Gustavo. **Soluções Práticas de Direito**, v. 2. pp. 351-364. São Paulo: RT, 2011.

TEPEDINO, Gustavo. Efeitos da crise econômica na execução dos contratos. Elementos para a configuração de um direito da crise econômica. *In*: **Temas de direito civil**. 2. ed. Rio de Janeiro: Renovar, 2001.

TEPEDINO, Gustavo. Evolução da autonomia privada e o papel da vontade. *In*: FRANÇA, Erasmo Valladão Azevedo e Novaes; ADAMEK, Marcelo Vieira Von. Da ação de dissolução parcial de sociedade. São Paulo: Malheiros, 2016.

TEPEDINO, Gustavo. Notas sobre a cláusula penal compensatória. *In*: TEPEDINO, Gustavo. **Temas de direito civil**. t. 2, pp. 47-61. Rio de Janeiro: Renovar, 2016.

TEPEDINO, Gustavo. Notas sobre a função social do contrato. *In*: (org.) TEPEDINO, Gustavo; FACHIN, Luiz Edson. **O direito e o tempo**: embates jurídicos e utopias contemporâneas. Estudos em homenagem ao Professor Ricardo Pereira Lira. Rio de Janeiro: Renovar, 2008.

TEPEDINO, Gustavo. O papel da hermenêutica contratual na manutenção do equilíbrio econômico dos contratos. *In*: TEPEDINO, Gustavo. **Soluções Práticas de Direito**, v. 2. pp. 451-472. São Paulo: RT, 2011.

TEPEDINO, Gustavo. **Temas de direito civil**. t. 2. Rio de Janeiro: Renovar, 2006.

TEPEDINO, Gustavo; SCHREIBER, Anderson. **Código Civil comentado**: direito das obrigações. v. 4. (coord.) AZEVEDO, Álvaro Villaça. São Paulo: Atlas, 2008.

TEPEDINO, Gustavo; SCHREIBER, Anderson. As penas privadas no direito brasileiro. *In*: (org.) SARMENTO, Daniel; GALDINO, Flavio. **Direitos fundamentais**: estudos em homenagem ao professor Ricardo Lobo Torres. Rio de Janeiro: Renovar, 2006.

TEPEDINO, Gustavo; SANTOS, Deborah Pereira Pinto. A aplicação da cláusula penal compensatória nos contratos de promessa de compra e venda imobiliária. *In*: (coord.) TERRA, Aline de Miranda Valverde, GUEDES, Gisela Sampaio da Cruz. **Inexecução das obrigações: pressupostos, evolução e remédios — vol I.** Rio de Janeiro: Processo, 2020.

TEPEDINO, Gustavo. CAVALCANTI, Laís. Notas sobre as alterações promovidas pela Lei nº 13.874/2019 nos artigos 50, 113 e 421 do Código Civil. **Lei de Liberdade Econômica e seus impactos no direito brasileiro** / Luis Felipe Salomão, Ricardo Villas Bôas Cueva, Ana Frazão, coordenação. –1. ed. –São Paulo: Thomson Reuters Brasil, 2020.

TERRA, Aline de Miranda Valverde. **Cláusula resolutiva expressa**. Belo Horizonte: Fórum, 2017.

TERRA, Aline de Miranda Valverde. Execução pelo equivalente como alternativa à resolução: repercussões sobre a responsabilidade civil. **Revista Brasileira de Direito Civil**. v. 18, p. 49-73, out/dez 2018.

TERRA, Aline de Miranda Valverde; GUEDES, Gisela Sampaio da Cruz. Adimplemento substancial e tutela do interesse do credor: análise da decisão proferida no REsp 1.581.505. **Revista Brasileira de Direito Civil**, v. 11, pp. 95-113, jan.-mar. 2017.

TERRA, Aline de Miranda Valverde; BANDEIRA, Paulo Greco. A cláusula resolutiva expressa e o contrato incompleto como instrumentos de gestão de risco nos contratos. **Revista Brasileira de Direito Civil**. v. 6, pp. 9-25, out.-dez. 2015.

TERRA, Marcelo; RIBEIRO, Ana Paula. Compromisso de compra e venda: a tarifação expressa da cláusula penal pela Lei 13.786, a Lei dos Distratos. *In*: (coord.) VITALE, Olivar. **Lei dos Distratos**: Lei 13.786/18. São Paulo: Quartier Latin, 2019.

THE LAW DICTIONARY. Disponível em: https://thelawdictionary.org/penalty-clause/ Acesso em: 23 jul. 2018.

TOMASEVICIUS FILHO, Eduardo. A função social do contrato: conceito e critérios de aplicação *In*: **Revista de Informação Legislativa**, Brasília, ano 42 n. 168, out.-dez. 2005.

TRIMARCHI, V. Michele. **La clausola penale**. Milano: Dott. Antonio Giuffrè, 1954.

TRIMARCHI, Pietro. **Il contratto**: inadempimento e rimedi. Milano: Giuffrè, 2010.

UK n.104. Pencil Hill Limited *v.* US Citta di Palermo S.P.A, Hight Court of Justice, Queen's Bench Division. Case n. BA40MA109, 19 jan. 2016. *In*: VAN DEN BERG, Albert Jan (ed.). **Yearbook Commercial Arbitration**. v. 42, pp. 535-537, 2017.

TUCCI, José Rogério Cruz e *et. al.* Comentários ao artigo 489 do CPC/15. *In*: **Código de Processo civil anotado**. Rio de Janeiro: GZ, 2016.

VARELA, João de Matos Antunes. **Das obrigações em geral**. v. 1.7. ed. Coimbra: Almedina, 1993.

VARELA, João de Matos Antunes. **Das obrigações em geral**. v. II. 10. ed. Coimbra: Almedina, 2006.

VARELA, João de Matos Antunes. **Direito das obrigações**. v. II. Rio de Janeiro: Forense, 1978.

VARELA, João de Matos Antunes. **Direito das obrigações**. Rio de Janeiro: Forense, 1978.

VARELA, João de Matos Antunes. Parecer. **Revista da Ordem dos Advogados**, ano 45, vol I, 1985, Lisboa.

VENOSA, Silvio de Salvo. **Direito civil**: teoria geral das obrigações e teoria geral dos contratos. São Paulo: Atlas, 2019.

VICENTE, Dário Moura. A autonomia privada e os seus diferentes significados à luz do direito comparado. *In*: **Revista de Direito Civil Contemporâneo**, v. 8, 2016.

VICENTE, Dário Moura. **Direito comparado** — obrigações. v. 2. Coimbra: Almedina, 2017.

VILLANACCI, Gerardo. Rilevanza e bilanciamento degli interessi nella qualificazione e quantificazione del danno. **Revista Brasileira de Direito Civil**. v. 4, pp. 101-124, abr.-jun. 2015.

VIOLA, Rafael. Indenização equitativa: uma análise do art. 944, parágrafo único, do Código Civil. *In*: (org.) MOTA, Mauricio; KLOH, Gustavo. **Transformações contemporâneas do direito das obrigações**. Rio de Janeiro: Elsevier, 2011.

VITKUS, Simas. Penalty clauses within different legal systems. "Social Transformations in Contemporary Society"Mykolas Romeris University, Lithuania, 2013.

VIVANTE, Cesare. **Instituições de direito comercial**. Tradução de Ricardo Rodrigues Gama. 3. ed. Campinas: LZN, 2003.

WALD, Arnoldo. **Direito civil**: direito das obrigações e teoria geral dos contratos. 22. ed. São Paulo: Saraiva, 2015.

WALD, Arnoldo. **Direito civil**. 18. ed. v. 2. São Paulo: Saraiva, 2009.

WALD, Arnoldo. O interesse social no direito privado. *In*: (org.) TEPEDINO, Gustavo; FACHIN, Luiz Edson. **O direito e o tempo**: embates jurídicos e utopias contemporâneas. Estudos em homenagem ao Professor Ricardo Pereira Lira. Rio de Janeiro: Renovar, 2008.

WALD, Arnaldo. **Obrigações e contratos**. 17. ed. Colaboração do Desembargador e Professor Semy Glanz. São Paulo: Saraiva, 2006.

WALKER MORRIS. **The mystery of penalties & liquidated damages**. 7 ago. 2015. Disponível em: https://www.walkermorris.co.uk/publications/mystery-penalties-liquidated-damages/. Acesso em: 23 jul. 2018.

WALT, Steven. Penalty clauses and liquidated damages. *In*: DE GEEST, Gerrit (ed.) **Contract law and economics**. Northampton: Edward Elgar Publishing, 2011.

WAMBIER, Teresa Arruda Alvim. Cabimento de embargos infringentes contra a decisão de procedência, proferida por maioria de votos, em ação rescisória. **Pareceres** — Teresa Arruda Alvim Wambier, v. 2, pp. 391, out. 2012.

WEILL, Alex; TERRÉ, François. **Droit civil**: les obligations. 4. ed. Paris: Dalloz, 1986.

WIEACKER, Franz. **História do direito privado moderno**. 2. ed. Lisboa: Fundação Calouste Gulbenkian, 2004.

WILKINSON-RYAN, Tess. Do liquidated damages encourage breach? A psychological experiment. **Michigan Law Review**, v. 108, pp. 633-674, 2010. Disponível em: http://papers.ssrn.com/sol3/papers.cfm?abstract_id=1299817. Acesso em: 26 ago. 2016.

XAVIER, José Tadeu Neves. A aplicação da *suppressio* (*verwirkung*) no âmbito das relações privadas. **Revista Brasileira de Direito Civil**, Belo Horizonte, v. 13, pp. 61-91, jul.-set. 2017.

ZANETTI, Cristiano de Souza. A cláusula resolutiva expressa na lei e nos tribunais: o caso do termo de ocupação. *In*: LOTUFO, Renan; NANNI, Giovanni Ettore; MARTINS, Fernando Rodrigues. **Temas relevantes do Direito Civil Contemporâneo**. Reflexões sobre os 10 anos do Código Civil. São Paulo: Atlas, 2012.

ZANETTI, Cristiano de Souza. **Direito contratual contemporâneo** — a liberdade contratual e sua fragmentação. Rio de Janeiro: Forense/São Paulo: Método, 2008.

ZANETTI, Cristiano de Souza. O risco contratual. *In*: (coord.) LOPEZ, Teresa Ancona; LEMOS, Patrícia Faga Iglecias; RODRIGUES JUNIOR, Otavio Luiz. **Sociedade de risco e direito privado**: desafios normativos, consumeristas e ambientais. São Paulo: Atlas, 2013.

ZIMMERMANN, Reinhard. **The law of obligations**: roman foundations of the civilian tradition. London: Oxford University Press, 1996.

ZOPPINI, Andrea. **La pena contrattuale**. Milano: Giuffrè, 1991.

ZULIANI, Ênio Santarelli. Cláusula penal. **Revista de Direito do Cosumidor**. n. 9, pp. 35-43, jan.-fev. 2001.

Julgados

COURT of Appeal. Civil Division. **United International Pictures *v*. Cine Bes Filmcilik ve Yapimcilik AS**, j. 21-11-2003.

UNITED Kingdom Supreme Court. **Cavendish Square Holdings BV *v*. Makdessi; ParkingEye Ltd *v*. Beavis**, j. 04-11-2015. Disponível em: http://www.bailii.org/uk/cases/UKSC/2015/67.htm. Acesso em: 10 jul. 2018.

TRIBUNAL da Relação de Coimbra (TRC), Apelação 95/05.0TBCTB-H.C1, Rel. Isaías Pádua, j. 20-6-2017.

ECLI: NL: HR: 2007: AZ6638, Judgment, Supreme Court (Civil Chamber), 27-04-2007

ECLI:NL: HR:2018:207, Judgment, Supreme Court (High Council), 16-02-2018.

BRASIL. Superior Tribunal de Justiça. REsp 936.741/GO, Rel. Min. Antonio Carlos Ferreira, Quarta Turma, j. 03-11-2011, DJe 08-03-2012.

BRASIL. REsp 1745916/ PR, Rel. Min. Nancy Andrighi, Terceira Turma, j. 19-2-2019.

BRASIL. AgRg no AREsp 324762/DF, Rel. Min. Antonio Carlos Ferreira, Quarta Turma, j. 1-9-2016.

BRASIL. REsp 832293/PR, Rel. Min. Raul Araújo, Quarta Turma, j. 20-8-2015.

BRASIL. Tribunal de Justiça de São Paulo. Apel. 0226539-30.2011.8.26.0100, 1ª Câmara Reservada de Direito Empresarial, Rel. Des. Ênio Zuliani, j. 4-11-2014.

BRASIL. REsp 796714/MG, Terceira Turma, Rel. Min. Humberto Gomes de Barros, j. 03-04-2007.

BRASIL. AgInt em AREsp 1455518 — SP, Min. Rel. Ricardo Villas Boas Cueva, Terceira Turma, j. 30-09-2019, DJe 04-10-2019.

BRASIL. AgInt no AREsp 1.114.655/SP, Rel. Min. Maria Isabel Gallotti, Quarta Turma, j. 10-04-2018, DJe 18-04-2018.

BRASIL. AgInt no REsp 1.393.789/SP, Rel. Min. Paulo de Tarso Sanseverino, Terceira Turma, j. 06-06-2017, DJe 19-06-2017.

BRASIL. AgInt no REsp 1338159/SP, Rel. Min. Luis Felipe Salomão, Quarta Turma, j. 06-12-2016, DJe 14-12-2016.

BRASIL. AgInt no AREsp 927.423/SP, Rel. Min.Luis Felipe Salomão, Quarta Turma, j. 25-10-2016, DJe 07-11-2016.

BRASIL. AgRg no REsp 1570442/SP, Rel. Min. Moura Ribeiro, Terceira Turma, j. 05-05-2016, DJe 13-05-2016.

BRASIL. AgRg no AREsp 59.338/SP, Rel. Min. João Otávio de Noronha, Terceira Turma, j. 25-11-2014, DJe 12-12-2014.

BRASIL. AgInt no AREsp 922.526/SP, Rel. Min. Marco Buzzi, Quarta Turma, j. 08-05-2018, DJe 18-05-2018.

BRASIL. AgInt no REsp 1.338.159/SP, Rel. Min. Luis Felipe Salomão, Quarta Turma, j. 06-12-2016, DJe 14-12-2016.

BRASIL. AgInt no REsp 1393789/SP, Rel. Min. Paulo de Tarso Sanseverino, Terceira Turma, j. 06-06-2017.

BRASIL. REsp 439.424/RS, Rel. Min. Humberto Gomes de Barros, j. 11-10-2005.

BRASIL. Tribunal de Justiça de São Paulo. APL 0012255-29.2010.8.26.0005, Rel. Clóvis Castelo, j. 18-11-13, 35ª Câmara de Direito Privado, DJe 18-11-13.

BRASIL. Tribunal de Justiça de São Paulo. 0173243-68.2012.8.26.0000, Rel. Christine Santini, j. 31- 10-2012, 5ª Câmara de Direito Privado.

BRASIL. RE 6.799/RN, Rel. Min. José Linhares, j. 20-04-1943.

BRASIL. AI 23935, Segunda Turma, Rel. Min. Victor Nunes, DJU 12-09-1961.

BRASIL. RE 50130, Primeira Turma, Rel. Min. Luis Gallotti, j. 27-08-1962.

BRASIL. RE 51313, Primeira Turma, Rel. Min. Gonçalves de Oliveira, j. 14-03-1963.

BRASIL. REsp 151458, Terceira Turma. Rel. Min. Carlos Alberto Menezes Direito, j. 08-11-2002.

BRASIL. REsp 85356, Rel. Min. Eduardo Ribeiro, DJU 29-11-1999.

BRASIL. REsp 229776, Rel. Min. Ruy Rosado, DJU 17-12- 1999.

BRASIL. AG 450169/MG, Rel. Min Barros Monteiro, j. 11-11-2002.

BRASIL. REsp 50691/SP, Rel. Min. Ruy Rosado de Aguiar, j. 16-07-2003.

BRASIL. 5457708/MG, Rel. Min. Nancy Andrighi, j. 24-11-2003.

BRASIL. REsp 619135/SP, Rel. Min. Nancy Andrighi, j. 21-05-2004.

BRASIL. Min. Humberto Gomes de Barros, j. 29-06-2004.

BRASIL. AG 578152/RS, Rel.Min. Carlos Alberto Menezes Direito, j. 23-06-04 — 30%.

BRASIL. REsp 313770/MG, Rel. Min Carlos Alberto Menezes Direito, j. 25-08-2004.

BRASIL. AG 521505/MG, Rel. Min. Antônio de Pádua Ribeiro, j. 26-10-2004.

BRASIL. AG 517201/RS, Rel. Min. Antônio de Pádua Ribeiro, j. 31-04-2005.

BRASIL. AgInt nos EDcl no AREsp 989906/SP, Rel. Min. Marco Aurélio Bellizze, Terceira Turma, j. 24-10-2017.

BRASIL. AgRG no AREsp 730520/DF, Rel. Min. Luiz Felipe Salomão, Quarta Turma, j. 25-08-2015.

BRASIL. RCDEsp no AREsp 208018/SP, Rel. Min. Sidnei Beneti, Terceira Turma, j. 16-10-2012.

BRASIL. EAg 1138183/PE, Rel. Min. Sidnei Beneti, Segunda Seção, j. 27-06-2012.

BRASIL. REsp 838516/RS, Rel. Min. Luis Felipe Salomão, Quarta Turma, j. 17-05-2011.

BRASIL. AgRg no Ag 1283663/SP, Rel. Min. Sidnei Beneti, Terceira Turma, j. 14-12-2010.

BRASIL. AgRg no Ag 608550/MG, Rel. Min. Carlos Fernando Mathias, Quarta Turma, j. 19-08-2008.

BRASIL. AgRg no Ag 1100908/RO, Rel. Min Luis Felipe Salomão, Quarta Turma, j. 18-08-2009.

BRASIL. REsp 397821/SP, Rel. Min. Hélio Quaglia Barbosa, Quarta Turma, j. 19-09-2007.

BRASIL. REsp 686865/PE, Rel. Min. Aldir Passarinho Junior, Quarta Turma, j. 28-08-2007.

BRASIL. AgInt no AREsp 1536569/ PR 2019/0195967-9. Rel. Min. Marco Buzzi. Turma 4, j. 26-11-2019.

BRASIL. REsp 11.527/SP, Rel. Min. Sálvio de Figueiredo Teixeira, Quarta Turma, j. 01-04-1992.

BRASIL. AgRg no Ag 115.023/SP, Rel. Min. Barros Monteiro, Quarta Turma, j. 03-09-2002.

BRASIL. REsp 1554965/PE, Rel. Min. Paulo de Tarso Sanseverino, Terceira Turma, j. 08-03-2016.

BRASIL. REsp 1447247/SP, Rel. Min. Luis Felipe Salomão, Quarta Turma, j. 19-04-2018.

BRASIL. REsp 1186789/RJ, Rel. Min. Luis Felipe Salomão, Quarta Turma, j. 20-03-2014

BRASIL. AgInt no AREsp 669.670/RJ, Rel. Min. Lázaro Guimarães (Desembargador Convocado do TRF-5), Quarta Turma, j. 15-03-2018.

BRASIL. Superior Tribunal de Justiça. REsp 496.348/PR, Rel. Min. José Delgado, Primeira Turma, j. 04-09-2003.

BRASIL. Superior Tribunal de Justiça. REsp 1340199/RJ, Rel. luis Felipe Salomão, Quarta Turma, j. 10-10-2017.

BRASIL. REsp 1447247/SP, Rel. Min. Luis Felipe Salomão, Quarta Turma, j. 19-04-2018.

BRASIL. REsp 1803803/RJ, Rel. Min. Ricardo Villas Bôas Cueva, Terceira Turma, j. 9-11-2021

BRASIL, REsp 189738/SP, Rel. Min. Nancy Andrighi, Terceira Turma, j. 23-03-2021

BRASIL, REsp 1.346.171, Rel. Min. Luís Felipe Salomão, Quarta Turma, j. 11-10-2016.

BRASIL. Tribunal de Justiça do Rio de Janeiro. Apelação Cível n. 1012013-23.2011.8.19.0002, Rel. Des. Maria Isabel Paes Gonçalves, 2ª Câmara Cível, j. 25-10-2017.

BRASIL. Tribunal de Justiça do Rio de Janeiro. Agravo de Instrumento n. 0053605-60.2017.8.19.0000, Rel. Des. Alexandre Freitas Câmara, 2ª Câmara Cível, j. 25-10-2017.

BRASIL. Tribunal de Justiça do Rio de Janeiro. Apelação Cível n. 007825-64.2013.8.19.0024, Rel. Des. Cesar Cury, 11ª Câmara Cível, j. 15-05-2019.

BRASIL. Tribunal de Justiça do Rio de Janeiro. Apelação Cível n. 0027385-77.2017.8.19.0209, Rel. Des. Guaraci de Campos Vianna, 19ª Câmara Cível, j. 03-07-2019.

BRASIL. Tribunal de Justiça de São Paulo. Apelação Cível n. 1091094-47.2016.8.26.0100, Rel. Des. Cesar Ciampolini, 1ª Câmara Reservada de Direito Empresarial, j. 04-07-2018.

BRASIL. Tribunal de Justiça de São Paulo. Apelação Cível n. 0075191-83.2012.8.26.0114, Rel. Des. Carlos Alberto Garbi, 2ª Câmara Reservada de Direito Empresarial, j. 30-10-2016.

BRASIL. Tribunal de Justiça do Rio de Janeiro. Apelação Cível n. 0330831-57.2017.8.19.0001, Rel. Des. Cristina Tereza Gaulia, 5ª Câmara Cível, j. 26-03-2019.

BRASIL. Tribunal de Justiça de São Paulo. Apelação Cível n. 1040518-84.2015.8.26.0100, Rel. Des. Enio Zuliani, 1ª Câmara Reservada de Direito Empresarial, j. 24-06-2016.

BRASIL. Tribunal de Justiça de São Paulo Apelação Cível n. 0075191-83.2012.8.26.0114, Rel. Des. Carlos Alberto Garbi, 2ª Câmara Reservada de Direito Empresarial, j. 30-10-2016.

BRASIL. Tribunal de Justiça do Rio de Janeiro, REsp 1186789/RJ, Rel. Min. Luis Felipe Salomão, Quarta Turma, j. 20-03-2014.

BRASIL. Tribunal de Justiça de São Paulo. Apelação Cível 1085141-10.2013.8.26.0100, Rel. Des. Kenarik Boujikian, 34ª Câmara de Direito Privado, j. 06-07-2016.

BRASIL. Tribunal de Justiça do Rio de Janeiro. Apelação Cível n. 0002666-82.2011.8.19.0066, Rel. Des. Renata Machado Cotta, 3ª Câmara Cível, j. 31-07-2019.

BRASIL. REsp 1641131/SP, Rel. Min. Nancy Andrighi, Terceira Turma, j. 16-02-2017.

BRASIL. REsp 1.424.074/SP, Rel. Min. Ricardo Villas Bôas Cueva, Terceira Turma, j. 10-11-2015.

BRASIL. REsp 1212159/SP, Rel. Min. Paulo de Tarso Sanseverino, Terceira Turma, j. 19-06-2012

BRASIL. REsp 1186789/RJ, Rel. Min. Luis Felipe Salomão, Quarta Turma, j. 20-03-2014.

BRASIL. REsp 1424074/SP, Rel. Min. Ricardo Villas Bôas Cueva, Terceira Turma, j. 10-11-2015.

BRASIL. AgRg no REsp 1351671/PR, Rel. Min. Ricardo Villas Bôas Cueva, Terceira Turma, j. 05-02-2015.

BRASIL. REsp 887.946/MT, Rel. Min. Paulo de Tarso Sanseverino, Terceira Turma, j. 10-05-2011.

Julgados do Supremo Tribunal de Justiça de Portugal

Processo n. 2020/16.4 T8GMR.G1. S2, 2ª Secção, Rel. Rosa Ribeiro Coelho, j. 3-10-2019.

Processo n. 72/14.0TTOAZ. P1.S1, Rel. Ana Luísa Geraldes, j. 12-5-2016;

Processo n. 3938/12.9 TBPRD.P1. S1, 1ª Secção, Rel. Maria Clara Sottomayor, j. 27-1-2015.

Processo n. 72/14.0TTOAZ.P1. S1, Rel. Ana Luísa Geraldes, j. 12-5-2016.

Processo n. 3938/12.9TBPRD.P1. S1, 1ª Secção, Rel. Maria Clara Sottomayor, j. 27-1-2015.

Processo n. 81/1998.C1. S1, 6ª Secção, Rel. Nuno Cameira, j. 27-9-2011. Disponível em: www.dgsi.pt. Acesso em: 13 jan. 2020.

Processo n. 3938/12.9TBPRD.P1. S1, 1ª Secção, Rel. Maria Clara Sottomayor, j. 27-1-2015. Disponível em: www.dgsi.pt. Acesso em: 13 jan. 2020.

Processo n. 2020/16.4T8GMR.G1. S2, 2ª Secção, Rel. Rosa Ribeiro Coelho, j. 3-10-2019.

Processo n. 3938/12.9TBPRD.P1. S1, 1ª Secção, Rel. Maria Clara Sottomayor, j. 27-1-2015 Disponível em: www.dgsi.pt. Acesso em: 13 jan. 2020.

Processo n. 1942/07.8TBBNV.L1. S1, 6ª Secção, Rel. Azevedo Ramos, j. 12-09-2013. Disponível em: www.dgsi.pt. Acesso em: 13 jan. 2020.

Processo n. 4922/07.0TVLSB.L1. S1, 6ª Secção, Rel. Fonseca Ramos, j. 22-2-2001. Disponível em: www.dgsi.pt. Acesso em: 13 jan. 2020

Processo n. 72/14.0TTOAZ.P1. S1, Rel. Ana Luísa Geraldes, j. 12-5-2016. Disponível em: www.dgsi.pt. Acesso em: 13 jan. 2020.

Processo 97B607, Rel. Miranda Gusmão, j. 5-11-1997. Disponível em: www.dgsi.pt. Acesso em: 13 jan. 2020.

Processo 9018/16.0T8LSB.L1. S2, 2ª Secção, Rel. Catarina Serra, j. 12-09-2019. Disponível em: www.dgsi.pt. Acesso em: 13 jan. 2020.

Referências normativas
(Associação Brasileira de Normas Técnicas — ABNT)

ABNT NBR 6023: 2018 — Informação e documentação — Referências — elaboração

ABNT NBR 6022:2018 — Informação e documentação — Artigo em publicação periódica técnica e/ou científica — Apresentação

ABNT NBR 6027: 2012 — Informação e documentação — Informação e documentação — Sumário — Apresentação

ABNT NBR 14724: 2011 — Informação e documentação — Trabalhos acadêmicos — Apresentação

ABNT NBR 15287: 2011 — Informação e documentação — Projetos de pesquisa — Apresentação

ABNT NBR 6034: 2005 — Informação e documentação — Índice — Apresentação

ABNT NBR 12225: 2004 — Informação e documentação — Lombada — Apresentação

ABNT NBR 6024: 2003 — Informação e documentação — Numeração progressiva das seções de um documento escrito — Apresentação

ABNT NBR 6028: 2003 — Informação e documentação — Resumo — Apresentação

ABNT NBR 10520: 2002 — Informação e documentação — Citações em documentos — Apresentação